sapientia
サピエンティア 57

支配と抵抗の映像文化

西洋中心主義と他者を考える

Unthinking Eurocentrism

エラ・ショハット／ロバート・スタム［著］
早尾貴紀［監訳］
内田（蓼沼）理絵子・片岡恵美［訳］

法政大学出版局

Ella Shohat and Robert Stam
UNTHINKING EUROCENTRISM
Multiculturalism and the Media

謝辞

本書は、二人の長年にわたる研究調査、授業、キュレーションや実践の集大成である。また、ここで扱った問題に関する活発な議論をまとめたものでもある。もともとは、一九七〇年代半ばにカリフォルニア大学バークレー校で、ロバート・スタムが担当した「文学と映画におけるヨーロッパの植民地主義」という公開講座が始まりだった。『スクリーン』誌（一九八三年）に掲載された「人種主義、植民地主義、そして表象」という評論（スタムとルイーズ・スペンスの共著）は、このアイディアをさらに練り上げたものである。この評論は、エラ・ショハットとロバート・スタムの二人とも参加したニューヨーク大学の「メディアにおける人種主義」研究グループによって、手を加えられている。その研究成果は、『クリティカル・アート』誌（一九八三年）の第三世界特集号に掲載された。この号には、ショハットによるエジプト映画と、スタムによるブラジル映画の評論が含まれている。ついで二人は、再び協力して論文を執筆した（"Cinema After Babel: Language, Difference, and Power," in *Screen*, 1985; "*Zeling* and Contemporary Theory: Meditation on the Chameleon Text" in *Enclitic*, 1987）。また、レスター・フリードマン編『表現できないイメージ *Unspeakable Images*』と、ロバート・スクラーとチャールズ・マッサー編『抵抗するイメージ *Resisting Image*』にも、同じころ執筆した。われわれは、ヨーロッパ中心主義や人種主義を批判したり、第三世界の文化と映画を広めたいという共通する思いや望みを抱き、本書を共同で執筆しようと考えたのである。

本書は大半は書き下ろしからなるが、学術誌で発表したものも一部ある。論文の初出は以下のとおりである。

第1章　ポストコロニアルに関する箇所：Shohat, "Notes on the 'Post-Colonial'," *Social Text*, Vols 31–2 (Spring 1992).

第2章　コロンブス論争と修正主義の映画に関する箇所： Stam, “Rewriting 1492: Cinema and the Columbus Debate”, *Cineaste*, Vol. 19, No. 4 (March 1993); Shohat, “Staging the Quincentenary: The Middle East and the Americas,” *Third Text*, No. 21 (Winter 1992–3).

第3章「科学と見世物としての映画」に関する箇所： Shohat, “Imaging *Terra Incognita*: The Disciplinary Gaze of Empire,” *Public Culture*, Vol. 3, No. 2 (Spring 1991).「ワイルド・ギース」に関する箇所： Stam, “The Wild *Geese*,” *Cineaste*, Vol. 9, No. 2 (1982). 第6節「ポストモダンの戦争」に関する箇所： Stam, “Mobilizing Fictions: The Gulf War, the Media, and the Recruitment of the Spectator,” *Public Culture*, Vol. 4, No. 2 (Spring 1992); Shohat, “The Media’s War,” *Social Text* 28 (Spring 1991).

第4章「帝国の比喩」に関する箇所： Shohat, “Gender and the Culture of Emire: Toward a Feminist Ethnography of the Cinema,” *Quarterly Review of Film and Video*, 131: 1–2 (Spring 1991); Shohat, “Gender in Hollywood’s Orient, *Middle East Report* 162 (January–February 1990).

第5章　Stam, “From Stereotype to Discourse: Some Methodological Reflexions Realism in the Media,” *Cineaction*, No. 32 (Fall 1993); Shohat, “Master Narrative/ Counter Readings,” in Sklar and Musser, eds, *Resisting Images: Essays on Cinema and History* (Philadelphia: Temple University Press 1990). 第4節「支配の言語学」： Shohat/ Stam, “The Cinema after Babel: Language, Difference, Power,” *Screen* 26: 3–4 (May–August 1985).

第6章　Shohat, “Ethnicities-in-Relation: Towards a Multi-Cultural Reading of American Cinema,” and Stam, “Bakhtin, Polyphony and Ethnic/Racial Representation,” in Lester Friedman ed., *Unspeakable Images: Ethnicity and the American Cinema*, Champaign: University Press of Illinois Press, 1991.「反逆する映像作家たち」に関する箇所： Stam, “Orson Welles, Brazil and the Power of Blackness,” *Persistance of Vision*, No. 7 (1989).

第7章『アルジェの戦い』に関する箇所： Stam, “Film Study Extract”（一九七五年にマクミラン・フィルムのために執筆）. 軍事ドキュメンタリーに関する箇所： Stam, “*Hours of Furaces* and the Two Avant-Gardes,” *Millenium Film Journal*, Nos

7–9 (Fall/Winter 1980–1). 第1節「植民地史の書き直し」と第4節「不能《インポテンス》の寓意」、第5節「第三世界主義の再帰性」: Stam/ Xavier, "Recent Brazilian Cinema: Allegory, Metacinema, Carnival," *Film Quarterly*, Vol. XLI, No. 3 (Spring 1988); Shohat, "Egypt: Cinema and Revolution," *Critical Arts*, Vol. 2, No. 4 (1983); Shohat, "*Wedding in Galilee*," *Middle East Report*, 154 (September–October 1988).

第9章 Stam/ Shohat, "Can Popular Culture Be Politically Correct?", *Social Text*, No. 36 (Fall 1993)(アンドリュー・ロスが主催したMLAシンポジウムのために寄稿).

つまり、各章の大半は二人の共同研究による。特に序章、「ステレオタイプ、リアリズム、そして表象をめぐる争い」(第5章)、「〈関係性におけるエスニシティ〉」(第6章)、「ポストモダン時代における多文化主義のポリティクス」(第9章)などの多くの章は、はじめから二人の意見を融合させながら、四本の手で書いたようなものだ。「ヨーロッパ中心主義から多中心主義へ」(第1章)、「植民地主義言説の形成」(第2章)、「帝国という想像物《イマジナリー》」(第3章)、「第三世界主義の映画」(第7章)、「抵抗の美学」(第8章)といった章(前述した発表済みの論文は除く)は、まずスタムが執筆し、ショハットが修正と補足を加える方法を採った。第4章「帝国の比喩」はショハットが執筆し、スタムが修正した。言いかえれば、本書の言葉はすべて、われわれが取り組んでいる問題に関して続けている会話から生まれた、いわば「共有地」と言ってもいい。二人とも、終わりのない書き直しの作業を続けているからだ。社会的に構築されたアイデンティティは異なるが、帰属意識や目的、所属は同じだったため、本書は、二人の絶え間ない知的な対話と共通の展望が染み込み、生命を吹き込まれた。

本書は、多くの声からなっている。われわれの知見は、明らかに、夥しい脚注や広範な参考文献に負っている。なかでも、原稿の一部やすべてを読んだり、有益な助言を与えてくださった方々に感謝したい。マンティア・ディアワラ、デヴィッド・フランケル、カドリー・イスマイール、カレン・カプラン、アーネスト・ラーセン、ジョセフ・マサド、リチャード・ペーニャ、リチャード・ポルトン、ブルース・ロビンズ、ジョアン・ルイス・ヴィエイラ、イズマイル・シャヴィエール、そしてわれわれの編集者エド・ブスコンベとフィル・ロージェーン。他にも、レベッカ・バーデン、スー・ビルトン、ダイアナ・ラッセルなど、ラウトレッジ社の多くの編集者に謝意を表したい。

以下の財団や団体には、助成していただいた。コーネル大学人文科学協会による研究助成金（一九九一～一九九二年）。エラ・ショハットに対するニューヨーク市立大学専門職員会議による研究奨励賞（一九九〇～一九九一年）と、ニューヨーク市立大学スタテンアイランド校による奨励賞（一九九一～一九九二年）。ニューヨーク州立大学バッファロー校でのロバート・スタムに対するロックフェラー財団の研究助成金（一九九二～一九九三年）。これらの助成を受けている期間、次の方々が、われわれを助けてくださった。ニューヨーク州立大学バッファロー校のマイケル・フリッシュ、パトリツィオ・ニセーリオ、ジェラルド・オグレイディ、リン・テイラー、ナ・ダヴ、ラリー・チザム、ジョリーン・リカルド。コーネル大学のジョナサン・キュラー、ドミニク・ラカプラ、アネッテ・ハイメス、テレンス・ターナー、セルウィン・クジョー、リチャード・ハースコヴィッツ、セシリー・マーカス、メアリー・アフル、アギー・シリーン、リンダ・アレン。

また、以下の個人や機関にも感謝申しあげたい。クレイグ・ボールドウィン（『オー・ノー・コロナド！』）。英国映画協会（『アレクサンドリアＷＨＹ？』『アルジェの戦い』『アラビアのロレンス』『サハラ』）。カリフォルニア・ニュースリール（『トゥキ・ブゥキ／ハイエナの旅』）。キャサリン・ベナモウとパラマウント映画（『イッツ・オール・トゥルー』）。シュー・リー・チェン（『カラー・スキーム』）。ゲイリー・クロウダスとシネアスト（『１４９２　コロンブス』）。シネマテカ・ブラジレイラ（『イラセマ』『ブラジルの発見』『私が食べたフランス人』）。シネ・ワールド（『狂乱の大地』）。モニカ・フロタ（カヤポ族のメディアについて）。ココ・フスコ（イニゴ・マングラーノ＝オ・ヴァーレの『グリーンカード』一九九二年、シカゴ市ランドルフ・ストリートの無料展示、ギリェルモ・ゴメス＝ペーニャとココ・フスコのマルチメディア・プロジェクト「白熊の年」「二人の未開のアメリカ・インディアン、マドリッドに行く」『シャーマン』）。フェイ・ギンズバーグ（『ババキュエリア』）レネイ・グリーン・アンド・パット・ハーン・ギャラリー・ニュー・ヨーク（「ホッテントット・ヴィーナス」のレイアウト）。キノ・インターナショナル（『自由への旅立ち』『はだかの女王』）。マイルストーン（『シンバ：百獣の王』）。モダン・アート（『バンド・ワゴン』『クレオパトラ』『ハレム万才』『王家の谷』『シーク』）。ミフェドゥ（サンコファ）。ニューヨーカー・フィルムズ（『もう一人のフランシスコ』『燃えたぎる時』）。ＰＢＳ

（『サバイビング・コロンブス』）。リチャード・ペーニャとリンカーン・センター映画協会（『飢饉を探して』『コンゴウ部隊』『捜索者』『サンダーハート』『ハラ：不能者』『ラコタ・スー族　一〇〇年目の鎮魂』）。ロールデス・ポルティージョ（『裁かれるコロンブス』）。ジルベルト・スタム（ABCニュースの「砂上の戦列」）。エリア・スレイマン（『殺人というオマージュ』）。ウィメン・メーク・ムービーズ（『イリュージョン』『距離の測定』『ドラゴン殺し』）。フェイ・ギンズバーグを通して知り合ったマイケル・マルチネッリは、ビデオ映像をスチール写真に加工する際、快く助けてくれた。アーネスト・ラーセンやシェリー・ミルナー、イリット・ロゴフは、スチール写真の選別についてアドバイスをくれた。本書で取り上げたオルタナティヴ映画を配給したアメリカの企業にも触れておきたい。アラブ映画配給会社、カリフォルニア・ニュースリール、シネマ・ギルド、ファーストトラン・フューチャーズ、イカロス、キノ・インターナショナル、マフエダー、ニューライン・シネマ、ニューヨーカー・フィルムズ、サード・ワールド・ニュースリール、ビデオ・データバンク、ウィメン・メーク・ムービーズ。また、寛大にもジェーン・デヴォンとご自身の刺激的なコラージュを表紙に使うことを快諾してくれたナンシー・リトルにも、非常に感謝している。

本書に関連して、われわれが主催した一連の映画に関する会議に参加してくれた多くの人々にも、感謝の意を表したい。一九九二年の春にコーネル大学でエラ・ショハット、アネッテ・ハイメス、テレンス・ターナーが共催した「さらばコロンブス：メディアと表象（Goodbye Columbus: Media and Representation）」の出席者の特に、ジョゼ・バレイロ、ワード・チャーチル、ドナルド・グリンデ・ジュニア、ハリエット・ミューレン、ホセ・ピエドラ、シャーリー・サミュエルズ、ロバート・ヴェナブルズ。次に、「一四九二年の書き直し：征服・植民地主義・抵抗のイメージ（Rewriting 1492: Images of Conquest, Colonialism, and Resistance）」という、一九九二年秋にニューヨーク大学で開催した一連の映画に関する講義では、特にアレックス・イーウェン、マンティア・ディアワラ、ホルへ・クロール・デ・アルバ、ミック・タウシグ、エドワード・カマウ・ブライスウェイト、エリザベス・ウェザーフォード。また、ニューヨーク市立大学大学院センターで、エラ・ショハットとともに多文化主義に関する講義を受け持つ先生方に、特に謝意を表する。エレクタ・アレナルとファン・フローレスの二人は、ニューヨーク大学とニューヨーク市立大学での同僚である。また本書は、多文化主義と関係したわれわれのセミナー（「第三世界の映画」「帝国のジェンダーと文化」「民族の表象に関する問題」「新たに現れる言説」「発見のジェンダーと言説」「多文化主義的フェミニズムに関する問題」「アフリカ映画」「ブラジル映画」「ヨーロッパ中心主義と多文化主義」「一四九二年の書き直し」）に参加した、活気に満ち、自分の意見を主張する多くの生徒たちに、非常に多くを負っている。この一連の授業は、ニューヨーク市立大学、ニューヨーク大学、コーネル大学、サンパウロ大学で行われた。

多文化主義研究に携わり、素晴らしい友人や仲間たちと出会えたことは格別な喜びだ。支援をつづけてくれた方々のお名前を、一部ここに挙げたい。ラバーブ・アブドゥル・ハディ、オンシー・アブーセイフ、ミレーラ・アフロン、パラグ・アンラディ、パット・オフダーハイデ、カレン・バクスタイン、ジャナケ・バフレ、キャサリン・ベナモウ、ジュリアンヌ・ブルトン、ジョナサン・バックスバウム、マリー・シュミット・カンプベル、ジャン・カリュー、アルリンド・カストロ、スミタ・チャクラバルティ、ムバイエ・シャム、シェリル・チザム、ジム・クリフォード、ルイス・アントニオ・コエーリョ、マーク・クロフォード、ジョージ・クステン、ダン・ドーソン、ダフネ・デポージョ、サンディ・フリッタマン＝ルイス、アイシェ・フランコ、ココ・フスコ、ジェーン・ゲインズ、フェイ・ギンズバーグ、ブライアン・ゴールドファーブ、ウィリアム・グリーブス、インダーパル・グリウォル、ヘスケル・ヘラリ、ジョン・ヘス、マリナ・ヒュン、パトリシア・ホフバウアー、リン・ジャクソン、ランダル・ジョンソン、ジャッキー・ジョーンズ、コニー・ケイトン、パルヴィーズ・ハーン、マイケル・ケップ、チャック・クレインハンズ、アゴスティン・ラオ、メアリー・ローラー、ポール・レンティ、ジュリア・ルサージュ、アナ・ロペス、ワーニーマ・ルビアーノ、アン・マクリントック、ジョン・マクルーア、ロイド・マクニール、アイヴォン・マルグリーズ、ワルド・マーティン、シェリー・ミルナー、チャンドラー・タルパデー・モーハンティー、アーミル・ムフティー、ハミード・ナフィーシー、ジェームズ・ナーモア、ヴィニシウス・ナヴァロ、ロブ・ニクソン、ロールデス・ポルティージョ、ベレニス・レノー、ルビー・リッチ、マーク・リード、エドワード・サイード、エリック・スムーディン、ヴィオラ・シャフィーク、デヴィッド・スタム、ジム・スタム、フアン・スタム、エリア・スレイマン、クライド・テイラー、デヴィッド・トラボーリー、ジョートサナ・ウッパル、マイケル・ワレンス、コーネル・ウェスト、そして、『ソーシャル・テクスト』に関わるすべての方々。最後に、リマ、アマル、ヤークーブに心からの愛を。

目次

凡例

・原注は⑴、⑵…とし、巻末にまとめた。

・訳注は＊1、＊2…とし、各章末にまとめた。

・訳文中の〔　〕は訳者による補足である。

・映画のタイトルは、日本で公開された作品はその題名を用い、未公開の作品は原題を訳した。

・引用文献に既訳書がある場合は参照し、一部訳文を変更した。

序章

近年、メディアと学界において、相互に関連するヨーロッパ中心主義や人種主義、多文化主義についての活発な議論が近年見られる。コロンブスに関する歴史的な論争や、キリスト教の教会法に関する学術論争、アフリカ中心主義派についての教育学的な論争は、「ポリティカル・コレクトネス」や「アイデンティティ・ポリティクス」、「ポストコロニアル性」など、多くの専門用語を生み出してきた。

本書『支配と抵抗の映像文化』は、大衆文化におけるヨーロッパ中心主義と多文化主義に焦点を当てている。現代のメディア表象や主観性を理解するうえで、ヨーロッパ中心主義が知の減退をもたらすという認識が不可欠であると強く確信し、本書の執筆にいたった。現代の思想と教育に特有の病であるヨーロッパ中心主義は、「常識《コモンセンス》」として浸透している。哲学と文学とは、ヨーロッパの哲学と文学だと、当然のように思われてきた。最良の思想と書物は、当然、ヨーロッパ人の手によるものだとされてきた（ヨーロッパ人に関しては、旧来のヨーロッパ人だけでなく、南北アメリカやオーストラリアなど、他の場所で暮らす「新ヨーロッパ人」にも言及する）。歴史とはヨーロッパの歴史であり、その他のすべては、歴史家ヒュー・トレヴァー＝ローパーが（一九六五年に！）、「絵のように美しいが、地球の重要でない片隅で、野蛮な部族が何の報いもなく動き回ること[(1)]」と、偉そうに呼んだものにたとえられ、まとめられてしまうのだ。一般的な大学は「西洋」文明の歴史を強調し、リベラルな大学でさえ「他者」の文明の研究は形式的なものにとどまる。その際、ヨーロッパ植民地主義が資本主義近代に大きな影響を与えたとは教えていない。ヨーロッパ中心主義は日常生活にあまりに深く埋め込まれ蔓延したため、気づかれることはそれほどない。ヨーロッパの文化や人間は生まれながらに優れているという誤った認識が、ヨーロッパの支配した数世紀の世界の文化や日常言語、メディアに見出せる。

新保守主義者は、多文化主義がヨーロッパの古典文学や「一研究対象の西洋文明(2)」まで捨てよと言うと揶揄するが、多文化主義は実際にはヨーロッパやヨーロッパ人ではなく、ヨーロッパ中心主義を批判している。つまり、文化的な異種混淆性を、無理に一つの枠組みでとらえることを批判するのである。そこでは、ヨーロッパは世界の重心であり、その他の地域にとっての存在論的「現実」として特別な意味を持つとされる。ヨーロッパ中心の思考は、「西洋」を歴史的な定めという意味で、神のお導きと見なす。ルネサンス絵画の遠近法のように、ヨーロッパ中心主義は、一つの特権的な視点から世界を構想する。そして、アフリカを文字どおり矮小化しながら、ヨーロッパを中心に大きく置いて世界地図を作製するのだ(3)。グリニッジ標準時が制定され、英国が時間測定の調節主体になったのとまったく同じように、「東洋」を「近東」「中東」「極東」地域に分割して、ヨーロッパは空間の価値を決める審判になったのだ。ヨーロッパ中心主義は、世界を「西洋とその他(4)」に分け、日常の言葉でも暗にヨーロッパを上に位置づける。われわれの「民族」と彼らの「部族」、われわれの「宗教」と彼らの「迷信」、われわれの「文化」と彼らの「民間伝承」、われわれの「芸術」と彼らの「工芸」、われわれの「デモ」と彼らの「暴動」、われわれの「自衛」と彼らの「テロ」というように。

ヨーロッパ中心主義は、ヨーロッパ列強が世界の大半で覇権を握る過程で、植民地主義の大まかな理論的根拠としてまず登場した。実際、ジェームズ・モリス・ブラウトは、ヨーロッパ中心主義を「植民者の世界モデル」と呼んだ(5)。ヨーロッパ中心主義は、植民地主義や帝国主義、人種主義の言説に共通するイデオロギーの土台をなし、植民地主義が公式に終わった後でさえ、現代の実践と表現に浸透し構築する姿のない思考形式なのだ。植民地主義の言説とヨーロッパ中心主義の言説は緊密に結びついているが、それぞれの言葉が強調する点は異なる。前者が植民地主義の実践をはっきりと正当化するのに対し、後者は必ずしもそうした問題を直接的なテーマとせず、植民地主義と帝国主義が生んだ階層的な権力構造を固定し、当然とし、「常態化」する。ヨーロッパ中心主義は植民地化により生じるが、その結びつきは従来の認識論的《エピステモロジー》枠組みでははっきりしない。

ヨーロッパ中心主義の言説は複雑で矛盾に満ち、歴史的状況に左右される。しかし、一種の合成写真では、ヨーロッパ中心主義という思想は、知的な傾向や作用を相互に強めるように見えるかもしれない。

1　ヨーロッパ中心主義的な言説は、(「純血」「西洋的」「民主的」とされる)古代ギリシャから始まり、ローマ帝国を経て欧米列強の大都市へ至る、まっすぐな歴史的軌道を反映している。パクス・ロマーナ、パクス・ヒスパニカ、パクス・ブリタニカ、パクス・アメリカーナなど、帝国の一続きとして歴史を描くのだ。ヨーロッパはつねに階級社会や封建制、資本主義、産業革命を自力で生み出し、歴史を発展的に変える「原動力」と見なされる。

2　ヨーロッパ中心主義は、民主制に向けた進展は「西洋」のおかげと見なす(トルケマーダ、ムッソリーニ、ヒトラーは、歴史の忘却と選択的な正当性というこの論理では例外とされるに違いない)。

3　ヨーロッパ中心主義は、西洋の公的な民主主義に埋め込まれたごまかしを覆い隠し、諸外国の民主主義の破壊に関与したことを隠蔽する一方で、非ヨーロッパの民主的な伝統を無視する。

4　ヨーロッパ中心主義は、西洋の抑圧的な実践を、偶発的で故意ではない例外と見なして矮小化する。植民地主義や奴隷貿易、帝国主義が、西洋の過大な権力を支えているとは考えない。

5　ヨーロッパ中心主義は、非ヨーロッパの文化的・物質的な成果とその所有を否定しながら独り占めする。こうして自意識を高め、文化的な人食いを自慢するのだ。バーバラ・キルシェンブラット゠ギンブレットが言うように、西洋は「形式を行為者と切り離して影響力に変え、中心部に影響を及ぼし、生活の基盤を周縁に残したまま、コスモポリタンであると自画自賛するのだ」(6)。

要するにヨーロッパ中心主義は、非西洋を庇護したり悪魔化までしながら、西洋の歴史の都合の悪い面を削除したのである。自分たち西洋には、科学、進歩、人間性といった崇高な偉業を表す言葉を用い、非西洋のことは、事実だろうが想像だろうが、欠陥を示す言葉で表現するのだ。

本書はヨーロッパ中心主義に反対する研究書として、その規範の普遍化を批判する。エメ・セゼールの言うように、いかなる人種も「美や知性や力を占有することはできない」。われわれは、個々のヨーロッパ人ではなく、ヨーロッパ主要国の、内外の「他者」との抑圧的な関係を批判する。もちろん非ヨーロッパ人はヨーロッパ人よりもともかく「マシ」だとか、第三世界やマイノリティの文化はそもそもヨーロッパの文化より優れていると言うのでは決してない。一部の理論家が言うように、ヨーロッパ人には生まれつき人々を冷酷に虐殺する性癖があるわけではない。そうした理論は、植民地主義者が先住民族や第三世界の人々を悪魔化したのをただひっくり返して、彼らが生まれつき高貴で寛容であると言っているに過ぎない。われわれはまた、自らを諸悪の根源と見なす、ヨーロッパの裏返しのナルシシズムを信じるわけでもない。これもヨーロッパ中心主義的なアプローチであることにかわりなく（デリダ曰く「ヨーロッパは、反＝民族中心主義的な鏡の中で自身の〈許し難い存在〉を展示する」）、第三世界の家父長的エリートのあらゆる責任を免除しているのだ。[7]そうした「被害者学」は、非西洋人の生活を、西洋の侵略に病的に対処したように貶める。それは、植民地主義者の主張を引っ繰り返したに過ぎない。「われわれ」（つまり西洋）は、「彼ら」に文明をもたらしたのではなく、至るところにおぞろしい邪悪をもたらし、「彼らの」脆弱な社会はどれも「われわれの」狡猾な影響に屈したというのである。相かわらずプロメテウス的な解釈だが、この場合のプロメテウスは火ではなく、ホロコーストをもたらす。バーバラ・クリスチャンが「〈邪悪〉を含めあらゆるものを生み出したという西洋の奇怪な主張」[8]と呼んだもののようだ。本書では、その目的よりも体系的な言説に、「善」「悪」よりも歴史が形づくった力関係に焦点を当てる。タラル・アサドが指摘するように、問題は「どれほどヨーロッパ人が罪深く、第三世界の住民が純真であるかではなく、罪や純真さを決める基準がいかに歴史的につくられたのかである」[9]。

「ヨーロッパ中心主義」という言葉は、「人種主義」の同義語と受け取られ、卒中のような激しい反応を引き起こすこともある。しかし、たとえばアフリカの歴史的主体性を抹消すればアフリカ系アメリカ人をさらに人種差別してしまうように、ヨーロッパ中心主義と人種主義は歴史的に絡み合ってはいるが、決して同じではない。それはヨーロッパ中心主義が、第一世界や第三世界でさえも、学校やメディアで見聞きする「標準的」な歴史観だと多くの人が考えているからだ。この歴史観が標準となったため、意識も行動も反人種主義なのにヨーロッパ中心主義でもあるという可能性は十分ある。ヨーロッパ中心主義は、自覚的な政治的姿勢というよりも、暗黙の立ち位置なのだ。私はヨーロッパ中心主義者ですと宣言しないのは、性差別主義の男が「やあ、俺はジョー、男性至上主義者だ」と言って回らないのと同じことだ。デヴィッド・リーフが「ヨーロッパのほうが優れていると考える企業など、もはや存在しない[10]」と躊躇なく言っているように、この点は誤解されることが多い。しかし企業の幹部こそ、ヨーロッパが優れているかどうか心配する必要はないのだ。彼らは、数世紀にわたるヨーロッパの支配が残した社会構造とものの見方を、十分に受け継いでいるのだから。

反ヨーロッパ中心主義的な多文化主義は、ヨーロッパそのものを攻撃するのではなく、ヨーロッパをそれ自身の文化的多様性さえ平板にしてしまう地理的な虚構ととらえ、ヨーロッパを相対化するであろう。ヨーロッパにはつねに、周縁化された地域とレッテルを貼られた共同体が存在していた（ユダヤ人、アイルランド人、ロマ、ユグノー、ムスリム、小作人、女性、ゲイ／レズビアンなどである）。本書はヨーロッパの思想家や概念を引きあいに出すのであって、ヨーロッパ恐怖症的な姿勢を推奨するわけではない。ヨーロッパ史の「裏面」を強調するが、科学的・芸術的・政治的な成果という「表面」を認めないものではないのだ。ヨーロッパ中心主義は歴史的に位置づけられた言説であり、遺伝子で受け継がれないため、非ヨーロッパ人がヨーロッパ中心主義者になり得るように、ヨーロッパ人も反ヨーロッパ中心主義者になり得る。つまりヨーロッパは、帝国に批判的な人々をつねに生み出してきたのである。今日の新保守主義が最も崇敬するヨーロッパの文化人に植民地主義を非難する人々がいるのは皮肉である。新古典派で保守主義者の元祖サミュエル・ジョンソンは、一七五九年にこう記している。「ヨーロッパ人は到着したどこの海岸でも、私欲を満たし腐敗を広め、不当に統治し、理由もなく残虐な行為をした。そうしないことはめったになかった[11]」。資本主義の守護聖人アダム・スミスさえ、著書『国富論』（一七六六年）の、東インド諸島と西インド諸島の先住民族に関する箇所で、アメリカ大陸の発見によって、あらゆる商業利益は「それらが引き起こした、おそるべき不運の中に埋もれ、失われてしまった[12]」と書き記している。しかし現代の多文化主義者が同じことを主張しても、「ヨーロッパ・バッシング[13]」だと非難される。あるいは、批判は認められても、ヨーロッパ賛美の一種の「代案」としてほめ言葉にすり替わる。「ええ、ヨーロッパは、あらゆる残虐行為を行いました。でも、ヨーロッパだけが自己批判という美徳を持っているのです」。

ヨーロッパ中心主義は、長らく多文化的だった世界では典型的な思想ではないと基本的にわれわれは考える。多文化主義者さえ、徹底して愛国的で例外主義的な意識を垣間見せる。善意にあふれたカリキュラム委員会は、「アメリカ社会の発展」に世界の多様な文化がいかに「貢献」したかを教える講座の設置を求める。だがそのような公式化の根底に国家主義的な目的が潜むことに気づいてないのだ。「多文化性」は「合衆国人」だけのものではないし、多文化主義は合衆国のアイデンティティ・ポリティクスの「付属品」でもない[14]。事実、あらゆる国や地域はまったく記述的な意味で、多文化的だ。エジプトは、古代エジプトやアラブ、ムスリム、ユダヤ教徒、キリスト教徒／コプト教徒、そして地中海の影響を融合させた。インドは、複数の言語や宗教で騒がしい。メキシコの「宇宙的人種」〔ホセ・バスコンセロスの概念〕は、少なくとも三つの主要な文化集団の混淆である。そして、北アメリカの多文化主義も、最近のものではない。「アメリカ」はそもそも、ヨーロッパやアフリカ、アメリカ先住民族のさまざまな言葉を使う、多言語で多文化な社会だったのだ。

多文化主義という言葉はおそらくすぐにあきられるが、それが示す問題はすぐには解消しないだろう。そうした現代の軋轢は、地底深くの「変動」が地表に現れたものだからだ。世界中で文化の脱植民地化が、ようやく表に見えはじめたばかりなのである。植民地主義の遺産という惰性や、それを引きのばすメディアの重要な役割に気づかなければ、多文化主義を求める確固たる正義を明白にできない。われわれにとって多文化主義は、人は地位や可能性や諸権利に関して完全に平等であるという観点から、世界の歴史と現代の社会生活を理解することを意味する。多文化主義は、書物や博物館の展示、映画シリーズなど文化的作品だけでなく、共同体間の力関係についても表象を脱植民地化するのだ。

ここでの目的は、なにより結びつきをつくることだ。まず、時間的観点で関連づけよう。メディアは多文化主義を植民地主義と関係のない最近流行の現象として扱うが、われわれは重層的な抑圧というより長い歴史に基づいて論じる。文化と帝国に関する多くの文学研究は主に一九・二〇世紀を扱うが、本書は「古代史」の表象を現代の表象と結びつけ、一四九二年まで遡って植民地主義言説の痕跡を辿ろう。たとえば古代ギリシャやアフリカに関する言説から、現代のテレビ・コマーシャルにまでわたる。第二に、南北アメリカやアジア、アフリカを含め、より広い文脈で表象について議論し、空間的／地理的観点で関連づける。第三に、通常はメディア研究、文学理論、再帰的・実験的な民族誌、第三世界フェミニズム、ポストコロニアル研究、さまざまな民族研究および「地域研究」などと区分された分野を結びつけ、学問領域的観点で関連づける。第四に、メディアを詩、小説、歴史、パフォーマンスアート、文化理論のような学問的なものから、商業テレビ、ポピュラー音楽、ジャーナリズム、テーマパーク、旅行広告など通俗的《ポピュラー》なものまでより広範でまとまりのないネットワークの一部として描き、間テクスト性の観点で関連づける。進歩的な文化人は、大衆文化の下層域を軽蔑することがある。ヨーロッパ中心主義が大衆にとって身近な感覚になるのは、市民のレベルにそれがあるからだ。第五に、生産的関係におけるゲットー化した歴史や言説の判別を試みながら、植民地主義や帝国主義、第三世界のナショナリズムの問題と、人種やエスニシティ、多文化主義の問題を結びつけ、概念の観点で関連づける（たとえば、反ユダヤ主義の問題と人種主義の問題を切り離す慣例には従わない）。

歴史的な期間や地理的地域を、専門分野ごとに整然と隔離するのではなく、相互の結びつきを探求したい。文化集団と人種集団を別々に語るのではなく、その両者を「関係性」において語ろう。それは両者の立ち位置が同じであると示すことではない。次々と入れ替わる一連の対抗的共同体をヨーロッパ白人の支配に対置すること（それは結局のところ不変の敵対者としてのみ白人性を特別扱いする戦略である）よりもむしろ、対立するネットワーク内の共同体の縦横の結びつきを強調しよう。白人／黒人、アメリカ先住民族／白人といった白人性のみに注目する巧妙な二項対立を再生産して、そうした分類に収まりづらい「残り」の人々を単なるお客さんにするのではなく、いくつも重なるアイデンティティや帰属の多様性を扱いたい。

本書のもっと大きな目的は、多文化的な要素が実際乏しいカルチュラル・スタディーズを「多文化化」することだ。多くの著作家が新保守主義の攻撃に対し多文化主義を擁護するが、その作品自体はまったく多文化的でないことが多い。おびただしい数のエッセイが、人種や階級、ジェンダー、セクシュアリティの「マントラ」（コベナ・マーサーの表現）を書きかえ、増幅し、あるいはポスト構造主義好き一派が「差異」や「他者性」といった目が眩むような抽象概念を探究するものの、非ヨーロッパ文化に参与する知識を提供することはほとんどない。マイノリティ集団の「スター」知識人を重視する一方で、「スター」ではない者や、英語を話さない第三世界研究者の作品、数十年あるいは数世紀も前から反植民地主義の思想家たちが書きつづけてきた作品を、これらのテクストはほとんど黙殺するのである。アングロアメリカの文化に特権を与えたり、ロンドンやバーミンガムだけをカルチュラル・スタディーズの起源とすると、ラテンアメリカ研究やアジア研究、アフリカ研究との対話が妨げられる。アングロ系の西洋世界に属さないものはすべて、「地域研究」として周縁化されてしまうのだ。

植民地化は本質的にグローバルであり、現代のメディアは全世界に届くので、文化批判は事実上国民国家という限定的な枠組みを超えざるをえない。われわれは、多文化主義の問題をグローバルな文脈でとらえるつもりだが、帝国のように世界をいっぺんに「取り扱おう」と主張するわけではない。「グローバルに考えよう」というわれわれの呼びかけは、個々の学者に博識な人になれと言っているのではなく、いっしょに研究しようと誘っているのだ。実際本書は、近年盛んになってきた「多文化メディア研究」という名称がついたばかりの、多分野にまたがる学問領域を設定する。さまざまな底流は、次のような多文化メディア研究のより大きな流れのなかで混ざり合う。すなわち、「マイノリティ」表象の分析、帝国主義メディアの批判、植民地言説・ポストコロニアル言説に関する作品、「第三世界」と「第三の映画」の理論化、アフリカ・アジア・ラテンアメリカの歴史と分析、第一世界の「マイノリティ」「ディアスポラ」「先住民族」のメディア、反人種差別で多文化的なメディア教育に関する作品などである。

ポストモダン時代の政治紛争は必ず大衆文化《マス・カルチャー》というシミュラークル〔見せかけ〕の世界を経験するので、メディアはまちがいなく多文化主義をめぐる論争の中心になる。現代のメディアはアイデンティティを形づくる。それどころか、アイデンティティを形成する核になりつつあるといってよい。映像と音響、人間と商品のグローバルな広がりに象徴されるトランスナショナルな世界では、メディアの観客性はナショナル・アイデンティティや共同体意識に複雑な影響を与える。メディアは、遠く離れた人々との関わりを促し、共同体を想像する過程を「脱領域化」する。メディアは、視聴者を原子化した消費者や一人でも楽しめる単子《モナド》に変えて共同体を破壊し孤独をつくるが、共同体やオルタナティヴな結びつきをつくることもできる。メディアは文化を「他者化」できるし（本書前半の章で詳述）、多文化的な連携も促進できるのだ（後半の章で詳述）。支配的な映画が遠くの文明をずっと戯画化したとしたら、今日のメディアは対抗する表象を提供する力だけでなく、共生的で多文化的な変化のための平行空間を切り開く力も持ち、さらに多中心的である。

われわれは、メディアが形づくり異議を唱えてきたものとして、ヨーロッパ中心主義の理論や史観を示したい。どのようなナラティヴや映画の戦略がヨーロッパ中心の解釈を特別視してきたのか、また、こうした解釈はどのように問われてきたのだろうか？　本書はオルタナティヴなテクストや実践を強調はするが、支配的なメディアを画一化して敵視するものではない。よくあるようにハリウッドをひとまとめにとらえたり、緊張と矛盾の場で前衛作品をヨーロッパ中心主義からの逃避と見なすこともない。だが「天と地のあいだ」には、ハリウッド中心主義の世界では思いも寄らない出来事がたくさんあるぞ、と言いたいのだ[*1]（言うまでもなく、あらゆる商業映画を例のごとく拒絶するために、「ハリウッド」という言葉を使うのではない。巨大産業で、イデオロギー的に保守で、様式的には伝統を重んじる、「支配的な」映画を簡潔にした表現なのだ）。多文化的な目でハリウッドを見るだけでなく、他の伝統や映画や視聴覚様式に注意を促し、議論を脱中心化することを目的とする。「多文化主義」という言葉に専門家として懸念を持つ特権的な教育者もいるが、それは彼らが、「ゼロから始める」よう求められていると思っているからだ。われわれはしかし、「すべてを否定する」ことよりも、「全部を見直す」ほうに、より関心がある。

われわれは、多様なタイプの映画（ハリウッドの娯楽作品から過激な前衛作品まで）や、国籍がじつにさまざまな映画について語るが、それは世界の映画を概観するためではない（たとえば、多作で革新的な東アジアの映画は、ここでは主要な存在ではない）。多文化主義を避け、無視し、脱却する映画ではなく、それと向き合う映画に焦点を当てる。批評的なハリウッド映画や、第三世界映画やマイノリティの映画、ラップのミュージック・ビデオ、政治色の強い前衛作品、メッセージ性の強いドキュメンタリー、果敢な地域活動家のカムコーダー〔カメラ一体型ビデオレコーダー〕も含め、幅広く進歩的で視聴覚的な大衆文化を考察する。しかし、世界のメディアを細かく見るのではなく、そうした作品の方法論的・理論的・政治的価値観に関する、文化的実践とテクストの事例を取り上げよう。

広範な歴史とテクストの分析を組みあわせ、推論的理論エッセイと批判的調査を織り混ぜ、本書は多様な専門分野の人々に訴える。映画／メディアの特異性を認識しつつ、さまざまな専門分野、テクスト、言説や、古代から現代、あらゆる階層を彷徨う「カルチュラル・スタディーズ」風の自由を許す。また、さまざまな専門分野を混成させた本書は、融合的《シンクレティック》で、共食い的でさえある方法論を発展させる。その全体構成は、過去から未来、教訓主義から思弁、覇権《ヘゲモニー》から抵抗《レジスタンス》、批判から肯定まで展開する（「批判」には「賛美」が含まれ、「賛美」には「批判」が隠されていることを付け加えておく）。われわれの目的は、特定のテクストをグローバルに支持することでも非難することでもない。より歴史的に見識を深め、芸術的に微妙な差異を感じ取る文化的実践の読者になることが最も重要なのだ。したがって本書は、規範的な結論に向かってまっすぐ進む構成をとっていない。ヨーロッパ中心主義に関する「議論」の全体像は、率直に明白に提示されるのではなく、本文を通してゆるやかに理解されるだろう。同じテーマが異なる文脈に現れることで、音楽的なエコー効果が生まれ、さまざまなライトモチーフが各章に織り込まれている。「帝国という想像物」（第3章）は植民地主義者の書いた歴史に重点を置き、「第三世界主義の映画」（第7章）は元被植民者による歴史の「書き直し」を強く主張する。一方、ヨーロッパ中心の代表例への批判や、相関理論の練り上げ、オルタナティヴな美学の探求、さまざまな「ポスト」に対する疑問といったテーマは、本書全体で構築される。混淆《ハイブリッド》や融合《シンクレティズム》、メスティサヘ（混血）、人食い、呪術など、植民地主義者の記録に初めて登場するいくつかのテーマは、より最近の解放や反植民地主義者の記録に再び見出せる。このようにさまざまな節がテーマを互いに反響させている。

第1章「ヨーロッパ中心主義から多中心主義へ」では、後に続く議論の概念的基盤を提示するために、「ヨーロッパ中心主義」や「人種主義」、「第三」世界と「第四」世界、「ポストコロニアル性」に関する重要な議論をまとめた。ここでわれわれは、リベラルな多元主義の代替として、「多中心的な多文化主義」という概念を提案する。

第2章「植民地主義言説の形成」では、現代の表象と間テクスト性のある植民地主義・ヨーロッパ中心主義の言説にはめ込まれた様式、性質、起源、結果について検討する。哲学や文学、歴史のような大きく広がる分野に浸透した植民地主義の言説を、メディアが吸収し再編していることを議論しよう。途方もなく長い歴史を見渡すよりも、「ギリシャ／エジプト」の刻印や「大航海時代」をめぐる画期的な争い、そして、「啓蒙主義」にある進歩の言説と自己矛盾に焦点を当てよう。つまり、歴史上の出来事そのものよりも、それをめぐる言説という副産物のほうを強調するのだ。コロンブスとコンキスタドールたちを描いた多くの映画など、これらの議論にはっきりと見解を示すメディアのテクストを例に、注意を喚起したい。

第3章「帝国という想像物《イマジナリー》」は、映画に帝国が落とした影を検討する。映画は、目の眩むような帝国主義の絶頂期と同じ頃に生まれたからだ。男性優位主義の帝国という想像物をつくるのに、小説や活字メディアとともに映画の果たす役割とは何か？　植民地主義の展示という最初の映画的形態も含む、合衆国や英国、フランスといった初期の帝国主義の作品に取り組んだらその後、第一世界／第三世界の遭遇をハリウッドがどう扱ったかの典型として、西部劇を検証する。無意識に現代の表象さえ構築する帝国の冒険映画と西部劇という、植民地化していく間テクスト性は、一九八〇年代の『インディ・ジョーンズ』シリーズのような映画や、『愛と哀しみの果て』（一九八五年）や『インドへの道』（一九八四年）のような「植民地時代を懐かしむ」映画、一九九一年の湾岸戦争時のメディアの報道でも、明らかになるだろう。この章では、これらの物語／歴史の内容だけでなく、そのジャンル、具体的には視点、焦点、同一化といったとりわけ映画的・テレビ的な操作方法も重視する。

第4章「帝国の比喩」は、帝国の言説で基底をなすヨーロッパ中心主義の比喩の作用に焦点をあてる。ヨーロッパ中心的な言説は、隠喩や比喩、動物や幼児のような形象を用いることがよくあると主張したい。ここでは、「処女地」、「暗黒」大陸、「ヴェールで覆われた」土地、ハレムという想像、レイプと救出のファンタジーといった、ジェンダー化しエロチック化した比喩の視覚的な体現をとくに取り上げる。これらの埋めこまれたトポスは、土地や自然環境、非ヨーロッパ文化に対するヨーロッパ中心的な姿勢を表し、考古学や精神分析のようなおなじみの言説によって世間の有効性を示すだろう。

第5章「ステレオタイプ、リアリズム、そして表象をめぐる争い」は、「イメージ研究」として知られる方法論の分野を批判的に評価し、「リアリズム」や「肯定的なイメージ」についての議論に立ち入る。「ステレオタイプと歪曲」の分析は、いまだ現実と強く結びつく媒体に関してどの程度有益なのか、またどの程度理論的に行きづまってしまうのか。そうした仕事が、アイデンティティの動員や、支配的なメディアの批判の基礎を成すのに対し、登場人物に基礎を置くアプローチから、おなじみの舞台設定や言語や配役の政治問題、ジャンル上の媒介、文化的な差異のような問題を考慮に入れた、より多元的な手法へ移行することも重要である。

第6章「〈関係性におけるエスニシティ〉」では、国民国家という枠組みの内部や狭間で、またその枠組みを越えてすぐに作用する、メディアの表象に対する相関的なアプローチを論じる。相関的な方法論は、人種そのものをテーマとしていない「白人だけの」ハリウッドのミュージカル映画にさえ潜んでいる人種の存在を明らかにする。さらに、南北アメリカの先住民族やアフロ・ディアスポラ系の人々のような複雑な関係性をもつ存在は、国境の内外で文化的共同体やアイデンティティが対立する相互作用を強調する、トランスナショナルなアプローチを要求するのである。

第7章「第三世界主義の映画」では、第三世界の映画の植民地主義とネオコロニアリズムの歴史をめぐる映画的な対抗の語りについて議論する。ここでは、「第三の映画」「飢えの美学」「低開発の寓意」といった、革命的ナショナリストの多様な戦略を示すために、主に一九六〇〜七〇年代の特定の作品を「例」に挙げる。これらの作品は、修正主義的な歴史学と形式の革新を融合させるために、二つの前線の闘争を実証したものである。『アルジェの戦い』（一九六六年）は、アルジェリア独立戦争の物語を語るために、テレビのルポルタージュ技法を盗む。『乾いた人生』（一九六三年）は、第三世界に合ったスタイルと制作様式で飢餓を映画化し、「飢えの美学」を具現化する。『燃えたぎる時』（一九六八年）は扇動的なやり方で、形式的な前衛主義と政治的な前衛主義を融合させる。一方、『狂乱の大地』（一九六七年）、『ハラ』（一九七四年）、『ガリラヤの婚礼』（一九八七年）のような作品は、モダニストに「不能《インポテンス》」の寓意を提示する。『アレクサンドリアWHY?』（一九七九年）や『飢饉を探して』（一九八〇年）、『死を予告された男』（一九八四年）のような再帰的〔内省的〕な作品は、最終的に第三世界における映画制作の特殊性に焦点を当てている。

第8章「抵抗の美学」は、形式と内容の両方に価値を置き、互いに補う活動のオルタナティヴな美学とラディカル・ポリティクスを統合しようとする試みに焦点を当てる。ここで論じる映画は、前の章までに紹介した多くの作品の範囲を「超越する」。第一に、この章で取り上げる作品は、食人的でカーニバルをパロディ化したような戦略や、メディア柔術の戦略を支持して、リアリズムの美学を拒絶する。第二に、これらの作品は、ネイションだけを関心の対象とすることを乗り越えて、階級やジェンダー、セクシュアリティ、ディアスポラなアイデンティティの視点から、ナショナルな言説も問い質す。われわれが「ポスト第三世界主義」の映画と呼ぶ作品では、口伝やカーニバルのように擬似《パラ》モダンで「古めかしい」文化の伝統は、美学を近代化・ポストモダン化するためのトランポリンになっているのだ。画一的で正しき美学を提唱するのではなく、視聴覚を用いた制作や教育法を根底から変える可能性を持った、さまざまな集団の抵抗戦略をここでは紹介した。

最後の第9章「ポストモダン時代における多文化主義のポリティクス」は、メディア教育、受容力、観客性を理論化する。ここでは、「ポリティカル・コレクトネス」の問題や異文化《クロスカルチャー》の観客性、共同体の一体化、ポストモダン時代の大衆文化の政治を検証する。ますますトランスナショナル化する世界で、観客性は共同体意識や支持政党にどのような影響を与えるのか。「人種的な抵抗という解釈」「感情の類推構造」「多文化的な観客性」という考えを展開する。最後に、反ヨーロッパ中心で多文化的で視聴覚的な教育が開いた機会を探求しよう。

本書の原題 *Unthinking Eurocentrism* は、本全体の二つの目的を表している。一つは、マスメディアが媒介する文化とそれに対する知的反応の双方において、ヨーロッパ中心主義をある種の認識論的な悪習として、無意識に当然と見なす傾向があるのを明らかにすることである。この意味で、ヨーロッパ中心のがらくたを集団的頭脳から一掃したいのだ。もう一つは、相関的な理論と実践に進むために、ヨーロッパ中心主義言説について「考え捨てる unthink」ことだ。「バランス」を取ろうと努力するのではなく、「バランスを正し」たい。ヨーロッパ中心的な批判は、政治的な後退だけでなく、美学的には陳腐で精彩を欠き無益だと主張しよう。ヨーロッパ中心主義に代わるものとして、たくさんの認識された政治的で美学的なものがある。そうしたものを定義し解明したい。

本書は、政治的に正しい本ではない。「コレクトネス〔正しさ〕」という言葉には悪臭がともなう、とわれわれは考える。右手は、ロビンソン・クルーソーの帳簿、作法やテーブルマナーのマニュアル、異端審問やホロコーストの簿記の匂いがし、左手は、いまや言葉の登記簿に大きく変貌したスターリン的な純粋主義の匂いがする。「ポリティカル・コレクトネス」というフレーズは、社会主義者やフェミニスト、ゲイ、レズビアン、多文化主義の政治を嘲笑う新保守主義を喚起するだけでなく、左派の現実志向とその効果も思い起こさせる。右派は、倫理的なひとりよがりや潔癖とこうした左派との関係を大げさに言い、政治批判はすべて不満分子の神経症的な放言と考える。病的なまでに罪悪感のある堅苦しいサブカルチャーの産物と見なすのだ。しかし、「ポリティカル・コレクトネス」が説教じみてユーモアのない禁欲を喚起するとしたら、「ポピュラー・カルチャー」は喜びの感情を呼び覚ます。したがって、本書は以下の疑問を基調とする。ポストモダン時代に革命的な大きな物語《メタ・ナラティヴ》が失墜したとしたら、その喜びを活かしながら、ヨーロッパ中心の支配的なメディアをいかに批判するべきか。われわれとしては、非の打ちどころない革命主体がつくった、まったく正しいテクストには関心はない。実際、なにか宗教的な意識の底では、完全に正しい政治テクストを求める気持ちがある。この意味で、われわれは、正しくないこと（「罪」を肯定的に言い換えた言葉）に関しては、あまり心配していない。完全に正しいテクスト（正典の聖句を手本としたもの）や、完璧な登場人物（完璧な神性や無謬の教皇をモデルとした）を探すのを止め、不完全と矛盾を引きうけよう。

この二つの目的を掲げ、多文化的なテクストと実践を超越したユートピア的理想論を賛美しつつ、支配的な言説におけるヨーロッパ中心の傾向を批判する、批判と称賛、分解と再構築という二重の作用を展開しよう。ここでのユートピアとは、自然科学的なユートピアの「青写真」という意味での「ユートピア」や、進歩という大きな物語をまとめるのでもなく、むしろ、「まだ存在しないものを心に描く開かれた過程を永遠に」歩みつづける、トム・モイランが「社会変化の扇動的表現」と呼んだものを探す「批判的なユートピア」を意味する。(15) 公正なテクストという純粋主義の概念や抵抗の汚れなき場を構築するのではなく、変化した文脈に「芽生え」そうな転倒の萌芽を探し、文化的実践の幅広い多様性のなかで美学的・教育法的な可能性をつかむ、積極的に奪いとる姿勢を提案しよう。道徳的で威張り散らした批評をするのではなく、批判的で多中心的な多文化主義によって開かれた豊かな可能性に目を向けたい。

訳注

＊1——『ハムレット』第一幕五場からの引用。

第1章　ヨーロッパ中心主義から多中心主義へ

西洋という神話

キング・ヴィダー監督の映画『南海の劫火』（一九三二年）で、マック船長がキップリングの名言「東は東、西は西、両者の出会うことあらず」を暗誦すると、こう冗談を返される。「じゃあ、マック、北と南はどうなるんだい?」。この一見くだらないやり取りは、地球を二つの軸（東西、南北）に沿ってきれいに分割する地理的な想像《イマジナリー》に注意を喚起する。本来、地球にそうした硬直した考え方はそぐわないが、オリエント化された片割れの「東洋」と同じように、「西洋」も神話とファンタジーで飾り立てられた虚構の概念なのである。地理的な意味では、この考えは相対的だ。西洋が「中東」と呼ぶ地域は、中国から見れば「西アジア」だ。アラビア語で西という意味のマグレブ（Maghreb）はアラブ世界の最西端である北アフリカを指し、東を意味するマシュリク（Mashriq）と対を成す（アラビア語の「西」と「外国の」という単語は、同じ gh, r, b という語根を持つ）[*1]。アメリカの西にある南太平洋は、文化的に「東」に位置づけられることが多い。

さらに言うと、「西洋」という用語はレイモンド・ウィリアムズが『キーワード辞典』で指摘したように、曖昧に使われてきた長い歴史がある[(1)]。ウィリアムズによれば、この歴史はローマ帝国やキリスト教会の東西分裂まで遡り、ユダヤ教徒とキリスト教徒の西洋と、ムスリム、ヒンドゥー教徒、仏教徒の東洋を定義し、第二次世界大戦後の資本主義の西欧と共産主義の東欧の分割に至る。つまり、政治が文化地理を重層的に決定づけているのだ。現代の用語では、イスラエルは

「西洋」国家と見なされるが、トルコ（その大部分はイスラエルよりも西にある）やエジプト、リビア、モロッコはすべて「東洋」である。ラテンアメリカも「西洋」から排除されることがあるが、これは驚くべきことだ。ラテンアメリカのほとんどの人々は、民族的遺産が何であれ、地理的には西半球に位置づけられ、第一言語としてヨーロッパの言語を話し、ヨーロッパの様式が支配的でありつづけている社会で暮らしているのだから。ここでの論点は、ラテンアメリカ――この名称自体、一九世紀にフランス語から造語された――を「西洋」に取り戻すことではない。ラテンアメリカのように、西洋でも非西洋でもありながら、アフリカ的、土着的、ヨーロッパ的とも見なされ、後戻りできないほど混淆の進んだ地域では、勝手にアイデンティティの地図がつくられることに注意を喚起することである。

プラトンからNATOまで、ヨーロッパ中心主義という勝者の言説は、歴史を西洋的理性の発展過程と同義とする。しかし実際は、ヨーロッパ自体が西洋と非西洋の多くの文化が合わさってできた産物である。「純粋な」ヨーロッパは古代ギリシャを起源とするという考えは、古代ギリシャを形づくったアフリカやセム語族の影響から、いわゆる暗黒時代（オリエント優勢の時代を指すヨーロッパ中心的な名称）や中世、ルネサンスでも重要な役割を果たしたセファルディー系ユダヤ・イスラーム文化の浸透まで、決定的に排除することを前提としている。ヤン・ピーテルスが指摘するように、ギリシャ、ローマ、キリスト教、ルネサンス、啓蒙主義のように、ヨーロッパの進歩という名高い「地位」にあるものはすべて「文化的融合の瞬間」なのだ(2)。西洋の芸術は常に非西洋の芸術の恩恵を受け、変容してきた。宮廷恋愛詩はムーア人の影響を、モダニズム絵画はアフリカの影響を受けた。ヨーロッパの演劇や映画はアジアの表現形式（歌舞伎、能楽、バリ島の舞踏劇、漢字）に衝撃を与えられ、マーサ・グレアムやジョージ・バランシンらのバレエの振付にはアフリカ色が見られる(3)。したがって「西洋」自体が集合的な遺産であり、雑食性の文化的混合物なのである。非ヨーロッパの影響を「取り入れる」だけではなく、「それらでできているのだ(4)」。

西洋という理想的概念は、ヨーロッパ中心主義の虚像にへつらうような認識をつくり上げる。たとえば科学技術は「西洋のもの」と見なされることが多い。あらゆる理論を「西洋のもの」とし、フェミニズムや脱構築主義のような運動はどこで起きようとも「西洋のもの」だと当然のように見なす姿勢もこのことと相互に関連している。つまり、「精神」としての西洋は理論的で洗練されており、「肉体」としての非西洋は粗野な素材のままだという考え方である。しかし数世紀前まで、ヨーロッパは科学技術のまぎれもない借用者であった。アルファベット、代数、天文学も、すべてヨーロッパの外から来た。それどころか、ヨーロッパが初めて輸出した技術製品は、一三八八年の置時計だったという歴史家すらいる(5)。エンリケ航海王子が使ったキャラベル船は、大三角帆を備えたアラブのダウ船を手本にしていた(6)。ヨーロッパは中国や東アジアから印刷術、火薬、羅針儀、機械時計、弓形のアーチ橋、地図作成技術を借用した。また、非ヨーロッパの科学技術（古代エジプトの科学、アフリカの農耕、ドゴン族の天文学、マヤの数学、アステカの建築や灌漑とゴム製造技術）の歴史的存在はもちろん、多様な世界の相互依存を無視するべきではない(7)。この数世紀間、科学技術開発の最前線が西欧と北米に集中していたのは間違いない。しかしそれは、まさに植民地開発によって促された「共同事業」（第一世界が分け前をほぼ独占する）であり、現在では、新植民地主義によって第三世界からの「頭脳流出」が助長されている。ラテンアメリカの鉱山やプランテーションがもたらした富が英国の産業革命を一部支えていたように、ヨーロッパの産業革命は植民地の資源管理と奴隷労働者の搾取によって可能となったというならば、どういう意味で「西洋」だけの科学技術、産業、科学というのだろうか。要するに「西洋」と「非西洋」は、反意語と断定できないのだ。現実に二つの世界は、クレオール化や融合《シンクレティズム》で変化しやすい空間で相互に浸透しているからである。この意味で、「西洋の神話」と「東洋の神話」は、同じ植民地の記号の表裏を成す。エドワード・サイードは『オリエンタリズム』で、西洋の著作はヨーロッパ中心主義的に東洋を構築したと指摘するが、マーティン・バナールの『黒いアテナ』などは、東洋（とアフリカ）の「抹消」がヨーロッパ中心主義的な西洋の構築を補完したと指摘するのである。

実際、全世界は事実上、いまや混ざり合ってできている。植民地主義は「つねにすでに」融合した状態（たとえばイスラーム・スペインにおけるユダヤ教徒、キリスト教徒、ムスリム、植民地化前のアフリカ部族、そして一四九二年以前の先住「アメリカ人」）から生まれ、独立期《ポスト・インディペンデンス》*2は、変化しやすい文化の混合に、その時代特有のディアスポラや移住者を映しだす。この流れのなかでは、「マジョリティ」と「マイノリティ」の位置は簡単に入れ替わる。特に国内の「マイノリティ」の大半は、かつてさまざまな「汎」民族運動が起こった地域の「マジョリティ」であったが、今は離散した集団の一部となっている。「比較文化研究」（南北の国境研究、汎アメリカ研究、アフロ・ディアスポラ研究、ポストコロニアル研究）の広がりは、植民地主義の航跡に多層的なトランスナショナリズムを求め、国民国家を超えてこうした分散を認識する。

植民地主義の遺産

前述したように、現代のヨーロッパ中心主義は、多方面に及んだ植民地主義の残滓や沈殿物であり、ヨーロッパ列強の経済的・軍事的・政治的・文化的覇権が、アジア、アフリカ、南北アメリカの大部分に達する過程で生じたものである。植民地主義は、遠方の資源の支配（フランス領インドシナ、ベルギー領コンゴ、フィリピン諸島）と、直接的なヨーロッパ人の入植（アルジェリア、南アフリカ、オーストラリア、南北アメリカ大陸）という二つの形態をとった。本書では、帝国主義という用語を、だいたい一八七〇年から一九一四年にかけての植民地主義という固有の時期または形式として使うこととしよう。この期間は、領土の征服が組織的な市場の追求や拡張主義的な資本の輸出拡大と結びつき、長い目で見ると、独立期の第一世界の干渉主義政策とも結びついた。

もともと植民地化は、近代ヨーロッパよりも前から、ギリシャ、ローマ、アステカ、インカ、その他数多くの集団が行っていた。「植民地化 colonization」「文化 culture」「祭儀 cult」（宗教のこと）という単語は、すべてラテン語の動詞 colo に由来する。過去分詞は cultus、未来分詞は culturus で、土地の占領、土地の耕作、起源と先祖の確認、新しい世代に受け継ぐ価値観など、価値と実践という役割がそこから派生した言葉に与えられたのである。[8] これまでもさまざまな国家が近隣の領土をたえず併合してきたが、ヨーロッパの植民地主義が目新しかったのは、全世界規模、グローバルな組織権力との提携、強制的な手法、そして真理と権力という唯一「普遍的な」支配体制に世界を服従させる試みだったことだ。植民地主義は、武装し制度化した世界規模の自民族中心主義である。植民地化は、ヨーロッパ内における拡大（十字軍、イングランドのアイルランド進出、スペインのレコンキスタ）に起源を持ち、「大航海時代」と、新世界の奴隷制度とともに飛躍的進歩を遂げ、帝国主義の世紀となる一九世紀末から二〇世紀にかけて頂点に達した。ヨーロッパ列強が支配した土地は、一八八四年[*3]には地球の表面積の六七％であったが、一九一四年には八四・四％となった。この状態は、第二次世界大戦後にヨーロッパ植民地帝国が崩壊して漸く転換し始めた。(9) 植民地主義により、大規模な領土の収用、先住民族とその文化の破壊、アフリカ人とアメリカ先住民族の奴隷化、アフリカとアジアの植民地化、そして植民地世界だけでなくヨーロッパ自体にも人種差別がもたらされた。

残念なことに、植民地主義的思考は過去の現象ではない。ポール・ジョンソンが一九九三年の『ニューヨーク・タイムズ・マガジン』に書いた記事（「帰ってきた植民地主義――もはや一刻の猶予もならない」）は、はっきりと植民地主義への回帰を訴えた。記事は、現代アフリカにおける社会的病理を激しく非難しながら、こうした病理を誘発する西洋の役割を意図的に無視している。たとえば、ソマリアは自治の能力に欠けると糾弾するが、武力紛争を助長する超大国間の対立については一言も触れない。アンゴラ内戦に関してはアンゴラを非難するがアメリカと南アフリカの共謀には目をつぶり、ハイチを非難するのにアメリカの過去の侵略と独裁政権に対する支援には沈黙を守るのだ。その一方でこの記事は、植民者にとって何もかも「気の進まない不本意な過程」であったのに、「素晴らしく立派な道路と港湾のインフラ」を供給し、入植者の自由のために植民地を「細心の注意を払って準備した」西洋の「気高さ」を賞賛している。そして、「彼らに自治は時期尚早という人もいる」と結論する。(10) 植民地主義に免罪符を与えるようなジョンソンの言説は、あたかも土地や資源の支配や強制労働が「利益を生まず」、したがって「私欲がなかった」かのように、西洋の公正無私な寛大さを主張するのだ。

植民地主義は、文化的レベルでさえ、私欲のなかったことなどなかった。サフィ・ファイ[*4]の映画『ファジャル』（一九七九年）の一連の場面は、犠牲者の側から見た文化的植民地主義の経験を力強く描く。セネガルの村の教室で、裸足の生徒が歴史の授業で暗唱するシーンがある。「ルイ一四世はフランスの最も偉大な国王でした。彼は太陽王と呼ばれます」。ファイェの映画は、文化的アイデンティティの横領と置換を描く。この生徒たちが語る「本物の」歴史は、ヨーロッパにある。ヨーロッパ人だけが、進歩的な時間を生きる歴史的主体を構成するのだ。ベトナムとセネガルで植民地の生徒向けにつくられたフランスの高校の歴史教科書によれば、「われわれの祖先であるガリア人は、金髪で碧眼でした」。ギニアの映画『白と黒』（一九九一年）には、フランス人教師の言葉を訂正する人物が登場する。彼は、「あなたたちの祖先はマンディンゴ人で、彼らは英雄でした」と生徒に語りかける。ングギ・ワ・ジオンゴによれば、植民地主義とは「名前や言語、能力に対する自信、そして最後には人間の自尊心」を根絶やしにし、自らの過去を「何も生み出さなかった荒地」と見なすよう強いるものであった。(11) 植民地主義は、ヨーロッパの文化を賞賛し、先住民族の文化を中傷する。被植民地の宗教は、迷信や「悪魔崇拝」として組織的に糾弾された。こうしてアメリカ先住民族の「スピリット・ダンス」は禁じられ、サンテリア*5やカンドンブレ*6のような、アフロ・ディアスポラの宗教は抑圧された。一つには、ハイチ革命のパパロイ〔呪術師〕や、カリブ地域の反乱におけるオベアー*7といった、呪医や預言者、幻視のできる呪術師が抵抗運動の中心的役割を担うことが多かったからだ。植民地主義の制度は、共同体のアイデンティティと帰属意識を形づくる、豊かに織りなす文化的特質を人々から剝ぎ取ろうとし、トラウマと抵抗運動という遺産を残したのである。

直接的な植民地支配の多くは終焉を迎えたが、世界の大部分はいまだに新植民地主義に巻き込まれている。直接的な政治的・軍事的支配が、主に外国資本と現地エリートの緊密な提携を要とした婉曲的で半間接的な経済支配に姿を変えたのである。植民地主義の結果、世界はいま基本的に西欧とアメリカ、日本が構成する強大な国家グループにある程度支配されている。この支配は、経済（G7、IMF、世界銀行、GATT）、政治（国連安全保障理事会で拒否権を持つ常任理事国五カ国）、軍事（新たな「一極」のNATO）、技術情報文化（ハリウッド、UPI通信社、ロイター通信社、フランス通信社、CNN）に及ぶ。(12) 新植民地主義的な支配は、厳しい交易条件と、世界銀行とIMFの「財政緊縮計画」によって強まる。多くの場合、第三世界エリートが自己利益のため共犯となり、西側先進諸国である第一世界が、自分なら決して許容できないような規則を課す。(13) 新植民地主義により当然ながら、（豊富な天然資源保有国でさえも）貧困が拡大し、（かつて自給自足していた国でさえ）飢饉が急増し、「債務の罠」にはまり、外国資本に資源が開放され、さらに珍しくもないが国内では政治的に抑圧されるのだ。

「従属理論」（ラテンアメリカ）や、「低開発理論」（アフリカ）、「世界システム論」は、旧宗主国である資本主義諸国とその多国籍企業の支配する階層的でグローバルなシステムが同じコインの表裏を成すように、第一世界の富と第三世界の貧困を同時に生み出すと主張する(14)。エドゥアルド・ガレアーノが指摘するように、「われわれ［ラテンアメリカ諸国］の敗北は常に他者の勝利を意味した。われわれの富は常に他者、すなわち諸帝国とその支配層の繁栄を支え、自らの貧困を生んできた(15)」のである。従属理論は、「近代化」理論というヨーロッパ中心主義の前提を拒絶する。第三世界の低開発を文化的伝統のせいにし、第三世界は経済的「離陸」を果たすため、西洋の後をついて行けばいいんだと決めつけるからだ。従属理論は、旧宗主国中心に考えているとか、マルクス主義の上部構造理論と同じだとか、グローバルな動きとローカルな動きの相互作用を概念化できていない、前資本主義の「残滓」も認知できず、反動的な政権さえ近代化を進める力だからと目をつぶり、階級やジェンダーの問題だけでなく、文化領域の「相対的自律性」に鈍感だと批判されてきた(16)。従属理論は、第一世界をあらゆることに影響を及ぼす主体とし、第三世界をただ無抵抗にその経済的・イデオロギー的刻印を受け入れる均質なひと塊と見なす、左派のプロメテウス主義のような罪を時に犯した(17)。こうした欠点を考えると、新植民地主義的な従属が第三世界の不利な立場をすべて説明できるとは思わない。ただ、少なくとも一因となっているという説明はできるだろう。

　ここでわれわれは、政治経済の範囲を超えて、植民地主義の実践を形づくる言説の役割へ関心を向ける。この場合の言説とは、与えられたテーマに関する知識を表すにあたり共通言語となるようなイメージと発語を、フーコーのいう意味で、個人を越えた複数の体制のアーカイブを指す。「真理の体制」のように、言説は特定の声や美学、表象を排除する制度化された構造に覆われている。ピーター・ヒュームは植民地言説を、「植民地的関係を展開するところで共通にみられた言語に基礎をおく実践の総体」と定義する(18)。ヒュームのいう総体とは、役所の書類から恋愛小説まであらゆるものを含んでおり、ヨーロッパのための非ヨーロッパ世界を生みだす。だが、ここでは、植民地制度の歴史的産物である植民地言説と、現代の、いやそれどころか過去の植民地的／帝国的な実践さえも正当化する、言葉やイデオロギーの装置である植民地主義的／帝国主義的な言説を区別したい。

人種と人種主義

人種主義は西洋に固有のものではなく、植民地に限られていたわけでもないが（反ユダヤ主義が好例である）、歴史的に見て植民地主義の同類であり、一部でもある。人種主義の最大の犠牲者は、植民地という大釜の中で偽のアイデンティティをつくられた人たちで、英国のアジア人や西インド諸島民、フランスのアラブ人のように、植民地主義により強制移住させられた人だけでなく、アフリカ人、アジア人、アメリカ大陸の先住民族も含まれる。植民地主義者の文化は、「法なき劣等人種」に対する、存在論的なヨーロッパの優越感をつくり上げた。ジュール・アルマン曰く、「先住民族の征服を基本的に正当化するのは、われわれが優れているという信念である。単に物理的・経済的・軍事的に優れているというだけでなく、道徳的にも優れているのだ[19]」。このような帝国の宣言は、「差別主義とは、現実の、あるいは架空の差異に普遍的、決定的な価値づけをすることであり、この価値づけは、告発者が自分の特権や攻撃を正当化するために、被害者を犠牲にして、自分の利益のために行うものである[20]」という、アルベール・メンミの定義の好例である。人種主義は、理不尽で自滅的ですらあるが、たいてい具体的な弾圧を「きっかけ」に起こる。たとえばアメリカ先住民族は白人のヨーロッパ人に土地を取り上げられたから「獣」とか「野蛮人」と呼ばれ、メキシコ人はアングロサクソン系に領土を奪い取られたから「無法者」とか「チンピラ」と嘲られた。一般に、被植民地化とは、利益の名の下に文化の素地や歴史の実証的な記録を破壊し、文化や歴史がないと嘲笑することであった。人種主義は、侵略とナルシシズムという対の動きを呼び起こす。原告を称賛すれば、被告は二重に侮辱される。人種差別主義の思想は、われわれは正しいから権力を持つ、権力があるから正しいというように、同語反復的な堂々巡りである。基本的に歴史に無関心で抽象的でもあり、時代を超えて差異を伝える。「彼らは万事そうだったし、これからもそうだろう」。

人種という区分は、自然にできたものではなく、つくられたものであり、絶対的ではなく相対的で、状況に左右される。ナラティヴの分類さえ、差別の歴史的過程で生じたのである。だが、ある人を、いつ、どこに、どんな文脈に置くかによって、その分類も変化し得る。また、主観的な自己認識と政治的動因も、厳密な定義を妨げる。植民地主義以前は、アフリカ人は、自分たちを黒人だと考えていなかった。ちょうどヨーロッパ人が、「白人性」の発明以前にはウェールズ人、シチリア人などと自認していたように、バントゥー族やフォン族、ハウサ族、イボ族といった集団の一員としか認識していなかったのだ。分類は連帯の形として使われるときもある。現代の英国では、政治活動に携わるアジア系、カリブ系、アフリカ系は、時に「ブラック〔黒人〕」を自称する。イスラエルでは、セファルディー系ユダヤ人（大半がアジアやアフリカの出身）は「黒人」と呼ばれ、自らも「黒人」を名乗ることが多い。一九七〇年代の彼らの政治闘争は、アメリカの黒人解放組織に敬意を表して、「ブラック・パンサー」と呼ばれた。(21)

人種主義も同じく、「きちんと進展し、時間と歴史を経ても変わらない(22)」わけではない。場所や関係性で変わり、それはさまざまな集団が抑圧される側の地位にあったことを意味する。(23)フランツ・ファノンによれば(24)、人種主義とは「執拗に追い求めた体系的な階層制」であり、具体的な社会構造に根ざし、これまでの権力構造に埋め込まれた、何より社会的な関係である。実際、メンミによる人種主義の定義は、差別する者と被害者のある種一対一の対峙を前提としているが、人種主義がもっと抽象的で間接的な水面下のもので、「民主的」ですらある実態を十分に説明していない。人種主義は複雑な階層制度であり、社会的・制度的な実践と言説の構造的な集合体であるため、各個人はその恩恵を受けようと進んでそれを表明し、実践することはなかった。サミュエル・フラーの『ホワイト・ドッグ』*8（一九八二年）のように、人種主義を病的に攻撃的な狂犬に矮小化することはできない。ホイットニー・ヤングがいうように、単に「毎朝起きるたびに、高い木に黒人を吊るしたいという欲望」ではなく、むしろ「なにげない屈辱」であり、当然視される特権につきものの「はなはだしい尊大さ」なのである。(25)

全体が人種差別的な社会では、被害者を含め、支配的な人種主義者の言説を免れる人はいない。人種主義はこのように「浸透し」、循環しながら横に広がっていく。抑圧された人々が互いに「同じ階層の者」を犠牲にすることで、最終的に階層制の頂点にいる人々の利益となるような覇権システムを永続させるのだ。人種主義は、実践であるだけでなく言説でもあるので、抑圧された共同体の成員でも、黒人嫌いの黒人、自己嫌悪するユダヤ人というように、抑圧的な言説をとり得る。サミュエル・フラーの『ショック集団』（一九六三年）は、自分をクー・クラックス・クランのリーダーと思い込んでいる黒人を登場させ、民族的な自己嫌悪を演出する。ジョシュア・ソボルの『あるユダヤ人の魂』を原作にしたドイツ映画『ヴァイニンガーの夜』（一九八九年）も同様に、ユダヤ人を悪の権化と見なした過去のドイツ系ユダヤ人を研究し、ヨーロッパ系ユダヤ人の自己嫌悪を分析している。このように、言説と民族的所属は、人種主義者や反ユダヤ社会という非常に強い圧力の下で二つに分裂することがある。マニング・マラブルは、人種的には黒人だが民族的には黒人ではない事例として、黒人共同体の一員としての役割を放棄したと考えられているクラレンス・トマス判事[*9]を引き合いに出して、たまたま生まれついたカテゴリーである人種という受動的所属と、エスニシティという能動的所属を区別する。[(26)] ディネシュ・ドゥスーザも同様に、「第三世界の有色人種」といった言葉で飾り立てるが、彼の言説はWASP的な特権の数ある一つである。

人種主義が被害者たちのあいだに矛盾を生みだすとしたら、それは、ほかならぬこの用語に関わる矛盾である。この言葉は、憎悪する対象の魅力を隠すことが多い。他者を執拗にけなす言葉は、このように歪んだ帰属意識を覆い隠せる。強い嫌悪は、欲望を覆い隠す。熱烈な反ユダヤ主義者のエルネスト・ルナンは、軽蔑していたはずのユダヤ人の宗教文化の研究に生涯を捧げた。[(27)] 植民地主義の人種主義者も、同じように圧倒的な魅力に危険を感じていた。以下は、インドの魅惑を語る、無名の英国人作家による一文である。

> その英国人がまるで神秘的な未知の世界にやってきたように感じるのは、インド全土を覆う宗教的な雰囲気のせいだ。この感覚は、恋の本質である。好奇心の旺盛な人には抗いがたい誘惑に、彼はよく耐えている。……インドの英国人は賢明にも、できるだけ身の回りを母国の雰囲気で満たし、スポーツ、娯楽、クラブや新参の女性たちとのおしゃべり、頻繁に教会へ通うことで、この土地の魔力から身を守る。[(28)]

異国の誘惑を前に英国人らしさを維持するための、ほとんど喜劇的ともいうべきこうした提案は、快楽に走りやすい若者たちに対する校長先生の忠告を思い起こさせる。ここで心配されているのは明らかに宗教だが、エキゾチックな誘惑と決めてかかるものに遭遇する恐怖を示す。

人種主義のなかの相反する感情についてはファノンが初めて提起し、今日では精神分析の用語でよく論議されるが、歴史化する必要がある。人種主義は、自らの系譜を偽るような姿を取ることがある。アメリカ先住民族の研究者が指摘するように、合衆国建国の父たちはローマ帝国に自らを重ね合わせ、ローマに征服された側である自分たちの北ヨーロッパ人の祖先の部族や共同体の過去を拒絶した。(29) さらに時代を下ると、白人のヨーロッパ系アメリカ人労働者は、白人が軽蔑したが強く望みもした、産業化以前の「他者化した」寛容で好色な人間の典型として、アフリカ系アメリカ人を構築したのである。「イギリス人やアメリカに入植して利潤の追求に夢中だった人々」は、ジョージ・ローウィックがうまく表現しているように、「改心した罪びとがあたかもかつての放蕩仲間に出会うかのように、黒人《ウェストアフリカン》に出会った」(30) のである。(反体制、時には反黒人の) 反乱や暴動に加わることよりも、「黒人《ウェストアフリカン》のように顔を黒く塗ること」は、相反する感情の記号化である。黒人のように顔を黒くする人々は、「その行為を象徴化するために、想像上の黒人性を賞賛する一方で、黒人に扮する自己を嫌悪する」(31)。身体に煤を塗りつける行動は「多形倒錯」の極みで、「排泄物やゴミで遊ぶ幼児のように……潔癖性とは正反対で、普通は、資本主義やプロテスタントの文化の蓄積を連想させる」(32)。

つまり、固定観念を壊すより、固定観念を持つ人を分析するほうが、多くを明らかにすることがあるのだ。黒人嫌いの固定観念 (獣のようでおぞましいなど) が、肯定的な考え (本能的に自由なようだ) に再記号化されると、対象の魅力よりも、白人のエロチックな想像力があらわになる。黒人の身体の敏捷性を称える言葉の裏には、精神的に無能と決めつける気持ちが隠れている。業績をあげたのに「生まれつきの」才能を称賛するのは、黒人の成果が努力や訓練とまったく関係がないと言うようなものだ。ヨーロッパ系アメリカ人が、車やスポーツのチーム (メジャーリーグのアトランタ・ブレーブス) などにアメリカ先住民族の言葉やシンボルを採用するのは、確かに称賛の一風変わった間接的な形、つまりそれらの名称から連想する、望ましくない「相反する感情」を表している (たとえば、アメリカ先住民族は、アメフトの観客の「トマホークチョップ」に抗議する。そのジェスチャーをシンボルとしては支持するが、「頭皮を剝ぐ」のは問題のある暴力だとずっと考えてきた白人の意識が投影されていると思うからだ）。

それゆえ人種主義は、原始主義と異国趣味という、二つの間違った、あるいは自分にはね返る賛辞の技に熟達している。『エメラルド・フォレスト』（一九八五年）のような原始主義の映画は、「見えざる人々」の「自然な慣習」をほめたたえるが、先住民族の実際の闘いとはほとんど関係ない、ロマンチックな形でである。異国趣味は、世界を再び魅了するべく、エロチックな虚構として植民地化された「他者」を利用し、自分たちの快楽のために対象を自分本位に捉えるのである。フィリス・ローズは、人種主義と異国趣味を、次のように対比させる。

異国趣味は人種主義が脅威と感じる人種の違いを面白がる傾向がある。……人種主義は、貧しく育って誰かを傷つけずにはいられなくなった子どものようだ。異国趣味は裕福に育ち、少し退屈している子どもだ。人種主義のまわりは危険だらけだが、異国趣味のまわりには使い古された玩具が転がっている。[33]

人種意識は多様で分裂しており、精神分裂症的ですらある。タコスやファラフェルや五目焼きそばと多文化でいっぱいのお腹は、単一文化の精神をともなうときもある。ラルフ・エリソンは、トランジスターラジオでスティービー・ワンダーの歌を流しながら、公共のビーチで泳ごうとする黒人たちに対し差別的な言葉で口汚く罵る白人の少年を描写している。第三世界出身でアメリカに移民した非白人は、白か黒かの支配的な二項対立論に抑えつけられながら、矛盾する態度をとっているかもしれない。同じマイノリティ仲間と考えつつも黒人を排斥することで、国家への不安定な帰属意識を確認したいのだ。トニ・モリスン*10が言うように、移民がボートを降りて「二番目に学ぶ言葉は「ニガー」であった」[34]。人種主義は、別の精神分裂症も引き起こす。主流社会は一方でアフリカ系アメリカ人セレブを崇拝しながら、いわゆる下層階級のスラム街の若者には激しい被害妄想を示す。ラテンアメリカでは、メスティーソ文化を誇らしげに引き合いに出すヨーロッパ化したエリートが、一方で、メスティーソのマジョリティに権限を与えるのを断固拒否している。確かに、大勢の人々が「マイノリティ」の著名人を崇拝するような変化が生まれたが、現実の文化的「勝利」は政治的敗北を覆い隠すのだ。人種というカテゴリーは要するに矛盾しているのだが、それで人種主義の被害者が慰められるわけではない。いかなる複雑な分析も、そのことを考慮に入れなければならない。

人種主義は、性差別や階級主義、同性愛嫌悪と一緒になって伝わることが多い。社会階層制は、矛盾するが補強しあうやり方で重なりあう。歴史的に見て、人種主義の原因は、経済的なもの（責任転嫁の仕組みは、経済的な不満や日和見主義と結びついている）、心理的なもの（不安や相反する感情、混乱したアイデンティティの投射と関係する）などとりとめがない（人種主義は言説的な側面があるものの、単なる言説ではない。たとえ言説が、警棒を使う理由や使い方に関する社会認識に影響を与えるとしても、警棒は言説ではない）。人種主義は、自らの屈折した「喜び」を表す。それは労せずして得た優越感であり、独断的な反感という脆弱な根拠に基づいた集団的アイデンティティと安易に結びつく。こうした「喜び」は、弱者の人種主義を説明する。たとえば、労働者階級のヨーロッパ系アメリカ人が、自分の利益となるはずの政策を、アフリカ系アメリカ人も助けることになるからと拒絶するようなものである。

人種主義のルーツは、「他者」に対する恐れ（動物のように「ぼんやりとした」、抑圧された自我と関係する）や、自然とか肉体に対する恐怖症といった、深い精神に遡る。ラルフ・エリソンによれば、「われわれ黒人にとっての不幸は……われわれが白人が基本的に有する二元論の否定的な側にからめとられてしまい、良心や自覚を抑えつけようとするほぼすべてのことに縛られたことだった」[35]。リリアン・スミスは、南部白人の性教育が、同じ身体なのに、肌が黒ずんで汚らわしい部分と、そうでない部分とに「分離する」と述べている[36]。「黒」と「白」という一対の言葉自体、容易に善と悪、物質と精神、悪魔と天使といった二元論に結びつく[37]。そして日常会話では、黒を否定的にとらえ（「黒い羊〔厄介者〕」、「黒い日〔陰鬱な日〕」等）、黒と白をスペクトルの微妙な差異ではなく対極のものと決めつける（「黒か白かの問題ではない」）。黒人はたいてい悪役を割り当てられるのだ[38]。一九二〇年代のフランツ・ボアズから一九八〇年代のジェシー・ジャクソンまで、多くの人がたとえば黒人と白人ではなくアフリカ系アメリカ人とヨーロッパ系アメリカ人と呼ぼうといった、肌の色と人種に基づく用語から、文化に基づく用語へ変えようと言いつづけているのは、この二元論の誘惑に対する抵抗なのである。

いかなる人種主義の分析にも、一定の区別が必要である。第一に、人種主義は、自民族中心主義とは異なる。どの集団も、自文化というレンズを通して世界を見る点では、自民族中心的であり得る。だが、そうしたからといって必ずしも人種差別的ではない。ただ身体的・文化的差異に気づいたり、ある集団の特定の構成員を嫌ったり、特定の集団の文化的特性を嫌悪することですら人種主義ではない。人種主義は、不当な利益や権力の乱用を正当化するために、経済的・政治的・文化的・心理的な差異という烙印を押すことをいうのだ。どんな集団の人間も人種差別的な考えを心に抱くことはできるが（人種主義に対する遺伝的な免疫などない）、人種差別する権力、つまり人種に対する意識を社会的な弾圧に変える権力を持てるとは限らないのだ。分析者は、絶滅という排他的な人種主義か、搾取という包摂的な人種主義かも区別する[39]。敵対行為で表すあからさまな人種主義と、敵意が目立たない暗黙の内にある密かな人種主義を区別するのである。人種主義は、（スチュアート・ホールの言葉によれば）推論的でもある。言いかえれば「人種主義的な前提と主張を絶対的条件とする出来事や状況の表現である[40]」。従来の個人的な人種主義と制度的な人種主義の区別には、結局問題がある。人種主義は「集団の権力の発現、もしくは活性化[41]」と定義されるからだ。それゆえ人種主義は個人的でも組織的でもあり、精神と社会の両方の支配体系に織り込まれ、ひどくありふれていると同時に、腹立たしいほど抽象的でもある。単なる意識の問題ではなく、資源と機会の徹底的に不等な分配や、正義、富、喜び、苦痛の不公平な配分と結びついた、歴史上図らずも生じた制度的でかつ言説的な仕組みである。それは理論の誤りというよりも権力の乱用であり、「意識」というよりも希望の先送りや、人生の破滅に関わっている。

植民地式の人種主義という変形文法では、いくつかの鍵となる構造が目に付く。**①欠如の断定**。ヨーロッパの規範に照らして不完全だとし、秩序、知性、性的な慎み、物質文明、歴史すらないとして、人種的に烙印を押すことである。たとえば、植民地主義の信奉者ジョルジュ・アルディは、「アフリカ人の精神」には記憶や真理の意味、抽象化する能力等が、そろって欠けていると決めつける[42]。同じような負の錬金術により、フランス人植民者は、ずっとほめたたえられてきたアラブ文化のもてなしの精神を、後進性の記号に変貌させた。アラブ人には寛容という文化的規範があるからではなく、新世界の先住民族のように、ものの価値を理解するには愚かすぎるために贈りものをすると考えたのだ。欠如の想定は、いわば驚きの人種主義ともいうべきものに通じる。「あなたが博士だというのか！」「アフリカに大学があるのですか！」。②序列マニア。（非ヨーロッパ人の上にヨーロッパ人を、ブッシュマンの上にズールー族を置いて）人間をランク付けするだけでなく、（遊牧の上に農業を、草ぶきの上にレンガ造りを、打楽器の演奏の上に旋律を置いて）人工物や文化的慣行をランク付けする。③被害者たたきと④人々への感情移入の拒否という相関的な過程にも、人種主義は必然的に生じる。つまり、既存の社会秩序の中で生存競争に巻き込まれた人々に同情せず、冷静でありつづけ、迫害されているという主張を疑うように距離をおく。⑤生命の価値の組織的な引き下げ。あからさまに殺人を求める極端な形を取ることもある。たとえばL・フランク・ボーム（『オズの魔法使い』の作者）は一八九一年に、さりげなくジェノサイドを勧めている。「辺境入植地の安全は、わずかに残るインディアンが絶滅すればいちばん確実になるだろう。なぜ絶滅させてはいけないのか。……惨めで可哀想な人たちとして生きるよりは、死んだ方がマシではないか[43]」。生命の価値の引き下げに関して、蒸気船の事故で誰かけがをしたのかという問いに、マーク・トウェインは皮肉を込めてハックルベリー・フィンにこう答えさせている。「いいえ、奥さん。黒ん坊《ニガー》が一人、死んだだけです」。この意味において人種主義は、見解という知的レベルではなく、民族の連帯やわれわれとヤツらのあいだの嫌悪という感情レベル、つまり「われわれ」という代名詞のレベルで生ずるのだ。

主流メディアはヨーロッパ系アメリカ人の生命を神聖視しながら、一方で絶えず有色人種の生命の価値を下げている。マイアミの中心部で有色人種の内部抗争があり多数の死者が出ても、数人のヨーロッパ人観光客が殺害されるよりも深刻に受け止められない。「アメリカ人の生命を救う」というお守りのようなフレーズは、第三世界諸国への、流血を伴う侵攻の口実として引き合いに出される。こうしたアメリカの体制は、この生命の価値の引き下げを、まさにその引き下げられた人々のせいにしているのだ。映画『ハーツ・アンド・マインズ　ベトナム戦争の真実』（一九七五年）のなかで、ベトナム戦争時に陸軍参謀総長だったウェストモーランド大将が、「ここでは生命に価値はない」というフレーズで、東洋哲学を要約している（この言葉は、亡くなった子どもたちにすがって、悲嘆に暮れて涙を流すベトナム人の両親の映像に重ねられた[44]）。生命の価値を引き下げる当然の帰結として、メディアは、暴力や無用で無差別な死、病気、自然災害と、第三世界を結びつける傾向にある。こうして「死体、あるいは死につつある身体は、第三世界における人間存在の視覚的記号となった」のである。[45]

リベラルの言説ですら、迫害の構図よりも支配集団の道徳的ジレンマに焦点を合わせ、有色人種の生命の価値を引き下げている。たとえば、PBSのドキュメンタリー『ディア・アメリカ　戦場からの手紙』(一九八七年)はベトナム戦争の「悲劇」を描いているが、アメリカ人に関してだけである。[46] 作品の最後に、五万人以上のアメリカ人が死亡したとの字幕が出るが、二〇〇万人以上のベトナム人が死んだことには触れていない。フランシス・コッポラの『地獄の黙示録』(一九七九年)も同様に、ベトナム人には人間的な深みを与えず、戦争の「狂気」を取り上げる。『帰郷』(一九七八年)、『ディア・ハンター』(一九七八年)、『プラトーン』(一九八六年)、『7月4日に生まれて』(一九八九年)といったベトナム戦争映画の多くは、アメリカ国内の悲劇として戦争を描く。現実の戦争は、アメリカ人(白人)の魂のなかで起こるもので、帝国主義文化における言葉の論争であった。湾岸戦争の間、マスメディアは絶えず論争の筋書きをつくり、地政学的な対立の構図をつくり上げることで、戦争に共感するよう仕向けた。テッド・コッペルがイラク空爆の真っ最中に「中東の静かな日」について話したのは、イラク人が一人も殺されていないと言ったわけではなく、「重要な」人物で負傷した人はいないという意味で言ったのだ。湾岸戦争は、あからさまには植民地戦争ではなかったが、「勝利」への陶酔はまさに植民地主義的な非西洋人の生命の価値の引き下げを前提としていたのである。

結局、人種主義は、逃れようのないジレンマを有している。われわれとあまりに異なる人は劣っている。われわれと非常によく似ている人はもはや「本物の」黒人でもインディアンでもアジア人でもない。人種主義はこのように、差異の否定と同一性の否定という、二つの補完しあう手順をうまく利用する。歴史的経験における差異を曖昧にする一方で、人間の願望の同一性を否定するのだ。過去の不公正を「積極的」に是正するよう求められると、支配集団は自分が相続した利益を忘れ、立場や経験の違いを否定しながら、(万人をまったく同様に扱う)平等を熱心に支持するようになる。『白く渇いた季節』(一九八九年)は、南アフリカの黒人活動家が、お互い似たような人生経験をしたというリベラルな白人弁護士をはねつける場面で、この問題を明確にする。「ではあなたも、黒人身分証明書、投獄、屈辱を嫌というほど経験したのか」。人種を「超越するもの」を進歩と見なす、「肌の色を問わない」リベラルの理想は、白人の人種主義と黒人の文化ナショナリズムを等しく「人種意識」と同一視する。だが、ブラック・ナショナリズムは、人種統合論者の合理性を、白人のヨーロッパ人が自分たちの特権的な立場を正当化するために使った「権力という特定の言説」にすぎないと考える[47]。確かに社会主義理論家のなかには、自由主義を、社会進化論が昇華した構造的に排他的なものと見なす人もいる。リベラルが主張する平等と権利には実際、包摂の基本となる社会的信用（白人、男性、アメリカ人、資産家）が隠されているからだ[48]。⑥逆差別の言説を正当化する、この「記録されない」弱肉強食の掟を認めることはできない。各人の成果とその代償という実力主義を謳う制度の恩恵を長らく享受してきた人々がいるからだ。こうした逆差別的な言説は、少なくとも奴隷制の時代まで遡り、あるフランス人はこう警告している。「この制度を撤廃すればフランスは破滅するだろう。五〇万人の黒人の解放を求めれば……二五〇〇万人の白人が奴隷になるだろう[49]」。

第三世界

「第三世界」の定義の話は、本書の植民地主義や人種主義の議論から必然的にはずれる。「第三世界」とは、植民地化や新植民地化された、もしくは脱植民地化した国々や「マイノリティ」を指すが、彼らは植民地化の過程や不平等な国際分業によって構造的に不利な立場におかれた。「第三世界」という言葉は、これらの国家を、「後進的」で「未開発」で「原始的」だと見下す用語を奨励する風潮に対抗するためにつくられた。政治的連携として第三世界は、ベトナムとアルジェリアの反植民地主義闘争で育まれた関心と結びつき、特にアジア・アフリカの「非同盟」諸国による一九五五年のバンドン会議から生まれた。フランス革命時の第一身分（聖職者）と第二身分（貴族）に対抗する第三身分（平民）になぞらえて、フランスの人口統計学者アルフレッド・ソーヴィが一九五〇年代につくったこの言葉は、次のような三つの世界を想定する。資本主義国であるヨーロッパ、アメリカ、オーストラリア、日本の第一世界。社会主義圏の第二世界（中国をここに入れるかは、多くの議論の的となった）。そして、文字どおりの第三世界である。第三世界の基本的な定義は、未発達な経済（「貧困層」）や開発の度合い（「非工業国」）、人種（「非白人」）、文化（「後進的」）、地理（「東洋」「南」）といった区分よりも、長く続いた構造的支配と関係しているが、その他の項目は曖昧である。第三世界は、資源の点では必ずしも貧しくはないし（ベネズエラとイラクは豊かな産油国である）、単純に非白人国家でもなく（アルゼンチンとアイルランドの人口の大半は白人である）、非工業国でもなく（ブラジル、アルゼンチン、インドは、いずれも工業化が進んでいる）、文化的にも「高尚な芸術」で遅れてはいないからだ（サルマーン・ルシュディー、カルロス・フエンテス、カマウ・ブラスウェイト[*11]、ングギ・ワ・ジオンゴ、デレック・ウォルコット[*12]、ウォーレ・ショインカ[*13]、ナギーブ・マフフーズ[*14]、トニ・モリスンのような国際的に評価の高い作家により、その事実は近年認識されている）。

　われわれの研究は第三世界のまさに歴史的転機に関わるが、その一方で、革命や反植民地主義闘争は今も続いている。だが、第一世界の左翼と第三世界のゲリラが世界革命に向けて手に手を取って歩んだ「第三世界ブーム」の時代は、共産主義の崩壊、「アジア、アフリカ、ラテンアメリカ三大陸革命」という果たせない望み、「地に呪われたる者」〔ファノンの表現〕はみなが革命家というわけではない（必ずしも他者と同盟する必要がない）という理解、続々と第三世界に登場する独裁者、国際的地政学とグローバル経済システムは社会主義体制にすら国境を越えた資本主義とある種の和解を強いるという認識に道を譲った。

　近頃また、「第三世界」という言葉自体をめぐって用語の問題が起きているが、それはもっと好戦的な時代の厄介な名残のように思われる。シヴァ・ナイポールから見れば、この言葉は「個人やその社会から独自性を奪う血の通わない普遍性」[50]を表す。しかしアイジャズ・アフマドはナイポールに賛同しつつも、マルクス主義者の視点から、こう述べる――第三世界論とは、社会主義を（現在は存在しない）「第二世界」に限定しながら、三つのいずれの世界の階級抑圧も隠蔽する「限りなくイデオロギー的な問い」であると[51]。ナワル・エル・サーダウィ、アシア・ジェバール、ガヤトリ・スピヴアク、レリア・ゴンザレスのような第三世界のフェミニスト作家は、第三世界ナショナリズムにはジェンダー的に限界があると示してきた。さらに、一部の第三世界の帝国主義（ティモールに侵攻するインドネシアなど）を除けば、イランやトルコなどはヨーロッパの間接支配に服す経済的な「周縁」国であるが、直接的に植民地化されなかったため世界を三分割する図式にうまく当てはまらない[52]。三つの世界論*15は、異質なものを均し、矛盾を覆い、差異を隠すだけでなく、類似性（「第三世界」の国にも「第一世界」の国にもいる「第四世界」という先住民族）も曖昧にするのである。

第三世界のナショナリストの言説はたいていナショナル・アイデンティティを何の疑問もなく前提とするが、現代の国民国家は、大半が「混じり合って」できている。第三世界のなかでもブラジルのような国は、（メスティーソが多数派の）民族用語をみても、（その従属的地位を前提とした）経済用語をみても、いまだに西洋かぶれのエリートに支配されているのはまちがいない。アメリカ先住民族やアフリカ系アメリカ人といったマイノリティをずっと抱えてきた「第一世界」のアメリカは、諸国の独立が相次いで以降、移民の波が押し寄せていっそう「第三世界化」している。アメリカの現在の生活は、いまや第一世界や第三世界の運命と切り離せない。スウィート・ハニー・イン・ザ・ロックが歌う「アー・マイ・ハンズ・クリーン？」は、シアーズで売られているブラウスはどこからきたのか、エルサルバドルの綿花から、ベネズエラの石油、トリニダード・トバコの製油所、ハイチやサウスカロライナの工場までたどっていく。このように、トリン・T・ミンハが簡潔に言うとおり、第一世界なくして第三世界はなく、第三世界なくしては第一世界も存在しない。国家間だけでなく、国家内部でも、第一世界と第三世界の対立は起こるのだ。

しかし、「分散する覇権」（アルジュン・アパデュライの言葉[53]）という現在も、西洋支配の歴史的文脈や惰性が強く残っている。そうした問題があるにもかかわらず、「第三世界」という言葉は、「帝国主義化した形態」（第一世界内のこともある）を示す記号として、自己発見的な価値を持ちつづける。こうしてマジョリティの地位は、世界の人口の四分の三を占める一つの集団に与えられる。ラテンアメリカ、アジア、アフリカ諸国はいずれも「意思決定権を取り上げられ、先進資本主義諸国の経済の補完を強いられる、グローバルな開発と産業化という抑圧された経験[54]」を持っている。国連の統計によれば、第一世界は世界の五分の一の人口しかないのに、実質的にはその多くが第三世界のものである世界の富の六〇％を享受しているのだ[55]。

さらに地政学的・経済的に見て、「第三世界」という用語は他の表現よりも利点がある。「南北」という対の用語は、世界を豊かな国と貧しい国に分けて表すのに便利だ。しかし、ほとんどの国が南半球にある第三世界が生産する原材料を、産業市場経済（第一世界）とかつての非市場経済（第二世界）が主に消費すると捉えるのは間違っている。（オーストラリアのような豊かな国も）南半球にあるし、西洋に依存を強める第二世界も「第三世界化」しているからである。また、対極的な南北という用語は、第三世界を根こそぎ搾取しているのが第二世界ではなく第一世界であるという事実を無視する。結果的に、「プロレタリア」国家対「ブルジョア」国家という考え方は、三つの世界とも本質的に家父長的で階級的であることを覆い隠す。「第三世界」といった用語はどれも図式的に使いやすいだけなので、一時的にある面しか表さないものとして「削除中」[*16]にしなければならない。したがって、人種、階級、ジェンダー、文化の根本的な問題を隠蔽してしまうと警告しながら、新植民地主義の声なき声や急進的な批判の共有を促す表現として、「第三世界」という言葉は使われつづけるだろう。同時にわれわれは、世界のさまざまな地域で差異や矛盾さえ生み出すエネルギーにふさわしい、もっと柔軟な概念枠組みが必要になるだろう。

第三世界の映画

映画に関していえば、「第三世界」という言葉は、アジア、アフリカ、ラテンアメリカの映像作品や、第一世界のマイノリティが制作した映画という、漠然とした集合体に注意を促す力がある。有色人種が世界のマジョリティであるのとちょうど同じように、有色人種の映画も映画のマジョリティなのだ。「本物の」映画はハリウッドの作品だけという認識がこの事実を覆い隠す。ロイ・アーメスが一九八七年に述べたように、第三世界諸国が制作した映像作品の総称として「第三世界の映画」を定義する人もいる。また、ポール・ウィルマン[*17]が一九八九年に言ったように、第三世界の人々が制作したかどうかに関係なく、イデオロギー色のある企画で、特定の政治的・美学的プログラムを支持する映像作品をまとめて「第三の映画」と呼びたがる人もいた。「第三の映画」という概念は、キューバ革命やアルゼンチンのファン・ペロンが唱えた「第三の道」のペロン主義[*18]や、ブラジルのシネマ・ノーヴォのような映画運動から生まれた。美学的な面でいえば、この運動はソヴィエトのモンタージュ、ヘルベルト・ブレヒトの叙事的演劇、イタリアのネオリアリスモ、そしてグリアソン[*19]主義者の「社会派ドキュメンタリー」と同じくらい多様な潮流を基にしている。一九六〇年代にフェルナンド・ソラナスとオクタビオ・ヘティノは、「第三世界」をスローガンに打ち上げた。彼らは、第三の映画を「[第三世界の反植民地闘争と、帝国主義諸国内のそれに相当する闘争において]現代の最も巨大な文化的・科学的・芸術的表明……要するに、文化の脱植民地化と認識される映画」と定義した。[56] あらかじめ「本質」が構成された存在ではなく、創出された企画全体と捉える限り、「第三世界の映画」や「第三の映画」を、政治的な文化的実践は非常に戦術的・論争的に利用しつづけるだろう。

用語だけで区分すると、意味の重なり合う円がいくつも思い浮かぶかもしれない。

1　第三世界の映画という、中心の円。第三世界の人々が（どこにいるかは関係ない）、自分たちの手で、自分たちのために制作したもので、「第三の映画」の原則に忠実。

2　第三世界の人々（とあとから定義された集団）が制作した映像作品という、もっと大きな円。映画が、第三の映画の原則に忠実かどうかや、制作年代とは無関係。

3　第三世界の人々を支援する、第一世界や第二世界の人々が制作したもう一つの円。第三の映画の原則に忠実。

4　状況によって位置づけが変わる最後の円。近年のディアスポラ的混成文化の作品を含み、「内側」であると同時に「外側」でもある。「第三の映画」の手法を作り上げ、掘り下げた、モナ・ハトゥムやハニフ・クレイシの作品など。

最も多いのは、二番目の区分であろう。現在、「第三世界」を構成する国々の作品である。このグループには、インド、エジプト、メキシコ、アルゼンチン、中国など昔からある主要な映画産業や、キューバ、アルジェリア、セネガル、インドネシアなど独立や革命を経た映画産業が入る。「第三世界の映画」といま呼ばれているものは、よく言われるように一九六〇年代に始まったのではない。二〇世紀初頭以前でさえ、少なくとも消費の面では、映画は世界的な現象であった。たとえばリュミエール兄弟のシネマトグラフは、ロンドンやニューヨークだけでなく、ブエノスアイレス、メキシコシティ、上海にまで伝わった。ブラジル映画の「良き時代《ベラ・エーポカ》」は一九〇八年から一九一一年までで、第一次世界大戦の勃発により北米の配給会社が進出する前のことである。インドは一九二〇年代には、大英帝国よりもたくさんの映画を制作していた。フィリピンのような国々では一九三〇年代ごろは年に五〇本以上、香港では一九五〇年代ごろは年に二〇〇本以上、トルコでは一九七〇年代初めに年間約三〇〇本の映画が制作されていた。第三世界の初期の作品で興味深い特徴の一つは、女性の監督とプロデューサーの存在だ。エジプトのアズィーザ・アミールやアーシア・ダギール、ブラジルのカルメン・サントスやジルダ・ジ・アブリュー、アルゼンチンのエミリア・サレニー、メキシコのアデラ・セクェイロ、マチルダ・ランデータ、キャンディーダ・ベルトラン・ロンドン、エヴァ・リミナーノなどがそうだ。「第三世界の映画」は、第一世界映画の周縁的な付属品どころか、実際は世界の主要作品のほとんどを制作していると言ってよい。テレビ用映画を除けば、インドは世界の劇映画の大生産者であり、年間七〇〇〜一〇〇〇本の作品を封切る。アジアの国々は、合わせて世界の映画の年間制作数の半数以上を占めているのだ。ミャンマー、パキスタン、韓国、タイ、フィリピン、インドネシア、バングラデシュは、各々年に五〇本以上を制作する。しかし、残念ながら「定評ある」映画史やメディアは一般的に、ローカルなシネプレックス〔シネコン〕やビデオショップに言及せず、こうした「第三世界の映画」の充実ぶりに注目することは、ほとんどない。

近年では、次のような傾向が目立つ。アジア映画作品のめざましい増加、メキシコとブラジルにおける巨大視聴覚メディアの出現（ブラジルのヘジ・グローボは現在、世界第四位の放送網である）、社会主義国でも資本主義国でも（キューバ、アルジェリア、メキシコ、ブラジル）政府の助成と一極集中の進行（時に衰退も）、第三世界の映画制作者に資金調提供する第一世界の国や団体の登場（顕著なのは英国、日本、カナダ、フランス、オランダ、イタリア、ドイツ）、である。IMFが推し進める「緊縮策」と旧い開発主義モデルの崩壊により、映画制作は「ドル建て」となり、その結果、国際共同制作や、ビデオのような別の表現手法の探究が盛んになった。さらに、第三世界の映画制作者の追放や亡命によって、第一世界のなかである種ディアスポラ的な第三世界の映画がつくられるようになった。美学表現モデルの多様化は同時に、音楽、ユーモア、セクシュアリティを取り入れたポストモダンの「快楽のポリティクス」を支持し、一九六〇年代に顕著だった説教じみた第三世界モデルを、映画制作者が一部放棄したことを意味した。個々の映画監督の足跡を見ても、この多様化は明らかである。ドス・サントスは、禁欲的な『乾いた人生』（一九六三年）から、生き生きとした『人生の道ミリオナリオとジョゼ・リコ』（一九八〇年）へ、ソラナスは攻撃的な『燃えたぎる時』（一九六八年）から、遊び心のある『タンゴ：ガルデルの亡命』（一九八三年）へと変化していった。

映画学では、ヨーロッパ中心主義のまたの名をハリウッド中心主義という。「ハリウッドで成功した制作手法が世界中で真似されるようになり、それに逆う手法に基本的に業界は取り組まなかった。ハリウッドのかわりになるものなど、絶対にないからだ」と古典映画に関する基本文献は語る。(57) あらゆる産業はハリウッドの模倣でありハリウッドに代わるものなどないという、いささか同語反復的な定式化は、ハリウッドを映画の歴史の始まりとしたために生ずる。実際、資本主義を基盤とする映画制作は、いわゆる「第三世界」諸国を含む多くの国でほぼ一斉に現れた。ハリウッド中心主義は、インドの巨大映画産業の地位を引き下げる。インド映画は、ハリウッドよりも多くの作品をつくり、その混成文化の美意識は、ハリウッド風の粗筋と、ヒンドゥー神話の幻想に価値を置かない作品を融合させているというのに。ハリウッドに批判的な映画研究者たちでさえ、ハリウッドを中心に据え、それ以外のすべてをさまざまな方言からなる言語体系のように見なすことがよくある。こうして前衛的な作品は、支配的な映画を否定する見世物となるのだ。

しかし、ハリウッドは支配的な地位にいるにもかかわらず、毎年世界中で公開される主要作品のうちごく一部しか、いまだに制作していない。第三世界の映画の大半は、おそらく映画館やビデオ店で見かけることはめったにない。学際的な映像コースでも取り上げられることはまずないし、教える場合でもふつうはごく狭い分野としてである。映画学講座の多文化化を提案するのはこのためだ。現行の映画学でも、ナショナル・シネマ[*20]、映像作家、ジャンル、理論といった科目でインド、中国、エジプト、メキシコ、セネガルなど、さまざまな国の映画を学ぶコースが思い浮かぶだろう。作家コースでは、サタジット・レイ、センベーヌ・ウスマン、ユーセフ・シャヒーン、グラウベル・ローシャ。ジャンル・コースではアメリカだけでなく、エジプト、インド、フィリピン、アルゼンチンなどのメロドラマ（メキシコやブラジルの連続テレビ小説を加えてもよい）。ミュージカル・コースでは、ブラジルのシャンシャーダ[*21]、アルゼンチンのタンゴ映画、メキシコのキャバレー映画、エジプトのベリーダンス映画、そしてハリウッドのお決まりの作品やヒンドゥーの「神話」映画。フェミニズム理論コースは、サラ・マルドロール、マリア・ノヴァーロ、ファリーダ・ベン・リヤジィード、トレイシー・モファット、サラ・ゴメス、プラティブハ・パルマール、ラレーン・ジャヤマンの作品。「ポスト植民地主義」映画のコースは、ラウル・ルイス、パルヴィーズ・セイエド、モナ・ハトゥム、インドゥ・クリシュナン、ハニフ・クレイシ、ハイレ・ゲリマのような、亡命やディアスポラの状況にある映画監督、「ブラック・ブリティッシュ」[*22]やフランスの「ブール〔フランス生まれのアラブ系移民二世の若者〕」のような映画運動、という具合である。

「第一世界」と「第三世界」は少しずつ重なり合っているにもかかわらず、世界の権力分布はいまだに第一世界諸国を文化の「伝道者」とし、多くの第三世界諸国を「受け手」の地位に貶める傾向にある（第一世界のマイノリティが、世界各地で自分たちの文化的作品を企画する力をつけたのは、その副産物の一つと言えよう）。そうした意味では、通信設備や電信・電話網、情報機器など、文字どおり植民地と宗主国を結びつけ、帝国主義国が世界の通信を監視したり事件を知ることができた恩恵を映画も享受したのだ。映画の覇権は、第一次世界大戦後すぐにアメリカの映画配給会社（と間接的にヨーロッパの企業）が第三世界の市場を支配し始めるといっそう進み、第二次世界大戦後に多国籍メディアが成長するとさらに加速した。第三世界の映画は経済的に従属しつづけ、新植民地主義の圧力を受けやすくなった。経済的な従属国が外国映画に貿易障壁を設けて自国の映画産業を強くしようとしても、第一世界諸国は、たとえば原料の価格設定や購入など、他の経済領域で報復すると脅すことができる。また、ハリウッド映画は国内市場でたいてい経費をまかなえるので、おそろしく低価格で第三世界の市場にソフトを「投げ売り」しても、収益を上げることができる。

第三世界は北アメリカの映画、テレビ、ポピュラー音楽、ニュース番組に侵食されるが、第一世界は第三世界の膨大な文化的作品をほとんど受け入れない。受け入れるとしても、つねに多国籍企業を介してである。世界がアメリカ化しているのは、第三世界の航空会社でさえハリウッドのコメディを機内上映プログラムに採用したことを見てもよくわかる。ムスリム、ヒンドゥー教徒、シク教徒で満席のインド行きの便で、タイ航空は「普遍的な」娯楽作品と見なす『ミクロキッズ』（一九八九年）を上映するのだ。こうした手続きは、もちろん全面的に悪いわけではない。馬鹿げた超大作を普及させ、連続ホームコメディをつくる多国籍企業は、レゲエやラップのようなアフロ・ディアスポラ的な音楽も世界中に広める。問題はやりとりにあるのではなく、やりとりの際の不公平な条件なのである。

　メディアの帝国主義的な見解も、いまの時代は徹底的に再編する必要がある。第一に、受け身の第三世界に能動的な第一世界が作品を押しつけるという単純化したイメージである。第二に、世界的な大衆文化は、共存する現地文化に取って代わるほどではなく、文化的共通言語《リンガ・フランカ》に「現地」のアクセントをつける。第三に、多くの第三世界諸国（メキシコ、ブラジル、インド、エジプト）が自国の市場を支配し、文化を輸出するほど、いまや大きな逆転現象が起きている。インドのテレビ版『マハーバーラタ』は三年の放映期間[58]で国内視聴率九〇％を獲得、ブラジルのヘジ・グローボは自局のテレビドラマをいまや世界八〇カ国以上に輸出している。新生ロシアのテレビ番組で最大のヒットの一つは、メキシコの時代遅れのソープオペラ『金持ちも涙を流す』である。さらに、メディアの所有や支配という政治経済の問題と、末端の受け手である視聴者にこの支配がどう影響するかという文化的問題を区別しなければならない。「皮下注射」理論[*23]は、第一世界だけでなく、第三世界にも当てはまらない。どの国の観客も、外国の影響を取り入れ作りかえるのに、さまざまな文献や団体に積極的に関わるからだ。アルジュン・アパデュライから見れば、世界の文化はいまやもっと双方向の状況にある。アメリカは、もはや映像の世界システムの黒幕ではなく、「想像の風景」を構成する複雑で国を越えた様式の一つに過ぎない。アパデュライは、この新しい結びつきにおいて、伝統の創造、つまりエスニシティやその他アイデンティティをつくるものは「移ろいやすくなる」という。「確実性の探求は、国を越えたコミュニケーションの流動性によって、いつも挫折するからだ[59]」。いまや文化の均質化と異質化の緊張関係が重要な問題となる。アルマン・マトラールやハーバート・シラーといったマルクス主義の分析者が詳細に記したように、覇権的な傾向は複雑で分裂したグローバルな文化経済のなかで、いっせいに土着化する。ここに「多極化した」世界でも「流動性」が支配的なパターンを付け加えたい。商品と情報が地球を循環するネットワークにより世界を一つにまとめる覇権も、いまでは捉え難く分散しているとしても権力の階層構造に従って流動性を広めるからである。

第四世界と先住民族メディア

「第三世界」という概念は、それぞれの世界のなかにある「第四世界」の存在を無視してもいる。第四世界とは「先住民族」「部族」「ファーストネーション」[*24]と呼ばれる人々のことで、要するに異邦人の征服や入植によって取り上げられたり囲い込まれた領土に本来いた住民の、現存する子孫のことをいう[60]。ある概算によれば、こうした第四世界の人々は二〇〇カ国でおよそ二億五〇〇〇万人、三〇〇〇もの先住民族に及び、その国の支配を受けている[61](もちろん、もっと広くとらえれば、どんな人も遡れば何らかの土着のコムニタス[*25]に属し、万物は大地に依存し、地球の運命とつながっている)。先住民族は国民国家の共同体ではないため、世界の映画やテレビにはめったに「画像化《スキャン》」されないし、自ら選んだ名称で呼ばれることさえない。それどころか「内戦」に巻き込まれて、「反逆者」「ゲリラ」「分離主義者」と呼ばれるのだ[62]。統治者や国の規模が小さな場合、第四世界の人々は共同体で土地を共有・管理したり、地域社会で協力して育児をしたり、共同でものを生産する傾向がある。蓄財と拡張を連動させる消費文化とは異なる第四世界の社会は、富を分散させ物欲を抑えるためにさまざまな文化的な装置を用いながら、生活必需品をまかなっているのだ。

一八二〇年代になっても先住民族はまだ地球の半分を支配していたが、ヨーロッパや非ヨーロッパの国民国家の猛攻にあい、衰退していった[63]。チャールズ・ダーウィンによれば、「ヨーロッパ人が行くところならどこでも、死が先住民族につきまとうようだ[64]」。ハリウッドの西部劇で描かれ、「明白な天命《マニフェスト・デスティニー》」[*26]と誤って認識されたインディアン戦争[*27]は、部族民とヨーロッパ人の戦争では最も有名だ。こうした戦争は世界各地で起きていた。ラテンアメリカでは、チリやアルゼンチンでアラウカノ族やテウェルチェ族のインディオに対する軍事作戦があった。アフリカではヘレロ族に対してドイツが、アジアでは台湾で日本が、インドシナでフランスが、ビルマとアッサムでは英国が、同様の軍事作戦を行った。従来の戦争とは異なり、こうした戦争は本質的に「文化の壊滅」であり、住民の大量殺戮が目的でないとしても、生活様式の破壊や征服を目的とした。その道徳的根拠は、社会進化論《ダーウィニズム》の用語である「適者生存」や、必然的「発展」で示されることが多かった[65]。先住民族は、ヨーロッパの進歩の熱い息吹の下で、しぼんでゆくだけと考えられた。また、脱植民地化のおかげで先住民族が必ず「救われる」わけでもない。一九六〇年代末にウガンダ政府が狩猟採集民イク族をトラックで回収して彼らの土地から追い出し事実上「滅ぼした」ように、第三世界の政府が自ら第四世界の民族に残忍な仕打ちをすることもある[66]。しかし、この過程は必然的ではなく、政治的行動によって逆向きに作用するときもあった。ブラジル政府は、ヨーロッパ系ブラジル人に先住民族の土地の侵害を長らく許してきたが、アマゾンに暮らすカヤポ族にはスイスと同じ広さの土地を、ヤノマミ族にはポルトガルと同じ広さの土地を引き渡し、つい最近、巨大な「立ち入り禁止」地域と宣言した。エクアドルも、コネチカット州とほぼ同じ広さの熱帯雨林地域を先住民族が管理することを認めた。

近頃、第一世界の人々は、第四世界の人々の状況に敏感になってきた。グローバルな環境危機のために結集した種々の運動が、先住民族が自然資源のすぐれた管理人だと明らかにしたからだ（ダリル・ポージーの言葉を借りれば、文明化の証しは、都市や神殿ではなく、自然環境そのものである[67]）。映画制作者は、良くも悪くもこの意識を、『エメラルド・フォレスト』（一九八五年）、『イラセマ』（一九七五年）、『クアルピー』（一九八九年）、『神の庭に遊びて』（一九八九年）、『情熱のランバダ』（一九九〇年）など、環境志向の劇映画に取り入れている。第四世界の人々は、（リゴベルタ・メンチュウとグアマテラの先住民族たちの報告『山が震えるとき』一九八三年のような）第一世界のドキュメンタリーや、第三世界の映画の中で役を演じてきた。一九五〇年代や一九六〇年代には、ペルーのクスコ美術学校は、『ククリ』（一九六一年）や『ジャラウ』（一九六六年）のような、ドキュメンタリーとフィクションを混合した作品をケチュア語で制作した。ボリビアでは、ホルヘ・サンヒネスが、ケチュア語の『コンドルの血』（一九六九年）や、アイマラ語の『ウクマウ』（一九六六年）などの長編映画を先住民族と共同制作した。前者は、合衆国が援助する避妊政策に抗議した先住民族の運動の物語である。第四世界の人々は、植民地主義の痕跡を脱ぎすてようと近年の「民族誌映画」にごく自然に登場する。古い民族誌映画では、自信に満ちた「科学的な」ナレーションが（ときおり、長く打ち捨てられていた慣習を見せるよう「先住民族」に促しつつ）、口答えできない被征服民の「真実」を伝えるのに対し、新しい民族誌映画は「映画制作の共有」「参加型の映画制作」「対話的な人類学」「再帰的な距離」「相互作用的な映画制作」を実践しようと努力している[68]。映画制作者側のこの

1　アマゾンにおける商品化。
『イラセマ』より

新しい「謙遜」は、多くのドキュメンタリーや実験映画で示されてきた。それらの作品は、他者を「代弁する」自分の才能に自信を失すという有益な経験をした芸術家のように、相対的・多元的・偶発的なものを黙認する教育モデルや民族誌モデルという、隠れたエリート意識を捨てている。

『ルアッサンブラージュ』（一九八二年）のような最近の映画によくみられる、表現のための再帰的な試みは、『少しずつ』（一九六九年）ですでになされている。ジャン・ルーシュは、アフリカ人の主人公ダムレに、パリジャンという「奇妙な部族」の頭蓋骨を測定し、風変わりな習俗を質問するなど「人類学をやらせている」。一九七〇年代以降のブラジルの映画のなかには、アルトゥール・オマルの『コンゴ』（一九七七年）のように、先住民族やアフリカ系ブラジル人の文化は何でも価値があるという、ヨーロッパ系ブラジル人の映画制作者の考えを嘲った作品もある。他方、たとえばアンドリア・トナッシの映画は、都市のブラジル人と先住民族集団の双方向の「会話」を促すため、カメラをただ「他者」に渡した。しかし、対話をしても、制作者側の思いに背くときもあった。ジャン・ピエール・デュティユー監督の『ラオーニ』（一九七八年）では、インディオは、制作者を潜在的に殺意をもった白人男性の集団としか見なさず、殺すほうが賢明ではないかと考える（最終的には、「他の白人にわれわれのメッセージを伝えさせる」ために、命を助けることにするのだが）。セルジオ・ビアンキの『彼らを殺すのか？』（一九八三年）では、一人の立派なインディオが監督に、この作品でどれだけ稼いだのかと、ふつうなら編集室のごみ箱行きになりそうな類の不都合な質問をズバリしている。このように映画制作者は、対話者から異議を申し立てられる可能性という、現実の対話にあるリスクを冒す。問題は、「他者」をいかに表現するかから、同じ空間でいかに「他者」と協力するかへ変化している。その目標はめったに実現しないものの、映画をつくるすべての過程で「他者」の効果的な参加を保障するようになるのである。

近年で最も注目すべき進展は、「先住民族メディア」が現れたことである。先住民族の文化的・政治的目的のために、視聴覚技術（ポータブルビデオやビデオデッキ）が活用されるようになったのだ。フェイ・ギンズバーグが指摘するように、「先住民族メディア」という言い回し自体が、先住民族集団という自己認識と、テレビや映画という巨大な制度構造を想起させる、矛盾する言葉の組みあわせである。[69]「先住民族メディア」ではプロデューサーだって、近隣の共同体や時には遠くの文化施設や催し物（ニューヨークやサンフランシスコで開かれるネイティブ・アメリカン・フィルム・フェスティバルなど）で受け手となる。最も活動的で中心的な先住民族メディアは三つある。北米先住民族（イヌイット、ユピック族）、アマゾン盆地のインディオ（ナンビクワラ族、カヤポ族）、アボリジニのオーストラリア人（ワルピリ族、ピッチャンチャジャーラ族）である。一九八二年に、イヌイット放送協会（ＩＢＣ）は、カナダ北部に分散するイヌイットの文化をさらに浸透させるため、定期的にテレビ番組を放送し始めた。ケイト・マッデンの報告では、その番組編成は、イヌイットの文化的価値観を反映している。たとえばニュースや公務を伝える「カギック（集合）」という番組は、家族に苦痛を与えたり、プライバシーを侵害しかねない話題を避け、記者とニュースキャスターに序列をつけず、西洋の規範や慣行と完全に距離をおく。[70]

「先住民族メディア」は、居住地域の強制移住、環境や経済の悪化、文化の消滅と闘う共同体を力づける媒体でもある。[71]

2　先住民族メディア。カヤポ族

リベラルな政府や国際支援団体の助成を受けることもあるが、こうした試みは概して小規模で低予算であり、地元密着型である。先住民族の映画やビデオの制作者は、ギンズバーグのいう「ファウスト的ジレンマ」、すなわち文化的な自己主張をするために新しい科学技術を利用するが、それは最終的に自分たちを崩壊させるかもしれない技術でもあるのだ。ギンズバーグやテレンス・ターナーのような第一線の分析者は、先住民族メディアの作品は、伝統に縛られた世界に閉じ込もったものではなく、「境界を越え、時代や歴史の溝を埋め」、「土地や神話や儀礼との強い結びつき」と折り合いをつけることで、アイデンティティの構築を促すと見る。[72]ただアイデンティティを主張するだけでなく、「主流派の社会と少数派の社会の両方の要素を映しだし、再結合する文化的発明品」なのだ。[73]先住民族メディアは、このように科学者、人類学者、映画制作者と、研究や見世物の対象との間に、よくあるような人類学的な序列をつけない。だが「先住民族メディア」を、先住民族が直面する具体的な問題や人類学の難題にとっての魔法の万能薬と見なすべきではない。そのような仕事は、先住民族共同体の内部分裂を助長しかねないし、国際メディアから、ポストモダン時代の象徴として逆の意味でふさわしいとされることもあり得る。[74]『タイムズ』や『ニューヨーク・タイムズ・マガジン』に掲載され広まった、ビデオカメラを使いこなすカヤポ族の姿は、「原住民」は過去の遺物で「本物の」インディオはポータブルビデオを持ち歩かないはずという前提があるから、衝撃を与えるのである。

ブラジルでは、先住民族共同労働センターと「イメージのつくり手」というプロジェクトが、ビデオの制作や編集を教えたり、彼らの土地を守り、抵抗運動を強固にするための技術や施設を提供し、協力している。ヴァンサン・カレリの『テレビの精霊』(一九九一年)では、テレビを導入したワイアピ族が他の部族と連絡を取ったり、連邦捜査官や金の採掘者、森林の伐採者の侵入を防ぐためにビデオを使えないか思案する。ワイアピ族は非常に現実的に考え、外界には自分たちの弱点を見せないよう映画制作者に要求する。「われわれの力を誇張すれば、白人はわれわれの土地を占領しないだろう」と。同じくカレッリの『祖先・ゾエ族に会って』(一九九三年)では、ワイアピ族長のワイワイは、これまでビデオの映像でしか知らなかったゾエ族を、最近訪ねた話を詳しく語る。二つの集団は、狩りや織物の技術、食べ物、儀式、神話、歴史を比べあった。この映画は先住民族の文化の多様性を伝えており、たとえば、族長のワイワイはゾエ族の全裸になかなか慣れない。『兄弟のように』(一九九三年)は、ついにパラ州のパルカテジェ族と、その親戚であるトカンチンス州のクラホ族の文化交流を撮った。二つの集団は固有の言語とアイデンティティを守り、ヨーロッパ系ブラジル人の支配に抵抗するための情報や戦略を教えあう。このいずれの映画・ビデオでも、「外部の」第三者はもはや特権を持った対話者ではない。ビデオはまず、先住民族集団どうしの交流をしやすくするものだからである。第二段階では、「部外者」はそうした交流を見たり、財政その他の面で支援するため、歓迎される。しかし、部外者に何とかして「世界を救おう」という気にさせるような、ロマンチックな贖罪の物語などない。インディオでない視聴者は、ビデオに非インディオの侵略者を殺す絶対的必要性を語る気満々の、笑ったり皮肉っぽかったりする「インディオ」が登場するのに慣れなければならないのだ。

先住民族で最もメディアに通じているのはカヤポ族だ。ブラジル中央部のジェ語族に属する人々で、だいたい英国ほどの面積に散らばる一四の共同体で暮らす。グラナダテレビ〔英国のテレビ局〕のドキュメンタリー取材班が、一九八七年に、カヤポ族を撮るためブラジルにやってくると、彼らは協力の対価としてビデオカメラやビデオデッキ、モニター、ビデオテープを要求した。それからずっと、自分たちの伝統儀式やデモや、(法的な証明になるよう)役人たちとの対決を記録するのにビデオを使っている。森林環境に関する伝統的な知恵も記録しており、今後は神話や口述歴史の伝承を録画する計画だ。ターナーが言うように、カヤポ族にとってビデオ・メディアは「単に文化を描写する手段ではなく……それ自体が社会活動の目的であり、意識の客観化なのである」[75]。カヤポ族は、先住民族の権利を審議する議員に働きかけるため、代表団をブラジル憲法制定会議に派遣しただけでなく、国際的な関心を集めるために、その過程をビデオテープに撮ったのである。

グラナダテレビのドキュメンタリー『カヤポ族と熱帯雨林保護運動』（一九八九年）を見ると、カヤポ族と、別の先住民族が、水力発電ダムの建設計画に抗議して大がかりな儀式を行っている（『エメラルド・フォレスト』では、技師が自分の設計したダムを破壊しようとするが、カヤポ族はダムが建設されないようにするのだ）。指導者の一人である族長ポンボは、ダムの名前（カララオ）がカヤポ族の鬨の声からとられたと指摘する。また、族長ラオーニは、国際メディアの関心を引くため、ロックスターのスティングと一緒に登場し、成功をおさめた。一人の女性が、ダム会社のスポークスマンをカヤポ語で叱りながら、マチェーテ〔山刀の一種〕を彼の顔に押しつける場面もある。植民地主義のエクリチュールのはっきりとした逆転現象として、別の女性は、自分たちはダムのせいで死ぬであろう、そのことを忘れないために私の名前を書き留めるよう、彼に言うのだ。「近代化」にどっぷりつかった観客は、当然よい「進歩」であるはずの水力発電用ダムが連想させるものに、疑問を抱くようになる。

必ずしも「先住民族メディア」運動の一端を担ってはいないが、先住民族が人類学者に「口答え」する作品もある。ホピ族の芸術家であるヴィクター・マサイイェズバの『祭礼の道化師』（一九八八年）は、ホピ族の儀式を間違って解釈する人類学者をからかうため、アニメにしたホピ族の道化師を効果的に登場させた。『二つの法』（一九八一年）は、オーストラリア・アボリジニのボロルーラ共同体の人々が、自分たちの文化的・政治的な目標を描いてほしいと依頼した作品である。彼らは法律や親族関係、視覚表現をテーマに一緒に仕事をしようと、キャロライン・ストラカンとアレッサンドロ・カヴァディーニという二人の政治活動家兼映画制作者を招いた。『二つの法』は、アボリジニの指導に従った。編集に使うレンズから、最終的に共同体の歴史を四部に分けて説明することまで、制作のすべての条件をアボリジニは集団で決定した。「警察の時代」は警察の残虐性に焦点を合わせ、「福祉の時代」は同化政策を扱い、「我らの土地を求める闘い」はボロルーラの土地の概念を調べ、「二つの法との共存」は、先祖伝来の土地を政府が採掘事業に貸し、その後再び強制定住策をとった様子を再現した。共同体による土地の所有と集団的意思決定をみると、アボリジニは個人が特権を持たないように広い視野を求めるようだ。財産権と行動を規定するアボリジニの法体系は尊重されるべきというのが作品のテーマである。白人は、ヨーロッパの契約や土地の権利の概念に合わなければ、必ずアボリジニの土地所有権を無視する傾向があるためだ。こうした作品では、第四世界の人々は、自分たち自身を純真な未開人ではなく、帝国主義文明に反対する環境や政治の知識も豊富な敵対者として、登場させるのである。

ポストコロニアルとハイブリッド

カヤポ族とボロルーラの例は、現在流行している「ポストコロニアル性」という言葉が理論的に曖昧であることをはっきり示す。第四世界の人々が領土権の主張や自然との共生、植民地的侵略への活発な抵抗といった土着の言説を強調する一方で、ポストコロニアルの思想は脱領土化、ナショナリズムと民族的境界が構成する本質、反植民地主義言説の陳腐化を強調した。「ポストコロニアル」という用語が眩暈のするような多様性を呼び覚ましたにもかかわらず、奇妙にもその論理は「ポストコロニアル」の用語そのものの位置づけという政治的な対処をし損なった。植民地主義的関係と、その余波から生じた問題をテーマとする研究を「ポストコロニアル」と呼ぶ現象は一九八〇年代後半に広がり、それ以前の「第三世界」パラダイムの失墜と同時に起こったのは明らかである。新しい用語は、かつて「第三世界」というフレーズに備わった活動家の雰囲気とは対照的に、進歩的な学界に理論的な威光という魅力を纏って現れた。英米の学界で、言説分析という形で広範に登場したポストコロニアルという用語は、ポスト構造主義によって変化した。「ポストコロニアル」という用語は、現代の様相、状況、状態、時代を特徴づける名詞の「ポストコロニアル性」を理論的に包摂して補強されることが多い。この意味で接頭辞の「ポスト」は、「ポストコロニアリズム」を「ポストモダニズム」[76]、「ポストフェミニズム」、最も重要な「ポスト構造主義」と同じ線上に置く。いずれの用語も、時代遅れとなった言説より「すぐれた運動」という概念を共有している。その理論の枠内で、ポスト構造主義のテクストの普及は、ポストコロニアル性のディアスポラな分散とたやすく重なり合う。さらに、こうした別の「ポスト」が、時代遅れになった哲学的・美学的・政治学的なパラダイムの交替に言及するのに対し、「ポストコロニアル」は、反植民地主義ナショナリズムの理論と、歴史上のある瞬間を超えた運動の両方を含意する。後者は、「ポストコロニアル」と他の「ポスト」――「ポスト冷戦」「ポスト独立」「ポスト革命」――を同一線上に置く。どの「ポスト」も、ある時代の終焉と別の時代への移行を強調するものである。したがってこの二つの「ポスト」は指示するものが異なっている。前者は思想史の学問的な「進歩」を指す一方で、後者は単なる歴史年表を指す。それは哲学的目的論と歴史的目的論の緊張関係に帰着する。

「ポストコロニアル」の「ポスト」は植民地主義の終焉「後」の段階を示唆するので、使う人の意図はさておき、曖昧な時空性で満ちている。「ポストコロニアル」は、第二次世界大戦後に独立を獲得した「第三世界」諸国と関係が深い傾向があるが、第一世界の主要都市内のディアスポラ的存在である「第三世界」にも使われる。ポストコロニアル文学論では、英国や合衆国を含む植民地主義の影響を受けたすべての社会の文学作品にまで、この用語は急速に拡がった[77]。しかし、どんな国も植民地主義の影響を事実上受けたことを考えれば、植民者、被植民者、あるいはその両者であろうと、包括的な定式化は、民族や人種構成がまるで違うものを均質にする。たとえば、オーストラリアとインドは宗主国と同じ「植民地」関係にあると見なせば、どちらも同じやり方で「中心」から独立したかのように、ヨーロッパ人入植者と被植民者である先住民族の関係をとらえることになる。先住民族を大量虐殺するヨーロッパの抑圧と、ヨーロッパ系「クレオール」エリートを通じたヨーロッパの支配との決定的な差異は、「ポスト」という安易な一言で均質化されてしまうのである。

「ポストコロニアル」という用語はまた、視点の帰属先を不鮮明にする。たとえ非対称的であっても、(元)植民者と(元)被植民者は植民地の体験を共有するとすれば、「ポスト」は、元被植民者(たとえばアルジェリア人)や元植民者(この場合フランス人)、以前植民地に居住していた者(ピエ・ノワール)や、都市難民(フランスのアルジェリア人)の視点を表すのだろうか。世界の大部分が今も植民地主義の余波のなかで生きているため、「ポスト」は、フランスとアルジェリア、英国とイラク、アメリカとブラジルの、顕著な相違を相殺する。この視点がなくなると、奇妙な曖昧さが生じる。「植民地主義言説」が植民者のつくった言説を指す一方で、「ポストコロニアル言説」は、植民地主義終焉後の植民地主義言説ではなく、左派寄りの理論書を指す。そうした著作は、第三世界主義者の攻撃的な二項対立論（と想定されるもの）を超えようと試みる。「ポストコロニアル」において、植民地の物語を特権化することと、そこから距離を置くことの並存は、一種の換入テストで明らかになる。植民者と被植民者の、そして新植民地主義者と新被植民地主義者の二元性を仮定するとしても、「ポスト植民地主義者」と「ポスト被植民地主義者」を語ることは、ほとんど意味がない。「植民地主義」と「新植民地主義」はどちらも抑圧と抵抗の可能性をほのめかすが、「ポストコロニアル」は明確な支配を仮定しないし、「明確な」抑圧を求めない。この構造的な矛盾はポスト構造主義者の学術文献で指摘されるが、「ポストコロニアル」を世界の権力と資源の不平等な分配を批判するための壊れやすい道具にするのだ。

「ポストコロニアル」は空間的に曖昧なだけでなく、さまざまな年代をごっちゃにする。入植者が南北アメリカ大陸に建設した国々は、その多くが一八〜一九世紀に独立した。対照的に、アフリカとアジアの多くの国は二〇世紀に独立を達成した。一九三〇年代に独立した国（イラク）、一九四〇年代だった国（インド、レバノン）、一九六〇年代だった国（アルジェリア、セネガル）、一九七〇年代だった国（アラゴン、モザンビーク）などさまざまだ。他の植民地では、まだ独立を果たしていないところもある。それでは正確にはいつ「ポストコロニアル」が始まり、この多様な開始の関係性とは何だろうか。「ポスト」が一九五〇〜六〇年代の民族闘争を指すのであれば、現代の反植民地主義闘争に当てはまる時間枠とは何か。「ポストコロニアル」な作家と同時代に活躍するサハル・ハリーフェ、マフムード・ダルウィーシュ、エミール・ハビービー、ミシェル・クレイフィのような、パレスチナの作家や映画監督はどんな社会的地位にあるのか。彼らは前「ポストコロニアル」なのだろうか。「ポストコロニアル性」の時間的広がりを均質化すると、真にポストコロニアルな西洋に遅れているという植民地主義言説を再生産する危険がある。この用語のグローバル化する表現は、ポストコロニアル理論と、同時代の反植民地主義（あるいは反新植民地主義）闘争と言説との、言説的かつ政治的な結びつきや場所の多様性を軽視する。こうした闘争は中米や中東、アフリカ南部、フィリピンで見られるが、だからといって陳腐化した言説をただ真似て繰り返しているだけと片づけることはできない[78]。

「新植民地主義」や「独　立　後《ポスト・インディペンデンス》」のような他の用語と関連させて「ポストコロニアル」という用語を考えると、すべての概念を解明するのに役立つ。「ポスト」は「以後」を意味するため、「新植民地主義性」という説得力のある明白な表現を曖昧にする可能性がある。旧植民地諸国にとっては、正式な独立が欧米の覇権の終焉を意味することはほとんどなかった。エジプトは一九二三年に正式に独立したが英国は支配を続け、一九五二年のエジプト革命が起きたのである。ラテンアメリカでは「クレオール」が正式に独立したが、英国系アメリカ人の「自由貿易」の覇権も、モンロー主義的な軍事介入も妨げなかった（「革命」という用語は独立後を想定しており、その中身は息苦しくなるような覇権である）。ヨーロッパ人による征服、虐殺、奴隷化など、中南米は北米と歴史的起源を共有しているにもかかわらず、その過程は他の多くの入植者国家の歴史と異なる。中南米は、矛盾するようだが、リビアやインドのような近年独立を果たした第三世界諸国よりもさらに過酷な、何段階もある構造的支配に服従させられてきたからである。

この五〇〇年にわたって生みだされた覇権的構造と概念的枠組みは、「ポスト」という言葉では簡単に消すことができない。「ポストコロニアル」は植民地主義の終焉をほのめかして、現在の植民地主義の歪んだ痕跡を曖昧にする。そこには、たとえばグレナダ、パナマ、クウェート、イラクにおける最近のアメリカの軍事的関与や、合衆国の政治的・経済的利権と現地エリートとの共生的なつながりといった、現代の力関係についての政治分析がみられない。「ポスト」という言葉が連続性と非連続性の場という意味をどれほど持とうとも[79]、その目的論的な魅力は概念空間をめでたく浄化するからである[80]。「新植民地主義」もそうした変遷を意味すると同時に、一味違う再現、すなわち別の方法による植民地主義の再生を強調する。「新植民地主義」が世界の経済的覇権を指すのに対し、「ポストコロニアル」は巧妙に現在の支配を軽視する。一方、「独立後」は、すでに達成された反植民地抵抗運動の歴史を思い出させる。国民国家の登場に焦点を移すと、宗教やジェンダー、性的指向のような「国内で」議論を呼ぶ問題に分析空間を開いているが、植民地主義や新植民地主義の関連にまとめられるものなど何もない。「独立後」は、国民国家を称賛する。だが、国家に権力と責任があると決めつけて、第三世界の政権にも責任があるとするのである。

「ポストコロニアル」理論の普及は、「新植民地主義」や「第三世界」が、時代遅れでかつ的外れのカテゴリーでさえあるので、代えるよう促す。「ポストコロニアル」はもっと広い政治経済用語ではある程度意味を持ちつづけるが、転調した文化の政治を扱うときは結局、曖昧となる。「ポストコロニアル」を「第三世界」のかわりに使うのは利点もあるが欠点もある。「第三世界」は、いまだ（つながりのある）抵抗運動という共通の計画を想起させ、第一世界の有色人種の連携を力づけるのに役立つ。「ポストコロニアル」に欠けているのは、まさにこの共通した動員計画への感性である。「ポストコロニアル」と「独立後」が植民地主義との関係で断絶を強調するとしたら、「新植民地主義」は構造的な連続性を強調し、「第三世界」は新植民地主義と「国内」の人種主義の共通の歴史が両者をしっかり結びつけていると示唆する。そうした共通点を念頭に置かないのであれば、「第三世界」などむしろ放棄すべきだろう。「新植民地主義」やもっと問題のある「第三世界」「第四世界」といった用語に政治がからんでいると想定し、われわれは知的な惰性を認めるのではなく、他とは異なる自由に関連づけたやり方で、これらの概念をすべて活かさなければならないと指摘したい。ある概念的な枠組みが「間違い」で他が「正しい」というのではなく、それぞれの枠組みはこの問題の一部しか説明していないのだ。われわれは自由に仲介したり抵抗する道を確保しながら、現在の複雑な政治的立ち位置を把握するのに適した融通のきく尺度、より柔軟な学問や比較文化の眼鏡として、これらの用語を使うことができる。[81]

　複雑で重層的なアイデンティティと取り組む限り、ポストコロニアル理論では、宗教（シンクレティズム）、生物学（ハイブリッド）、人間の遺伝（メスティサヘ）、言語学（クレオール化）など、文化的混淆に関する用語は増えつづける。ポストコロニアルについての文献で目にする「シンクレティズム」という言葉は、独立後の特徴である地理的な強制移動で生まれた複合的なアイデンティティに注意を促し、さらに反本質主義的なポスト構造主義に影響を受けつつ、純粋主義者に沿ってアイデンティティを取り締まるのを拒絶する論理的枠組みを前提とする。この雑種の枠組みはほとんどがハイブリッド（それ自体は同時発生的ではない）でディアスポラな知からなる。多様なラテンアメリカのモダニズムはすでに数十年前に「シンクレティズム」、「ハイブリッド性」、クレオール性、メスティサヘ[*28]に注意を喚起していた。そのテーマは古いが、歴史に現れる瞬間は新しいのである。

ハイブリッド性を賞賛する裏にはそれこそ雑多な要因がある。あるレベルでは、人種の「純粋性」に執着する植民地主義者への反発がある。植民地主義者の言説は、各人種は異なる時代に創られた別の種と見なし、異種交配を禁じる。白人と黒人の異種混淆に対する敵愾心は、「混血《ハーフカースト》」「雑種」「ムラート」*29（必然的に不妊症と見なされる）といった蔑視語に集約される。しかし、植民地主義者の純血信仰に反発する一方で、第三世界の言説も現代のハイブリッド理論を、かなり杓子定規にアイデンティティの境界を定めたものと対置する。アルジェの旧市街とヨーロッパ地区を分断する有刺鉄線は消えたが、フランス文化の痕跡は消えていないとポストコロニアル理論はいう。いまや北アフリカ人は、純粋なフランス人でもなければ単なるアフリカ人でもない、「ブール」アイデンティティの新たな場であるヨーロッパに居住し、フランス文化そのものが「アルジェリア化」してきた。

レッテルを貼る用語とたもとを分かち、ハイブリッド性は独立後という歴史的瞬間に称揚されるようになった。このとき二元的・多元的でさえある、フランス系アルジェリア人、インド系カナダ人、パレスチナ・レバノン系英国人、インド・ウガンダ系アメリカ人、エジプト・レバノン系ブラジル人といった複合的なアイデンティティが生まれたのである。独立後のアイデンティティは衝突し溶けあうので、諸国を移動してできる複合的なアイデンティティよりも、いわば緊張感のある複数性という特徴を持つ。さらに言えば、ディアスポラのアイデンティティは均質ではない。かつて転位したアイデンティティの上に、質的に異なるアイデンティティが積み重なる例も見られる。スチュアート・ホールが指摘するように、アフロ・ディアスポラ社会にとってヨーロッパへの移住とは、西アフリカ沿岸から西インド諸島や北米へ奴隷を運んだ中間航路以来続く強制移住の、すでに重層化した忘れられない歴史を辿るものなのだ(82)。

現代の言葉でいうと、ポストコロニアル理論は、相互に影響し結びついた世界でグローバルに動く人や文化財のせいで起こる文化的な矛盾にひじょうに効果的に対処する。その流れは商品化し大衆が媒介するシンクレティズムへと帰着する。そうしたシンクレティズムの例は早くも、インド映画『詐欺師』（一九五五年）で見られる。この映画では、チャップリン風の浮浪者（ラージ・カプール）が「メラ・ジョータ・ハイ・ジャパニ」という曲で、「私の靴は日本製で、ズボンは英国製、赤い帽子はロシア製、だけど心はインド製だよ」と歌う（この歌は『ミシシッピー・マサラ』一九九一年でも使われている）。ここでは主人公のシンクレティズムは衣服だけで、彼の心はインド人であり続ける。ごく最近の英国映画では、『サミー・アンド・ロージー／それぞれの不倫』（一九八七年）や『ロンドン・キルズ・ミー』（一九九一年）、『ヤング・ソウルズ・レベル』（一九九一年）、『郊外のブッダ』（一九九三年）など多くの作品が、かつて「母国」だった場所で育まれる旧植民地のポストコロニアルなハイブリッド性の緊張感を証言する。『サミー・アンド・ロージー』に出てくる多文化的な地区の住民は、地球上の旧植民地地域のいわば「外縁」を保持している。第一世界のポストコロニアルな移住者《ディアスポラ》に焦点を当てる作品は多い。たとえば、カナダのインド人移住者は『マサラ』（一九九一年）で、アメリカのインド人移住者は『招かれざる声』（一九八九年）や『ノウイング・ハー・プレイス』（一九九〇年）、『ミシシッピー・マサラ』で、ニューヨークのイラン人移住者は『ミッション』（一九八五年）で描かれる。さらにポストコロニアルなハイブリッド映画というジャンルを語る人もいるだろう。近ごろのハイブリッドな映画祭は、英国のガーナ人（『テスタメント』一九八八年）やドイツのトルコ人（『さらば偽りの楽園』一九八八年）、アメリカのインド人（『ロンリー・イン・アメリカ』一九九〇年）、アメリカのイラン人（『求婚者たち』一九八八年）、フランスのアルジェリア人（『アルシ・アフメドのハーレムのお茶』一九八五年）、アメリカの中国人（『フルムーン・オーバー・ニューヨーク』一九九〇年）などに関する映画やビデオがたくさん出品されることが特徴だ。(83)

矛盾した社会的・言説的空間を占有するために、ハイブリッド性は、植民地主義よりも先に生まれ植民地主義の後も続く永遠の終わりなき過程である。ハイブリッド性は、変わりやすいさまざまな言説よりもさらに変化しやすく統合されないし、規則も決まっていない。ティアナ・ティ・タイン・ガーの『ハリウッドからハノイまで』（一九九三年）は、自伝の体裁をとってこの過程を表現する。六歳のときに南ベトナムからアメリカに連れてこられた彼女は、ベトナム系アメリカ人になるまでの自分を語る。一〇代のとき、「ジュディー・ガーランドからジェーン・フォンダやティナ・ターナーにいたる」女性スターのアイデンティティを拝借しようとした。B級映画の二流女優のように、まもなく彼女はアジア系アメリカ人女性がつける東洋的な役をやり尽くした。ベトナムに戻るとすぐに他の「混血の」人々（特に黒人や白人の米兵と、ベトナム人の間に生まれた子どもたち）と自分を重ねあわせた。ベトナムとアメリカの行き来は、アメリカ人やベトナム系アメリカ人、南ベトナムのベトナム系アメリカ人、南ベトナム出身の北ベトナムにいるベトナム系アメリカ人といったアイデンティティを別のやり方で演ずることでもあった。そのようなハイブリッドなアイデンティティは、決まったレシピに単純化できない。むしろ、文化のあり方にさまざまなレパートリー変化をもたらす。ハイブリッドでディアスポラな人々は、いわば、文化とイデオロギーの世界を鋭く対比させ多様な演技を求める、「芝居がかった」挑戦に立ち向かうのだ。

かつての人種主義者の比喩（たとえば「シンクレティック」は、アフリカの宗教に対するキリスト教徒の偏見を連想させる）の誘因が転換しようが、人種純粋主義者のアイデンティティ概念が破棄されようが、「ポストコロニアルなハイブリッド性」という問題ある作用を曖昧にすべきではない。シンクレティズムとハイブリッド性を称揚すること自体が、たとえ歴史的覇権の問題を明確にしなくても、植民地の暴力を既成事実と正当化してしまう危険がある。被抑圧者にしてみれば、芸術的なシンクレティズムでさえゲームではなく過去の苦痛を昇華した形なのだ。それは、なぜジミー・ヘンドリックスが耳障りに「星条旗よ、永遠なれ」を演奏したのか、なぜレイ・チャールズのような政治的保守の人でさえ「美しきアメリカ」をうめきと嘆きとして表現したのかの理由でもある。包括的な書き言葉の「ハイブリッド性」は、植民地への強要や義務的同化、政治的協力、文化の模倣といった多様な形を区別できない。エリートはサバルタンの文化に対して選ばれた人間としてつねに上から攻勢をかけてきたが、被支配者の側はいつもエリートの慣習を真似るだけでなく、それを「冷やかし」てパロディ化してもきた。つまりハイブリッド性とは、権力まみれで非対称である。「先住民族」がヨーロッパの文化へ歴史的に同化するのは文明化の一環と称賛されたのに対し、逆向きの同化は野蛮への回帰で「先住民族化」だと嘲笑された。ハイブリッド性はまた、相互に吸収するものでもある。ラテンアメリカでは、ナショナル・アイデンティティは、巧妙な人種的覇権をごまかす偽善的な統合主義イデオロギーにより、ハイブリッドでシンクレティックなものと公式に明言されることが多い。

先述したように、シンクレティズムは以前より歴史と芸術に浸透してきた。建築をみると、コルドバの大聖堂メスキータは、カルタゴ、ギリシャ、ローマ、ビザンツ、アラブ・ムーアといった、スペインを通り過ぎたさまざまな様式の混合である。建築学のシンクレティズムは、先住民族の顔をしたケルビム以外はスペイン人貴族のような外見の天使像があるクスコのエル・トリウンフォ教会のように分裂症気味だ。しかし、文明の対立や結合、統合といったハイブリッド性は昔からあるのに、ヨーロッパ人によるアメリカ大陸の植民地化という一種の暴力的な発作として現れたのだった。征服する前もヨーロッパ人は先住民族と混淆したが、植民地化はコロンブス以降加速し、混淆の実践とイデオロギーという新世界を積極的につくった。そして、アメリカ先住民族、アフリカ系、ヨーロッパ系、後には世界中からのディアスポラ移民がかつてない組み合わせで新たなアメリカ大陸にしたのである。こうした組み合わせは、特にカリブ海諸国と南米でメスティーソやムラート、クレオール、モレノ〔ムラートと同義〕といった人種をめぐる用語が広範に生まれた理由を説明する。人種の混淆は、現実であったばかりでなく、性と人種が大きな役割を果たすイデオロギーでもあった。英語の異人種間結婚 **miscegenation**（「混ざる」を意味するラテン語の **misce** と、「人種・切り株・種」を意味する **genus** からつくられた単語）は、スペイン語のメスティサへよりもずっと否定的なニュアンスがある。メスティサへが長期にわたる人種混淆の結果であるのに対し、異人種間結婚は性交の禁忌へ注意を喚起するからである。

アメリカ大陸の各地に、歴史的・文学的人物がいる。特にポカホンタス、サカガウィア[*30]、マリンチェ[*31]、イラセマ[*32]、グアダルーペ[*33]といった女性が有名で、彼女たちはメスティサへの政治に関する激論や象徴的な戦いの中心であった。メキシコでは、アステカの女神トナンツィンのかわりに、「グアダルーペの聖母」という神秘的な人物がカトリックにメスティーソらしさを加えている。二元論的には、奴隷で裏切り者で通訳であった先住民族女性マリンツィン（マリンチェ）と対にされる[84]。ガブリエル・レテスの『新世界』（一九八二年）は、メキシコの先住民族に対する異端審問のような弾圧を描き、グアダルーペの記憶を言外にほのめかす。映画では、強制改宗はレイプ、拷問、殺人を伴うが、すべて聖職者の指揮によっていた。改宗したユダヤ人コンベルソのように、先住民族はカトリックに忠誠を尽すふりをさせられる。彼らの抵抗は、視覚的・芸術的な形式を取る。文字どおり、カトリックの聖人像の背後や中に、自分たちの神々を隠したのである。映画のクライマックスでは、教会に弾圧された先住民族の絵師がつくったメスティーソの処女——グアダルーペの聖母がモデルなのは明らかだ——に「奇跡」が起こる。作品は大勢の先住民族がキリスト教に改宗したとほのめかすが、これは偽りとごまかしを前提とする。しかし、先住民族のシンクレティズムは、文化的に生き残る戦術をつくり上げるのである。

一方、アメリカでは、ポカホンタスの物語は表向きは、自らの命を犠牲にして自分たち野蛮な部族から（白人の）恋人を救った高潔な未開人女性の見本として、レイプや文化の破壊、大虐殺を省いて読まれている。だが、ポカホンタスの物語をロマンスではなく、彼女の子どもが文脈上きわめて重要な生き残りの話と読む、アメリカ先住民族の「独自の解釈をする共同体」もある。[85] ポカホンタスは部族の代表となって、人々を救うために英国流のやり方を学ぶ。人種混淆の物語の組み合わせという難問は、現代の共同体のアイデンティティに大きな意味を持つ。混淆を、一部の先住民族の単なる選択と見なせば、暗黙のうちに勝者の西洋式に物語を記号化することになるが、それは植民地化の歴史に生き残る戦略でもあるのだ。

シンクレティズムは、言語学的でもある。したがって、語源がゲルマン語やラテン語の言葉とすでに融合ずみの〈新世界〉の英語は、アフリカ人やアメリカ先住民族に起源を持つ言葉と言い回しにより、さらに豊かになる。しかし、言語学的シンクレティズムも権力と交わる。たとえば、ラウル・ルイスの『クジラの背の上で』（一九八二年）は、チリのある部族が大虐殺のつらい記憶のせいで自分たちの言葉を仲間内でしか話さず、決してヨーロッパ人の前では話さないという事実を出発点とする。このあらゆる解釈を許さない言語を持つパタゴニアの部族最後の生き残りをフランス人の文化人類学者が訪問し、これは結果的に寓話となった。映画ではフランス語、英語、ドイツ語、スペイン語、オランダ語、そしてパタゴニア・インディオのつくり出した言葉が飛び交う。あるとき文化人類学者は、先住民族の神秘的な言語が、実はひとつのフレーズでできていることに気づく。何を見せても、彼らはヤマス・グタンと答えるのだ。人類学者は、インディオたちが毎月自分の名前を変え、毎日新しい言語をつくると知って、絶望してヨーロッパへ帰ってしまう。ここでは対話の拒絶がまさに一種の抵抗となっている。人類学者に暗号を解読させないことは、対話によらないハイブリッド化に対抗する弱者の武器となるのである。

シンクレティズムには本質的に権力が伴うというのは、音楽や料理のような明らかに無害な領域にも当てはまる。〈新世界〉の奴隷制ではアフリカの楽器は明確に禁じられ、特に太鼓は反乱と結びつけられた。多くのポップ・グループがアフリカの楽器を標準装備している現在から見れば、これは事実とかけ離れているように思われる。同様に料理のシンクレティズムも、一見美食の歓びという純粋な理由にみえても、食べ物の問題は政治的対立に巻き込まれたり、つらい文化的記憶を呼び起こす。異端審問所は、セファルディー系ユダヤ人のコンベルソを、家庭に肉の血抜き用のボウルがあるか、ユダヤ教の戒律が禁じている肉製品と牛乳を混ぜない習慣があるかで識別した。ユダヤ人のコシェルとタレフ、ムスリムのハラールとハラームのように、戒律が許す肉と禁止する肉の慣習では、他の宗教の料理の慣習と混ざり合うと非難される。料理と宗教の慣習そのものが部外者に取り締まられたのである。

　ハイブリッド化は、いつも意識されるわけではない。サウスウエスト・ユダヤ公文書館の最近の調査によると、主にニューメキシコやテキサスで暮らすカトリックでメキシコ系アメリカ人の家庭では、儀式の起源を普段は意識してはいないものの、セファルディー系ユダヤ人の抑圧された伝統を受け継いでいるという。なぜ祖母が「セム族のパン」と呼ばれる無酵母パンを焼くのか、なぜ田舎の祖父母が春に子羊を殺し、その血を家の戸口に塗るのか、彼らは知らない。一方、映画『最後のマラーノ』（一九九〇年）は、五世紀もの間、自らのユダヤ性を隠しつづけてきた現代のポルトガル系ユダヤ人コンベルソの文化の記録である。彼らはミサに参加し、表向きはカトリックとして生きているが、金曜日にこっそりと蠟燭に灯をともし、過越祭《ペサハ》にマツァ〔無酵母パン〕を焼き、「主《ロード》」ではなく「アドナイ」と言い、カトリックとユダヤ教の伝統を混ぜ合わせたあげく、たとえば「モーセの誕生日」としてクリスマスを祝うのである。原典がないため儀式は口承になり、徐々に女性が取り仕切るようになっていった。今日では、コンベルソの「再ユダヤ化」が試みられ、皮肉にも緊張を生んでいる。コンベルソの伝統となったやり方がハイブリッドだとすると、より古いユダヤの伝統を保持する世代がそれを壊すことになるからだ[86]。

　人種差別的な奴隷制という文化テロは、サンテリア、ウンバンダ[*34]、ブードゥー、シャンゴ[*35]など、キリスト教とアフリカの宗教のアフロ・ディアスポラの子孫を生んだ。〈新世界〉のアフリカ人にとってシンクレティズムは、ヨーロッパ・キリスト教という見せかけの覆いで自分たちの宗教慣習を隠す手段であった。アメリカ大陸で先住民族やアフリカ人の宗教は、アフリカのオリシャ[*36]や先住民族の神々をキリスト教の慣習に融合し、奴隷主を偽るカモフラージュの文化として発展した。こうして歴史的な抑圧を、ディアスポラのアフリカ系文化の肯定へ変換するのだ。ドス・サントスの『オグンのお守り』（一九七五年）はカトリックやカバラ、アラン・カルデック[*37]の心霊主義と、アフロ・ブラジルの要素（オリシャとは精霊の憑依のこと）を結びつけるシンクレティックなブラジルの宗教ウンバンダを称賛する。この映画は単純に、ウンバンダの信者が説明や根拠もなくそれらを尊ぶのは当然と見なす。観客は、主人公の肉体に霊が「近づく」儀式と、彼がオグンに守られていると認めるものと前提される。オグンとは金属を司る軍神で、ブラジルでは正義の闘いのシンボルである。しかし、この映画はウンバンダを理想化しない。作品に登場する聖職者の一人は民衆の解放に努めるが、他は貪欲なペテン師である。

こうした作品は、シンクレティズム内でも異なる力関係を想定したほうがよいという。たとえば、メスティサヘに関するシンクレティズムの範囲としては、一方の極には強姦が、他方の極には自発的な結びつきがあり、その中間には同化や社会的移動を狙った結婚がある。人種の混淆も、人口減が危ぶまれたとき、集団の成員を補充するためにヨーロッパ人を結婚相手と認めた、先住民族の生き残りの戦略であっただろう。宗教に関するシンクレティズムの範囲としては、一方の極には異端審問のような慣習や強制改宗が、他方の極には自発的信仰があり、そのあいだにはあらゆる種類の中間形態の信仰がある。たとえば、アフリカ人の本当の信仰を隠すための、アフリカ系キリスト教徒の下からのシンクレティズムや、讃美歌の伴奏に太鼓を加えたり、聖書を現地語に翻訳するなど、司祭や牧師による布教を目的とした上からの取り込みである。同様に、戦略的な「下からの」シンクレティズムは、支配文化を選択的に取り入れるという形態をとることもある（アフリカ系アメリカ人の「転覆的」な反奴隷制的な聖書解釈や、キリスト教の伝統を選択的に取り入れたハンサム・レイク[*38]など）。支配者の宗教と自分たちの伝統のいずれも実践した先住民族たちのように、同時平行の二重生活を送ることもできる。平等主義シンクレティズムはたいてい、たとえば多様なアフロ・ディアスポラ音楽間の、相互的で豊かなコラボレーションのような「横方向のシンクレティズム」と関係する（第8章「抵抗の美学」で、芸術的なシンクレティズムの発現について立ち戻る）。

ポストコロニアルなハイブリッド論がほぼ学界だけで議論されてきたとすれば、多文化主義的な混淆は新聞や雑誌、ラジオやテレビのトーク番組という、より広い公の場で議論されてきた。ポストコロニアルの言説が通常は合衆国の外の状況に焦点を合わせているのに対し、多文化主義は多くの場合、特にアメリカ内の議論と見なされている。多文化主義は北米で数々の政治的な反応を引き起こしたが、それぞれにお気に入りの隠喩があり、「人種のるつぼ」「民族のシチュー」「トストサラダ」「ブイヤベース」「炒め物」「ガンボ」など、その多くが料理に関係する。新保守主義者にとって多文化主義は、冷戦の終結した現在、典型的なスケープゴートとなった「左派の反対勢力」や「有色人種」を表す記号なのである。新保守主義者は、野蛮人の包囲攻撃を防ぐ中世の要塞の、純潔や「規範」のイメージを好む。だがその一方で、先祖や文化の源泉に関して独自の隠喩を好む過激な民族主義者は、多文化主義は役人が採用したものだとか、変化や民族再生のための戦略的な道具だといった相反する感情を持って見ている。最後にリベラルは、大学案内に大事な行儀のいい「多様性」を訴えるが、より急進的な多文化主義である反ヨーロッパ中心主義は認めない。「肌の色で差別をしない」という理想を掲げるリベラルは、無害な多元主義を連想させる隠喩を好む。「豪華なモザイク」とか「バイキング料理の体験」といった陶器や料理の隠喩がそうだ。

「多文化主義」の概念はさまざまな解釈に多極的に開放され、種々の政治力にさらされる。希望や恐れを予想する多様な集団にしてみれば、空虚なシニフィアン〔記号表現〕になっているのだ。もっと体制的なものでは、国や企業が管理するユナイテッド・カラーズ・オブ・ベネトン[*39]のような多元主義にたやすく堕落する。つまり、商業的・イデオロギー的な目的のために既存勢力が宣伝する、「今月のおすすめ」民族になってしまうのだ。エイダ・ゲイ・グリフィンは制度に関して、有色人種の参加レベルによって、さまざまな多文化主義モデルを想定する。ＩＢＭモデル〔白人管理職と数名のお飾りの黒人〕、黒んぼ《スプーク》モデル〔一人の有色人種が他の有色人種に権限を与える〕、ベネトン・モデル〔有色人種が目立つが、意思決定者は白人）、奴隷廃止論者モデル（進歩的な白人が有色人種と相談するが、権力は持ち続ける）、ンクルマ[*40]・モデル（有色人種が白人の組織を自分の利害に合わせて変える）、ムガベ[*41]・モデル（多民族が連携し、有色人種が意思決定権を持つ）である。[87] 別の文脈では、多文化主義が民族の結びつきを根底から変える。カナダで多文化主義とは、ケベック州民やカナダの先住民族、黒人やアジア系を懐柔するために考案された、ほとんど上辺だけの公式の政府計画をいう。シュリニヴァース・クリシュナの『マサラ』（一九九一年）では風刺の対象となった。ラテンアメリカの知識人は、「多文化的」な新植民地主義を懸念している。

　われわれから見れば「多文化主義」という言葉は本質を持たず、議論の対象となっている。われわれはその曖昧さに気づきながらも、より実体的で相互的な間共同体主義《インター・コミュナリズム》[88]のスローガンにし、力関係を根本から批判するよう多文化主義に望むだろう（だが、この機能がもう果たせないなら、この言葉は使わないほうがよい）。多文化主義をめぐる議論では、たいてい民族の関係性や共同体の責任という考え方がみえない。新保守主義者は、多文化主義者は人々を引き離し、国をバルカン諸国のようにバラバラにし、人々の団結を妨げ、現実または象徴として自前の「民兵組織」を有する閉じた少数派をつくるよう「エスニック〔民族的な〕」共同体をあおっていると非難する（ロサンジェルスやニューヨークはいうまでもなく、南アフリカや旧ユーゴスラヴィアのテレビ映像がその懸念を強める）。権力そのものの不公平な分配が暴力や不和を生むと、まだ理解されていないのだ。より平等な社会関係の解釈は無視されるのである。われわれの見解では、急進的な多文化主義は、作為や規範、表現よりもそれらの「背後にある」共同体のほうと関係が深い。この意味で急進的な多文化主義は、文化的共同体の力関係を根本から再構築・再概念化するよう求めるのである。多文化主義はゲットー化した言説を拒み、共同体を「少数派」と「多数派」とか「標準」で序列化することに異議を唱え、少数派の共同体を結びつける。新保守主義者がより急進的な多文化主義について脅威と見なしたのは、じつは各「マイノリティ」が一つのマジョリティとなり、知的・政治的な集団として再編されることであった。それは、彼らが「容認」されるだけでなく、積極的な間共同体主義のもとにまとまれば実現するだろう。

　多文化主義や植民地主義、人種の問題は、「関係性のなかで」論じなければならない。共同体や社会、国家、大陸でさえ単独で存在するのではなく、細かく織り上げた関係性の網のなかに存在している。社会的な共同体と発話は互いに「対話する」ものであり、音声によるコミュニケーションという共通性のもとで「互いを認識し反応し合う」のである[89]。それゆえ、人種や国民の多様性はあらゆる発話の根幹をなし、関わりのある集団を表面的に無視したり排除したりする発話でもそれは変わらない。そういう意味では、この対話的アプローチは反人種差別主義である。社会政治上の都合で一時的に強要されることはあるかもしれないが、特に文化のレベルで無条件に人種差別になることなどない。どんな発話も、他の社会や民族の視点の予測し得る反応に対し必ず起こるものなのだ。

そこで本書では征服や奴隷制度、搾取という組織的な不公正のもと初めから腐っている選別されたリベラル多元主義[*42]と、より相関的で急進的な多中心的多文化主義とわれわれが見なすものを区別したい[90]。多中心主義という考え方は、多文化主義をグローバル化するように思う。さまざまな共同体内の責務に従い、国民国家の内外の関係の再構築を想定するのだ[91]。多中心的に見ると、世界には活力に満ちた文化的な場所がたくさんあり、見込みのある視点も多い。われわれが「多中心主義」で強調したいのは、それが起源となる空間的なまたは一次的な地点にあるのではなく、権力や勢力や闘いの場にあるということだ。われわれのいう「多」とは、権力の中枢の限られた一覧を参照するものではなく、差異化や関係性、結びつきについての体系的な原則を取り入れるものだ。いかなる経済力・政治力があっても、認識論《エピステモロジー》の見地から特権を与えてよい共同体や地域など世界のどこにもない。

多中心的多文化主義は、リベラル多元主義とは次の点で異なる。第一に多中心的多文化主義は、自由、寛容、慈善など倫理的に普遍性のあるリベラル多元主義的な言説とは違い、あらゆる文化史を社会的権力との関わりで理解する。他の集団に対して「大げさに感情を表すか」どうかということではない。権力を分散させ、無力なものに力を与え、下位に置かれた慣行や言説を変えることである。イメージだけでなく、力関係の変化も要求する。第二に多中心的多文化主義は、さまざまな立場が平等であるなどと偽りを説かない。代表が過少なものや周縁化されたもの、抑圧されたものに共感するのは明らかだ。第三に、多元主義が諸文化の既存の階層的秩序を前提とし、他者の声を主流に受け入れるために情け深く「認め」、不満はあるが吸収するのに対し、多中心的多文化主義はもっと賞賛すべきものである。マイノリティの共同体を、既存の中心に「加える」べき「利益集団」としてではなく、共有する衝突の歴史に積極的・創造的に関わる人々と見なし、「周縁から」考え、想定するからだ。第四に多中心的多文化主義は、W・B・デュボイスが「二重意識」と呼んだ歴史的事情に駆りたてられた人々や、「周縁」と「中心」（または多くの周縁と中心）と交渉しなければならなかった人々を「認識論的に優位」と認める。こうして支配的で偏狭な民族主義言説を「脱構築する」ため、いくぶんマシな場所へ据えられた。第五に多中心的多文化主義は、慣習と意味と経験をひとまとめにした、単一の決まった本質主義的なアイデンティティ（や共同体）の概念を退ける。そうではなく、アイデンティティを複合的で変化しやすく、歴史に条件づけられ、差異化や多様化が表れる途上にあるものと考える。(92) 第六に多中心的多文化主義は、社会的欲求や一体感の共有に基づく帰属に道を開き、狭義のアイデンティティ・ポリティクスを超える。第七に多中心的多文化主義は相互的で対話的である。会話や文化交流といったあらゆる行為は、個々に境界を持つ個人や文化の間ではなく、浸透でき変化する個人や共同体の間で起きると考えられる。覇権や抵抗という継続中の闘いのなかでは、文化的な対話という行為はいずれの側の対話者も変化させるのである（以下本書では、「多文化主義」という言葉を、ここで概略を示した急進的な意味で使う）。

訳注

＊1――アラビア語の単語は、基本的に三つの語根から成る。

＊2――第三世界諸国のヨーロッパからの独立が相次いだ、第二次世界大戦後の時代。特に一九六〇年代以降を指す。

＊3――原文では一八八四年だが、日本語訳の『帝国主義――植民地期から現在まで』（ハリー・マグドフ著、大阪経済法科大学経済研究所訳、大月書店、一九八一年）では、一八七八年となっている。

＊4――1943-．セネガル出身。アフリカ映画界初の女性監督。

＊5――西アフリカのヨバル人の民間信仰と、カトリックや心霊主義等が混淆した、キューバの民間信仰。

＊6――ブラジルの民間信仰の一つ。サンテリアと同様、ヨバル人の民間信仰を中心としたアフリカ土着の宗教と、カトリック等が混淆したもの。主に、低所得者層と中産階級に信仰されている。

＊7――西アフリカに起源を持つ、西インド諸島の呪術・宗教的実践の用語。

＊8――『ホワイト・ドッグ』は、黒人だけを襲う攻撃犬をめぐるサスペンス映画。

＊9——1948-．アメリカ連邦最高裁判所のアフリカ系の判事。自身はアファーマティブ・アクション（積極的差別是正措置）によって進学しながら、その廃止を主張することで知られる。

＊10——1931-．アメリカの黒人女性作家。一九九三年、アフリカ系アメリカ人として初めてノーベル文学賞受賞。

＊11——1930-．アメリカで活躍するカリブ系の詩人、思想家。一九五〇〜一九六〇年代半ばまでの、カリビアン・ルネサンスとも呼ばれる新たな文学創造期の代表で、ロンドンで始まったカリブ芸術家運動（一九六六〜一九七二年）の創設者の一人。

＊12——1930–2017. 英国領西インド諸島のセントルシア出身の詩人、劇作家。一九九二年、カリブ海諸国出身者で、初のノーベル文学賞受賞。

＊13——1934-．ナイジェリア出身のノーベル文学賞作家（一九八六年）。

＊14——1911–2006. エジプトの作家。アラブ圏初のノーベル文学賞受賞者（一九八八年）。

＊15——毛沢東の世界論。世界を、第一世界である米ソの超大国、第二世界である超大国と同盟する国々、第三世界である非同盟諸国の三つに区分する理論。

＊16——ジャック・デリダの言葉「削除中の署名 sign under erasure」からの引用と思われる。

＊17——1944–2012. ドイツ語圏ベルギー出身の映画理論家。第三世界の映画の重要性をいち早く主張した。

＊18——アルゼンチンのペロン大統領による政策（一九四五〜五五年）。資本主義や共産主義ではなく、ナショナリズムを「第三の道」とした。一九八〇〜一九九〇年代にかけて、ペロニスト政権により、再び採用された。

＊19——1898–1972. スコットランドのドキュメンタリー映像のパイオニア。しばしば英国とカナダのドキュメンタリー映像の父とも見なされる。

＊20——映画理論や批評の用語だが、定義が難しい。ある特定の国に関する映画で、言語、衣服、音楽など、その地域や民族の異文化を反映するものとされることもある。

＊21——ブラジルのコメディ・ジャンルで、しばしばミュージカル形式を取る。一九三〇年代にジャーナリストや映画評論家が名づけた。

＊22——一九八〇年代に、それまで抑圧されていたアフリカ系やカリブ海地域出身の黒人による、マイノリティの視点からの作品が続々登場した。そうした作品は、同じくマイノリティの視聴者を対象としている。

＊23——一九三〇〜四〇年代に米国で広まった考え方で、マスコミの影響が皮下注射のようにすぐさま表れることをいう。ラジオなどが伝える大量の画一的な情報を受けて、大衆は操作されてしまうとする。「魔法の弾丸理論」ともいう。

＊24——カナダを中心とする北米先住民族の総称。通常、イヌイットとメティは含まない。

＊25——文化人類学者ヴィクター・ターナーが提唱した概念で、通過儀礼における人間関係のこと。性別や階級制度、社会構造などの次元を超えた先に、自由で平等な実存的人間の相互関係があるとする。

＊26——インディアンの民族浄化と黒人奴隷の使役に基づき進められた、ヨーロッパ系白人によるアメリカ合衆国の西部開拓を正当化する標語。

＊27——アメリカ各地で一七世紀前半から一九世紀末まで起こった、インディアンと白人入植者の戦争の総称。

＊28——スペイン語で、混血、混淆、混血児を意味する。

＊29――白人と黒人の混血児のこと。スペイン語で「ラバ」（馬とロバの掛け合わせ）を意味する「ムラ」を語源とする。ラバが不妊であるためムラートが「不妊」という偏見がある。

＊30――1788–1812? ショーショーニー族の女性。フランス系カナダ商人トゥーサン・シャルボノーの妻の一人。ルイス・クラーク隊の西部探検に通訳兼案内人として同行（一八〇四〜一八〇五年）。

＊31――コルテスのアステカ征服に協力した女性。裏切り者の代名詞的存在であったが、近年では、フェミニズム的観点から見直しがされている。

＊32――ブラジル文学の父アレンカールが生み出したヒロイン。『イラセマ』は、白人男性との愛と葛藤を通し、ブラジル人の誕生を象徴的に描く民族融合の神話的物語。

＊33――グアダルーペの聖母のこと。一九五一年一二月九日に、先住民ファン・ディエゴの前に聖母マリアが顕現したと言われる。メキシコ独立革命では、指導者たちが聖母の名を呼び、像を身に着けたことから、メキシコ民族主義の象徴とされる。

＊34――ナイジェリアやベナンのヨルバ族の呪術的宗教カンドンブレから派生したもので、ヨーロッパの魔術、スピリティズム、インディオの信仰などとの混合が見られる。

＊35――ナイジェリアのヨルバ族に伝わる神。元は人間で、雷と嵐を司る。両刃の斧がシンボル。

＊36――カンドンブレの神々のこと。

＊37――1804–1869. フランスの教育学者、哲学者。スピリティズムの創始者。

＊38――1735–1815. セネカ族の宗教指導者、予言者。

＊39――イタリアのファッションブランド。ベネトン社は人種の統合を唱えて白人、黒人、黄色人種というすべての色（colors）の人種のモデルを起用したことで知られる。

＊40――1909–1972. サハラ以南初の黒人共和国となったガーナの初代大統領（在位一九六〇〜六六年）で、「アフリカ独立運動の父」と言われる。汎アフリカ主義を提唱し、アフリカ統一運動を進めたことでも知られる。

＊41――1924–. ジンバブエの政治家。独立前のジンバブエで白人支配からの解放闘争に参加。一九八〇年のジンバブエ独立後に初代首相、一九八七年には大統領となった。

＊42――リベラル多元主義は、私的な分野では、それぞれの民族集団の文化の多様性は認めるが、法や市民生活など公共の分野では、その国の法や制度に従うというもの。この考えは、自由、平等、信仰の自由などのリベラルな価値観に従い、差別や同化の強要は処罰され、社会参加の機会を均等にすれば、差別や不平などの構造がなくなるとする。別名「文化多元主義アプローチ（Cultural pluralist Approach）」。

第2章　植民地主義言説の形成

ギリシャ、すべての始まりの地

一九九一年に、ギリシャ政府観光局が作成した新聞広告シリーズは、エーゲ海の光景、古代遺跡、神話的アイコンの魅力的なイメージを押し出した「ギリシャ、すべての始まりの地」「ギリシャ、神々に選ばれし地」というキャッチコピーがつけられていた。ヨーロッパ文明のふるさとへ観光旅行を誘致しようと共通の起源神話に訴えたのだろう。広告文の「すべて」は、神らしき起源という支配的物語《マスター・ナラティヴ》を思い起こさせ、汎ヨーロッパ的な虚像を描く。このシリーズでは、水面に映った自分の姿を見つめる、美しい白人少年の絵を採用している。そのコピーは、ナルキッソスのように「ギリシャの清らかな澄んだ水」に自分を映してみませんか、と見る者を誘う。だが、起源の物語そのものが鏡であり、自己陶酔的だ。ヨーロッパは鏡をのぞき込み、己の美しさに感嘆しているのだ。古代の神話の威信を借り、ギリシャの水は観光客を映し出した共通の過去へと誘う。同じく澄んだ水を宣伝するカリブ海諸国は、これとは対照的に歴史的起源ではなく、(「バハマは最高」というコピーが示すように)「日常を忘れよう」と官能性をアピールして、土着の神話や地域の歴史にはほとんど関心を示さない。二つの広告は、歴史の意味と解釈をめぐる両地域の対立を反映している。ギリシャの広告は記憶と回想を売り込むが、カリブ海諸国の広告は潜在意識を呼び覚ましつつ歴史をそれとなく忘れる。前者はヨーロッパの過去との絆を捏造し、後者は歴史的結びつきを覆い隠すのである。

3 「ギリシャ、すべての始まりの地」

これとは別に、ギリシャ関連の広告で古代彫刻展のものがある。ギリシャを民主主義発祥の地、〈普遍的人間性〉を体現するヨーロッパの起源としている。[1]「ギリシャの奇跡」と題した広告文を読んでみよう。

> 「われわれは皆、ギリシャ人だ」と、詩人シェリーは言った。民主主義が誕生し、発明、哲学、演劇、歴史、科学、芸術はそこから生まれた。民主主義がわれわれを促したからだ。紀元前五世紀のギリシャから、現代の人間は生命を与えられたのである。ほら、ギリシャ黄金期の芸術がここにある。探求し、抱擁し、享楽するために。……芸術は進化であり、人間的であり、自由であり、すべてである。……われわれは、民主主義の奇跡に畏敬の念を抱き、驚嘆する。そう、われわれは皆、ギリシャ人なのだ。

さらに広告は、ギリシャの「民主主義」が本質的に奴隷制に基づくことを無視して、歴史はギリシャが「始まり」だと断定する。自然人類学者のなかには最初の人類はアフリカ人で女性だったと推測する人もいるが、[2]世界史の起源は一つではないので、「始まり」というのはヨーロッパ中心の誤称である。古代でさえ、中国で、インダス川流域で、メソポタミア地方で、アフリカで、われわれが現在アメリカ大陸と呼んでいる地で、いや人間がいたあらゆる場所で、歴史は世界中で繰り広げられていたのだ。サミール・アミンが指摘するように、われわれは「複数の古代」を語るべきだ。アメリカ大陸には、メソアメリカや[*1]「タートル・アイランド〔北米大陸〕」のピラミッドやアクロポリスなど古い遺跡が点在するが、ヨーロッパ中心主義の教育は、それらにほとんど関心を払わない。ストーンヘンジより古いペルーの巨大建造物について誰が教えてくれるだろう。古代ギリシャがローマの支配下に入ったとき、アメリカ先住民族のアデナ文化は一〇〇〇年以上も栄えていたと誰が教えてくれるだろう(3)。

その一方で、アフリカ、特にエジプトを歴史の起源として断定するアフリカ中心主義の言説もある(4)。歴史の起源をめぐる議論は、書物の上とか学界内部だけでなく、大衆文化のさまざまな形で展開されてきた。たとえば、KRS・ワンというグループのミュージック・ビデオでは、ラップのリズムにのって歴史を伝え、その背景にエジプトのピラミッドを用いた。アフリカ志向の文化も、第一世界の大都市のストリート・ライフに活力を与えている。路上で売られるパピルス、香、宝石、ケンテ〔ガーナの民族衣装。男性が儀式などで着用する〕、アフリカ文明に関する書物を通して、アフリカのアイデンティティは販売され育まれてきた。アフリカ中心主義のTシャツというジャンル全体は、歴史や地理、現在のアイデンティティと明らかに関わりがある。ネルソン・マンデラが訪米した一九九〇年に流行したシャツは、アフリカ風の彩りをしたアフリカ地図の上に、アフリカ人やアフロ・ディアスポラの指導者たち――「マーカス・ガーベイ[*2]、マルコムX、マーティン・ルーサー・キング、ボブ・マーリー、ネルソン・マンデラ、そして俺」――といった気高い系譜に連なる人々の肖像が描いてある。その周りを、さりげなく白人に向けた忠告が囲む。「これは黒人の物語だ。……あなたにはわからないだろうが」。アフリカ回帰主義を掲げるXクランのヒップホップは、古代ギリシャがエジプト文明を盗んだという。「俺はアフリカ人だ。グリーク〔Greek. ギリシャのもの。意味がわからないものという意味がある〕は身につけない。伝説の泥棒を思い出さなくちゃならないのか?」。Xクランの「ブラザーの言葉に気をつけろ」のミュージック・ビデオでは、アリストテレス、プラトン、ソクラテスの胸像が画面に断続的に映り、それで片づけられてしまう(5)。アフリカ中心史観を仮定すると、ある面では一極に集中した歴史という論理を再生産し、別の面ではそれを反転することになる。反アフリカ的な偏見という負の遺産を前提とし、連綿と続く豊かな歴史を再び主張するのだ。アフリカ中心史観では、文明の「起源」よりも政治意識の「始まり」を強調しており、文化的な威信をめぐるギリシャとエジプトの代理戦争のような論争をともなう。起源の問題は、ディアスポラ・アイデンティティの政治的系譜と分かちがたくからみ合っている。

植民地主義が登場したせいで、アフリカの歴史やその古代ギリシャ文明との関わりが、遡って書き直された。歴史は、西洋という概念が生まれた瞬間から、永遠に唯一なる「西洋」の名の下に、植民地主義の規範に合わせてつくりかえられたのだ。どの大陸も、永久に「奴隷大陸」となった。マーティン・バナールは著書『黒いアテナ』で、アフリカに関わるこの過程を描写する。

すなわち、仮に黒人が文明創出能力をもたないことを生物学的に証明できたとしても、古代エジプトについてはどのような説明が成り立つのか？　エジプトは不都合にもアフリカ大陸に置かれているのである。これには二つの、と言うより三つの解決方法があった。第一は、古代エジプト人が黒人であったことを否定する。第二は、古代エジプト人が「真の」文明を創り出したことを否定する。第三には、念には念を入れて、上の二つの否定を同時に行う。一九～二〇世紀のほとんどの歴史家たちが選び取ったのは、この第三の策であった。(6)

バナールは、「古代モデル」と「アーリア・モデル」を区別する。前者は、古代ギリシャ文明がアフリカ人（エジプト人とエチオピア人）とセム人（ヘブライ人とフェニキア人）の双方の文明の恩恵を深く受けていると単純に仮定し、後者は、奴隷制度と植民地主義の結果発展したとする。アーリア・モデルは、清らかな古代ギリシャから、アフリカやアジアのあらゆる「汚れ」を「ぬぐい去る」ため、器用な離れ業を演じなくてはならなかった。たとえば、ホメロスが「非の打ちどころのないエチオピア人」と描写したり、古典文学でカロス・カガトス〔美と善〕を備えたアフリカ人がよく登場することなど、アフロ・アジア文明に対するギリシャ人の限りない敬意について言い訳しなければならなかったのだ。(7)

ヨーロッパ中心主義的な言説は、ヨーロッパ側の身勝手な基準（巨大建造物や文字文化の有無）と序列（打楽器よりも旋律、藁ぶき屋根よりも煉瓦、肉体装飾よりも衣類が優れている）で、アフリカを不完全だと体系的に貶めてきた。だがこうした怪しげな基準があっても、植民地化される前のアフリカが豊かで多様な文化を持つ大陸なのは確かであった。高度に発達した建築（ジンバブエの遺跡が証拠）、大規模な交易、複雑な宗教信仰と社会システム、多様な書式（絵文字、表意文字、アレレやンゴンボのような物体を使った記録法）などである。イソップ寓話（すなわちエチオピア人についての寓話）は、すでにギリシャの文学的想像力を豊かにしていた。学者たちも、ドゴン族の天文学の知識が複雑であると認めた。ドゴン族の神話上の祖先ディオング・セルが伝えた（一九六〇年代末にはジャン・ルーシュが撮影した）シギの儀式は、シリウスB[*3]の公転周期を反映していたのである。[8] ムーア系スペイン人のレオ・アフリカヌス[*4]は、トンブクトゥの王の「壮大で調度品の整った宮廷」や、「医者、裁判官、司祭、学者が大勢抱えられ……国王の支出と責任で手厚く養われている」[9]様子を一六世紀初頭に書き記している。

数世紀にわたってアフリカとヨーロッパは深く接触しており、一四九二年以前は両大陸の発展の程度はほぼ等しかった。アフリカは冶金産業と織物産業が強く、多彩で生産的な経済があった。ヨーロッパが一九世紀になってようやく使いだした製鉄や溶鉱炉の技術を、アフリカ人は紀元前六〇〇年にはすでに発展させていた。[10] 一七世紀初頭のコンゴ王国東部の織物輸出は、ヨーロッパの織物産業の中心地ライデンと同じくらい大規模であった。[11] 実際、大西洋貿易の初期には、アフリカがまだつくっていないものでヨーロッパが輸出できるような品はほとんどなかった。[12] つまり、アフリカやアフリカ人の「劣等性」は、イデオロギーの産物なのだ。それには「ヌビアがエジプトの形成に、エジプトがギリシャ文明の発展に、アフリカがローマ帝国に与えた重要な意義や、イスラームのヨーロッパの経済・政治・知的歴史に対する明らかな影響を西洋の歴史認識から抹消する」[13]必要があった。アフリカが競合するヨーロッパ中心主義的な「文明」の基準を「満たす」と称賛すべきだとか、アフリカの文明がそれほど高くなかったならば植民地化されるのはある程度は当然だっただろうと言いたいのではない。ヨーロッパとアフリカには歴然と相違があると一般に考えられているが、その被構築性に注意を促したいのだ。[14] 後述するように、バジル・デビッドソンの『八回シリーズ　アフリカ：アフリカ大陸の調査分析』（一九八四年）やアリ・マズルイの『九回シリーズ　アフリカ：三重の遺産』（一九八六年）のようなアフリカ映画やビデオ・シリーズは、アフリカとヨーロッパの関係をヨーロッパ中心的に見る視点を解説するが、ハリウッド映画は、『ターザン』シリーズや『スタンレー探検記』（一九三九年）、『モガンボ』（一九五三年）、『ハタリ！』（一九六二年）などのように人為的につくった相違を抱えこんでいるのである。

レコンキスタから征服《コンキスタ》へ

アフリカに関して神秘化と中傷という両刃の過程が見られたが、同じことが征服以前の南北アメリカ大陸についても起こった。伝統的な歴史研究は、「大航海時代」のヨーロッパの暮らしを実物よりよく描くことが多い。だが、この時代のヨーロッパは、大半の国で内戦や教会が糸を引く暴動や農民反乱が見られ、平均寿命は一〇代後半から三〇代前半の間を揺れ動いていた。(15) 一方、ヨーロッパの原始主義者の空想で地上の楽園をイメージしたわけではないが、アメリカ大陸にはかなりの人が住んでいて、十分に栄養を摂り、比較的病気が少なかった。(16) ヨーロッパ人はアメリカ大陸を「新世界」と呼ぶが、ここに人間が暮らしはじめたのは少なくとも三万年前に遡り、いまや多くの学者が「旧世界」の「優越性」に疑問を呈している。(17)「無人の土地」と呼ぶヨーロッパ人もいたが、現在の見積もりでは、一四九二年のアメリカ大陸には七五〇〇万から一億人の住民がいたと思われる。彼らは、平等主義の狩猟採集集団から、階層的な王国や抑圧的な帝国まで、幅広い社会システムを有していた。「環境と共生するインディアン」という肯定的な既成概念があるが、ヨーロッパ人ほど破壊的ではないものの、実際の活動はきわめて変化に富む。先住民族の言語は数百種類あり、母系（母方の一族）と父系の両方の生活があって、非常に多様な環境で自らを律し、生きることができたのは疑いない（ヨーロッパ中心主義の歴史書に見られる自民族中心的な本質主義は、先住民族を「獰猛」「好戦的」「穏やか」などと性格づける。こうした修飾語を「獰猛なイタリア人」とか「穏やかなフランス人」など、ヨーロッパ人の民族性を表す言葉として使うと、そのおかしさがよくわかる）。先住民族は、環境と共生する農業、複雑な灌漑システム、難解な暦制度、数百〜数千マイル離れた地域との陸海の交易網（通信網はクスコから二万五〇〇〇マイルまで広がっていた）、テノチティトラン〔アステカの首都〕

やカホキア〔北米の古代都市〕のような区画整理した都市、イロコイ連邦[*5]（ホーデノソーニー）やアステカやインカの都市国家のような洗練された社会の仕組みをつくりあげた。[(18)]マヤ族は数学の基本原理であるゼロを、アジアの学者が発見する少なくとも五〇〇年前には知っていたと、ジェームズ・オルモスは『落ちこぼれの天使たち』（一九八八年）のなかで生徒に語る。ヨーロッパがアラブを通じてその概念を受け取ったのは、もっとずっと後のことであった。[(19)]

先住民族を「有史以前の」「歴史のない人々」とする考え方は、実証的な史料がなく、進歩的で重要な発展もないという二重の意味でヨーロッパ中心主義であり、実体とかけ離れている。第一に、歴史に無関係な人などいない。第二に、逆に言えば、ヨーロッパ人が先住民族の歴史の一部というほうが正確だ。ある歴史家によれば、コルテスのメキシコ征服は「征服というよりも、被支配民の反乱といえる」。スペイン勢にトラスカルテカ族[*6]、テクスココムス族などが加わらなければ、スペインの火薬と騎馬隊は無力であっただろう。[(20)]虐殺とヨーロッパからもたらされた病気によって人口統計学的な大変動が起きなければ、ヨーロッパ人は先住民族の文化・言語・歴史に吸収または融合されたかもしれなかったのだ。

「新世界」の征服《コンキスタ》は、イベリア半島の長年にわたるレコンキスタで明確となった偏見ある言説によって、イデオロギー的に強化された。一四九二年は、「新」世界の征服が三〇〇万人のムスリムと三〇万人のセファルディー系ユダヤ人をスペインから追放することに向かったという意味でもきわめて重要な年であった。コロンブス自身は、スペイン国王へ宛てた手紙で、二つの出来事を関連づけている。「両国王陛下におかれましてはムーア人との戦争を完遂され……すべてのユダヤ人を追い出した後……われわれの聖なる信仰へ現地の人々を改宗せしめるために、私を前述のインド地域へ御遣わしになられました」。[(21)]実際、コロンブスの航海には、ユダヤ人とムスリムから没収した財産の一部が当てられたと主張する研究者もいる。[(22)]地中海地域を再征服して「ヨーロッパ」を誕生させた十字軍は、ヨーロッパ人の地理文化的なアイデンティティを覚醒し、聖なる教会のために戦争をするのは当然とする原理を確立した。封建時代の信仰心は、人種主義的な征服へ道を開いた。海外の「異教徒」ムスリムを討伐する十字軍は、ヨーロッパ内のユダヤ人虐殺と同じ頃生まれた。[(23)]ユダヤ人は井戸に毒を入れ、疫病を広め、血を手に入れるためにキリスト教徒の子どもを殺害した（「血の中傷」という）と非難された。その他の無数の根も葉もない罪が、ジェフリー・チョーサーの『カンタベリー物語』のような有名な文学作品にも記されている。

新世界を征服しつつあったキリスト教ヨーロッパは、さまざまな「悪魔の手下」（女性、魔女、異端者、異教徒）[24]を恐れたが、ユダヤ人はとりわけヨーロッパのイデオロギー体系のスケープゴートとして好まれた[25]。「反異教徒主義」とともに反セム主義は、ヨーロッパの内なる「他者」ユダヤ人に向けた敵意を、その後アフリカや南北アメリカ大陸の先住民族などヨーロッパの外なる他者に投影し、その概念と規律の装置を提供した[26]。民族や宗教で他者を区別する伝統的な方法はヨーロッパからその植民地へ伝えられ、先住民族の「無神論」や「悪魔崇拝」という前提は、彼らを奴隷にしたり収奪する口実となった。ヨーロッパのキリスト教徒による悪魔研究は、こうして植民地主義者の人種差別を方向づけたのである。実際、この巨大なイデオロギー装置は、アメリカ大陸で「再利用」された。たとえば、アメリゴ・ヴェスプッチの航海に関する報告書は、野蛮人、異教徒、色情狂といったアメリカ先住民族の特徴を表すのに、ユダヤ人の典型を引き合いに出した[27]。内部のユダヤ人という「敵」と外部の「野蛮人」のどちらにも投影された亡霊的なイメージのなかには同じものも認められる。すなわち、「吸血鬼」「人食い人種」「魔法使い」「悪魔」などだ。

セファルディー系ユダヤ人とムスリムが追放される以前、スペインではキリスト教徒、ユダヤ人、ムスリムの三つの宗教文化が非常にうまく共存していたのが特色だが、ヨーロッパ人は「自己浄化」の手始めに一四九二年の異端審問でムスリムやユダヤ人を罰したり、追放したり、強制的に改宗させたりした。コンベルソ〔キリスト教徒に改宗したユダヤ人〕に用いたのと同じ方法が、イスラームの教えを密かに信奉する「改宗」ムスリム（モリスコという）にも採られた。一一世紀のトレド陥落に始まり、一四九二年のグラナダ陥落まで続くレコンキスタは、その後に始まるアメリカ大陸の征服《コンキスタ》の素地となった。ムスリムとユダヤ人に関する言説は、既成の人種主義イデオロギーで武装した征服者スペイン人とともに大西洋を渡った。数世紀後の植民地主義とユダヤ人ホロコーストの結びつきに、ヨーロッパ内外の人種主義間での相互影響が見出せる。エメ・セゼールはこれを植民地主義の「日常的な野蛮」を総括した「至高の野蛮」と見なした。非ヨーロッパ人だけが対象である限りは許容され、称賛すらされたのだ[28]（センベーヌ・ウスマンの『キャンプ・チャロユ』（一九八七年）には、ドイツのダッハウ収容所に収監されたセネガル人兵士が登場し、二つのホロコーストの関連を示す）。デヴィッド・スタナードが示唆するように、アフリカとアメリカ大陸を経て、道はアウシュヴィッツにいたったのだ。[29]

キリスト教の歴史をテーマにした映画はたくさん制作されたが、教会がある時期に行った残虐行為を描いたものはほとんどない。たとえば一五六二年、フランシスコ会の修道士ディエゴ・デ・ランダは、ユカタン半島のマヤ族に「異端」の烙印を押すために、公開拷問を実施した。一五八人のマヤ族が殺され、三〇人が自殺し、多くの者が不具にされ、およそ四五〇〇人が拷問に掛けられたという。[30] オビエド神父によれば、「異教徒に対して火薬を使うと、我らが主のために香を焚くことになる」。[31] 教会が後押しした暴力の描写はふつうは作品から消されるが、唯一の例外は、メキシコで異端審問を広めようとする教皇庁と、その私腹を肥やすさまを詳細に描いた、アルトゥーロ・リプスタインの『異端審問所』（一九七三年）である。この作品は、コンベルソがユダヤ教を隠れて信仰しなければならなくなった様子を描いた。公衆の面前ではいったんキリスト教の作法に則り埋葬するふりをするが、後でユダヤ律法に基づいてひそかに埋葬し直すのである。最後の場面では、彼らは「異端者」や「魔女」や先住民族の「異教徒」とともに無理矢理ざんげさせられ、罰として火刑に処される。改宗を拒んだ者は生きたまま焼かれたが、改宗した者は絞首刑にされた後で焼かれた。この途方もない公開の見世物に、潜在的な反逆者に恐怖を与える目的があったのは明らかだ。邪悪な芝居じみた大量処刑は、この映画によって告発の見世物へと転じるのである。

このほかにも、アルゼンチン人のマリア・ルイサ・ベンベルグの『修道女フアナ＝イネス・デ・ラ・クルス：最悪なる存在』（一九九〇年）が、ヨーロッパ系メキシコ人女性を蝕んだ教会の抑圧を物語る。一七世紀の学者であり哲学者であり詩人でもあるフアナ＝イネス・デ・ラ・クルス*7の人生を軸に、映画はフアナが知識を求め修道女になる様子を描く。しかし異端審問所の監視が徐々に迫り、スペイン人の副王との官能的で熱烈な友情でさえ、彼女の安全を保障することはできなかった。こうして彼女は自ら「最悪なる存在」であると宣言し、教会が引いた知識探求の境界線を受け入れるよう強制されたのである。[32]

いわゆる発見の航海は、世界の支配を成し遂げたヨーロッパに新たに植民地拡大の時代をもたらし、近代が始まった。多くの修正主義の歴史家からみると一四九二年は、アフリカやアジアといったライバルと対抗するのに、ヨーロッパに都合のよい体系的に有利な仕組みができた年であった。J・M・ブラウトによれば、一四九二年以前から近代化に向けた動きはヨーロッパ、アジア、アフリカの各地で起こっていた。「初期の資本主義」都市は、西ヨーロッパから東アフリカ、南アフリカ、アジアへと拡大する商船貿易網と結びつき発展していった。これらの拠点は、人口や技術、商業、学問において、ヨーロッパに引けを取らなかった。たとえば大掛かりな航海も、非ヨーロッパの拠点都市から出航したのである。アフリカ人はアジアへ、インド人はアフリカへ、アラブ人は中国へと航海した。あるインド人は、一四二〇年ごろに喜望峰を回って大西洋を二〇〇〇マイル航海したらしい。しかし一四九二年以後は、莫大な富が新大陸からもたらされた。アメリカ先住民族とアフリカ人を強制的に使役し、アメリカ大陸で新しい市場を得ることで、ヨーロッパは資本主義と植民地主義の巨人になるのに「優位に立った」のである(33)。

この点でコロンブスの物語は、彼が植民地主義の歴史において影響力の大きな人物であるためだけでなく、その物語が理想化され代々植民地主義の手本となったため、決定的にヨーロッパ中心主義なのである。北米でも他の場所でも、多くの子どもたちにとって、コロンブスの話は崇拝の対象である。「発見」と「新世界」の概念だけでなく、歴史そのものの概念も伝えてくれるのだ。ビル・ビゲロー*8が指摘するように、ごく最近のものも含めて学校の教科書は、コロンブスをハンサムで勉強家で敬虔で威厳があり、大胆な人物として描く。幼い児童は、同じ年ごろにコロンブスが持っていたと思われる夢や希望を強く抱くよう仕向けられる。その結果、新世界の他者に出会う前から、コロンブスと自分自身を同一視するようになるのだ。他者は友好的だったり恐ろしげだったりとさまざまに描かれるが、彼らの視点は徹底的に除外される(34)。ただ、何かを暗示するような声と視点だけが世界に反響するのだ。

映画で過去を再生するとは、覇権的な記憶や前提を正当化したり、あるいは問いただしたりしながら、現在の想像をつくり変えることだ。コロンブスについての映画は、親コロンブス的な教科書教育の延長が主流であり、間接的に植民地主義的な歴史認識の影響を受けている。この点に関しては、(英国の)デイヴィッド・マクドナルドの映画『コロンブスの探検』(一九四九年)と近年のサルキンド・スーパープロダクション制作の『コロンブス』[*9](一九九二年)は驚くほど似ている。二本の映画は半世紀を隔てているが、コロンブスを理想化している点で、実質的に同じである。いずれもコロンブスを洞察力があり、近代性とキリスト教信仰の体現者として描く。迷信、無知、嫉妬といった障害にもかかわらず、新世界へ到達した彼の努力を賛美し、コロンブスただ一人が地球は丸いと考えていたと伝える。実際、彼はヨーロッパとアラブの最先端の知識を得ていたのだが。[35]また、どちらの映画もヨーロッパ人のライバル、特に貴族のフランシスコ・デ・ボバディージャ[*10]を強調することで、ヨーロッパ人と先住民族のもっと根本的な対立から注意を逸らせている。コロンブスは、カリスマ的で魅力的で愛すべき父親で、その目的は商売ではなく、宗教的な動機(「野蛮人」を改宗させる)と、科学的な動機(地球は丸いという自らの主張を証明する)を持っていたとするのだ。

フレドリック・マーチ主演の一九四九年の映画は、コロンブスがまだその存在を知らないはずの時期に「新世界」について語り、実際の年代を無視しているという点で、滑稽なほど目的論的である。何百万もの未開の「野蛮人」は、ただ「改宗されるのを待っていた」ことが会話からうかがえる。シーンを解説するような音楽が、映画の二元論的性格を表す。コロンブスが登場するときは聖歌と宗教的な音楽が流れ、先住民族のときは、彼らや包囲されることに脅威を感じるような不吉な音楽が流れる。音楽の響きが東洋的になるのは、東インド諸島から西インド諸島までの文化的ステレオタイプの間を、コロンブス自身が移動するのを再現しているのだ。コロンブスがカリブ海地域に到着すると、先住民族の集団は、自分たちの土地を征服されたのに自発的に拍手喝采し、おとなしく奴隷になったかのように見える。彼らはすぐに自身の信仰と文化を捨て、ヨーロッパの文化を圧倒的な真実として喜んで受け入れたとほのめかされる。彼らの自発的な服従は、コロンブス自身の幻想の描写を、あたかも真実であるかのように変換する。先住民族には理解できないスペイン語(映画では英語)で書かれた文書を読むことは、合法的な所有権の書き換えを意味するのである。

4 『ブラジルの発見』

史実によればコロンブスは、絞首刑にすると脅して一四歳以上のすべてのタイノ族に[*11]、三カ月ごとに鷹の足につける脚鈴に詰められるだけの金を持ってこいと要求するほど貪欲であった。対照的に、映画のコロンブスは、不公正な取引を遠慮なく批評する。「われわれは先住民族を改宗させるために来たのであって、搾取するためではない」と、欲にかられた部下に言うのだ。先住民族はおそらく、ドミニカ島の「カリブ族居留区」の人々が演じていると思われる。しかし彼らは登場人物に数えられず、演技が評価されることもない。文字どおり、声もなく、言葉もなく、会話もなく、ヨーロッパ人が意図する楽観的な協力以外の視点が現れることもない[36]。スペインの宮廷で新世界のオウムと一緒に陳列されても、タイノ族の人々はいやな顔もせず自分の役を演じる。実際、オウムは先住民族よりも大きな「声」を出してよいと認められていた。オウムは、ギャーギャー叫んでもよかったのだ――「国王陛下、万歳！　女王陛下、万歳！　総督閣下、万歳！」。

『コロンブスの探検』で描かれていない主な史実は、異端審問所、奴隷貿易へのコロンブスの関与、ヨーロッパ人による先住民族の虐殺、ヨーロッパ人に対する先住民族の反乱である。コロンブス船団の一艘が難破した有名な場面はあるが、先住民族が難破した水夫を救助したことは語られない（歴史家フランシス・ジェニングスはいう。「アメリカが存在するのは、まさに先住民族のおかげなのだ」[37]）。特定のものに思いやりを示すナレーションは、入植者の病気や死を知らせる鐘の音を嘆くが、先住民族を巻き込んだ人口の激減は無視する。同時に、旧世界の廷臣たちのエリート的な英国風アクセントから、コロンブスの英国風だがアメリカ訛りの認められるアクセント、迷信深い水夫のロンドン訛りのアクセントまで、あらゆるアクセントでヨーロッパ人の登場人物の間にはっきりと序列をつくり上げている。非ヨーロッパ人種はまったく無価値であり、強い男性指導者を強調しているため、女性も影が薄い。水夫でさえ、反乱を起こしかねない下層民として描かれている。いずれの表象も、当時の社会関係に対する考えを伝える。

一九九二年のサルキンド・プロダクションの『コロンブス』は、「発見」という言葉を嫌う人には、タイトルだけで制作者の無頓着ぶりがわかる作品だ（原題には「発見」という副題がついている）。制作者によれば、この映画は『アラビアのロレンス』と『ロビン・フッド』を合わせた「冒険映画」であって、「政治色はない」[38]。冒険映画によくあるように、東洋趣味的《オリエンタリスト》な古典作品を参照しており、「政治色はない」という表現（実際は政治的無抵抗という意味）は、映画の基調をなしている。サルキンド・プロダクションは、初期の『スーパーマン』（一九七八年、一九八〇年）をはじめ、『三銃士』（一九七四年）、『サンタクロース』（一九八五年）を手がけた制作チームである。監督（ジョン・グレン）はジェームズ・ボンド・シリーズにも関わったベテランで、コロンブスを英雄の実例とすることを観客にあらかじめ警告していたのかもしれない。この作品では、イザベル女王の支持を得るための運動、最初の航海、栄光に満ちたスペインへの帰還を扱っただけで、二度目の航海以降、数千人のカリブ海のインディオにふりかかった虐殺や疫病死は無視される。コロンブスははじめから、官僚主義の鈍さに打ち克つ、進取の気性を持った個人の象徴として描かれる。信心深く、拷問をけしかける人ではなく批判する人になっている。史実では、コロンブスは多くの事柄（人魚・人食い人種・悪魔）について神秘的な考え方を持つにもかかわらず、近代的合理主義の体現者とされる。ハンサムな俳優（ジョージ・コラフェイス）が演じることで、観客はますます共感するように仕向けられる。交響楽風のヨーロッパの音楽は、つねにコロンブスの事業に対する野

5『1492　コロンブス』

心を盛り上げるかたわら、ほとんどすべての場面で、人間味が加えられる。コロンブスは若いユダヤ人給仕が反セム主義のスペインから逃げるのを助けるが、その一方で先住民族は、白人男性を神と見なし崇拝する目撃者として、沈黙させられるのだ。彼らは互いにほとんど口を利かず、共同体の概念を持たないようである。また、先住民族の女性は、ヨーロッパ人男性の気を引くかのように演出され、その裸は画面の中央に据えられる。先住民族の生活や征服に対する反応は、まったく明かされないのだ。

一方、リドリー・スコット監督の『１４９２　コロンブス』（一九九二年）は、風変わりな修正主義ではあるが、基本的にコロンブスの名声は守られている。きらめく映像美が、征服の暴力を耽美的イデオロギーで包み込む。この作品は、今日のコロンブスをめぐる論争を参照しているが、非常に曖昧な手法を採る。他の作品よりたくさんの航海を取り上げ（実際は四回のところ三回に減らしたが）、コロンブスを時に残忍だが時に寛大な人物として描く。今度もコロンブス（ジェラール・ドパルデュー）は主役で、ナレーションや、おもねるようなクローズアップ、感情移入しやすい音楽によって主観化される。またしても彼は信仰と科学、近代化の代弁者である。ロケ地にセットをつくってムーア人のグラナダがついに陥落する場面を撮り、知られざる歴史的事実に基づいて異端審問に憤るコロンブスを描く。彼は精力的な起業家に見えるが、民主主義者でもあり、庶民と並んで働き汗を流す。観客は彼と同じ立場に立ち、音楽は二項対立的な見方を記号化する。教会を暗示する聖歌はコロンブスに共感するよう合図を出し、不気味な不協和音は、肯定的な描写もあるにもかかわらず、無意識に先住民への恐怖を教えるのだ。だが、実はいくつかの点で、この作品は先住民族の文化に敬意を確かに払っている。インディオは独自の言葉を話し、コロンブスがそれを決して学ばないことに対して不平を言う。コロンブスが彼らの複雑な文明を根絶する片棒を担いだという示唆はないが、先住民族はおおむね温和で気高く見え、彼らのシャーマンはヨーロッパ人の病人の世話をする。強制労働らしきものが出てくるが、コロンブスが決定的な役割を果たしたかは曖昧にされている。そのかわり、インディオのような風貌をした小ずるいスペイン人貴族に人種主義者の罪をかぶせ、コロンブスを彼に敵対させたのである。要するに、先住民族とコロンブスのイメージアップを同時に図ったわけだ。これまでの啓蒙的な歴史書は、コロンブスをインディオに共感し、スペイン人の貴族と同じように扱う人物として描いてきた。それはまるでこの作品がコロンブスとスペイン人聖職者バルトロメー・デ・ラス・カサスの人格とイデオロギーを融合させているかのようであり、また、「発見者」が急進的な聖職者の良心を過去にさかのぼって授けられたかのようなのだ。

一方、PBSの七時間ドキュメンタリー『コロンブス：大航海の時代』（一九九一年）は、先住民族に対して時おり見せる進歩的で共感するイメージと、コロンブスの偉業に対する一般的で保守的な称賛の間を、揺れながら進行する。カラベル船が追い求めたオープニングの大海原の映像は、冒頭から観客を航海者の立場に置く。番組は問いかける。「コロンブスという男は誰だったのか」「われわれはコロンブスの功績を偉大なる発見として称賛すべきか……それとも永遠に失われた世界を嘆くべきか」。こうしてわれわれは、コロンブスを称賛するか、おそらく消滅したであろう文明を悼むか、いかがわしい選択を迫られるのだが、現代の先住民族のアイデンティティや運動はまるで考慮されない。番組がコロンブスの心の中に向かう航海としてつくられていることは、さらに重要だ。先住民族の知識や知性をまったく探ろうとしていないのである。ところでこのシリーズには、大型帆船を複製してコロンブスの航海を再現しようという現代の造船技師や船乗り、地図製作者、歴史家の情熱を軸に展開するわき筋もある。コロンブスの航海が半ば神話的な言葉で語られなかったとしたら、なぜ今日人々は、文字どおりその足跡を追うために精神と資金を「つぎ込む」のか。船とともに、彼の精神も「複製された」のだろうか（「ニーニャ号」「ピンタ号」「サンタ・マリア号」を複製する起業家もいるが、これまで奴隷船を複製した人はいただろうか）。

多くのアメリカ先住民族にとって、コロンブスを称賛するかという問いは、ユダヤ人にヒトラーを称賛するかと尋ねるに等しい。(39) コロンブスは二回目の航海で六人のタイノ族に足枷をつけてスペインへ連れ帰り、大西洋を（逆周りに）横断する奴隷貿易を始めただけでなく、「イスパニョーラ島」を短期間支配して約五万人を死に至らしめた。実際、彼が初めて上陸してから二一年間で、暴力や疫病、絶望により八〇〇万人が殺されたのだ。(40) コロンブスは初期の日記に、先住民族は「世界で最も善良で、穏やかな人々」（一四九二年一二月一六日）、「穏和で邪悪さを知らず……殺し合いのやり方さえ［知らない］」（一四九二年一一月一二日）と書いておきながら、彼らを奴隷にし、その土地を奪ったのである。コロンブスの先住民族に対する分裂した態度は、最高の人間と最悪の人間、高貴な人間と野蛮な人間を同時に生み出した。カリブ族[*12]とアラワク族[*13]、凶暴な人食い人種と高貴な野蛮人という彼の極端な二分法は、ヨーロッパ人が先住民族を理解するときの特色である。ピーター・ヒュームとネイル・ホワイトヘッドが指摘するように、「残虐なカリブ族が臆病なアラワク族をベネズエラから西インド諸島に追い立て、男を食べて女を奪ったという古い言い伝えは、ごく少数の研究者しか認めていないのに際限なく繰り返された」のである。(41)『エメラルド・フォレスト』（一九九〇年）、『ダンス・ウィズ・ウルブズ』（一九九〇年）、『ブラック・ローブ』（一九九一年）のような修正主義の「親インディアン的」な映画さえ、良いインディアンと悪いインディアンの二項対立が残っているとつけ加えておこう。この三本の映画は先住民族の文化に敬意を払っているが、『エメラルド・フォレスト』の「凶暴な種族」対平和を愛する「幻の種族」、『ダンス・ウィズ・ウルブズ』の暴力的なポーニー族[*14]対平和的なスー族[*15]、『ブラック・ローブ』の残虐なイロコイ族対親切なヒューロン族[*16]のように、いまだに良い先住民と悪い先住民という、植民地主義的な区分が見られる。

コロンブスの「アメリカ」こそ、プリニウスの『博物誌』、マルコ・ポーロの『東方見聞録』、騎士道物語、ルネサンスの叙事詩が結びついてできた発明品である。(42) しかし、コロンブスの「文学的な」想像力にもかかわらず、彼が到着しても新世界の文学は生まれなかった。「愚鈍な進化論」（ゴードン・ブラザーストンの言葉）は、人類最大の功績としてセム＝ギリシャのアルファベット文字を称賛するが、先住民族を文字を持たない人々として描く。だが実はアメリカ大陸には、インカの結縄文字（キープ）、墳墓（ワカ）、ナバホ族（ディネ）[*17]の砂絵、マヤ族の象形文字、プエブロ族[*18]の岩絵、ミディウィウィン[*19]の樺の樹皮に刻まれた巻物、アルゴンキン語族[*20]のワンパム・ベルト[*21]、メソアメリカの屏風風の折りたたみ本、太平洋沿岸部族のトーテムポールなど、表音・形象的な文字体系がたくさんある[43]（実際、ジャック・デリダは、『グラマトロジーについて』でレヴィ＝ストロースの音声中心主義を批判し、こうしたエクリチュールの形式に注意を喚起した）。「アメリカ」文学も、チペワ族[*22]、イロコイ族、イヌイット族、メシーカ族[*23]、マヤ族、インカ族などの歌や物語、踊り、演劇風のものから生まれた。先住民族の伝統には、『ポポル・ブフ（忠告の書）』（マヤ族の神々の系譜、天地創造、占星術の百科事典）、作者不明のインカ族の詩歌劇『オランタイ』、マヤ族とキチェ族の悲劇『ラビナル・アチ』、神官チラム・バラムの作といわれる神秘的な予言と聖句をまとめた絵文書も含まれる[44]。このような先住民族の間テクスト性は、いまも現代文学に刺激を与えている。レスリー・マーモン・シルコウの『死者の暦』（一九九一年）は、先住民族の保管者がスペイン人から隠したマヤ族の暦を救おうとする話を中心に展開する。ノーベル文学賞を受賞したミゲル・アンヘル・アストゥリアス[*24]の『とうもろこしの人間たち』（一九四九年）は、『ポポル・ブフ』を参照する。オクタビオ・パス[*25]は、『太陽の石』[*26]で太陽の伝説を再構成している。パブロ・ネルーダ[*27]は、『マチュピチュの高み』（一九五〇年）でインカの復活をもたらす救世主願望をかき立てる。そしてマリオ・ジ・アンドラージの『マクナイーマ』（一九二八年）は、アマゾン流域の難解な寓話を参照するのである。

　実際、多様なテクストの間で起こる衝突を語るのは、無理な話ではない。というのも、そのことによって聖書やヘロドトス、マルコ・ポーロ、アーサー王伝説、騎士道物語、一五世紀のアフリカ探検記を読んで育ったヨーロッパの侵略者は、彼らがやってくるはるか前から存在していた自分たちの神話体系を説明しようとする先住民族の文化に出会っていたのだから。それは、メキシコのケツァルコアトルやアンデスのビラコチャといった神や英雄の帰還や、トゥピ・グアラニー語族[*28]の文化圏での偉大なるシャーマンの出現という、古くからの預言の成就を思い起こさせるものであった。ヨーロッパ人は先住民族に聖書の枠組みを押しつけようとしたが、アステカ族がフランシスコ会、トゥピ族がカプチン会、アルゴキン族が清教徒にしたように、先住民族は自らの原典と信仰をキリスト教の聖典に対置させた(45)。ヨーロッパ人は、デリダが「文字の暴力」と呼ぶ、字義解釈的で残虐なエクリチュールを実践した。征服した土地なら世界中どこでも地名を変え、先住民族の顔に自分たちの権力の徴を刻みつけたのだ。マルティン・ラインハルトは、ヨーロッパ人の「書くことに対するフェティシズム」はエクリチュールを所有の形に変え、その啓典の書の宗教によって「神聖化される」という(46)。ヨーロッパ人は、伝統的な先住民族の表記体系を「悪魔の発明」と見なし、アルファベットの体系を押しつけて破壊した(47)。ユダヤ人やムスリムの聖典を燃やしたのと同様に、先住民族の原典も火の中に投げこんだのである。

ギリシャのみを起源とするヨーロッパのつくり話と同じく、「新世界」の「大航海時代」の物語は、西洋が主張するお話に過ぎない。新しい世界の始まりを物語ることは、先住民族がヨーロッパ人に先立って、すでにアラスカからティエラ・デル・フエゴ*29までの半球全体を探検し、名づけ、地図を作製した歴史だけでなく(48)、先住民族にとっては自由と自治の破壊という終焉でもあったという事実を曖昧にする。ヨーロッパの希望の朝は、先住民族にとっては希望の喪失への哀悼であった。このホロコーストで生き残った先住民族は、一六世紀のチラム・バラムのように、コロンブス以前の失われた楽園を哀歌に謳った。

あの頃
病気はなかった
骨の痛みはなかった
高熱はなかった
天然痘はなかった
燃えるような胸の痛みはなかった……
肺結核などなかった……

あの頃
人間は正しい道を歩んでいた
異国からやってきた人々が
何もかも変えてしまった。(49)

マヤ族の預言者曰く、「彼らは、自分たちの花だけ咲かせるために、われわれの花を萎れさせたのだ(50)」。

コロンブスを今日批判するのは時代錯誤の犯人探しで、現代人の目でコロンブスを見るのは、まるで間違った歴史的枠組みの問題であるかのようだと考える人もいる(51)。しかし、こうした「批判の批判」は的外れだ。第一に、先住民族の破壊は、まだ終わっていない。南北アメリカ大陸全土でいまも続いているのだ。第二に、コロンブスの時代以降ヨーロッパ人の記録は数多いが、当時のヨーロッパの基準から見ても、自分たちは残酷であると平然と報告している。第三に、コロンブスに対する批判は、現代的視点よりもそれとは異なる視点をむしろ採用している。すなわちそれは、先住民族の視点ならびにコロンブスと同時代の批判者の視点である（歴史は勝者によって書かれるかもしれないが、勝者は互いによく言い争うからである）。反コロンブス的な批判を支持すると、同時代の聖職者と法学者たちの意見を支持することになる。それはすでに一五四六年に、スペイン人には先住民族の財産を取り上げる権利はないと主張していたメルチョル・カノ*30のような、スペインの法学者の見解を支持することを意味する。「ある地域の住民が共同で所有するものを、外国人がそこに暮らす人の同意なしに取り上げることはできない」からである(52)。それは、一六五四年四月四日にブラジルからポルトガル国王ジョアン四世宛てに、先住民族の支配は「ポルトガル国家の原罪で大罪(53)」だと手紙を書いた、アントニオ・ヴィエイラ神父の見解を支持することでもある。一五一一年サント・ドミンゴにおいて、コロンブスの息子ディエゴを含むスペイン帝国領の官吏の面前で、ドミニコ会修道士アントニオ・デ・モンテシーノは、スペイン人が「無辜の民に対して残虐非道な行いを働いたこと」を激しく非難した(54)。同じころフランシスコ・デ・ビトリア神父は、その著書『インド諸島についての特別講義』で「発見」という概念を否定した。スペイン人がアメリカを征服してもその領土に対する権利などないのは、仮にインディオがスペインを征服したとしてもその領土に対する権利がないのと同じことである[55]。また他方で、ローランド・ジョフィが『ミッション』（一九八六年）で描いているように、たとえば、人種主義で貪欲な植民地主義者と、ガブリエル神父のような慈悲深く奴隷制に反対するイエズス会士の違いを誇張し、多様なキリスト教徒の少数意見を理想化するのは誤りであろう。カトリックの批評家は、キリスト教徒による先住民族の魂の植民地化も植民地事業も否定しなかった。彼らは、大量虐殺と奴隷化しか告発しなかったのである。

現代の論争は、過去の論争をさまざまな形でくり返している。「発見」という言葉をめぐる論争でさえ新しくはない。一五五六年、スペイン政府は公式に「征服」（conquista）という言葉を禁じ、かわりに「発見」（descubrimiento）を用いるよう定めた。同じようにアステカ族の儀式の生贄も、昔も今も（一九九一年秋冬号『ニューズウィーク』の「コロンブス特集」にあるように）、ヨーロッパ人の征服を「正当化」し、ヨーロッパ人の貪欲な祭壇に「捧げられた生贄」を隠すために引き合いに出される。だが、ヨーロッパ人がそのような慣習のある地域を浄化するために征服したと誤った示唆をしている点で、アステカ族の生贄の論理的根拠には確かに問題がある。そういう慣習がなかった民族までヨーロッパ人が殺戮した理由も説明できない（「友好的な」アラワク族は「残虐な」カリブ族とともに滅ぼされた）。もし征服が残酷な慣習に対する当然の報いになるなら、では異端審問や拷問、手足を馬に引かせる四つ裂きの刑、魔女の火刑、その他無数の悪行があるのに、なぜヨーロッパは当然の報いを受けなかったのかも説明できない。先住民族集団が時折反目し戦ったことがヨーロッパの征服を正当化するなら、ヨーロッパ諸国の果てしない小競り合いを理由に、アメリカ先住民族がヨーロッパを征服してもよいことにならないだろうか？

いずれにせよ、反植民地主義の議論の成否で先住民族の道徳的資質が左右されるわけではない。彼らの人間性は、征服に反対する十分な論拠である。コロンブスの時代に、スペイン人司祭バルトロメー・デ・ラス・カサスは、征服者がインディオを虐殺するのを目撃し、一五二〇年に国王カルロス一世宛ての『インディアスの破壊についての簡潔な報告』という書物で公然と非難した。ラス・カサスの記述は、大規模なジェノサイドにほかならなかった。コルテスが上陸してからわずか三〇年で、先住民族の人口は二五〇〇万人から六〇〇万人まで減少したのである。四〇年の間に、「キリスト教徒たちの暴虐で極悪無慙な所業」は、「男女、子ども合わせて一二〇〇万人以上の人[56]」を不当に殺めたとラス・カサスは見積もった。ヨーロッパ人をこう描写した。「彼らは母親から乳飲み子を奪い……ある者たちは冷酷な笑みを浮べて、幼子を背後から川へ突き落とし、水中に落ちる音を聞いて、「さあ、泳いでみな」と叫んだ[57]」。ラス・カサスの報告する当時の状況は、エルサルバドルの兵士が幼い子どもを宙へ放り投げ、銃剣で受け止めるという話と驚くほど共振する[58]。ともかく、この恐怖の一覧を挙げるのは、道徳的な面が重要なためではなく、現代の論争の歴史的根拠を強調するからである。

メキシコの監督セルヒオ・オロヴィッチの『バルトロメー・デ・ラス・カサス』（一九九二年）のように、ラス・カサスが主人公の長編映画は少なくとも一本はある。新世界とその住人に対する主人公の気持ちの進展をフラッシュバックのように組み立てたこの作品は、聖職者のヒロイズムよりも矛盾を強調する。内面を様式化する光と影の対比や絵画的な効果、独白する苦悩に満ちた顔のクローズアップが特徴で、芝居がかった美学を持つ。それは、叙事詩的なテーマを親密派[*31]の絵画のように身近なものへと変える。一方で、ヨーロッパ人と先住民族の武力衝突は写実的には描かず、象徴的なバレエのような形で表す。オロヴィッチは、ラス・カサスを理想化するのではなく、敵の口を借りて彼を批判するという、ブレヒト流の手法を採る。一人が言う。「インディオを守るといいながら、あんたはあいつらから利益を得ているじゃないか」。映画は、ラス・カサスがいたく後悔するものの、一時期、奴隷としてアフリカ人の輸入を求めた事実も隠さない。ラス・カサスは、現在のグアテマラ領の沿岸地域で民主主義的な理想を実現しようとしたが、大きな歴史の力のせいで、その事業はドン・キホーテのような徒労に終わった。しかし、この作品はラス・カサスを理想化していないとしても、生涯にわたる強制労働と引き換えに「永遠の命」を説く教会の偽善に対する彼の批判は支持している。

『バルトロメー・デ・ラス・カサス』は、征服に続いて起こったインディオの魂に関する宗教論争、インディオの土地を求めるスペイン人の法律論争を再現する。ラス・カサスとセプルベダ[*32]の歴史論争は、国王とその二人の顧問の劇的な対決として演出されている。その一人がセプルベダであり、土地や身体の利用は神学的に正当化できると述べた。それに対してラス・カサスは、キリスト教の慈悲の名の下に行われる征服と奴隷化を非難する。ラス・カサスがスペインは新世界を従来の住民に委ねるべきであると論じると、セプルベダはそのような寛大な態度はただ未開状態と偶像崇拝に逆戻りさせるだけだと反論する。映画は、スペイン人は盗んだインディオの富を返還し、聖職者は先住民族の言葉を学び、スペイン国家は「土地の本来の所有者」の尊厳を回復するようにという、ラス・カサスの遺言の朗読で終わる。内省的なエピローグでは、監督とクルーの存在を示すかのように、カメラが遠ざかる。ラス・カサスの遺体を覆う光の交差は、キリストの磔刑像とラス・カサスを同一化するのである。

修正主義の映画と五〇〇年祭

コロンブス論争は、公的な文化でも大衆文化でも展開されてきた。一九九二年の〔アメリカ大陸到達〕五〇〇年祭の記念式典では、数百万ドルが国際行事に費やされた。目玉は大型帆船レース[*33]で、スペインから出航した各国の船団は、七月四日にニューヨーク港へ到着した。だが、幅広い運動が記念式典をひっくり返した。ゲイリー・ウィルズが言うように、コロンブスは自分の式典に向かう途中で「襲われた」。アメリカ先住民族のグループがニューヨーク州アムステルダムに「上陸し」て自分たちの土地であると宣言し、ライン川流域にあると噂されるヨーロッパのエル・ドラド〔黄金郷〕を目指して出発したのである。合衆国では、数え切れないデモや会議、教育プロジェクト、メディア・イベントが、対抗的物語《カウンター・ナラティヴ》をつくりだした。主要メディアさえ、こうした抗議活動に注意を払った。反植民地主義の物語も、「海岸から見る」プロジエクトのメッセージ性の高い映画やビデオを通して語られた。以下に挙げたそれらのタイトルは、明らかに反植民地主義的な批判を表している。『サバイビング・コロンブス：最初の遭遇』（一九九〇年）、『裁かれるコロンブス』（一九九二年）、『コロンブスの侵略：植民地主義とインディオの抵抗』（一九九二年）、『コロンブスは私たちを発見しなかった』（一九九二年）、『虚構の歴史』（一九九二年）、『一四九二年再訪』（一九九三年）、『もう一つの五〇〇年祭』（一九九三年）。

対照的に、「発見」に関して従来どおりの姿勢をとる文学や映画の語り口は、コロンブスの『航海誌』から『ロビンソン・クルーソー』を経て、五〇〇年記念作品に至るまで、「発見者」の視点を当然とする。発見の物語は、ほとんどが読者をヨーロッパの船に乗せ、（たいてい時代錯誤の望遠鏡越しに）陸地が見つかると、浜辺や木の陰に「インディオた

6　世界の発見。『裁かれるコロンブス』より

7　カブラルのブラジル「発見」。『狂乱の大地』より

ち」がちらりと見える。『変化の支点』でジャン・カルーは、根本的に異なる視点を提示する。読者は「ニーニャ号」「ピンタ号」「サンタ・マリア号」が鋼色の水平線の彼方から現れ、「きらめく杖」で武装した髭面の男たちが乗り込んでいる「布で動く」奇妙な船について、アラワク族が叫んで知らせる様子を想像する。乗組員たちは理解不能な「天の神への儀式」を行い、フェルナンドとイサベルという「族長」の名において、すべての領土の権利を主張するのである[59]。

最近になってようやく、征服に異を唱える映画がつくられ始めた。反五〇〇年記念の先駆的な映画であるグラウベル・ローシャ監督の『狂乱の大地』（一九六七年）は、一五〇〇年にブラジル版コロンブスのペドロ・カブラル[*34]がブラジル海岸に到達した様子を、皮肉を込めて再現した政治的寓話である。この映画に登場する右翼的人物（後に、何千人ものインディオを虐殺するメキシコの独裁者ポルフィリオ・ディアス）[*35]は巨大な十字架を携えて海から現れるが、それは国家の起源神話を示唆している。黒旗とキリストの磔刑像を持ち、なぜか現代風のスーツを着た彼は、カトリックの古い僧衣を身につけた聖職者、一六世紀の征服者《コンキスタドール》、象徴的な羽飾りをつけたインディオに付き添われている）。巨大な十字架は、ディアスが近づき、跪き、儀式を行うために砂上に据え付けられた。ブラジル人の観客にとっては、新たに「発見された」土地で行われた「最初のミサ」を連想させるものだが、征服と現代の抑圧との連続性を隠喩や転喩を用いて強調する時代錯誤の手法だ。この映画のサントラにはヨルバ族の宗教歌が散りばめられており、ポルトガル語のタイトルにある「狂乱」を喚起する。そしておそらく、アフリカの地との結びつきを示唆しているのだ[60]。

『狂乱の大地』は、植民地主義の視点を相対化または反転さえする、征服初期を舞台とした近年の多くの修正主義的な映画を先取りする作品だった。メキシコ映画『カベサ・デ・バカ』[*36]（一九八九年）は、難破してフロリダからテキサスまで徒歩で旅したスペイン人アルバル・ヌニェス・カベサ・デ・バカの物語である。原作はアルバル・ヌニェスの『報告』で、失敗の物語として征服初期を詳述する。通常の役割を反転させ、ヌニェスはスペイン人を脆弱で統制を失い、涙を流して懇願する人々として描く。幻想の人食い人種はふつうはヨーロッパの搾取を正当化してくれるはずであるが、ここでは互いに貪り食うのはスペイン人で、先住民族は恐怖に慄きながらそれを眺めるのだ[61]。この作品は、インディオを不気味で異様とすら描くが、ヨーロッパの布教活動の裏側を暴き、先住民族ではなく征服者こそが真の人食い人種なのだと、あえて

8　幻覚を見るコンキスタドール。『オー・ノー・コロナド！』より

9　征服の影。『サバイビング・コロンブス：最初の遭遇』より

ほのめかしている。一方、ベネズエラの映画『イエリコ』(一九九〇年)は、先住民族の視点を幅広く受け入れ、先住民族集団の言語・歴史・文化様式に関する広範な知識を披露する。たいていハリウッド映画では「インディアン」はおかしな英語もどきを話すのに、この作品では、先住民族が「彼らの」言語を話そうとしどろもどろするヨーロッパ人を笑うのだ。この物語は、「先住民族になろうとする」ヨーロッパ人の事例を描いている。事実、征服の最初の数世紀では、それは珍しいことではなかった。たとえばメキシコでは、ユカタン半島でインディオに誘拐されたスペイン人ゴンサーロ・ゲレーロが、顔に刺青し耳にピアスをした族長となった[62]。北アメリカでは、クレーヴクールが書き記したように、数千のヨーロッパ人が「白いインディアン」になった(いくつかの植民地で「インディアン化」に反対する法律が通過したほどである)が、それに対して「先住民族がヨーロッパ人になることを選択する例は一つもなかった[63]」。「白いインディアン」たちによれば、共同体や平等性、「生きやすさ、心にはびこり蝕む心配の種や気苦労のなさ[64]」といったインディアンの意識に魅了された者もなかにはいたのである。

『イエリコ』は、一六世紀の伝説の南の海、つまり太平洋を求めたガスクーニャ率いる探検隊の唯一の生き残り、フランシスコ会修道士サンチャゴの話である。サンチャゴはインディオを精神的に征服したいと願うが、実際は彼のほうが精神的に征服されてしまう。インディオに囚われているうちに、サンチャゴはヨーロッパ人の宗教・肉体・大地・社会生活に対する姿勢に疑問を抱くようになり、ついに福音の伝道をやめる。結局彼は、自分を狂った異端の「原住民になりかかっている」と見なすスペイン人の手に戻される。この修正主義的な囚われの物語が危険視されるのは、ヨーロッパ人が公式に恐怖し嫌悪する先住民族の文化を、正反対の魅力的なものに変えるからだ。ホルヘ・クロール・デ・アルバがいうように、異端審問の真の目的は、先住民族を無理やりヨーロッパ人にすることではなく、ヨーロッパ人を先住民族にさせないことであった[65]。

修正主義の映画は、過去と現在の抑圧と抵抗の関連性を主張するものが多い。キューバとペルーの共同制作の叙事詩的作品『トゥパク・アマル』(一九八四年)は、ペルーを支配するスペイン系ヨーロッパ人に対する先住民族の抵抗運動を描く。一八世紀にインカの反乱を率いたホセ・ガブリエル・コンドルカンキ・トゥパク・アマルの物語で、スペイン人によ

10　イニゴ・マグラノ・オヴァッレによる「グリーンカード」・アート

る彼の裁判の場面をはさむ[66]。一五七二年にスペイン人によって斬首されたインカ皇帝の末裔を自称するトゥパク・アマルは、スペインの支配に抵抗して、救世主のように広範囲にわたって反乱を率いた。一七八〇年、彼はクスコの中央広場に入場し、コレヒドール〔地方行政官〕のアントニオ・フアン・デ・アリアガに絞首刑を宣告した。数日後には、奴隷の解放と課税（エンコミエンダ制）や強制労働（ミタ制）の廃止を宣言した。数々の勝利の後、トゥパクは裏切られて王政派に引き渡され、馬でインカ帝国の四方へ引っ張る四つ裂きの刑に処された。それは、トパックが目指した先住民族による統治が、象徴的にバラバラにされたことを意味する。映画はクスコの中央広場で始まり終わる。インカ人はクスコを宇宙の中心（人で言えば「へそ」）と考えた。インカ皇帝を斬首することは、インカ帝国の擬人化された姿形（ケチュア語でインカリ）[*37]の顔を歪め、苦痛に身を捩らせることを意味する。スペイン人の征服者たちは、権力の中心であるクスコからその正当性を奪ったのである[67]。映画では、苦悩し立ちすくんだ先住民族の群衆が見守るなか、スペイン人がトゥパク一族を処刑する場面がある（史実によれば、トゥパク・アマル一族に対する拷問と四つ裂きの刑は、一七八一年五月一八日の午前一〇時から午後五時まで続いた）。「この裁判の記録は破棄されるだろう。この悲惨な出来事も、この呪われた人種も跡形もなく消え去るだろう」とスペイン語の音声が入る。カメラは、群衆の絶望を代弁するかのようにぐるぐる回り、それからトゥパク・アマルが殺された広場で開かれた一九七五年の政治集会のモノクロ映像へ切り替わる。こうして、スペイン人の「跡形もなく消え去るだろう」という予言を否定し、バラバラにされたインカリの頭と体が再び一つとなるという、スペインの支配からの解放を神格化した詩のように、インカの予言が実現されるのである。

エンリケ・ベルナルド・ヌニェスによる一九三一年の小説を基にした、ベネズエラの映画『クバグア』（一九八七年）も、搾取の連続性を示すために、一六世紀、一九三〇年代、現代の三つの物語によって過去と現在を行き来する。『クバグア』の主人公の男は、三つの時代の三つの異なる人生を生きる。一五二〇年には、真珠を採取するスペイン人を手伝うイタリア人のランプニャーノ。一九三〇年代は、北米の石油会社で働く技師。そして一九八〇年代は、アマゾンで鉱物を採掘する多国籍企業の技師として。相手役となる女性ニラは、一五〇〇年代はスペイン人の犠牲者、一九三〇年代は抵抗運動のリーダーの娘、一九八〇年代は反帝国主義のジャーナリストである。いずれの役も、植民地化・新植民地化されたものの、さまざまな形で文化的・政治的に抵抗する国の、歴史を超えた姿を描くのに関わっている(68)。

ブラジルの映画『アジュリカバ』（一九七七年）も同じように、一八世紀のインディオの抵抗運動と、現在の多国籍企業反対運動を行き来して、歴史的連続性を強調する。一八世紀に、自分の部族を奴隷化させまいと闘い、最終的に捕らえられるよりも死を選んだマナウ族の長アジュリカバの物語である。最後に、ネルソン・ペレイラ・ドス・サントスの『私が食べたフランス人』（一九七一年）は、ヨーロッパ植民地主義を「人食い」という言葉を使って批判する。ヨーロッパ植民地主義の経済的な人食いを非難しつつ、現代のブラジル人は、ヨーロッパの支配に対抗するためにその科学技術を貪り食うことで、トゥピナンバ族[*38]の先祖を見習うべきと示唆するのだ。この作品は、ヨーロッパ人が先住民族を虐殺した報復にトゥピナンバ族に捕らえられ、死刑宣告を受けたフランス人の話で、ハンス・スターデン[*39]やジャン・ド・レリー[*40]のようなヨーロッパ人の日記を一部基にしている。だがフランス人は、儀式にのっとり刑を執行して食べられる前に、妻が与えられ、部族の日常の活動に参加することが許される。妻はヨーロッパ人のトゥピナンバ族虐殺のため未亡人となったセビオペペである。映画は、かつて親密な関係にあったのに、何の感情もなく淡々とフランス人の夫を食べるセビオペペの顔のアップで終わる。このイメージは、ヨーロッパ人による虐殺の報告を模倣したものだ。囚われの物語のヨーロッパ人主人公に従来のように観客に同一化させず、食べられる主人公への皮肉にも中立的な態度を維持することで、この作品は逃げ道を確保している。『私が食べたフランス人』が暗示する本当の醜聞は先住民族の虐殺であって、「寓意的な」敵の表象を貪り食う儀式ではないのである。

合衆国のアメリカ先住民族も、自分たちの視点で歴史映画を撮りはじめた。ジョージ・ビュルドーの『サバイビング・コロンブス』は、征服者《コンキスタドール》とズニ族[*41]の最初の遭遇の物語で、なじんだ語り口で地元で共有されるズニ族の物語を、誇りをもって描く。ズニ族から見た征服者は、抽象的で非人格化された、ゴヤが描くような脅威である。クリーク族[*42]やセミノール族[*43]の血を引く映画監督ボブ・ヒックスの『リターン・オブ・ザ・カントリー』(一九八四年)は、宗教学校がアメリカ先住民族を抑圧するのに使った方法を思い起こさせる。子どもを両親から引き離し、ヨーロッパ中心主義的な教育をして、先住民族の言語と文化を禁じたのである。この作品は、抑圧的な状況をひっくり返すことで、千年王国の出現のような世界の転倒を描く。そのとき、ヨーロッパ人の言語と文化は非合法化され(白人の子どもたちは聖書を捨てるように言われる)、法廷と議会、合衆国大統領の座は、先住民族のものとなるのだ。

征服された側であるタイノ族、マヤ族、アステカ族、モホーク族の視点から、征服の物語を語る教訓じみたドキュメンタリーも多い。『コロンブスの侵略:植民地主義とインディオの抵抗』は、一六世紀のイメージと、現代のアメリカ先住民族のインタビューを結びつける。一人の先住民族が、五〇〇年の苦難ののち、「北の鷲が南のコンドルと出会うように」先住民族は一体となるだろうというマヤの予言を引用する。『コロンブスは私たちを発見しなかった』は、一九九〇年六月にエクアドルの高地で起こった先住民族の蜂起[*44]を記録し、予言は映画のように「実現する」。『一四九二年再訪』は、「反コロニアリズム/反コロンブス主義」展の作品にスポットを当て、メキシコ系《チカーノ》アメリカ人とアメリカ先住民族の芸術家や文化評論家のインタビューを織り交ぜ、過去と現在を結ぶ。英国BBCのドキュメンタリー『蛮行とアメリカ・インディアン』(一九八九年)は、先住民族よりもヨーロッパ人のほうが野蛮で暴力的であると結論を下し、「未開の」野蛮人の比喩で遊ぶ。同時に、先住民族が「毛むくじゃらの男」と呼ぶ、口髭を生やした男たちに背後から光を当て、「彼らは、土地を活用せず、宗教を持たない」と宣言させることで、自民族中心的な偏見による民間伝承を風刺する。

征服を批判するために、屈折した前衛的な手法を採る映画もある。ロールデス・ポルティージョの『裁かれるコロンブ

11 『裁かれるコロンブス』

ス』では、メキシコ系アメリカ人《チカーノ》の劇団カルチャー・クラッシュが、過去の植民地主義の蛮行と、現在の人種対立の映像を見せ、ドン・コルレオーネのようなコロンブスを現代風に洒落を効かせて告発する。取り込んだ法廷のおかげで無罪となったものの、結局、メキシコ系アメリカ人の女性《チカーナ》にコロンブスは殺される。セサリー・ジャウォルスキーとジョン・ペトリツェリによる『虚構の歴史』では、グロテスクな征服者たちが一五六三年に「新世界」へ到着すると、そこはすでにすっかり汚染されてスラム街が点在していた。キドラット・タヒミックの未完の作品『マゼランの奴隷』（またの名を『乱開発の記憶』）は、実は地球を初めて一周した人間は、マゼランがスペインで手に入れ、彼の死後その事業をやり遂げたフィリピン人奴隷だったという憶測を前提とする。しかし、何よりも前衛的な反五〇〇年記念の映画は、落馬する征服者コロナド（お祭り騒ぎの失脚にふさわしい隠喩）〔コロナドとは、スペイン語で「冠を戴いた」の意味〕の心に去来する回想シーンで構成されたクレイグ・ボールドウィンの『オー・ノー・コロナド！』（一九九二年）である。ボールドウィンは、征服者のなかで愚かにも裏切られ、命がけで〈シボラの七都〉〔伝説の黄金都市〕を求めてアメリカ南西部を横断する虚しく危険な旅をした一人に焦点を当てる。この悲惨な冒険を物語るために、ボールドウィンは脚本に凝るだけでなく、冒険活劇、教育映画、産業ドキュメンタリーなど映画資料の断片を散りばめている。さまざまな映画から借用された映像は、新世界の征服の発端である、旧世界の十字軍とレコンキスタへ観客を誘う。核実験の場面（この地をコロナドは探検したのだ）では、アメリカ先住民族の占い師の予言を伝える女性のナレーションが入る。「地震が世界を揺るがし……あらゆる地が恐怖に覆われるだろう」。ヴィンセント・プライス（異端審問官の生まれ変わり）やローン・レンジャー、チャールズ・ブロンソンなど、安っぽい西部劇やSF映画に見られる「旧来のテクスト化」を用いて、コロナドは金と暇を持て余したヨーロッパ人植民地主義者の見本として描かれる。映画は核爆発の映像で終わり、それは道具的理性の究極の形であった。ボールドウィンは、核兵器の使用と、一人のインディアンが鏡の反射を武器として利用するのを対比させる。鏡の反射は彼らにとって、最小限の抵抗の手段であると訴えるのだ。

奴隷制と抵抗運動

植民地主義より前の奴隷制は、敗者は勝者に生命を差し出し、生涯奉仕する義務を負った「戦利品」であるという原理に伝統的に基づいていた（この原理はダニエル・デフォーの小説で、ロビンソン・クルーソーがフライデーを奴隷にする際持ち出されている）。アリストテレスは、なかには「奴隷となる定め」の人もいると『政治学』第一巻で述べて奴隷制の根拠を示したが、その基準は明らかに民族ではなく倫理であった。自制できない人は奴隷となる定めにあるのだ。彼は、人種ではなく、特権の根拠である階級に重点をおいた。植民地主義は、支配される定めの「奴隷民族」として、この階級原理を個人から社会全体に「拡大した」のである（アメリカ先住民族を奴隷化したことを正当化するため、セプルベダは「生まれながらの奴隷」というアリストテレスの概念を、はっきりと人種的なものに置き換えた）。

有史以前から現代に至るまで、奴隷制はさまざまな形を取りながら存在してきた。オルランド・パターソンがいうように、「おそらくその祖先が一時でも、奴隷か奴隷所有者でなかった民族はないだろう」[69]。しかし植民地主義以前は、地中海地域とアフリカの奴隷制は、家内奴隷とそれほど変わらない傾向にあった。奴隷は拡大家族に吸収され、家族のような権利を持ち、所有者の家族と結婚し、また所有者の財産を相続することさえできたのである[70]。ジョン・ソーントン[*45]によれば、アフリカの奴隷は、ヨーロッパの自由借地農や雇用労働者と実質的に同等であった。ジャチント・ブルジオッティ・ダ・ヴェトラッラ[*46]は、中央アフリカでは奴隷は移動の自由とエリート生活を享受し、行政官や軍人、王室顧問に至るまで幅広い職業選択が可能だったことから、「名ばかりの奴隷」だと評した。(71)ここでのわれわれの関心は、アフリカの奴隷制を理想化することでも、アフリカ人エリートが奴隷貿易に加担した事実を否定することでもなく、奴隷制の歴史上の質的な差異を指摘することだ。植民地主義と資本主義が伴ってはじめて奴隷制は近代化・産業化し、生産様式や人種的優越性という体系的なイデオロギーと結びついたのである。植民地式の奴隷制は、これでもかとあからさまに商品化の論理を示しながら、人種で区別する恐怖を売買した。アフリカ人としてもヨーロッパ植民地住民としても初の奴隷となったイボ族[*47]の王子オラウダ・イクイアーノ（別名グスタヴス・ヴァッサ）の古典的な奴隷の物語は、それを雄弁に訴える。イクイアーノは、比較的「緩やかな」個人の隷属状態から、北米の集団的な動産奴隷に転落する恐怖を語る。彼が描くシステムは、アフリカの奴隷制よりもはるかに恐ろしく屈辱的である。(72)

O・E・ウヤは、一五世紀以降黒人世界全体が植民地主義、奴隷制、人種差別、そしてアフリカを「低開発」下に置いた新植民地主義から攻撃されつづけていると主張する。(73)ヨーロッパ中心史観は、欧米経済に奴隷制がどれほど重要な役割を果たしたか軽視する（アメリカ先住民族のような他の集団にも奴隷制が実施されたことも忘れている。それは黒人だけの「特権」ではなかったのだ）。封建制の遺物になるどころか、奴隷制に基礎を置くプランテーション制は、近代化に不可欠であった。大規模な資本化、複雑な事業組織、産業技術の向上（製粉、ラム酒製造、運送業など）が、ここに含まれる。(74)ヨーロッパ中心史観は、黒人の反奴隷制運動の広がりも軽視する。しかし黒人は、あらゆる場所やさまざまな方法で抵抗運動を展開した。セドリック・ロビンソンが指摘するように、各抵抗運動はあるイデオロギーで結びついていた。

アミスタッド号で反乱を起こしたアフリカ人とダイアン号の追跡者との間には、思想の連続性がある。ペルナンブーコ、フロリダ、ヴァージニア、ジャマイカ、ギアナ地方、南北カロライナ州の逃亡奴隷の集落、ハイチ革命の奴隷の革命家たち、カリブ海地域の奴隷反乱に加わった人々……［そして］アフリカ南部のグレートフィッシュ川、リンポポ川、ザンベジ川流域の黒人反乱のように(75)。

ヨーロッパ人が「アフリカの分割」を行った一九世紀でさえ、マタベレ戦争[*48]、アングロ・アシャンティ戦争[*49]、ズールー族の反乱[*50]、ソマリランドのムッラーの反乱[*51]など、絶え間なく抵抗が起きていた。ロビンソンによれば、これらは黒人の急進主義のルーツで、アフリカ人の抑圧に対する回答なのだ。この急進主義は単にヨーロッパの規範の否定に基づくのではなく、アフリカの宇宙観や社会構造、観念的解釈、司法制度が刻み込まれている。

『最後の晩餐』（一九七七年）、『もう一人のフランシスコ』（一九七五年）、『奴隷ハンター』（一九七四年）、『マルアラ』（一九七九年）、『シンハ・モサ』（一九五三年）など、キューバやブラジルの映画には黒人の反奴隷制運動の話が多い。カルロス・ディエゲスの『ガンガ・ズンバ』（一九六三年）と『キロンボ』（一九八四年）は、南北アメリカの理想的民主主義の原型と見なされる、一七世紀に逃亡奴隷がつくったパルマーレス共和国を記念した作品だ。パルマーレス共和国は、オランダとポルトガルからくり返し襲撃されながらも、ほぼ一世紀にわたり存続した。ポルトガルの遠征は毎回、平均一五カ月に及んだが、それを撃退した(76)。最盛期にはブラジル北東部奥地の村落まで勢力を伸ばし、その領土はポルトガルのほぼ三分の一に匹敵し、人口は二万人を数えた。パルマーレス共和国は、奴隷制に抗議して反乱を起こすだけでなく、アフリカの規範に則った別の生き方を想像し実行するアフリカ系ブラジル人の能力を証明した。経済的に自給自足するため、解放されたアフリカ系ブラジル人が、母国から忘れずにいた多角的農業を選択して、植民地ブラジルに典型的な単一栽培を退け、トウモロコシ、豆類、キャッサバ、ジャガイモ、サトウキビを共有地に植えた。王は絶対君主ではなく共有財産の管理者人で、合意に基づいた統治者というアフリカ的な意味の王であった。刑法は、特に後期は厳格であったが、人々は基本的な市民的・政治的平等を享受した。マジョリティである黒人のほかにもインディオ、メスティーソ、ユダヤ人、白人の反逆者を受け入れ、最終的にブラジル社会で迫害された者たちの避難所となったのである。パルマーレス共和国は、現代のブラジルにも大きく反響している。黒人の民族主義者はキロンボ主義を訴えて、指導者ズンビの命日を「黒人意識向上の日」として祝う。実際、黒人農民はいまでも祖先が入植した土地を耕しており、「キロンボ条項」は黒人共同体の五

〇万人の子孫に土地の所有権を与えたのである。(77)

ジョアン・フェリシオ・ドス・サントスの歴史小説を原作とする『ガンガ・ズンバ』は、自分がパルマーレス王の孫であることに気づく黒人奴隷に焦点を当てている。この映画は、ジルベルト・フレイレ[*52]のような親ポルトガル的な歴史家が叙述する緩やかな隷属の理想像を削ぎ落とし、強制労働、残虐な奴隷監督、習慣的な鞭打ち、レイプ、殺人を強調して奴隷制を描く。黒人は単なる犠牲者ではなく、積極的な行為者であることを示し、全編、黒人寄りの視点をとる。ある場面では、男性奴隷とその恋人が奴隷監督を殺すために彼を誘いだす。こうした場面は、当時のハリウッド映画では考えられないことだった。この作品は、反乱の暴力を称えたファノン主義者の叙事詩のように、奴隷の行為を必要に迫られた称賛すべきものとして描くのである。

ディエゲスは『キロンボ』（一九八四年）で、増えた予算と、デチオ・フレイタスの最近の歴史研究を利用して、同じテーマに再び取り組んでいる。(78) 一六五〇年から一六九五年までの歴史を概観して、物語は三つの異なった段階を動く。第一の段階は、ガンガ・ズンバに率いられ、砂糖農園を脱出してパルマーレス共和国へ向かう奴隷集団。第二の段階は、独立した共同体として繁栄する、ガンガ・ズンバ統治下のパルマーレス共和国。第三の段階は、内部の緊張関係と外部からの侵略が迫る状況で入植者との闘いを余儀なくされる、もう一人の指導者ズンビである。パルマーレスの人々は最終的に虐殺され、ズンビ自身も殺されるが、最後の字幕で、この後さらに一世紀にわたる抵抗運動が続くことが観客に告げられる。この作品の大まかな流れは、共同体を構築中の自発的な反乱から、共同体の暴力的な破壊を経て、闘いの継続を暗示して終わるのだ。

『キロンボ』の登場人物には、奴隷たちを隷属から解放し、約束の地であるパルマーレスへと導くアフリカの王子ガンガ・ズンバがいる。アコティレーネはアフリカの力強さと精神性を象徴する人物だ。ダンダーラはアフリカの精霊イアンサンを憑依させ、宗教儀礼でガンガ・ズンバを救った。一方、サムエルという役は、異端審問を逃れブラジルへ避難してきた多くのセファルディー系ユダヤ人やコンベルソを象徴する。彼の会話によって、奴隷たちの闘いは、紅海を割り約束の地を目指す出エジプト記のような聖書の物語と重ねられる。また、登場人物をカンドンブレ信仰のオリシャ〔神々〕と関連づけることで、黒人文化の価値を定める。ガンガ・ズンバは雷神シャンゴと、ズンビは鉱物と農業と戦いの神オグンと結びつけられる。年老いた奴隷が臨終に際してラテン式の儀式を拒み、ヨルバ語で歌うよう言って譲らない場面がある。彼が死ぬと、ガンガ・ズンバがシャンゴの斧を手に魔法のように現れる。このように本作はアフリカ文化の象徴的価値を重視する一方で、闘いの必要性も強調している（ヨルバ族の宗教に敬意を表してはいるが、実際はパルマーレス共和国の文化は、ヨルバ族よりもバンツー族の文化に近かったのが唯一の問題点である。バンツー族と比べると、ヨルバ族がブラジルにやってきたのは、それほど昔ではない）[79]。ジルベルト・ジルの音楽はすばらしいが、空想的なミュージカルと史実を行ったり来たりし、結果的にミュージカルの魅力も歴史物語の壮大さもない、どっちつかずの作品になってしまっている。

『キロンボ』でさまざまなジャンルが足を引っ張り合っているとすれば、セルヒオ・ヒラールの『もう一人のフランシスコ』は弁証法的な演出をする。この作品は、さらに後の時代のキューバを舞台とした、キューバ初の反奴隷制小説（アンセルモ・スアレス・イ・ロメロの『フランシスコ――製糖工場、あるいは田園の歓び』（一八三九年）を原作とし、多様なジャンルの演出を相互に影響させている。原作の感傷的な気分に「忠実」で、風刺めいたメロドラマ風のアプローチ。当時の文学サロンで原作がどのような文脈にあったのかに関する脚色されたドキュメンタリー（時代設定が違うが真実はある）。史実に基づく奴隷の人生のリアルな再現。三つの演出が合わさることで、小説では抑えられていた奴隷制廃止運動の背後にある経済的動機（自由貿易）や、大きな変化を引き起こす黒人の反乱、物語そのものの巧みなバランスが、まさに際立つのである。原作の小説では、フランシスコは恋人ドロテアが白人の奴隷主の欲望に屈したと知って自殺する。しかし映画のドキュメンタリー風の箇所では、奴隷は不幸な恋を理由に自殺することは決してないとほのめかしている。ナレーションは、妊娠した奴隷は九カ月間農場で働かされ、乳児の死亡率は一〇〇％近いため、女奴隷の多くは子どもが搾取されないように中絶すると告げ、また終盤では小説にはない奴隷の蜂起が演出されるのだ。フランシスコたち奴隷は反逆の計画を立てる。その指導者クリスピン（小説では従順なフランシスコの対極におかれる）は革命期のハイチを引き合いに出し、エメ・セゼールが言ったように、「サトウキビを刈るマチェーテ〔大型ナイフ〕は、首も刎ねることができ

12　サトウキビを刈るマチェーテは、首も刎ねることができる。『もう一人のフランシスコ』のクリスピン

る」ことを、奴隷たちに気づかせる。ブラジルでアララ族とヨルバ族を、キューバでマンディンゴ族とミナ族を引き離す分割統治策に抗い、クリスピンは汎アフリカ的な団結を呼びかける。この場面でアフリカの宗教は力づける大きな役割を果たし、序盤でほのめかした経済主義を超越する。民族衣装を着たクリスピンが奴隷たちに啓示のごとく反乱を促すとき、ヨーロッパの交響曲はアフロ・キューバの太鼓に変わるのである。

反逆者の声

ヨーロッパ人の著述家がみな、ずっと無批判だったり、ヨーロッパ中心的だったわけではない。多くの人がラス・カサスの伝統を受け継いで、植民地主義者の人種主義に反対の声を上げた。フランスの哲学者モンテーニュは一六世紀に「食人種について」で、文明化したヨーロッパは最終的に人食い人種より野蛮であると論じて文化相対主義を擁護した。人食い人種は敵の強さを摂取するためだけに死体を食べるのに対し、ヨーロッパ人は愛の宗教の名の下に拷問し殺すからである。

私は死んだ人間を食うよりも、生きた人間を食うほうがずっと野蛮だと思う。まだ十分に感覚の残っている肉体を責苦と拷問で引き裂いたり、じわじわと火あぶりにしたり、犬や豚に嚙み殺させたりするほうが、(われわれはこのような事実を書物で読んだだけでなく、実際に見て、なまなましい記憶として覚えている。それが昔の敵同士の間でなく、隣人や同胞の間におこなわれているのを、しかもなおいけないことには、敬虔と宗教の口実のもとにおこなわれているのを見ている。)死んでから焼いたり、食ったりすることよりも野蛮であると思う。[80]

モンテーニュから見れば、スペイン人は貪欲さに突き動かされて大虐殺をしたのであった。「真珠と胡椒の取引きのために、これほど多くの都市が劫掠され、これほど多くの国民が絶滅され[81]」たのである。モンテーニュはまた、ヨーロッパの階級という蛮行を非難するのに先住民族の考え方を利用した。トゥピナンバ族がヨーロッパをどう受け止めたのか報告し、こう書き記した。

彼らが言うには、「まず第一に、王様のまわりにいる、あんなに大勢のひげを生やした、逞しい、武器を持った大きな男たちが……一人の子どもにぺこぺこしていることと、むしろ彼らの間から誰かを選んで支配者にしないことが実に不思議である。第二に(彼らの言葉では他人のことを自分の半分と呼ぶ習慣がある)あなた方の間にはあらゆる種類の幸福をあふれるほどにもっている人たちがいるのに、その半分たちが飢えと貧困に痩せ細って彼らの門前に乞食をしていること、しかもこれらの貧乏な半分たちがこれほどの不正を忍びながら、他の半分たちの首を締めたり、家に火をつけたりしないことが実に不思議である」と。[82]

この数年後、シェイクスピアは『テンペスト』のために、キャリバンという登場人物をつくりだした。この名前は「人食い人種 cannibal」のアナグラムで、彼は自分の島を盗んだヨーロッパ人プロスペローを呪う。「だってお前の臣下は俺ひとりじゃないか、おいらははじめ自分の王様だったのに」[*53]。エメ・セゼールは一九六九年の翻案劇で、シェイクスピアの原文を少し反植民地的なものに改めなければならなかった。セゼール版の主人公は好戦的な「キャリバンX」であった。「俺をXと呼んでくれ」「そのほうがいい。いわば……名前を奪われた人間だ」と彼は言う。セゼールのキャリバンは、命令に従うには足りるが知識を学ぶには不十分な、わけのわからない早口言葉しか教えられなかったことや、ミランダを強姦しようとしたと好色な妄想で自分を責めたことについて、プロスペローを非難するのだ(83)。

シェイクスピアから一世紀後の一七一九年にダニエル・デフォーは『ロビンソン・クルーソー』を書き、西洋の典型的な植民地主義者で冒険家の主人公をつくりだした。この本は、何百もの文学的な模倣作や漫画本、映画を生んだ。忘れられがちだが、クルーソーは、もともと奴隷貿易とブラジルの砂糖のおかげで裕福になった人物である。ある島に漂着し、何年もの孤独の後に人間の足跡を見て彼が最初に考えたのは、「召使を手に入れる」ことであった。植民地主義の探検家として、彼は創造主のように文明を丸ごとつくりあげた。その先住民族の命を救った日を記念して、「自分の」島民に「フライデー〔金曜日〕」という名前をつけた（金曜日は神がアダムを創造した日であり、「うぬぼれの強い」クルーソーと神の類似性が強調されている）。ピーター・ヒュームが指摘するように、デフォーはフライデーの教育について、二つの鍵となるエピソードを柱に据えた。それは実はヨーロッパ人が借用したカリブの技術の「バーベキュー」と「カヌー」(84)のことで、いずれも先住民族の言葉である。クルーソーの思想はこのように、典型的なヨーロッパ中心主義言説と思われる、ヨーロッパ人の自画自賛と、非ヨーロッパ人の他者に対する蔑視という二重の過程のよい例である。

『ロビンソン・クルーソー』は、模倣と批判をほぼ無限に生みだしている。デレック・ウォルコットの『パントマイム』には、クルーソーとフライデーのマイムを稽古する主人と奴隷が登場する。彼らは、互いを映す鏡という権力関係を帯びた芝居のなかで演じているのである。デフォーの小説を映画化したルイス・ブニュエルの作品は、（小説と同じように）クルーソーの信仰に皮肉っぽい疑問を投げかける（フライデーはキリスト教神学に当惑する）が、主人公に食人種を投影するなど、間違いなく植民地主義言説の一面を残している。ジャック・ゴールド監督の『マン・フライデー』（一九

13　植民地主義の教育。クルーソーとフライデー。『ロビンソン漂流記』より

七五年）のような最近の映画では、禁欲的な植民地ロマンスが、対抗文化《カウンター・カルチャー》の反植民地主義的なたとえ話になるように、クルーソーの英雄像も色褪せつつある。『マン・フライデー』のロビンソン・クルーソー（ピーター・オトゥール）が所有権法を説明する場面では、フライデー（リチャード・ラウンドトゥリー）は個人の財産を信頼するのが、なぜそれほど面倒なことになるのか理解できない。この作品は、クルーソーの管理主義や人種主義、排外主義、禁欲的な恐怖症（彼は熱帯の島で毛皮の服を脱がずに何年も暮らしている）を嘲う。またこの作品は、小説の根底にある同性愛的な意味合いも引き出している。よく指摘されるが、デフォーのクルーソーは、結婚し従属的な地位に追いやられている妻よりも、「ハンサム」で「格好いい」フライデーに官能をくすぐられるようだ。『マン・フライデー』でクルーソーはフライデーに対し、家父長的な支配と性的な感情を交互に示す。だが、同性愛的な欲望を恐れるあまり、クルーソーは激しい妄想を抱き、（文字どおり）自分を鞭打って、性的な神経症と抑制を共有しないフライデーを困惑させるのである。

『マン・フライデー』は、「他者」の型にはまった記号のいくつかを再評価する。カニバリズム〔食人〕は相変わらず主題ではあるが、亡くなった親族を愛情をもって摂取するものと表現している。フライデーの仲間の部族は、もはやデフォーの小説のような現実味のない食人種ではない。個性があり、語り部や職人といった職業をきちんと持っている。この作品は、クルーソーが天地創造の物語を読む声に合わせて、混沌とした世界から秩序ある世界へ変化する映像で始まる。次は、フライデーや食人種とクルーソーの殺意ある出会いの場面だ。しかしそのすぐ後に、フライデーから見た同じ出来事に切り替わり、物語は再構成される。視点が移り、フライデーは部族の人々に、クルーソーが私物を神のように大事にしていると告げる。部族の人々は信じられないと言って爆笑して尋ねる。「そのクルーソーってやつは、「これは私のものだ」「これはお前のものだ」と言って回る部族だというのかい？」。この作品は英国のピューリタニズムを批判しているにもかかわらず、結局フライデーは、迷える主人を根気よく愛情深く教育しようとする、理想的なキリスト教徒を体現しているのである。原作と異なるタイトルは、焦点が主人から奴隷に移ったことを表すが、結局フライデーの主観性は、祝祭的で官能的な共同体という白人が描くカウンター・カルチャーのユートピア像に利用されている。フライデーを文化や歴史の空白地帯に置き、クルーソーに出会う前の彼の名や言語、共同体についてあえて考えようとはしない。要するに、われわれはフライデーが何者なのかをまったく知ることはないのだ。この作品はヨーロッパ中心主義を批判しているが、フライデーに対する想像力が欠如しているためヨーロッパ中心的なままである。セゼールの『テンペスト』では反植民地の視点でカリブ人を捉え直すことができたが、『マン・フライデー』は一人の登場人物が歴史的に肉付けされる一方で、もう一人は黒人の生来の知恵と官能性というカウンター・カルチャーの象徴となり、非対称な寓話に限定されたままなのである。

『ロビンソン・クルーソー』が植民地主義のお手本となるイメージを提供したとしたら、ジョナサン・スウィフトは、『ロビンソン・クルーソー』のすぐ後に刊行した『ガリヴァー旅行記』（一七二六年）で、そのしきたりを風刺した。この作品は、奴隷貿易を英国経済の拡張の柱に据えて「アシエント〔奴隷供給契約〕」[*54]が制定されてからちょうど一三年後という、英国の植民地史上重要な時期に登場したにもかかわらず、概して政治的に受け止められてこなかった。そして今でも、子ども向けの愉快な「名作」と見なされている。だがクレメント・ホウズが指摘するように、この小説は植民地化の典型的な過程をもれなく描いているので、政治を抜きにしては「この本の特徴である風刺を生む植民地の論理はまったく成り立たない」[85]。ラピュータへの旅では、スウィフトは下界の大陸の領土を統治する、磁力で動く「空飛ぶ島」を描いた。ラピュータが貢物を取り立てるさまは、まさに植民地政策の皮肉な再現である。スウィフトはアイルランド人だった。つまり、英国の最初の植民地の住民で、あらゆる被植民者の原型であったことに留意すべきである。とりわけ辛辣な「穏健なる提案」(一七二九年)では、貧困による飢餓の問題を解決するには、アイルランド人の子どもを食べればよいと皮肉を込めて主張した。だが、たとえスウィフトが『ガリヴァー旅行記』でアイルランドを特に念頭に置いていたとしても、その痛烈な言葉は、次のような告発文でも明らかなように、植民地主義全般に向けられていた。

海賊の一団が、嵐のためにどこへともなく流され、その挙句に、檣頭にのぼっていた水夫が陸地を発見し、上陸して略奪をほしいままにするが、そこの住民たちは襲って来るわけでもなく、暖かく歓待してくれ、海賊の方もその国に新しい名前をつけ、国王の名のもとに正式に領有し、腐った板か石ひとつを記念に建て、原住民を二、三十人殺し、見本と称して一組の男女をかっさらい、国に戻って赦免をうける。……そのような敬虔なる遠征に加わった呪うべき虐殺者の群れこそが、野蛮な偶像崇拝者たちを改宗させて文明化するために送り出される現代の植民者なのである[86]。

スウィフトの想像の産物は、征服者の分遣隊員ロペ・デ・アギーレ(一五一八~六一年)を取り上げた、ヴェルナー・ヘルツォークの映画『アギーレ・神の怒り』(一九七二年)を先取りしている。ペルーの先住民族の反乱を鎮圧したアギーレらスペイン人は、アマゾン川源流にあると考えられていたエル・ドラドを発見しようと決意した。この作品は、ヨーロッパ人を顔の見えないインディオから弓矢と吹き矢で攻撃される犠牲者のように描くが、インカの偉大さをほのめかしたり、植民地主義を強く批判したりはしない。少なくとも、文字どおり転がるように挫折した征服者にしか焦点を合わせていない。ヘルツォークは、アギーレを見るからに歪んだ、ほとんどヒトラーのような誇大妄想の狂気じみたヨーロッパ人として描き、サディズムとパラノイアが植民地征服の心理的要因であると示した。純血にとりつかれたアギーレは、自分の娘と結婚して、史上最も純粋な血統の王朝をつくろうともくろむのだ。この作品はまた、植民地主義の犠牲者に、遠慮がちに語らせている。インディオのバルタサールは失われた生活様式を嘆き、黒人奴隷のオケロは自由を切望する。唯一人友好的だったインディオが改宗を拒むと、「教会はつねに強者の側に立たねばならない」と言う宣教師カルバハルは、彼を殺す。そして最後の場面では、植民地主義を否定する極端な例が描かれる。狂乱状態のスペイン人の一団が乗り込んだ筏が岸から「インディオたち」に攻撃され、瀕死の兵士は「これは血ではない。矢は幻だ」と呟くのだ。

啓蒙思想と進歩の二律背反

先住民族の追い立ては、「西洋の進歩にとって避けられない過程」という思い上がりによって幾度となく正当化されてきた。インディアン戦争が終わって、アメリカ合衆国第七代大統領アンドリュー・ジャクソンが先住民族の運命を嘆く「感傷的な考え」を非難したのは、この進歩的な精神ゆえであった（現代ならば「感傷的な考え」ではなく「感性の礼賛」とでもいうのだろう）。

ある種族の最後の一人を死ぬまで追いつめ、絶滅したその種族の墓を踏みにじることは、憂鬱な思いをかき立てる。だが、他者に場所を譲るためにある人々が消滅したのだ、とあきらめてその盛衰を受け入れるのが真の博愛というものだ。……都市や町、豊かな農場が点在し、一二〇〇万人以上の幸せな人々が暮らし、自由・文明・信仰の祝福に満ちたわれわれの広大な共和国よりも、森に覆われ、数千人の野蛮人が側にいる国がよいと言う人がいるだろうか？(87)

これは、彼の二度目の教書演説の一部だが、ヨーロッパ中心の思想に溢れている。ヨーロッパは物質的に発展し、優越性を示した（したがって先住民族の全滅も正当化できる）。定住者は遊牧民より優れている（実際には、ほとんどのアメリカ先住民族は定住していた）。地球は、協力する相手としてではなく「支配」する対象として存在する。この言説によれば、アメリカ先住民族は「進歩によって破滅を運命づけられた」のである。西洋の最終目的のために生け贄として捧げられた「インディアンの消滅」という考えは、虐殺を不可避と見なし、ヨーロッパ人の良心を間接的に慰める。実際は当時でも、虐殺は不可避ではなく、文化的な遭遇に虐殺はつきものではなかった（たとえば、『コロンブスは私たちを発見しなかった』に登場する数百万人の先住民族集会の参加者は、近代化と啓蒙思想という西洋の栄光に満ちた主張に非難の声を上げ、いまも南北アメリカで生き延び闘っている）。

しかし同時に、すべてのヨーロッパ人が反インディアンというわけではなかった。多くの人が先住民族の文化を取り入れた。ニューイングランドの清教徒でも、『ニューイングランド・カナン』（一六三六年）の著者トマス・モートン*55のような変節者が、五月柱の周りをインディアンと一緒に踊り、彼らに火器の使い方を教え、彼らが「キリスト教徒よりも人間性が豊かな[88]」ことを発見した。哲学的な多くのヨーロッパ人から見れば、先住民族は平等な自然法に従って生きていた。ウィリアム・ロバートソンは『アメリカの歴史』（一七七七年）で、インディアンを自分たちの生き方に自信を持つ人々として描き、ヨーロッパ人の生活は批判的に記した。

彼らは本当の幸福を享受する資格がいちばんある人間として最も優れた手本だと自負している。彼らは意志や行動を制限されることにまったく慣れておらず、階級の不平等や文明生活で生じる従属関係にびっくりする[89]。

一九七〇年代からアメリカ先住民族である研究者などが、アメリカの民主制度に先住民族が与えた影響について注意を喚起するようになった。「建国の父たち」も、この影響を否定することはほとんどなかった。先住民族の影響を歴史書から削除すると、アフリカや古代ギリシャと同じように時代を遡って歴史を書き直すことになる。修正主義者の研究者は、建国の父たちがのちに採用したイロコイ族の社会生活や政治生活の特徴を強調する。独裁的な権力を疑うこと（「最小の行政こそ最良の政治なり」）や、権力の集中を避けるための抑制と均衡の考えなどである。ドナルド・グリンデ・ジュニアとブルース・ジョハンセンによれば、ベンジャミン・フランクリンの「アメリカ連合政府」の構想は、六つの部族から成るイロコイ連邦から借用したという。(90) 実際、建国の父たちの自由の概念は、アメリカ先住民族の慣習と信条に強い影響を受けた。土地の国有化に賛同し、ベンジャミン・フランクリン[*56]は「ヨーロッパ各地でわれわれが目にする貧困と悲惨さという、人間の惨めさの光景」(91)がアメリカ先住民族の社会にはないと指摘した。トマス・ジェファソンは、一七八七年一月一六日付のエドワード・キャリントンに宛てた書簡にこう記している。「政府を持たずに生きる(インディアンのような)社会の人々が、ヨーロッパの諸政府のもとで生きる人より、一般にずっと大きな幸福を享受していることは間違いない」(92)。

ジョン・ロック派が自然法の三本柱の一つとする「財産」ではなく、ジェファソンが「幸福の追求」を唱えたのは、先住民族の自由をこう評価していたためである。アメリカ先住民族の研究者が指摘するように、革命期の急進派のグループ「自由の息子たち」[*57]がボストン茶会事件(一七七三年)の際にモホーク族に変装したことも[*58]、インディアンの彫像がアメリカ連邦議会議事堂を飾っていることも、「コーカス(党員集会)」という語がアルゴンキン族の言葉に由来することも偶然ではない。一九五〇年代に法学者フェリックス・コーエンは、憲法よりも急進的な「インディアンの豊かな民主主義の伝統」から、アメリカの生活の政治的な理想は現れたと論じた。「女性にも男性と同じように参政権があり、いわゆる連邦主義や、首長を支配者ではなく公僕と見なす習慣」(93)があるからだ。もっと一般的に言えば、先住民族の平等主義的な共同体の自由という概念は、どんなに媒介され理想化されようとも、権威主義に胡座をかいていたヨーロッパを目覚めさせるある種のきっかけや刺激となったのである。クロード・レヴィ゠ストロース、ジョルジュ・バタイユ、ピエール・クラストル、エドゥアルド・ガレアーノ、カークパトリック・セール、ジェリー・マンダーの著作に見られるように、この概念は、ヨーロッパ中心的な文明の政治的・道徳的な基盤を人類学的に深く批判するよう、西洋の知識人を刺激しつづけている。

フランクリンとジェファソンの例は、啓蒙思想の遺産の両義性を示す。ヨーロッパの中でも外でも(ハイチ革命のトゥーサン・ルーヴェルチュールなど)、特定の階級を解放する一方で、〈理性〉のじゃまをする人々を「進歩的」に征服することを正当化したのである。ヨーロッパが世界の列強となると、啓蒙思想は、進歩という「表面」とともに、帝国主義、競争、階層制といった裏面をも永続させたのである。ロックやルソー、ミルのような思想家が輪郭を描き、アメリカ合衆国の独立を正当化した「社会契約説」は、Y・N・クライが「反社会契約説」と呼ぶものによって二重の意味を持った。(94) つまりそれは、「対等な人間どうしの平等」という理念が、奪い取り搾取する機会の平等を伴うようになったということだ。実際、合衆国憲法ほど、ヴァルター・ベンヤミンの名言「それは文化のドキュメントであると同時に、野蛮のドキュメントでもある」*59を例証するものはほとんどない。その合衆国憲法に納められた原則は、二つの写本を生みだした。一つは、ヨーロッパ人の子孫であるアメリカ人のための明文化された憲法である。もう一つは、非ヨーロッパ人「マイノリティ」のためのほとんど明文化されなかった憲法である。「建国の父たち」のリベラルな方針は本人たちのように進歩的であったが、後年の第二八代大統領ウィルソンの「民族自決主義」が非ヨーロッパ諸国を念頭に置かなかったように、「劣った民族」は対象としなかった。一七八九年に合衆国が主権を有する領土の大半は、まだインディアンが占有する割譲されていない土地であり、憲法は合衆国内の土地の譲渡や併合、他民族との調停に関わる規定を何も定めていなかった。(95) 人種は、二重の意味で「隠されて」いた。「赤い人」〔北米先住民〕と黒人は婉曲な表現や省略によって隠されたが、支配集団のジェンダー化された白人性は名を伏せられることで隠された（ロラン・バルトが「匿名」と呼ぶものの一例だ）。

だが、進歩的なヨーロッパの思想家でさえ時折もらした人種主義は、新しい「普遍的」学問にも自民族中心的な限界があることを露呈する。実際、啓蒙思想の多くの二律背反《アンチノミー》は、のちにフランクフルト学派の「批判理論」、さらに後にはフーコーのアルケオロジーやリオタールのポストモダニズムによってメスを入れられたが、すでに一八世紀には明らかであった。(96) ジョン・ロックにとって、インディアンは論理的に考えることができないので「子ども、白痴、文盲」(97) と一緒に分類すべきであった。デイヴィッド・ヒュームは、一七四八年の論考「国民性について」の脚注で、「黒人は生まれつき白人より劣っている」(98) と主張した。経験論の哲学者である彼はいつもは懐疑主義的で綿密な手順を踏むが、人種と劣等性の「因果関係」についてはそうしなかった。イマヌエル・カントも同様に黒人の知能を疑い、『美と崇高との感情性に関する観察』（一七六四年）で、アメリカ人（すなわちアメリカ先住民族）と黒人は「精神的な能力において、他のどの人種よりも劣っている」(99) と述べた。フランスの哲学者をみると、ヴォルテールは奴隷制に反対していたが、その彼も『形而上学概論』（一七三四年）で黒人は劣等であると表明した。(100) ルソーは、不平等は社会がつくりだしたと主張したが、他より進化した文化もあるとも言っている。[101] 多くのヨーロッパの思想家にとって、黒人の知性は、絶えずチェックする必要があった。非ヨーロッパ人は、たとえば文章を書いて、他の人種には生まれつき与えられている知性や人間性を証明するよう求められた。ヒュームやカントのような哲学者は、人種主義者にすぎないとか、言及すべき価値など一つもないと言っているのではない。性差別と同じく人種差別も哲学が近代化したその絶頂期に生まれたのである。

それでも違う立場をとる思想家はいた。『両インド史』の著者であるギヨーム＝トマ・レーナル[*60]は、「アメリカ大陸の発見は、人類にとって幸いであったか、それとも災いであったか」、冷静に議論するよう求めた。そして、「残虐な」奴隷の輸送と先住民族の絶滅をもたらしたことから、「地獄の住人」だけがこの問いに肯定的に答えるだろうと結論した。[102] 啓蒙思想家のなかで最も熱烈な反植民地主義者はドゥニ・ディドロであった。彼は『ブーガンヴィル航海記補遺』でタヒチ人に対し、「片手に十字架、片手に短剣を握った」武装したヨーロッパ人が「あなたたちに無理やりに彼らの習俗や見解を採用させたりするにちがいない」と警告している。[103] ディドロは、数節をレーナルの『両インド史』について割き、「獣と野蛮人」の植民地主義的な換喩を逆転させて、アフリカのホッテントット族にこう忠告している。

逃げろ、不運なホッテントットよ！　逃げろ！　森に隠れろ！　森に棲む猛獣は、あなたたちを今にも支配しそうな帝国の怪物たちよりも怖くない。……あるいは、もし勇気があれば、斧を取り、弓を取り、この侵入者らに毒矢を降らせろ。[104]

モンテーニュのようにディドロは野蛮の比喩を逆転させ、植民者を真の野蛮人と見なした。まるで自分が先駆的な反植民地ゲリラになったかのように空想し、一七八一年にこう書いた。

野蛮なヨーロッパ人よ！　おまえたちの事業の輝きに、感銘を受けることなどない。成功したからといって、不正がなかったことにならない。おまえたちを遠い国に運ぶ船に乗ることをよく想像するが、一たび陸地に上がって悪行を

目撃すると、敵方に加わり、武器をとっておまえたちの血で手を染めるのだ。(105)

ディドロは、たとえばファノンの『地に呪われたる者』に序文をよせたサルトルをはじめ、ヨーロッパ植民地主義に抑圧された人々に共鳴する知識人など、のちの急進的な反逆者たちの出現を予期していた（本書の最終章で、現代における反逆の思想の現代的帰結に立ち戻る）。また、物質的に恩恵を受けた人々に同情しない、ヨーロッパ人の感傷的な道徳主義による偽善を非難した。

ヨーロッパでは、最も崇高な道徳格言が一世紀のあいだ影響を与えている。全人類の友愛が不朽の名作で不動のものとなった。……静かな自室やとりわけ劇場で彼らの苦しみを想像するだけで涙がにじむ。われわれが感動するのは、不幸な黒人の運命だけだ。彼らは虐げられ、不具にされ、焼かれ、刺されるが、われわれはそれを何の感情もなく冷淡に聞く。私たちに喜びを与えてくれる人々の苦しみは、決してわれわれの心には届かない。(106)

ヒュームが黒人の人間性を否定するために「自然」という言葉を用いたとするなら、ディドロは奴隷制を「自然に反する犯罪」として非難するために同じ区分を用いた。しかし、ディドロは植民地主義者に抵抗するようアフリカに望んだが、ヘーゲルは『歴史哲学講義』でアフリカを歴史の流れの外に置いた。アフリカについて何も知らなかったヘーゲルは、この大陸こそ普遍性という分類をわれわれに放棄させるものだと主張した。

アフリカは世界史に属する地域ではなく、運動も発展も見られないからです。北アフリカでおこったことは、アジアやヨーロッパの世界のできごとです。……本来の意味でのアフリカは、歴史を欠いた閉鎖的な世界であって、いまだまったく自然のままの精神にとらわれています。(107)

ヘーゲルにとって、アフリカ人とヨーロッパ人の主たるつながりは奴隷制だけであったが、それは「黒人の野放図な性格」[108]のせいだと考えた。メキシコやペルーの先住民族の文化も、彼にしてみれば同様に「精神的に無気力」で、「論理的に考えるほど消滅する」運命にあった。[109]中国も同じように「自然のままな植物的な生活」[110]であり、インドでは〈絶対的存在〉が「めまいのするような夢想のなかに」[111]あった。「ヨーロッパ人に服従するというのがアジア諸国ののがれられぬ運命で」[112]あるとヘーゲルは記した。

マルクスはヘーゲルの考えを覆した面もあったが、その他はヘーゲル哲学のヨーロッパ中心主義を踏襲した。[113]マルクスにとって、アジアや南北アメリカの前資本主義社会は歴史的に非難される一時性のなかに生きており、進歩的な資本主義の高い生産性を前にして消滅せざるをえないものであった。アメリカ先住民族の評者が指摘するように、マルクス主義思想は、人間労働と土地に適用する生産性の概念を資本主義と共有していた。[114]それに対して実証主義のコント学派は、人類史で「秩序と進歩」は当たり前の普遍的な発展段階だと考えた。ヨハネス・ファビアンは著書『時間と他者』で、伝統的な人類学には被植民者を「異なる時」を生きるものとか、人生の初期（幼少期）や人類史の初期（原始時代）を連想させるものとして見る傾向があると見抜いた。「共在性の否認」によって、先住民族の文化は「頽廃的」「先史時代的」とされた。硬直し不活発で時代遅れの「伝統」は、対抗する相手が「発展段階の異なる同じ社会ではなく、同じ〈時代〉の異なる社会」[115]である事実が時間をずらすことで隠され、活気に満ちた「近代」と競合させられたのである。

人種主義は啓蒙期の美学にも強い影響を与えた。新しい学問の特徴の測定や格付けは、ディオニソス型でないギリシャをアポロン風に解釈する美的価値基準と結びついた。カール・グスタフ・カールスのようなアーリア主義者は、ギリシャ彫刻との類似性で人間の神的側面を測った。その一方で芸術という高邁な宗教は白人性の聖堂であがめられた。とりわけベル・フックス、クライド・テイラー、コーネル・ウェストは、非ヨーロッパ的な外見や美しさを体系的に貶める「規範的な視線」を公然と非難した。[116]英国人の外科医チャールーズ・ホワイトは、コーカサス人種ほど「大きな脳をもった立派なアーチ型の頭……ヨーロッパの美しい女性たちの、柔らかな容貌にまき散らされる恥じらい、つつしみ深さと、繊細な感情の象徴でもあるその恥じらいが、地球上の他のどこかで見られるであろうか」と、雄弁に問うた。[117]ホワイトは明らかに

14　植民地的な分類。世界の人々

女性の美よりも男性の頭脳が上だと大げさに言うが、白人女性は結局、遺伝子的に（白人の）男性一族の一員として包摂される。『トレイダ・ホーン』（一九三〇年）や『キング・コング』（一九三三年）のような映画はいうまでもなく、無数の植民地冒険小説がこの考えに則って、白人女性の美しさを露骨に崇める「原住民」を描いている。白人性を賛美し黒人の価値を貶めるこの長い歴史を背景に、「ブラック・イズ・ビューティフル（黒は美しい）」という逆の表現の感情に訴える力が唯一評価できる（第8章「抵抗の美学」で人種や容貌、映画の問題に立ち返る）。

一九世紀に、ヨーロッパ中心的な人種主義は主観的で不確かだという汚名をそそぎ、「客観的な」知識である科学と結びついて独特の雰囲気を備えた（モレフィ・ケテ・アサンテが言うように、「客観性」なるものは実はヨーロッパ的主観性の集合意識に過ぎない)[118]。また、このころ生物学的な人種主義も誕生した。昔からある偏見が科学のお墨付きを得たのである。生物学的決定論は、人種や階級や性による社会経済的な格差を、受け継いだ遺伝子のせいにした。社会的なものは生物学の付帯現象とされた。頽廃は人種混淆に起因すると考えられた。メスティーソは、ヤン・ピーテルスが指摘するように、「帝国と解放という弁証法的対立の象徴」となり、「生殖能力のない雑種の怪物として人種主義者に恐れられた[119]」。現代でも一部の心理テストや知能テストは、当時の決定論的なイデオロギー、特に「知能を一つの量として測って、個人やグループの価値を表すことができる[120]」という考え方を受け継いでいる。いずれも傲慢な一人芝居であるのが共通する。そこにはただ一つの正統な文化、ただ一つの美意識、ただ一つの「成熟した」文明しかなく、この唯一の基準からどれほど進んでいるかによってすべての社会は格付けされるのである。

一九世紀末に、人種主義的な哲学は「社会ダーウィン主義」として再定式化された。自然淘汰によって進化が起こるとするダーウィンの理論から派生したこの学派は、経済競争や戦争ですら、人種の長所を測る「テスト」と見なした。社会決定論者は「適者生存」を説いたが、「適者」とはつねにヨーロッパ人のことらしかった。「サクソン人やケルト人やサルマティア人の前に、なんと茫漠たる殺戮の原野が広がっていることか![121]」とロバート・ノックスは『人間という種族』で勝ち誇った。カール・ピアソンによれば、「進化の過程で民族の骸の山が築かれた。劣等人種の犠牲は、人類がより知的に心豊かに生きるための踏み台[122]」となったのだ。社会ダーウィン主義は、神の摂理を世俗的に説明した。自然消滅の論理は階層制のイデオロギーと結びつき、改宗や変容のいかなる可能性も排除する。「血の純潔」(Limpieza de Sangre)という異端審問のイデオロギーは改宗による「浄化」を認めたが、一九世紀の純血論はそのような逃げ道を与えなかった。これは植民地住民の根絶だけでなく、ヨーロッパのユダヤ人の三分の二を粛清した「最終的解決」にも通じるイデオロギーであった。

一九世紀に遺伝学はヨーロッパの文化を重層的に決定し、アイデンティティの境界を監視し、無秩序な異人種間の性的交流を防ぐため縛りつけた。骨相学や頭蓋測定学といった似非科学に見られるように、分類や測定や格付けに熱心で、手つかずの領域はどこにもなかった。細部にいたるまで抽象的な階層制の名のもとに整序され、抽象化する能力そのものが優れている証と見なされた（コンラート・ローレンツの『攻撃――悪の自然誌』やデズモンド・モリスの『裸のサル――動物学的人間像』などの「社会生物学」は、一九七〇年代に社会ダーウィン主義を再利用した。チャールズ・マレーやリチャード・ハーンスタインは、一九八〇～九〇年代に似たようなことをした）。英国のチャンネル4のドキュメンタリー『帝国のまなざし』（一九八九年）は、『第四巻：医学的詳細・男性編――北アンダマン島の部族集団』といった題名の本に収められた帝国期の写真資料から、一九世紀に流行した人間の分類を立証した。人間集団は「博物学」の枠組みに置かれ、人体測定学や頭蓋測定学の対象となる。これらの写真の多くには、巻き尺を手にした科学者と並んで研究対象が写っている。ヨーロッパ人は芸術的な家族「肖像」のように収められているが、非ヨーロッパ人は「世界の民族」の無抵抗な標本のようだ。

初期のヨーロッパ映画は、ここで概説した歴史を負った人種主義・植民地主義の言説を受け継いだ。映画そのものが「西洋の科学的発見」の産物であり、「西洋文明の進歩」という支配的物語を探検家や発明家、科学者の伝記を通じて観客にわかりやすく伝えた。科学的な創意工夫による自己表現の産物として、「別の」世界に近づくことのできる新しいある種「学際的な」科学の化身を自負する。映画は、地図製作者のように世界の地図を描いたり、歴史家のように出来事を記録できた。考古学者のように遠い過去を「発掘」したり、文化人類学者のように「エキゾチックな」民族の慣習を分析することができた。主要な映画には教育者という役割があり、（ヘーゲル風にいえば）歴史の「外」で生きているように描かれた未知の世界を、西洋の観客に教えてあげるものだった。映画は、西洋の観客の文化空間と映像上の文化空間のあいだの認識論的《エピステモロジカル》な媒介となり、その映し出される一瞬に、離れた空間と象徴的に離れた時間とを結びつけるのである。

訳注

＊1――メキシコおよび中央アメリカ北西部にわたる地域で、マヤやアステカなど農耕民文化や高度文明が繁栄した文化領域を指す。

＊2――1887-1940．ジャマイカ出身の黒人民族主義の指導者、ジャーナリスト。世界黒人開発協会アフリカ会連合を創設。また、本人が同調することはなかったものの、ラスタファリ運動では予言者と位置づけられる。

＊3――シリウスは二つの恒星からなる実視連星で、シリウスBは伴星である。伴星は主星の光に遮られて、通常の望遠鏡では見ることはできな

い。

＊4――1483?–1555. グラナダ出身の旅行家、地理学者。グラナダ陥落後はフェズに移り住んだ。一六世紀前半、旅の帰途にシチリアの海賊に捕えられてローマに送られる。教皇レオ一〇世に仕え、キリスト教に改宗した。一六世紀初頭のサハラ以南を含む北アフリカ全域についての旅行記を記す。

＊5――アメリカとカナダに跨るオンタリオ湖沿岸地域に暮らす、六つの先住民族で構成された部族連合による連邦国家。一七世紀に誕生し、アメリカ合衆国の連邦制度や合衆国憲法に影響を与えたと言われる。現在も独立自治領としてこの地域に保留地を領有している。ホーデノソーニーとは、「ロングハウスを建てる人々」の意。

＊6――アステカ三国同盟から独立を許されていたトラスカラ王国に居住していたナワ族の一部。コルテスのメキシコ征服に協力し、スペイン王権に従属。模範的原住民として、銃や馬、貴族の称号を与えられるなど特権を享受した。

＊7――1651–1695. ヌエバ・エスパーニャのジェロニモス修道院の尼僧。メキシコ・バロック文学の独学の詩人であり、スペイン文学黄金時代の貢献者の一人とも見なされる。

＊8――オレゴン州ポートランドの高校の社会科教師。コロンブスの伝記の指導方法を全米で改革するための運動を起こした。

＊9――アレクサンダー・サルキンドとイリヤ・サルキンドの親子によるチーム。

＊10――?–1502. コロンブスの後継の、西インド諸島第二代統治者。カラトラバ騎士団団員。

＊11――アラワク語族系に属する大アンティル諸島とハバマ諸島の先住民族で、コロンブスと最初に遭遇した部族。

＊12――中南米やカリブ海の島々にいたカリブ語系インディオ。コロンブス到来のおよそ一〇〇年前には、アラワク族を征服していた。ヨーロッパの植民者に抵抗を続けたが、やがて衰退し、現在ではドミニカ島のカリブ居留地内部に自治政府を設立している。カリブ族が征服したアラワク族の男を食べるというコロンブスなどの報告から「食人種」と見なされ、「カニバリズム（食人）」という言葉も生まれた。

＊13――かつてカリブ海の島々から南米大陸にわたる地域に居住していた、アラワク語を話す先住民族。カリブ族やヨーロッパ人の侵攻の結果、疫病や強制労働などによって西インド諸島のアラワク族は絶滅した。現在では南米の一部地域で、原始的農耕を営む小規模の集落を形成している。

＊14――現在のネブラスカ州およびカンザス州北部に居住していた、カド語系アメリカ先住民。アリカラ族やクロウ族とともに、インディアン戦争でアメリカ陸軍に「インディアン斥候」として加わり、敵対していたスー族と戦った。

＊15――アメリカ北部および中西部の大平原地帯に居住する先住民族で、ダコタ族、ラコタ族、ナコタ族の三氏族からなる部族連合を指す。

＊16――イロコイ連邦を形成する部族の一つ。ワイアンドット族とも言われる。

＊17――ナ・ディネ語族のうち南北アサバスカ語を話す人々は、自らをディネと称する。アメリカ南西部に先住するナバホ族は、南部アサバスカ諸語族に属し、現在もアメリカ最大の保留地を領有している。

＊18――メキシコ北部からアメリカ南西部にかけて居住する先住民族の総称。「プエブロ」とはスペイン人がつけた名称で、「町や村、あるいは人

民」を意味する。

＊19――五大湖やニューイングランド周辺の先住民族による、呪医師やシャーマンの秘密結社的組織。

＊20――アメリカ・インディアンの語族の一つ。アメリカ・カナダに跨るロッキー山脈から東海岸沿岸の広範な地域に居住していた。アルゴンキンは語族であり、部族名ではない。

＊21――貝殻でつくった玉の数珠。貨幣だけでなく、ものごとの記録にも用いる。

＊22――アメリカ・カナダの先住民族で、オジブワ族ともいう。北米全体で人口が四番目に多い。

＊23――アステカ族のこと。メシーカは自称。

＊24――1899–1974. グアテマラの小説家、フランス大使。一九六六年レーニン平和賞、一九六七年ノーベル文学賞受賞。

＊25――1914–1998. メキシコの詩人、批評家、外交官。一九八一年セルバンテス賞、一九九〇年ノーベル文学賞受賞。

＊26――メキシコのアステカ族の宇宙観を表す。一五世紀後半に作られた円盤状の石の暦。

＊27――1904–1973. チリの国民的英雄であり、詩人、外交官、政治家。一九七一年ノーベル文学賞受賞。

＊28――南米大陸に分布する語族。トゥピ語族のなかで最も重要な語族で、五五の言語により構成される。

＊29――スペイン語で「火の土地」を意味する、南米大陸の最南端部に位置する諸島。

＊30――1509?–1560. ドミニコ会修道士で、サラマンカ学派の神学者、哲学者。ラス・カサスとセプルベダが議論を戦わせた「バリャドリッド論争」では、審議会委員としてラス・カサスを支持した。

＊31――室内の情景など日常的で身近な題材を通して、画家や対象物の内面的な世界を情緒的に描く絵画傾向で、一七世紀オランダの風俗画から一九世紀末〜二〇世紀初頭のサロンの室内画まで含む。

＊32――1489–1573. スペインの神学者、哲学者、人文主義者。インディオの征服をめぐる問題に関して、アリストテレスの先天的奴隷人説を主張し、ラス・カサスと論争を繰り広げたことで知られる。

＊33――グランドレガッタ・コロンブス92というレースのこと。

＊34――1467/1468–1520. ポルトガル王マヌエル一世に仕えた騎士。第二回インド遠征隊を率い、一五〇〇年、ブラジルに到達した。

＊35――1830–1915. メキシコの政治家・大統領。大規模な外資やヨーロッパ式教育を導入。その結果、一部の特権階級を除き労働者や農民の生活が逼迫し、先住民族の土地は奪われ、一九一〇年のメキシコ革命に至った。

＊36――1490–1559? 征服初期のスペイン人探検家。人類初の人類学的学者とされる。およそ六年かけて、メキシコ東部からアメリカ南部までの地域を探検した。後に、南米大陸のラプラタ川総督に任命されている。

＊37――スペイン語でインカの王（インカ・レイ）を意味する。スペイン王によって斬り落とされた首から体が生えて蘇り、スペインの支配からインカを救うと信じられている。

＊38――南米大陸で使われる七〇語ほどの言語から成るトゥピ語族のなかのトゥピ・グアラニー語族の一つで、ブラジル北部沿岸に居住する。

＊39――1525–1579. ドイツ人の水夫、探検家で一六世紀半ばに南米大陸まで航海した。そこでトゥピナンバ族に捕えられたが、この体験を記した『蛮界抑留記――原始ブラジル漂流記録』（ハンス・スターデン著、西原亨訳、帝国書院、一九六一年）により、ヨーロッパに新世界のカニバリズムが伝えられた。

＊40――1536–1613. フランスの改革派牧師、探検家、文筆家。一五五七年にブラジルに渡った際、その航海の記録を残した。

＊41――プエブロ・インディアンのグループに属する部族。しかし、他の北米インディアンと言語的な共通性がなく、文化も独特であったため、長らく人類学者たちにとって大きな謎であった。

＊42――アメリカ南東部に居住する先住民族。マコスギーと自称する。プランテーション制や奴隷制など、ヨーロッパ系入植者の制度や習慣の多くを受け入れ、友好的な関係を保った部族の一つ。

＊43――一八世紀のフロリダに誕生した、アメリカ南東部から逃れてきたクリーク族などの先住民族や逃亡奴隷であるアフリカ系アメリカ人、そして少数の白人など、異人種で構成された部族。

＊44――土着文化の尊重、憲法における多文化多民族国家の実現を掲げて一九八六年に結成したエクアドル先住民連合を中心として、エクアドル全土で展開された未曾有のデモ。これにより分散していた先住民族の組織が恒常的に同連合と連携するようになる。

＊45――1720–1790. バルト海貿易で富を築き、イングランド銀行総裁となる。奴隷貿易廃止法案の成立に尽力した。大英帝国内で奴隷貿易が禁止されるのは、彼の死後の一八〇七年である。

＊46――一六世紀のカプチン会の宣教師。アンゴラやコンゴに赴いた。

＊47――ナイジェリア東南部やカメルーン、赤道ギニア近辺に居住する、最大の黒人系単一民族の一つ。

＊48――現在のジンバブエであるンデベレ族と英国南アフリカ会社が戦った戦争。第一次マタベレ戦争（一八九三～九四年）と第二次マタベレ戦争（一八九六～九七年）を経て、この地域はローデシアに組み込まれる。

＊49――現在のガーナ内陸部にあたるアシャンティ王国と英国が、一八二三～九六年の間に断続的に四次にわたって戦った戦争。

＊50――現在の南アフリカにあたるズールー王国と英国との間で、一八七九年にズールー戦争が起こる。独立を奪われたズールー族は、一九〇六年にバンバサ暴動を起こすも鎮圧された。

＊51――ソマリアの宗教家であり政治家であるサイイド・ムハンマド・アブドゥラー・ハサン（1856–1920）が起こした、二〇年に及ぶ独立戦争。サイイド・ムハンマドは、英国から「狂気のムッラー」と呼ばれたため、この戦争はムッラー運動とも呼ばれる。

＊52――1900–1987. ブラジルの社会学者、文化人類学者、歴史家、政治家、ジャーナリスト。『大邸宅と奴隷小屋』（一九三三年）で、ブラジルは三つの人種と文化（白人・黒人・インディオ）の混血と融合により生まれたという独自の国民形成論を示した。二〇世紀ブラジルを代表する文化人。

＊53――エメ・セゼール、ウィリアム・シェイクスピア著、ロブ・ニクソン、アーニャ・ルーンバ著、本橋哲也編訳、砂野幸稔・小沢自然・高森暁子訳『テンペスト』インスクリプト、二〇〇七年、三四〇頁。

＊54――スペイン語で契約を意味し、王室が個人や団体に徴税や貿易独占権を与える制度。英国では、一七一三年に南海会社が年間四八〇〇人の奴隷と船一隻分の商品を新大陸へ供給する権利を得たが、予想した利益が得られなかったため、一七五〇年にこの契約は破棄された。

＊55――1579-1674. 英国デヴォン州出身の植民地冒険家で弁護士、文筆家。アメリカで最初の英語による詩人と位置づけられる。

＊56――原文では、該当箇所はトマス・ペインの引用となっているが、実際は、ベンジャミン・フランクリンの言葉である（Benjamin Franklin, "The Internal State of North America" (1786), in *The Revolution in America, 1754-1788*, ed., J. R. Pole (London: ManMillan & Co., (1970), 573 所収)。

＊57――アメリカ独立戦争以前の北米一三植民地の愛国急進派の通称。

＊58――建国の父の一人サミュエル・アダムズ（1722-1803）が、一七七三年に、モホーク族に扮した八〇人の男たちと東インド会社の船三隻に乗り込み、三四二箱の紅茶を海に投げ込んでボストン茶会事件を引き起こした。

＊59――ヴァルター・ベンヤミン著、高原宏平編集解説『暴力批判論』晶文社、一一八頁より引用。

＊60――1713-1796. 啓蒙時代のフランスの作家。

第3章　帝国という想像物《イマジナリー》

先住民族に対する植民地支配とは、分類枠組みによる自然の科学的・美的な統制であり、資本主義による資源の専有であり、一望監視体制《パノプティコン》による世界の帝国主義序列化である。いずれも二〇世紀初頭に頂点に達する世界の大きな歴史のうねりの一角をなした。本書の議論において最も重要なのは、ヨーロッパが外国の広大な領土と大勢の被征服者を支配した、あの目のくらむような帝国の事業の絶頂期に映画が勃興したということだ（映画と精神分析、映画と民族主義、映画と消費主義など、どの組み合わせも「たまたま同じ時期」、帝国主義の絶頂期だが、その探究はまったくされていない）。映画は、ラドヤード・キップリングの詩「白人の責務」が発表された一八九九年に生まれたが、それはアメリカ合衆国がキューバとフィリピンを獲得したのと同じ年であった。一八七〇年代末に「アフリカ争奪」が起こり、それからまもなく一八九〇年代にリュミエール兄弟やエジソンが映画を初めて上映した。同時代に一八七九年の英国がズールー族にしかけた「ロークス・ドリフトの戦い」（一九六四年に『ズールー』のタイトルで映画化された）、一八八二年の英国によるエジプトの占領、アフリカをヨーロッパの勢力圏のもと分割した一八八四年のベルリン会議、一八九〇年のウンデッド・ニーにおけるスー族の虐殺[*1]など、数え切れない災厄が帝国によってもたらされたのである。

英国、フランス、合衆国、ドイツなど、サイレント時代に最も多産だった国々も、「偶然にも」主要な帝国主義国家であり、明らかに植民地事業の賞揚に関心を抱いていた。映画が登場したのは、帝国の事業に対する熱狂がエリート層を超えて大衆層へ広がったのとちょうど同じころだったが、大衆小説と博覧会に負う面もあった。ヨーロッパ人やヨーロッパ系アメリカ人の労働者階級にとって、帝国の遠く離れた領土で起こる映画向きの戦争は、「階級闘争を無化し、階級的な団結を民族的・人種的な団結へ変える」[1]のに役立つ、気晴らしの娯楽になった。映画は、インドにとってのキップリングや、アフリカにとってのライダー・ハガード、エドガー・ウォーレス、エドガー・ライス・バローズといった植民地主義作家の大衆小説を取り入れ、アメリカ南西部の「征服小説」のような大衆的ジャンルを吸収した。ヨーロッパやアメリカの読者がデイヴィッド・リヴィングストンの『南アフリカにおける宣教師の旅と探検』（一八五七年）、一九〇〇年代初期のエドガー・ウォーレスの短編集『サンダーズ・オブ・リバー』、ライダー・ハガードの『ソロモン王の洞窟』（一八八五年）、ヘンリー・モートン・スタンリーの『リヴィングストン発見隊』（一八七二年）、『暗黒大陸横断記』（一八七八年）、『最暗黒のアフリカ』（一八九〇年）などを貪り読んでいた状況に映画は足を踏み入れたのである。

英国の少年は、ロバート・ベーデン＝パウエルの『スカウティング・フォア・ボーイズ』（一九〇八年）などの書物を通じて帝国の理想を教えられた。同書は讃える。

われわれの帝国のあらゆる場所の辺境開拓者たちよ。北アメリカの「猟師たち」、中央アフリカの狩人たち、アジアや世界のその他のすべての未開の地を超えた英国人の開拓者たち、探検家たち、宣教師団……北西カナダと南アフリカの警官隊よ。[2]

ボーイスカウトの実践的なサバイバル教育は、その入門書のような植民地の冒険物語と一体となり、ジョセフ・ブリストウが指摘するように、未来を双肩に担う帝国の人種という「拡大された主体」へ少年を変えようとした。[3]少女たちはヴァージニア・ウルフのいう『自分だけの部屋』（一九二九年）以外では主婦のように家事に勤しんだが、少年たちは想像上の帝国の空間で遊ぶことができた。「カリスマ的な冒険の王国」[4]を用意するはるかな地のファンタジーは、熱烈な異性関係から自由にしてくれる。冒険映画や、映画を見に行くという「冒険」は、ヨーロッパ的な男らしさを実現するための場であり、男どうしの情熱的な友愛を疑似体験できたのである。植民地が帝国に、植民地の風景が帝国の映画に利用されるのと同じように、観客の想像する男らしさのためにある種の精神的生存圏《レーベンスラウム》としてこの精神空間は利用された。ジョン・

マクルーアが別の文脈で指摘するように、帝国はロマンスに原料を供給し、ロマンスは帝国に「高貴なオーラ」(5)をもたらしたのである。

ナショナル・アイデンティティの形成

民族の起源と進化についての信念は、物語として結晶化することが多い。ヘイドン・ホワイトによると、ある物語の「支配的な比喩表現《マスター・トローブ》」は、われわれの歴史概念を形成する。歴史的言説は、「一連の出来事の話の筋の構造を規定する。それゆえ、ものごとをわかりやすくするという比喩表現の本質は、特定の物語の形をとって明らかになる」(6)。もちろん民族は欲求を持った個人ではなく、個人の集合体に与えられた虚構の一体性であるが、民族の歴史はあたかもはっきりとした主体(7)が連続して存在するかのように示される。とりわけ、世界の語り手としての映画は、民族と帝国の物語を伝えるのに理想的だ。一般に民族の自覚は国民の前提条件とされ、各人は共通の起源、身分、土地、目標を持つといい、映画のつくり話とたいてい結びつく。ベネディクト・アンダーソンによれば、この集団意識は、現代では「出版資本主義《プリント・キャピタリズム》」(8)における共通の言語や表現によってつくられるという。小説や新聞は映画よりも前から、時間と空間を取り込み調整することで想像の共同体を育んできた。新聞は今日のテレビニュースのように各地の出来事の同時性や関連性を人々に気づかせ、小説は物語全体で結びつく虚構の存在の時間を通して目的を持った展開の意味を与えた。「ブルジョワジーの叙事詩」(ルカーチ・ジェルジュの言葉)である小説は、ナショナル・アイデンティティを生み高めるという古典的な叙事詩(たとえば『アエネイス』)の使命を受け継ぎ、変化させた。いずれも、雑多な言語や多様な欲求に単一のトポスを押しつけ、民族の登場を具現化したのである。

フィクションの映画も、民族という想像物《イマジナリー》に関して一九世紀の写実小説が負った社会的役割を受け継いでいる。小説と同じく、映画でも一定の時間が経過する。その時間の範囲は、リュミエール兄弟の最初の短編で描かれた数分の物語から、『イントレランス』(一九一六年)や『2001年宇宙の旅』(一九六八年)のような長時間(象徴的な千年単位)を描く作品まで、さまざまである。映画は、アンダーソンが「暦の時間」という、時間とその流れる感覚を伝える。民族主義的な文芸小説がものごとをわかりやすくするために多くの出来事を直線の時間軸の上に置くように、映画は出来事と話の展開を一定の時間の物語に配置する。こうして歴史的時間と民族の歴史という思想を形づくるのだ。映画における物語のモデルは、歴史的変遷の単なる短縮版というわけではない。経験的な基準・枠組みでもあり、それを通して歴史が書かれ、ナショナル・アイデンティティが形成される。映画は、ミハイル・バフチンが「クロノトポス(小説における時間と空間の相関関係)」と呼んだものを、小説と同じように伝えることができる。空間の中で時間を物質化し、歴史的なものと言説的なものを媒介し、過去の特定の権力図を可視化した架空の環境を提供するのである。映画でも小説でも「時間は濃密になり、血肉と化し」、他方「空間は、時間や構想、歴史の動きに対し、感情的で感応的となる」[9]。この過程では、ある民族や人種の想像物には有利に、別の民族や人種の想像物には不利に、というように不均衡に展開されるのでないかぎりは、本質的な悪意は存在しない。

アンダーソンが描いた民族の状況は、これから論ずるように、二重の意味でトランスナショナルな帝国のイデオロギーという文脈でさらに複雑になる。第一に、ヨーロッパ人は、単一のヨーロッパ民族だけでなく、帝国の事業全体が含意する人種的な連帯にも共感するよう奨励された。そのおかげで、英国人の観客は映画に登場するフランス外国人部隊の主人公と、欧米の観客は英国のインド統治期の英雄と、自分を重ねることができた。第二に、(ヴィクトリア女王が「帝国の家族」と呼んだ)ヨーロッパの諸帝国は、一家の主のようにさまざまな人種や集団に「シェルター」を提供していると自負するが、それは被植民者の民族的な独自性を軽視することを意味した。帝国が植民地と地理的に離れていれば、映画は多くのまったく異質な人々の民族的・帝国的な一体感を強固にするのを助けた。植民地の都市部エリートにとって映画を見に行く楽しみは、ヨーロッパ帝国の周縁共同体という自意識と結びついたのである(特に、これらの国々に初めてできた映画館が、ヨーロッパ人とヨーロッパ化した現地の中産階級を結びつけて以来、そうなのだ)[10]。映画は、同化したエリートが「自分の」帝国と一体化して、他の被植民者と対立するよう仕向けたのだ。

映画が少しでも小説の機能を受け継いだとすると、それで映画も変化した。文学は仮想の語彙空間で展開するが、映画のクロノトポスは文字どおり、スクリーン上の毎秒二四コマという時間のなかで繰り広げられる。この意味で映画は、国民化し帝国化した時間やあらすじ、歴史に敏感に反応し、より効果的に欲求を動員できるのである。地域や言語、文化を共有する観客を一つの共同体にする映画におなじみの習慣は、国民の象徴的な集合とある意味対応している。アンダーソンのいう「水平的な深い同志愛」は、共に映画を見ることで観客に一時的な「国民」意識を喚起する。小説は一人で消費するものだが、映画は社交的な空間で楽しむものだ。そこは、映画を見るというつかの間のコムニタス〔一体感〕が、国民や帝国的な推進力を帯びる場なのである。そのため映画は集団のアイデンティティの促進により積極的な役割を果たすことができる。また、小説とは異なり、映画は読み書き能力を前提としない。大衆娯楽として文学よりもとっつきやすい。たとえば帝国の創作映画には大勢の観客がいたが、植民地に帝国の文芸小説を求める一般読者はほとんどいなかった。

欧米で主流の映画形式は、覇権的な植民地言説を受け継ぎ広めただけでなく、アジアやアフリカ、南北アメリカの多くの国で配給と上映を独占的に支配し強力な覇権を樹立した。このようにヨーロッパ植民地の映画は、国内の観客だけでなく世界の観客に向けて歴史をはっきり描いた。アフリカ人の観客は自分たちと敵対するセシル・ローズやスタンリー、リヴィングストンと一体感を持つよう促され、分裂した植民地の観客のなかで民族を想像する闘いが生まれるのである。ヨーロッパ人の観客にとって映画という経験は、いわば他者化された人々を背景に、国民的・帝国的な帰属が有益であるという意識を動員した。しかし、被植民者にとって映画は、（学校など他の植民地機関とともに）大きな相反する感情をもたらす。他者化されるのは被植民者であるため、映画の物語が喚起する一体感には強い憤りが入りまじっている。

小説は「拡大された主体」を生みだすために言葉や物語を使うが、映画は視線を集める新しくて強力な装置を必要とした。映画の「装置」にはカメラや映写機、スクリーンといった基本的な道具と、映画施設が想像の実現のために依拠する、欲望する主体である観客が含まれる。それは「真実」を描写するだけでなく、強烈な「主体効果」も刺激する。クリスチャン・メッツは、観客が「一種の超越した主体[11]」として自分を一体化する点で、映画という装置はナルシシズムを助長すると考える。人間の知覚を人工的に補い拡げて視覚的な刺激を享受し、自分はどこでも「全知の主体」であると観客に錯覚させるのだ。ジオラマやパノラマ、ネイチャー・マックス博物館で見られる宇宙映像まで、映画は過去を現在へ、遠くを近くへもたらす撮影という仮想の視線を拡大し動かした。観客に対し、多様な文化から思い描かれた他者との映像を介した関係を提供したのである。われわれは、映画の装置かフィルムに帝国主義が刻み込まれていると言っているのではない。帝国の権力という文脈が、装置とフィルムの両方の利用法を方向づけたと言いたいだけなのだ。帝国の文脈では、メアリー・ルイーズ・プラットが「見渡すかぎり我が天下」と呼ぶように、超越した不死身の観察者として帝国の主体におもねる傾向が映画の装置にはあった。観客に世界中を「飛び回らせる」映画の能力は、その観客に、映画の音響と映像の監督者という主体的な地位を与えた。帝国の私／目《アイ》という「空間的に集められた可視性[12]」は、理屈抜きで帝国の旅と征服の動く感覚を生み出し、ヨーロッパ人の観客を映画館の征服者に変え、植民地を宗主国にとっての見世物に変えて、自らの権力を肯定しながら世界中を巡ったのである。

科学と見世物としての映画

帝国の文化が旅行や観光で「周縁」を垣間見る楽しみを認めたとしたら、一九世紀に発明された写真技術や映画用カメラはそれを記録できるようにした。ヨーロッパの自宅に引きこもったままでいるよりも、地理学や民族誌、考古学という新たな領域を「探検」しようとしたのだ。カメラは自然や人間の「驚異」（ナイル川、タージマハル）を訪ね、忘れられた文明（ヌビアの遺跡）を掘り起こし、大きく見開いた目にどんな光景も新鮮に映った。しかし、草創期に映像を記録した人々で、他者の土地や文化を撮らせてくれる力関係について疑問に思う人はまずいなかった。エジプトの土地や歴史や文化はどのように描かれるべきか、エジプトの人々はこの件に関して何か発言すべきではないか、などとは誰も問わなかったのである。オリエントを巡り歩いた写真家は主観的な映像を記録したかもしれないが、その際に見る主体と見られる対象の間、旅行する側と「旅行される側[*2]」の間にはっきりと境界線を引いた。ジョージ・ブリッジス、ルイ・ド・クレール、マクシム・デュ・カンのような写真家や、トマス・エジソン、リュミエール兄弟のような映画制作者は、他者の領域を記録しただけではなかった。文化的な問題も持ち込み、記録したのである。その主観的な解釈はヨーロッパの各帝国の言説に深く埋め込まれていた。

動きを正しく記録するカメラの能力は、全力で拡大する帝国主義と響きあい興奮を生みだした。カメラは触手を広げるような帝国を記録するのに使われた。写真家や映画制作者はアジアやアフリカ、南北アメリカの内陸部からヨーロッパの中心部へ原材料を運ぶ、帝国のエンジンである汽車や船に特に魅力を感じた。一八五七年に『ロンドン・タイムズ』に掲載されたロバート・ハウレットの写真「グレート・イースタン号の船首」は、機械の美しさに目を向けた先駆けであっただけでなく、英国の威信をかけた事業として海上覇権を握るための史上最大の蒸気客船が竣工するまでの記録でもあった。フェリクス・ティニャール、マクシム・デュ・カン、エドゥアール＝ドニ・バルデュス、ジョン・ビーズリー・グリーン、ルイ・ド・クレール、ジョン・マリーのような初期の写真家の作品を、帝国のさまざまな団体は支持し、出版し、展示した。たとえばド・クレールは一八五九年に歴史家エマニュエル＝ギョーム・レイに同行しシリアやアナトリアの十字軍の古城を探検する、フランス政府後援の遠征隊に誘われた。この遠征は、現在歴史遺物のコレクションとともに、ルーヴル美術館の古代オリエント美術部門に保管されている「オリエントの旅、シリアの都市、遺跡、絵のような風景」全六巻の記録フィルムという成果をあげた。マリーは、インド在住の多くの英国人がするように、東インド会社の軍隊に勤め、趣味で写真を撮った。一八五七年の「インド大反乱」のころロンドンではじめて作品展を開き、インド総督カニング伯爵の賞賛を受けた。反乱を鎮圧したこの総督と妻のシャーロット・カニングは、インドの写真撮影を支援する人々であった(13)。

旅行写真家は軍事や統治のために領土を記録しただけではなく、ギリシャやエジプトの遺跡発掘といった科学活動の発展も撮影した。古代の遺跡の魅力は、遠い地域や時間を生き生きと伝えるカメラの力とあわさって称賛された。一八五二年刊行のデュ・カンの写真集『エジプト、ヌビア、パレスチナ、シリア』に収められた「アブ・シンベル、ラー神殿西端の巨像　一八五〇年」は、ラムセス二世像の王冠の上に助手を座らせ、像の相対的な大きさと、支配と占領の瞬間を明示した。一八五〇年にカイロでデュ・カンがフローベールの写真を撮ったときのように、中産階級の人が探検旅行の一瞬を撮りたいと思えば、被植民者は撮影者不明の「顔料を挽く女、コルカタ　一八五四年」と同じく総称的な民族誌の視線に耐えなければならなかった。カメラはエキゾチックな動植物を記録し、植物学や動物学の役目も果たした。ルイ・ピエール・テオフィーユ・デュボワ・ド・ヌオーの「至難の業」（一八五四年）は、ブリュッセル動物園のインド象「ミス・ベツィ」の写真で、モンティソン伯爵の写真（一八五二年）は、白ナイルの川岸で捕獲されたカバに感心するロンドンの人々をとらえている。カメラは、ヘタな作家より積極的に帝国のイメージを大衆化し、母国の人々も参加する胸躍る活動に変えたのである。

映画の社会的起源は一貫性がなく、科学や文学といった「高尚な」文化と、見世物や五セント映画館などの「低俗な」文化の両方に求めることができる（二つの文化は、ときには融合している。『八十日間世界一周』に登場する気球もパリの人々が熱狂する見世物であった）。科学の最先端を推し進めたいという欲求は、帝国の境界を拡大したいという欲望と表裏一体だった。映画は西洋の科学から直接生まれたので、映画の上映は西洋の偉業を示すことを意味する。映画と科学の目立つ成果は、続々と開かれる万国博覧会に華を添えた。博覧会は一九世紀半ばから、産業と科学の発展という目覚ましい実績を示す「国際的」な新名所となっていた。

視覚を重視する傾向のある西洋人類学の言説[14]は、他者の領土や文化を映画で描写するための地ならしをした。動く映像という「存在論的」な運動状態は、書き言葉ばかりかスチール写真よりも映画に特権を与えた。「他者」の存在だけでなく、現実に目の前にある他者性の物的証拠を示し、人類学の指標としての信頼性を高めたのである。この意味で映画は、考古学や民族学、植物学、動物学の立体的な研究対象を収集する博物館的な事業の延長線上にある。独特の雰囲気を持ち「近寄りがたい」エリートの芸術や科学とは異なり、大衆的な映画は非ヨーロッパ世界の真っただ中に観客を放り込み、「奇妙な」文明を見せ、感じさせた。ぼんやりとした世界地図《マッパムンディ》〔エルサレムを中心に円形に描いた中世の世界地図〕を身近でよく知る世界に変えたのである。

写真や映画は、他の国の地誌や文化をヨーロッパに比べて異常だと表象することが多かった。動物学や人類学、植物学、昆虫学[15]、生物学、医学と結びついて、カメラは顕微鏡のように「他者」を解剖する。新たな視覚装置は、他者化された文化を展示し読み解く科学の力を誇示した。解剖とモンタージュはともに、被植民者の全体像を構築しただろう。つまり技術革新は、専門分野の知の空間として世界を描いたのだ[16]。軍事的・経済的に支配する目的で地形図は記録されるが、たいていそのときは「先住民族」が撮影者や機材を文字どおり背負って運んだ。「写真銃」（マレーの*3「銃型連続撮影機」）など、植民地の文脈に共通する比喩は、植民地権力の代理人が積極的にカメラを使うことと共振する。[17]「原始的」な民族は、残虐と言ってもよい実験の対象になった。一九二〇年代にマーティン・ジョンソンとオサ・ジョンソン夫妻は監督した映画でピグミー族を「猿」や「ニガー」と呼び、嬉々としてヨーロッパの煙草で病気にさせるほど攻撃はひどくなった。ジョンソン夫妻は、『アフリカ遠征』（一九二二年）や『シンバ：百獣の王』（一九二七年）といった映画でアフリカの人々を野生動物のように扱った。カメラは捕食動物のように外国のおなじみの地域に侵入した。そして「母国」で再加工するための素材として映像という「戦利品」を奪い、騒ぎに飢えた観客や消費者に売った。この過程は、後に『キングコング』（一九三三年）で映画化された。こうした映画を見ても、ヨーロッパ人が現地で毎日生きるためにいかに先住民族の知識や知恵や労働に頼っているか、「彼らを永遠の子どもと見なし、白人大衆に従属するよう強制する」のか、まったくわからない。[18]

映画の起源を大衆の見世物や博覧会までさかのぼるとしたら、民族誌映画やハリウッド風の民族誌は「本物の」人間を展示する伝統を受け継いでいた。コロンブスが宮廷娯楽のために、ヨーロッパに「新世界」の先住民族を輸入して以来続く伝統である。博覧会は、執拗に模倣した美学で世界を見世物として体系化したものである。[19]映画の草創期とほぼ同じころ、アメリカではシカゴ万国博覧会（一八九三年）、オマハのトランス・ミシシッピ博覧会（一八九八年）、バッファローのパン・アメリカン博覧会（一九〇一年）、セントルイスの「ルイジアナ購入記念」万国博覧会（一九〇四年）と、立て続けに博覧会が開催され、浮かれた雰囲気を共有するなか、人種の進化論を数百万の来場者に紹介した。シカゴ万国博覧会は、人種に序列をつけた空間をつくりだした。教科書的に、ゲルマン人が「ホワイト・シティ」*4のすぐ隣に展示され、「マホメット教徒の世界」と「野蛮な人種」は、その反対側の端に展示されたのである。ロバート・W・ライデルが指摘するように、人種主義と「エンターテインメント」は密接にからみ合うようになった。[20]オマハの博覧会の目玉は「征服された人種」の展示だったし、スー族はアトランタ博覧会でウンデッド・ニーの敗北と屈辱を再現させられた。ルイジアナ購入記念万博は、太平洋信託統治諸島を西部開拓と同じ「明白なる天命《マニフェスト・デスティニー》」の一環とし、フィリピン人も展示した。これらの博覧

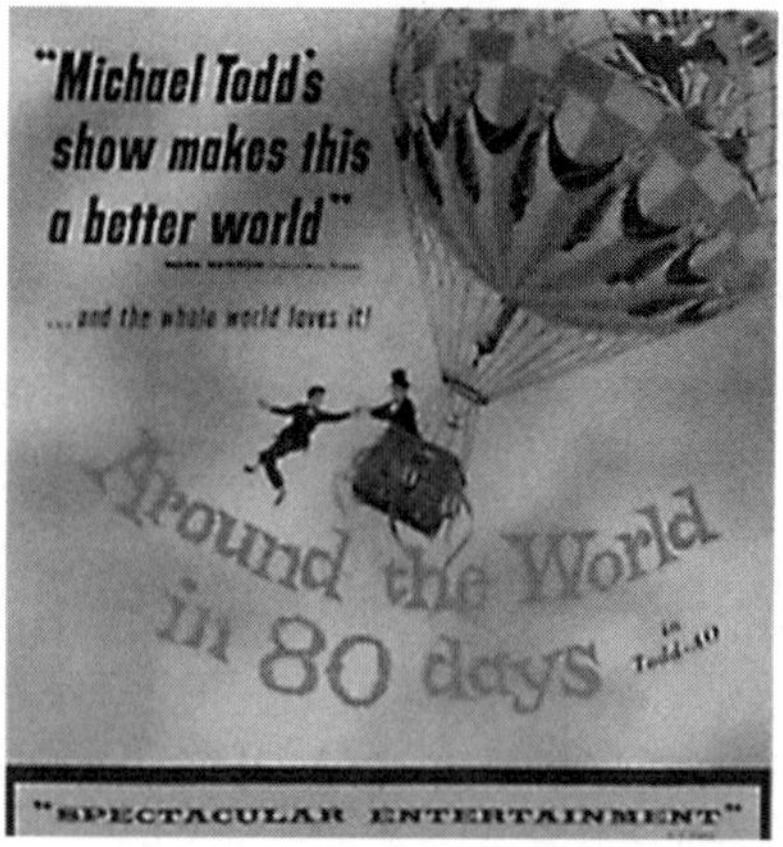

15・16　世界の至るところに。『80日間世界一周』と『シンバ：百獣の王』

会は、白人至上主義のイデオロギーにユートピアの形を与えた。世界を支配する事業のもと、国家の行為主体性《エージェンシー》を強調して、外国の人種的な序列化を正当化し、国内では白人を階級やジェンダーで区分することに口をつぐませたのである。[21]

アフリカ人とアジア人は、特定の動物種と親類関係にある人間の姿形をしたものとして展示された。これは「先住民族」と「動物」をつなぐ植民地主義のくびき語法であると文字どおり解釈される。檻の中のものは人間以下であることを、まさにこの展示はほのめかしているのだ。ラップ人、ヌビア人、エチオピア人は、人類学的・動物学的展示[*5]としてドイツで陳列された。[22]「ダーウィン主義やバーナム主義[*6]と生粋の人種主義」が結びつき、ベルギー領コンゴのカサイ地域から連れてこられたピグミー族のオタ・ベンガは、ブロンクス動物園で動物の隣に陳列されたのだった。[23]ディズニーパークの世界村エプコット〔一九八二年開園の実験的未来都市〕に先駆けて、一八九四年のアントワープ国際博覧会は、一六人の「本物の」村人を使って再現したコンゴの村を目玉とした。展示された人間は、たいてい死ぬか、ひどく健康を損ねた。「フリーク・ショー」も、当惑する西洋人にさまざまな「エキゾチックな」病理を見せびらかした。「ホッテントット・ヴィーナス」[24]と呼ばれた〔コイコイ人の〕サーキ・バートマンは、英国とフランスを巡業し、展示された。彼女の突き出た尻は大きな呼び物だったが、女性器が変わっているらしいという噂も、彼女の人種や性的な「異常」を動物性とつねに結びつけて見物人を引き寄せたのである。[25]動物学者で解剖学者であったジョルジュ・キュビエ

は、彼女を詳細かつ冷静に研究し、臀部を「民族の歴史のある時期に、巨大に発達したものと仮定し[26]」、ヒヒの一種である「マンドリルの雌」と比較した。バートマンが二五歳で死ぬと、キュビエは陰部を徹底的に調べる正式な許可を得、身体の中まで詳細に描くために彼女を解剖した[27]。彼女の生殖器は一種の帝国の死姦の証として、「黒人女性」(une négresse)や「ペルー人女性」(une péruvienne)の生殖器[28]とともに今でもパリの人類博物館(Musée de l'Homme)の棚に飾られている。家父長的な意図を持った「人類《マン》博物館」が女性器の最期の場とは、このうえない皮肉である。

科学と大衆文化が生んだ映画は「世界そのものが展示品」という見解を伝え、旅行の知識と見世物を結びつけた[29]。「他者」を性欲過剰とする科学言説は、外国人を見世物としてのぞき見るような映画の示し方に相当する。ハリウッドの作品には、先住民族が「エキゾチック」に体を動かす映像があふれている。たまに、過去の本物の映像資料を挟んだ『ターザン』シリーズのようなものもある。一九三〇〜三四年にアメリカ映画製作配給業者協会が出した性に関する倫理規定には「ダブルスタンダード」が見られた。先住民族の裸を好色な視線で示す『ナショナル・ジオグラフィック』のように裸のアフリカ人女性を背景に残しながら、後期の『ターザン』シリーズでは検閲の末、ジェーンのツーピースの衣装がワンピースになった。『ファーティマの踊り』(一九〇三年)、『シーク』(一九二一年)、『南海の劫火』(一九三二年)、『コンゴウ部隊』(一九三五年)といった作品では、踊りの儀式を描く際、男性優位主義者の探検の喜びを匂わせるため異民族の肉体を誇示した。体裁のよい

「科学」や「信憑性」を隠れ蓑に、民族誌風の映画は踊る女性の揺れる乳房にまっすぐ視線を向けるのだった。[30] だが、国内の道徳的多数派が監視するなか、ハリウッド映画は先住民族の裸体を背景に追いやったり、裸同然の衣装を映さないよう映像を制限した。太鼓のリズムが早まり、我を忘れて熱狂する黒い肉体という紋切り型の場面は、先住民族の宗教の呪術的なイメージを伝える。儀礼の憑依（集団ヒステリーの一種として描かれた）は、性欲動《リビドー》をもつ人間の抑えられないイドを喚起した。民族誌学は、ポルノの刺激を発散させる口実になった。映画があらわにする黒い肉体は観客の欲望を満たし、「自己」と「他者」の想像上の境界線を鮮明にする。地球というマクロコスモスと性行為というミクロコスモスを、対応する領域として描くのだ。

帝国の投影

映画は、入植者から見た植民地主義を語るため物語と見世物を結びつけた。リュミエール兄弟の『奇妙なムスリム』や『アリは油と一緒に食べる』（いずれも一九〇二年）におけるムスリム・アラブの宗教的な食習慣を嘲るような描写から、ターザンの冒険物語を経て、一九八〇年代版の『キング・ソロモンの秘宝』（一九八五年）の西洋人が釜ゆでにされかける食人種のイメージや、『インディ・ジョーンズ』シリーズ（一九八一年、一九八四年、一九八九年）の科学的な使命まで、支配的な映画は歴史の「勝者」を代弁してきた。すなわち映画は、植民地事業が無知と病気と暴虐の辺境を押し返したいと願う博愛的な「文明化の使命」だと理想化した。先住民族をわざと否定的に描き、帝国の事業で犠牲者が出ることを正当化したのだ。こうしてアフリカはアーネスト・ルービンのコメディ『ズールーランドのラスタス（黒ん坊）』（一九一〇年）が描いたような食人族の住む土地とイメージされ、メキシコ人は『トニー・ザ・グリーザー』（一九一一年）や『グリーザーの復讐』（一九一四年）などの作品で「グリーザー」（メキシコ人・中南米人の蔑称）や「無法者」として貶められ、アメリカ先住民族は『ファイティング・ブラッド』（一九一一年）や『モヒカン族の最期』（一九二〇年）で野蛮な略奪者と描写された。

映画を制作する帝国は、それぞれ「暗黒大陸アフリカ」や「神秘の東洋」、「嵐のカリブ海」など独自の帝国的なジャンルを持っていた。トーマス・アルヴァ・エジソンはフィリピン人ゲリラとの戦闘をニュージャージーで撮影し（黒人がフィリピン人の役を務めた）、J・スチュアート・ブラックトンは米西戦争を撮るために戦艦の模型をバスタブに浮かべたが、それはこの帝国主義精神による。実際、『キューバの伏兵』（一八九八年）、『ルーズベルトのラフ・ライダーズ：第一合衆国義勇騎兵隊』（一八九八年）、『フィリピン行き軍隊輸送船』（一八九八年）、『米軍、サンチャゴ近郊に上陸』（一九〇二年）といったアメリカの初期のワンリーラー[*7]には、カリブ海やフィリピンで羽目を外す帝国主義者を美化したものが多い。しきたりどおりに帝国主義を称賛しない映画制作者さえ、帝国の言説を共有していることが露呈する。たとえば、ジョルジュ・メリエスのフィルモグラフィー[*8]は、領土拡張論者の航海やオリエンタリストの空想に関する次のような数多くの映画を取り上げている。『インドの神秘の修行僧』（一八九六年）、『ハレムの奴隷売り』（一八九七年）、『クレオパトラ』（一八九九年）、『ブッダの復讐』（一九〇一年）、『ロビンソン・クルーソーの冒険』（一九〇二年）、『アラビアン・ナイトの宮殿』（一九〇五年）[(31)]。同様に、メリエスの『月世界旅行』（一九〇二年。一八六五年に出版されたジュール・ヴェルヌの『地球から月へ』が原作）で、男根のようなロケットが月（宇宙のフロンティア）に貫き刺さるのは、（帝国の）他の「フロンティア」をめぐる歴史的言説を別の次元で再現したものだ（セシル・ローズが「できることなら惑星まで併合したい」とよく言っていたように）。この作品は植民地に囚われた物語である。槍を持った骸骨のような生き物が、月にある偽のジャングルから飛び出てきて探検隊を捕えるが、結局、探検隊の男に、魔法のように野蛮な生き物を消し去る銃に似た傘で打ち負かされる。どんな意味においても、これは植民地主義「についての」映画ではなく、帝国拡張のアナロジーと解釈できるだろう。

『ボー・ジェスト』（一九三九年）など初期のアメリカ映画は、モロッコが舞台なのにアリゾナで撮影され、帝国の同志であるフランス外国人部隊の功績を称えるものが多い。フランスも一九一一～六二年に北アフリカを舞台にした映画を二〇〇本以上制作したが、その大半が先住民族の反乱を抑える外国人部隊の功績を記念した作品であった[(32)]。しかし英国人は、アレクサンダー・コルダの三部作『コンゴウ部隊』（一九三五年）、『ドラム』（一九三八年）、『四枚の羽根』（一九三九年）、マイケル・バルコン制作の『アフリカのセシル・ローズ』（一九三六年）、『戦ふ民族』（一九三六年）、『キング・ソロモン』（一九三七年）のような帝国の超大作の優れたつくり手となった。全人類のおよそ四分の一が英国の支配下に暮らしていた帝国主義時代末期、多くの映画は日常的な残虐性を正面から調査するよりも、「先頭に立って」「探検」していた日々を懐かしく思い出すほうを好んだのである(33)。

『デイヴィッド・リヴィングストン』（一九三六年）でセドリック・ハードウィックが演じた、「進め、キリストの兵士たちよ」を歌うアフリカ人聖歌隊を指揮するリヴィングストン、『アフリカのセシル・ローズ』でアフリカの地図を前にケープタウン―カイロ間鉄道を計画するセシル・ローズ、『辺境の追跡』（一九五五年）で先住民族の長に帝国の法を命じるレジナルド・デニー、帝国の軍隊で武勲を上げるターザン。彼らはいずれも、帝国の映画的な啓示《エピファニー》である。ジェフリー・リチャーズが描いた、城壁に立ち、先住民族の不穏な動きを見逃すまいと地平線を睨む、「角張ったあごをして、パイプを吸い、探検帽《トーピー》を被った英国紳士」は、映画の消費用の理想的な帝国像に具体化された。ロナルド・コールマン、C・オーブリー・スミス、クライヴ・ブルック、デイヴィッド・ニーヴン、ベイジル・ラスボーン、ジョージ・サンダース、レイ・ミランドといった俳優は、フィルムによる先祖崇拝で英雄的な美徳を具現化した。たとえば『アフリカのセシル・ローズ』は、先見性と博愛の見本として帝国の家長を聖人のように描いた。コルダもバルコンも、異教の地にいる英国人の厳格で禁欲的な美徳と当然の権威を強調する。エドガー・ウォーレスの人気小説を下敷きにした映画『コンゴウ部隊』では、植民地の統治事務官（サンダース）はナイジェリアの反乱を鎮圧し、英国の法と秩序をニジェール川流域へもたらした。恒例の植民地の分割のせいで、ポール・ロブソン演じる善良な黒人の長ボサンボは、邪悪な国王モファラバと対立し戦うようになる。権威があり好感の持てるサンダースの姿をした植民地主義は、当然の永久不変な慈悲深いものとして描かれる。一方のアフリカ人は、自分たちのカリカチュアを再現するのを手伝わされた。サンダースやターザン、クォーターメイン[*9]のような人物の偉業は、国内の大衆に向けて抽象的な帝国理論の「現地」における意味を理想化したものだった。

こうした多くの映画に見られる帝国の目的は、深読みする必要はない。教訓めいた幕開けにその傾向が表れていることが多い。たとえば『コンゴウ部隊』の冒頭は、「船員や兵士、冒険商人たちに捧げる。彼らは大英帝国の礎を築き、その

17・18　白人男性の責任。『コンゴウ部隊』と『ボー・ジェスト』より

事業は行政官に引き継がれている——「王国の守護者たち」（ウォーレス）」であった。『アフリカのセシル・ローズ』の冒頭では、アフリカ人自身がセシル・ローズの事業を支持したかのようにほのめかす。ンデベレ族（マタベレ族）は、サンダースを「王の戦士であり、支配という贈り物で征服を和らげた」と考えたとされる。他の作品でも、帝国のイデオロギーは対話にはっきりと示される。『テンプルの軍使』（一九三七年）で、ウィリアムス大佐はシャーリー・テンプルに語りかける。「あの峠の向こうでは、何千もの野蛮人たちがインドに襲い掛かり、破壊しようと待ち構えている。これを未然に防ぐことが英国の義務であり、私の義務でもあるのだ」。『再び戦場へ』（一九三七年）は、このように始まる。

世界中にユニオンジャックが翻り、城に暮らす男も小屋に暮らす男も、街の男も村の男も、困難や危険、死に立ち向かいながら、故国の輝きを胸に任務に就く。誰もが喜びも悲しみも抱えているが、共通の目的である故国への奉仕が彼らを結びつけるのだ。

こうした映画では、帝国化した世界における英国の物質的な利害関係は、ジョゼフ・コンラッドのマーロウ〔小説『闇の奥』の主人公〕が「贖いの思想」と呼ぶもので隠されている。それは野蛮との戦いであり（『テンプルの軍使』）、奴隷制廃止を求める戦いであり（『キリマンジャロの決斗』一九五九年）、ファシズムとの戦いでもあった（『太陽は沈まず』一九三九年）。

帝国の肯定的なイメージは法律にも記号化された。特に英国人は帝国全土に検閲制度を敷いた。トリニダードでは検閲規約により、英国の社会生活を「不当に嘲ったり批判するような場面」が禁止された。「白人男性が先住民族に囲まれ堕落するとか、とりわけ中国人、黒人、インド人などの先住民族に暴力を振るう」シーンや、「ある人種の男たちと別の人種の少女たちのいかがわしい」シーンなどだ(34)。一九二八年に香港の検閲官は、自分の義務は「アジアの広大な帝国の片隅にある小さな白人居住区」で英国の威信を維持することだ、とアメリカ総領事に語った。ユナイテッド・アーティスツ〔アメリカの映画配給会社、映画スタジオ〕の香港代理人は、「中国人と白人の武力衝突」を題材にしたり、「中国人の間でわが国女性の評判を落とすような、はしたない身なりをしたり、立場や状況にある白人女性[35]」を描写するのを禁じたと報告した。英国の検閲規約は全世界の観客に適用され、アメリカの映画制作者らにも遵守するよう圧力がかけられた。一九二八年にジェイソン・ジョイは、「先住民族から見た白人の男女の品位を落としそうな描写も、支配者である白人に逆らうよう先住民族を扇動するような如何なる映画も[36]」、英国人は許可しないだろうと制作者に警告した。同時に宗主国は、競合する「土着」の映画の発展を阻止しようとした。フランス人にしてみれば、アラブ世界におけるエジプト国産映画の著しい成長は煩わしかった。こうして「エジプト映画の影響力に立ち向かうのを任務とした制作拠点をモロッコに設立すべく」、特別な組織が生まれたのである[37]。

ハリウッド映画も、植民地の出先機関を南カリフォルニアに復元し、帝国に寄与した。たとえばサミュエル・ゴールドウィン制作の『暁の討伐隊』(一九三九年)では、傭兵や米軍がフィリピンで蜂起した「テロリスト」を鎮圧した。アメリカそのものが英国に反旗を翻して生まれた歴史があるにもかかわらず、ハリウッド映画は、ヨーロッパの映画がしたように、植民地主義に対する熱意を顕わにすることが多かった。ハリウッドはフランスよりもたくさんのフランス外国人部隊の映画を制作したが[38]、W・S・ヴァン・ダイクの『トレイダ・ホーン』(一九三一年)や『スタンレー探検記』(一九三九年)のようなアメリカ映画はアフリカにおける英国の植民地主義を讃えた。同じくジョージ・スティーヴンスの『ガンガ・ディン』(一九三九年)も、一九世紀のインドで野蛮なパンジャブ人と闘う三人の勇ましい英国人兵士を描いた。

さらに『スタンレー探検記』のスペンサー・トレイシーや、『カーツーム』(一九六六年)のチャールトン・ヘストンといったアメリカ人の映画スターが英国人の植民地の英雄を演じたため、欧米の大衆は気分よく自分を重ね合わせることができた。こうして一九世紀には英国が優勢だった帝国主義が、二〇世紀になるとアメリカ中心の帝国主義となり、俳優のレベルでも歴史的なオーバーラップがなされたのである。主演ゲイリー・クーパー、監督ヘンリー・ハサウェイの『ベンガル槍騎兵』(一九三四年)では、少人数の英国人将校が先住民族の反乱を抑える。帝国の継承を示唆するように、年配の将校たちは英国人の俳優が、若い将校たちはアメリカ人が演じている。リチャーズが指摘するには、一九三五〜三八年の英国と合衆国で興行収益が一位だったのは、帝国映画で中心的役割を演じたシャーリー・テンプルであった[39]。キップリングの小説を基にした『テンプルの軍使』では、インド国境に駐屯する英軍司令官の祖父から英国の使命を教わるアメリカ人の少女という主役を務めた。英国植民地主義の象徴である祖父が非常に厳格なのに対し、アメリカ人の孫娘は順応性があり仲裁がうまい。あるときは英国統治と反逆者カーンを和解させるため、実際に戦争に介入する。こうして英国人とアメリカ人の一家は、一種の帝国の寓話に利用されるのである。シャーリー・テンプルの如才ない「中間性」は、アメリカ自体が歴史的に中間の存在だったことを表す。アメリカは、ヨーロッパにとっては反植民地の革命勢力だったし、アメリカ先住民族やアフリカ人にとっては植民者で覇権的な国だった。シャーリー・テンプルはインドに着くとすぐに、土着のインド人を指すインディアンとアメリカの「インディアン」を混同したが、これはコロンブスが犯した誤りである。その二年後に公開された映画『カナダ騎馬警察のスザンナ』(一九三九年)で、彼女は王立カナダ騎馬警察と、ある「インディアン」の部族の仲裁をしたが、これは二種類の「インディアン」が代替可能だと言っているようでもある(結婚してシャーリー・テンプル・ブラックとなった彼女がガーナ大使に任命されたことは、この代替可能性の比喩をさらにねじれさせる)。英領インドが舞台の『ベンガル槍騎兵』、『四人の復讐』(一九三八年)、『ガンガ・ディン』の三本の大作映画は西部劇にリメイクされ、それぞれ『ジェロニモ』(一九四〇年)、『アリゾナの決闘』(一九四〇年)、『三銃士』(一九五一年)となった。帝国の大作映画も、『カンサス騎兵隊』(一九四〇年)、『壮烈第七騎兵隊』(一九四一年)といった西部劇のモデルとなったが、逆に『進め龍騎兵』(一九三六年)は、『カーツーム』のモデルとなった。このように帝国主義のある種の循環は、世界中に離散した他者に比べてヨーロッパは優れているという定型表現を再利用する。白人のヨーロッパ人は、常にその「優越的地位」(エドワード・サイードの言葉)を維持しつづけているのだ。

映画会社が好む地球が回転するオープニング・ロゴも、形を変えた帝国の野心である。インド、メキシコ、エジプト、パレスチナなど、リュミエール兄弟はさまざまな「第三世界」でロケ撮影をし、帝国の可動性を新たに切り開いた。地球のロゴは、『ドラム』、『四枚の羽根』、『ジャングル・ブック』(一九四二年)のような帝国的なテーマの作品をいくつもつくっている映画会社(ユニバーサル、RKO)や、英国のコルダ兄弟の製作所も使うようになった。地球の絵は、象徴的に神の力を想起させる。創造された世界は創造主を含意するからである。後にテレビニュースは、「帝国が全世界を覆う《カバーする》」というこの比喩を、「全世界を報道する《カバー》」という形で更新した。一九五〇年代にジョン・キャメロン・スウェイズは自分の番組「キャメル・ニュース・キャラバン」で世界を駆け巡るデザインを採用し、他のニュース番組も丸く描いた地球や色付けされた地図で注意を喚起した。近年の国際危機では、テレビ報道はこの比喩をさらに手の込んだものにした。ABCが湾岸戦争時に放映した特集番組「砂漠の防衛線」では、ピーター・ジェニングスが、かつて時間的・空間的に「帝国に覆われて《カバーされて》いた」中東地域の歴史を教えながらめぐるという設定で、きれいに色分けされた政治地図の上を歩いた。この北米のテレビ解説者は、「巨像のように」小さな世界にまたがり、文字どおり地図を踏みつけ、上に座り、見下ろしたのである。(40)

　映画でもテレビでも、そのような世界全体を俯瞰する視点は、ヨーロッパによる支配と従属という全知の宇宙観に視聴者を組み込む。たとえば『八十日間世界一周』（一九五六年）の地図と地球が合体するシーンは、ヴェルヌがこの本を執筆した時代に「地球は狭くなりつつあった」という全知の語り手のナレーションで始まる（映画の冒頭には、カメラに向けて地球儀が回るシーンがある）。「狭くなりつつあった」という考えは、上流階級の英国人男性の自信に満ちた科学的な展望を表す。「できないことは何もない」とデイヴィッド・ニーヴンの演じる登場人物〔主人公のフォッグ氏〕は言う。「科学が空を征服すれば、八〇時間でも（世界一周は）可能になるかもしれない」。こうしてヴェルヌは、科学の発展と帝国の支配を暗に関連づけ、主人公が「ルール・ブリタニア」〔「統べよ、英国」の意。英国の愛国歌〕の旋律とともに繰り返し登場することで、その考えは補強されたのである。『ジェダイの帰還』（一九八三年）のような近年のSF映画では、NASAの天体図にはまだ描かれていないさまざまな惑星を、その世界観に包含する。宇宙空間の征服は、別の惑星を「低開発の」第三世界という枠組みに合わせて視覚化することで、根底に潜む帝国の物語と共存している。善悪の二元論により、ヒーローは新しい土地やその先住民族と闘うのである。エキゾチックでテディベアのような「イウォーク」——植民地映画はたいていそうだが、その言葉は理解不可能だ——は、ハイテクな白人ヒーローを崇め、不愉快で邪悪で理性のない生命体から彼を守る。ヒーローの肉体的・精神的勝利は、敵を滅亡させ、友好的な「要素」を家父長的に従順な同盟者へ変えることを正当化し、辺境の植民地を新たに設立する（無論、古い植民地も維持する）権利を彼に認める。初期の冒険映画のように、SF超大作や宇宙戦争のテレビゲームは、グローバルな遍在を目指す動きとして進歩を視覚化する。初期の映画で大海原の旅が国境のないことを意味していたとすると、近年の映画で空はもはや境界ではないのだ。

理論枠組みとしての西部劇

帝国主義的な冒険映画が帝国の喜びや恩恵を伝えるものだとすると、西部劇はアメリカ辺境における帝国風の冒険物語を語った。この二つの帝国主義的な冒険の関連は、実際のところ、合衆国の内外でずっと隠されてきた。「帝国主義」という言葉は通常、一九世紀末の大陸からカリブ海や太平洋までの領土拡大に限られる。よく指摘されるとおり、ハリウッド映画では歴史物に占める西部劇の割合は高く、なかでも一九二六〜六七年には全主要作品の約四分の一にものぼり、国中を虜にしたと言ってよいほど顕著だった(41)。アメリカ独立革命や、ジョージ・ワシントン、トーマス・ジェファーソン、ベンジャミン・フランクリンを扱った映画は比較的少ないが、キット・カーソン、ビリー・ザ・キッド、カスター将軍が登場する西部の征服を扱った映画は無数にある。アメリカ人が想像する「開拓神話」の核心は、フランシス・ジェニングス、リチャード・スロットキン、リチャード・ドリノン、マイケル・ロジン、ジョン・カウエルティなどが雄弁に論じてきた。それはおそらく最古のアメリカの神話であり、その起源は植民地期までさかのぼる。開拓神話のイデオロギーは、社会ダーウィン主義の競争原理、人種や性による序列、進歩思想など、前章で触れたさまざまな言説に根ざしている。ヨーロッパによるアジア、アフリカ、アメリカ大陸への拡張という一般的で広範な歴史過程に、アメリカ例外主義*10という国家の形態を与えたのである。スロットキンが「インディアン戦争のようなアメリカの歴史」と呼ぶ比喩は、今日も大衆文化にこだましながら「合衆国人」の自分語りをつねにとてつもなく美化しつづけてきた。

西部劇は、古典的大作、騎士道物語、インディアニスモ文学、開拓小説、ジョージ・カトリンやフレデリック・レミントンの絵などを含む複雑な間テクスト性を受け継いだ。こうした遺産は、何世代にもわたってアメリカ人の歴史的感性を形成するのに重要な教育的役割を果たした。西部劇の大きな物語は、ほぼ四世紀にわたる「新世界」の歴史の後半二〇〇年にしか焦点を当てず、時間的にも空間的にも二重に「短縮」された。そのためアメリカの土地と文化が当然インディアンのもので、大虐殺が起こる前のまだ協力が可能であったファースト・コンタクトの時代は扱われないのだ。一八〇〇年以前に時代設定された『モホークの太鼓』（一九三九年）や『北西への道』（一九四〇年）は、その意味で例外である。西部劇はたいてい、開拓がかなり進んだ時代や、登場人物がもはやヨーロッパ人ではなくヨーロッパ系アメリカ人である時代、アメリカ先住民族がヨーロッパ人の占領に抵抗して成功する見込みがほとんどない時代といった歴史的瞬間を舞台とする。西部劇が「東部劇」でないのは決して偶然ではない。「東部劇」であれば、興味をそそる歴史の「もし（if）」を提示し、もっと前の世代のアメリカ先住民族と接触した東部沿岸を舞台に、ヨーロッパ白人の「アメリカ人でない」異質性を強調したかもしれないのだ。

ワード・チャーチルが言うように、ハリウッド映画では先住民族のアメリカは「白人がやって来たら繁栄し」、それからの「いささか不可解なことに、バイソンや広大な大草原とともに姿を消す」。その物語には、その「前」もその「後」もない。[42]その結果、チャーチルが「白人のいない自律した過去」と呼ぶ認識も映画には見られず、『クレオパトラ』（一九三四年、一九六四年）や『聖衣』（一九五三年）、『ベン・ハー』（一九二六年、一九五九年）に相当する、イロコイ族やスー族、チェロキー族の映画もない（アステカ族やインカ族は言うまでもない）。すでに時間も空間も短縮されているにもかかわらず、西部劇はおよそ五〇年にもわたって特別な地位にあり、繰り返し特定の場や事象によみがえるのである。史実では、アメリカ先住民族はほとんどの場合白人の軍隊と直接的な対決を避け、国立公園局によれば、一八五〇～九〇年に合衆国騎兵隊の砦は、おそらくたった六回しか総攻撃を受けなかった。しかし映画では、遊牧の野蛮人に対する定住文明の拠点として建設された砦を、インディアンが襲撃するのだ。こうして砦は西部劇で不可欠な主題となった。[43]アメリカ先住民族は侵略者にされ、「非インディアンの銃のための飛び出す標的」という不必要な存在となった。[44]ヒーローの地位や、間接的に俳優の地位は、仕留めたインディアンの数で決まったのである。[45]

西部劇では土地が重要である。モニュメント・バレー、イエローストーン、コロラド川など、風景そのものに対する敬虔な姿勢は、その土地に属する人を閉じ込め、そうして拡張主義は導入されたのである。土地は無人の処女地と見なされたが、同時に「約束の地」「新しきカナン」「神の大地」といった聖書の象徴的意味も付加された。美しい楽園と不吉な荒野が対置され、荒野は「必然的に」楽園に敗れた。トマス・ファーナム曰く、「荒野のたくましい植物も、楽園のひ弱な土壌では枯れる。インディアンは、自分の弓矢とともに埋葬される」[46]。乾燥した砂漠地帯は、拡張主義者の妄想を演じる空虚な舞台を提供する。景観の本質をなす先住民族の大半が、東部のもっと肥沃な土地を白人に奪われて、ここまで追いやられたことは、通常は説明されないのである。

二元論の比喩も、土地と土壌についての正反対の考えを覆い隠す。アメリカ先住民族の文化では、たいてい土地は売るための不動産ではなく、ずっと信仰の対象であり、食物を与えてくれる（また育まねばならない）「母」であって、神聖なものである[47]。多くの先住民族の言語では、「土地を売る」という概念は文字どおり表現できない。その意味を表す言葉が一つもないからである。だから、ヨーロッパ人がマンハッタンを二四ドルと安物の装身具数点で「買い取った」と考えるのは馬鹿げている。一方、ヨーロッパ人にしてみれば、土地は利用できるただの魂のない資源の塊であり、インディアンは財産や法律や政府といった観念を持たない流民なのであった。ある陸軍長官は「文明とは、排他的な所有に執着するものだ」と述べた。また、ヘンリー・ドーズ上院議員曰く、「文明の進歩は、土地を共有することによるわけではない。利己主義は、文明の基本原理だからだ」[48]。ヨーロッパ人にとって土地は、いわば社会的存在である人間が変換し、所有者の名前を入れるためにある。急いでもっと緑豊かな牧草地（または豊かな鉱山）にするか、または放棄しなければならない商品だった。しかし、アメリカ先住民族にとって土地は、征服によって取り返しがつかないほど傷つけられた聖なる預かり物であったのである。

西部劇のタイトルは、まさに土地に対するヨーロッパ人の変わりやすい要求をよく示している。『オクラホマ・キッド』（一九三九年）、『コロラド・テリトリー』（一九四九年）、『テキサス決死隊』（一九三六年）、『カリフォルニアの征服』（一九五二年）など、ヨーロッパ人が定めた州の境界線を強調するタイトルはずば抜けて多い。しかし、アメリカの州（アラバマ州、アリゾナ州）、河川（オハイオ川、ポトマック川）、湖（ヒューロン湖、オンタリオ湖）、山地・山脈（アディロンダック山地、ポコノ山脈）の名称の多くが、先住民族の言葉に由来するのは確かに皮肉である[49]。『エル・ドラド』（一九六六年）、『北西への道』（一九四〇年）、『最後のフロンティア』（一九五五年）といったタイトル自体が、アダムやプロメテウスのような命名する力を表す。『赤い日没』（一九五六年）、『大平原』（一九三九年）、『最後の砦』（一九三五年、一九五一年）、『天国の門』（一九八〇年）といった映画では、押しつけがましく先駆的な目的性、神がお認めになった漠然とした目的論を伝えつつ、ある種の西への指向性（「若者よ、西部へ向かえ！」）が見られる。『決闘ウエストバウンド』（一九五九年）、『女群西部へ』（一九五一年）、『大西部への道』（一九六七年）といったタイトルは、さらに露骨に西部への熱狂に共鳴する。このようなタイトルは、アメリカというネイションに「なること」、すなわち映画の時代しか達成できない、自然を文化にすっかり変えてしまう目的を果たすことを意味する。西部は場所というよりは、西を目指せとか、地平線へ向かえというように、一種の志向性の運動であった。ロバート・フロストの言葉によれば「漠然とした西部の認識」であり、行動でも比喩表現の意味でも、西へ向かう傾向があったのだ。

西部劇は、無限の可能性、つまり空間的にも時間的にも大きく開かれた展望の感覚を投影する。美学的にこの展望は、ワイドスクリーンの遠景や、走る動物の群れや騎馬の隊列を高い場所から撮るクレーンショットで表現される。一八三〇年代にエリー運河から移住し、西部の家に落ち着いた家族を、四世代五〇年にわたって追った大作映画『西部開拓史』[*11]（一九三六年）のタイトルは、征服と入植という主題を要約している。西部劇の映画は、カリアー・アンド・アイヴズ社のリトグラフ「太平洋へ向けて」のような、フロンティア絵画の使命を受け継ぐ。前景には物質的な進歩を象徴する列車が産業都市を走り、後景の「未開発の」太平洋に向かっている寓意的な風景画である。ジョン・フォード監督の『アイアン・ホース』（一九二四年）は、タイトルからして擬人化した「インディアニスモ」である。この作品は、鉄道が敷設される以前のインディアンが幌馬車隊を襲撃していた荒っぽい過去から、鉄道建設中にインディアンが労働者を襲う波乱に満ちた現在、そして二つの路線がつながり、この国のマニフェスト・デスティニーが象徴的な意味で実現しインディアンがスクリーンから消えて幸福な未来を暗示する、風景画と似たような進歩の物語である。多様な集団が同じ事業のもとで結束するように、大陸支配の野望を持つ国家はスクリーンの上に具体化する。荒れ地は、蒸気機関車という進歩を体現する金属の化身によって手なずけられ、価値を与えられるのだ。リュミエール兄弟の作品に見られる駅のように、機関車は換喩的・隠喩的によく映画そのものと関連づけられる。エンプロットメント[*12]の差別的な様式は、啓蒙主義《エンライトンメント》の価値をコード化したものだ。すなわち、西洋を代表する登場人物には神のお導きのもと喜劇的な「ハッピーエンド」を、西洋の「他者」には悲劇的な「絶滅の運命」を振り当て、進歩と発展という啓蒙的な価値観をコード化する。物語の理論枠組みは、国家の発展とマニフェスト・デスティニーという目的論的な考えに資するよう求められている。

ジョン・ウェイン〔愛称デューク〕は『ホンドー』(一九五三年)で、インディアンの絶滅について語った。「とても気の毒だけど、これでよかったんだ」。インディアンの排除は、彼らを過去の人々としか扱わないので哀愁を帯びた追憶ができる。現在の彼らの要求ははねつけ、死後にその記憶に対して死生学的な優しさを表すのだ。『滅び行く民族』(一九一二年)、『モヒカン族の最後/ラスト・オブ・モヒカン』(一九二〇年、一九三二年、一九三六年、一九九二年)、『最後のインディアン』(一九四七年)といったタイトルにも、インディアンは死ぬ運命だという考えが表れている。相反する抑圧的な作用は、インディアンと向き合うときの不安を払拭してくれる。インディアンの存在は、まさにアメリカが建国当初、国民国家の基盤が不安定であったことを思い出させる。一方、アメリカ先住民族にとっては、その記憶は鮮明で痛みに満ちていた。『インディアン戦争』(一九一四年)の撮影では、心に傷を負ったスー族が、ウンデット・ニーの歴史的敗北と屈辱を無理やり再現させられた。

それは、インディアンの墓場となった地で戦うことを要求するもので、スー族には恐ろしい冒瀆のように思われた。……インディアンたちは、白人の兵士が部族の男や女や子どもたちを虐殺したさまを思い出して、憤慨した。……男たちを集めるのに最も苦労したのは、この動員はただ戦いを再現するのが目的で、決して彼らを絶滅させるためではないと説得することであった。彼らは機関銃やライフル、回転式拳銃、弾薬の箱を見ると、まるでグレイト・スピリット[*13]が白人の代理人を通じて集合をかけたかのように、不安を覚えたからである。(50)

時制が逆になるかたちで、生きているインディアンは、最終的に自らが消滅することが役回りであるマニフェスト・デ

19　支配するような眺め。『捜索者』のジョン・ウェイン

スティニーの物語を演じるために、いわば「死んでいるふり」をするよう促されたのである。

われわれは、あらゆる西部劇はたった一つの鋳型から作られたとか、インディアンを好意的に描いたものはまったくないとか、西部劇はイデオロギー的な緊張や矛盾とは無縁である、と言っているのではない。ウィリアム・S・ハートの『アーリア人』（一九一六年）と、『折れた矢』（一九五〇年）や『流血の谷』（一九七〇年）のような「親インディアン的」な西部劇には、明らかに大きな違いがある。また、ふつうの西部劇は、『小さな巨人』（一九七〇年）のような先住民族寄りの作品や、『ビッグ・アメリカン』（一九七六年）のような風刺的な作品、『ソルジャー・ブルー』（一九七〇年）のような暗にベトナム戦争に反対する作品と区別される。『ソルジャー・ブルー』は、ベトナムのソンミ村虐殺事件を寓話化するため、一八六四年にシャイアン族とアラパホー族が被ったサンドクリークの虐殺を取り上げた映画だ。特定の下位ジャンル内でも顕著な相違がある。たとえば捕囚体験記は、インディアンのやり方に白人が同化するさまを描くこともできるし、「野蛮人の戦争」の報復が性的暴行に脅える人種差別主義者の恐怖を伝えることもできた。西部劇もずっと発展しつづけてきたのだ。インディアン寄りの映画が、恩着せがましくはあるが、インディアン文化の価値を認め、一体感を高めた一九六〇年代以降の発展

20　被支配者の視点。『七世代の涙を拭って』より

ぶりはとくに目覚しい。トマス・シャッツが指摘するように、最近の西部劇は思慮深くなり、拡張主義的な事業を褒めそやすような考えはあまり投影しなくなった。西部劇でおなじみの法と秩序を重視するヒーローは、裏切り者のアンチヒーローに取って代わられたのだ[51]。一九六〇年代以降の「現実的」な西部劇は、アメリカ先住民族にかなり共感を示し、暴力的だが英雄的ではないフロンティアを描いたものが多い。

したがって重要なのは、西部劇どうしの差異をなくすことではなく、西部劇というジャンルのイデオロギー的前提を指摘し、一体感を育むための基本手順を示すことである。ハリウッドの西部劇は概して、アメリカ先住民族をその土地の侵略者のごとく描き、歴史を捻じ曲げた。トム・エンゲルハートが言うように、非白人の世界全体を見るための枠組みの視点を提供したのである[52]。自分たちの土地で、脅威のない日常生活を送るアメリカ先住民族を描いた西部劇も稀にある。西部の拡大によって先住民族のそうした生活と習慣は残酷に崩壊させられるのだが。アメリカ先住民族はだいたい、進歩という動く列車にとって狭量な敵と描かれる。西部劇のこの視点は、トム・エンゲルハートが「包囲のイメージ」と呼ぶものの外部性を前提としている。包囲された幌馬車隊や砦は注目や共感の焦点となり、ここから親しみ深い人物が、不可解な習慣や理不尽な敵意を特徴とする未知の襲撃者に反撃するのである。「基本的に観客は連発銃の銃身のこちら側にいるのであり、それは、照準器を通して西部劇映画の植民地主義的・帝国主義的な歴史を受け入れることを意味する」[53]。このお決まりの視点は、常にヨーロッパ系アメリカ人の主人公を好む。主人公は構図の中央にいて、その欲望が物語を動かす。彼らの関心に沿ってカメラは回転し、移動し、上から撮影する。『モホークの太鼓』のような作品では、その視点は同心円状の構造だといえよう。たいてい女性や子どもの入る人情味あふれた最も内側の円は襲撃者の二番めの円に脅かされる。いちばん外側の円の騎兵隊が二番めの円を絶滅して、包囲された内側の円を救うのだ。外側の円の騎兵隊は植民地のいわば機械仕掛けの神《デウス・エクス・マキナ》であり、二番めの円のインディアンを包囲せよとの神のご意思、つまり映画風に簡略にしたジェノサイドを遂行する。インディアンに共感し一体感を持つ可能性は、こうしたお決まりの視点のせいで一切ない。観客は無意識のうちに、植民地主義的な見方をさせられているのである。

　植民地の遭遇という支配の物語は、「われわれ」は欠点はあるものの人間だが、非ヨーロッパ人の「彼ら」は理性を持たない人間以下の存在であるとほのめかす。「植民地の均衡」のため、「われわれ」一人あたり大勢の「彼ら」が死ななければならないとされる。このパターンは、ズールー族と戦う英国人や、メキシコ人と戦う合衆国騎兵隊、日本の神風特攻隊と戦うアメリカ兵、そしてごく最近ではイラク人徴集兵と戦うアメリカ人パイロットの映画で繰り返される。「彼ら」は「われわれ」よりずっとたくさん死ぬが、「彼ら」はとんでもない脅威をもたらすと「われわれ」は信じなければならない。リチャード・ドリノンは、前近代的な「野蛮人」に対する白人の敵意が、アメリカの歴史を通じて再生産されてきた過程をたどる。一六三七年に起きたピクォート族の虐殺など「最初の犠牲」からそれは始まる。清教徒は、ミスティック川沿いのピクォートの村を「火のついたオーブン」のようにして約四〇〇人を焼き殺し、それからフェアフィールド湿地帯の泥の中でさらに三〇〇人以上を殺した。この初期の「正義の虐殺」の事例はアメリカの歴史の特徴をなす[54]。ピクォート族の虐殺の根幹にあった傲慢さはその後「西部開拓」へ拡大し、一九世紀末の「帝国主義の最盛期」にはフィリピン諸島にまで及んだが、その指揮官の多くが、大平原の戦いやアパッチ戦争[*14]を経験していた[55]。ドリノンによれば、「インディアン嫌いの色合いは、クーリー〔中国人人夫〕嫌いへ徐々に移行し、排華移民法（一八八二年）や、一九世紀末から二〇世紀初めにかけての「黄禍」ヒステリーへと変化していった[56]」。米比戦争中、兵士たちが家族に宛てた手紙はその類似性を強調した。フィリピンで軍務についていたある士官は、記者のヘンリー・ルーミス・ネルソンに次のように書き送っている。

> われわれはアメリカ・インディアンを絶滅しましたが、ほとんどの人はそれを誇りにするか、少なくとも目的が手段を正当化したと信じていると思われます。そして今回も、進歩と啓蒙を妨げる人種を、必要とあらば根絶するのをためらってはならないのです[57]。

ベトナム戦争というもう一つのアジアの戦争にも、インディアン戦争のこだまが反響している。同じカスター将軍の話から、ジョン・フォードは『アパッチ砦』（一九四八年）の構想を立て、アーサー・ペンとシドニー・サルコウはベトナム戦争における帝国の愚行を非難するたとえとした。フランシス・フィッツジェラルド著『湖水の炎』（一九七三年）によれば、アメリカのエリートたちは、この戦争をこう見ていた。

> アメリカ人の開拓者がインディアンを打ち負かしたのと同じように、苦痛を与えない劣等人種の征服は、単なる国家主義の勝利ではなく、人類の名においてなされた偉業であろう。それは闇に対する光の、悪に対する善の、そして野蛮な自然に対する文明の勝利であった[58]。

「ローリング・サンダー」[*15]「サム・ヒューストン」[*16]「ヒッコリー」「ダニエル・ブーン」[*17]などベトナム戦争における軍事作戦名は、西部で伝えられてきたアメリカ開拓史の記憶や姿勢と共鳴する。アメリカ軍はベトナムを「インディアンの国」と表現し、マクスウェル・テイラー大将は「開拓者」が「とうもろこしを植え」られるように「インディアン」を「砦」から追い払わねばならないと言って、戦争の拡大を正当化した[59]。リンドン・ジョンソン大統領にとってベトナムは、アラモ砦を思い起こさせるものであった。ドリノンによれば、「ドミノ理論でさえ、ピクォート族やナラガンセット族より昔に遡る汎インディアン運動の脅威を最新に国際的にしたものに過ぎなかった[60]」のだ。最近では、ノーマン・シュワルツコフ大将が、イラクを「インディアンの土地」にたとえている。

近年の帝国映画

植民地的／帝国的パラダイムは植民地主義が形だけ終焉を迎えたからといってなくなったわけではないし、西部劇的パラダイムも開拓時代に限定されない。事実、『紳士は金髪がお好き』（一九五三年）の背景には南アフリカのダイヤモンド鉱山があり、『知りすぎていた男』（一九五四年）の舞台モロッコではフランスが強い存在感を示し、『三人の騎士』（一九四五年）[61]などのディズニー映画の背景にはラテンアメリカの新植民地主義があり、ルネ・クレール監督『夜ごとの美女』（一九五二年）では北アフリカにフランスの支配が甦るというように、多くの映画作品に「潜む」帝国の存在について語ることはできるだろう。一九八六年になっても、一日に二五〇〇万人が見た『ギリガン君ＳＯＳ』のような害のないテレビ番組にさえ、こうした傾向は染みついていた。この作品の舞台は島で、ポール・セラーズが指摘するように、野蛮な部族に取り囲まれている。[62]ライダー・ハガードの同様の小説は、サイレント時代に映画制作者を刺激したが、トーキー時代もずっと何度も使われたのである。ハガードの『ソロモン王の洞窟』は、同じ場面の映像を再利用しつつ、一九三七年・一九五〇年（ともに『キング・ソロモン』というタイトル）、一九五九年（『ソロモン王の宝庫』）、一九八五年（『キング・ソロモンの秘宝』）と、何度も映画化されている。一九三七年版では、ポール・ロブスンがズールー族のウンボポ役で主演しており、罪のない白人を火山のなかで罠にかける呪術師ガグールが登場する。白人たちは虐殺されそうになるが都合よく日蝕が起き、神のふりをして命拾いするのである。一九五九年のクルト・ノイマン監督『ソロモン王の宝庫』は一九五〇年版の映像を再利用し、宣教師の娘は「野蛮人」から救出される。一九八五年の『キング・ソロモンの秘宝』は、恥かし気もなく『レイダース　失われた聖櫃〈アーク〉』（一九八一年）を真似て、槍をもった先住民族の集団や、よくある「釜茹でにされるヨーロッパ人」といった食人のモチーフなど、おそろしく古典的な植民地主義のイメージを使い回す。

ジンバブエで撮影されたこの映画は、西洋の理想の歴史は善悪二元論の物語であり、アフリカで本当の植民者は英国人やフランス人ではなく、ナチス・ドイツやトルコ人、アラブ人だとほのめかしているのだ(63)。

植民地主義や帝国主義の視点を受け継ぐ映画をすべて調べ上げるのは不可能だろうし無意味だが、一つの症例を考察することはできる。アンドリュー・マクラグレン監督の『ワイルド・ギース』（一九七八年）は、西部劇の約束事を独立後のアフリカに当てはめた。ローデシア（現在のジンバブエ）出身の白人で元警察官だったダニエル・カーニーの小説が原作のこの作品は、南アフリカのような地域で少数派の白人支配を支え、ザイールのような地域で腐敗した黒人の支配を支える、白人の傭兵たちを美化する。アフリカ中部のある国の追放された大統領を傭兵が武力で救出するというあらすじで、大変人気のある俳優が白人傭兵の役をしている。リチャード・バートンは繊細な心を皮肉で隠す、ハンフリー・ボガートのようなタフな司令官を演じ、リチャード・ハリスは「任務《ミッション》」に加わるため幼い息子をしぶしぶ置いてきた、才気あふれる作戦参謀を演じた。ロジャー・ムーアはプレイボーイのパイロットで、ハーディー・クリューガーは南アフリカの警察官だ。観客が共感を覚えるのは、この傭兵たちだ。欠点のある人間くささやアクの強さ、ハワード・ホークス風の荒っぽい友情によって、観客の支持を勝ち取るのである。ひとまとめにアフリカ人を殺しておきながら、傭兵の隠れた人間性をなんとか引き出しているとほのめかすのだ。

『ワイルド・ギース』で白人男性は人種の序列の頂点に立つが、白人女性は本質的に重要ではなく、アフリカ人は西洋人の計画の駒に過ぎない。しかしこの作品は、巧みに人種主義を隠している。傭兵部隊にはわずかながら黒人もおり、加害者に「差別なく受け入れられている」なら虐殺も受け入れやすい。なんども「今いるなかで最高の人物」として描かれる黒人指導者のために、作戦全体はともかく傭兵たちによって遂行される（残念ながらこの「最高の人物」は病を患い、無力で死にかけており、文字どおり白人に背負われている）。白人の救出劇というファンタジーで、この黒人指導者は一九七〇年代の人間なのに、不思議なことに一九五〇年代のシドニー・ポワチエのような話し方をする。愛と人種差別の撤廃を唱え、黒人には「白人の過去」を、白人には「黒人の現在」を許すように求める。こうして双方に対称的な格言を与えて誤解させ、奴隷制と植民地主義の数世紀を相殺するのである。

薄っぺらな反人種主義の体裁を取る『ワイルド・ギース』は、一九七〇年代にすでに時代遅れなのに、植民地主義の冒険映画という西部劇の伝統に従う。英国社会のやくざ者や落伍者だった傭兵でさえ、アフリカ人の命に権力を行使してもよいと示唆するのだ。ばくち打ちであろうと飲んだくれであろうと日和見主義者であろうと、傭兵は人間だ。彼らは「われわれ」なのだ。一方、アフリカ人の命の値段はもっと安い。この作品は、一貫して「植民地の比率」で死者を勘定する。白人傭兵が一人殺されるたびに、数百人もの黒人が死ぬことさえある。また、「ミッション」を遂行するどの集団にも自然にわれわれが共感してしまうことも利用する。政治的な動機がなんであれ、「外科医のような正確さ」で完遂された仕事に敬服するのだ。ヨーロッパにアフリカの運命を決める権利があるのは、至極当然と考えられている。『ワイルド・ギース』は、傭兵の大義のために、映画の仕掛けを存分に活かす。観客は、傭兵の銃身のこちら側から見ているようなアングルに置かれる。ここからは、アフリカ人が何百人と倒れるさまが見物できる。西部劇のアメリカ先住民族と同じく、アフリカ人を侵略者のように見せるために、歴史は巧妙に反転される。こうした撮影技法は、最終的に戦争の抒情性を賛美する。爆発音は美しく暴力的で、死を優美に演出する。落下傘兵は動きを演出され、空中で撮影される。これは「ホモ・ルーデンス〔遊ぶ人〕」の、新植民地主義の戦争なのだ。

レーガン＝ブッシュ時代に、主だった映画は帝国やフロンティアの物語の魅力を再発見した。『若き勇者たち』（一九八四年）は、一巡して西部劇のイメージに戻ったが、今回はキューバ人、ソ連人民、（おそらくサンディニスタ民族解放戦線[*18]の）ニカラグア人が、インディアンの役目をかわりに担った。ニカラグアのソモサ政権[*19]を文学的に賛美したジャック・コックス[*20]は、フランクリン・ルーズベルトが「われらがろくでなし[*21]」と呼んだ独裁者を弁護する『地獄からの脱出』（一九八三年）を制作した。一方、『愛と野望のナイル』（一九八九年）は、異様に派手な野蛮人たちとともに、ナイル川源流を探すヴィクトリア期の探検家リチャード・フランシス・バートンの話である。おそらく、独力で水源を「発見」できない野蛮人を立会人としたのだろう。マイケル・ケインの代表作である『アシャンティ』（一九七九年）は、『キリマンジャロの決斗』（一九五九年）や『アフリカの太鼓』（一九六三年）などで見られた、アフリカの奴隷制に激しく反対する英国人という由緒ある筋書きをよみがえらせた。『007／ドクター・ノオ』（一九六二年）では、英国人が善良な西インド諸

21　帝国の家族。『インディ・ジョーンズ　魔宮の伝説』より

島の人々を慈悲深く支配する。

一九八〇年代と九〇年代には、帝国時代の終焉を悼む挽歌のような物語が次々と制作された。テレビシリーズの『王冠の宝石』や、映画では『遥かなる旅路／ワン・フローム・インディア』（一九八〇年）、『インドへの道』（一九八四年）、『ガンジー』（一九八二年）、『熱砂の日』（一九八二年）、『キム／ある少年の闘いと冒険の物語』（一九八四年）など、英国のインド統治を懐かしむジャンルは、「現代の英国で高まる保守イデオロギーの芸術的イメージ」(64)をつくることで、帝国のイメージを刷新しようとするサッチャー主義にほかならない、とサルマーン・ルシュディーは非難した。フォースターの小説『インドへの道』は英国の存在感に対する現地の考え方が変わり始めたことを教えてくれるが、デヴィッド・リーンの脚本は「バランスをとる」ためとして、この小説の控えめな反植民地主義の論調を和らげている。リチャード・アッテンボローの『ガンジー』は、禁欲的な無抵抗主義者の意志の勝利を主題とし「偉大な男」の足跡を追うが、英国人の役割を巧みに称えている。クレール・ドニの『ショコラ』（一九八八年）、マリー＝フランス・ピジェの『総督の舞踏』（一九九〇年）、ブリジット・ルアンの『群青、海外へ』（一九九〇年）など、植民地を「懐かしむ」のに批判的な数少ない映画は、面白いことにいずれもフランス人女性の作品

である。男性の攻撃性から女性の家庭性へ、さらに異人種間の性的欲望というタブーを犯して生まれたフェミニズムや反植民地主義の自覚へ焦点は移っていった。

植民地主義者の心象は、ユーモアを装いパロディのジャンルで再び市場に出ることが多い。帝国の衰退が明白なとき、ハリウッドはそうして帝国のロマンを復活させる。パロディ映画の制作者は、おそらく「帝国の征服と支配、ほとんど魔法のような流動性と権力、帝国辺境のエキゾチックな生活」といった失われた栄光を称えるだろう。[65]『インディ・ジョーンズ』シリーズは、植民地期の冒険物語を魅力あるものによみがえらせ、レーガン＝ブッシュ時代にふさわしいようにライダー・ハワードやキップリングを再利用した。この作品の青くささでさえ、帝国の少年向け冒険物語が持っていた思春期のエネルギーを思い起こさせる。帝国映画の全盛期である一九三〇年代が舞台の漫画のようなこのシリーズは、帝国が支配する世界を前提としている。そこでは考古学の教授が、科学と文明というより大きな利益のために、植民地世界から文化的遺物を「救い出す」ことができるのだ。「インディ」は、西洋の救済を待つ堕落した存在として描かれる被植民地でしか気軽に活動できない。このシリーズは、反植民地抵抗運動の気配など微塵もなく、争いのない帝国を想定している。『レイダース　失われた聖櫃〈アーク〉』の舞台は一九三六年のエジプトだが、反英的な民衆の騒乱はまったく見られない。一九三五年の上海で、毛沢東の「長征」という言葉が聞かれないのとちょうど同じだ。[66]『インディ・ジョーンズ　魔宮の伝説』（一九八四年）のインディも、一九三五年に新インド統治法の成立をもたらした反英的な市民の不服従運動について、何一つ漏らさない。インディ・ジョーンズの世界では、第三世界の文化は、オリエンタリストの知識を寄せ集めた、お決まりのテーマパークのようなものだ。ヘーゲル学派の説明では、インドは何もかもすばらしく霊的であり、上海には銅鑼と人力車しかない。第三世界の風景は、夢のような冒険の要素となる。第三世界は昔ながらのやり方で悪魔と子どもに分類される。非西洋人の大人は邪悪だが（モラ・ラム〔邪悪な司祭〕、チャタール・ラル〔悪宰相〕、ラオ・チェ〔犯罪王〕）、子どもたち（ショート・ラウンド〔インディを慕う中国人少年〕とリトル・マハラジャ）は熱意にあふれ、無邪気で親西洋的だ。この帝国の家族秩序では、若く親アメリカ的な子どもに体現された近代性が、年老いたナショナリストの父親という偏屈な伝統に取って代わるだろう。実際、このシリーズでは、第三世界の多くの無知な民衆が、独自の（宗教的な）ドミノ理論を構築するモラ・ラムのような野心的なナショナリストから守ってもらおうと、インディをおとなしく待っているように描かれている。モラ・ラムの理論によれば、「インドの英国人が一掃されると、われわれがムスリムを制圧する。すると、ヘブライの神は失墜する。次いでキリスト教の神は捨てられ、忘れられる」。西部劇から受け継いだ、被害者に責任があるとする理論枠組みは、グローバル化される。文明化した西洋は野蛮な東洋に脅かされるが、帝国の家族が最後には勝利するのである。

ポストモダンの戦争

メディアのヨーロッパ中心的な装置とともに、本章で振り返った帝国の戦争やインディアン戦争の伝統的表現がまだ健在なことは、湾岸戦争中に明らかになった。戦争の「人気」は、反イスラーム的な十字軍の物語、捕囚体験記、帝国の冒険小説、「マニフェスト・デスティニー」の西部劇、『スター・ウォーズ』(一九七七年)、『ランボー』シリーズ(一九八二年、一九八五年、一九八八年)、『トップガン』(一九八八年)といった最近の軍国主義映画など、延々と続く間テクスト性が支えている。戦士の国というイデオロギー的な目的のために、オリエンタリストや帝国主義者による想像物が復活したのだ。[67] 湾岸戦争は、序盤(砂漠の盾作戦)と中盤(砂漠の剣作戦)と終盤(砂漠の嵐作戦)のある大がかりなショーのように公開され、すべてが「新世界秩序」という虚構の最終目標で補強されていた。未来を感じさせるこの表現は、中世を暗示する「楯」や「剣」という言葉にそぐわないが、異教徒のムスリムと戦った十字軍という宗教的な基盤を思い起こさせる。「戦争まで秒読み」「砂漠の最後通告」「瀬戸際のアメリカ」など、メディアのつけたキャッチフレーズは一種の戦争待望論を喚起し、開戦は避けられないと視聴者に思わせた。その後の政府の和平協議は、期待をかけられるどころか、絶頂を迎える直前に「セックスを止める」ような「最悪のシナリオ」と見なされた。[68]

湾岸戦争中のテレビは、戦争映画(空を背に浮かぶ兵士のシルエット、感動的で勇ましい音楽、『トップガン』のような映像)や、PBS〔アメリカの公共放送協会〕の教育番組(指示棒、地図、電子黒板を携えた軍事教官)、スポーツ番組

（即時のビデオ再生、専門家の実況解説）、西部劇（砂漠の隊列、無情な対決の論理）など、さまざまな分野の規範《コード》を利用した。湾岸戦争のシナリオには、作り話の単純で子どもっぽい魅力や、黙示録の畏怖すべき華々しさ、寓話の教訓めいた力があった。すでに影響力を持っていたメディアの装置は、この戦争で軍事演習や監視の視覚装置と「強く結びついた」。その結果、テレビの視聴者は、音響・映像機器の飛躍的進歩を「享受する」ように促された。テレビニュースは、ダナ・ハラウェイが別の文脈で、「どこでもない位置から征服するまなざし」、すなわち「見こそすれ見られることのない、表象こそすれ表象はされずにすむという権力」を求める視線と呼んだものを視聴者に提供した(69)。概してテレビ報道は、視聴者に世界の「紛争地域」の真っただ中にいるかのように思わせた。メディアは湾岸戦争中、ほとんどポルノのような監視のおかげで軍に隅々まで暴かれた地域をスパイするよう、視聴者を丸めこんだのである(70)。

軍の見方と視聴者の見方がまったく同じになったという事実は、アメリカの世論が戦争を支持する理由を説明するのに大いに役立つ。高性能の軍備と一体感を持てる喜びはさておき、湾岸戦争の報道は、テレビの「装置」自体が通常もたらす満足感を過大評価した。映画の装置に関する記号論はテレビ向けに「読みこむ」必要があるが、それは映画で対象を本物より本物らしく見せる効果をもつ多くの要素が応用できないせいだ。それでもテレビには独特の人を楽しませる力や、視聴者の退行と自己愛を促す側面がある。視聴者にたくさんの視点を提供し、映画よりも多様な喜びを与えることもある。フィルムカメラやビデオカメラ、映像と音声を直接記号化するテープの要らないビデオカメラは特にその視点をもたらし、衛星放送で世界中に伝えた。テレビはこのように、比較的反応の遅い映画よりも知覚させる面はいくらか優れている。「世界を報道する《カバー》」(71)力において、テレビは映画を内包し超越する媒体なのだ。小さな画面はかなり閉じた空間で没頭するには不向きだが、自己愛的なのぞき見行為をけしかける面もある。画面の人物よりも大きなわれわれは、安全な場所から世界を文字どおり監視する。テレビ画面で視聴者の前に現れる人の姿をしたものは、どれも小人の国の身長一フィート〔約三〇センチ〕強の二次元の人形へ縮小される。

テレビ放送が多民族の視聴者を対外強硬派の自民族中心主義*22に追いこむのに深く関わったように、湾岸戦争は始源的な情熱をあおった。国際・国内政治が、ニールセン社の集計する視聴率にはね返り、「いい気分になる」戦争は選挙戦略に

22 「コロッサスのように世界を歩く」ピーター・ジェニングス

なった（結局役に立たなかったが）。[*23] 西部劇の包囲されるイメージはライフル銃の照準器や砦の窓越しの眺めなど実際の視点と連動するが、湾岸戦争の「視聴者」はアメリカ人パイロットどころか「誘導爆弾」の視点で戦争を見る羽目になった。メディアは視聴者に、ポール・ヴィリリオのいう「武器の象徴的機能」[(72)] 付きの目を授けたのである。湾岸戦争で、「敵」の戦車や戦闘機、建物、政府要人を襲撃できる夜間暗視技術や赤外線暗視装置が自分に備わったかのように錯覚した視聴者は、限りなく無敵と思うようになる。ミサイルを放ったパイロットの手が同時にカメラのシャッターを切る戦争で、視聴者は爆撃機の視点から見るように遠距離誘導され、監視装置に組み込まれ、ハイテク兵器類の照準器にはめ込まれたのだ。

湾岸戦争の報道は、クリスチャン・メッツのいう「第二の同一化」、すなわち視聴者が一体感を持つ画面上の人物として、ニュースキャスターや特派員、将官、専門家、路上でインタビューされた人々など、無数の候補者を見せびらかした。[(73)] 同一化の「中心人物」であるニュースキャスターや特派員は、とりわけ決定的な役割を果たす。帝国の冒険映画では旅行家や科学者が主役だったが、現代ではニュースキャスターが確実にその座を引き継いでいる。彼らの言葉はまるで神のような力を持つ。ある事件についてちょっと指示すると、アニメの模型やカラフルな地図、生の映像といった説明図がたちどころに現れる。視聴者が特に情報や分析の情報源を他にもたない状況では、ニュースキャスターは映画スターに比肩し得るカリスマとして世論を戦争支持へ誘導したのである。

湾岸戦争中、ニュースキャスターはいつもの中立の仮面をはずし、自国軍の熱烈な応援団に変身した。長らく惰性で維持してきた「客観的」という評価は、戦争の支持に有利に働いた。ニュースキャスターが戦争を肯定するやり方は、さまざまだった。爆撃に「美しい」とか、「正確な」といった形容詞をつけ、「英雄」の兵士によどみなく言及し、戦争を支持する行動や姿勢にしか「愛国心」という言葉を使わなかった。まるで自分が従軍しているかのように、イラクを「敵」と呼んだ。ダン・ラザーは軍隊に敬礼し、フォレスト・ソーヤーは軍服を着用し、ハワード・スレルケルは、降伏したイラク人捕虜のボディチェックをして、「積極的に支持した」。ニュースキャスターは一貫して、頂点にアメリカ人とヨーロッパ人が立ち、次にイスラエル人、それから味方のアラブ人で、最下層が敵のアラブ人という、人間の価値の明確な序列に則って世論を導いた。ペルシア湾の原油で窒息死した水鳥やクウェート市立動物園の動物ですら、イラク人兵士よりも同情を集めたのだ。「イラクに核を撃ちこめ」というTシャツを着たり、アラブ系アメリカ人らしき人（アメリカの同盟国出身であっても）に愛国心にかられて暴力をふるった熱狂的な市民は、第三世界の命にはヨーロッパ人（名誉白人も含む）が尊ぶべき価値がないという、メディアの送ったサブリミナル・メッセージを直感的に理解していたのである。

湾岸戦争は政治状況が変化した冷戦後に起きたにもかかわらず、比喩やイメージ、物語の多くは植民地や帝国の言説から引いて使われた。アメリカ政府はサッダーム・フセインを悪魔化し、第二次世界大戦の「正義の戦争」という枠組みを復活させた（そうすれば「厄介な」ベトナム戦争よりも、善対悪という二元論に従わせやすい）。そればかりか、「野蛮人との戦争」とか、道徳劇のような皆殺しといったおなじみの枠組みを用いた。「野蛮人との戦争」という前提は、リチャード・スロットキンによれば、「「血」と文化の結びつきに根差した政治的・社会的差異から逃れることはできず、したがって未開の先住民族とヨーロッパ人の共存は、支配－服従以外にはあり得ない」という考え方である。[74]「野蛮人との戦争」で国民が強大な軍事力を支持するのは、野蛮人として定義されたある民族（または指導者）がレイプや虐殺、拷問といった想像を絶する残虐行為を犯すだろう、と心の底で考えているからである。

恐怖や噂でしかなかった残虐行為が現実に報復として行われると、投影のメカニズムは（弱まるどころか）強力になる。われわれの報復には、敵をこらしめる効果があったことを願うが、敵を「野蛮」と思い込んだのは、報復の余計なきっかけを与えてしまっただけかもしれない(75)。

フセインを悪漢（スロットキンのいう「ヒトラーの野心を持ったジェロニモ」）、ブッシュを英雄、クウェートを窮地にある乙女に配するメロドラマ風のやり方は、数え切れないほどたくさんある植民地主義的な西部劇の再現である。こうした物語では、白人女性（ときには浅黒い肌の女性）を非白人のレイプ犯から救うのがお決まりで、家父長的・帝国主義的な世界秩序の回復と、肌の黒い反抗的なレイプ犯の処罰（名誉を傷つけられた女性の名にかけて屈辱を受けねばならない）というハッピーエンドが欠かせない。湾岸戦争は、ジェンダーの用語が使われた戦争だった。「クウェートのレイプ」（無垢でおとなしい、象徴的な意味での女性に対する性的暴行）が、男らしくイラクを侵攻する口実となったのである。クウェートのレイプという比喩、イラク人がクウェート人女性をレイプしたという噂の流布、イラク兵はアメリカ人女性兵をレイプしかねないというほのめかしは、非キリスト教徒の敵を淫らな獣とした中世の十字軍と奇妙なほど似ており、帝国の救出ファンタジーの一部となった(76)。初老のアメリカは湾岸戦争で精力が旺盛であると示し、もう一つの第三世界（ベトナム）の戦争で負ったトラウマ的「不能《インポテンス》」から立ち直った自分を想像したのである。

海賊のような仲間意識により、湾岸戦争は最初から男らしさ《マチスモ》に憑りつかれていた(77)。しかし、国民という想像物を動員する際、政府とメディアは視聴者が一体感を持てるものが強硬な軍国主義だけにならないよう気をつけた。もっと優しく、いかにも「女らしい」、「進歩的」な同一化の視点を提供したのだ。誘導爆弾とともにイエローリボン*24が映り、軍隊のフルートや太鼓とともにヴァイオリンの旋律が聞こえた。あまり軍事力そのものに一体感を持てない人々、つまりそれほど男らしくない人々には、「多文化的」な地上軍や軍務に就く女性たち、コリン・パウエルの指揮が象徴する黒人の出世、そして愛する人を気遣う母国の家族が有効だった。

湾岸戦争という西部劇では、イラク人徴集兵がインディアンの役を演じた。西部劇の包囲のイメージは、囲まれるという特殊な視点だけでなく、外的な脅威の誇張を伴う。イラク軍は大半がふつうの武器を装備した徴集兵で、世界最強の連合軍はおろかイラン軍にも勝てないのに「世界第四位の軍事力」に昇格された。戦争をするさまざまな現実的な理由（原油、仕事、アメリカ式の生活）が有権者に熱狂的に迎えられなかったため、政府は理想主義的なアメリカ例外主義と清教徒の復讐心という相関関係にある二つの文化的気質を利用した。一方では地域の平和と新世界秩序という高尚な目標を広め、他方ではフセインを「人命そのものに敵対する邪悪な男」だと悪魔化した。マイケル・ロジンが「政治的悪魔学」と呼ぶ「政敵を誇張し烙印を押し、非人間的にして(78)」怪物をつくり出す伝統に、ブッシュは強く賛同した。アメリカの政策を支持し、アメリカや英国、ドイツの企業のお気に入りで、政治的には「穏健派」で「現実的」だったフセインは、オーウェルの『1984年』で「憎悪週間」のために敵が仕立て上げられたように、あっという間にヒトラーの生まれ変わりにされた。また、ブッシュが一九九二年一月の爆撃でパイロットに「神の御業(79)」だと謝意を表し、正義の虐殺という由緒ある伝統を思い出させたように、国民の祈りの日[*25]に米軍に神の祝福を求めるのも、善悪二元論の寓話の論理であった。この寓話には、競合する二つの悪、マシな悪と大きな悪、小悪党と大悪党の区別もなく、善対悪しかない。したがって、供犠で悪を消したり、積み重ねた罪を「浄化する」悪魔払いしか妥当な成果とは認められない。湾岸戦争を詠んだ歌はいう——「アッラーは創り給い、我らは荼毘に付す」。

メディアは視聴者を兵士のなかに放り込み（テッド・コペルの番組ではサウジアラビアの戦闘機のコックピットに、ダイアン・ソーヤーの番組では戦車のなかに）、無理矢理「手を汚させ」戦争の共犯者にしておきながら、一方でその手を象徴的に浄化した。視聴者は全能であるかのような子どもじみた夢想にふけるよう促された。破壊的な軍隊の側なのに基本的に純粋で無実だと思わされた。アメリカの視聴者や税金は何かしら多くの人の苦しみの原因になったと示唆する言葉や映像は、われわれに責任はないというあやふやな考えを壊し、あからさまに視聴率に響く可能性があった。死者一五万人以上、その後病気と栄養失調で同じ人数が死亡したといわれる破壊的な暴力であったのに、圧倒的な軍事力の差を隠した過去の戦争と同様に自衛のためという主張がくり返された。

論文「メイク・マイ・デイ〔望むところだという意味〕——帝国の政治学における記憶喪失のような見世物」で、マイケル・ロジンは、軍事介入を正当化するうえで現実の虐殺と想像上の虐殺の役割を分析している。ダーティハリーを気取ったロナルド・レーガンに言及しながら、ロジンは『ダーティハリー4』(一九八三年)で、クリント・イーストウッドが「メイク・マイ・デイ」と言った状況を思い起こす。この場面でイーストウッドは、「女を撃てと黒人の男をわざと挑発する。……そうすればダーティハリーは男を殺すことができるからだ」。つまり「白人男性は、人種や性の異なる他者を再び服従させ犠牲にすることで、自分たちがいかにタフかを見せつけるのだ[80]」。北米の歴史には連綿と、インディアンの「不法行為」のせいでヨーロッパ系アメリカ人は仕方なく虐殺や領有をしたのだという、西部劇がなんども繰り返してきた思想がある。一六二二年にエドワード・ウォーターハウスは「ヴァージニア植民の現状に関する宣言書」で、「われわれの手は、かつては優しさや公平な慣習で縛られていたが、野蛮人の裏切り行為によっていまや自由となった。［そのおかげで］土地を侵略し、われわれを滅ぼそうとした者を滅ぼすことができる[81]」と安堵して書いている。ウォーターハウスの宣言書は、さらに大きな暴力を正当化するために不法行為を望む、「メイク・マイ・デイ」症候群と呼べそうなものを先取りしている。湾岸戦争は、スロットキンのいう「暴力による再生」という比喩を繰り返した。それは国民統合した虚構の「われわれ」が、有益な虐殺により再びつくり出される過程である。ブッシュ大統領が独裁者のフセインとベッドを共にしたという比喩は、植民地主義の思想に典型的な幻想の他者に対する衝動が分裂し対立しているのを示すだけだった。

国民性のせいでアメリカの大衆は戦争に向かったとか(反戦運動や反軍国主義も、アメリカ史の一部なのは明らかだ)、フセインは第三世界の無実の犠牲者だと主張したいわけではない。お決まりの視点や強力なメディア装置が、軍国主義の目的のため世論をつくるよう動員されることもあり得ると言いたいのだ。しかし、視聴者がすでに数えきれないほどの西部劇や冒険映画、帝国の大作でしっかり「教え込まれて」いなければ、こうしたテレビ戦略もあまり「効きめ」がなかっただろう。

湾岸戦争は、帝国という想像物《イマジナリー》がいまだに勢力を保っているだけでなく、特定のポストモダニズムの変種に限界があることも明らかにした。たとえばジャン・ボードリヤールは、マスメディア化したグローバル社会で、境界は内側から崩れたと説明した。ポストモダンにおけるシミュラークル[*26]の世界では、生命の「感覚」という表現は気分を引きたてがちだが、そのような考え方は湾岸戦争のような現象には結局不十分である。戦争が勃発する数日前の『ガーディアン』紙でボードリヤールは、戦争が迫っているなんて現実世界の指標がないマスメディアのシミュレーション技術の産物であって、あり得ないと述べた。(82) そして、停戦直後の一九九一年三月二九日には、ジャン・ジロドゥの戯曲の題名『トロイ戦争は起こらない』(一九三五年)をもじって、『リベラシオン』紙に「湾岸戦争は起こらなかった」と宣言した。(83) ある意味、ボードリヤールの説明に先見の明があったことは否定できない。かつてないほどメディアが報道したこの戦争は、これまでの現実的な描写から、ハイパー・リアリティの派手な広報活動という新たな世界へ確かに変化したように見える。視聴者のテレビゲームのように戦争がつくられただけでなく、コンピューター・シミュレーション、偽の爆撃による被害、偽のミサイル格納庫、偽の攻撃、熱追尾式ミサイルを引きよせる偽の熱源まで、シミュラークルの戦略も大幅に拡大したのである。コンピューター画面上の戦争は、参加者にとってもとりわけ優れたメディア経験となった。ポール・ヴィリリオが観察の「二重性」と呼ぶ直接的な知覚と、メディアがビデオやレーダー、コンピューター・シミュレーションによってねじ曲げた知覚の両方が要求されたからだ。(84)

しかし、湾岸戦争が、ボードリヤールのポストモダンについての説明が適切であると明らかにしたのなら、理論枠組み《パラダイム》が政治的に空虚で、極端に認識的な懐疑主義と政治的無抵抗の結びつきが無力になっているという意味でもある。湾岸戦争は、ポストモダンの表層がどのように生きているかという基本的な非対称性を明らかにした。テレビの中と現実の二つの戦争経験だけでなく、さまざまな面で戦争に携わった戦闘員と視聴者の経験も非対称だった。他者が死や手足の切断、病気、飢餓とともに生きるのに対し、ある集団は疑問を持たず遠くからこの戦争に従事した。科学技術は片方の見聞きを容易にし、もう一方のそれを遮断した。ジョナサン・シェルが指摘するように、アメリカ人は「三次元」で戦争をし、敵は「二次元の、ある種幾何学的なゲームの生物のように」罠にかけられた。「まるで神族《ティターンズ》が人間に戦争を仕掛けるように、われわれは殺し、彼らは死ぬのだ[85]」。

ポストモダニズムが、世界中に第一世界メディアのテレマティクス〔移動通信システムサービス〕な雰囲気を広げたとしたら、他者化された民族や文化を周縁化し、価値を貶め、幾度となく虐殺する権力関係はほとんど解体されなかったといえる[86]。ボードリヤールの根本的に歴史に無関心な説明は、時間は多層構造であるという事実を見落としている。われわれは、広告やメディアの「新しい」時間の中だけではなく、多くの時間の中で生きている。湾岸戦争を例にとると、ムスリムと戦ったキリスト教徒の十字軍から、インディアンと戦った「野蛮人との戦争」まで、一〇〇〇年の蓄積に基づいた軍事思想に則り、最先端の科学技術が使われた。湾岸戦争とともに、大勢の人々の死という事実、生と死の徹底的な断絶が、シミュラークルという多面体を通してしか世界を見ない限界を露わにしたのである。

訳注

＊1――一八九〇年、サウスダコタ州ウーンデット・ニーでアメリカ軍第七騎兵隊はスー族の民族浄化を実施した。インディアン戦争の象徴ともいえる事件。

＊2――1822-1894. フローベールの友人として知られるフランスの文学者、ジャーナリスト。オリエントの遺跡の写真を初めて撮影しヨーロッパに伝えた写真家でもある。

＊3――1830-1904. エティエンヌ゠ジュール・マレー。フランスの生理学者。映画撮影機の原型である写真銃を発明した。

＊4――博覧会本部や主要各館が並ぶ「栄誉の中庭」地域。古代ギリシャ・ローマ風の新古典主義様式で統一された白亜の建物が並んだ。

＊5――一九～二〇世紀にかけて行われた、人間の文化、生態の展示。いわゆる人間動物園のこと。進化論に基づく人間の発展段階を示すため、アフリカやアジアの人間や社会を「劣った」ものとして展示した。

＊6――アメリカの興行師でサーカス王、誇大宣伝の代名詞的存在であるフィニアス・テイラー・バーナム（1810-1891）に因む。

＊7――一巻ものの映画で、一〇分くらいの短編映画。

＊8――1861-1938. フランスの映画制作者。映画創世記にさまざまな技術を開発、世界上初の職業映画監督といわれる。

＊9――アラン・クォーターメイン。ヘンリー・ライダー・ハガードの『ソロモン王の洞窟』とそのシリーズの主人公。

＊10――歴史的進化や特色ある政治・宗教制度ゆえに、他の先進国とは異なったアメリカ合衆国の断定的優越性を主張する概念。

＊11――原題は、*How the West Was Won*（われわれはいかにして西部を勝ち取ったか、という意味）。

＊12――歴史的な出来事を、筋立てのある物語に変えること。ヘイドン・ホワイトによる造語。

＊13――偉大なる精霊。北米先住民族の神話における世界の創造主。

＊14――1851–1886. 合衆国南西部でアパッチ族をはじめとする先住民部族と米軍が闘った、民族浄化の戦争である。

＊15――ベトナム戦争の帰還兵を扱った、同名の映画『ローリング・サンダー』（一九七七年）がある。

＊16――サミュエル・ヒューストン、1793–1863. 米の軍人、政治家。メキシコからのテキサス独立戦争の際に、メキシコ軍と戦ったことで有名。テキサス共和国の初代大統領。一八四五年の合衆国へのテキサス併合後は、上院議員や州知事として活動。テキサスのヒューストンは彼の名に由来。

＊17――初期の西部開拓者（1734–1820）。ケンタッキーの探検で有名。同名の映画『大陸の快男児（Daniel Boone）』（一九三六年）も制作されている。

＊18――ニカラグアの左翼政治運動。一九六一年にキューバ革命の影響を受け、トマス・ボルへらによって創設された。六三年に武装闘争を開始、七八年にニカラグア革命を成功させ、政権を発足させた。しかし革命後、アメリカの援助を受けた右翼ゲリラ「コントラ」との間でニカラグア内戦（一九七九～八九年）が起こり、米ソの代理戦争の様相を呈した。一九九〇年の総選挙で下野、現在は党内対立を続けながら、国内第二党を維持している。

＊19――ニカラグアのソモサ一族に支配された親米政権。アメリカの武力干渉のもとで創設された国家警備隊を味方に一九三七～七九年まで三代にわたり独裁的支配を続けたが、ニカラグア革命により倒された。

＊20――ジャーナリスト。一九八〇年にニカラグアの第七三・七六代大統領アナスタシオ・ソモサ・デバイル（1925–1980）の回想録『Nicaragua Betrayed』を出版し、『地獄からの脱出』をデヴィッド・ネルソン（1936–2011. アメリカの俳優・映画監督・プロデューサー）と共同プロデュースした。この作品は、彼の回想という形を取る。

＊21――ルーズベルトは、第三四・三九代ニカラグア大統領アナスタシオ・ソモサ・ガルシアについて、「あの男はろくでなしだが、われわれの側のろくでなしだ」と表現したという。

＊22――米の有名な視聴率調査会社。

＊23――ブッシュ大統領は、湾岸戦争後の一九九二年に行われた大統領選挙でビル・クリントンに敗北した。

＊24――米軍支持の象徴。戦地に送られた兵士の帰りを待つことを意味する。

＊25――毎年五月第一木曜日に、アメリカ全土で星条旗を掲げ、国家と殉職者に祈りを、また建国の父たちに感謝を捧げる日。

＊26――文化人類学の用語を用い、ボードリヤールが提唱した概念。スタムは、別の著書でシミュラークルを、「現実とはいかなる関係も持たない純粋なシミュレーションとなる段階」としている（ロバート・スタム／ロバート・バーゴイン／サンディ・フリッタマン＝ルイス著、丸山修・エグリントンみか・深谷公宣・森野聡子訳『映画記号論入門』松柏社、二〇〇六年、四六六頁）。

第4章　帝国の比喩

植民地主義言説で隠喩《メタファー》や比喩《トロープ》、寓意的《アレゴリー》なモチーフは、ヨーロッパの優越性を「表す」のに重要な役割を果たしている。ヘイドン・ホワイトにとって比喩表現は「言説の魂」であり、言説が「機能しなかったり、目的を達成できない」ことを防ぐ仕組みである。[1] 比喩は字義どおりの解釈に抗ったり抑圧する仕組みになり得るが、恒久化したり、拒絶や破壊をされやすいため、論争の場を構成することもある。[2] たとえば人種という概念は、ヘンリー・ルイス・ゲイツ・ジュニアが指摘したように、差異の現実というよりも比喩と考えられる。「人種 race」[*1] と血統や馬の繁殖の隠喩を連想するのはさておき、「人種」もある面を誇張した「比喩」である。文字どおりの黒や赤、白、黄色を指すのではなく、幅広い微妙な肌の色の濃淡を表している。ハリウッドは人種の伝統的な表現にしたがって、この比喩のとおり女優を赤くメーキャップした（『赤い矢』一九五七年のサリタ・モンティールなど）。肌の色がはっきり識別できるという考え自体が比喩である。実際、「黒」人の中には「白」人より色白の人もいる。同じような比喩に人種の「血」の概念があり、信仰している宗教（「ユダヤ人の血」）や帰属する階級（「貴族の血統《ブルー・ブラッド》」）、民族に付随するもの（「ゲルマン人の血」）、人種（「黒人の血」）をずっと表す役に立ってきた。そのため米軍は、第二次世界大戦の頃まで「黒人」の血漿と「白人」の血漿を分けていたのである。他の形の混じり合い、血液以外の体液の交換をめぐる不安は、血そのものに投影された。人種の本質は半ば仮想のものであるにもかかわらず、その比喩は世界中で実際に効力を発揮している。

　こうして比喩の作用は、帝国の言説のなかで一種の象徴的な下位区分を形成する。植民地主義者の比喩では「動物化」が重要である。宗教や哲学の伝統では動物と人間の間にはっきり線を引き、動物のような自我の特性はすべて抑制しなければならなかったためである。フランツ・ファノンから見れば、植民地主義言説は必ず動物寓話に依拠している。植民地主義や人種主義の言説では、被植民者は性欲を抑えられず、服装はだらしなく、鳥や獣の巣のような小屋に住む野獣と描写される。植民地の語法は、「野蛮人と野生動物」を「未開の地」をうろつきまわる野獣として一括りにした。アンドリュー・ジャクソン大統領は、インディアンを巣穴から一掃し、「女子ども」を殺すよう軍隊に発破をかけた[3]。ナチスのプロパガンダは、ユダヤ人を害獣のように描き視覚化した。「存在の大いなる連鎖」という人種主義的な根強い神話によって、科学者は最も高度な動物（ふつうは類人猿を想定する）と、最も下等な人間（ふつうは黒人を想定する）の間の「ミッシング・リンク」を探求するようになった[4]。最終的に、「適者生存」という社会ダーウィン主義の隠喩が、階級やジェンダー、人種の領域まで動物学の概念を拡げた。人を動物に見立てる比喩は、その多くが非白人の貧困層やホームレスは生存に「適さない」から「貧しく裸で悲惨」で過酷な人生は当然であるというように、形を変えて現在もメディアの言説に密かにつきまとっている。

動物化は、物事を自然なものととらえる広く普及した手法の一環である。文化を生物学的なものに矮小化し、被植民者を学問や文化ではなく植物や本能と結びつける傾向がある。ジェームズ・スニードがいうように、「人間は自然に対峙して人間となる。黒人はその野生と不服従ゆえにナチュラル・マン〔自然人〕を象徴する[5]」。植民地が精神活動や物をつくる場ではなく原材料の供給地と見なされるように、被植民者は精神ではなく肉体のイメージを投影される。植民地主義の比喩やトポスも、地域の特異性を示す。そのためラテンアメリカの特に女性は熱帯の暑さや暴力、情熱、スパイスを思わせる言葉と結びつけられる。ルーペ・ヴェレス*2は「メキシコのスピットファイア〔癇癪持ち〕」、アクアネッタ*3は「ベネズエラの火山」、オルガ・サン・ファン*4は「プエルトリコの胡椒入れ」、マリア・アントニエータ・ポンス*5は「キューバのハリケーン」と呼ばれた。植民地主義言説は変幻自在で複合的であり、多様で矛盾するレトリックさえ採用した。地域や時代、その時のイデオロギー的な必要性によって変化したのだ。服装について、アラブ社会は厚着しすぎ（ヴェールのこと）、先住民族社会は薄着しすぎ（裸のこと）と非難することもある。アフリカを非常に男性的、ひどく肉体的で、抽象化できないとし、アジアを夢見心がちで女性的、過度に抽象的ととらえるのである。アフリカは子どもに、アジアはしわ

23　エロチックな動物化。『はだかの女王』のジョセフィン・ベイカー

しわの老人になることもあるが、ヨーロッパはつねに優位な関係を維持している。アジアとアフリカはいずれも本質的に不完全と見なされるのに対し、ヨーロッパは価値観の序列の頂点にあり続けるのだ。

それに対し幼児になぞらえる比喩は、人間や文化の初期の発展段階を体現したものとして被植民者を指す。エルネスト・ルナンは「完成することのない人種の永遠の幼年期[6]」について語っている。科学的な人種主義者は、黒人の大人が白人の子どもと解剖学的にも知的にも同じことを「証明」しようとした[7]。一八六八年刊行のベルギーの小説は、白人と接触した黒人が「野蛮な気質がなくなり、森の住人の子どものような性質だけを保つ[8]」と主張する。被植民者の男性を「ボーイズ」と呼ぶ人種主義的な習慣は、一部の上流ブルジョワ女性が黒人に話しかけるときに赤ちゃん言葉になるのと同じで、このような姿勢の言語的な目印なのである。イングリッド・バーグマンは

『カサブランカ』（一九四二年）で、黒人男性ドーリー・ウィルソンについて「ピアノを弾いている子《ボーイ》は誰なのかしら」と、ハンフリー・ボガードに尋ねる。有名な子役のシャーリー・テンプルは『テンプルの愛国者』（一九三五年）で大人のビル・ロビンソンに指導力を発揮し、この比喩の映画的な演出《ミザンセーヌ》を示す（トニ・モリスンは、著書『青い眼が欲しい』の登場人物であるクローディアに、シャーリー・テンプルは大嫌いだが、テンプルの友人でありおじであり父親であるボージャングル〔ビル・ロビンソンのあだ名〕のことは大好きだと語らせている）。アメリカ先住民族を幼児と見なす比喩は法文化された。子どものような性質と決め付けられ、「国の被後見人」になった。ブラジルの「インディオ」は法的には子どもであるため、映画で自分たち自身を演じる許可が下りなかった。ブラジルの新憲法が先住民族を成人の市民と認めたのは、ようやく一九八八年になってからであった。

　幼児と見なす比喩は、現在またはかつての被植民者を政治的に未熟だと断定する。すなわち、オクターヴ・マノーニが「プロスペロー・コンプレックス」と名づけた、ヨーロッパの白人支配への依存体質に苦しむキャリバンと同じように思われている。[*6]『国民の創生』（一九一五年）の黒人議会では、裸足の議員たちが鳥の腿肉をむさぼり食い、ウィスキーをがぶ飲みするが、これは黒人が政治的に未熟だというイメージの投影である。黒人の公民権運動家に「忍耐強さ」を求める白人は、露骨な人種主義者でないにしても、黒人が平等を求めるのに十分「成熟」していないと暗に前提している。父権的な漸進主義とは、白人が親のように統治してやらなくてはならないというイデオロギーである。「低開発」という用語は、「子どものような」の外交辞令的な同義語で、地球規模で幼児になぞらえることを意味する。第三世界というよちよち歩きの子どもは、たとえ一〇〇〇年の文明の賜物であっても、いまだに己の肉体や精神を管理できない。だからこそ、優しく近代へ引き入れてくれる、「大人で」「進歩した」社会という導き手が必要なのである。[9]

　こうした比喩の多くの作用は、秩序と混沌、能動性と受動性、停滞と運動という二元論を補強することである。たとえば高い低いという空間の比喩は、階級（「下層階級」）、美学（「高尚な」文化）、肉体（「発育の悪い層」）、動物学（「下等な」種）、知性（「高い」能力、「低い」能力）など象徴的な序列に受け継がれる。空間の比喩はこの他にも、実際には世界は多中心的であり、どこであろうと生命が生きているところが中心なのに、ヨーロッパ人の生命を中心に、非ヨーロッ

24　エキゾチックな植物化。『バスビー・バークリーの集まれ！仲間たち』で豊饒の女神を演じるカルメン・ミランダ

パ人の生命を周縁に据える。深い浅いの概念は、きつい冗談のためであろうと野蛮な生存競争のためであろうと、ヨーロッパ文化を奥深く深遠なものに、非ヨーロッパ文化を浅薄で「表面的」なものにする。そして光と闇の比喩は、明晰な理性という啓蒙主義の理念に含意されており、非ヨーロッパ世界をあまり輝かしいものとしない。それゆえアフリカは「暗黒大陸」とされ、アジア人は「黄昏の人々」とされるのである。マニ教的な善悪二元論は、「合理性／光」対「不合理／闇」という哲学的な二元論に変化していった。視覚や視野はヨーロッパのもので、「他者」は「暗がり」のなか道徳知識を知らずに暮らしているとされる。色彩や顔色、気候さえも、「光／昼」は「闇／夜」より優れ、色白の肌は浅黒い肌に勝るといった序列がつくられる。幾分矛盾しているが、快晴の地中海ではなく寒く曇った北部が合理性と道徳性の中心地であり、一方、ジャングルと荒野は暴力的な衝動と無秩序な性欲が絡み合う場とされる。これらの二元論は、いずれも正気と狂気、純粋と不純、

理性的と感情的、健康と不健康というように、他者と対応している。

要するに隠喩は、ヨーロッパ中心的な階層制を構築するのに、矛盾もあるが、重大な役割を果たしている。本章では、ジェンダー化した独特の比喩に焦点を当てる。「処女地」などエロチック化した地形、「暗黒大陸」に投影されたイメージ、エキゾチックに「ヴェールに包まれた」領土、レイプや救出といった象徴的なファンタジーなど、植民地と結びついた比喩である。

処女地のアダムたち

ヨーロッパの「文明化の使命」には、魅力的な処女地を犯す西洋と本能に抗う西洋という、対立するが関係する物語が織り合わさっていることが多い[10]。たとえば、サミュエル・エリオット・モリソン[*7]は著書『大洋の提督』（一九四二年）で、「人間は、新世界が征服者のカスティーリャ人に処女をしとやかに差し出した一四九二年一〇月の驚きと歓喜の日々を再び得られるなどと望んではならない[11]」と、性的な言葉でヨーロッパのアメリカ征服を語った。ウォルター・ローリー卿も同様に「まだ一度も犯されたことのない処女のような国[12]」と述べた。ヘクター・セント・ジョン・ド・クレヴクールも手紙で「ここでは自然がそのひろい膝をひろげてしょっちゅうやって来る新来者たちを受入れ、彼らに食物を供給している[13]」と伝えている。当初楽園のようだと称賛された新世界は、次第に開拓者の理想像と融合していった。ヨーロッパの作家が慈しんだ古典的な心地よき場《ロクス・アモエヌス》である庭園の称賛は、耕作者の称賛に道を譲った[14]。庭園の隠喩はこの重要な価値が付加されて、成長や増大、耕作、そして幸福に満ちた農作業を想起させ、西洋が侵犯する前の土地は合法的な（つまりヨーロッパ人入植者の[15]）所有者がおらず、無人で（まるで先住民族は白紙状態《タブラ・サラ》だったかのように）、開墾されておらず、原始のままの姿をしていたと示唆する。この大きなトポスでは、「荒地を征服する」とか「原野を豊穣にする」といった潜在的にジェンダーの比喩が、不毛の大地を西洋が肥沃にしたという英雄的な響きを帯びた。エドワード・サイードがオリエントに関して指摘したように、植民者に触れられるのを恥ずかしそうに待っている（ヨーロッパでない）土地という隠喩的な描写は、非ヨーロッパ大陸は植民地になってはじめて恩恵を受けたとほのめかす。[16] 荒地の回復は、混沌から秩序を、欠乏から豊かさを生みだすプロメテウスのように、無から生命や意味を授ける神のごとき工程を再現する。確かに、西洋の「プロスペロー・コンプレックス」は、キャリバンの島のように東洋や南半球を描いた。そこはアダムの肋骨から生命が生まれたとする男性中心主義では、西洋や北半球が原始的な物事を変えるよう求める何もかも不足した場なのである。[17]

R・W・B・ルイスが指摘するように、アメリカン・ヒーローは、目の前の世界と時間をすべて手に入れることができる、歴史（すなわちヨーロッパ史）から自由な〈新しい人間〉であり、堕落する前のアダムのように祝福された存在であった。[18] アメリカのアダム（西方をみつめる孤独な白人男性であり、イヴではない）は、ものに名前をつける特権を有する言語の創造神であった。それに、基本的に無垢とされた。この物語には、明らかに植民地主義言説と家父長制言説が織り込まれている。創世記では、自然を治めるために土（ヘブライ語ではアダマ）からアダムをつくることも世界の創造のひとつであった。創造の力は、命名の力と密接に絡み合っていた。神はアダムに支配のしるしとして命名する権限を貸し与え、イヴは「男《マン》から取られたものだから、〈女《ウーマン》〉と呼ばれた」。植民地の歴史では、「発見者」のものであるしるしとか（アメリゴ・ヴェスプッチを称える「アメリカ」）、ヨーロッパ人の視点を示すために場所に名前をつけたように（「中東」「極東」）、命名は重要な役割を果たした。植民地主義は、「周縁」の場所やそこの住民から「発音できない」土着の名を奪い、植民地の所有物と見なして名前をつけた。先住民族を貶めたり、ヨーロッパ人の間違った認識の産物である名称も多かった。現在、「ユカタン」（マヤ語で「われわれはあなたが話していることがわからない」の意味）と呼ばれているメキシコの州の名は、スペイン人が現地の人々の困惑の表現を地名と混同して付けたものである。「スー族」は、「ダコタ」（「同盟者」）と自称しているが、ナドウェズ・スー（「蛇」「敵」）というオジブワ語*8をフランス人が縮めて呼んだことでこの名になった。スペイン人から「ナバホ族」（泥棒）と呼ばれた人々は、現在、本来の「ディネ」（「人々」）という名を公式に認めるよう訴えている。

アメリカのアダムという考え方は、入植者が着いたときには新世界にすでに人が住んでおり、その人口は控えめに見積もっても約七五〇〇万人にのぼること、[19] 開拓者は旧世界の因習をほとんど捨てなかったという事実を曖昧にした。ついでながら「ヴァージン諸島」という名に反映された「処女性」は、ヨーロッパの「母国《マザーランド》」という隠喩と区別した関係で捉えなくてはならない。「処女」地は、おそらく純潔を奪って子どもを孕ませることができ、所有者がいないので「発見者」や耕作者の財産になる。この言葉が含意する「純潔」は、すでに耕地だった土地やその富の強奪を覆い隠す（メキシコでは、ラベンタのような巨大なピラミッド群が「処女」林らしきところで発掘された。古代の穀物畑の名残りが未踏の生物圏と考えられていた地域で発見されたのである）[20]。入植者にとって「処女」という比喩は、先住民族の言葉で「母」、ペルーのクナ語で「成人」や「多産」を意味するアビア・アヤラと呼ばれる肥沃な土地を、放置され所有されるのを待っているものとするのに好都合であった[21]。この「処女」の比喩は、いまだに現代の言説に満ちている。アマゾンの熱帯雨林は、数千年もの間、人類の文化と関係してきた。それは数百万の人々の生計を支えてきた広大な農村経済で、二〇〇〇年続いた首長制の農耕社会も含まれる。エコロジーに関心のあるジャーナリストらは、ここを「処女林」というロマンチックな比喩で呼ぶ[22]。また、現代の科学者は、免疫を持たない共同体で発生する伝染病を、「処女地の伝染病」と呼んでいる[23]。

ヤン・ファン・デル・ストラエトの描いたアメリカ発見の絵でも、植民地のジェンダー的な隠喩ははっきり示されている。この絵には、力と意味（十字架、鎧、羅針盤）[24]を表すヨーロッパの紋章を身につけたヴェスプッチと、その後ろに新世界の楽園の財宝をヨーロッパに持ち帰るだろう船が描かれている。彼の前には歓迎する裸の女性、すなわちインディオのアメリカがいて、背景には人食いを示唆するヒントがある。この先住民族の女性が調和のとれた自然の延長として描かれたとするなら、ヴェスプッチは科学の支配を表すために描かれた[25]。征服者は、ミシェル・ド・セルトーがいうように、「他者の肉体を書き、そこに自らの歴史を刻むだろう[26]」。

恥じらう処女の隠喩は、好色な野生の女という対極の表現と関連しあう。この「所有者なき土地」や荒野は、抵抗し、過酷で暴力的な不毛の地で、開拓すべきと見なされる。「じゃじゃ馬」のようなアメリカ先住民族、アフリカ人、アラブ人は教化すべきだし、砂漠には花を咲かせるべきとされる。処女か好色かという分裂した言説は、聖女か娼婦かという二分法と重なり、同じテクストの中でさえ用いられる。近年の新植民地主義戦争（グレナダ、パナマ、クウェートの戦争）でよみがえった救出の比喩をこの隠喩は補強する。「処女性」はその土地の有用性を強調し、孕ませるために挿入は「必然的」で、好色さは監視する必要を潜在意識において呼びおこす。植民地主義言説は、この二つの比喩の間を揺れ動く。被植民者を、一方ではおめでたいほど無知で純粋で友好的なものとして、もう一方では抑えのきかないほどに野蛮で感情的で混沌としたものとして、それゆえ法による規律指導が必要なものとして、交互に位置づけるのである。

アメリカ人水夫と南太平洋の「原住民」のロマンスを描いたキング・ヴィダーの映画『南海の劫火』(一九三二年)は、この政治的な矛盾を示すよい例である。南太平洋の先住民族の女性(ドロレス・デル・リオ)はその土地の隠喩であり、「文明」とは無縁の「自然」の楽園を表す。だが、豊穣をもたらす生態学的に調和のとれたこの風景は、話が進むにつれて、溶岩が牧歌的な自然を飲み込み押し流して、混乱しヒステリーを起こした女性の肉体のような恐ろしい火山地帯に一変するのである。南太平洋のヒロインは、自然と女性を同一視する伝統により、エデンの園のような平和と地獄のような危険という相反するものを映しだす。観客はまず、彼女が罠に掛かったアメリカ人の主人公を鮫から救出する様子を観る。水中で口にナイフを咥えて泳ぐ重要な場面だ。その後彼女は海と陸でエロチックな踊りを手ほどきするが、そのせいで女性の通過儀礼と異種族混淆の両方を犯したと処罰されるのである。ヒロインは恋人を救えると迷信を信じ、自分の生命をあきらめる。自身の頑迷な部族によって生贄にされたのだった(ハリウッドはのちに、舞台が太平洋でない作品では異人種間の情事をすべて禁止した。「ポリネシア人や周辺の島々の人間と白人の性交であれば通常は異人種混淆の関係と見なされない」[27]ためである)。島の火山を崇める部族にとって、人間の生贄しか怒れる溶岩の神をなだめることはできない。原始宗教を擬人化した自然の神々に対する偶像崇拝ととらえる、植民地主義的な解釈を思い起こさせる宗教の扱いであった。最初の場面がデル・リオの役と穏やかな水を結びつけたとしたら、最後の場面は彼女の映像を炎に重ね、近代科学を知らない先住民族だけでなく、性に飢えたサバルタンに対する地獄の罰を表した。

『南海の劫火』は、異国情緒《エキゾシズム》とエロティシズムの融合を促すオリエンタリズムであった。これはのちに『サヨナラ』(一九五七年)や『スージー・ウォンの世界』(一九六〇年)が取り上げたテーマである。ヨーロッパ人は魅了され誘惑されるが、自文化の価値をまったく疑わず、外国の女性や国を楽しんだ後は必ず家に帰る。彼は「現地の人のようになる」が、結局は科学や技術、近代性という美徳の代表となるために「無秩序の旅」から戻ってくるのだ。植民地関係を性的に色づ

25　女性化されたエジプトの図像学。『クレオパトラ』より

けしたのは、植民地の遭遇の物語だけではない。一九世紀にヨーロッパ人は考古学的発見に触発され、西洋と東洋の過去の遭遇に現在の帝国主義を投影するために、古代文明を描写するときにジェンダー的な比喩を活用した。バビロニアやエジプトなど古代オリエントを一九世紀にはロマンチックに描いたが、これは「東洋」を女性に投影したD・W・グリフィスの『イントレランス』（一九一六年）やセシル・B・デミルの『クレオパトラ』（一九三四年）で再現された。『イントレランス』のバビロンは、ヨハネの黙示録の「淫婦どもと地の憎むべきものらとの母」という同地の描写に基づき、好色を表している。デミルの『クレオパトラ』は性で人を操るクレオパトラを「エジプト」と呼び、官能的な歓びの場としてオリエントを提示してこの見解を明確にする。両作品の巨大な建築物や室内装飾、ポルノグラフィーのごとき宴会は、オリエントの性的乱行を執拗に詳述した植民地時代の旅行文学と共通しており、古代の東洋の物質

的な豊かさに心酔していることがわかる。クレオパトラやエジプトの征服は、現代の植民地主義的な含意と無関係ではない。ローマの宮廷は貴族的な英国人男性で構成されており、ローマはおそらく黒人のクレオパトラに支配されていただろうという説を辛辣にあざけるかのような配役だ。このことは、キリストが西洋の図像学で次第に脱ユダヤ化されたのと同じように、歴史的には肌が黒かったはずのクレオパトラを、従来のハリウッドの美的表現にしたがって、ヨーロッパ人のような白人女性に変えたという事実を蔑ろにしているのである。

その意味で映画は、「他者」の文化について（に照らして）書く歴史家や人類学者の役を演じている。ヒエログリフ（各バージョンの『クレオパトラ』）や、ヘブライ語の写本（『イントレランス』）、（字幕で教訓的な「注釈」を加えた『イントレランス』の）開いた本のページのように、手書き文字のシニフィアン〔記号表現〕を好む無声映画は、ハリウッドの文書管理人や歴史家の役といえよう。初期の映画は文字、特に「古の」文字と関連づけて、高尚な歴史や芸術のオーラを、まだサーカスのような娯楽だった媒体に付与したのである。萌芽期の新しい芸術を古代や「エキゾチックな」場所と結びつけ、エジプト風のムービーパレス[*9]で忘れられた文明をスクリーンでも建築でも再現し、エセ考古学の能力を主張した。どちらも被植民者が植民者に対抗的アイデンティティを主張した時代に制作された映画であり、東洋に失われた起源を求める西洋のロマンチックでノスタルジックな趣向でもって、現実の対立を隠している。ハリウッドが描くエジプトやバビロニア、（聖書の）聖地に構造的な欠如があると説明できるのは、この文脈上の特性しかない。すなわち当時植民地だったアラブ諸国やその民族闘争が描かれていないのだ。こうした映画は、パピルスやスフィンクス、ミイラなどの図像によってオリエントを古代の神秘と規定する。その存在は、西洋人が「発見し」「読み解いて」甦らせた。過去を救出するとは、言いかえれば西洋の地政学的戦略のために東洋《オリエント》的空間の有用性を隠し、それを正当化する。映画でミイラ化された古代文明地域は、要するに、帝国期に西洋が果たした歴史的役割の描写を形づくっているのである。

「未知の大陸」の地図をつくる

ヨーロッパ中心的な映画は、西洋式の歴史叙述で、第三世界への進出を「発見」と表現する。『南海の劫火』、『テンプルの軍使』（一九三七年）、『黒水仙』（一九四七年）、『王様と私』（一九五六年）、『アラビアのロレンス』（一九六二年）のような植民地を描いた西洋映画では、たいてい主人公は「原始的な」住民がその価値に気づいていなかった新しい土地や財宝を支配する航海者（しばしば科学者）である。「価値」という意識は、植民者の占有行為を正当化する（資本主義の）所有権の口実にするためつくられた。『アラビアのロレンス』や一九八〇年代の『インディ・ジョーンズ』シリーズでは、カメラは受動的で固定した空間を横切り、観客は探検家の主人公の目を通して東洋の財宝に近づく。主人公は精力的に動いて、その土地の「謎」を徐々に解き明かしていく。『アラビアのロレンス』では、ロマンチックな「天才」が消極的なアラブの大衆を鼓舞し率いるが、この歴史解釈にアラブの歴史家たちは強く異議を唱えてきた(28)。未知の空間の謎のヴェールを外すことは、男らしい英雄像の西洋人が名声を得る寓話のようなものであり、通過儀礼となる。

性的関係は、科学や哲学の知識をめぐるごくありふれた比喩を提供し、エロチックな視線、挿入、性交の隠喩を伴う(29)。自然を女性と見る伝統的な言説は膨大にある。たとえばフランシス・ベーコンによれば、科学を通して自然法を学べば、無知で「自然のしもべ」であるわれわれは自然の主人となるという(30)。植民地の文脈では、この言説には明らかに地政学的な含意がある。新しい土地を支配したいという欲望は、地理学を手本とした認識論的《エピステモロジー》枠組みにおいて、植民地初期の哲学を形づくった。ベーコンは、科学知識の発展とヨーロッパの地理的拡張は似ていると考える。

> 航海者の磁針の使用がまず発見されなかったら、西インド諸島もけっして発見されなかったであろう。一方は広大な地域であり、他方は小さな運動なのであるが。同じように、発明と発見の術そのものがこれまで見落とされていたら、諸学にいま以上進んだ発見がなかったとしても、あえて異とするには当たらない(31)。

ベーコンは、「物質世界が……われわれの時代に広く開かれ示されたのに、知の世界は狭く限られた古き発見の内に閉ざされたままでいるべき」と考えるのは「恥ずべき」だと見なした[32]。果てしない大海原へ乗り出し、ヘラクレスの柱〔ジブラルタル海峡の入り口の岬〕を越えるファウストのような無謀な航海者は、大洋の果てに「未知の大陸」を発見しようとする。ハンス・ブルーメンベルクが指摘するように、偶然の事態の積み重ね（後に明るみに出る）が、最終的に世界の普遍的な知識の地位を得たのは航路の体系化によってであった[33]。この意味ではロビンソン・クルーソーからインディ・ジョーンズまで探検家の論理は、「自然」は想像力というなじみ深い道からはずれたところに多くの謎をまだ「懐」に隠している、という願望に基づく。この文脈は『レイダース　失われた聖櫃〈アーク〉』（一九八一年）や『インディ・ジョーンズ　魔宮の伝説』（一九八四年）だけでなく、キップリング原作の『ジャングル・ブック』（一九四二年）やE・M・フォースター原作の『インドへの道』（一九八四年）にも見られるモチーフで、非ヨーロッパの洞窟で「未知のもの」を発見する西洋人のヒーローという、映画にありがちなイメージを明らかにする。

地図や地球儀のイメージが生んだ科学のオーラも、宝島という植民地の物語を正当化した。ルネサンス期には、何といってもヨーロッパの地図作成能力が全世界を欧州大陸が支配する可能性を示唆した。地理学の発展は、新たな土地の地図をつくる物語を山のように生みだした。ヨーロッパ人が製作した科学的な権威を表す羅針盤の図入りの地図は、その土地の地位や重要性を決定した。未知のものが既知のものに変わる話はどれも、タイトルや説明文、場所や人物の絵で伝えられる。当時の芸術では、豪華に着飾った享楽的なアジア、ムーア風の粋な服を着ているか裸同然のアフリカ、裸で野蛮なアメリカといった具合に、各大陸をステレオタイプに区分し、女性に擬人化するのが慣例だった[34]。一五八六年に製作された「北方の未知の大陸」というタイトルのアメリカ地図は、一四九二年の「発見」の歴史を「描いた」ものだ。一隻の帆船があり、その下には大半が裸の女性の「原住民」と出会うコロンブスとその部下たちが描かれている。その下には「クリストーフォロ・コロンボは一四九二年、カスティーリャ王の名においてアメリカを初めて発見した」とラテン語の説明文がある。左から右へ見ていけば、「発見」から地図の認識に至るようになっている。つまり地図の製作は、科学的な発見と英雄的な発見者の副産物として説明される。支配の物語は、コロンブスの背景を占める裸の「原住民」の身体で最終的に隠喩化されるのである。

地理学は、（救出のための道具になることが多い）地図を作成したり判読し、「新たに見つけた」土地と接触して地図の正しさを立証する旅行記や探検小説にも反映されている。映画は、冒険家の主人公が足を踏み入れた場所を示すために地図のイメージをよく使う。文字だけの小説や静物画、スチール写真よりも技術的に優れていることをひそかに誇示するのである。アフリカが舞台の多数の映画が、闇に包まれた大陸を「理解する」物語を、地図を用いて語りはじめる。『スーダン』（自然史博物館、一九五三年）という民族誌映画は、「暗黒大陸の寓話を消滅させたものがあるとすれば、それは映画でしょう。カメラのレンズは現実しか写さないのです」と男性のナレーションが断言し、「アフリカ、暗黒大陸」と題したアフリカの地図で幕を開ける。『レイダース　失われた聖櫃〈アーク〉』や『インディ・ジョーンズ　魔宮の伝説』といった近年の映画でも、ＰＢＳのドキュメンタリー『コロンブス：大航海の時代』[*10]（一九九二年）でも、地図上を矢印が動いて西洋人の進んだ先を指す。こうして映画は、昔の視覚媒体である地図の現代の継承者を自称するのだ。

映画は、一種の視覚的な「土地の権利証書」をサブリミナル的に主張し、風景のカットに地図を重ね合わせることがよくある。『八十日間世界一周』（一九五六年）は、特定の国々の地図を背景に「現地の」女性を映し、国の地図を女性化した（主人公の「ラ・コケット」という気球も女性名詞である）。『キング・ソロモン』（一九三七、一九五〇年）、『キング・ソロモンの秘宝』（一九八五年）も同様に、探検家と「彼の」地誌学の関係をジェンダー化している[35]。メナヘム・ゴーランが制作した一九八五年版の第二カットでは、一人の考古学者がカナン語が刻まれた小さな裸婦像について説明し、それが「シバの女王の乳房」という名の双子の山に行く地図で、そこにはソロモン王のダイヤモンド鉱山が隠された洞窟があると述べる。考古学者が見つけた骨董店内で、彼と骨董屋の興奮した視点から、カメラはゆっくりと女性像の身体、つまり地図をのぞき見るように降りていく。理想郷に至る道には、必ず地図の解読と女性の身体の支配が伴う。伝説の双子の山とその洞窟は、略奪という欲望の目的を隠喩化したものなのである。その土地自体が女性の解剖をなぞって性的に表現される。観客は、主人公とその相棒である考古学者の娘のエロチックな視点を通じて、この謎めいた場所を教えられる。クライマックスの、地図の暗号文字の解読と秘宝の発見は、このカップルの結ばれる物語と並行する。

暗黒大陸の発掘

ハリウッドの民族誌は、西洋人の観客に未知の文化を伝授する映画の力を前提にしてきた。この前提は、たとえば『イントレランス』のバビロンとか、『バグダッドの盗賊』(一九二四年)、『キスメット』(一九四四年)のように、西洋人のいない「エキゾチックな」土地や古代が舞台でありながら、西洋人のスターが東洋のヒーローやヒロインを演じる映画でも変わらない。オリエンタリズムの映画は、パノラマの景色や一瞬のぞき見る映画の力をそれとなく称えつつ、観客をフィルムに保存された文化の時空の旅に誘う。映画の未知なるもののとらえ方をアンドレ・バザンは「ミイラ・コンプレックス」(不死への憧れ)に取り憑かれていると述べたが(36)、それは大衆向けの人類学や考古学の場をつくりだした。西洋人の登場人物であれ、東洋人に扮した西洋人の俳優であれ、彼らが体現する西洋の視線に同一化した観客は、映画に著しく凝縮された時間の尺なかで、単純で気取らずわかりやすく見える外国文化の規範を身につける。エドワード・サイードがいうように、こうした映画はオリエントを生き生きとした歴史や物語の役割を持たないものとして表象し、研究対象や見世物にして植民地主義の仕組みを再生産する(37)。対話的な相互性の見込みは初めから一切排除されている。

「第三世界」を低開発地域とする描写は、オリエントを砂漠や、隠喩的にもの寂しいものと表象する地誌学的な還元主義によって補強されることが多い。砂漠はオリエンタリズムの映画に台詞でも映像でもよく登場し、歴史を演じているときの背景になる。『アラビアのロレンス』や『栄光への脱出』(一九六〇年)、『レイダース 失われた聖櫃〈アーク〉』でアラブ人は低開発と結びつけられ、西洋人は生産的で創造的な先駆者とか荒野の男らしい救世主と結びつけられる。東/西および南/北の軸で二極に分け文化を地理的な象徴で決めつけるのは、植民地主義映画の特徴である。まるでスタール夫人*11やイポリット・テーヌ*12などの気候決定論に回帰するように、ヨーロッパ中心の映画は「東」や「南」を理性のない未開状態とか危険な本能といった心象の生態系で表した。荒野や焼けるような砂は、オリエントのむき出しの「熱い」情熱の隠喩であり、抑えられないイドの世界なのである。

また、オリエントはヴェールを被った女性の姿で繰り返し性的に表現された。ヴェールを着けた女性の謎めいた近寄りがたさはオリエントそのものを表し、理解されるには西洋人にヴェールを取ってもらう必要がある。皮肉なことに、オリエンタリズムの絵画や写真、映画のなかのヴェール姿の女性は、肉体を隠すどころか露出している。[38] 浅黒い肌の女性を文字どおり裸にするこの露出の過程は、西洋の浸透した知識と所有権のために東洋の土地が利用できるかという喩えである。ジークムント・フロイトの「暗黒大陸」の隠喩も、同じように植民地主義言説のなかにある認識論的なものや性的なものの境界で機能する。フロイトは、考古学や探検の領域から闇や曖昧さの隠喩を引きだす。たとえば「暗黒大陸」という隠喩は、ヴィクトリア期の「探検家」ヘンリー・モートン・スタンリーが著した一冊の本に由来するが[39]、こうした隠喩で女性のセクシュアリティを包み隠すのだ。探検家、新世界の発見者を自負するフロイトは『ヒステリー研究』で、病因となる心的素材を層ごとに除去していくやり方は「埋没した町を掘り起こす技法」に似ている、と精神分析医を考古学者に譬えている。[40] ある女性患者（エリーザベト・フォン・R）を論ずる文脈では、思考の曖昧なつながりを位置づけるセラピストの役割に注意を促す類推を行った。フロイトはその類推を「催眠術的な探求やそれに類似した技巧を用いて、想起のより深い層へと押し入った」と一人称の報告書で説明しているのである。[41]

フロイトによる「神経症の女性」に「深く押し入る」精神分析言説、および「暗黒大陸」は、女性性について「より深くより首尾一貫した」[42] 洞察を可能にする科学のおかげで、著しく政治的な含みを持つ。トリル・モイ*13が示唆するように、女性性（女性のセクシュアリティという「暗黒大陸」と補足できるかもしれない）にアプローチする際、まさにフロイトの心にはこの侵入がある。[43]「抵抗を絶え間なく克服しながら内部の層へと入っていく」[44] と書いているように、彼は時折、暴力的な言葉を使う（そのせいか、フロイトは著作でレイプの生々しい現実を詳述したことは一度もなかった）。無意識のヴェールを剝ぐには、探検や侵入、支配の欲求を持ち続けるため隠された対象が必要である。精神分析は女性性を合理的な言説を超えた存在と断定し、それゆえ説明できないと不満をこぼすとデイヴィッド・メイシー*14は言うが[45]、それは植民地主義言説における第三世界の「他者」の位置づけにも当てはまる。古代の東洋文明に立ち返りながら、フロイトは「文明の発展」と精神の発展が同時に進んだと説明するため、スフィンクスやオイディプスなどの神話を利用した（フロイトはエジプト神話に一度も詳しく触れなかったが、彼の骨董品コレクションの半分以上は、伝えるところによると古代エジプトの彫刻と工芸品だった[46]）。抑圧された過去を掘り起こし治療する精神分析医（フロイトのヒステリー研究では、被験者の大半が女性だった）は、隠れた過去もしくは文明の地層（通常、第三世界の土地で「発見される」）を復元する考古学者に似ている。古典考古学のようなフロイトの認識論的枠組みは、（白人）男性を女性やテクストに侵入する知識の担い手とし、女性を真実が明らかになるまで探検されるがままの辺境と想定する。ルドミラ・ジョーダノヴァが科学的な図像学で指摘するように、フロイト派の科学は「女性の裸体として描かれた自然の知をすべて利用しようとする……男の観察者なのである[47]」。

「女性」と「原住民」は不吉な闇の象徴なので、秘密を組織的に暴いて支配しなければならない。精神分析学がヒステリーを詳細に観察するのと同じように、人類学は憑依の儀式を記録する。「身体疾患」の概念は、科学的視点や制度化し権威ある研究方法によって、対象を性別や人種で区別する境界を定める。この仕組みのもとでは、フランツ・ファノンが「創造的狂気[48]」と呼んだものが縦横に働く余地が残らない。ジャン・ルーシュの批判的な民族誌映画『狂気の主人公たち』（一九五五年）は、西アフリカのハウカ族の憑依の儀式のドキュメンタリーで、「創造的狂気」の可能性を描く。この憑依の儀式は、外国支配の集団的悪魔払いを表す。身体疾患は、もっと広い政治的無秩序の喩えである。憑依した被植民者は植民者をパロディ化して模倣《ミミクリー》し、植民地の遭遇というトラウマ的原体験を植民地主義の症状と結びつける。ファノンは、フロイトのヨーロッパ中心的な精神分析を率直に批判し、精神的な「疾患」を政治的な無秩序と権力関係の症状だと説明する[49]。その意味では女性や被植民者の身体の「疾患」を、反動形成、あるいは家父長的・植民地的な病理の悪魔払いとか超越と見なしてもよい。精神分析の実践自体を、ヨーロッパ人医師が被植民者を精神的に縛りつけた力を考慮し、歴史化しなければならない。たとえば被植民者は、アラビア語でなくフランス語で（植民者の）精神分析医に告白するよう訓練されるのだ[50]。

文明の発展と精神の発展を結びつけたフロイトの類推も、帝国の文化との関わりで理解しなければならない（彼の思想を単純に帝国の文化へと還元するわけではない）。一九世紀の医学や生物学は、同時代の白人女性や先住民族を政治的に子ども扱いするのを科学的に評価し、脳と生殖器のある特徴がより下等で原始的な文明の証であることを証明しようと苦心した。イドか超自我かという精神分析の前提は、ある程度、植民地主義言説の原始的か文明的かという二分法に対応している（この二元論的言説は、社会学、特に社会を原始的で低開発なものと近代的で複雑なものに分ける、一九五〇年代に近代化を理論化したタルコット・E・パーソンズ[*15]の学派に見られる）。文明の層と精神の層に共通する時間の問題とは、言い換えれば歴史的な課題である。ある文明を原始時代の枠組みへ追いやると、空間を文字どおりに（地理的に）支配することも、隠喩的に（制度的に）支配することも、ともに擁護することになる。さまざまな「内部」の謎への侵入は、一九世紀の帝国による発見と拡張に組み込まれていたし、外国人の「異常」を詳述する科学的発見にもひっそり埋め込まれている。

このように「暗黒大陸」という言葉は、地理の探究と哲学の探求を重ねるフランシス・ベーコンを思わせ、地理の発見と精神的な発見の両方を陰から称えている。反植民地主義の文献でアフリカは、光と闇の隠喩や発見の比喩をさらに明確にする役目を負う。マーカス・ガーベイ[*16]やマルコムXと同じように、エメ・セゼールやフランツ・ファノンにとってアフリカは「暗黒」ではなく、特にアフリカ系のディアスポラにとっては「啓蒙」の源であった。ネグリチュード運動[*17]以来、アフロ・ディアスポラ的な知識人らによるアフリカの（再）発見は、ヨーロッパ人の発見と植民地の模倣という概念をひっくり返した。

> われわれがもしアフリカ大陸を新たなヨーロッパに、アメリカ大陸を新たなヨーロッパにと、変えたいならば、そのときは、われわれの国の運命をヨーロッパ人に委ねよう。……だが、もし人類が少しでも前進することを望むなら、もしヨーロッパの表明した人類の水準とは異なった水準に人類を押し上げようと望むなら、そのときは創造せねばならぬ、発見せねばならぬ。(51)（強調は引用者）。

アフリカの（再）発見は、「発見者たち」と初めて遭遇した集団的トラウマの場へ、反植民地主義の知識人を連れ戻す。

26・27　西洋の知識は忘却からエジプトの過去を救出する。『ミイラ再生』(1932年）と『レイダース　失われた聖櫃〈アーク〉』より

ファノンは「われわれの祖先のガリア人〔フランス語で、黒人が白人を指すときに使用する言葉〕」に関する歴史の授業に何度も言及し、被植民者をノイローゼのように混乱させつづける植民地教育を批判している。(52) だから先祖の発見《ディスカバリー》は心の回復《リカバリー》に役立つ。植民地主義が引き起こした断絶を分析することは、現在の植民地の収奪に対する反乱を示すのだ。

ミイラとエジプト学

考古学と精神分析学の絡み合いは、一九世紀的モチーフに触れるものであり、その下でオリエントの起源を目指す航海は、「自己」の内なる植民地を目指す航海になったのであった。エドワード・サイードが『オリエンタリズム』で指摘するように、アルフォンス・ド・ラマルティーヌ*18にとって、「オリエントへの旅は、私の内なる生の決起のごときもの「であった(53)」」。時に埋もれた文明を解読する映画が密かに考古学の役割を果たしていることは、考古学的な救出を使命とする物語で明らかになる(「文明の起源」を探求する考古学の学問としての起源は、前述したように、時間的にもイデオロギー的にも帝国の拡張と結びついている)。『ミイラ』シリーズ(特に一九三〇〜四〇年代の)から『インディ・ジョーンズ』シリーズに至る膨大な数の映画では、古代文明に関する西洋の「知識」が過去を忘却から「救出」し、植民地主義のトポスを再生産している。たとえば『レイダース　失われた聖櫃〈アーク〉』は、メトロポリタン美術館がエジプトの遺産を手放さないことを正当化する。これは『イントレランス』、『クレオパトラ』、『ミイラ』シリーズも言外にほのめかすイデオロギーである(こうした作品は、博物館がエジプト展を開催する際、よく上映される)。

その徴候を示すように、『レイダース　失われた聖櫃〈アーク〉』は、現代と古代のエジプトの断絶に橋を架けられるのは西洋の科学者しかいないと前提とする。なぜなら、古代の遺物の重要性をよく理解していたのは西洋の科学者だけだったからだというわけだ。この作品は世界の大半がまだ植民地支配下にある一九三〇年代半ばが舞台で、外国の支配に反乱を起こすアラブ民族主義の歴史を隠し、アラブ人がたまたま石油の出る土地に「いる」のと同様に、エジプト人をたまたま歴史的に貴重な品々であふれる土地にいる無知で取るに足らない存在に貶めながら、エジプトに植民者がいるのは自然だと説明する。『レイダース』のアメリカ人考古学者は、一面では、西洋文明の起源を東洋に求める。彼はエジプト人が不法に所有する古代ヘブライ人の聖櫃を解放し、アメリカ人とユダヤ人の連帯を強固にしながら、ナチスとそれを補佐するアラブ人に対抗し、非倫理的なナチスの支配から聖櫃を救出するのである。[54] 主人公は平和のためにヒロインのマリオンと聖櫃を探し求め、この二つの話が並行して展開される。聖櫃の手がかりであるネックレスは、はじめはマリオンと関係がある。彼女自身も、ナショナリストの男たちが手に入れようと争い合う対象になる。聖櫃のように、彼女はナチスとアラブ人の手下に誘拐され、その後ジョーンズ博士がマリオンと聖櫃を一緒に救い出す。精神的にも地理的にも未知の地域へ航海する映画は、（認識論的にも聖書の意味でも）西洋人がすでにオリエントを知っており、その蒙昧からオリエントを救うことを前提とする。時間や空間の断絶を特徴とする考古学の支配的物語《マスター・ナラティヴ》は、政治化した「地質学」の歴史的な「地層」という概念をほのめかす。文字どおりの意味でも比喩としても、深い地層は西洋人によって発掘されたが、新しい「表層」はアラブ人と結びつけられる。

　われわれが現在「第三世界」「第四世界」と呼ぶ地域の多くの史料は「発見され」、奪われ、商品化され、西洋の機関に移され、あげく「遠く離れた社会の住民の経済的・文化的・政治的・イデオロギー的なニーズに合わせて再概念化される」[55] のだ。ファラオやバビロニアの記念碑は最後に欧米の博物館に納められたが、コロンブス以前のマヤ文明やアステカ文明のテクスト（フィレンツェ写本など）は、現在の所蔵先であるヨーロッパの地名に因んで名づけられた。数多くの映画、特にクリス・マルケルとアラン・レネが監督した『彫像もまた死す』（一九五三年）は、この文化的虐殺に目を向けた。エディー・ウグボマの『仮面』（一九八〇年）というアフリカ映画には、大英博物館からアフリカの遺物を取り戻す使命を帯びてロンドンへ送られた、エージェント００９のオビ少佐が登場する（イシュメール・リードは著書『マンボ・ジャンボ』一九七二年で、西洋の博物館は第三世界の聖なる遺物を「閉じ込める」刑務所だとしている）。

　アメリカでは『年を数える夜』のタイトルで配給されたエジプトの映画『王家の谷』（一九六九年）は、文化の博物館学的フェティシズムも批判した。英国がエジプトを植民地化する前年の一八八一年に、王家の谷でファラオの墓が発見された。この事件に基づいて同映画は、フランス人考古学者ガストン・マスペロが同僚に、イアフメス一世、トトメス三世、

28　エジプト学のテクストの周縁部で増幅される声。『王家の谷』(1969年) より

ラムセス二世といったファラオの治世以降の遺物の闇取引について語る場面から始まる。マスペロの下で政府の考古学委員会は、盗掘を止めさせるため墓の位置を調べようと、若いエジプト人考古学者の率いる調査隊をテーベに派遣した。一方テーベでは、上エジプトのホロバット族が、ファラオの墓から遺物を掘り出して生きながらえてきた。族長が死ぬと、その息子たちが叔父たちから山の秘密を教わる。父親の喪中に、聖なる「〔天空神〕ホルスの目」の装飾が施された黄金の首飾りを回収するためミイラを解剖することに、息子たちは嫌悪を抱いた。兄弟は、二つの重大な選択肢から選ばなくてはならない。ミイラを冒瀆し古代の墓を暴くハゲワシとなるか、外部に父の秘密を洩らし、その結果、飢えたホロバット族を養うのに必須の生計手段を失うかのどちらかである。長老たちが死者は革のような死体にすぎないとして死者に敬意を払っていない秘密が漏れれば、家族や部族が飢えることになる。村の長老たちは、闇市場に遺物を売却するのを拒否した兄を暗殺してしまう。弟のワニスは、古代エジプトの死体のおかげ

で生きられるという罪の意識（「僕たちを食べさせるために、父さんはどれだけ死体を暴いたんだ？」と、彼は母親に尋ねる）と、破滅に対する部族の非難との間で引き裂かれた。テーベとカルナックの遺跡は、ワニスにとっては単なる古い文明の記念碑ではなく、幼少期の遊び場の記憶を生き生きと蘇らせるものだ。彼が廃墟を彷徨うときの、旋回するロングショットは、彼の倫理的・認識論的な混乱やエジプトの遺産に対する責任と、今の暮らしに対する当面の責任との葛藤を表している。「考古学者の先生方《エフェンディ》」が、略奪するのではなくエジプトの過去を理解しようとしていることに安心して、ワニスはマスペロの助手に秘密の情報を打ち明ける。村の邪魔が入る前に調査隊は墓を空にし、ミイラを博物館へ運びだす。

『王家の谷』は、帝国主義的なエジプト学が盛んだった一九世紀後半が舞台である。一八八二年に英国に占領されるまでに、エジプトは考古学的に貴重な品をたくさん奪われたが、それらは西洋科学の発展の動かぬ証として、いまだにロンドンやパリ、ニューヨークに展示されている。一八八一年の発見に関する考古学の調査団報告書は、西洋人を皇帝や王朝と関連づけ、アラブ人から古代オリエントの強大な王を救出したと、英雄的なそして殊勝ぶった記述をしている。エジプトの過去と現在の断絶を前提にすると[56]、エジプトの過去を自分のものと見なす西洋人に都合の良い主張を許すことになる。たとえば大英博物館にロゼッタ・ストーンがあることを当たり前と考えるのだ。シャディ・アブデル・サラム監督の『王家の谷』は、エジプト学のテクストの周縁にあるこうした声を重視し、考古学的な支配的物語に、暗に異議を唱える。この映画が考古学事業の場面で始まり、その成功で終わるとしたら、現在生きているエジプト人の過去をめぐる具体的なジレンマに焦点を当ててその事業の使命を批判してもいる。ノン・ダイジェティック[*19]な映画音楽モチーフは、土地の雰囲気を思い起こさせるゆっくりとしたリズムの上エジプトの大衆音楽（「アル・アリアン」）を基本に、エジプト人たちの文化的な力を伝える[57]。この映画は、博物館に遺物を安置する場面ではなく、打ちのめされた部族の側から見た、エジプト学者とミイラを乗せたボートがゆっくりと出発する場面で意味ありげに終わる。ヨーロッパ人が侵入した後に残る虚しさとともに、幕を閉じるのだ。ホロバット族の女性たちはミイラが取られたときに嘆いたといわれるが、シャディ・アブデル・サラムはロングショットを使い、心理学的な編集を排除して、吹きすさぶ風だけが抗議の声を上げるなか、共同体全体の無言の視線を示してみせる。この無言の視線は、考古学的物語の勝利という結末を伝えるどころか、エジプト人の暮らしを一変させた断絶を明らかにし、エジプト学が自画自賛する収奪の定義をひっくり返すのだ。[58]

考古学の報告書は、自分たちが商売を基盤とした専門分野であることを示す隠喩を、うっかり使うことが多い。ツタンカーメンの墓の発掘に携わった考古学者ハワード・カーターは、一八八一年の発見の際、こう書いている。「六年間も口外しなかったとは驚きだが、その一族は、四〇人以上の死んだファラオたちの預金口座から金を引き出し、金持ちになった」[59]。アブデル・サラムの『王家の谷』は、それとは対照的に、エジプト人と古代の遺産との矛盾した関係を強調する。部族は盗みを働いて暮らしを立てているが、その貧しい境遇は帝国の階級制度に対する批判を含意する。考古学における救出は、すなわち、部族が唯一持っている力を奪われるのに何の見返りも得られないことを指すのであり、歴史的・文化的文脈で見なければならない。しかし『王家の谷』をエジプト学に対する単なる非難と考えるのは安易にすぎる。この作品は、部族が「ケチな」闇商人たちと取引せざるを得ない、植民地の力学における階級関係を浮きぼりにする。闇商人は、部族に金を払わず没収しそうな、カイロから来た「先生方《エフェンディ》」のために働くのだ。帝国という環境は、小さな村が古代の遺物を生計手段と見なすように追い込み、その秘密だけを力とするシステムなのだ。部族から見れば先生方はよそ者であり、国民の現実とは関係のない人々である。西洋人が描くエジプトとは異なり、『王家の谷』は、いまのアラブ人の生活を犠牲にしてまで、古代エジプト王国の偉大さを強調しない。それどころか、エジプト人の複雑で多層的なアイデンティティを露わにするのだ。

エジプト人のアイデンティティの喩え話として、『王家の谷』は国民文化の運命に思いを馳せる。アブデル・サラムは言う。「私たちには国民文化がありますが、その偉大な価値に気づかない人々の記憶の底にたいてい埋もれているのです[60]」。不思議なことに村人は（実際の方言ではなく）正則アラビア語を話し、アラブ文化の遺産と古代との連続性の両方を体現する。たとえば女優のナディア・ルートフィは古代エジプト風のアイメイクで過去とのつながりを強調している。ファラオのエジプトとアラブのエジプトの象徴的・融合的な連続性でいうと、この作品は、古代の「ホルスの目」と邪眼に手を突き出すアラブの護符ハムサのような身ぶりを関連づける。「ホルスの目」は、最初にまるで兄弟（直接的には観客）を見ているかのようにクローズアップされ、兄が殺されるボートの上でも登場する。同様に巨大な拳の記念碑が、ワニスと移民労働者が会話する場面で現れる。その拳は「誰も知ることのできない運命を握った手」だが、「お前は石の手のなかの運命を知ることができるのか？」という問いは、拳が握る運命を知るのは危険であるとほのめかしている。要するに、運命を占う現代の中東の大衆文化は、不朽の栄光とだけでなく生命のないただの記念碑とも対照をなしているのである。(61)

現在のエジプトと独立前の過去との写象主義的な対話は、たとえば苦悩するワニスが巨大な像を見上げ凝視する場面で、像の側から撮ったようなハイアングルのカットが続くモンタージュ技法により表現される。歴史と文化が混合したエジプトのナショナル・アイデンティティは、〔ターハー・フセイン[*20]やタウフィーク・アル・ハキーム[*21]といった作家の書く〕ファラオの過去とアラビア語とイスラームを総合してできたエジプトのアイデンティティを喚起する。あの世へ旅立つ者は必ず戻ると請けあうオープニングの字幕カット（『死者の書』より引用）と、死者の「目覚め」を願うエンディングの字幕カットは、この作品が制作された背景とともに考えなければならない。(62) 一九六七年の第三次中東戦争でイスラエルに敗れてナーセル政権〔ガマール・アブデル・ナーセル〕は求心力を失い、世間は失望し批判的な再評価の必要性が生じた。この意味で、発掘された古代の碑文も、一九六〇年代末のエジプト国家の再生を求める喩えなのである。

レイプと救出のファンタジー

植民地主義言説における救出のトポスは、表象をめぐる論争できわめて重要な位置を占める。西洋の想像物《イマジナリー》は、状況の混乱と精神錯乱から救出される女性として植民地を隠喩的に表してきただけでなく、一夫多妻制のアラブ人、好色な黒人、マチスモなラテンアメリカ人から、特に西洋人女性や非西洋人女性を文字どおり救い出す物語も傑出して用いてきた。『国民の創生』（一九一五年）、『モヒカン族の最後』（一九二〇年）、『モホークの太鼓』（一九三九年）、『捜索者』（一九五六年）など多くの映画は、白人や時には褐色の肌の乙女を浅黒い男たちから救い出し、レイプと救出の比喩を不朽のものとした。アフリカの食人種のような色黒の強姦魔は植民地の救出のファンタジーに不可欠で、西洋人の解放者という物語の役割に大きく関わる。オリエントの場合は、一夫多妻制のイスラーム世界は、独身の聖職者や一夫一婦制のキリスト教世界よりも劣っているという言外の意味も伝えるのである。

植民地主義の物語では肌の色によって性的な序列があり、白人女性が主人公と敵両方の男性の欲望の対象となり、白人の男女が物語の中心を占める。第三世界の女性は単なる処女地のエロチックな象徴に留まらず、周縁化され、性に飢えたサバルタンとしてよく登場する。『シーク』(一九二一年)の一場面では、アラブ人の女性たち(何人かは黒人)がアラブ人の男をめぐって争う。白人女性は抑圧された欲望を目覚めさせるため、誘惑され、捕えられ、事実上レイプされなければならないが、アラブ人や黒人、ラテン系の女は激しい性欲に突き動かされる。つまりこの対立する言説は、植民地とその住人を処女であるが淫らでもあると決めつけ、また特に女性に厳しいヴィクトリア時代の性的な抑制を求めるのである。(63)

複数の妻を持つ浅黒い男は女性を性奴隷にしているという決めつけは、白人男性の奴隷主がアフリカ系アメリカ人の女性たちを、まさに一夫多妻のように扱った過去の支配を思い起こせば、大変な皮肉である。(64) 一八六〇年の著書『内から見た南部の家庭生活』で、ルイーザ・ピケットは、南部白人の偽善の根幹に黒人女性の性的搾取があるさまを描いた。白人は「トルコのハレムは野蛮」だと批判するが、ハレムは、

わがキリスト教徒の地でめったに好ましくない評判を聞かないが、ずっと行われてきたものよりも本当に悪いのだろうか？　騎士を気取るわれらが南部紳士は、何千人もの奴隷を生みだした。そして、私たち自由な白人市民の子どもが、何百人も南部の奴隷市場で毎年売られている。(65)

「お堅い」白人女性と「情熱的な」黒人・アラブ人女性というイメージは、第一世界の男性が第三世界の女性を従属させた歴史を根拠なく削除する。情熱的かお堅いかという二分法は、植民地主義言説の性の政治学における三つの相互に依存しあう原理を含意する。第一に、黒人やアラブ人の男性と白人女性の性的関係は、レイプしかありえない(白人女性が黒人やアラブ人の男性を欲するはずはないので)。第二に、白人男性と黒人やアラブ人の女性の性的関係は、絶対レイプではない(黒人やアラブ人の女性はいつも性的に興奮しており、白人のご主人様を欲するので)。第三に、黒人やアラブ

人の男性と、黒人やアラブ人の女性の性的関係もまた、いずれも必ず性的に興奮しているため、レイプではない。アフリカ系アメリカ人男性は白人女性にとって脅威なので去勢やリンチをしてよいが、白人男性はアフリカ系アメリカ人女性をレイプしても処罰されないという（ほぼ暗黙の）原理を生んだのは、この人種差別的な組み合わせであった。ヨーロッパ人と非ヨーロッパ人のエロチックな性交の否定は、西洋の民族的な「純潔」の神話を維持するという利点をもたらした。

映画の民族的・人種的な階層制は、言説外の社会関係を寓話にする。善隣政策の時代、ハリウッドは枢軸国に対抗し国をまとめるために、ラテンアメリカ諸国の支持を取りつけようとした。ヨーロッパの映画市場は戦争のせいで客足が落ちていたので、ハリウッドは南米市場を当て込んで「ラテンアメリカ」を扱った作品を次々に制作した。しかし興味深いことに、「良き隣人」の比喩に異人種間結婚や国際結婚といった隣人らしい深い関係が伴うことは滅多になかった。『バスビー・バークリーの集まれ！仲間たち』（一九四三年）、『女学生の恋』（一九四〇年）、『ハバナの休日』（一九四一年）に登場するラテンアメリカ人は物語のなかで周縁化され、エンターテイナーの役に限定されることが多く、目的を持って邁進する北米人の主人公とは対照的に、スクリーンに出た瞬間が映画の終盤という傾向がある。また、こうした作品の映画音楽は、南米人よりも北米人のカップルを物語で結びつけるために、エキゾチックな特色や役割のある見世物を提供するのだ。『バスビー・バークリーの集まれ！仲間たち』のような作品に典型的な分業で、アリス・フェイとジェームズ・エリソンが演じる北米人の主人公は、「星への旅」など「真剣な」曲やロマンチックな曲を歌う。それに対してラテンアメリカ人の登場人物は、カルメン・ミランダが最もよい例だが、尻を振り、大げさな表情をし、キッチュでセクシーな衣装で、「大層な」小道具を持って「仰々しい」曲を歌う。「トゥッティ・フルッティ・ハットのレディ」の曲ではミランダは、衣装に巨大な植物をくっつけているため小さく見える。豊穣の女神という彼女の究極の理想像は、南方産の商品が合衆国で荷揚げされる場面で、オープニング・ナンバーとして文字どおり響きわたる。ここで北は、自分たちの消費財を生む豊かな女性の本質において南を称える。ミランダの歌に出てくるバナナは、ラテンアメリカの単一栽培作物という農業還元主義を表現するだけでなく、男根崇拝のシンボルでもあるが、この場面では「官能的な」ラテン系の女性《ラティーナ》がまるで膣のように輪になって掲げるのだ（しかし歌詞がほのめかすように、『モロッコへの道』一九四二年などで、英国系アメリカ人男性のためだけにヴェールを脱ぐ「東洋」の女性のように、ラテン系《ラティーナ》の女性は「ジョニー・スミスのためだけに」帽子を脱ぐ)。ジョセフィン・ベイカーもまた、「元気のよい陽気なファルス」に似た、軽く揺れるバナナでできたスカートをよく履いたものだ。(66)

ジェンダーと植民地の言説は、ハリウッドのアジアやアフリカ、南米の利用と交差する。これらの地域は、特に一九三四〜五〇年代半ばに、エロチックなイメージの口実にされた。「情熱的なシーン」が制限されたり、つねに結婚の神聖さを守るよう求める映画製作倫理規定があった時代である。白人と有色人種の結婚(異人種間結婚)、ヌード、性的にきわどいダンスや衣装、「極端に淫らな」キスが禁じられたのに対し、不倫、姦通、婦女誘拐やレイプは筋書きに絶対必要で、最後に厳しく罰せられる限り、間接的にほのめかすことができた。たとえば西洋がハレムに執着するのは、ハリウッドがオリエントを視覚化するのに必須なだけでなく、他者化した地域に性的イメージを投影し拡散するのを権威づけるためでもあった。ヴィクトリア時代の文化のために、東洋やアフリカ、南米のいたるところに、同じようなイメージを投影したのである。

第三世界をエキゾチックかつエロチックにすることで、帝国の想像物は性的な支配というファンタジーを演じられるのだ。サイレント時代の作品でさえも、スペイン風やインド風の振り付けに中東のベリーダンスの特色を加えた、実際にはない寄せ集めのエロチックなダンスを呼び物にした(『ファーティマの踊り』一九〇三年、『シーク』一九二一年、『熱砂の舞』一九二六年)。こうした寄せ集めは、アラブやペルシア、中国、インドといった多様な文明の視覚的な痕跡(67)であるオリエンタリズムの絵画によくある重ね合わせ(音楽的な「複数のしるし」*22の絵画版)を思い起こさせる。東洋風のセットがあれば(アジア、アフリカ、ラテンアメリカに関する映画は、ほとんどがスタジオで撮影された)、ハリウッドの映画制作者は検閲を恐れず肉体を露わにしてよかった。マーナ・ロイやモーリン・オサリバン、脚を金色に塗って踊るマレーネ・ディートリッヒから、「未開の」文化を描写する「現実的な」言い訳としたお尻を振るドロレス・グレイに至る多くの女性のほか、ルドルフ・ヴァレンティノやダグラス・フェアバンクス、ジョニー・ワイズミュラーの素肌も披露してよかった。砂漠やジャングルでは、伝統的に求愛から結婚までゆっくり進むが、一夫多妻や抑圧されているであろう白人女性のレイプのファンタジーは性の「解放」や支配のファンタジーで加速された。「もともと」横暴な状況におけるレイプは現在も誇示されている。たとえば『サハラ』（一九八三年）のブルック・シールズは何度もレイプされかける。植民地は、いまだ道徳観念に縛られている禁欲的な社会と映画産業に、暴力的なエロティシズムの舞台を提供するのだ。

『国民の創生』はエロチックな暴力の初期の事例であり、白人男性が黒人女性をレイプしてきた歴史を罪悪感に駆られて否定するかのように、性的嫌悪と人種的嫌悪を過度に関連づける。動物じみた「黒人」のガスが白人の乙女フローラをレイプしようとし、同様に「ムラート」のリンチはエルシーと無理矢理結婚しようとする。また、「ムラート」のリディアは、初心な政治家ストーンマンを性的に操る一方で、無実の白人男性を性的虐待で告訴する。アフリカ系アメリカ人の政治的主張の脅威は、黒人の性的能力で隠喩化されている。脅威でない黒人は、完全に中性的に描かれる「忠実な」乳母だけだ。（白人の）男性優位主義者の愛国心を挫いたりかき立てるのは、黒人の旺盛という噂の性欲である。フローラがレイプされかけたため、白人の「解放運動」という偉大な行為は大きな変化を被る。作品冒頭の文章画面《インタータイトル》は、アメリカのアフリカ人が「分裂の最初の種子」を播いたと非難し、好色な黒人を国家の破壊者というスケープゴートにして、解放前の北部と南部（そして主人と奴隷）の理想的な調和を描いた。フローラやエルシー、（「アーリア人の生まれながらの権利を共同で守るため」再度団結した）包囲された北部人と南部人の救出は、クー・クラックス・クランが正しいとする「ものごとの秩序」に基づき寓話として作用する。地域の「雑」婚の制限は国民の統合を強固にし、処女が望ましい白人女性と付き合えるのは白人男性だけという性的秩序を構築する。最後の場面で結婚を祝う家族にキリスト像が重なるのは、新しい国民の「創生」に宗教的な祝福を与えているためである。この抽象的で形而上的な創生は、アメリカ国民の概念と関わるもっと具体的な創生——レイプされた黒人女性が生んだ子どもたち——を覆い隠す。ムラートに「リンチ」という名前をつけたのも、白人が暴行を加えた黒人被害者を明らかに咎めている。最後のひねりとしてD・W・グリフィスは、焦げたコルクで顔を黒く塗れば身元を誤魔化せるとでもいうように、黒人に扮した代理を使って、無垢な白人女性をレイプしたいという白人男性の潜在的な欲望を表明した。

一九六〇年代以前の作品では、レイプがなくても、エロチックな関係は、アパルトヘイト式の人種規範で厳しく制限されていた。だがハリウッドは英国系アメリカ人と、欧米の俳優が扮したラテン系やアジア人やアラブ人との「異人種間の恋」物語を企画することもできた（『シーク』のヴァレンティノ、『モロッコへの道』のドロシー・ラムーア、『アルゼンチンでの出会い』一九四一年のモーリン・オハラ、『王様と私』一九五六年のユル・ブリンナー）[68]。ただし、アフリカ人やアメリカ先住民族と性的関係に発展しないよう制限された。『ミス・ダイナマイト』（一九三二年）、『模倣の人生』（一九三四年）、『悲しみは空の彼方に』（一九五九年）、『ピンキー』（一九四九年）、『遥かなる地平線』（一九五五年）、『開拓者の血闘』（一九五七年）、『真昼の決闘』（一九五二年）といった作品では、（アメリカ先住民族やアフリカ系アメリカ人、メキシコ人との）「混血」のヒロインはたとえ白人の女優が演じても、血の穢れを恐れて異人種間結婚ができなかったのである。こうした作品では、ヒロインは自分の部族、民族、国へ帰るという犠牲を払って立ち去る。『折れた矢』（一九五〇年）や『ミズーリ横断』（一九五一年）では、ポカホンタスのように異人種間の架け橋になろうとして犠牲になる。カップルの成立に邁進するお決まりのミュージカルのような「夢物語《ユートピア》」のジャンルでさえ、有色人種の主人公は支持されないのだろう。メロドラマだけが、（たいてい悲運な）異人種間のロマンスに場を提供する。現代のTVの「デート・ゲーム」ショーは面白いことに、白人は白人と、黒人は黒人と、ラティーノはラティーナと、アジア人はアジア人とデートする、改訂版の人種隔離政策を順守している。

アメリカ映画製作配給業者協会の映画製作倫理規定（一九三〇年）は、「異種族間結婚（白人と黒人の性的関係）を禁ずる」[69]とはっきり定めている。白人と黒人のロマンチックな関係をこのように非合法化するのは、アフリカ人、アジア人、アメリカ先住民族を社会制度の参加から広く排除することと結びついている。早くも一九世紀末にアンナ・ジュリア・クーパーやアイダ・B・ウェルズのようなアフリカ系アメリカ人のフェミニストが指摘したように、白人男性の優位を維持し、奴隷制廃止後に黒人へ財産が譲渡されないようにするため、南部の異人種間結婚禁止法などで「純血」への執着が法律用語へ変換された。また、ヘイゼル・カービーがいうように、生物学的分類の「人種」よりも政治的分類の人種のほうが重要になった[70]。この排除のイデオロギーは、映画製作倫理規定が性暴力と残虐行為に一律に適用される理由を説明する。アフリカ系アメリカ人に対する人種的・性的暴力の描写は一切否定され、アメリカの記録からレイプや去勢、リンチの記憶をひそかに拭い去っているのだ。[71] 言い換えれば、映画製作倫理規定は、白人から受けた性暴力が歴史的経験の核を成す、非白人の視点に立った批判的な対抗的物語の可能性を未然に防いだのである。対照的に、アフリカ系キューバ人監督セルヒオ・ヒラールの『もう一人のフランシスコ』(一九七五年)は、黒人家族の支配システムとして奴隷制があったころの、黒人女性に対する白人の性暴力を前面に置いた作品かもしれない。ハイレ・ゲリマの『ブッシュ・ママ』(一九七九年)も同様に、ロス市警の白人警官による黒人女性のレイプに焦点を当て、この女性の視点からずっと話を進める。

反植民地主義の知識人も、レイプと救出の物語をよく使う。植民地の理論枠組みを転換したエメ・セゼールやフランツ・ファノンは、植民地主義自体をレイプや破壊行為になぞらえた。ファノンは、被植民者の女性に対する残虐行為を衝撃的に描き、植民地主義の恐怖をまとめた。彼女たちは、民族全体を表象する重荷を背負わされたのである。逮捕され、拷問を受け、レイプされ、撃ち殺された人［アルジェリア人の女性］は、占領者の暴力とその非人間性を証言する。[72] セゼールも同様に、「アフリカを丸裸にしやすくするために、鞭を打ち、暴行し、唾を吐きかけた投機家たち」を激しく非難する。[73] ナショナリストの知識人は、このように第三世界の女性に加えられた性暴力と強奪の史実をアピールし、植民地主義者の典型的な性暴力と英雄的犠牲の物語の腰を折る。「第三世界主義者」による「ナショナルなもの」の構築は、植民地の視点を変え、ひっくり返した。植民地主義言説は進歩の使命を明示するためにジェンダー化した言葉に依拠するため、反植民地主義的な批判は第三世界の女性のレイプを黙殺してきた歴史を思い出させるのである。それにもかかわらず、反植民地主義も「われわれの」女性の避難所としてネイションを想定し、男らしい救出のファンタジーにしがみついたのである。

ハレムという想像物《イマジナリー》

のぞき趣味的な文化人類学や道徳的な旅行文学と同じく、主要な映画は性に厳格な強迫観念を打ちだした。西洋人男性の英雄願望は、カーニバルのようなオリエント風のラスベガス(ネバタ州の砂漠のなかにある)と、ハレム式のナイトク

29・30　シーク〔族長〕の化身。ルドルフ・ヴァレンチノから
エルヴィス・プレスリーまで

ラブを売りにした『ハレム万才』(一九六五年)にはけ口を見つける。この映画は、「東洋風」のターバンとベストを身に付けたエルヴィス・プレスリーが、馬に乗って砂漠に到着するところから始まる。到着するとすぐに、彼は杭に縛りつけられた女性を二人の悪いアラブ人から救うため馬から飛び降りた。勝利した救出者は、その後、こう歌う。

旅に出よう、太陽と享楽を求めて。ハレムの舞い、恋とロマンスが待つ。灼けつく砂を越え、キャラバンが行く。冒険を見つけよう。さあ東の国へ、旅に出よう、若者よ。東の国へ、若者よ。金持ちで威厳ある、首長の気分。舞姫の心は思いのまま。宴はたけなわ、東の国へ、若者よ。旅に出よう、魅惑の宵の夢。楽園が僕を呼び、天幕へ誘《いざな》う。ドラムの響きで、夜の帳が下りる。抱擁を交わして、想いを遂げる。旅に出よう、若者よ。宴はたけなわ、東の国へ、若者よ。*23

オリエンタリストの言説では、物質的豊かさ、すなわち帝国事業の成果は、ミュージカルが描くユートピアの一部をなす。それは、社会政治の現体制のもとで望まれたり欠けたりしていることを計画的に(男性優位的に)達成することである。ハレムのイメージは、おそらくどんな男も持っている原始的な本能にとって非常に好ましく、魅惑的で欲望をかき立てる禁断の世界の「開けゴマ」という呪文なのだ。たとえば『キスメット』(一九五五年)*24では、ハレムの主人はパノプティコン〔円形の一望監視施設〕のような道具を使って、女性たちに気づかれずにハレムを観察できる。近よりがたいプライベートな空間をのぞき見る権限を持ち、ハレムの夢は性的な全能という男性優位主義者のユートピアを反映する(74)(こうしたファンタジーは、異人種間のサドマゾヒズムや「西洋の想像を超えた性風俗」を強調する一九世紀のイギリスの小説『好色なトルコ人』*25などに見られ、現代の官能小説でも再利用されている)。

もちろん現代の大衆文化でハレムというトポスは、長い歴史のあるオリエンタリストのファンタジーを活用する。現実には、西洋の旅行者は滅多にハレムに近づけなかった。ハレムの語源は、「禁じられた」「神聖な」ものを意味するアラビア語のハリームである。東洋に行くこともなくヨーロッパのオリエンタリストのアトリエで制作された絵画(たとえば、ドミニク・アングルの『トルコ風呂』一八六二年）のように、西洋の文献はハレムの生活を自信たっぷりに詳細に叙述した。ウジェーヌ・ドラクロワなど東洋を旅した芸術家の絵画は、一般的に男性本位の視点を立証するために用いられた。ハレムは、『アラビアン・ナイト』のヨーロッパ語訳がもたらした枠組みで描写された。情熱的で激しいオリエント[75]というヨーロッパ人の好みを満足させるため、物語はたいてい、かなり大雑把に翻訳された。サロメ像に最もよく表れているが、そのセム系の血統は（フーゴー・フォン・ハーベルマンやオットー・フリードリヒの絵画など）、一九世紀のオリエンタリストの間で流行した民族誌で強調された。

ヨーロッパ中心の言説はハレムを単に「東洋の専制政治」の記号とか、男性支配的な空間と定義したが、ハレムを女性どうしが交流し、サッフォー*26風のファンタジーすらある特権的な場だと強調する説もある。たとえばハナン・アッシャイフ*27の小説『砂とミルラの女性』では、家父長的な男たちの妻らは、支え合う女社会でレズビアンのような関係にある。中東の女性たちによれば、男たちの目や耳を気にせず、他の女性と会って意見や情報を交換できるシェルターのようなシステムが歴史的にあるという[76]（その伝統の名残は、冗談や物語、歌や踊りで男の権力をこき下ろす、ハレムのように女だけで集まる習慣にいまも見られる）。ライラ・アハメドが指摘するように、歴史的にハレムは主に上流階級の現象で、家庭生活でとても魅力的なことだった。ハレムの女性たちの回想録には、複雑な家族の暮らしや、階級を超えた女社会の強いネットワークが描かれている。ハレムの女たちは従属していても、たいてい自分の財産を保有したり運用しており、時には政治力を行使した。ハレムは基本的に家父長的ではあるが、まったく矛盾に満ちた場だった[77]。ところが、西洋の性的抑圧は不問に付したまま、ハレムは歴史を無視した言説にいまだにさらされている。たとえば、上位中流階級の女性にとって、ヴィクトリア時代の家族制度は「独房に監禁する」役目を果したのである[78]。

ヨーロッパの女性は、ウィリアム・トマス・ベックフォードやジョージ・ゴードン・バイロン、トーマス・ムーアといった一九世紀のオリエンタリストの詩の熱心な読者となり、のちには『シーク』や『バグダッドの盗賊』（一九二四年）などのオリエンタリズム映画の熱狂的な観客になった。しかしながらハレムに対する彼女たちの言説は、旅行者と同じように、オリエンタリストの物語ともっと対話的な証言の間で揺れ動く。西洋人女性は、「他者」の女性をエキゾチック化し、東洋風の衣装、姿勢、仕草をのぞき見するようにくどくど描く書物を携え、時折西洋の植民地主義的な視線を共有した。(79)男性の語り手が、レズビアンの性表現の場としてハレムに興味を持ったとすれば、より女性の空間に近づきやすい女性旅行者は、ハレムの猥褻なイメージを掘り崩し、新たに方向づけたのである。興味深いことに、トルコ人女性の身体について詳細に記したレディ・メアリー・ウォートリー・モンタギューの手紙の、特にハマム〔公衆浴場〕を訪問したくだりは、「他者」の女性に、ときに男の目で見たように無意識に魅せられたことがあるという。

私は、最もきれいな肌と最も優美な体つきをした貴婦人たちに、最大の賛辞を送ったことを認めます。彼女たちの顔はそこまで美しくありませんでしたが。告白すると、私は不道徳ながら、ジャーヴァス氏が目に見えない姿でそこにいられればよかったのに、と密かに思いました。こんなにたくさんのいろいろなポーズを取ったきれいな裸の女性を見れば、彼の芸術は格段に向上するだろうと思うのです。(80)

女性旅行者も、自分たちの抑圧と中東の女性の抑圧を比較せざるを得なかった。ウォートリー・モンタギューは、ハレムとヴェールは矛盾するとたびたびほのめかしながら、英国とトルコの女性を比べてその自由を評価した。

彼女たちが私たちよりも自由なことは見ればすぐにわかります。確かにどんな階級の女性も、目以外の顔をすべて覆う布と、服をすっぽり覆う布という、二枚のモスリンなしに通りを歩くことは許されません。……これがどんなに効果的に彼女たちを変装させるのか、想像がつくでしょう。立派な貴婦人とその奴隷を見分けることはできないし、どんなに嫉妬深い夫でも、妻と会っても本物かどうかわかりません。通りで図々しく女性に触れたり後をつけたりする男もいません。……ずっと変装していられるおかげで、彼女たちは見つかる恐れもなく、自分の気持ちに従う完全な自由があります。(81)

実際、ウォートリー・モンタギューは、トルコ人女性が自分たちだけでなく、ヨーロッパ人女性も抑圧に苦しんでいることに気づいていると暗にほのめかす。服を脱ぐのを手伝ってくれたハマムの女主人が、モンタギューのコルセットを見て衝撃を受けたと詳しく語り、女主人の意見を引用している。「英国の夫は、東洋の夫よりもずっとひどいわね。体の形をした箱に妻を縛り付けるんですから」[82]。

ありがちな東洋のイメージ形成は、男性志向の旅行記の規範を内面化した。ハリウッドの民族誌とポルノグラフィーの強い連続性は、東洋が舞台でないテクストでも潜在的にハレムと暴君を結びつける。実際、「ハレム社会」と呼べそうなものは、西洋のマスメディア文化に浸透している。たとえば、バスビー・バークリー監督のプロダクション・ナンバー〔配役総出演の歌とダンス〕は、ハリウッドが想像する東洋のハレム社会を表す。ルーシー・フィッシャーが言うとおり、無数の代替可能な女たちに対する男の権力のシニフィアンとして、東洋のハレムのように奉仕する大勢の女性をはべらせるのだ[83]。ハレムのシーンもミュージカルの楽曲も、他の男が近づけない排他的な空間をのぞけるご主人様の特権を演出する。パノプティコンのようにすべてを監視するバークリーのカメラは、配置した女性の動きを空中から見張る視覚的な喜びと密接に関わる。いたるところを移動し、空中から閉じ込められた女性の身体を眺めるカメラの視線は、そこにいたり、居合わせていない主人（監督やプロデューサー、間接的に観客）の女性を支配する視線なのだ。バークリーのプロダクション・ナンバーは、誘惑的な女性たちにもてなされるただ一人の君主である観客の視線以外は、目に見えるどんな男の存在も排除する傾向がある。こうした楽曲に使われる女性はそっくりで、脚本だけでなくスタジオの撮影でも、ミュージカルとハレムは似ていると感じさせた。オーディションは、（「パリスの審判」のような）美人コンテストを思わせた。バークリーは、たった三人選ぶために七二三人の女性を面接した一日を語り、配役について説明した。「一六人の正規メンバーは、すぐそばで座って待っていました。三人の女性を選んですてきな一六人の横に並べると、まるで真珠のように粒がそろいました」[84]（ハレムを装飾用の真珠に譬えることも、もちろん男性向けテレビコマーシャルには欠かせなかった）。

女性だけの空間は、オルタナティヴなフェミニスト映画では、まったく違うものとして描かれた。アティヤート・アル・アブヌーディーの『許された夢』（エジプト、一九八三年）や、クレア・ハントとキム・ロンジノット[*28]が共同制作した

『ヴェールに覆われた顔』(英国、一九九〇年)のようなドキュメンタリー映画は、エジプト社会の女性の活動を考察する。いずれの作品にも、エジプト人女性が皮肉まじりに自分の夢や家父長制との闘いを詳しく話しながら、村の生活について語り合う場面がある。エジプト人フェミニストのナワル・エル・サーダウィを批判的に捉えつつ、『ヴェールに覆われた顔』は、オルタナティヴな機関をつくるために協力する女性どうしの複雑な階級的、地域的、宗教的摩擦を追究する。エリザベス・ファーネアの『ヴェールに隠れた革命』(一九八二年)は、ヴェールの意味だけでなく、自らの性の本質も再定義しようとするエジプト人女性たちを取り上げる。モロッコの映画監督ファリーダ・ベン・リャズィードの長編映画『空への扉』(一九八九年)は、オリエンタリストのファンタジーとイスラーム・フェミニズムを対比させながら、女だけの空間という概念を肯定的に解釈する。この作品は、パリからフェズの実家に戻ったモロッコ人女性ナディアの物語である。彼女がパンク風の服と髪型でモロッコに到着するので、西洋化したアラブ人が故郷で疎外感を抱く皮肉な話だろうと観客は考える。だがそうではなく、ナディアはモロッコとイスラームを再発見し、親類の女性たちの共同体主義的な世界を高く評価するようになる。キラナという年上の女性はイスラームと柔軟に向きあっており、信仰について教えてくれる。「みんな自分の心と世代に応じて理解するのよ」。精神的に目覚めるにつれて、ナディアは少しずつ西洋を自由な場と見る考えを捨て、アラブ・ムスリム社会を可能性に満ちた空間と見るようになる。自分の財産を社会的慈善に使うイスラーム女性の伝統のもと、虐待された女性のため彼女は、広い実家をシェルターにする。だがこの作品は、たとえば女性を「半人前」に扱う法律や、結婚や離婚の法体系が男に好都合であることなど、イスラームの家父長的な悪弊も批判する。その一方で、ゆっくりとしたカメラの動きで、中庭や噴水、落ち着きを与えてくれる内部空間で構成されたアラブ建築の体の線を愛撫するように追うことで、映像美は思索と精神性のリズムを描き出す。一〇世紀に設立された世界最古の大学の創始者である、ムスリム女性ファーティマ・フェヘリーヤに捧げられた『空への扉』は、西洋人およびイスラーム原理主義者の双方が想像するムスリム女性ではなく、オルタナティヴな女性像を提示し、フェミニストの意識をはっきりと表明しながらも、イスラーム文化を肯定するような映像美を描く。近年のドキュメンタリーは性的な家父長制や宗教原理主義に抵抗する場として女だけの集まりを説明するが、『空への扉』は女だけの空間を、イスラームが女性の歴史を発掘し解放するプロジェクトだと指摘するために使う。それは反抗や世俗権力、社会的・政治的指導力だけでなく、女性の霊性や預言能力、詩情、知的創造性も含めた歴史である。[85]

砂漠のオデッセイ

帝国の物語は結局は男性優位主義だが、ハレムにいるヨーロッパ人女性という曖昧な役柄は分析を複雑にする。ここで、植民地主義言説とジェンダーの言説が交差して変化が生まれ、主体の位置づけは矛盾する。旅行者や居住者、看護師、科学者であろうとなかろうと、西洋人女性という役柄は「中心」と「周縁」、自己性と他者性を両立できる。さらに帝国の物語では、西洋人女性は西洋人男性に従属するかもしれないが、非西洋人の男にも女にも支配権を行使することができる。この間テクスト性は、被植民者（男女とも）との関係でときに曖昧な役を演じた植民地の女性の歴史的立ち位置と一致する。[86] 多くの映画で、植民地の女性は白人男性の幻想の道具となり、非西洋人の男女よりも強い視線を浴びる。植民地でヨーロッパ人女性に許されたこのはかない優位性は、『シーク』で例示される。エディス・ハルの小説が原作のこの作品で、ジョージ・メルフォード監督は、まず結婚市場の「野蛮なしきたり」を描写して観客にアラブ世界を紹介する。アラブ人男性はここで、「家産奴隷」として奉仕する女性を、カジノの宝くじのように選ぶのだ。また、登場人物の西洋人女性は、ハリウッド映画ではふつう男性の視線の的になるが、東洋では積極的な（植民地の）視線を浴びる。彼女は一時的にいわば、西洋文明の唯一の代表となる。ボリス・ウスペンスキーがいう「テクストの規範」は西洋人男性に表象されるが、男性がいないときは、白人女性が文明化を進める意識の中心となるのだ。[87]

インドで「文明化の使命」を担った英国人修道女を描いた、マイケル・パウエルとエメリック・プレスバーガー監督の『黒水仙』（一九四七年）は、この興味深いテーマを取り上げた作品の一つである。物語は主に修道女に焦点を当てるが、最終的に英国人男性がテクストの規範を具現化する。彼は最初に、インドの未開の山脈はキリスト教への改宗を拒むだろうと「預言」するが、それは肉体的破滅と精神的混乱が宗教秩序を蝕み、修道女たちを象徴的に罰するフィナーレで確証される。しかし、英国人男性がヨーロッパ人どうしの対立を見下ろすのに対し、修道女は観客が「現地人」の男女を見るためのフィルターであり意識の中心であるという特権的な位置に立つ。『愛と哀しみの果て』(一九八五年)も同じテーマを扱った作品である。女性の自分探しを描いた「フェミニスト」映画なのだろうが、ヒロインを植民地主義イデオロギーの運び手としてスケープゴートにしながらも、彼女の恋人(ロバート・レッドフォードの役)はリベラルな「テクストの規範」の担い手なのである。

つまり、ジェンダーに関する植民地主義言説では、西洋人女性はテクストの表面上は比較的力を持つ位置にいる。だが、それはもっぱら性的な視線よりも植民地的な視線を浴びるときだけである。ほとんどアフリカでロケしたラルフローレンの「サファリ」の広告のように、現代のメディアは時折こうした植民地のトポスを取り上げ、旅行したり「自己実現する」上流階級の女性の自由をアピールする。コロニアルヘルメット〔サファリ帽子〕から垂らした薄布で顔を覆い、白いパンツスーツを着てスーツケースを持ち旧型の飛行機を待っていたり、浅黒い肌の人々に囲まれているなど、ジャングルを旅する白人女性を思わせる映像が、「ロマンスの世界に国境はない」という日記の書き込みと並ぶ。こうした軋轢が生まれる瞬間に、白人女性という「役柄」のナショナル・アイデンティティは、黒人男性という性的アイデンティティよりも優位に立つ。同様の両義性は、第三世界の男性という役柄にも影響を及ぼす。異人種の女性に欲望を抱いた罰には、肌の黒い男のたまの性的な視線に観客が喜ぶことも含まれるのだ。人種的・性的ヒエラルキーのこうした矛盾は、冒険好きなヒロインが登場する、帝国期を懐しむ最近のリベラルな映画で強調されるようになった。どうやらこれはフェミニストの観客にアピールしているらしいのだが、いまだに植民地主義的な物語や映画のしきたりを再生産している。『愛は霧のかなたに』(一九八九年)や『インドへの道』(一九八四年)、『愛と哀しみの果て』に出てくる「良い」アフリカ人やインド人の(使用人)男性の中性化は、『国民の創生』や『風と共に去りぬ』(一九三九年)の女中の中性化とは異なり、白人が「先住民族」の「親父」を気取った位置に白人女性が一時的に就いたこととつながっている。

東洋がナショナル・アイデンティティやジェンダー・アイデンティティを有する脚本のはけ口になったように、エキゾチックな映画も性転換の比喩をそれとなく認める。イザベル・アジャーニが『イシュタール』(一九八七年)でアラブ人の

31・32　オリエントにおける同性愛と異性装。『アラビアのロレンス』と『サハラ』より

男性ゲリラに、ブルック・シールズが『サハラ』でサハラ砂漠のアメリカ人男性レーサーに扮するのに対し、ルドルフ・ヴァレンティノ（『シーク』と『熱砂の舞』）やダグラス・フェアバンクス（『バグダッドの盗賊』）、エルヴィス・プレスリー（『ハレム万才』）、ピーター・オトゥール（『アラビアのロレンス』）、ウォーレン・ベイティとダスティン・ホフマン（『イシュタール』）は、いずれもみなアラブ人の扮装をしている。『シーク』では、アグネス・エイアースが演じる登場人物はアラブ人女性に助けられながら、東洋の「結婚市場」に潜入するために「アラブ人」女性の服を着る。東洋の専制政治に目を向け、逆説的ではあるが、自らを力づけるために「低い」地位の女性のふりをするのだ。『サハラ』や『イシュタール』のようなもっと最近の作品のジェンダーの転換は、「女らしい」身ぶりからの無邪気な逸脱を可能にする。『アルジェの戦い』（一九六六年）などの対抗的物語では、性や国籍の偽装はまったく違う意味を帯びる。アルジェリア人の女性ゲリラは、西洋の「モダンな」服で変装し、髪をブロンドに染め、フランス人兵士に媚びてみせた。ここでは、西洋を装うのは第三世界だ。それは控えめな模倣《ミミクリー》ではなく、植民地政府に対する破壊活動の手段なのである。

「男性の虚飾放棄」[88]の結果、西洋人男性の衣服は質素でくすんだ色だけとなり、想像上の東洋はあふれんばかりのイメージで「現地人」になることを許してくれる。『シーク』や『熱砂の舞』などの映画には、ゆったりとしたアラブの衣装に身を包む新聞やニュース映画でおなじみのT・E・ロレンスのイメージが、少なからず影響を与えた。そのバイセクシャルな魅力は、「女性的な」西洋人男性という、同性愛的な解釈を生む[89]。だが暗号化された「女性的な」装いは、東洋のオアシスという安全な空間で展開された。デヴィッド・リーン監督のロレンスは、勇ましい男らしさという古典的な規範に従いながら、同性愛的な視線を浴びる。アラブの部族に受け入れられる場面では、彼は白ずくめの衣装に身を包む。ある場面では馬に乗って優雅に動き、捕えられるさまは花嫁のようである。オトゥールの演じるロレンスという役は、通常は男根崇拝の象徴である剣の意味合いを、鞘から抜いて使うことで、彼自身が新しく得た「女性的な」東洋のイメージを映す鏡に変えた。もっと広く見ると、オマー・シャリフ〔オマル・シャリーフ〕演じる登場人物とロレンスの間柄が、当初の男どうしのライバル関係から、シャリフが女性的なイメージを持ったせいで暗に性的な共謀関係へと徐々に変調するのである。それが端的に表れているのは、シャリフが感情移入しながら、苦悩するロレンスを目をうるませて見ている場面である。『アラビアのロレンス』の根底にある異人種間の同性愛は、『ロビンソン・クルーソー』や『ハックルベリー・フィンの冒険』から『八十日間世界一周』(フィリアス・フォッグと浅黒い肌の執事パスパルトゥー)までの長い伝統の一角を形成する。(90)偉ぶった植民地主義的な映画『トレイダ・ホーン』(一九三一年)は、白人冒険家の主人公ホーンと黒人従者の関係を軸に、熱烈な同性愛の物語が行間で展開する。従者はずっと口汚く罵られるが、けがをすると、主人は彼を運んで優しく撫でる。黒人「従者《ボーイ》」の死後、失った愛する者に郷愁を重ね、涙ながらに追悼する場面こそ、最も心揺さぶられるところだろう。しかし、西部劇から『愛と野望のナイル』(一九八九年)のような帝国期を懐かしむ近年の映画に至るまで、帝国を取り上げた多くの作品はヨーロッパ人どうしの同性愛を好む。男性探検家たちは、女がいないため肉体関係を「強いられ」、見知らぬ敵意に満ちた土地で苦労するなか、愛情と欲望の絆を築くのだ。それゆえ同性愛は、帝国の異性愛者の物語にまで浸透できるのである。

この同じ徴候的な弁証法では、白人の異性愛の欲望がアフリカ人やアラブ人、ラテンアメリカ人の男に移るさまが見られるかもしれない。彼らは、西洋の男性優位主義者の超自我にとってはイドなのだ。たとえば『シーク』のヴァレンティノは、観客が彼をアラブ人と認識している限り、イドである。しかし、ヨーロッパ人の息子という身分が発覚すると、「本物の」アラブ人強姦魔から英国人女性を救うために命の危険を犯す、超自我的な人物へ変貌する。(91)そして英国人女性は、シーク〔シャイフ/族長〕に何度も誘われ、砂漠ではじめて性的な抑圧を克服するのだ。「ラテン系の恋人」ヴァレンティノは、同時代の欧米が舞台ではあり得ない、性的ファンタジーを実現できる「エキゾチック」な空間に置かれる。この意味で砂漠は、道徳的リミナリティ[*29]の場として、物語的に機能する。オリエンタリストの映画は、ヨーロッパ文明がすでに従属させた東洋の都市の映像から始まることが多いが、最もドラマチックな対立は砂漠のために取っておかれる。砂漠では、無防備な白人女性があっさりとロマンチックな族長《シーク》や邪悪なアラブ人の虜囚となるのだ。孤立した砂漠で好色な男が「レイプできる」白人女性という立場は、身近な西洋人女性を専制的に支配する男性優位主義のファンタジーの別の表現である。砂漠では、どんな保護的な道徳規範の干渉も保留にされる。お堅いハリウッドは冒険好きな白人女性とかハレムやレイプといった男の横暴を咎めるが、逆にいえば、これが西洋人の異人種に対する性的欲望を満足させる唯一の方法であった。

救出のファンタジーと男が跳ね返り娘をおとなしくさせる話は、『シーク』や『熱砂の舞』の焼き直しとも言える、近年のメナヘム・ゴーラン監督の『サハラ』でも見られる。威勢の良いカーレーサーで一九二〇年代の自動車製造業者の一人娘デール（ブルック・シールズ）は、「男性限定」のレースに参加するために、男の世界である東洋の砂漠へ入り込む、向こう見ずで我の強い人物として描かれる。彼女は男装し、男の仕事に就き、男の熟練した技術と張り合う。部族の男たちに囚われると、部族内や部族間の戦いの賞品となる。しかし、彼女の身体を崇めるようなカメラの視線は、皮肉なことにスターの肉体を商品として描く西洋の好みを裏づける。シールズが追手と格闘するシーンは、西洋人の観客に自国民の救出作戦に加わったような気にさせるだけでなく、一緒に熱狂してのぞき見ようと誘うのである。西洋人女性に対する欲望と、彼女を支配できなくなるという恐れは、アラブ人にレイプされる罰として示される。だが、レースの勇気ある勝利者シールズは、フィナーレで、自分を助けるために命の危険を犯した高貴な（白人の）「族長《シーク》」のもとへ、「ひとりで」戻る決意をする。彼女は自立を勝ち取ることができたのに、「自発的に」性的な階層制という古の道を選ぶのである。

女性とはアラブ・ムスリムの強姦魔に腹を立てながらも、実際はヴァレンティノのようなご主人面をした男を好むものだ、と時折ほのめかされる。[92]『シーク』の冒頭で、コラムニストがヴァレンティノに「女性は横柄な男が好きなのですか？」と尋ねると、スターは答える。「どんな女も、ちょっとばかり粗野な男を好みます。フェミニストだろうが、婦人参政権論者だろうが、「新しい女」だろうが、みな自分の思いどおりに女を動かすご主人ぶった男が好きなのです[93]」。原作者エディス・ハルも、同様の意見を述べた。「一家の長になれるのは、ただ一人だけです。今日、両性の平等を望む人はいますが、身体的にも道徳的にも家長は男性のほうがいいし、そうあるべきだと、私はいまでも考えています[94]」。エディス・ハルの小説とモント・M・カッタージョンの脚本は、「エキゾチック」な恋人とか、ロマンチックで官能的で情熱的な(だが死ぬ恐れはない)「愛の死[95]」といった西洋人女性の願望を満たす。西洋の(家に閉じ込められた)中産階級の女性にとって、それはイドの解放なのだ。そうした意味でオリエントの幻想は、「エキゾチック」に関する植民地主義言説の一端であり、西洋人女性の抑圧された性的欲求の想像上のはけ口であるといえる。

好色なアラブ人から女性を救出する話を文字どおりに解釈すれば、救出のファンタジーは、東洋を本能的な自己破壊から救出する寓話であるだけでなく、家庭の女性に対し説教じみた教養小説《ビルドゥングスロマン》を指し向けてもいる。それによって対照的に、西洋の性的平等という神話を永続させているのだ。一九二〇年代も今日も、エキゾチックな映画は第三世界のナショナル・アイデンティティを貶める。さらに、婦人参政権運動や萌芽期のフェミニズム運動が家父長的権力を脅かしだすと、フェミニズムへの反発を表明した。その意味で第三世界を旅する西洋人女性の物語は、「野蛮な男」の危険な気質をほのめかし、西洋人女性がもたらす自由を称える訓話と解釈できる。『シーク』や『サハラ』の西洋人女性は、最初は結婚という「文明的な伝統」を「囚われの身」と呼んで反発するが、すぐに好色な浅黒い肌の男に文字どおり虜にされるのである(こういった物語で第三世界の女性は、反発しようとか世界を知ろうとは思わない)。『シーク』でアラブ人女性に変装して結婚市場へ侵入したり、『サハラ』で男装してカーレーサーになるなど、白人のヒロインは傲慢で男の空間を侵害しており、西洋人男性が砂漠のアラブ人から自分を守ってくれていることを理解していないため、「堕落」したりレイプ未遂という「教育的」なお仕置きを受けたりする。この砂漠のオデッセイの「帰郷」は、それゆえ、女性の解放というファンタジーに対する懲戒処分であり、従来の性的・人種的・民族的な帝国の秩序に対する観客の再評価なのである。

訳注

＊1――raceには、血統、競馬、レースの意味がある。

＊2――1908-1944. メキシコ出身のハリウッド女優。

＊3――1921-2004. アラパホ族の両親を持つワイオミング出身のB級映画女優。エキゾチック・ビューティとして有名。

＊4――1927-2009. 主に一九四〇年代に活躍した、プエルトリコ出身の両親を持つ女優。

＊5――1922-2004. キューバ出身のメキシコ映画女優。

＊6――プロスペローはシェイクスピアの『テンペスト』に登場する島流しに遭った元ミラノ大公。キャリバンはその島に住む怪物で、プロスペローにだまされ支配される。

＊7――1887-1976. アメリカの海軍将校で海洋史家。同書を含め、二度ピューリッツァー賞を受賞。

＊8――アメリカ北部およびカナダに居住する部族。北米で四番目に大きい部族。チペワ族とも呼ばれる。

＊9――一九一〇～四〇年代に登場した巨大映画館。ピクチュア・パレスともいう。最盛期は一九二〇年代。一九二二年のツタンカーメン王墓の発見により、古代エジプト式を模した映画館の建設が流行した。

＊10――PBSやNHKを含む世界七カ国の放送局が、コロンブス大航海五〇〇周年を記念して共同制作した、全六回の大型番組。

＊11――1766-1816. フランスの評論家、小説家。啓蒙思想の影響を受け、サロンで活躍したが、ナポレオンと対立し亡命した。ドイツ・ロマン主義をフランスに伝えた。

＊12――1828-1893. フランスの批評家、哲学者、歴史家。

＊13――1953-. ノルウェー出身の文学研究者で、英米でも活躍。フェミニズム的視点に立った研究で知られる。

＊14――1949-2011. 英国の翻訳家、作家。ラカンやファノンなどの著作を英訳した。

＊15――1902-1979. アメリカの社会学者。機能主義や社会システム論を提唱した。

＊16――1887-1940. ジャマイカ生まれの黒人民族主義の指導者。アフリカ回帰運動の先駆者で、アメリカの公民権運動にも影響を与えた。

＊17――黒人文化を賞讃する運動。ネグリチュード（黒人性）の語は一九三〇年代にエメ・セゼールやサンゴールらの詩人が使いだし、黒人の文化的特質や精神風土を表す。

＊18――1790-1869. フランスの詩人、政治家。ロマン派の代表的詩人。

＊19――映画の物語の世界の「外」からくる音のこと。BGMやナレーションなどがこれに当たる。

＊20――1889-1973. エジプトの作家、評論家、政治家。二〇世紀前半にエジプト民族主義を提唱し、一九五〇年代には教育大臣をつとめた。

＊21――1898-1987. アレクサンドリア出身の作家。近代アラブ文学を代表する作家として知られる。

＊22――アルベール・メンミの用語で、被植民者の非人格化を指す。本書二一七―二一八頁を参照。

＊23――この歌詞は、『ハレム万才』のDVD所収の、古田由紀子氏の訳を引用した。

＊24――一九三〇年、一九四四年にも映画化されている（一九五五年版は、日本未公開）。本文は、原文に従う。
＊25――一八二八年に英国で出版された官能小説。ジョン・ベンジャミン・ブルックスが原作者で、ウィリアム・ダグデールが再版したと言われるが、日本語版では作者不明とされる（『好色なトルコ人』作者不詳、明石苑訳、富士見ロマン文庫、一九七九年）。
＊26――紀元前七世紀末～紀元前六世紀初頭の、古代ギリシャの女性詩人。恋愛詩で有名。
＊27――1945-．ベイルート出身の現代アラブ女流作家。同書は一九八九年作で、一九九二年に英訳された。
＊28――1952-．英国出身のフェミニストのドキュメンタリー映画作家。女性の抑圧や苦悩をテーマに、女性のみのチームで映画制作をする。
＊29――人類学者ターナーが通過儀礼に関して用いた語。社会的アイデンティティの移行期の境界状態や状況のことを指す。

第5章　ステレオタイプ、リアリズム、そして表象をめぐる争い

メディアの民族的・人種的・植民地主義的な表象について、先行研究の多くは「訂正する」傾向が強かった。特定の映画を取り上げ、歴史や伝記やその他の根拠の正確さについて「どこか間違っている」と指摘してきたのである。こうした「ステレオタイプと歪曲」の分析は、社会で妥当とされることや見せかけの正しさ、否定的・肯定的イメージについて当然の疑問を提起する一方で、そうした分析は迫真性という美意識についてだけ忠実であることをしばしば前提とした。(1)「リアリズム」に執着することは、まるで共同体の「真実」は何の問題もなくありのまま簡単に手に入り、「嘘」はあっけなく暴かれるものであるかのように、単なる「間違い」や「曲解」と見なすことについて問いを投げかける。民族表象をめぐる議論は、まさにこの「リアリズム」の問いにぶつかりしばしば行き詰まる。そして時には、さまざまな観客や評論家がそれぞれ自分にとっての「リアル」を熱心に擁護するという袋小路に陥るのである。

リアリズムの問題

リアリズムと正確さに関する議論は、一定のポスト構造主義が考えるように、取るに足らないものでも「馬鹿正直」の兆候でもなかった。観客（と評論家）は、真実という考えに入れ込んでいるので、リアリズムにも同様に入れ込んだ。彼らには、映画を自分の個人的・文化的な知識と対比させる権利があるのだ。どんなに熱心な脱構築主義も、ある映画が社会学的に間違っているとか、イデオロギー的に有害であると知る権利を放棄するよう勧めるべきではない。たとえば、

33 『ミシシッピー・バーニング』でとりつくろわれた歴史

『国民の創生』（一九一五年）を「客観的に」人種差別映画として見る権利である。映画はただの表象に過ぎなくても、実際に世界に影響を与える。人種差別映画はクー・クラックス・クランのために動員されうるし、社会政策を後退させるような下地をつくりもする。ステュアート・ホールがいうように、表象の必然性と不可避性が認められても、「何も問題はない」ことにはならないのだ。

リアリズムの問題に判断を下す権利を持ちたいという願いが特に高まるのは、登場人物や物語の舞台に実際にモデルがある場合や、歴史的事実だと暗に訴えている場合や、歴史的事実だと受け取られている場合である。それは例によって、そうではないと否認されようとも変わらない（アイザック・ジュリアンの『ルッキング・フォー・ラングストン』一九八九年は、ラングストン・ヒューズの「自省録」のようなレッテルを自ら貼るというよくある方法で、その問題を「回避」した）。一九六〇年代の公民権運動を経験した人は、確かに『ミシシッピー・バーニング』（一九八八年）に批判的な立場を取る。公民権運動に嫌がらせや妨害をし、人種主義的で歴史的に公民権運動の敵と見なされるＦＢＩを映画では英雄扱いする一方で、殴打や投獄、時には死にも勇敢に立ち向かい行進する歴史的に英雄と見なされる何千ものアフリカ系アメリカ人を、白人による公的な救援を待つ受動的な犠牲者で傍観者という脇役に据えたためだ。[2] 意図をめぐるこの対立は重要である。『ミシシッピー・バーニング』はFBIを理想化し、アフリカ系アメリカ人を歴史のつくり手ではなく無言の目撃者と見なすといったように、事実をよく知らない観客に根本的に誤ったアメリカ史を教えるからである。[3] このように、絶対的な真実、すなわち表象や散種《ディセミナシオン》〔解釈の拡散〕を抜きにした真実はないのだが、共同体が深く関わる、それでもなお不確定で限定的で見方に左右される真実が存在する。

ポスト構造主義理論により、私たちは言葉と表象のなかで生きていること、「現実《リアル》」に直接近づく方法がないことに気づく。しかし、芸術的な言説の本質は構築され記号化されているため、一般的な社会生活への指示を含まないのはほぼ不可能である。映画のフィクションは、空間や時間についても、社会的・文化的関係性についても、現実生活の想定を使わざるを得ない。周縁の文化を写実的に描いた映画は、特定の歴史的事件を取り上げたと言わなくとも、暗に事実だと主張しているのである。ハリウッドのアメリカ先住民族の描き方は独りよがりで不見識であるとか、グレートプレーンズの部族とよその部族の地理的・文化的差異を取り去って単調な文化にしていると評論家が注意を喚起するのは、ゆえに正しい。北東部のインディアンが平原インディアンの服装をしてホピ族の住居で暮らすといった描写は、「頭飾り、羽根飾り、腰布、モカシン、偽のビーズ細工」を身に付けた「インスタント・インディアン」というステレオタイプに彼らをはめ込んでいる。[4]

多くの抑圧された集団は、「内部から」自分たちやその現実を見ることで家父長制や植民地主義の言説に反論し、覇権的な表象の正体を暴いて闘うために「進歩的リアリズム」を用いた。しかし、このすばらしい目的も、問題がなかったわけではない。「現実《リアリティ》」は自明ではないし、「真実」もカメラがすぐに「捉えられる」ものではない。さらに、目的としてのリアリズム（ブレヒトのいう「むきだしの因果関係」）と、錯覚による「現実効果」をねらったさまざまな戦略の一スタイルとしてのリアリズムを分けて考えなければならない。目的としてのリアリズムは、本書で取り上げる多くのオルタナティヴな映画が雄弁に示すように、再帰的で脱構築的なスタイルとしてのリアリズムと実際に両立している。

ミハイル・バフチンは自著で、「真実」と「現実」に対する愚直な信頼も、言語と表象の偏在が争いの終わりと「歴史の終わり」を意味するという単純な考えも避けることで、芸術的表象の概念を改めて明確にした。バフチンは、人間の意識と芸術的な実践は「現実」と直接触れ合うのではなく、周囲のイデオロギー的世界という媒介を通して接触すると論じる。文学もその延長にある映画も、世界を指示したり想起したりするよりも、むしろ世界についての言葉や言説を表象するのである。芸術的言説は現実を直接反映《リフレクト》したり屈折《リフラクト》させたりするというよりは、屈折させたもののさらなる屈折を構成する。つまり、すでにテクスト化・言説化された社会イデオロギー的世界をさらに媒介させた解釈である。こうして、あらゆるテクストは意味作用《シニフィカシオン》〔シニフィアンとシニフィエの関係〕の無意味な遊びに過ぎないといった「解釈のニヒリズム」に陥ることなく、ただ現実を指示するだけの真実主義を超越するのだ。バフチンは、リアリズムの単純な公式化を拒絶する。すなわちバフチンは、芸術が表象している言説そのものがまさに社会的かつ歴史的であるために、芸術の表象が徹底的かつ不可逆的に社会的なものになっているという考えを放棄したりはしないのだ。実際、バフチンにとって芸術とは、現実を表すからでなく、歴史のなかに置かれた「発話」をなしているがゆえに、社会的であるのは言うまでもない。「発話」は、社会的に構成された単一もしくは複数の主体が、別の社会的に構成された諸主体に向けて発せられる記号の集合体であり、そうしたどの主体も歴史的状況や社会的偶発事に深く関係している。

　したがって、これはすでに存在している真実や現実にどれほど忠実かといった問題というよりも、イデオロギー的言説や共同体主義の視点を具体的に編成するという問題なのだ。あるレベルで映画とは模倣《ミメーシス》や表象であるが、社会的に位置づけられた制作者と観客の文脈に即した対話という行為、つまり発話でもある。芸術は構築されていると言うだけでは十分ではない。われわれは問わねばならない。誰のために構築されたのか？　どんなイデオロギーや言説と結びついているのか？　この意味で芸術は、模倣というよりも、政治的意味や声を託す表象なのだ[5]。その視点でみると、『ミラクル・ワールド／ブッシュマン』（一九八四年）[*1]は「現実」と違うと言うよりも、公式には白人の南アフリカの植民地主義言説を伝えていると言ったほうがずっと有意義である。この作品の人種主義言説は、危険だが無能なムラートが率いる革命と、栄光ある孤立のなかで生き、幸福で高貴ではあるが無力なバントゥースタンのブッシュマン[*2]とを対比しながら、善悪二元論を展開する。白人のテクノロジー文明をうわべでは批判し、その人種主義を隠すのだ。同様に『ランボー』（一九八三年）[*3]については、現実を「歪めている」のではなく、むしろ危機に瀕した帝国における全能な人物の男らしいファンタジーを持ち上げ育もうとする右派や人種主義者の言説を「実は」表しているとする言説アプローチがある。同様に表象は、いかにも真実らしいがヨーロッパ中心になるし、逆に空想的で「不正確」だが反ヨーロッパ中心にもなりうるのだ。ロンドンの典型的な労働者階級のアジア人よりも裕福なアジア人に焦点を当てた『マイ・ビューティフル・ランドレット』(一九八五年)のような映画の分析は、模倣という点からすると社会学的には欠陥がある。しかしこの分析を、アジア人が苦しむよくある悲惨な話を挑発的で象徴的に反転させた言説戦略と見なすと、かなり違ってくる。

共同体全体が自分たちの経験に基づいた真実の名のもとにつくられた表象に激しく抗議した場合、何か不可欠なものがこれらの議論のなかで問われていることが明らかになる。ハリウッドが描写した共同体も、そのステレオタイプに気づいていないわけではなかった。アメリカ先住民族はかなり早くから、自分たちの文化や歴史の誤った表象にはっきり抗議してきた。(6) 雑誌『ザ・ムービング・ピクチャー・ワールド』一九一一年号(八月三日付)は、ウィリアム・タフト大統領に面会したアメリカ先住民族の使節団が誤った描写に抗議し、連邦議会の調査まで要求したと伝えている。同様に、全米有色人種地位向上協会(NAACP)は『国民の創生』に、チカーノ〔メキシコ系米国人〕はバンディード〔山賊〕*4映画に、メキシコ人は『奇傑パンチョ』(一九三四年)に、ブラジル人は『リオの地獄への道』(一九三一年)に、キューバ人は『島の想い出』(一九三一年)に、そしてラテンアメリカの人は自文化のカリカチュア化全般に抗議した。メキシコ政府は、アメリカの映画産業がメキシコやチカーノ、メキシコ革命を小馬鹿にした映画の輸出を止めなければ、自国でハリウッド映画の配給を止めると脅した。もっと最近では、トルコ人が『ミッドナイト・エクスプレス』(一九七八年)に、プエルトリコ人が『アパッチ砦・ブロンクス』(一九八一年)に、アフリカ人が『愛と哀しみの果て』(一九八五年)に、アジア系アメリカ人が『イヤー・オブ・ザ・ドラゴン』(一九八五年)に抗議した。ルース・ビービ・ヒル著『ハンタヨー』(一九七九年)は、アイン・ランドの影響を受けた偽のインディアン・サガだが、これが原作のTVシリーズ『神秘の戦士』にアメリカ先住民族が強く抗議したため、その映画版はアメリカで制作できなかった。抗議の最中に配布された「アメリカ・インディアン運動」のパンフレットは、「インディアン映画のつくり方」という皮肉に満ちた指針を示している。

インディアン映画のつくり方。四〇人のインディアンを買いましょう。インディアン全体を完全にバカにし、侮辱しましょう。すべてのインディアンが野蛮で残酷で無知であることを確認してください。……インディアンの王女にするため、ギリシャ人を一人連れてきましょう。「インディアン」の主人公にするため、白人男性を一人採用しましょう。彼は慈悲深く勇敢で寛大な役柄にします。……儲けはハリウッドのポケットに入れてください。

このように批判的な観客は、配給や公開に圧力をかけ、後続の作品に影響を与えることもある。圧力をかけたからといって好意的に描かれるとは限らないが、少なくとも積極的に人を傷つける描写は問題にされるようになった。完全なリアリズムは理論上不可能だが、観客は自分の経験に基づいた「現実感」を備えているものだ。そのうえで、映画の描写を受け入れたり、疑問を持ったり、覆したりするのである。その意味では、特定の観客の文化的背景は、人種差別や偏見に満ちた言説に対抗する圧力を生み出せる。ラテンアメリカの観客は、誤ったイメージをまじめに受けとめることはできないとし、自分たちのことを何も知らないハリウッドの描写を一笑に付した。たとえば、一九三一年公開のベラ・ルゴシ主演の『魔人ドラキュラ』はスペイン語版も同時に制作されたが、キューバやアルゼンチン、チリ、メキシコ、スペイン本土の言葉がごちゃまぜになっており、ラテンアメリカの観客の失笑を買った。また、観客は風刺的な描写の向こうにラテンアメリカ人として自分を演じる被抑圧者を見るかもしれない。アフリカ系アメリカ人は、黒人の典型的で提喩的《シネクドキ》とされる、ステピン・フェチットのような振る舞いや態度はしなかった。黒人の観客は、ステピンが演技をしていることを知っており、卑屈な役を演じざるを得ない状況を理解していた。同じように観客は、ある種の二重意識で、間違った描写だとわかっていることを楽しむかもしれない。たとえば、バグダッドの観客は『バグダッドの盗賊』（一九四〇年）を楽しむことができた。「本物の」歴史上のバグダッドとは関係のない、すでに十分幻想的な『千夜一夜物語』を西洋が脚色した、現実逃避的なファンタジーだと受け入れたからである。

人種のステレオタイプにとても敏感なのは、「表象の重荷」(burden of representation)というレッテルのせいでもある。「表象」には、宗教や美学、政治や記号の含意もある。ユダヤ教やイスラーム教は、宗教上「偶像」を否定し、アラベスクのような抽象模様を好むため、直接的な絵画表現や模倣芸術という存在そのものに神学的な疑問を投げかける。(7) 表象には、美学的な要素もある。芸術もプラトンやアリストテレスが言うところのミメーシス〔模倣〕という表象の一つの形だからだ。また、演劇的でもあり、多くの言語で「表象する」とは「上演する」ことや役を演ずることを意味する。物語と模倣芸術は、それらがエートス(特質)とエトノス(民族)を表すかぎり、人間だけではなく擬人化したものまで表象すると考えられている。別の側面では、政治制度は通常直接統治ではなく代議制(representative)なので、表象は政治的でもある。カール・マルクスは小作人階級について、「彼らは自分自身を表現しない。彼らは表現されねばならないのだ」と述べている。[*5] 現在の西洋の民主主義の定義は、古典時代のアテネや多様なアメリカ先住民族共同体の民主主義とは異なり、「代表なくして課税なし」のスローガンに見られるように「代議制政治」という考えに基づく。アメリカの人種やジェンダーに関する政治論争は、たいてい代表をめぐるもので、政治組織や学術機関に「マイノリティ」の代表を増やすよう求める圧力が見られた。すべての事例に共通するのは、なにかが他のなにかを「代理」したり、ある人間や集団が他の人間や集団の代表として語る記号論の原理である。マスメディアという象徴的な戦場では、シミュラークル〔現実の手本がない模造だけの存在〕の領域の表象をめぐる争いは、政治の場の代表をめぐる争いと同じである。そこでは、模倣と表象に関する問題はいとも簡単に代表と発言権の問題になるのだ。スパイク・リー監督の『ドゥ・ザ・ライト・シング』(一九八九年)の舞台「サルス・フェーマス・ピッツェリア」の壁に飾ってある有名人の写真が、イタリア系アメリカ人かアフリカ系アメリカ人かという白熱した議論は、表象をめぐるこうした争いの好例である。

アルベール・メンミが「複数のしるし」と呼んだものは、[*6] 被植民者を「いっしょくた」にし、抑圧された共同体の構成員が一人でもなにか良くないことをすれば本質的に悪と決めつけ、永遠に堕落していくと指摘してすぐさま典型として一般化する。このように表象は、寓意となる。覇権的な言説では、どんなサバルタンの役者も役割も、〔一部を見て全体を指す〕提喩《シネクドキ》のように、広大ではあるが均質な共同体を想定しまとめているように見える。一方、支配集団の表象は寓意的でなく、「自然に」多様であり、一般化できないさまざまな人生そのものの例である。(8) 時には負のイメージさえ広範な表象の一部となるので、社会的に力を持った集団は「歪曲とステレオタイプ」をそれほど心配する必要はない。白人の汚職政治家は「白人の恥さらし」と言われないし、金融不祥事も白人権力者の不祥事とは見なされない。だが支配をどう解釈するかという問題では、代表が少ない集団の負のイメージは、マイケル・ロジンが抑圧された人々の「象徴的価値の余剰」と呼ぶものの一部として、寓意的な意味が大きく誇張されるようになる。たとえば黒人は自分たちとは関係ないものの代理にさせられたりするのだ。(9)

こうした敏感さは、他の表象や日常生活とつながっているものに影響を与えつづけ、「表象の重荷」が耐えがたいものになりかねない。たとえば学者が、アメリカのいわゆる少数民族のステレオタイプを先住民族やアフリカ系のステレオタイプと同列に置くのは、こうした影響を受ける連続性を無視することになる。否定的なステレオタイプはどれも有害だが、世界に同じ力を及ぼすわけではない。安易で包括的な「ステレオタイプ」は、重大な差異を消し去る。ある共同体に対するステレオタイプは、その対象とされた人々をただ不快にするだけだが、当の共同体のほうには、そのステレオタイプと闘い抵抗する社会的な力が備わっている。よその共同体に対するステレオタイプは、無力な人々に対する偏見に満ちた社会政策から実際の暴力まで一体となったものに加担し、まさにその非難された集団を危険にさらすのである。残念ながらポーランド系アメリカ人およびイタリア系アメリカ人のステレオタイプは、アメリカの人種的・帝国的な基盤のなかで形づくられたのではなく、またそれぞれの共同体に対する日常的な暴力や構造的な抑圧を正当化するために使われているわけでもない。それにひきかえ、すべての黒人男性を犯罪予備軍ととらえがちなメディアは、黒人の実生活におそろしく影響力を持つ。ボストンのスチュアート事件*7では、警察は本当の（白人の）殺人犯に吹き込まれ、黒人居住区で手当たり次第に黒人男性を尋問し捜査した。これは、めったに犯罪地区と表象されることのない白人居住区では考えられないやり方だった。同様に、一九八八年の大統領選のキャンペーンでジョージ・ブッシュは、白人有権者の性的嫌悪感と人種的嫌悪感を煽るため、ウィリー・ホートンという「黒人野郎」を「寓意的」に利用した。[*8] 無数の黒人男性、そして間接的に黒人女性が抱える表象の重荷を、白日の下にさらしたのである。

　歴史的に周縁化されてきた集団は自分たちの表象を管理する力をずっと持たなかったため、こうしたステレオタイプや歪曲に敏感にならざるをえない。ゆえにメディアの表象をよく理解するには、マスメディア情報をつくり配信する仕組みとそれを受け取る視聴者を総合的に分析しなければならない。誰の物語が語られているのか。誰が語っているのか。物語は、どうやってつくられ、拡散され、受け取られるのか。映画・マスコミ業界はどのような構造をしているのか。誰が制作と配給と上映を管理するのか。アメリカでは、一九四二年にNAACP〔全米黒人地位向上協会〕が、黒人が技術者になれるよう、ハリウッドの撮影所と契約を結んだ。それでもごく少数の人しか監督や脚本家、カメラマンになっていない。マイノリティ人種の監督はすべて合わせても、約四〇〇〇人いる全米監督協会会員の三%に満たない[10]。一九七〇年に連邦司法省と複数の映画組合が交わした合意により、マイノリティも映画産業の一般労働力と見なされるようになった。しかし業界全体で失業者が増えたことや、先任者（つまり白人男性）を優先する年功序列制のせいで、この合意の立派な意図は損なわれた。NAACPが発表したハリウッドの雇用慣行に関する最新の報告により、娯楽産業の「そこかしこ」で黒人が不当に少ないことが明らかになった。「焦点のずれ《アウト・オブ・フォーカス》と同期のずれ《アウト・オブ・シンク》」というタイトルの一九九一年の研究は、黒人は映画制作のどの工程でも決定権がないと主張する。オプラ・ウィンフリーやビル・コスビー、アーセニオ・ホールのような人々の成功にもかかわらず、一握りのアフリカ系アメリカ人しか映画撮影所やテレビ局の重役になっていない。アメリカ映画のチケットを買う人は黒人が特に多いのに、縁故採用やえこひいき、人種差別が合わさって黒人や黒人が出資する事業の邪魔をしている[11]。スパイク・リーは、黒人に大金を任せられないという前提に基づいた、黒人の映画制作費を制限する「ガラスの天井」について語る[12]。この点で不利な集団は、黒人だけではない。たとえばプロデューサーたちは、イタリア系アメリカ人についての映画はイタリア系アメリカ人の監督が撮るべきだと決めつけておきながら、ラティーノについての映画は英国系アメリカ人の監督に撮らせるのである[13]。

さらに、巨費を投じた超大作を好むハリウッド方式は、明確に意図しなくとも事実上、階級差別主義であるだけでなくヨーロッパ中心主義でもある。このゲームのプレイヤーとなるには、経済力を手に入れなくてはならない。実際、第三世界の映画制作者は、とても手の届きそうにない映画の「作法《シビリティ》」の水準を崇めるよう強いられる。第三世界諸国の多くは、自らの文化的作品を冷遇することで、この覇権を強化してさえいるのである（たとえばブラジルのテレビは、組織的にアメリカ映画をひいきする）。報道や情報の分野でも、世界のニュースを選別するのは第一世界の機関（CNN、AP通信、その他）である。第一世界の国々は、配給面でも有利なことが多い。ハリウッド映画は、その国での公開前に新聞・雑誌やTVなどメディアの大げさな報道で超大作を「あらかじめ宣伝しておいた」第三世界へ届けられることが多い。『サタデー・ナイト・フィーバー』（一九七七年）や『パープル・レイン』（一九八四年）、『イン・ベッド・ウィズ・マドンナ』（一九九一年）、『ボディガード』（一九九二年）などの場合のように、アメリカのポピュラー音楽もハリウッド映画の宣伝を応援する。公開前に多国籍資本のラジオやTVでそうした音楽が流れていたことを考えると、どの作品も前もって宣伝されていたのである。アカデミー賞授与式でさえ、宣伝の大きな柱である。観客は全世界にわたるが、推薦されるのはたいていアメリカ映画で、「それ以外の国」の作品は、通常「外国語映画賞」部門に囲い込まれるのである。

したがって「第三世界」は、映画の新植民地主義によって二重に弱体化されている。ブラジル人の監督で詩人のアルナルド・ジャボールは、「ジャック・ヴァレンティ[*9]が掲げるブラジルの課題」という扇動的な詩でこの状況を非難した。

ジャック・ヴァレンティ、
共和党員のにやけた笑いと、星の輝くネクタイ、
ダイアモンドのほほえみと[*10]、完璧な経営者のひ弱な外見をして、
ディック・トレイシーやジョージ・ウォレス[*11]、ウェストモーランド[*12]、リベラーチェ[*13]、
ビリー・グラハム[*14]、その他の数え切れない馬鹿笑いするロボットたちを少しずつお手本にして、
まさにこのとき、

絶対に壊れない設計のポートフォリオ〔運用資産〕と
近ごろ俺たちの対外債務を多国籍企業の経営者に売りやがった図々しさで、
ジャック・ヴァレンティは宇宙船から降り立つだろう
支払いの滞った約束の地へ

ジャボールは、ハリウッドが原因の心の歪みを数え上げる。

……ヴァレンティのブラジル製じゃない靴の下に、
客を迎えるレッドカーペットは広げられるだろう。
誰も、まだ企画中の映画の犯罪も、
俺たちの貧しい死んだ心の残骸も見ない。
誰も、その傷を見ない、
死体はないだろうから。
検視官は、俺たちの魂に傷あとを見つけない。
紫の傷、ピンクの傷、虹色の傷、
俺たちの目の中には星屑がある。刺青された俺たちは、
ハリウッドの千夜一夜の冒険になった。
千のまばゆい妖精が傷つける見えない犠牲者だ。
イーストマン[*15]の色は燃え上がる、
七色のナパーム弾、
俺たちが渇望するコダック・イエロー。[*16]

ジャボールにとっては、支配的な物語の慣習でさえ、帝国の思考様式の一部なのだ。

……数時間のうちに、
ヴァレンティは、絶対に壊れない設計のポートフォリオにより、
西洋帝国の、最も神聖な価値をつかむだろう。
論理、対称、連続、
始まり、中間、終わり、
ハッピーエンド、「個人」、そして、
善という不吉なアメリカの幻想。(14)

ジャボールの詩は、第三世界の配給系列をたやすく利用できるハリウッド映画が、欲望をかき立てる贅沢な制作の価値を見せつけ、第三世界には張り合えないどころか、その心配さえそぐわない状況を想定している。第一世界の超大作一作の巨額の予算は、第三世界のある国では数十作品分になるかもしれない。こうした映画はスリル満点、ドルビーサウンドの最大の効果で観客を圧倒し、第三世界の映画制作者や観客を魅了し畏怖させる、いわゆる「スピルバーグ効果」を生み出す。また、経済的な新植民地主義と技術的な依存は、第三世界の映画制作費をさらに上昇させる。輸入したフィルムやカメラ、付属品は「第一世界」の二、三倍することも多いのだ。第三世界の著名な映画制作者でさえ、第一世界が実権を握る配給ルートに自作の上映を邪魔される恐れがあり、アメリカの配給会社に買ってもらえる場合もたいていばかみたいに安値である。エジプトのユーセフ・シャヒーンなど一流のアラブ人映画制作者の作品でも、アメリカでめったに商業上映されない。急進的な監督たちもいまだに機材やフィルムを多国籍企業に依存している。映画フィルムそのものが、肌が褐色の人たちに差別的だと言ってよいかもしれない。肌の濃淡をはっきり映し出すので、「露出を絞ったり」、他の出演者に照明をあてなければならないからだ。『ヤング・ソウル・レベルズ』でアイザック・ジュリアン監督は、同じ画面に黒

い肌と明るい肌を収めて照明を当てるのがむずかしいのは、明るい肌の色調向けに映画技術がなっているせいだとした。(15)フィルム自体に人種が銘記されているのだ。

観客のヨーロッパ中心主義も、映画制作をねじ曲げることがある。ある作品を成功させようとか、とにかく制作しようと思うなら、主要な観客のイデオロギー的な前提は尊重されるはずで、間接的に一種の覇権を握っている。「ユニヴァーサル〔普遍的〕」という言葉は、そうした仕組みの「甘やかされた子ども」である西洋の観客の口に合う婉曲表現になる。『遠い夜明け』(一九八七年)や『ワールド・アパート』(一九八八年)、『白く渇いた季節』(一九八九年)など、多くの反アパルトヘイトの大作は、主にリベラルなアメリカの観客のために、過激な解放闘争の価値観を抑えた「表現の修正」の痕跡を示す。こうした映画で文化的差異を埋めようとする挑戦は「イデオロギーの深刻な不一致という問題の陰に隠れて」しまうとロブ・ニクソンは主張する。その結果、『遠い夜明け』でスティーヴ・ビコ*17の話は、「世界を揺さぶる友情」の話に取って代わられる。黒人意識運動の急進的な言説は、「道徳的良識と人権というほどよくリベラルな言説」に置き換えられる。ニクソンは、『遠い夜明け』の経験と、もっと過激な『マパンツラ』(一九八九年)を対比させる。『マパンツラ』は完成させるために、「政治と無関係なギャング映画」に偽装しなければならなかった。この作品では道徳的な懸念から、戦略的な制度の問題を脇に追いやらなかった。だが「南アフリカの過激な物語を白人が媒介してリベラルな表現へ書き換えるという大衆市場のしきたり」に従わなかったため、大手の配給会社を引きつけられなかった。(16)

個々の映画の制作過程では、その手段や関係性に、制作組織や組織内の「マイノリティ」の参加の問題が生じる。たとえば、南アフリカやブラジル、合衆国のような、多民族的ではあるが白人優位な社会では、黒人はプロデューサーや監督、脚本家などよりも主に俳優として映画制作に加わってきたことに注目すべきだろう。南アフリカでは、出演者が全員黒人の映画に白人が出資し、脚本を書き、監督し制作する。一九二〇年代のアメリカでは、すべて白人の制作スタッフが、『ハーツ・イン・ディキシー』(一九二九年)や『ハレルヤ』(一九二九年)のような黒人しか出ないミュージカルを撮った。ハリウッドでいまだに女性たちがよくやっているように、主に他者が社会的に押し付けた見世物のイメージ、「白人男性がつくり出した黒人の魂」(ファノン)として、黒人はこうした映画に登場した。そして、商業映画は利益を生むようつくられているため、誰の儲けになるかも問わなくてはならない。『コイサンマン』[*18]の監督ジャミー・ユイスは、スター俳優ニカウに、『ミラクル・ワールド／ブッシュマン』（一九八〇年）で二〇〇〇ランド、[*19]『コイサンマン』（一九八九年）では五〇〇〇ランドしか払わなかった。(17)同様に一九七〇年代初頭のアメリカのブラックスプロイテーション映画[*20]で利益を得たのは黒人ではなかった。こうした映画でも白人が出資し、制作し、配給し、一番大きな分け前を得たのだ。マルセル・カミュ監督のフランス映画のために、事実上ノーギャラで、季節外れのカーニバルを演じた何千人もの黒人系ブラジル人は、『黒いオルフェ』（一九五九年）が世界中で稼いだ数百万ドルについて、まったく何も知らなかった。(18)

映画がある程度、制作の過程を反映するだけでなく、もっと広い社会の変化を映す鏡なのは当然だ。警察の嫌がらせを描くマイノリティの映画制作者は、自分も警察に苦しめられてきたのである。スラムにおける警察の抑圧を取り上げたハイレ・ゲリマの『ブッシュ・ママ』（一九七五年）は、制作中に撮影スタッフが警察の標的になった。警察は、カメラを担ぐ黒人を、銃を持った黒人のように、良からぬことを企んでいると決めてかかった。(19)映画の表向きの姿勢と、制作方針が矛盾する場合もある。非暴力運動の始祖に捧げられた、おそらく反植民地的な映画である『ガンジー』（一九八二年）は、ヨーロッパ人の技術者や俳優を優遇する給与体系を敷いた。『地獄の黙示録』（一九七九年）の制作をめぐるドキュメンタリー『闇の奥』（一九八九年）で、フランシス・フォード・コッポラは、フィリピン人労働者の低賃金について語る。この意味で彼は、現地の安い労働力を利用するために第三世界に移転する会社経営者と同じ特権を持っているのだ。

ヴィクター・マサイイエズバの『イマジニング・インディアン』（一九九二年）は、たとえ「インディアンに共感的な」人を介しても、ヨーロッパ中心主義の産業を経ると、アメリカ先住民族の文化に害を及ぼすことになる、そうした商品化について調査した。正確に言うと、ホピ族の土地がテーマの映画『ダーク・ウィンド』[*21]のプロデューサーとホピ族の、疑問の多い交渉に関する考察である（原作が書かれた頃、この土地はまだ解放されていなかった）。ハリウッド映画に出演した先住民族エキストラへのインタビューを組み合わせながら、当の映画を引用し、聖地を示す場面を配し、恩着せがましい白人歯科医と出会う先住民族女性の物語を展開する。映画では、先住民族と合衆国政府の条約締結交渉を思い起こす過程で、計画に反対するが最終的に賛同する部族の長老を登場させる。時折、先住民族の抵抗は高まる。ヴェルナー・ヘルツォークがアグアルナ・インディアンと『フィツカラルド』（一九八二年）を撮影しようとしたときは、新しく組織されたアグアルナ評議会は、ヘルツォークが計画したやり方で表象されることに異議を唱え、キャンプ地を取り囲み、スタッフをむりやり川下へ移動させた(20)。

ジッロ・ポンテコルヴォ監督の『アルジェの戦い』（一九六六年）と、その後の『ケマダの戦い』（一九七〇年）を比べると、映画の制作過程には被植民者や旧植民地の人々の参加が重要であることが明らかだ。『アルジェの戦い』は、比較的低予算（八〇万米ドル）でイタリアとアルジェリアが共同制作した作品である。アルジェリア人の素人俳優が、アルジェリア独立戦争を再現した舞台で、アルジェリア人を演じた。アルジェリア人は、制作のあらゆる局面に密接に関わり、俳優は自身の歴史的な役割を現場で演じた。彼らの批判や意見に応え、数えきれないほどシナリオを書き直した脚本家のフランコ・ソリナスとも綿密に協力した。その結果、アルジェリア人は、社会的に複雑な人々であり、民族闘争の行為主体として存在したのである。一方、同じ監督の数百万ドルもかけた『ケマダの戦い』*22には、そのような協力体制はなかった。イタリアとフランスの共同制作で、もとは農民の素人俳優エヴァリスト・マルケスの相手として、英国の植民地官吏役にマーロン・ブランドを配している。第一世界の最もカリスマ的な俳優の一人を、その面構えだけで選んだまったく経験のない第三世界の素人俳優と競わせることにより、ポンテコルヴォは、あるレベルでスター・システムを覆した。しかし、他のレベルでは、教訓めいた映画の意図から、皮肉にも反植民地闘争を支援する植民者に好意を抱くように観客の趣味もひっくり返してしまった。映画の制作にカリブ人が加わらなかったため、被植民者は文化的定義のないぼんやりとした人物像で、表面的に描かれることになった。

配役をめぐる人種の政治学

映画や演劇の配役は表象直接形であり、政治的な意味を含んだ声を代表する。あまりに多くの欧米人が、非ヨーロッパ人を脇役やエキストラの地位へ追いやって、主役を演じてきた。ハリウッド映画では、欧米人は顔を「黒」や「赤」、「茶色」や「黄色」に塗って他の人種を演じる特権を一方的にずっと享受したが、逆のケースは稀であった。『ハイロー・ブロードウェイ』（一九三三年）のアル・ジョルソンや、『有頂天時代』（一九三六年）のフレッド・アステア、『青春一座』（一九三九年）のミッキー・ルーニーとジュディ・ガーランド、『ディキシー』（一九四三年）のビング・クロスビーのように、一九世紀から続くヴォードヴィル[*23]では、白人が顔を黒く塗って黒人に扮するのが伝統で、アメリカのポップ・カルチャーでも絶大な人気を博した。バート・ウィリアムズのような黒人のミンストレル・ショー[*24]の芸人でさえ、映画『民族の観念』（一九八六年）が指摘するとおり、自分の身体をネタに笑いをとるよう強いられた。顔を黒くするのに使う焦げたコルクは、いわば黒人性の比喩だった。

サイレント時代には、人種の配役にあからさまな政治的配慮があった。『国民の創生』の卑屈なニグロたちは本物の黒人が演じたが、果敢で脅威となる黒人は、おもに黒人に扮した白人が演じた。しかし、NAACPが抗議してからは、ハリウッドは慎重に黒人俳優を端役に配役しはじめた。だが、トーキー時代になっても、『ピンキー』（一九四九年）や『悲しみは空の彼方に』（一九五九年）、そしてジョン・カサヴェテス監督の『アメリカの影』（一九五九年）のような前衛的な映画でさえ、白人の女優が「悲劇のムラート女性[*25]」を演じることを要求された。一方、本物の「ムラートの女性」は白人の役でも文句なく「通用《パス》」したかもしれないが、たとえば『キャビン・イン・ザ・スカイ』（一九四三年）のレナ・ホーンのように、黒人女性の役をふられた。言い換えれば、俳優の実際の肌の色が配役で重要だったのではない。欧米の人種主義言説における「黒人」対「白人」という「血」の定義では、「黒人の血」の一滴は、ホーンのような女優[*26]から白人女性を演ずる資格を奪うのに十分であったのだ。

欧米人が演じる「有色人種」は、アフリカ系アメリカ人に限らない。他の集団との関係でも、一方的に優位な法則は働いた。ロック・ハドソン、ジョーイ・ビショップ、ボリス・カーロフ、トム・ミックス、エルヴィス・プレスリー、アン・バンクロフト、シド・チャリシー、ロレッタ・ヤング、メアリー・ピックフォード、デイム・ジュディス・アンダーソン、ダグラス・フェアバンクス・ジュニアなどは、先住民族の役を演じた数多くの欧米系俳優の一例だし、ポール・ムニやチャールトン・ヘストン、マーロン・ブランド、ナタリー・ウッドは、ラティーノの役を演じた。『ウィンドウォーカー』（一九八〇年）のころでも、最も重要なインディアンの役を演じたのは、アメリカ先住民族ではなかった。支配的な映画は、好んで「肌の浅黒い人」や第三世界の人々を代替可能な他者へ、互いに「代役を務める」ことができる交換可能な単位へと変えたがる。メキシコ人のドロレス・デル・リオは『南海の劫火』で南太平洋のサモア人を演じたが、一方で、インド人のサブー[*27]という役者は、アラブ人から東洋人まで広範囲な役をこなした。本当はメキシコ人のルーペ・ペレスは中国人や「エスキモー（イヌイット）」、日本人、マレー人、アメリカ先住民族の女性を演じ、エジプト人のオマー・シャリフはチェ・ゲバラを演じた[21]。表象の権力はこのように不均衡で、「マイノリティ」ではない人にその役を与えるのは三重にわれわれを侮辱するものだ、とマイノリティ共同体の中から激しい怒りがわき起こった。①あなたは自己表象に値しない。②あなたと同じ共同体の人は誰もあなたを代表できない。③われわれプロデューサーには権力があり、あなたができることは何もないので、あなたが不快感を覚えようが気にしない、と言っているに等しいからだ。

　こうした慣習は、実際の自己表象というかなり即物的なレベル、つまり仕事の需要にも関わっている。映画で利益をあげるには「普遍的な」（すなわち白人の）スターを起用しなければならないという人種主義者の考えは、経済と人種主義が絡み合っていることを示す。白人はイデオロギー的にエスニシティ〔民族性〕を「超越」していると見なされ、一方、有色人種は長い間決められた人種の役しかあてがわれなかったことは、「マイノリティ」の俳優にとって、大きな損失であった。ハリウッドではいま、ラリー・フィッシュバーンやウェズリー・スナイプス、デンゼル・ワシントンが、もともと白人俳優向けだった役を勝ち取っており、この状況がようやく変化しつつあるところだ。だが、アファーマティブ・アクションによる配役さえ、人種主義的な目的に利用され得る。ブライアン・デ・パルマ監督の『虚栄のかがり火』[*28]は、原作では白人だった裁判官の役をモーガン・フリーマンに与えたが、これは人種差別と非難されるのをかわす自衛措置にすぎない。

　また、肌の色にぴったり合った配役で自己表象をしたとしても、ヨーロッパ中心主義的表象を免れる保証はない。このシステムは、ときに役者の反発を押し切っても、ただ彼らに支配的な規範どおりに演じさせるために「使う」ことができる。ジョセフィン・ベイカーはスターになっても、『タムタム姫』（一九三五年）で自分が演じる北アフリカ人（ベルベル人〉が同郷の召使と結婚する結末を、フランス人貴族と結婚するように変えられなかったし、『はだかの女王』(一九三四年)でも、ジャン・ギャバン演じる労働者階級のフランス人と結婚するよう脚本を変えることはできなかった。はだかの女王ズーズーは、カリブ海を恋しがる鴛籠の鳥を演じ、孤独なまま終わるのだ。ベイカーは抗議したが、彼女の役は、白人男性を正当な結婚相手としてはならないという映画規定のせいで制限された。ジョセフィン・ベイカーやカルメン・ミランダのような女優は誇張した演技をすることで、ステレオタイプ的な役割を弱めパロディ化できたが、実質的な力は得られなかった。政治意識の高いポール・ロブスンの表現豊かな演技ですら、彼の抗議にもかかわらず、『コンゴウ部隊』(一九三五年)で、ヨーロッパ人のアフリカ植民地化を賛美するのに利用された。ハリウッドはここ数年、「正しい」配役をするふりをしてきた。アフリカ系アメリカ人やアメリカ先住民族、ラティーノ/ラティーナの俳優が、自分の共同体を「代表」できるようになったのである。しかし、この「現実的な」配役も、物語の構成や映画戦略がヨーロッパ中心的なままならあまり意味がない。クラレンス・トーマス判事[*29]が肌が黒いからといって、アフリカ系アメリカ人の法定金利を自分が代表して保証することなどないように、表面的な肌の色の公正さは共同体の自己表象を保証したりはしない。

多くの映画監督や舞台演出家が、これまでにない自己表象ができる配役のあり方を探ってきた。オーソン・ウェルズは、俳優が全員黒人のシェイクスピア劇を演出し、なかでも一九三六年にハーレム地区で上演した『ブードゥー・マクベス』は有名であった。ピーター・ブルックも同様に、ヒンドゥーの叙事詩を脚色した『マハーバーラタ』(一九九〇年)で、さまざまな肌をした多文化的な俳優を起用した。『七つの頭のライオン(Der Leone Have Sept Cabecas)』(一九七〇年)の監督グラウベル・ローシャは、わざと言葉や演劇の自己表象を混乱させた。そのタイトルどおり、アフリカ植民者の五つの言語を混ぜ合わせ、観客の言語的な位置づけをひっくり返した(Der はドイツ語、Leone はイタリア語、Have は英語、Sept はフランス語、Cabecas はポルトガル語)。ローシャのブレヒト風寓話は、イタリア訛りの人がアメリカ人の役を演じ、フランス人がドイツ人などを演じて、彼らの帝国主義的な相同性を示し、さまざまな宗主国を表象する人物に生命を吹き込む。

事実にこだわらないこうした戦略は、不遜な疑問を呼び起こす。本来の人種でない配役の何が問題なのか。演技には、アイデンティティとの戯れがつきものではないか。ハムレット〔デンマーク人〕を演じる黒人には拍手を送るべきだが、オセロ〔ムーア人〕を演じるローレンス・オリヴィエは称賛してはよくないのか。ヨーロッパ系アメリカ人とヨーロッパ人の俳優は、互いによく代役を務めなかったか（グレタ・ガルボが一九三九年に『ニノチカ』で、シド・チャリシーが一九五七年に『絹の靴下』[*30]でロシア人を演じたように）。配役は、役柄とか政治的・美学的な意図、歴史的瞬間との関わりといった、不確定な条件で論ずるべきだろう。ある国全体を他国出身の俳優が表象し、違う言語で話しているかのように作り上げるハリウッドではよくある大がかりな嘘と、オルタナティヴな美学から実際の出身とは違う配役をする試みを同じと見なすことはできない。たとえば、ハムレット役に黒人を起用するのは、文字どおりにも比喩的にも、芸術と政治の両面でも、黒人にどんな役も与えない伝統的な差別に影響を与えるが、オセロにローレンス・オリヴィエを配役するのは、黒人の才能をわざと無視してきた由緒正しい歴史の延長線上にある。イスラエル－パレスチナ紛争をテーマにしたサンフランシスコ・マイム一座の演劇『二重に見る』（一九八九年）には、役柄と俳優の肌の色が表面的には異なる配役の可能性が見られる。この作品では、民族的に多様な俳優が、類似点をもつ共同体どうしの結びつきを前提して役を変える。たとえば、アフリカ系アメリカ人の俳優がパレスチナ系アメリカ人もユダヤ系アメリカ人も演じ、黒人やユダヤ人、アラブ人を縛る排除の歴史をほのめかしているのである。

支配の言語学

自己表象という同じ問題が、言語でも生じている。言語は、集団的アイデンティティの強力な象徴であり、民族的・文化的差異のギリギリの境界に存在する深い忠誠心の要である。抽象的な実体としての言語であれば、価値の階層制では存在しないが、生きた実体としての言語となると、権力の階層制で活発に作用する。権力ゲームで使われた言語は、ヨーロッパ中心主義に典型的な文化の階層制に取り込まれる。特に英語は、白人系アメリカ人の権力や技術、財力を映す言語媒体としてよく利用される。その点について、ハリウッド映画は、帝国生まれの言語の傲慢さを露わにする。ハリウッドは、自分たちの物語だけでなく他の民族の物語も、アメリカ人にも他国の人々に対しても、いつも英語で語ろうと提案する。

セシル・B・デミル監督の大作では、神はおろか、古代エジプト人も古代イスラエル人も英語で話す。ハリウッドは腹話術を使って世界を語ることで、間接的に諸外国が言葉で自己表象する可能性を低くした。ハリウッドは、英語を世界的に広めて利益を得るとともに、自ら英語の普及を促した。他文化の言語の自律性の衰退に、間接的に手を貸しているのである。

植民者にとって、人間であるとは自分たちの言語を話すことを意味したため、被植民者は母語を放棄するよう奨励された。ングギ・ワ・ジオンゴは、セネガルの映画『シンボル』（一九九四年）で、ケニアの子どもたちが母語を話すと罰せられ、「私は馬鹿です」[22]と書いた札を持たされた場面について語る。しかし、被植民者は二重の意味で発話を否定された。第一に、慣用的に母語を話すことが許されなかった。第二に、もっと根本的な意味で、話す能力があると認められなかったのである。[23]この発話を制限した歴史が、数多くの映画に対する抗議を呼び起こした。こうした映画では、言語差別と植民地主義者の「如才なさ」が手を携え、見下すような性格描写や社会の歪んだ描写と密接に関わっている。伝統的なハリウッド西部劇の「インディアン」は自らの言葉を奪われ、「文明化した」言語を使いこなせない証である混成英語《ピジン》を自慢気に話す。第三世界を舞台にした多くの第一世界の映画では、「他者の言葉」は隠され、歪曲され、笑いのネタにされる。たとえば北アフリカが舞台の作品では、アラビア語は理解できないつぶやき声であるのに対し、「実際の」会話で使われるのは、『望郷』（一九三六年）のジャン・ギャバンのフランス語や、『カサブランカ』（一九四二年）のハンフリー・ボガートとイングリッド・バーグマンの英語である。大げさなほどアラブ人に好意的なデヴィッド・リーン監督の『アラビアのロレンス』（一九六二年）でも、さまざまなアクセントの英語が中心でアラビア語は滅多に聞こえず、（オマー・シャリフ以外の）ほぼ全員が、アラビア語をほとんど話さない。北アフリカを舞台にしたベルナルド・ベルトルッチの『シェルタリング・スカイ』（一九九一年）は、主役らの英語に特権を与え、わざわざアラビア語の会話を訳したりしない。この作品の歴史を考えれば、『ダンス・ウィズ・ウルブズ』（一九九〇年）や『ブラック・ローブ』（一九九〇年）の進歩は、言語的表象に著しい変化が起きる希望を与える。

多くの第三世界の映画制作者は、主流映画でヨーロッパ言語が主導権を握ることに抵抗してきた。たとえば英語は、べン・オクリ、デレック・ウォルコット、バハラティ・ムケルジー、サルマーン・ルシュディー、ヴィクラム・セスのような独立以降の人にとっては文字どおり共通語であって、その意味ではもはやもともとの「所有者」の占有物ではないが、新植民地主義に反対する人々の言語的起源へ回帰せよとの要求にも向きあってきた。ングギ・ワ・ジオンゴの異議申し立て（アフリカの作家はヨーロッパ言語でなくアフリカの言語で書くものだ）には、アフリカ人映画制作者もある程度同意している。アフリカの言語はごくふつうに使われるようになった（字幕をつけるなど）。たとえばセンベーヌ・ウスマン監督は、多様なアフリカの言語、特にジョラ語とウォロフ語で映画を制作してきた。センベーヌも、植民地的な状況における、言語と権力の問題を重視する。たとえば彼の作品『ハラ』[*31]（一九七四年）は、言語や社会の表象の問題と関連がある。主人公のエル・ハッジは、複数の妻を持つセネガル人のビジネスマンで、ファノンが厳しく非難した、新植民地主義的なアフリカ人エリートの姿勢を体現している。センベーヌは、ウォロフ語とフランス語の対立を描く。エリートはアフリカ式の服装をして、ウォロフ語で愛国心溢れる演説をしながら、仲間内ではフランス語を話し、アフリカ式の服の下に着たヨーロッパ製のスーツを見せるのである。役の性格は、大半が言語を中心に決められる。エル・ハッジの第一夫人アジャは、植民地になる前のアフリカの表象であり、ウォロフ語を話し伝統的な服を着ている。第二夫人オウミは、ヨーロッパのファッションを真似し、フランス語を好んで使い、かつらやサングラス、襟ぐりの深い服を身につける。最後にエル・ハッジの娘ラマは、アフリカとヨーロッパの進歩的なハイブリッドの表象で、フランス語を話せるが、フランス贔屓の父親とはウォルフ語で話すと言い張る。父親は、娘は寡黙なほうがよいと考えるが、ラマはうるさく言われると、グロリア・アンサルドゥーアが言うところの「使用言語の切り替え《コード・スイッチ》」を行う。つまり、「他者の（別の）アルファベットを使って沈黙を一変させる」のである[24]。このように、言語の変更に伴う衝突は、社会的・文化的緊張という大きな負担を課す。

言語とは社会的な戦場であり、政治対立が集団的に密接に関わる場を形成する。人は、ただ主たる記号体系だから言語を使うのではない。権力関係によって言葉のやり取りが定まる、社会的に構成された主体として、言語に関わるのだ。植民地主義の場合、言語の相互性などまったく問題外である。センベーヌ監督の『黒人女』（一九六六年）では、主人公のディオナは黒人として、メイドとして、女性として、不平等の多重構造の収斂地点に位置し、彼女に対する抑圧は、特に言葉で伝えられる。ディオナは、フランス人の雇い主が自分のことを「彼女はフランス語を理解しているよ。……動物のように、本能で」と言っているのを耳にする。植民地主義者はここで、人間の特性（言語能力）を動物の特性の証として定義し直している。雇い主はセネガルに何年も駐在したのにディオナの言語も文化も何も知らない。ディオナはフランス語を話せるのだが。言語が非相互的なこうした支配体制は、植民地の二言語主義と通常の言語の二重性を区別する。被植民者にとっては植民者の言語に精通することが生き残る力の証であり、自分たちの声が日々かき消されている証でもあるが、入植者にしてみれば被植民者の言語の否定は、彼らの政治的自決権の否定と結びついている。植民地の二言語主義は、相反する精神的・文化的領域を生みだすのだ。

新植民地主義的な状況では、ヨーロッパの言語が他の言語よりも本質的に「映画的」に見えるのは言語的に当然で、ハリウッドの言語は「本物の」映画のモデルとなる。一九二〇年代には、英語の「I love you」のほうが、ポルトガル語の「Eu te amo」よりも本質的に美しいと、皮肉ではなく主張したブラジル人評論家もいた。特に愛の言葉に焦点を当てるのは、魅惑的で人気のあるスターが登場するハリウッドのロマンチック映画の魅力だけでなく、言語的新植民地主義の官能性に対する直観の表れでもある。帝国主義化した言語は、ある種の男根崇拝のような権力と魅力を持つのである。ブラジルでも英語のタイトルがつけられたカルロス・ディエギス監督の『バイバイ・ブラジル』（一九八〇年）は、いわばブラジル人のポルトガル語を「通して」英語を見つめる作品である。映画に登場する旅芸人一座の名前、カラヴァナ・ロリデイは、創造的歪曲の精神に基づき、英語の「ホリデイ」をブラジル風に発音したものである。このように「正しく把握する」のを拒むのは、心からの愛着と怒りに満ちたパロディが混ざった、植民地に典型的な相反する感情を示す。シコ・ブアルキの主題歌は、世界のアメリカ化（この場合は多国籍化でもある）の指標として、「バイバイ」「ナイト・アンド・デイ」「オッケー」といった言い回しを使う。デザイナーズ・ジーンズを履きポルトガル語を話すアマゾンの部族長や、ビージーズのような音づくりをする僻地のロックグループは、羊皮紙《パリンプセスト》のように痕跡を残しながら再利用されるアメリカを体現している。要するに言語的な自己表象とは、単に「本当の」言語に戻すのではなく、自由になるための言語の編成が必要な問題なのである。(25)

ハリウッド作品と人種

抑圧された共同体はハリウッド映画で民族的・人種的にどのように表象されているかに関し、これまでも重要な研究が行われてきた。ヴァイン・デロリア・ジュニア、[*32]ラルフ・フライアーとナターシャ・フライアー、[*33]ワード・チャーチル、[*34]アネッテ・ハイメス[*35]のような評論家など、多くの人が血に飢えた野獣や高貴な野蛮人としてアメリカ先住民族をとらえる二元論について論じてきた。アメリカ先住民族の批評家は、白人（ロック・ハドソン）、ラティーノ（リカルド・モンタルバン）、日本人（早川雪洲）といった非先住民族がアメリカ先住民族の役を演じる際の「レッドフェイス」〔顔を赤く塗る〕の慣行を激しく非難した。彼らはまた、インディアンがグロテスクな犬食いの儀式（『エルダーブッシュ渓谷の戦い』一九一三年）や、リストカットの儀式（『折れた矢』一九五〇年）を行ったり、ある儀式を別の部族のものと間違えたり（スー族のサンダンスを、マンダン族のオーキーパの儀式と説明）する、ハリウッド映画の数え切れない表象の過ちを指摘してきた。チャーチルは、現実に忠実で肯定的な描写として評価の高い『馬と呼ばれた男』（一九七〇年）のような「好意的な」作品でさえ、「言葉はラコタ族で、髪型はアシニボイン族からネズ・パース族、コマンチ族まで幅広く、ティーピー[*36]の様式はクロウ族、そしてサンダンスの儀式……［は］例によってマンダン族の」人々を描いていると述べた。[(26)]何世代にもわたってアメリカ先住民族は弓という武器を使ってきたが、もっと上手な弓のコツを先住民族に教える白人捕虜がこの作品には登場する。「ヨーロッパ中心の精神が生まれつき優れているという前提」を露呈させているのである。[(27)]

それでは自己表象の問題にいくらか敏感なハリウッド映画について、どう説明するのか。『ダンス・ウィズ・ウルブズ』のような人気映画は、繊細で多面的な価値の分析が必要なことを示す。この作品は、先住民族が先住民族を演じた先駆けだが、現在の先住民族の運動とは隔絶した遠い昔の物語で、あまり政治的に大胆ではなかった。しかし徹底した分析から、この作品は矛盾を抱えながらも同時に肯定すべき点もあると考えなければならない。①先住民族寄りの視点を採用するにあたり、ハリウッドとしては比較的進歩的な手法をとった。②アメリカ先住民族の言語に整合性を持たせて敬意を示している。だが、③悪いポーニー族と善良なスー族という伝統的な二項対立の描写のせいで、進歩的手法も一部損なわれている。④遠い昔に対する哀愁の強調、⑤前面に出る欧米人の主人公、および⑥主人公と非インディアンの恋人との牧歌的な恋愛が、さらに作品を傷つける。しかし、⑦欧米人に焦点を当てることは、そこに観客の一体化するようなひいきが加わると、映画の広範な影響力を保証する。⑧そのおかげで、間接的にアメリカ先住民族の映画制作者たちのチャンスが広がった。とはいえ⑨映画産業の大きな制度改革が行われたり、⑩こうした作品が将来制作されるよう方針が変わることもないが。その一方で、この作品は⑪結局はいまだに先住民族の滅亡を助長してきた資本主義や近代主義の思考の一部になったままである。[28] したがって、テクストの微妙な文脈にあわせ、良い映画・悪い映画という二項対立的な図式、すなわち「悪い対象」を批判するのと同じように「政治的な正しさ」に陥ることなく、こうした明らかに矛盾する点をすべて考慮して分析しなければならない。[29]

多くの学者、特にドナルド・ボーグル、ダニエル・リーブ、ジェームズ・スニード、ジム・パインズ、ジャッキー・ジョーンズ、パール・ボウザー、クライド・テイラー、トーマス・クリップスは、既存のステレオタイプが従来のメディアから映画へどのように移行したか、調査した。たとえば、ジャイブ〔ハーレム起源のジャズダンス〕を踊るいかさま師やシャッフル〔アフリカ系独特のすり足ダンス〕を踊るサンボ〔黒人〕などだ。著書『トム、クーン、ムラート、マミー、バック』でボーグルは、ハリウッド映画の黒人の表象を概観する。特に黒人の俳優がハリウッドから与えられたステレオタイプ的な役といかに不利な闘いをしたか強調している。この本のタイトルは、主な五つのステレオタイプをはっきりと教えてくれる。

1　奴隷の「トム」（『アンクル・トムの小屋』のアンクル・トムが起源）。

2　「クーン」（ステッピン・フェチットの例が原型）。このタイプは、「黒人の子ども《ピカニニー》」（無害で人を驚かせる道化役〔『ピーターパンの冒険』に登場する先住民族の名前でもある〕）と「リーマスじいや」（素朴で愛想のよい大衆的な思索家）に分かれる。

3　「悲劇的なムラート」は、通常は女性で、『ピンキー』や『悲しみは空の彼方に』といった映画で「白人に見られようとする、二つの人種を受け継ぐ犠牲者である。他には、『国民の創生』のサイラス・リンチのように、邪で野心的な悪魔のようなムラート男性もいる。
4　「マミー」は、太っていて口やかましいが、思いやりのある女中（「スカーフを頭に巻いた」ジェマイマおばさん[*37]はその変形）。『風と共に去りぬ』のハティ・マクダニエルのように、結局は家族を結びつける役割を果たす。
5　「バック」は、獣のような性欲過剰な黒人男性。舞台演劇でおなじみの危険な人物像だった。映画で最も有名なのは『国民の創生』のガスだろう。ジョージ・ブッシュ〔父〕が選挙戦で、ウィリー・ホートン[*38]として蘇らせた人物像である。

ボーグルの著書は、アフリカ系アメリカ人の俳優が強制された役の「シニフィアン」〔記号表現〕となりつつそれを覆してきたやり方に注目するため、ステレオタイプの枠を超える。ボーグルにとって、黒人の演技の歴史は、類型やカテゴリーの制限との闘い、アパルトヘイト式制度による隔離の慣行に反対する三次元の〔生身の〕黒人たちが日常的に闘った歴史でもあった。ボーグルの概して暗示的な映画演技論と、ジェームズ・C・スコットの日常生活における行為と抵抗の文化人類学を比較すると興味深い。前記のステレオタイプだけで演技を評価するならば、スコットがいうように「役者が自分の目的のために演技を専有するときの行為主体を見逃してしまう」[(30)]。このように、サバルタンの行為は、スコットが従属集団の「隠れた台本」と呼ぶ、毒気を抜いた曖昧なやり方で符号化《コード》されることが多い。率直に意見を表明すれば制裁を受ける可能性があり、これを避けたい役者が権力に苦しむ状況で「台本に隠された意図」を表現しようとするとき、ある種の「婉曲化」が起こる。最盛期には、黒人の演技は個性を発揮したり、こっそり抵抗して、ステレオタイプを矮小化した。『風と共に去りぬ』でマクダニエルが演ずる「マミー」が「がみがみ小言を言う」のは、スカーレットを真っすぐ見つめる彼女なりのやり方であり、この視点では人種差別制度に対する反抗を間接的に表している。ボーグルは、脚本や制作所の意向に逆らう黒人俳優の柔軟な想像力を力説する。その能力は、屈辱的な役を抵抗の演技へと変えるのだ。このように、「当時の主だった黒人俳優はそれぞれ、観客がすぐに反応してくれるように、特徴ある声や個性を見せようとした。誰がボージャングルの優雅さを忘れることができるのか。ロチェスターのコンクリートミキサーのような声を、ルイーズ・ビーヴァースの陽気さを、ハティ・マクダニエルのふてぶてしさを?」[31]。演技そのものが、解放の可能性をほのめかすのだ。

歴史的にハリウッドは、黒人の俳優に、どうやってステレオタイプにあわせるか「教え」ようとしてきた。ビーヴァースの声には方言や訛りがまったくなかったので、彼女は黒人役者の義務と考えられていた、ゆっくりとした南部特有の話し方を訓練しなければならなかった。ロバート・タウンゼントの『ハリウッド夢工場/オスカーを狙え!!』(一九八七年)は、映画の撮影現場が舞台の作品だが、白人の監督たちが黒人俳優に対し、白人の考える黒人のステレオタイプに無理やり従わせるさまを描き、こうした人種主義的な慣習を皮肉った。白人の監督たちは、黒人らしい路上のジャイブ・ダンスや身振り、癖を指南するが、主人公の黒人俳優はどれも不快に思う。主人公の夢は空想シーンで示され、スーパーマンやランボーといった有名なヒーローや、リア王のような悲劇的な役を演じることだ。威厳のある社会的に名の通ったドラマチックな役をやりたいという願いは、いつも冗談のネタにされるのではなく、歴史的に悲劇や英雄譚と結びつく世間の尊敬を得るため、真剣に受け止めてほしいという望みを反映している。タウンゼントの作品は、この望みをパロディで逆説的に伝えているのだが。

アメリカ先住民族やアフリカ系アメリカ人に関する研究だけでなく、その他の民族集団のステレオタイプについても、重要な研究が行われてきた。アレン・ウォールは著書『アメリカ映画におけるラテン系のイメージ』で、ラティーノは暴力的という認識が、バンディード〔盗賊〕、グリーサー〔油差し、転じて、脂じみた人〕、革命家、闘牛士のステレオタイプに共通すると指摘する。一方、ラティーナは、ルーペ・ヴェレスが出演した映画のタイトルの『ホット・ペッパー』(一九三三年)、『まさにダイナマイト』(一九三四年)、『メキシコのスピットファイア』(一九四〇年)のように、熱く情熱的なサルサを思い起こさせる。アーサー・G・ペティットは『フィクションと映画におけるメキシコ系米国人のイメージ』において、ネッド・バントラインやゼイン・グレイといった作家が創造した英米人の「征服物語」に対するこうしたイメージが相互に関連する様子を追う。メキシコ人は「英米人の基本型とは正反対の資質」というように、すでに征服物語で否定的に定義されている、とペティットは言う。このような作家は、以前はアメリカ先住民族や黒人に向けられていた偏見を、メキシコ人のメスティーソへ転化する。白人と非白人の結婚を激しく非難し、異種混淆のせいでメキシコ人は衰退や堕落が避けられないというテーマを、繰り返し取り上げる。「スペイン人とその「汚れた」子孫は、下等な黒い肌の人種と自発的に交わって、人種的・民族的な自己虐殺の罪を犯した」[32]。征服物語では、メキシコ人はメキシコ人と呼ばれず、「グリーサー」や「ヤラー」（南部の方言で、肌の色が明るい黒人のこと）、「雑種」、「ニガー」と呼ばれる。ハリウッドは、バンディードやグリーサー、「混血」の売春婦といったステレオタイプを、カスティーリャ人の紳士や上流階級の女性という、肯定的なエリート像とともに受け継いだ。そのような作品では、登場人物の肌の色が黒ければ黒いほど性格も悪いというふうに、品行もカラーコーディネートされるのである[33]。

教科書的な数多くのドキュメンタリーは、ステレオタイプの問題を取り上げている。『メディア・ショー：北米インディアン』（一九九一年）は、ハリウッド映画（『ダンス・ウィズ・ウルブズ』も含む）における「インディアン」の描写を批判的に分析する。フィル・ルーカスとロバート・ハゴピアンの『インディアンのイメージ』（一九七九年）は、アメリカ先住民族のステレオタイプの供給源であるハリウッド映画を考察している。この作品は、各三〇分の五編からなる。「映画の大虐殺」はインディアンの戦士のイメージを検証する。「異教徒のインディアンとハリウッドのゴスペル」は、土着宗教の誤った描写に取り組む。「どのようにハリウッドは西洋に勝ったか」は、一方的な歴史の表象に焦点を当てる。「インディアン映画のリール」は、アメリカ先住民族に対する映画産業の姿勢について語る。「ウォーペイントと頭飾り」は、ハリウッド・インディアンがつくられたものであることと不自然さについて話す。ビル・コスビーがナレーターを務めた『黒人の歴史：失われ、盗まれ、迷いしもの』（一九六七年）は、いままでの間違った黒人の描写やステレオタイプ化を批判する。マーロン・リッグスの『民族の観念』は、人種差別的な漫画やおもちゃ、映画で具体化されたステレオタイプがもたらす苦痛を強調し、アフリカ系アメリカ人の俳優や研究者のインタビューと人種主義的な資料を交互に引用する。グロリア・リブの『ここから、こちら側から』（一九八八年）は、メキシコ側から見た文化的支配を伝えるために、ハリウッド映画と記録資料を効果的に使っている。エドワード・サイードがナレーターを務める『西洋の影の中で』(一九八四年)は、パレスチナ人、レバノン人、アメリカ在住のアラブ人知識人との対話も部分的に用いつつ、オリエンタリストによる表現を批評する。レニー・タジマとクリスティン・チョイの『誰がビンセント・チンを殺したか?』(一九八八年)は、白人の自動車工が日本人と間違えて中国系アメリカ人を殺した事件を取り上げた作品で、アジア人を排斥するメディア素材を用いた。ヴァレリー・スーの『東洋人は皆、同じ顔に見える』(一九八六年)は、非常に多様なアジア系アメリカ人の顔がオーバーラップしていくことで、オリエント化をもたらす「複数のしるし」〔アルベール・メンミの概念〕の効果を弱める。クリスティン・チョイとレニー・タジマの『イエロー・テイル・ブルース』(一九九〇年)は、アジア系アメリカ人の現実とメディアのイメージを並べる。シュー・リー・チェンの『カラー・スキーム』(一九八九年)は、人種の同化という表現が曖昧であることを示すために、アメリカ人の理想である「人種のるつぼ」を「カラーウォッシュ」という隠喩で茶化した。一二人の役者が、浸す、洗う、すすぐ、絞るという、四つの民族的な洗濯の工程を再現するのだ。デボラ・ジーの『ドラゴン殺し』(一九八七年)は、短い映像を何本も使ったり(『スージー・ウォンの世界』一九六〇年の一場面など)、どうやってアジア人女性が従順でエキゾチックというステレオタイプ化されてきたかを示すインタビューを行っている。

リッグスの『色の調整』(一九九一年)は、テレビにおける黒人の表象の歴史を、風刺コメディ『エイモス&アンディ』[*39]の時代から『グッドタイムス』[*40]のような黒人のホームコメディ、『ルーツ』[*41]を経て、最後は『コスビー・ショー』のハクスタブル家[*42]まで、年代順に記録する。だが『色の調整』は、郊外に暮らす理想的な核家族という、多くの番組に潜む基本的な枠組みについては語るが、「本来的な」表象についてはあまり語らない。ここで使った番組の一つ『オール・イン・ザ・ファミリー』[*43]で、エディス・バンカー〔主人公の妻〕は黒人の進歩を賞賛する。「彼らは皆、かつては使用人やメイド、ウェイターだったが、いまや弁護士や医者だ。テレビに出るまでに出世したんだ!」。だが、『色の調整』が提示するこの虚像の改善説は、まったく的を射ていない。テレビに出るのがアフリカ系アメリカ人の医者や弁護士だけになったとしても、だからといって彼らの現実は実質的に改善されることはないだろう。『色の調整』は、ホームコメディの挿話と街のドキュメンタリー映像を示唆的に並べて、メディアのイメージと社会の現実の違いを強調する。対照法を使うこともあれば（『ゆかいなブレディー家』の場面と公民権運動のデモ行進を攻撃する警官隊の映像）、比較法を使うこともある（強制バス通学〔白人と黒人の共学促進のための措置〕に反対するデモ参加者〔白人保守層〕が人種差別的な言葉で罵る映像と、『オール・イン・ザ・ファミリー』の主人公アーチー・バンカーのばかばかしい人種差別を並べる）。『フェイド・トゥ・ブラック』（一九八九年）は、非常に多様な素材を積極的に取り入れた作品である。映画における黒人の歴史を圧縮し、ルイ・アルチュセールの影響を受けた理論を挟み、長編映画（『めまい』一九五八年、『タクシードライバー』一九七六年）の映像を使い、ラップミュージックや、激しいナレーションを入れている。二人の黒人男性によるナレーションは、白人が口先だけで人種差別を否定していることと、日常的に黒人と「距離」を取って恐怖や敵意を表していることを対比する。白人のドライバーは黒人を見ると車のドアをロックし、白人の既婚女性は黒人男性が近づいてくるのを見るとハンドバックをしっかりとつかむのである。[*44] [*45]

ステレオタイプの範囲

本書では、大衆文化のステレオタイプ化の研究が重要だと主張するだけでなく、登場人物やステレオタイプを中心にすえるアプローチの前提について、いくつか方法論をめぐる疑問も提起したい（ここで言及する作家の著作だけが「ステレオタイプの分析」に分類できるというわけではない）。ステレオタイプを中心にすえたアプローチはまず、繰り返される人物描写の配置、しかも致命的な配置を分析し、以下について不可欠な貢献をした。

1　一見するととりとめがなく秩序立ってない現象の抑圧された偏見のパターンを明らかにした。
2　ステレオタイプ自体の内面化であろうと、その拡散の悪影響であろうと、そうして系統立てて否定的に描かれた集団が被った精神的な荒廃を強調した。
3　ステレオタイプの社会的機能を示し、認識の誤りというよりも、むしろアリス・ウォーカーが「イメージの監獄」(34)

と呼ぶ、ある種の社会統制だと論証した。

同様に、「肯定的なイメージ」の必要性は、ナルシシズムをくすぐられるのに慣れている者だけが理解できないという深遠な論理に対応する。主流の映画がヒーローやヒロインで商売するとしたら、「マイノリティ」の共同体は、単に表象における平等だけの問題であるとして、表象というパイの公正な取り分を当然のごとく要求するのである。

他方でステレオタイプのアプローチには、理論的・政治的な落とし穴がそこここにある。第一に、肯定的なイメージだろうと否定的なイメージだろうと、それにこだわると、あまり鋭くない批評家が複雑で多様な描写を定型表現に矮小化してしまうように、一種の本質主義になりかねない。無理に型にはめようと、架空の登場人物をあらかじめ決められたカテゴリーに押し込めている。批評家は、どの黒人の子役の背後にも「ピカニニー」の影を、どの性的魅力のある黒人男優の背後にも「バック」の影を、どの太っていたり子持ちの黒人女性の背後にも「マミー」の影を認める。そのような還元主義的な単純化は、論戦を目的とした、まさに人種的な本質主義を再生産する危険を冒すのだ。

この本質主義は、その結果としてある種の非歴史主義を生みだす。その分析は、何かと何かが結合して生じる変異や変容や変化、改変された機能を考慮に入れない、固定したものになりがちで、ステレオタイプや言語ですら歴史的に変化することを無視する。ボーグルが引き合いに出した基本用語のうち、いくつかは必ずしも反黒人的ではなかった。たとえば、「クーン」は元来は田舎の白人を指す言葉で、一八四八年頃ようやく人種的な中傷になった。「バック〔雄ジカ〕」は、アメリカ独立革命の時代は「若くて威勢のいい、精悍な男性」を連想させたが、一八三五年以降はじめて黒人と関連づけられた。(35) ステレオタイプの分析では、たとえば経済の構造変化によってイメージがつくられる可能性についても理解できない。「グリーサー・フィルム」の「怠惰なメキシコ人」と、半額の賃金で長時間非常に熱心に働きたがる、メディアが伝える現代の「不法入国者」はどうすれば一致するのか。その一方で、機能が同じままでもイメージが変化することもあれば、反対に、イメージが同じままでも機能が変化することもある。リッグスの『民族の観念』は、アンクル・トムの役割は黒人を表象することではなく、黒人が従順であるという心安らぐイメージで白人を安心させることだと説明する。黒人の「バック」の役割は、エリートが操作しやすくするために白人を怖がらせることであった。これは南部の州権民主党《ディキシークラット》[*46]が考案し、後に共和党が採用した策略であり、合衆国の再建時代〔南北戦争後の再統合期〕以降、ずっとそうなのだ。『アーノルド坊やは人気者』や『ジェファーソンズ』のような、黒人に配役があるホームコメディの肯定的なイメージは、ハーマン・グレイがいうように「人種の調和、豊かさ、個人の移動性」を理想化し、そうすることで「永遠に続く人種主義や不平等、差別的な権力から注意をそらす[(36)]」のである。ハクスタブル一家の成功は、スート・ジャリーとジャスティン・ルイスが指摘するように、「大多数の黒人が失敗している事実を示唆している[(37)]」。さらに現代のステレオタイプは、植民地主義言説の長い歴史と切り離すことができない。「サンボ」の類型は、あるレベルでは、単に黒人を幼児化する比喩に限定した性格学の一例に過ぎない。「悲劇のムラート」も同じ傾向があり、人種差別的言説にある混血的特性への嫌悪、すなわち純粋性の比喩を前提とした警戒する人物像である。同様に、メディアで議論された恥ずべき人種差別的な発言の多くは、植民地主義言説への逆行ほど突飛なわけではない。歴史的に見ると、広く非難を浴びたテレビ解説者アンディ・ルーニーの黒人は「遺伝子を劣化させ続けてきた」という見解は型破りな「意見」ではなく、むしろ「人種退化」論という特効薬への回帰なのである。

移民について一九九三年四月の報道番組「トム・ブロコウ・リポート」は、ステレオタイプ化とメディアの人種主義をめぐる議論を歴史化する必要性を例証している。視聴者はTVカメラとともに、メキシコからの「不法入国者」を捕えようとする国境警備隊の奮闘を追う。監視カメラの緑色がかった光のなかに、フェンスを越え、ハイウェイを横切り、隙間を通って進む「外国人」が見える。この描写は、ねずみのように増殖し、駆除するのが難しい、根絶できない害獣のたぐいを連想させる。「彼ら」の一人が少しだけ登場するが、それは自分たちの見解を説明するためではなく、何も彼らを止められないだろうし、逮捕や追放も大きな障害にならないとただ警告するためである。番組は歴史の解説をまったくせず、国境警備隊の無慈悲な行為について何も言わない。そして、この地域全体がかつてはメキシコの一部であったことや[*47]、「不法入国の」メキシコ人が「合法の」英国系の人々より前からここにいたこと、多くのチカーノやメキシコ人が国家をまたぐ民族を自負していることも、何の説明もしない。次に画面はニューヨークに変わり、黒人のドミニカ人救急救命士が、担当地域の犯罪率の高さについて報告し、もっと移民を「厳選する」よう訴える。「悪い民族」(予想どおり黒人とラティーノ)について聞いた後、視聴者は「良い民族」に会うが、今度は不平も言わずに熱心に働き、アメリカが与えるものに深く感謝するロシア系ユダヤ人であった。同じそぶりでも、民族の階層制に従って人に与える力は異なる。たとえば、ドミニカ人もロシア人も踊る場面があるが、ロシア人のときだけ踊りは「生きる喜び」(joie de vivre)のしるしだ、とキャスターのナレーションが入る。ついで視聴者は、黒人の若者に「規律を教える」韓国人ビジネスマンという、別の「模範的マイノリティ」に出会い、黒人たちは彼が自分たちの地域をよくしてくれていると称賛する。よく言われるように韓国人は長時間働き、年長者を敬い、出世するが、彼らの成功は怒りを買う(ロス暴動を思えば、「怒っている」のは黒人とラティーノかもしれないと視聴者は疑う)。三人の白人男性の「専門家」が、画面の向こうから話しかける。リベラル派の一人は寛容を主張し、他の二人は厳しく制限すべきと主張する。この番組ではごく少数の黒人も登場して意見を述べはするのだが、それは自分の共同体ではなく他の共同体(韓国人共同体)を擁護する、あるいはより厳しい移民政策を支持するものであった。誰も黒人を弁護したりはしない。人種主義や広く多様な歴史、植民地主義や奴隷制や資本主義との関係についても、一言もなかった。

ちょっと考えれば、このシナリオがなぜとても見覚えがあるのか明らかだ。視聴者は、G・W・F・ヘーゲルやアルチュール・ゴビノー[*48]、エルネスト・ルナンといった思想家が展開し、今は「貧困の文化」イデオロギーに埋め込まれた、一九世紀の人種階層論のこだまを聞いているのだ。ゴビノーから見れば、黒人は最底辺にいて向上する能力に欠け、「黄色」人種は黒人よりすぐれているが、いまだ受動的で専制政治に陥りやすい。白人は知性的で規律正しく、自由を好むといった特徴を持ち、最高位を占める。ルナンにしてみても、アジア人は「中間の人種」で白人のヨーロッパ人は頂点に位置し、黒人が(先住民族とともに)最下層にいる。ブロコウの番組では、断定した性格は変化しているものの(アジア人はもはや受動的でなく勤勉で、かつて敵意の対象であったヨーロッパ系ユダヤ人は昇格した)、依然として基本的な序列の構造はそのままである。かつてほど白人の優越性を謳っていないが、白人は客観的で専門家、論争を好まず、まったく問題を起こさず、評価を下し、世界に「精通」し、外国の無秩序に対し法を制定する権限を有する人々とされる。

イメージ分析で「良い」登場人物と「悪い」登場人物に焦点を当てると、人種主義言説に有利な根拠で、そうした言説と向きあうことになる。そのためモラリズム〔道徳主義〕や、（創作されたものではなく、まるで生身の人間のように見なされる）架空の登場人物の相対的な善とその架空の行動の正しさについての無益な議論にたやすく陥ってしまう。善悪二元論に深く根差したこうした人間中心の道徳主義は、複雑な政治問題をまるで各個人の倫理の問題のように扱うことにつながる。それは高潔なアメリカン・ヒーローが悪魔化された第三世界の悪人と戦うという、右派が演出したある種の道徳劇を思い出させる。このようなブッシュ－レーガン政権は、植民地主義の「二元論寓意」（アブドゥル・ジャンモハメドの表現）を利用して敵を描写した。サンディニスタ[*49]は現代の盗賊として描かれ、メスティーソのマヌエル・ノリエガ〔パナマの軍人独裁者〕は（暴力的で麻薬を取引し、ブードゥー教徒という）ラティーノ男性を異常に怖がる白人の気持ちを体現した役まわりとなり、サッダーム・フセインはムスリムの狂信者でアラブ人暗殺者という間テクスト的な記憶をよみがえらせた。

　人種主義をめぐるメディアの議論は、これと同じような人格主義的な偏見を反映することが多い。マスメディアは、しばしば個人的な人種差別を大げさに非難して議論し、個人の観点で告発も弁護もなされる。ブッシュはウィリー・ホートンのイメージを利用して人種主義だと非難された。彼は、本質的に政治の問題を個人や道徳の問題とするイデオロギー的偏向を実証しながら、自分は偏見を憎み幼い褐色の肌の孫たち[*50]を愛していると宣伝したためだ。同様に、メディアが人種主義を告発する場合、通常は人種差別的な発言があり、不快感が示され、処罰が要求されるという順序である。いずれの場面でも反論がわき起こる。その人は人種主義者ではないとか、その人には当の人種に属する親友もいる、などの反論である。この一連の過程は、特定の発言を市民の発言としては不穏当とし、一見肯定的な結果をもたらす。露骨な人種差別は烙印を押され、処罰されるのだ。だがもっと微妙で言説的かつ制度的に構造化された根深い人種主義は、いまも認識されないままだ。単なる個人的・道徳的な人種差別の問題だと決めつけられ、議論は一個人の人種主義という想定で展開されてきた。こうして反人種主義教育の機会を失ってしまうのだ。人種主義は、人種差別的な考えを形づくる体系的で自己再生し広範囲に及ぶ装置として、人種差別から注意をそらし、個人の姿勢の問題に矮小化する。〈ステレオタイプ〉の分析は、さらに大きな社会的分類（人種、階級、ジェンダー、民族、性的指向）よりも、個人の特性が評価の基準となる個人主義を密かに前提とする。個人の倫理観に、大きな権力構造よりもずっと注意を払う。このステレオタイプに対する非政治的なアプローチにより、企業寄りの「内容分析家」〔マスメディアの内容を分析する人〕は、アメリカ人ビジネスマンをテレビが「ステレオタイプ化」したと皮肉でもなんでもなく、嘆くことができる。テレビには少なくともその企業としての価値観が浸透し、コマーシャルや番組さえも業務のためであることが忘れられる。

個々の登場人物に焦点を合わせるやり方も間違っている。どの登場人物もステレオタイプ化せず、社会制度や文化的実践を個人に対立するものとして誤って表象することもあるからだ。第三世界を取り上げたハリウッド映画には民族誌や言語、地理すら間違っている作品が山ほどあり、その欠陥のあるミメーシス〔模倣〕はステレオタイプそのものとはあまり関係がなく、植民地主義言説の偏向した無知のほうが関係がある。民族の社会制度や文化的実践は、この問題と関わる個々のステレオタイプがなくても中傷されることがある。メディアは、たとえばアフリカの精霊信仰を正統な信仰体系ではなく迷信深い儀礼と見なすなど、ヨーロッパ中心的な考えをよく再生産する。見下すような語彙（「アミニズム」「祖先崇拝」「魔術」）に記された偏見は、宗教を論じるためによく使われた(38)。ヨーロッパ中心の思考に西洋の階層制が重なって、アフリカの宗教を貶めた。

1　口述は文書よりも、「聖典」の宗教という文化的なお墨付きがないとされた（実際そのテクストには、ヨルバ族の賛歌のように、独特の口語形式しかない）。

2　アフリカの宗教は、一神教でなく多神教と見なされた（問題のある序列であり、いずれにせよ大半のアフリカの宗教を誤って伝えている）。

3　アフリカの宗教は、科学的ではなく迷信的と見なされた（これは神話から神学、科学へ発展するという、実証主義の伝統的な宗教観である）。実際にはすべての宗教は、信仰心への飛躍を伴うのだが。

4　アフリカの宗教は、深遠で禁欲的な神学ではなく、心をかき乱す身体の遊び（踊り）と見なされた。

5　アフリカの宗教は、昇華が不十分と考えられた（たとえば象徴的・歴史的に記念した捧げ物ではなく、本物の動物を生け贄にする）。

6　アフリカの宗教は、各人の自覚に基づいたまとまりを尊重するのでなく、個人を超えて集団が神がかり状態で混じりあい、個性を埋没させる野性的な集まりと見なされる。キリスト教神学が新プラトン主義から受け継いだ知的直観という理想は、アフリカや多くの先住民族の「神がかり」宗教のトランス状態や幻視を恐れて避ける。[39] それほどヨーロッパ中心でない視点で考えれば、これらの「欠陥」はどれも利点になるかもしれない。文書がないと、原理主義者の教条主義は不可能である。多様な精霊は、歴史的変化を生む。身体の所有は、清教徒的な禁欲主義がない表れである。ダンスと音楽は、美学の源である。

アフリカ起源のディアスポラ的で融合した《シンクレティック》宗教は、主流メディアでほとんどいつも風刺的に描かれる。『ブードゥー・マン』（一九四四年）、『女黄金鬼（『ブードゥー・ウーマン』）』（一九五七年）、『恐怖の人喰い植物（『ブードゥー・アイランド』）』（一九五七年）のような「ブードゥー」映画がホラーに分類されていることが、すでにアフリカの宗教に対する本能的な恐怖を露骨に示している。しかし、近年の映画でも、「神なき《ゴッドレス》（邪悪な）」儀式に対する一神教の側による悪魔化に加え、「呪術」の慣習に対する実証主義者の恐怖はいまだに見られる。『サンタリア　魔界怨霊』（一九八六年）は、植民地主義文学が引き合いに出す「おぞましい儀式」を暗示しながら、サンテリア[*51]を子ども殺しの儀式に支配されたカルトとして提示する。さまざまな映画が、魅力と嫌悪の両方をさらけだしてアフリカの宗教をエロチック化した。『エンゼル・ハート』（一九八七年）には、ミッキー・ロークと血まみれのラブシーンをくりひろげるブードゥー教の女司祭エピファニー・プラウドフット役でリサ・ボネットが出演している。これもミッキー・ローク主演の『蘭の女』（一九八九年）は、トマス・ロペス＝プマレホが「媚薬効果がある」というような、アフリカ系ブラジル人の宗教であるカンドンブレの雰囲気を利用している。マイケル・ケインのコメディ『アバンチュール・イン・リオ』（一九八四年）は、ブラジルの宗教ウンバンダを熱狂的な乱痴気騒ぎとして描き、女司祭（マイ・ジ・サント）は旅行者に英語で色事のアドバイスをするのだ。[40] 電子メディアも中傷的な描写に関与している。地方番組の「アイウィットネス・ニュース」は少なくともニューヨークで、現代のサンテリアを警察が扱うべき問題または「動物虐待」の問題として報道する。習慣的に鶏肉を食べる人々は商業的な養鶏場のひどい状況を忘れ、儀式で数羽の鶏を殺すことに震え上がる。一方で当局は、「ちゃんとした」宗教の場合には考えられないが、「サンテリアの廃止」を公然と要求する。[41] 要するに、ヨーロッパ中心の流儀では、登場人物のステレオタイプがどうであろうと、複雑な文化的現象を逸脱したものとして扱えるのである。

道徳や個人に焦点を当てるアプローチも、ステレオタイプの矛盾した性質を無視する。トニ・モリスンによると、黒人は両極端のことを意味する。「一方では、善意や、無害で奴隷的な庇護、そして無限の愛」を、他方では「狂気や、不道徳な性行動、無秩序」[42]を表すのだ。道徳でとらえるアプローチは、誰を肯定するのかという疑問に答えないまま、「道徳」の相対的な性質という問題を避けている。抑圧された人々の倫理感は違うかもしれないばかりか、制度的な不公平を隠し、それ自体が抑圧的でもある偽善的な道徳観とは真逆かもしれない事実を無視しているのだ。社会的抑圧が厳しければ、十戒でさえそれほど神聖ではなくなる。たとえば奴隷制のもとでは、奴隷監督に嘘をつき、ごまかし、殺すことさえも、立派とは言えないが、「良いこと」ではなかったのだろうか。「肯定的なイメージ」アプローチは、ブルジョワの道徳が現状の政治と密接に関係していると想定する。たとえば西部劇で白人のためにスパイをするインディアンの行動のように、支配集団から「肯定的」に見られるものは、被支配集団の目には裏切りと映るかもしれない。ハリウッドでは、「肯定的なイメージ」についてはそれほどタブー視されず、むしろ人種に関わる怒りや反抗や権利拡大のイメージのほうがタブーとされた。

物語や社会構造よりも登場人物に特典を与えることは、特権階級の背中につきつけたナイフをどかせるのではなく、虐げられている人々に「善く」あれという重荷を負わせる。人種を区分して「良い黒人」の反対側にその片割れとして入るのは、『復讐鬼』（一九五〇年）のリチャード・ウィドマークとか、『プレッシャー・ポイント』（一九六二年）のボビー・ダーリンといった、病的なほど敵意に満ちた人種主義者〔の白人〕である。そのような映画は、スクリーンでわめきたてる狂人に自分を重ねあわせることができない、「普通の人種主義者」をとらえ損ねてしまう。そして被抑圧者は、平等であるためにより善くなれと求められる。こうして『模倣の人生』（一九三四年版）のルイーズ・ビーヴァースから『手錠のままの脱獄』（一九五八年）のシドニー・ポワチエを経て『マイフレンド、クララ』（一九八八年）のウーピー・ゴールドバーグまで、いずれも禁欲的なハリウッドの「漆黒の聖人たち」（ボーグルの表現）が生まれたのである。さらに言えば、聖人のような黒人は『キャビン・イン・ザ・スカイ』を構成する道徳主義的な図式を思い起こさせ、悪魔的な黒人と二項対立をなす。聖人は、犠牲というキリスト教の伝統を受け継ぎ、お飾りや補助の役をする「黒人宦官」の系譜に従い、人間の正常な属性を奪われ中性化される傾向がある。(43)「肯定的なイメージ」という栄誉も、明白な差異や、社会的・道徳的ヘテログロシア（「異言語混淆」を意味するバフチンの用語）や、あらゆる社会的集団の特徴を消し去る。不自然に肯定的なイメージの作品は、通常自分たちが完璧だと勘違いしていない社会集団の描写に自信がないことを裏付けている。出てくる黒人がみなシドニー・ポワチエのような映画は、全員がステピン・フェチットのような映画と同じくらい警戒されるかもしれない。また、表象に対する支配は、自動的に「肯定的なイメージ」をつくりだすと思われている。だが、『ラーフィ』（一九九一年）や『フィンザン』（一九九〇年）のようなアフリカ製の映画は、アフリカ社会の肯定的なイメージを提示するのではなく、むしろアフリカ社会に批判的なアフリカ人の視点を提供している。その意味では、第三世界やマイノリティの映画制作者は「肯定的なイメージ」だけつくれという要求は、不安の表れといえよう。何といってもハリウッドは、合衆国を暴力的な地と描く映画を世界中に配給するのを心配したことなど一度もなかったのだから。「肯定的なイメージ」の映画は、共同体の矛盾を取り上げるよりも、完璧という見せかけを好むのである。

さらにイメージ分析は、機能の問題をしばしば無視する。『ローン・レンジャー』シリーズ（一九四九年放送開始）におけるトント*52の「肯定的な」イメージは、白人の主人公や領土拡張イデオロギーに彼が構造的に従属していることに比べればさほど重要ではない。また、やや斜に構えた人種差別撤廃論は、同化したわずかな「先住民族」だけを「エリート」のクラブに勧誘した植民地主義と同じで、被抑圧者のなかから選びだした新たなヒーローやヒロインを、古めかしい圧政的な役割に引き入れるに過ぎない。『黒いジャガー』（一九七一年）は、特定の分野（主に男性）の黒人の観客の夢をかなえるために、以前は白人が占めていた行為者の位置に黒人の主人公をはめ込むだけである。アパルトヘイト政策の下にあった南アフリカの映画産業でも、黒人のランボーやスーパースペードで[*53]黒人を楽しませることができた。[44]『夜の大捜査線』（一九六七年）や『プレッシャー・ポイント』、エディ・マーフィ出演の『ビバリーヒルズ・コップ』シリーズ（一九八四年、一九八七年）、さらにより複雑な『ディープ・カバー』（一九九二年）といった作品も、法の執行人のような非常に多義的な役に黒人の登場人物をあてる。テレビシリーズのなかでも共生的な解釈として肯定的なイメージを用いた。同シリーズの『ルーツ』は、最終的にアフリカ系アメリカ人の歴史のなかでも共生的な解釈として肯定的なイメージを用いた。同シリーズの副題「あるアメリカ人一家の年代記《サガ》」は、この作品がヨーロッパ式の核家族を強調していることを示す（アフリカにいた頃のクンタの暮らしが振り返られる）。民主国家アメリカで自由と繁栄に向かって進む別の移民集団の役にも黒人が起用された。リッグスが『色の調整』で指摘するように、『ルーツ』は既存の理想的な白人一家のホームコメディの「地位」に裕福な黒人家族を置き、リベラルではあるがまだ保守的な家族観にとらわれた、愛情いっぱいの家長クリフ・ハクスタブルが登場する『コスビー・ショー』へ道を開いた。一方、ジョン・ダウニングは、『コスビー・ショー』がもっとイデオロギー的に多義的だとしている。アフリカ系アメリカ人の文化に安っぽい誇りを与えてくれるが、他方で構造的な不公平と人種差別を覆い隠すために中産階級の生活の価値を称えているからである。[45]

視点、発信、焦点化

「肯定的なイメージ」アプローチはまた、映画制作者と観客双方の視点や社会的位置づけの問題を無視している。「上から」行われたステレオタイプ化と「下から」のステレオタイプ化を同じと考えることはできない。後者の「下から」のステレオタイプ化は、いわば「引用符つき」で使われる、つまりステレオタイプだと自覚したうえで新しい目的に使われるのである。たとえば、劇団カルチャー・クラッシュ[*54]は、チカーノのステレオタイプを引きあいに出すが、つねにチカーノの視点に共感的である。だが肯定的なイメージの概念は、民族集団が自分をネタに笑いをとる、この種の「内論の風刺」を許さない。スパイク・リーの『スクール・デイズ』（一九八八年）も、アフリカ系アメリカ人社会における同じ人種どうしの緊張関係を探るため、全員黒人のミュージカルという人種隔離的な含意をひっくり返してステレオタイプを利用する。白人のアイデンティティを持つアフリカ系アメリカ人と、黒人のアイデンティティを持つアフリカ系アメリカ人の、イデオロギー的・階級的な対立をコミカルに演出した。この作品は、アフリカ系アメリカ人の代表というよくある地位に訴えるのではなく、特にジェンダーとセクシュアリティに関して監督はわかっていないという評価があるにせよ、衝突する複数の声のポリフォニーを示す用意があるという彼の自負を明示し、雑多な社会の矛盾を演じる物語空間を解放するのだ。確かに、誰に向けて発信するかという問題は、表象の問題と同じくらいきわめて重大である。作品を通して誰が話しているのか？　誰が聴いていると想定するのか？　誰が実際に聴いているのか？　誰が見ているのか？　そしてその作品にとってどんな社会的欲求が高まるのか？

「肯定的なイメージ」のアプローチは、視点やジェラール・ジュネットが「焦点化」と呼ぶ問題も無視している。ジュネットは古典文学の「視点」の問題を組み立て直し、登場人物の視点を越え、物語世界の「住人」の認識や知覚の網の目を通してその世界の情報を構築する。(46) この概念は、「他者」に対し、「肯定的な」イメージ、魅力的な会話、ばらばらの視点、といった場面を与えるリベラルな作品に当てはめるとよくわかる。こうした作品では、しかしながら、欧米人の登場人物がなおも、情報を取捨選択する「意識中枢」および「フィルター」を、すなわち支配的な人種・民族的言説の伝達媒体を、周囲にまき散らしつづけているからだ。第三世界や、第一世界のマイノリティ文化を取り上げたハリウッドのリベラルな作品の多くは、おおむね共感して描く他者の文化への「架け橋」としてヨーロッパ人やヨーロッパ系アメリカ人を配役する。『アンダー・ファイア』（一九八三年）や、『サルバドル／遥かなる日々』（一九八六年）、『ミッシング』（一九八二年）、『危険な年』（一九八三年）、『いつわりの輪』（一九八二年）で第一世界のジャーナリストは、植民地の旅行者や後に人類学者が担った伝統ある「媒介者」の役割を受け継ぐ。それは、「報告を持ち帰る」者という役目だ。仲介する登場人物は、他者化された共同体に観客を招く。第三世界やマイノリティの人々は、自らを語ることができないと示唆されているのだ。映画においても政治生活においてもスターに値しないため、解放を求める闘いで仲介者が必要となるのである。視点が優位な登場人物が、「テクストの規範」の「運び手」である必要はない。たとえば、オズヴァルド・センソニーの『黒人少年ジョアン』（一九五四年）は、一人の年老いたブラジル人解放奴隷という、重要な登場人物の視点を中心に全体が構成されている。だが、一見するとジョアンに全面的に共感するよう、彼の視点からすべての出来事を伝えているように見えるが、実際に共感を呼ぶのは、善良な白人の奴隷廃止論者の手に運命を委ねた「良い」黒人という家父長主義的な見方なのである。『ハンナK』（一九八三年）のパレスチナ人、『インドへの道』（一九八四年）のインド人、『ミシシッピー・バーニング』のアフリカ系アメリカ人、『アンダー・ファイア』のニカラグア人、『シティ・オブ・ジョイ』（一九九〇年）のインド人といった、第三世界の対象に共感する特権をヨーロッパ人の仲介者に与えるリベラルな映画には、関連する両義性が見られる。『トラベル』というテレビ番組は最近（一九九二年四月二六日）も同様に、ペルーで子どもの支援をする年配のイギリス人女性を賞賛した。まるで彼女が「マイ・ボニー」[*55]を歌う団体の長であるかのように、彼女を前面に押し出す演出だった。社会の変化を進める唯一の正当な力として個人の利他主義を想定するイデオロギーにおいて、被抑圧者の白人救世主だと一貫して位置づけたのだ。第三世界の登場人物は、そうした映画や報道では、たとえ彼らの苦境が主題であっても補助的な役割しかない。要するにメディアのリベラリズムは、サバルタンの共同体に、自己決定する目立つ役を演じることを許さない。その拒絶は、政治的領域で仲介者がいない自己主張をリベラルが嫌うのと根は同じである。『シティ・オブ・ジョイ』で、コルカタ（カルカッタ）の恐ろしく悲惨に描かれた、チダナンダ・ダスグプタの表現では「キリスト教徒の慈悲心の尽きることのない対象」は、主演パトリック・スウェイジの教養小説《ビルドゥングスロマン》〔成長物語〕の舞台となる。[47]「他者」は、個人的な犠牲と贖いのための踏み台になるのだ。

『いつわりの輪』や『リトル・ドラマー・ガール』（一九八四年）といった他の中東の推理物と同じく、『ハンナK』ではその説教くさい押し付けを西洋人の観客に受け入れてもらえるように、第一世界の主人公ハンナ・カウフマン〔米国からイスラエルへ移住したユダヤ人〕（ジル・クレイバーグ）が第三世界の抑圧を説明する。特に法廷の場面で、ハンナはパレスチナ人のサリーム・バクリー〔テロの容疑者〕を弁護するだけでなく、身体的に（そしてイデオロギー的に）観客が親近感を抱くように演出される。会話や演出によって観客は彼女の非政治的なヒューマニズムに同調し、彼女の物語は優位になる。また、物語の構造上、観客は彼女の知っていることしか知ることができない。観客と主人公の知っていることが同じため、この作品の教育的戦略が実行できるのだ。無知だったハンナが政治的・性的な不平等に気づくまでのビルドゥングスロマンで、観客の意識は徐々に彼女の意識と一体になる。[48] このような映画では、どんなイデオロギー的視点も、あらゆる立場を監督し値踏みする神のような語り手にして焦点化者（narrator-focalizer）の権威あるリベラルな視点に統合されるのだ。

リベラルな映画には、このビルドゥングスロマンに多少ひねりを加えたものもある。フォンス・ラデメーカーズが監督したオランダ映画の『マックス・ハーフェラール』（一九七六年）は、エドゥアルト・ダウエス・デッケル（ペンネームはムルタトゥーリ）によるオランダの大衆小説が原作である。官吏として現地に直接触れた著者は、植民地主義の実態を暴露した。この映画は、複数の語り手からなる原作の複雑な構成をすっきりさせたが、それでも善意の植民地行政官ハーフェラールの話と、出版社を探す小説家の話の二つは柱として残した。インドネシアのセレベス島〔現在のスラウェシ島〕で政府の下級官吏として成功した後、ハーフェラールはルバックというジャワの辺鄙な入植地で副理事官となる。そこで彼は、悪党の一味と判明した者に立ち向かう。彼の前任者が毒殺されたこと、だが事件は診断書を偽造して隠蔽されたことを観客は知る。謎めいた微笑みで専制的な欲望を覆い隠しながら庶民を実質的に奴隷と見なす、二枚舌の魅力的な現地人のレヘント〔県知事〕と、ハーフェラールは敵対する。そして、やり方を改めるようレヘントを説得したいと考え、現地人の賃金を自腹を切って払おうと申し出る。レヘントは、優しく微笑んでその金を受け取り、搾取を続ける。植民地行政府もレヘントの悪行を嫌悪しているはずと純粋に思い込んだハーフェラールは、オランダの官僚に改革案を持ちかけた。しかし、そこでオランダ植民地官吏もレヘントとぐるだった事実を知ってしまう。腐敗は、植民地出先機関から遠く離れたオランダの国王まで広がっていた。地位と幻想を一度に失い、ハーフェラールはオランダに帰る。その英雄的な改革主義は、ドン・キホーテ風の狂気として描かれる。まさに鮫が群れる海に飛び込もうとしているんだ、と彼は自分の「使命」について重々しく語る。「ええ。でも、鮫はそれを理解しているんですかね」と、誰かが答える。人道的な善人は植民地主義者の鮫に貪り食われる傾向がある、とこの作品は暗示する。ハーフェラールは鮫を苛立たせるが、被植民者である魚の仲間にもなれないのだ。彼は、「拒絶する植民地主義者」（メンミの言葉）のように苦境にある。社会の矛盾は、彼

34　折衷的な焦点化。『サンダーハート』のヴァル・キルマー

の言葉や身ぶりに表れる。しかし、この映画が画期的なのは、観客と〔植民地主義の〕主体／主題（subject）とを仲介するだけではなく、植民地主義そのものの矛盾を調停する橋渡し役の登場人物がいるからである。

『サンダーハート』（一九九一年）は、一九七〇年代にＦＢＩに弾圧されたオグララ・スー族の苦闘を描いたものだが、話が進むうちにアイデンティティが大きく変化する混血の登場人物にも焦点を当てる。インディアン特別保留地の殺人事件を捜査するためにやって来たＦＢＩ捜査官（ヴァル・キルマー）は当初、自分のアイデンティティにネイティヴ・アメリカンの一面があることを否定するが（彼の祖父はスー族）、その後ネイティヴ・アメリカンのために戦うようになる。殺人犯の捜査と、彼自身の抑圧されたアイデンティティの発見が並行する。リベラルな視点という慣行に慣れた観客は、映画が進むにつれ「テクストの規範」が劇的に進展したと知って驚くのである。『ハンナＫ』のハンナは、考え方を基本的に変えず、ただ世界について少しばかり学んだだけだったが、『サンダーハート』のＦＢＩ捜査官はおそらく根底から方向性が変わってしまった。保留地で学んだことに影響を受け、展望に啓発されて、彼は観客とともに文化的・政治的な忠誠を尽くす先を

切り替えるのである。(49)

映画的・文化的な媒介

社会描写と筋書と登場人物の分析に特権を与えると、映画の特性を軽んずることになりがちである。小説や演劇の分析でもしばしば生じてきたことと同じだ。徹底した分析ならば物語の構造、ジャンルの約束ごと、映画の表現様式といった「媒介」(mediations) に注意を払わなければならない。映画ではヨーロッパ中心主義の言説は、登場人物や筋書だけではなく、照明や画面構成、演出、音楽でも伝わることがある。基本的な媒介の問題は、前景と後景の力関係 (rapports de force)、いわば権力のバランスと関わりがある。視覚芸術では、空間は伝統的に権威や威信の力学を表すために使われてきた。たとえば遠近法が登場する前の中世絵画では、貴族は大きく、農民は小さくというように、大きさは社会的な地位と相互に関連していた。映画はこのような社会的権力の相互関係を、前景と後景、スクリーンの中と外、台詞と沈黙といった一覧表へと転換する。ある社会集団の「イメージ」を語るには、映像について正確に質問をしなければならない。一場面でどのくらいの面積を占めるのか。クローズ・アップか、それともただ遠くからロング・ショットでとらえるのか。ヨーロッパ系アメリカ人の登場人物と比べて、どのくらいの頻度でどのくらいの時間登場するのか。積極的で欲求をもった登場人物なのか、それともお飾りの小道具なのか。観客の視線と一致する視線はあるか。誰と視線を交わし、誰が無視されているか。登場人物の位置はどのように社会的な距離や地位の違いを伝えているか。誰が前面や中央にいるか。身ぶりや姿勢、顔の表情はどのように社会的階級や傲慢さ、卑屈さ、憤り、誇りを伝えているか。感情を込めて描かれる共同体はどれか。ある集団は聖人に、他の集団は悪役に、と美的に区別されることはあるか。微妙な階級制は、時間的広がりや主体化によって伝えられているか。どのような相同性が芸術的・民族的・政治的な表象を伝えるのか。

批判的な分析は、それぞれの一覧表のあいだの矛盾にも敏感でなくてはならない。エド・ゲレーロによると、スパイク・リーの『ジャングル・フィーバー』(一九九一年) は修辞上は異人種間の恋愛をとがめているが、映画としては照明と演出によってそれをアピールし、「熱を広める」[50]。道徳や民族の視点は、登場人物や筋書だけでなく、音声や音楽でも伝えられる。マルチトラックの視聴覚媒体として、この映画は視点のほかに、ミシェル・シオンが「聴点」と呼ぶものも操る[51]。植民地の冒険映画では、まるで植民者の耳でその環境や「原住民」について聞いているようだ。観客が原住民の太鼓の音が聞こえるほうへ植民者とともに視線を移すとき、たいてい太鼓の音は性欲や脅威を示す。多くのハリウッド映画において、アフリカのポリリズムは包囲する野蛮人の聴覚的シニフィアンとなり、「原住民は落ち着きがない」というフレーズに潜む偏執的な人種意識の音響表現となる。アメリカ先住民族やアフリカ人やアラブ人の文化に見られる精神的・音楽的な表現は、西部劇や冒険映画では恐怖や嫌悪のモチーフとなり危険のわかりやすい兆候となる。『モホークの太鼓』（一九三九年）で「悪い」インディアンの太鼓は、白人のキリスト教徒の家父長的な慈悲深い法と秩序を呼び起こす「良い」ヨーロッパ系アメリカ人の軍隊の太鼓に遮られた。植民地主義の映画は、被植民者をヒステリーな叫び声や不明瞭な泣き声、動物じみた金切り声と結びつける。そうした音自体が、獣と原住民をただ近くに暮らすものではなく同じ種、同じレベルに置くのである。

物語の中の音〔ダイジェティック・サウンド〕も物語の外の音〔ノン・ダイジェティック・サウンド〕も、音楽は観客が自己同一化するのにきわめて重要だ。観客の心の潤滑油となり、物語の流れを円滑にすることで、音楽は、観客の感情を「導き」、共感を調整し、涙を誘い、分泌腺を刺激し、心拍を落ち着かせ、恐怖をもたらす。そのとき音楽は、映像と結びつくことで作品のより大きな目的に貢献するのだ。こうした操作は誰のために行うのか。感情的な音色とは何か、どんな登場人物や集団と一体感を持たせようとするのか。それは描かれている人々の音楽なのか。『愛と哀しみの果て』や『アシャンティ』などアフリカが舞台の映画でヨーロッパの交響曲風の音楽が選ばれるのは、登場人物の感情の「中心」が西洋にあることを伝える。『ワイルド・ギース』（一九七八年）では、クラシック風の音楽がつねに白人の傭兵たちに威厳を添えた。ロイ・バッドのＢＧＭは、観客が白人の攻撃に一体感を持つべきときは勇ましく英雄的で、もっと優しい面に共感すべきときには感傷的である。「アンド・ディス・イズ・マイ・ビラヴド」と呼ばれるボロディンの「ノクターン」の旋律は、この作品ではリチャード・ハリスが演じる傭兵と結びついており、その痛ましい死を弔辞と音楽で「追悼する」。

オルタナティヴな映画は、サウンドや音楽の使い方がまったく違う。『女たちの顔』(一九八五年)や『バラベント』(一九六二年)、『サンタ・バルバラの誓い』(一九六二年)など多くのアフリカやアフロ・ディアスポラの映画は、太鼓の序曲をアフリカ文化の価値を肯定するように使う。フランス映画の『ブラック・アンド・ホワイト・イン・カラー』(一九七六年)は、植民地の主人を背負わせられたアフリカ人の被植民者が、「俺の主人はとっても太ってる。どうすりゃ運ぶことができるんだい?……おまけに足も臭い」と歌って主人たちを皮肉り、音楽を風刺的に用いた。センベーヌ・ウスマンやスレイマン・シセ、サフィ・ファイのようなアフリカ人やアフロ・ディアスポラ系の監督の作品は、アフリカの音楽をただ使うのではなく賛美する。ジュリー・ダッシュの『自由への旅立ち』(一九九〇年)は、無意識にかもしれないが、ガラの人々のディアスポラ的文化を称え、アフリカへの回帰を訴えるために、アフリカの「トーキング・ドラム」[*57]を使うのだ。[*56]

その他に、ジャンルと関係する重要な媒体がある。プレストン・スタージェスの『サリヴァンの旅』(一九四一年)のような作品は、人種差別の「ジャンル係数」なる問題を提起する。このジャンルの映画全体で黒人は、それぞれが特定の言説と関係する別個の役割を演じる。このどたばた喜劇のランドヨット[*58]の場面で黒人のウェイターは、楽天的な召使や道化者の基本型に従っている。彼は、パンケーキの生地でサディスティックに顔を白く「塗られ」て、特権的な白人社会から締め出される。失業者の集団が出てくるドキュメンタリー調の場面では、黒人はいても声をもたず、なんでも階級に還元する共産主義左派の伝統そのものである。黒人は、抑圧される人種的特性のないまま、経済的に厳しい時代の犠牲者として登場するのだ。「すべての黒人音楽」の伝統に敬意を表する最大の見せ場は、アニメの上映会にやってきた大半が白人の囚人を迎える黒人の牧師とその信者たちだ。『ハレルヤ』(一九二九年)のような映画の伝統を受け継いで、黒人社会は信心深い活気に満ちた場として描かれる。だが『サリヴァンの旅』は、第一にこのジャンルで人種差別をなくし、第二に黒人牧師に「私たちよりも恵まれない隣人たち」として白人へ慈善を施させ、従来の表象を複雑にした。牧師は、「神の前では私たちはみな平等」なのだから、「見下したり」しないよう信者らに強く説く。信者と囚人たちが「わが民を行かせよ」[*59]と歌う場面の音楽と映像と編集は、黒人と囚人とファラオの時代の聖書に描かれたイスラエル人という、抑圧された三つの集団を関連づける。また、ここでは冷酷な刑務所長がファラオになぞらえられている。「黒人音楽」の場面を監督するスタージェスは、どたばた喜劇の場面を監督するスタージェスを非常に複雑なものにする。人種との向きあい方が、ジャンル的に音楽によって媒介されているのである。

ステレオタイプ批判のアプローチは、現実主義的かつ演劇的な一つの美学のもとでは、「バランスのとれた」三次元的な深みのある登場人物が望ましいと暗に前提する。一次元的な浅い人物描写をしてきた映画の歴史を考えると、より複雑で「現実的な」表象に期待するのはよく理解できるが、実験的で反幻想的な選択肢を排除するべきではない。現実的で「肯定的な」描写だけが人種差別と戦い、解放者の視点を提示する方法ではない。たとえばブレヒト流の美学では、(人種主義的でない)ステレオタイプは考えを広めたり、既存の権力を解明するのに役立ちうるし、それにもかかわらず登場人物たちは決して純粋に肯定的でも否定的でもなく、むしろ互いに反論しあう場をなしている。同様に、バフチンが理論化したようなパロディは、社会構造への強い批判を伝えるために、とても否定的でグロテスクなイメージですら好む。時に批評家らは、あるジャンルや美学に適した基準を別のジャンルなどに誤って当てはめてきた。たとえば、『イン・リビング・カラー』[*60]のような番組で肯定的なイメージを探すのは見当違いだろう。というのもこの番組は、黒人女性がユダヤ教正統派の恋人に、「メナヘム、メナヘム、私はたった今メナヘムという名前の男の人に出会ったわ」と歌う『ウエスト・サイド物語』をパロディ化するなど、無秩序な悪趣味と意図的な誇張を好むカーニバレスクなジャンルに属しているからだ(ゆえにもちろん他で批判されることも多い)。風刺映画やパロディ映画は、肯定的なイメージを構築することよりも、観客のステレオタイプな予想を裏切ることに関心があるのかもしれない。ココ・フスコとギリェルモ・ゴメス゠ペーニャが、動物園や博物館、フリーク・ショーで非ヨーロッパ人を展示した西洋の嗜好を茶化し、「本物のアボリジニ」として自分を展示したパフォーマンス作品は、芸術世界の鑑賞者に共犯者であるという自覚を促す。問題はイメージが何かを誘発する力にではなく風刺が何かを駆り立てる力にあるのだ。

人種差別の告発に対するよくある弁明は、非常に曖昧だ。「ただのコメディじゃないか!」「白人も同じように笑いものにされているじゃないか!」「どの登場人物もカリカチュアだ!」「でも、これはパロディだ」。なにもかも風刺やパロディなどの様式や対象次第だからだ。たとえば、アジア系やアフリカ系のユダヤ人を取り上げたヨーロッパ系イスラエル人の古典映画『サラー・シャバティ氏』（一九六四年）は、主人公はセファルディー系だが明らかに非セファルディー系の視点から描いている。世間知らずな主人公サラーは、経験の乏しいよそ者が、社会的・文化的な批判や異化を表す人物として使われるという根強い伝統をある程度体現している。しかし、世間の常識をあるべき状態にし、新たな視点を導入する物語装置として使われるカンディード[*61]やシュヴェイク[*62]、あるいは（エミール・ハビービーの『悲楽観屋サイードの失踪にまつわる奇妙な出来事』の）サイード・アブー・ナハス・ムタシャーイルのような他の純朴な人間像とサラーの純朴さは対照をなしている。ヨーロッパ系イスラエル人がセファルディーのユダヤ人をステレオタイプ化していることを非難するというよりは、サラーやセファルディーの「東洋人」「黒人」の性質など彼が表象するものをからかっているのだ。作家ヤロスラフ・ハシェク（『兵士シュヴェイクの冒険』の作者）はその時代遅れを皮肉るためではなく、ヨーロッパの軍国主義を非難するために登場人物の純朴さを使う。エフライム・キション監督（『サラー・シャバティ氏』の監督）はそれとは異なり、セファルディーら「少数派」（実際は多数派）をばかにする社会のステレオタイプに従って主人公サラーを形づくるのである。ヨーロッパ系イスラエル人の批評家は、サラーのグロテスクな役柄を一個人の風刺とは受け止めず、セファルディー系ユダヤ人の「本質」を総合したものと考える。そして植民地主義言説でセファルディーは、温かく誠実で率直で賢いという肯定的な感情と、怠惰で分別がなく気まぐれで原始的で無学で性差別的という否定的な感情の、典型的な二元論に分かれる。そのためサラー（とこの映画）は一人称複数形の「私たち」で話すが、アシュケナジーの登場人物は彼に二人称複数形の「あなたたち」で話しかける。キションの反体制的な風刺は、体制側の人々と、その部外者や現実の権力とは縁遠い人々を同列に置く。社会風刺がすぐさま多文化主義を保証するわけない。風刺をヨーロッパ中心的な表象に対する共同体の批判として使うのではなく、むしろ風刺が人種差別的な見方を温存することで、退行的になることもある。(52)

ア・プリオリな解析に熱心なあまり、ステレオタイプ分析のアプローチは、文化的な特性を無視しがちだ。たとえば、北米の黒人のステレオタイプは、ブラジルなど他の新世界の多民族社会には一部しか当てはまらない。合衆国にはアンクル・トム、ブラジルにはパイ・ジョアン（ジョアン父さん）と、どちらの国にも献身的な奴隷という高潔な人物像がある。女性の人物像もそれに合わせて、合衆国には「マミー（黒人のばあや）」、ブラジルには「マィン・プレタ（黒人の乳母）」といった献身的な女奴隷や女中がいる。いずれも主人の子どもたちを黒人乳母が母乳で育てたプランテーション奴隷制の産物である。しかし他のステレオタイプでは、異文化どうしの比較は、もっと複雑になる。ブラジル映画でいくつかの登場人物は（『バイーア・ジ・トードス・オス・サントス』一九六〇年のトニオ、『時間をつくる』一九七三年のジョルジ）、一見すると北米の映画や文学でよくある悲劇的なムラート像を思わせるが、その文脈は根本的に異なる。第一に、ブラジル人の人種配列は黒か白かの二つだけではなく、人種を表現する語彙は豊かで、肌の色はグラデーションになっている。アメリカでもブラジルでも肌の色はさまざまで、アメリカ文化が現在「ラテン化」に収束しているにもかかわらず、人種と肌の色の社会構成は両国でまったく異なる。第二に、多くの点で黒人に抑圧的ではあるが、ブラジルは今まで厳格な人種隔離を行ったことのない社会だ。したがって、根本的に違う二つの社会に精神分裂病のように引き裂かれた北米の「悲劇のムラート」と完全に同じ人物像はいない。『ピンキー』や『模倣の人生』（一九三四年）、『悲しみは空の彼方に』（一九五九年）[*63]のようなアメリカ映画では「パッシング（黒人など非白人が、白人のふりをして通用《パス》すること）」の考えは非常に重要だが、ブラジル人は皆「台所に片足をおいている」、つまり先祖をたどれば必ず黒人がいるとよく言われるため、ブラジルではほとんど反響はない。この点は、映画『奇蹟の家』（一九七七年）で、「雑種化」を激しく批判する論敵の人種主義者ニーロ・アルジロに、ペドロ・アルカンジョが自分も黒人の血を引いていると明らかにするときコミカルに示される。ムラート像はアパルトヘイト制度でのみ危険視されるのであって、ブラジルのように偽善的だろうが人種融合のイデオロギーが公式に働く制度ではそう見なされない。ブラジルでは、たとえば「高慢」とか自惚れといったムラートを貶める意味合いがある。他方でこうした連想は、合衆国とまったく無関係というわけでもない。たとえばグリフィスの『国民の創生』は、混血のムラートを野心的で体制にとって危険であると繰り返しやり玉に挙げる。

ジョアキン・ペドロ・ジ・アンドラージ[*64]監督のブラジル映画『マクナイーマ』（一九六九年）は、間違った方向で追求する「肯定的なイメージ」と、文化的に誤った情報に基づく解釈の両方にある落とし穴をいくつか示す。マリオ・ジ・アンドラージによる同名のモデルニスモ小説（一九二八年）の翻案・改訂版であるこの映画は、究極の否定的イメージであるカニバリズムを、肯定的な芸術的資源へ変換した。監督は、モデルニスモ運動の仲間オズヴァルド・ジ・アンドラージ[*65]の食人をめぐる言説を原作の主題であるカニバリズムと融合させ、ブラジルの弾圧的な軍事政権とつかの間の「経済的奇跡[*66]」の略奪的な資本主義モデルの両方を批判するため、カニバリズムを足がかりにする。カニバリズムというテーマはさまざまな形で示される。飢えるあまり自らを食う人々。マクナイーマに自分の足の一部を差し出す人食い鬼。性的な意味で彼を貪る都市ゲリラ。人間を貪る巨漢の資本家ピエトロ・ピエトラと人肉スープ。夫を生きたまま食べたがる資本家の妻。マクナイーマを死へ誘うセイレーンなどだ。観客は貧乏人を貪り食う金持ちや、お互いを貪り食う貧乏人を見る。左派は右派に貪り食われる一方で、監督が「弱者のカニバリズム(53)」と呼ぶとおり自らを食べて自分を浄化するのである。

『マクナイーマ』の騒々しいラブレー風の美学を考えると、「肯定的なイメージ」や従来のリアリズムすら見つけられないであろう。どの登場人物もバランスのとれた三次元的な深みに欠け、二次元的に平板でグロテスクである。グロテスクぶりはすべての人種に民主的に分配されているが、最も茶目っ気のある登場人物は、人を食うイタリア系ブラジル人の実業家とグール〔食人鬼〕のようなその配偶者である。『マクナイーマ』は、観客の文化的な差異化の実例である。ブラジルには、この映画を人種差別的だと解釈させない要因がたくさんある。第一に、ブラジル人なら誰だって、マクナイーマが黒人のときも白人のときも[*67]、人種ではなく国民の典型と見なすし、特定の人種的な「他者」をからかったものではなく、自分たちの「国民性」を茶化した作品と考える傾向がある。第二に、おそらくブラジル人は原作の小説を、混血のブラジル人作家による（人種主義的と非難されたことが一度もない）国民文学と位置づけている。第三に、ブラジル人は、自国の映画を人種的に寓話化する傾向があまりない。人種の描写に関わる一連の問題は、ブラジルではそんなに「扱いづらい」わけではない。つまりそれほどつらい「表象の重荷」に耐えるためにこの作品が制作されたわけではない。第四に、北米の観客はおそらく、この作品で主人公を演じるグランデ・オテーロの状況を知る可能性は低い。ブラジル人にとってこの作品のオテーロは黒人性の象徴ではなく、多彩な経歴のうちの一つに過ぎないだろう（一九四〇年代と一九五〇年代にグランデ・オテーロの役がコミカルで中性的になったのは、成熟した黒人という役柄からの逃避を反映する）。第五に、映画と文学の表象の違いや、言葉の余韻と映像の特性の違いも誤解の一因である。小説ではマクナイーマは「美しい王子」に変化するが、人種的な説明は一切ない。対照的に映画ではその役を演じる俳優を選ばねばならず、俳優は人種的特徴を備えている。したがって、「美しい王子」が喚起する寓意は、白人性ではなく演劇の才能で選ばれたヨーロッパ系ブラジル人俳優パウロ・ジョゼという有形の存在に取って代わられる。しかし、他の文脈では人種的だと誤解を招く。それゆえ監督は、人種主義者ではないが人種問題に鈍感だと非難されるかもしれない。第一に、黒人と醜さを結びつけているように見える（非常な痛みを伴う歴史的・間テクスト的な反響との結びつきである）。第二に、この作品はブラジル以外の文脈で解釈されるとは想定していない。また、小説と映画に共通する多民族なブラジル人「家族」という隠喩が完全に潔白だと考えるべきではない。混血という国民のイデオロギーは人種的な階層制をごまかして、これまでずっと黒人のブラジル人を「貧しい従兄」や「養子」の地位に追いやってきたからである。しかし、そのような批判は、この映画がア・プリオリな図式の適用としてではなく、ブラジルの文化規範の内で理解された後でのみ、始めるべきである。

言説の編成

模倣《ミメーシス》の「ステレオタイプと歪曲」アプローチの方法論として、「映像」よりも「声」や「言説」について語るのも一つの手であるとここでは主張したい。「イメージ研究」という用語はまさに、口述や「声に出したもの」を無視する兆候を示す。声やイントネーション、アクセント、ポリフォニーといった聴覚的・音楽的な隠喩を好む傾向は、ジョージ・ユディスが示唆するように、声なき者に声を取り戻すため、視覚的・論理的な近代の空間（視点や経験的証拠、視線の支配）から、声の「ポストモダン的」空間（口伝による民族誌、民衆史、奴隷の物語）へ関心が移った表れである。[54] 空間の視覚的な組織化が、限界や境界や国境警備隊とともに、排除と序列の隠喩を形づくるのに対し、声という概念は映画の音声のように空間そのものを作りかえ、境界線を超えて浸透していく隠喩を暗示する。本書は、ただ視覚的な扇動を新たに聴覚的な扇動にして既存の序列を入れ替えるだけではなく、声（と音）と映像を弁証法的・音声区分的にまとめて扱うと提案したい。映画の人種とエスニシティをめぐる微妙な議論は、社会学的・歴史学的事実に一対一的に即した模倣の妥当性よりも、映像内のものも含めて声や言説、視点の相互作用を強調するだろう。批評家は、耳を「近づけて《クローズ・アップ》」聞いたものだけでなく、テクストが歪めかき消したものについて、文化の声に注意を促すのが仕事になるだろう。分析的な研究は、録音スタジオの「ミキサー」の仕事と似ているかもしれない。足りない部分を補う責任を負い、高音域を高く、低音域を低くし、楽器の音を増幅し、隠れたりずれたりしている声を「引き出す」のである。

声や言説の問題として考えれば、視覚の「誘惑」をかわし、テクストを掘り下げて見るのに役立つ。論点は、映像における顔の色ではなく、文字どおり映像を「通して」語る、社会の実際の声や比喩的な声もしくは言説なのである。[55] 映画の「正確さ」よりも、当該の共同体について複数の声や視点を伝えることのほうが重要である。「映像」という単語が模倣の「リアリズム」の問題を喚起するのに対し、「声」は「誰が話し」「誰に話す」のかという発話の状況、代表と対話のリアリズムを呼び覚ます。共同体の声／言説と一体感を持てば、「肯定的な」イメージの問題は本来の副次的なあるべき位置に戻る。たとえば『ドゥ・ザ・ライト・シング』が麻薬に触れずにスラム街を描いたと嘆くなど、スパイク・リーの映画を模倣の「正確さ」の観点からだけでなく、声／言説の観点から考察できるかもしれない。この作品にはフェミニストの声がないと失望することも、共同体のレトリックの戦争が繰り返される演出に言及することもできる。たとえば、アフリカ系アメリカ人とラティーノのラジカセで流す音楽をめぐる象徴的な争い[*68]は、文化的な声と音楽的な声のより大きな対立を喚起する。そして最後のマーティン・ルーサー・キングとマルコムXの言葉の引用は、一人が言う「約束された自由」と、もう一人の「必要とあればいかなる手段をとろうとも得る自由」という、二つの抵抗の仕方をいかに統合するのか観客に委ねるのだ。

テクストの「声」の分析は、「映像」に重点をおいた分析と同じように、最後は理論的な問題にぶつかるといって反対されるかもしれない。「本物の映像」と断定するよりも「本物の声」を断定するほうが簡単という理由は何だろうか。この場合の論点は「信憑性」という言葉を捨てることだが、この言葉にはある種の「判断基準」として、本当らしさに訴える暗黙の基準が伴う。それは、共同体への帰属や間テクスト性にふれる「言説」の言いまわしを支持する。「声」や「言説」の問題として考えれば、音、声、対話、言語の複雑な関係に注意を促し、視覚的なものや映像記録の覇権に異議を唱えることになる。また、ある声がある言説と完全に一致するわけではない。言説が組織の個人を超えた著者のいないもの（無記名）なのに対して、声は個人のもので著者のアクセントやイントネーションがあり、（個人や共同体の）特定の言説に作用しているからである。声という概念は、複数性を進んで取り入れる。声はただ一つの声であることは絶対になく、一つの言説を伝える。というのも、一個人の声でさえもそれ自体が言説の総和であり、複数の声のポリフォニーであるからだ。バフチンがいう「ヘテログロシア〔異言語混淆〕」は結局、言説が対立し声が競う場としてのメディアのような主体を構成する社会的な矛盾を言い換えたに過ぎない。言説的なアプローチはまた、「否定的なステレオタイプ」や「肯定的なイメージ」の分析に隠れた道徳主義や本質主義の罠を回避する。登場人物は一元的な本質ではない。役者と登場人物は混じりあって映画の筋の「向こう」にいる生身の人間のように安易に幻想を抱かれがちだが、しかしそうではなく、登場人物はむしろ言説的な架空の作りものと見なされるべきだ。このように一連の問題は、個人の倫理の次元ではなく、社会イデオロギー的な次元に置かれる。結局、言説的なものを特別と認めれば、その映画の言説を手の届かない「現実」と比べるのではなく、社会に出回る関連した諸言説と比べられるようになる。[56] そうした言説は、ジャーナリズムや小説、全国ネットのニュース、テレビ番組、政治演説、学術論文、流行歌などとひとつながりである。

言説的な分析は、「ポリフォニーもどきの」言説の危険も警告する。この言説は、特定の声を周縁化、無力化してから、完全に妥協へ追い込まれてしまった操り人形のような実体と対話するふりをする。たとえば、八人に一人は黒人が登場する映画やテレビ・コマーシャルは、実質的なポリフォニーよりも、市場調査の人口統計やリベラリズムのうしろめたさのほうが関連がある。たいてい黒人の声は魂を奪われ、その特色や抑揚も消されているからだ。ポリフォニーは特定の集団の代表がただいたから生まれるのではなく、その集団の声が最も大きく共鳴して聞こえるテクストの設定を促すなかで生まれる。これは多元主義ではなく多声性（multivocality）の問題であり、社会が生んだ不平等を撤廃しながら、文化的差異を育み促そうとする取り組みなのである。

訳注

＊1――日本での公開は、一九八一年。

＊2――一九五九年に創設された、南アフリカ国内の黒人自治区のこと。南アフリカ政府は「ホームランド」と呼び、一九七〇年代以降、いくつかのバントゥースタンを名目的に「独立」させていったが、国際的には承認されなかった。アパルトヘイト廃止後、バントゥースタンは廃止され、一九九四年に南アフリカに再統合された。

＊3――フランス公開年。アメリカは一九八二年。

＊4――山賊や盗賊を意味する「バンディード（複数形バンディドス）」は、メキシコ人に対する蔑称。

＊5――カール・マルクス著、植村邦彦訳『ルイ・ボナパルトのブリュメール18日』平凡社、二〇〇八年、一七八頁。

＊6――Albert Memmi, Portrait du colonisé, précédé du portrait du colonisateur, Buchet/Chastel, 1957, Payot/Parris, 1973, p. 113（アルベール・メンミ著、渡辺淳訳『植民地――その心理的風土』三一書房、三一新書、一九五九年、一〇四頁）。

＊7――チャールズ・スチュアート事件。一九八九年一〇月二三日、白人のスチュアートが自分で妊娠中の妻を殺害したのに、黒人に殺されたと主張した。彼の証言により、ボストンの黒人居住区ロックスベリーを警官隊が襲い、黒人男性を裸にしてビーンタウンの街路に立たせた。後にスチュアートの兄弟が真犯人を明らかにし、一九九〇年一月、スチュアートはミスティック・リバーに身を投げ自殺した。

＊8――民主党の候補マイケル・デュカキスに世論調査で大差をつけられていたブッシュが、デュカキスの死刑制度反対という主張に目をつけ、黒人の犯罪者（強姦・殺人）ウィリー・ホートンに便宜を図るようなものだというCMをTV放映し、逆転勝利した。本章訳注35も参照。

＊9――1921–2007. アメリカ映画協会（MPAA）の元会長（在任一九六六～二〇〇四年）。一九六三年、ジョン・F・ケネディ大統領とジョンソン副大統領の選挙キャンペーンで広報を担当した。また、MPAA会長としてレーティング・システム導入（一九六八年）や海賊版撲滅に尽力した。

＊10――一九三〇年代の犯罪都市を舞台にした人気アメコミの主人公の刑事。一九九〇年、『ディック・トレイシー』で映画化された。

＊11――1919–1998. 人種差別的な政策で有名なアメリカの政治家。一九六八年には大統領選挙に出馬するが、敗退した。一九九七年、彼を主人公にした映画『ジョージ・ウォレス／アラバマの反逆者』が制作された。晩年になって、自らの差別的政策について謝罪している。

＊12――1914–2005. ウィリアム・ウェストモーランド。アメリカの陸軍軍人で、一九六四年にベトナム派遣軍司令官となり、一九六八～七二年には陸軍参謀総長を務めた。戦後、一九七四年にサウスカロライナ州知事に立候補したが、落選に終わった。

＊13――1919–1987. アメリカのピアニスト。派手な衣装で有名で、「世界が恋したピアニスト」と称された。

＊14――1918–2018. アメリカの著名なキリスト教の福音伝道師。

＊15――コダックの創設者。

＊16――アカデミー賞の最優秀作品賞は、コダックの映画用カラーフィルムで撮った作品ばかりだった。

＊17――1946–1977. アパルトヘイト時代の南アフリカ共和国の「黒人意識運動」の活動家。この運動は、白人優位の考えを否定し、黒人である

ことを肯定的に受け止める意識改革を指し、一九六〇～七〇年代に広まった。ビコは、一九七七年に黒人人民会議の初代名誉議長に任命されるが、テロリスト法により逮捕、投獄され、拷問で死亡したが、その死亡原因はハンガー・ストライキと公表された。

*18——当初は、日本では『ブッシュマン』として公開された。

*19——南アフリカの貨幣単位。

*20——ポン引きや麻薬密売人などステレオタイプの黒人を誇張し、売り物にした映画。

*21——トニー・ヒラーマンのベストセラー小説『黒い風』（一九九一年）を、ロバート・レッドフォード製作総指揮で映画化したもの。二〇〇七年。

*22——アフリカ系奴隷で、蜂起の指導者役。

*23——英国では、ヴァラエティ・ショーという。

*24——白人が黒人の扮装をして、歌や軽口を聞かせる喜劇芸人団。

*25——白人と黒人の混血。Mulatta は女性形。

*26——ホーンの実父は、白人と黒人のハーフ。

*27——サブー・ダステージャーの名で合衆国では知られる。本名はセラー・サブーで、マイソール王国（後に英領インドの支配下に入る）出身。『バグダッドの盗賊』への出演と成功で、合衆国に拠点を移した。

*28——原作のトム・ウルフの小説は一九八七年発表、映画は一九九〇年制作。

*29——一九九一年にジョージ・W・ブッシュにより任命され、合衆国最高裁判所の八人の陪席判事の一人を務めた。アフリカ系としては二人目の判事。

*30——『ニノチカ』（一九三九年）をミュージカルにリメイクした作品で、シド・チャリシーは、グレタ・ガルボがやった役を演じている。

*31——「ハラ」とは、性的不能になる呪術のこと。

*32——1933–2005. アメリカ先住民族の作家。*Custer Died Your Sins: An Indian Manifesto* や *God Is Red: A Native View of Religion* など多数の著作があり、レッド・パワー運動にも影響を与えた。コロラド大学やアリゾナ大学で教授を務めたこともあり、アメリカ先住民族の研究家・教育家でもある。

*33——この二人は共著でハリウッド映画でのアメリカ先住民族の扱いについて論じた *The Only Good Indian. The Hollywood Gospel* を一九七二年に発表している。

*34——1947–. アメリカの民族学の研究者。アメリカ先住民族と歴史や映画の関わりについての研究などを行い、コロラド大学の教授になったが、9・11のテロについての論考が保守派の反発を招き、研究上の不正があるとして解雇された。

*35——ワード・チャーチルの元妻で、アメリカ先住民族を扱った *The State of Native America* という本（チャーチルとハイメスの他、数名が執筆）の編者となっている。

＊36――アメリカ先住民族の住居である皮製のテント。
＊37――一八七五年に作られた“Old Aunt Jemima”という曲から。「ジェマイマおばさん」という、クォーカー・オーツのパンケーキ粉やシロップ等朝食用商品のブランド名やキャラクターにもなっている。
＊38――ウィリー・ホートンは、一九八八年のアメリカ大統領選の際、ブッシュ陣営が行ったネガティブ・キャンペーンのCMに登場した人物。そのCMではウィリー・ホートンが、強盗に入って少年を刺殺し、終身刑を受けたこと、それにもかかわらず一〇回も一時帰休を認められたこと、さらにその最中に逃亡し、若いカップルの男性を殺し、女性を強姦したことが紹介され、「殺人犯の一時帰休」がデュカキスの政策だと主張された。本章訳注8も参照。
＊39――一九四六年に始まった、ハーレムを舞台としたテレビ番組。
＊40――一九七四年に放送を開始。
＊41――アレックス・ヘイリー原作による一九七七年のテレビドラマで、黒人奴隷三代の物語。
＊42――黒人コメディアンのビル・コスビーが主演するTVコメディに出てくる、医者で裕福な一家。一九八四年放送開始。
＊43――一九七一年に放送を開始したホームコメディ。
＊44――共和党主義者でニクソン、レーガンなどを支持し、公民権運動についてはあまり好意的ではない人物とされるが、隣の黒人一家のジェファーソン家の息子ライオネルには友情に近い気持ちも持っている。
＊45――アルチュセールの論考「イデオロギーと国家のイデオロギー装置」による〈主体〉形成の議論は、映画雑誌『スクリーン』上で、一九七〇年代から「表象」をめぐる核心としてさかんに行われてきた。
＊46――州権民主党。アメリカ南部の民主党員を中心に結成された、民主党の分派で人種差別的傾向がある。
＊47――一九世紀の半ばまで、テキサス州からカリフォルニア州にかけてはメキシコ領だった。
＊48――1816–1882. ジョゼフ・アルトゥール・ド・ゴビノー。フランスの外交官、小説家。人種不平等論を提唱し、アーリア人を優越人種、支配人種と位置づけ、白人至上主義を主張した。
＊49――ニカラグアのサンディニスタ民族解放戦線（FSLN。一九六一年結成）の活動家や支持者のこと。FSLNはアメリカの干渉に反対の立場をとり、一九七九年にはニカラグアで革命に成功するが、アメリカのレーガン政権が反革命ゲリラの「コントラ」を支援したため、ニカラグアは内戦となった。アメリカは一九八五年から経済制裁を実施し、FSLNは一九九〇年二月に政権を失った。
＊50――ブッシュの息子の一人がメキシコ系の女性と結婚しており、その間に孫がいる。
＊51――アフリカ・ヨルバ族の信仰とカトリックと心霊主義が融合した民間信仰。キューバ周辺に広まっている。
＊52――主人公の相棒であるアメリカ先住民族の青年の役名。片言の英語を話し、インディオのステレオタイプとされる。
＊53――スポーツやエンターテインメントの分野で優れた才能を持つ黒人のこと。
＊54――一九八四年五月にサンフランシスコで、コメディ作家リチャード・モントーヤを中心に結成されたメキシコ系アメリカ人の劇団。

＊55――スコットランド民謡。ジャコバイトの反乱（一七四五～四六年）の中心人物チャールズ若僭王（ボニー・プリンス・チャーリー）を歌っているといわれる。ジャコバイトとは、名誉革命で亡命したジェームズ二世の男系の子孫を王にしようとした勢力で、反乱や国王暗殺未遂事件を何度も起こしたが、ステュアート朝発祥の地であるスコットランドでは一定の支持を受けた。

＊56――アメリカ南部やその近海の島々に居住する黒人のこと。

＊57――西アフリカの太鼓の一種。

＊58――車輪のある車体にマストと帆を付け、陸上を風力で走るようにした乗り物のこと。

＊59――モーセの出エジプトを題材にした黒人霊歌の「行け、モーセ」の一節。

＊60――アメリカの人気バラエティ番組。

＊61――一七九五年に発表されたヴォルテールの風刺小説の主人公。これを基に、バーンスタインが音楽を手掛けた舞台演劇『キャンディード』が作られた。一九五六年に初演され、以後改訂を繰り返し一九八九年のものが完全版とされる。

＊62――チェコの風刺作家ヤロスラフ・ハシェクの代表作『兵士シュヴェイクの冒険』の主人公。

＊63――『模倣の人生』は、アメリカの女性作家ファニー・ハースト（1889–1968）の小説『悲しみは空の彼方に』を、ジョン・M・スタール監督が映画化したときの日本語題。この小説は、一九五九年にダグラス・サークが再度映画化した（『悲しみは空の彼方に』）。

＊64――1932–1988. ブラジル人の映画監督。ブラジルのシネマ・ノーヴォ運動の中心人物の一人として活躍した。

＊65――1890–1954. ブラジルのモデルニスモ運動で活躍した詩人。自らの文化を豊かにするために、他の文化を摂取することを提唱した『食人宣言』で知られる。

＊66――一九六八～七三年にかけての「ブラジルの奇跡」と呼ばれる高度経済成長のこと。第一次オイルショックで終焉した。

＊67――主人公マクナイーマは、アマゾンで黒人の中年男性として生まれたが、魔法によって白人青年となった。

＊68――ラストシーンでラジカセを白人が壊し、それがきっかけで黒人が警察官に殺され、暴動が起こることを指す。

第6章 〈関係性におけるエスニシティ〉

隠されたエスニシティ

ここまで議論してきたように、人種とエスニシティの問題は文化的に見れば常に遍在しているが、映画では隠されることが多い。このテクストの抑制は、他分野における人種の抑圧とひとつながりである。たとえば合衆国憲法は、まるですべてのアメリカ人が平等で自由であるかのように語って、第三世界出身の文字どおり「正式な書類を持たない」忘れられた労働者（移民労働者、「不法滞在者」、運動場の整備員、ベビーシッター）を目立たなくし、奴隷の黒人や土地を奪われた先住民族の存在を「隠した」。また、白人男性の社会制度やアイデンティティを標準のものとし、偽りの普遍言語で白人の家父長的支配を「隠した」(1)。この存在と不在の緊張関係は、メディアで人種とエスニシティが再概念化される可能性を示唆する。露骨な人種主義言説にだけ注目するのではなく、「非エスニックな」テクストも発掘や再構築の場と見なそう。これまで問題にされなかった「マイノリティ」という概念に伝統的な「イメージ」分析を適用するかわりに、ここではテクストに「つきまとう」民族や人種の意味合いで通常聴くことのできる音域を外れてより高音あるいは低音で響く潜在的な含意を探る。主要なテクストにさえ隠れている抑圧された多文化主義を目に見えるようにし、少なくとも聞き取れるようにしたい。

前章まで論じた多極的な多文化主義のアプローチは、複雑で多面的価値を有する関係性のなかの人種や国民の表象の問題を考える。本章では主流の物語映画について、文化の「内部」や文化の「間」における民族・人種的な関係が方法論的にまたテクスト的にどのような含意があるのかを探りたい。民族のイメージ研究では、たいてい単一民族の形成という枠組みで、孤立したマイノリティと、確固とした覇権的な欧米の権力構造を対抗させることが多い。研究者たちは周縁化された集団の支配的な表象の根底にある構造的類似や、さまざまな共同体どうしの社会的・性的な置換、投影、寓意、対話原理[*1]の相互作用について看過してきた。「マイノリティ」の文化が主流文化に影響を与えたのは明らかだが（北米の音楽やダンスが非常にアフリカ化・ラテンアメリカ化するなど）、「周縁」の民族や国民の間の矛盾や融合《シンクレティズム》、異種混淆《ハイブリッド》は、見過ごされがちだ。イメージ研究は、他の多文化社会（特に南北アメリカ）のもっと広い国境を越えた文脈で表象を理解するために、グローバルな分析もしてこなかった。

　人種は、アメリカのナショナル・アイデンティティの副次的な特徴にとどまらず、より本質的な特徴であるため、非白人の抑圧された物語や昇華された苦しみや忘れられた労働がふだんの社会生活に「つきまとう」のと同じように、ハリウッド映画には聴こえない音域に潜在的に響く人種的含意がつきものだとわかっても驚かないはずだ。たとえば合衆国以外を舞台にしたハリウッド映画では、推測に基づいてつくられた民族がよく見られる。先住民族を除けばすべてのアメリカ人は先祖をたどると他の国々や大陸に行きつくため、ハリウッドの地理的・史学的な構成概念は、「アメリカの」共同体に心の底から影響を与えた。移民が公的な支配的物語《マスター・ナラティヴ》の中心にあるため、特定の出身地を好意的に描いて他の地域を風刺すれば、アジアやアフリカ、ラテンアメリカとの絆を傷つけ、間接的にヨーロッパとの絆を正統化する。この意味でハリウッドは、多文化的なアメリカ（と多文化世界）には単一文化的な歴史があると考えてきたのだ。古代ギリシャ（『トロイのヘレン』一九五五年、『ユリシーズ』一九五五年、『アレキサンダー大王』一九五六年）や、ローマ帝国（『クォ・ヴァディス』一九五一年、『ベン・ハー』一九二五・一九五九年、『ジュリアス・シーザー』一九五三年）、十字軍（『十字軍』一九三五年）、バイキング（『バイキング』一九五八年）など、西洋人のヒーローやヒロイン（ジャンヌ・ダルク、ロビン・フッド、ヘンリー八世、キャプテン・キッドとフック船長、マリー・アントワネット、ナポレオン）が続々と登場する映画が数え切れないほどつくられたが、アジアやアフリカ、ラテンアメリカでは、それに相当する映画はほとんど制作されなかった。

外面的には「白人」の映画の多くには、かき消された多文化的な存在の痕跡がかすかに残っている。ジョン・フォードの『怒りの葡萄』（一九四〇年）は、ジョン・スタインベックの原作と同じく、自分の土地を追われたオーキー[*2]の苦境に焦点を当てるが、この映画を見ても、オーキーたちも半世紀前に同じ土地を先住民族から奪い、その先住民族はもっと東部から強制移住させられたとは気づけない。しかし、土地の名称（「チェロキー郡」）や、ハイウェイ66沿いの居留地の一枚の絵のような場面に、抹消された文化の痕跡が盛り込まれている。同様に『いまを生きる』（一九八九年）のような映画も、黒人を排斥した一九五〇年代のあるエリートを扱うが、一方で私立学校の抑圧に対する少年たちの反抗を、文化的な黒人（ポリリズムの拍子をとる少年たち）、あるいは、黒人と紙一重（の白人）（ビート詩と張り合う「白い黒人《ホワイト・ニグロ》」[*3]）、アメリカ先住民族（聖域である洞窟で行う少年たちの儀式）に読み換える。実際、少年たちのウォーペイント（出陣の化粧）や太鼓は、現代の男性解放運動の先駆けといえる。いまや白人男性は週末に別荘でインディアンの頭飾りを被ったり槍を持ち、原始主義者は白人のタフガイが心の底に押し込めたアイアンマン[*4]の暗い「野生の雄叫び」をあげようとしているのだ。[2]

かき消されたり、ささやきとなった文化の声を再構築し、いわゆる「周縁から」ハリウッドの名作を見直すと、別の声が聞こえはじめる。たとえば、出演者が全員白人の『裏窓』（一九五四年）でも、アフリカ系アメリカ人の声が聞こえる。「モナリザ」を歌う人々に響くナット・キング・コールの声や、フランツ・ワックスマンの映画音楽のかすかなジャズ風の響き、ドイル刑事[*5]のメイドが電話で話す声が黒人訛りなことなどだ。アルフレッド・ヒッチコックの『めまい』（一九五八年）でも、ラティーノの声が陰に陽に使われる。主人公の白人の男女は、ともに過去のトラウマ（スコティのめまい、カルロッタに対する「マデリンの執着」）を抱えている。このトラウマは、サンフランシスコの抑圧されたスペイン系メキシコ人の歴史と少なからず関係しているのだろうか。言葉や視覚のほのめかし（サンフランシスコという地名もミッション・ドロレス教会など建築物の名もスペイン語由来）、特に（ヒスパニックの）カルロッタ・ヴァルデスの肖像画が何度も登場するのは、その例である。[3]遠い昔のカルロッタの魂は、ナショナル・アイデンティティの隠れた地層と解釈できる。財産と子どもを奪われ、最後に絶望して自殺する彼女は、アメリカとメキシコの関係の寓意と見ることができるかもしれない。美術館にある彼女の無言の肖像画は、ヒスパニックに声がないことを示唆する。(4)この都市の隠喩であるカルロッタは、マデリンやジュディ、スコティといった「白人」の目を通してしか認識されない。ヒッチコックがスクリーンで彼女の（ヒスパニックの）都市に献辞を述べたのと同じである。しかし、ヒッチコックの言葉は、彼女の物語が気づかないアメリカ史の一部であるとうっかり明らかにする。セコイアの森へ旅する場面は、コロンブス以前の先住民族の歴史という、もっと深い層まで間接的に描きだす。セコイアの幹に刻まれた日付はキリスト教徒の物語（キリスト、コロンブス）を伝えるが、樹木そのものは太古から続く別の生命を思い出させるのだ。

複数に焦点を当てて分析をすれば、民族を代表する登場人物がいなくても、埋もれた民族の声を拾うことができる。たとえば『レイダース　失われたアーク〈聖櫃〉』（一九八一年）は、第一世界の関心と好奇心を満たすには第三世界の空間が有益だと断定しただけではなく、ユダヤ人の登場人物がいなくても隠れたユダヤ的基層を示してみせた。アメリカ人の主人公は、エジプト人が不法に所有する古代ヘブライの聖櫃を略奪し、ナチスとその協力者のアラブ人に対抗してアメリカ人とユダヤ人の結束を寓意的に強め、聖櫃をナチスの接収からも救う。その地政学的な同盟関係はセシル・B・デミル監督の『十戒』（一九五六年）の（おそらく意図的でない）寓意と同じように明確である。『十戒』では、WASPのチャールトン・ヘストンが威嚇するエジプト人と闘うヘブライ人のモーセを演じるが、これは一九五〇年代の文脈では、エジプト・アラブ諸国対イスラエル・アメリカという当時の軋轢（一九五六年の第二次中東戦争）を表している。『レイダース』は、米軍が「最高機密」の聖櫃を保護して、つまり聖櫃が進んで共犯となって終わっていて、地政学的な同盟の意味をさらに強調した。古代エジプト人はヘブライ人から聖櫃を奪ったが、ナチスもこの作品の舞台（一九三〇年代）でまったく同じことをする。ハリソン・フォードは「ユダヤ」という言葉は一度も口にしないが、タイム・トンネルを使ってユダヤ教の聖櫃の名の下にナチスと闘っているように見ることもできる。犠牲者であり続けた歴史からの解放というこのファンタジーでは、古代エジプト人に下された聖書神話の驚異が、いま再びナチスに下されるのだ。ホロコーストでは、特に目立った奇跡は起きなかったのだが。ヘブライ人の聖櫃は、ナチスを奇跡によって溶かし、インディ・ジョーンズを救う。ドイツ人はアメリカ人とは違って、至聖所を見てはならないという神の命を無視したからだ。神の似姿を見てはならないというユダヤ教の禁忌と「偶像」崇拝への非難は、宗教を視覚化したがるキリスト教に勝利する。映画ののぞき見に典型的な逆説を示すが、この作品は、畏れ多くも神の美を見ようとする「キリスト教徒」の傲慢さを罰する一方で、観客を視覚的に大いに満足させるのだ。

存在・不在の弁証法的対立

人種の多様性はアメリカの歴史的経験のまさに核にあるので、関係性を論じる際は、アメリカ映画の批評や歴史叙述の中心に据えるべきである。『ジャズ・シンガー』（一九二七年）や『有頂天時代』（一九三六年）から、『バスビー・バークリーの集まれ！仲間たち』（一九四三年）、『ポギーとベス』（一九五九年）を経て、『ファニー・ガール』（一九六八年）や『ニューヨーク・ニューヨーク』（一九七七年）まで、特にミュージカル映画は、陰に陽に音楽とダンスで民族的な多様性をはっきりと表現してきた。多くのミュージカルは、オペラや舞台演劇のようなハイカルチャーと、ヴォードヴィルやポピュラー音楽のようなローカルチャーの対立を主題にするが、この対立も人種的なものである。そこで本節では、相関的なエスニシティや映画学の方法論、とりわけ民族・人種に関わる映画的媒介、物語的媒介、ジャンル的媒介、文化的媒介といった密接に関連しあう問題を検討する。たとえばリチャード・ダイアーにとってハリウッドのミュージカルとは「〔正負の〕符号の変化」を芸術的に演じたものであり、社会的存在における負の符号は芸術的変容における正の符号へ転換される[5]。ミュージカルは、欠乏や消耗、単調、ごまかし、孤独といった日常の社会的な不備のかわりに、豊かさや活力、強さ、透明性、共同体などのユートピア世界を提供する。このユートピアは、ジェーン・フォイヤーのいう「まるで自由であるかのような」運動感覚をもたらす[6]。

ミュージカルは社会の調和を描くので、〈関係性におけるエスニシティ〉を議論するのにふさわしいジャンルである。しかし、調和の演出も、ダイアーのいう「共同体」を問題のあるものにしている。古典的なミュージカルは人種間の「管理された」集団の調和すら無視し、普通は「想像の共同体」を白人の支配的集団に限定するからだ。『若草の頃』（一九四四年）や『オクラホマ！』（一九五五年）は中西部、『泥酔夢』（一九三四年）や『踊らん哉』（一九三七年）はニューヨーク、『ハリウッドのショーガール』（一九三〇年）や『雨に唄えば』（一九五二年）はハリウッドを舞台としているが、場所がどこであれ、ミュージカルは一枚岩的な白人共同体の調和をつくり上げ、アメリカの多文化的な構成に気づくのをじゃまする。ミュージカルの共同体の調和が実は排他的であることを示せば、周縁化された共同体の存在と不在の弁証法的対立が明らかになる。音楽とダンスによって抑圧された「他者」の存在をおよそ意図せずに漏らしてしまうだけの、白人しか出ない映画でさえそうなのだ。ミュージカル映画が周縁文化に触れるのは、たいていどたばた劇の幻想的な場面に限られる。たとえば『スタア誕生』（一九五四年）や『いつも上天気』（一九五五年）では、アジアやスコットランド、中南米のダンスがブリコラージュ風に再現される。それゆえサバルタンの存在もおよそ推測に基づく。すなわち、「民族的・人種的」なテーマや登場人物でさえ、表象はありのままでなく歪曲されるのだ。

アフリカ系アメリカ人の演技は、アメリカのあらゆる芸術に影響を与えている。しかしその影響はしばしば認められてはきたものの、ひどい場合はクレジットなしに盗用された。ミュージカル映画では黒人音楽やアフロ・ラテン音楽をよく使っているのに、アフリカ系・中南米系アメリカ人の俳優は排除するのは、とりわけ異常に思われる。『ハイロー・ブロードウェイ』（一九三三年）のアル・ジョルソンや『スイング・タイム』のフレッド・アステア、『青春一座』（一九三九年）のミッキー・ルーニーとジュディ・ガーランド、『ディキシー』（一九四三年）のビング・クロスビーは、顔を黒く塗る「ミンストレル」の伝統の好例である。周縁化された共同体の存在と不在と両方の典型的肖像なのだ。慈悲深いプランテーションという神話を前提にしたミンストレルの芸は、黒人性をあざけりつつも真似するという、明らかに相反する性質を持つ(7)。フランツ・ファノンの「黒い皮膚・白い仮面」という表現を病理学的に逆転させた仮面としての「黒人性」と、非常に多くの映画で使われながらも隠れた存在のアフリカ系アメリカ人の音楽やダンスは、スクリーン上に黒人が不在であることを逆説的に表す(8)。歴史的にミンストレル・ショーは、おもに北部で発展し、南部の文化や奴隷制、黒人そのものに関する知識さえないまま演じられた(9)。実際、白人が顔を黒く塗るのは、本物の黒人の役者や黒人の戴冠祭り*6のような祝祭が地下に追いやられたまさにその時代に大流行したのである(10)。しかしアフリカ系アメリカ人の痕跡はそうしたショーでも、明らかに黒人から盗んだ身体の動きやジェスチャーとして残っている。たとえば、『バンド・ワゴン』（一九五三年）の「ルイジアナ・ヘイライド」、『ゴールド・ディカース』の「リメンバー・マイ・フォーゴットン・マン」、『ガール・クレイジー』（一九四三年）の「ファシネイティング・リズム」、『雨に唄えば』の「ブロードウェイ・リズム」といった楽曲では、役者たちはゴスペルのように手を上にあげて振る。

また、ミュージカル映画では、黒人の声は歴史的にも音楽的にも隠された。基本的に黒人の文化作品に白人がお墨付きを与え、スクリーン上で黒人の音楽表現と「白人」スターが強く結びついたためである。黒人文化の断片を装飾用に「愛する」その同じ支配的社会が、権力で屈折した相反する感情のために、それを最もうまく体現できるかもしれない黒人の役者を排除する。このような人種の表象をめぐる政治的な駆け引きは、「無自覚」にされたわけではない。ハリウッドの制作体系では公然とした議論や協議の的であり、南部（や北部）の人種主義者やリベラル、公的な黒人擁護団体、検閲官、神経質なプロデューサーなどが影響力を競い、意見は分かれた。トマス・クリップスは、黒人性がハリウッド映画の編集段階で削除される過程を描く。たとえば『時の終りまで』（一九四六年）の脚本では、黒人一家が白人に変えられた。ジョージ・ガーシュウィンにひらめきを与えた黒人の音楽は、ポール・ホワイトマンが伝記映画『アメリカ交響楽』（一九四五年）で「ジャズで女性を作る」ことに夢中になっているうちに少しずつ削られていった。[*7]『ハーロウのフォックス家』（一九四七年）では、プランテーション神話を批判したフランク・ヤービー[*8]の原作がお決まりのロマンスになり、『嵐を呼ぶ太鼓』（一九五二年）は、トゥーサン・ルーヴェルチュール〔ハイチ独立運動の指導者〕とハイチ革命の物語から白人が主人公のロマンスに変わった。[(11)]

ジュリー・ダッシュ監督の『イリュージョン』（一九八二年）は、一九四〇年代のハリウッドの制作所を舞台に、白人映画スターに歌声を貸す黒人歌手を前面に出して、こうした排他的な慣行に注意をうながす。『雨に唄えば』と同じく『イリュージョン』は、アフレコやダビングといった映画技術へ再帰的に焦点を当てる。『雨に唄えば』ではサイレント映画の女王リナ・ラモント（ジーン・ヘイゲン）がキャシー・セルドン（デビー・レイノルズ）の吹き替えた美しい声を使い、この同じエスニシティ内の盗用がばれるのだが、『イリュージョン』はこれと同じやり方で人種差別の側面を示してみせ

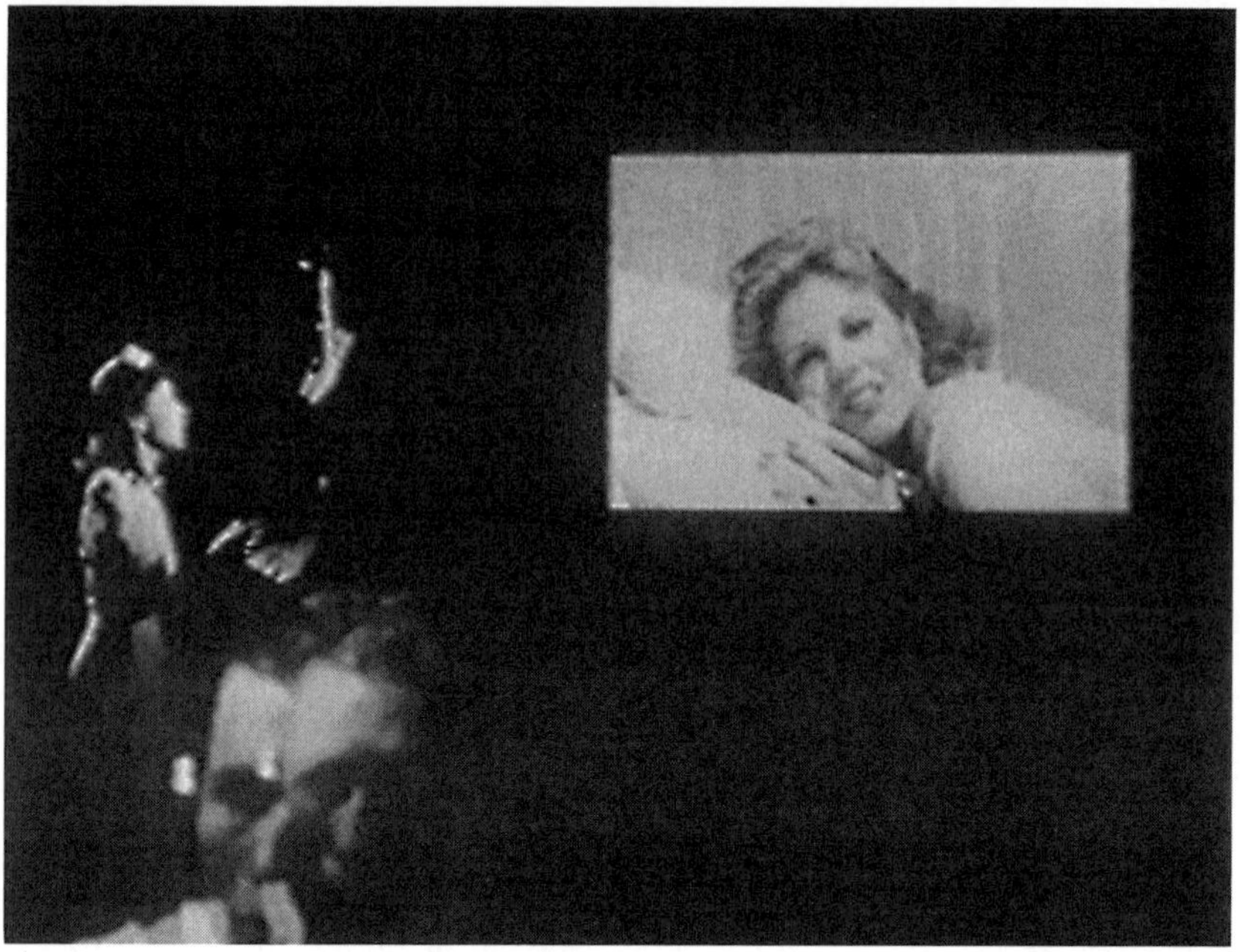

35　人種をめぐる存在・不在の弁証法的対立。『イリュージョン』より

る。主人公は、二人の「隠された」黒人である。映画制作所役員のミグノン・デュプリー（ロネット・マッキー）は「白人として通る《パッシング》」が黒人で、作中の映画には出演しない。歌手のエスター・ジーター（ロザンヌ・ケイトン）は、白人の映画スターであるレイラ・グラントの歌の吹き替えのために雇われ、スクリーンには映らない。ジーターは、ハリウッドの組織的な人種主義のせいで黒人の自分に回ってこない役のため歌う。黒人の才能とエネルギーは、光に包まれた白人の映像へ昇華される。この作品は、消去の様子を明らかにし、映画が黒人の能力に大きく負っているさまを描き、黒人の声と映像を再び結びつけて、黒人を「目に見え」、それゆえ「声の聞こえる」存在へ変える。しかし、ジーン・ケリーは『雨に唄えば』で不正を暴露し、世界に調和をもたらすことができるが、『イリュージョン』の「ナショナル・スタジオ」という意味ありげな名前の制作所で歌うロネット・マッキーにはそのような力はない。

『イリュージョン』は、アフリカ系アメリカ人の映像がヨーロッパ系アメリカ人のエンターテインメントの中へ歴史的に時間をかけて少しずつ姿を現してきたことに触れて、黒人の音楽が（ラジオなどで）しばしば歓迎されても、黒人の映像はタブーのままだったことを示唆する。長い間、画面に姿がなかったため、黒人の画像が出てくると刺激が強すぎるとでも言いたいかのようだ。デュボイス[*9]によると、フィスク・ジュビリー・シンガーズ[*10]は、「その神々しい歌声が敬虔な会衆の耳に届くより先にその黒い顔が見られてしまうことのないようにと」[12]、かつてブルックリンの教会ではオルガンと同じ階で歌っていた。存在と不在の対立は、ラティーナ、アフリカ系、日本人の女性たちなど他の集団でも同じように示された。『魅惑の巴里』（一九五七年）の「レ・ガールズ」の歌、『フットライト・パレード』（一九三三年）の「上海リル」という曲の中国人、『求婚大作戦』（一九五七年）の「クレイジー・ホース」のアメリカ先住民族、『夜の豹』（一九五七年）のラテン系の歌は、これらの女性たちを想起させた。フランク・シナトラの歌う「スモール・ホテル」は、もっと官能的に身体を動かしてよいと白人の登場人物に認めるべく、中盤からラテンのリズムへ変化する。『絹の靴下』（一九五七年）で使われるチャチャチャの「トゥー・バッド」〔原題はこれに、「われわれはモスクワに帰れない」と続く〕や、アフリカ系アメリカ人の旋律「レッド・ブルース」〔赤は共産主義〕にも、そうした官能的な効果が期待されている。この作品は、リック・アルトマンが「焦点が二つある物語」[13]と呼ぶミュージカルの枠内で、ソ連の禁欲的な生活様式と西洋のエロチックな快楽の場を対比させ、冷戦をある種のロマンチックな帝国主義に仕立てている。だがアングロアメリカ系の文化はラテンやアフリカのリズムを刻むのに、その音を生んだアフリカ系アメリカ人やラティーノの姿は見えないままだ。北米の覇権は、ソビエト共産主義というイデオロギー的言説に対し、自分たちは民族的に「エキゾチックな」気質であると説明する。ソ連の国民は退屈な旧世界の「高尚芸術」と結びつけられ、北米人はラテン化・アフリカ化した活気ある大衆文化と結びつけられる。正確に言うとそれは、覇権主義的な想像のアメリカ国家内の「非アメリカ人の文化」なのだが[14]。

なかには、アフリカ系アメリカ人の文化が一種の不在を構築する作品もある。たとえば、ポール・ホワイトマンに光をあてた『キング・オブ・ジャズ』（一九三〇年）は、「ジャズ」を称えポピュラー音楽と同じ意味で使っているが、アフリカ系アメリカ人はほぼ黙殺する。たまに黒人を取り上げるとしても、「暗黒大陸」へサファリに行くポール・ホワイトマンや、「ダーキー〈黒んぼ〉」や「ミシシッピーの泥」[*11]といった歌詞、「オールド・ブラック・ジョー」の編曲、「黒人のピカニニー〈黒人の子どもを指す差別用語〉」を抱きあげる巨匠のワンショットのような、見下した形でだった。ジャズの起源は「ブードゥー教の太鼓」と言われるが、この作品で聞こえるドラムの音はまったくアフリカ風ではない。モノリズムの拍子はただ加速し音が大きいだけで、精巧でも複雑でもない。風刺的なフィナーレでは、ミュージカル曲を次々に流してジャズに貢献した人々を表すが、これはヨーロッパのさまざまなエスニシティから成る人種のるつぼを意味する。歴史ショーでは型どおりの衣装を着たイタリア人やスウェーデン人、フランス人が踊るが、アフリカ人やアフリカ系アメリカ人の集団はまったく出てこない。融合した映像と音はヨーロッパ系アメリカ人の歴史を歌い上げ、「人種のるつぼ」を隠喩化するが、アフリカ的な側面がいくら目立とうが黙らされるのだ。

同じ傾向は、ディズニー・アニメ『ラテン・アメリカの旅』(一九四一年)にも見られる。ブラジルのバイーア州サルヴァドールというアフリカ化した都市は、アフリカ系ブラジル音楽やアフリカの楽器(クイーカやビリンバウ)を中心に描かれているが、実際にここに黒人が住んでいることには絶対に触れないようにしている。『ブルースの誕生』(一九四一年)では黒人の演奏者も登場するが、ビング・クロスビーはジャズ・トロンボーン奏者のジャック・ティーガーデンを後ろに従え、ニューオリンズで自分たちの音楽を聴いてもらおうと奮闘する白人のジャズバンド、「ザ・ベイズン・ストリート・ホット・ショッツ」のリーダーとして特別扱いされる(この映画は、黒人音楽を初めて演奏したヨーロッパ系アメリカ人のバンドと伝えられるニック・ラロッカの「オリジナル・ディキシーランド・ジャズ・バンド」の成り立ちを概ね下敷きにしている)。『上流社会』(一九五六年)にはルイ・アームストロング本人が出演するが、東海岸のエリート向けのジャズの公式スポークスマンで正当な後継者はビング・クロスビーだった。「ナウ・ユー・ハズ・ジャズ」という歌で黒人バンドと楽器を紹介し、「どうやってジャズ音楽は生まれるのか」を観客に教えるのもクロスビーである。音楽に関して白人の第一人者のクロスビーは、「周縁」文化のフィルターとして、黒人文化の成果を仲介するのである。ヨーロッパが世界規模の興行主や舞台監督をつとめることで、こうした映画は明らかに植民地主義言説を再生産する。その一方で、非ヨーロッパ文化は娯楽産業が使う原材料のままだ(例外は、オーソン・ウェルズが構想した『オーソン・ウェルズ イ

36　隷属についての動力学。『バンド・ワゴン』のフレッド・アステアとリロイ・ダニエルズ

ッツ・オール・トゥルー』というオムニバス映画の一編で、デューク・エリントンとルイ・アームストロングに注目した「ジャズ・ストーリー」がある。この作品では、黒人ミュージシャンから音楽のアイディアを盗もうとするがまねできない白人ミュージシャンが描かれている。『イッツ・オール・トゥルー』については本章で後述する)。

周縁社会の代弁をすることで、ハリウッドは間接的に彼らの自己表象を妨げた。ミュージカルでは、一般的に「マイノリティ」の役者には筋とは無関係の役だけが当てられ、通常は脇役の地位さえ与えられない。「エスニックな」役柄は、アイデンティティの一番大事な印である名前さえ持たないことが多い。『バンド・ワゴン』でアフリカ系アメリカ人の靴磨きの眠れるダンスの才能を呼び起こすのは、「シャイン・オン・ユア・シューズ」という曲で歌い踊るアステアである。バスビー・バークリーは誇張によってジェンダーから個性を奪ったが、そのことを連想させる客体化の仕掛けによって、その歌とダンスは陽気な被写体として使われている。靴磨きの「少年」リロイ・ダニエルズは、（跪いて）アステアの靴を磨き、洋服にブラシをかける。アステアは一段高い椅子に座っているが、それは黒人男性が自分のきまぐれを満たしてくれる一種の玉座なのだ。文字どおりの意味でも隠喩としても、ダニエルズはずっと「声を持たない」が、アステアは歌う。アステアが導き、ダニエルズは従う。『泥酔夢』で着飾った白人女性の映像が華々しさを演出するように、『バンド・ワゴン』の靴磨きは映画音楽の美学的原動力となる。『上流社会』でも同様に、クロスビーの歌がルイ・アームストロングのトランペットの「響き」に「刺激を与える」。そうしてアメリカの黒人音楽と白人音楽の歴史的関係を象徴的に逆転させるのである。(15) 『上流社会』では人種によって名声に差がつけられる。また、ジャズの演奏家は「クラシック音楽」に無知なように描かれるが、ビング・クロスビーはジャズを歌うクラシック音楽の演奏家とされる。いずれの流用も、他者性への願望が共通しているのだが、逆説的にも他者性とはそれを抹消することによってはじめて存在することが可能となるものなのだ。黒人のエンターテインメントは、ある種の間違った崇拝の対象になる。たとえばアフリカの仮面が現地の社会習慣から引きはがされて博物館に置かれるように、黒人の大衆文化もそれを育んだ黒人の共同体や演奏家らと切り離されていくことになるのだろう。

人種の存在・不在の弁証法は、白人の「エスニシティ」を考慮に入れると、いっそう複雑になる。移民、特にヨーロッパ系ユダヤ人移民は、ハリウッドで大きな相反する役割を果たした。アメリカ映画の研究は、必然的にそうした移民の気持ちが投影された「アメリカン・ドリーム」を検討することになる。覇権主義的なアメリカは、移民が望むアメリカン・ドリームのイメージなのだ。(16) アメリカの民族多様性をどのように表現し、抑えつけ、洗練させるかは、人種を理由とした姿勢や言説を展開する際のバロメーターとなる。ユダヤ系移民は映画産業でとりわけ大きな役割を果たしたにもかかわらず、一九六〇年代後半までハリウッド映画はユダヤ性を前面に押し出すことなく、一般的になんとなく「隠れた」存在であり続けた。ニューヨークを舞台にした一九五〇年代、六〇年代の映画(『踊る大紐育』一九四九年、『いつも上天気』)でさえ、大都会の民族や人種の多様性を控えめに扱う。グレゴリー・ペックがユダヤ人のふりをしたジャーナリストを演じる、ホロコースト後の「問題作」である『紳士協定』(一九四七年)も、ユダヤ性が完全に明らかであるにもかかわらず、強い不安がかいま見える。(17) 反ユダヤ主義を懸念し、ユダヤ人だと公言すれば、せっかく獲得したまだ心許ない安全を脅かすのではないかと恐れて、ユダヤ人移民は公的な領域での露出を抑えた。

表象をめぐる関係性アプローチは、ヨーロッパ系ユダヤ人移民の白人性という人種的特性と、ユダヤ性という民族的・宗教的特性の両方を考慮に入れるだろう。『ジャズ・シンガー』では、シナゴーグの先唱者[*12]の息子が、父親の反対をものともせずにジャズ歌手になるため家を飛び出し、「コル・ニドライ」[*13]の情感あふれる音楽からも逃げ出す。顔を黒く塗って黒人のふりをする息子役のアル・ジョルソンは、同化に熱心な若い世代を体現し、年輩の世代の移民は芝居がかった大げさな身ぶりをする。この仮面をつけた表現は、「アメリカ人らしく」なるためのユダヤ人の自主規制の表れであるとともに、黒人の不在を演出していることを示す。(18) 家出したユダヤ人青年ジェイキー・ラビノウィッツと、彼が扮した黒人ジャック・ロビンとの間で起こるアイデンティティの危機は、黒く塗った顔にはっきりと表されるが、これは通常の演劇のエンターテインメントの枠組みを超えている。彼の鏡はありのままの自分を映すのではなく、インタータイトル〔挿入字幕〕にあるように、「自分の民族を呼ぶ声」がこだまするユダヤ共同体のイメージを映すのだ。白人とヨーロッパ系ユダヤ人という、それぞれ異なる力を持った二つの白人世界は、ジョルソンが涙を流す〈イディッシュ・ママ〉[*14]に向かって「マイ・マミー」を大声で歌うフィナーレで和解する。彼は「新世界」の変則的なアイデンティティと闘うが、これはヨーロッパ系ユダヤ人とアフリカ系黒人のアイデンティティのぼんやりとした境界で展開する。黒人性は、アングロサクソン文化に対する、その他の白人/ユダヤ人のエスニシティに潜むジレンマの証となったのである。

ユダヤ人タレントは、顔を黒く塗る人種差別的な伝統をヴォードヴィルから取り入れ、それに共同体主義の音調を加えた。アーヴィング・ハウは、アメリカ系ユダヤ人は黒人の表現力を使って自分たちの歴史的悲劇を寓話化したととらえた。黒く塗った顔は、排除の象徴となったのだ。(19) 『ジャズ・シンガー』で、ジョルソンが演じる役はこう言われる。「ジャズ歌手はたくさんいるが、君の瞳は涙を湛えている」。ハウによれば、黒塗りの顔は「別の人の声で苦悩を語る、ユダヤ人の表現のための仮面となった」(20)。こうしてユダヤ人の役者は、自らの民族を演じるときに、自然に自己主張できるようになった。黒人の仮面のおかげで、ユダヤ人はシュテットル〔東欧の小規模なユダヤ共同体〕で表現していたいわば感情の遺産を取り戻すことができたが、同時に自分たちより社会的地位の低い集団にその状況を都合よく押しつけたのであった。ユダヤ人のミンストレル・ショーという矛盾をはらむ場は、似たような歴史をもつという直観と序列のご都合主義を結びつけた。黒人をけなして自分の「アメリカ人らしさ」を主張する典型的な日和見主義もそこに含まれる。だが、ハウのいう「二つの苦悩」は、似ているが同じではない。ユダヤ系アメリカ人のミンストレルはユダヤ人の苦悩の媒体であるだけでなく、ジム・クロウ[*15]の時代にエキゾチック化された黒人性のしるしの流用でもある。

黒人とユダヤ人はヨーロッパ中心主義に抑圧されてきた歴史のある集団として、もちろん明らかな類似点を持つ。集団的な伝統意識において、いずれも奴隷制とディアスポラの物語は大きな役割を果たしてきた。奴隷状態にあったイスラエル人がエジプトから脱出したことを毎年祝う過ぎ越しの祭りは、反ユダヤ主義の迫害を現代に語り継ぐ。一方、聖書に基づく黒人霊歌は、同じ経験をアフリカ系アメリカ人の表現に書き換える。「エジプトの地でイスラエル人が奴隷の身であったとき……わが民を去らせよ」[*16]。流浪、約束の地、帰還といったユダヤ人のテーマは、アフロ・ディアスポラの経験を証言する黒人の言葉を「表す」ようになる。たとえば『ハーダー・ゼイ・カム』(一九七三年)や、「バビロン」「エルサレム」「ユダの獅子」[*17]など抒情的な主題を掲げるラスタファリ主義[*18]およびレゲエにもそれは見られる。しかしヘブライ語のテクストをアフロ・ディアスポラ風に言い換えても、抑圧された歴史の類似性は強調できるが、ユダヤ系アメリカ人が民間に伝わる黒人性を流用したようなことは、ショービジネスの風刺的な文脈では起こらなかった。アフリカ系アメリカ人は、ユダヤ人とは違って、自分たちや他者の表象について何の影響力も持っていなかった。黒人の周縁化は、「中心」よりもずっと極端で本質的だった。アメリカは黒人にとって無慈悲な抑圧の地であったが、ユダヤ人にとっては希望の地であった。ユダヤ人は合衆国へ移住することを選び、社会規範的なエスニシティとして「通用《パス》する」才能のおかげで簡単に同化した。だが、アフリカ系アメリカ人は、アジア系や先住民族と同じく、特徴をうまく隠すことができなかった。そして、ヨーロッパ系ユダヤ人の移民は、多かれ少なかれ、アメリカ式の制度化された生活作法に従わなければならなかったが、ハリウッドでは反ユダヤ主義のイメージを抑えるため依然として権力を振るった。したがって「人種のるつぼ」の規範は、二つの共同体で違う受け止め方をされた。『ジャズ・シンガー』のように、ユダヤ人の役柄は簡単に同化し、ジョン・ガーフィールドやカーク・ダグラスといった同化したユダヤ人俳優は、スターになることができた。しかし、隠しようもなく「異なる」アフリカ系アメリカ人は、出演者が全員黒人の映画という隔離された空間であてがわれた役を演じなければならなかったのである。

エロチックな寓意

多民族社会でつくられた映画は、「寓意」化していくはっきりした傾向を示す。それは、明らかに私的な物語を語るときでさえ、そして「個人的なことと政治的なこと、私的なことと歴史的なことが密接に結びついた」ところでも公的領域を隠喩化する、フレドリック・ジェイムソンのいうテクスト[21]の意味での寓意である。すなわち、映画の民族的な序列は、言説以外の社会的交流を寓意化するということなのだ。ほとんどのハリウッド映画では異人種間のロマンスはタブーだったが、『ジャズ・シンガー』や『ジョルスン物語』(一九四六年)といった作品は、民族の緊張と和解の(説教じみた)寓話を投影して、白人と異民族のロマンスを見せた。若い異民族カップルは対立する共同体を結びつけたり、結びつけようとする。民族や階級の衝突は、このように「受容」と暗黙の調和により「解消される」。『ジャズ・シンガー』のアル・ジョルソンは、アシュケナジー系ユダヤ人の伝統を表すシナゴーグの先唱者の世界と、アングロアメリカ系のガールフレンドが体現する現代アメリカの象徴ブロードウェイのジャズ・シンガーの世界に引き裂かれる。ユダヤ人の先唱者はその伝統を放棄せずにジャズ・シンガーになり、この作品は「人種のるつぼ」という新世界のユートピアを賛美して幕を下ろす。ユダヤ人と黒人の音楽が溶け合い、ユダヤ人と異教徒の「混成」カップルに映画音楽を提供する。こうした混成結婚は「白人」の諸民族間では一般的だが、「民族性」のより強い側の同化を前提とする。

民族的なユートピアの排他的なバージョンのミュージカルは、『艦隊を追って』(一九三六年)、『愛の弾丸』(一九三五年)、『オクラホマ!』のように周縁集団の典型を一つにまとめるが、その際純粋性や社会秩序を乱してはならない。ミュージカル・コメディでは圧倒的多数のラブストーリーが、ジンジャー・ロジャースとフレッド・アステアを理想とする魅力的な異性愛の白人カップルに焦点をあわせ、異人種混淆の気配は一切ない。『有頂天時代』では、ロジャースの恋人役(ジヨージ・メタクサ）は本能むき出しのラテン男で、気持ちの離れた彼女とアステア演じるアングロアメリカ人の恋愛を盛り上げる当て馬である。『トップ・ハット』（一九三五年）のロマンチックな筋立てと似ており、同作品でエリック・ローズが演じた移り気なラテン系の恋人の役柄を使い回している。アングロアメリカ人のタレントが舞台の中央を占めるのに対し、ラテン系と黒人のタレントはミュージカルの曲が流れるまでほとんど登場しない。異民族のカップルが登場するのは、北米の企業側に大きな経済的理由があるときだけだった。たとえば『空中レビュー時代』（一九三三年）では、ドロレス・デル・リオがブラジル人の恋人を北米人のために捨てる。[22] この神話的な愛の言説は、ブライアン・ヘンダーソンが指摘するように、ニューヨーク―リオデジャネイロ間の新規航空路線の露骨な宣伝と、パンアメリカン航空やＲＣＡ社の帝国的な利益を覆い隠すのである。[23]

善隣外交政策の時代にハリウッドは、枢軸国に対抗するためラテンアメリカの協力を得ようとした。第二次世界大戦によってヨーロッパの映画市場が衰退したため、ハリウッドはラテンアメリカ市場と汎アメリカ的な政治的統一を期待して、ラテンアメリカのヒーローやスター、地元住民、とりわけ音楽とダンスでスクリーンをあふれさせた（この頃スイングからルンバに移行した）。しかし、ラティーノ（とアフリカ系アメリカ人）は、物語や映画の規範では依然周縁のままで、通常はミュージカル曲のタレント役に限定された。ミュージカルの分離構造は、白人の登場人物向けの比較的「現実的」な物語と、ラティーノ向けの非現実的なふざけた曲を対比・強調し、民族による役割分業を可能にした。ラティーノの配役を戦略的に行えば、「エキゾチックな」展示が物語的に許されるのだ。

このようにミュージカルは、民族や国民という意味で物語「空間」を割り当て、その外の実社会にいる差別主義者の態度と相同関係をなす。ミュージカルの曲は、差異という見世物を提供するだけでなく、「ラテンアメリカ人」を対置して北米人カップルを物語で結びつける働きをした。たとえば『野郎どもと女たち』（一九五五年）では、ハバナを訪れた救世軍の女性職員は、マーロン・ブランドと恋に落ちるきっかけにもなった大胆な音楽とダンスに煽られてエロチックに変身する。その意味でこの作品は、周縁化された共同体に実質的な平等は与えずにその存在感を高めたのだが、もしそうでもなければ「現実」の空間（「白人」およびヨーロッパ系アメリカ人のものと前提された空間）に入ることは許されなかったのである（ジョニー・カーソンの『ザ・トゥナイト・ショー』をいま見ると、この役割分業が現代も影響を与えていることがわかる。黒人俳優は舞台では歓迎されるが、カーソンの象徴的な「ホーム」という私的な場所には滅多に招かれなかった）。『バスビー・バークリーの集まれ！仲間たち』（一九四三年）、『女学生の恋』（一九四〇年）、『パン・アメリカ人』（一九四五年）、『ハバナの休日』（一九四一年）の物語で周縁化され固定されたラテン系の登場人物は、どの作品でも、新しい生活へ進む北米人の主人公たちとは異なり、最初と同じ場所に取り残される傾向がある。物語がどんなに正しく展開しようがラテン系の役者は歴史の外に置かれた。彼らの存在は、音楽とダンスという飾りのレベルでしか「許容」されない。登場人物のやり取りは、文化的差異への相反する魅力と反感を言い換えながら、もっと広い南北関係の寓話なのである。

善き隣人と越境者

ファシズムの脅威により「人民戦線」がリベラルになった時代でさえ、ハリウッドの映画制作は、完全に保守的とまではいわないものの、人種問題に慎重だった。人種主義的な慣行やイデオロギーを徹底的に見直そうという当時の重要な試みの一つが、オーソン・ウェルズ監督の『イッツ・オール・トゥルー』である。この映画は、ほとんど出来上がっていたのに公開されなかった。一九四二年に善隣外交政策を象徴する人物として、ウェルズは「汎アメリカのドキュメンタリー」を制作するためにブラジルへ赴き、二つの物語を撮影した。一つはリオデジャネイロのカーニバルに貢献した黒人に光を当てた話で、もう一つはブラジル大統領ヴァルガスに社会的不満を訴えるために筏で一〇〇〇マイル以上も旅をした四人のメスティーソの漁師と筏乗り（ジャンガデイロ）の実話に基づく話である。[*19]『イッツ・オール・トゥルー』の制作方法と美学は、監督を務めたリチャード・ウィルソン、ビル・クローン、キャサリン・ベナモウ、マイロン・マイゼルの尽力と、一九九三年に再構成されたおかげで、今もその一部を見ることができる。それは従来のハリウッドの人種やラテンアメリカの扱いとは非常に対照的だった。「エキゾチックな」背景で北米のスターを目立たせるのがラテンアメリカを舞台にした通常のハリウッド映画だったが、この作品では地元タレントが積極的に起用され、そのほとんどが黒人だった。

シキーニョやフォン・フォン、デデといった有名なカーニバル・オーケストラや、「カリニョーゾ」を作曲したピシンギーニャのようなブラジル人の作曲家や演奏者もいた。才気にあふれた黒人俳優セバスティアン・プラタ（のちに『マクナイーマ』一九六九年の主役「グランデ・オテーロ」として有名になる）は、カーニバルの場面を「擬人化」する重要な役だった。(24)

ラテンアメリカの表象で従来の枠組みは、南米大陸の政治的な無能力と文化的な無価値を前提としていた（『遥かなるアルゼンチン』一九四〇年のように「肯定的に」描いてラテンアメリカの観客のご機嫌をとろうとしたハリウッド映画も、制作所の無知と傲慢のせいで失敗した）。オーソン・ウェルズは、『空中レビュー時代』や『リオの夜』（一九四一年）よりも詳しくブラジル像を描こうと考え、ふつうのハリウッドのプロデューサーと一線を画すことを意識した。しかしステレオタイプを壊してやろうという気概だけでは、十分とはいえなかった。文化や歴史の知識は不可欠である。『イッツ・オール・トゥルー』は、その意味ではハリウッド式の制作や表象から根本的に逸脱していた。ウェルズは、何人もの著名なブラジル人脚本家（アレキス・ヴィアニ、クロヴィス・デ・グスマン、エドガー・モレル、エルナーニ・フォルナーリ、ルイス・エドモンド、ルイ・コスタ、アイレス・ジ・アンドラージ・ジュニア）に調査を依頼した。この調査によって、ウェルズ本人や南北関係について、そしてどんな完成品を想定していたのかがよくわかる。第一に、ハリウッドの「専門家」ではなくブラジル人の意見を反映していた。第二に、扱う対象は奴隷制、砂糖やコーヒーのプランテーション経済、社会情勢、大衆文化、政治制度と驚くほど幅広い。第三に、題材は独断的に決めるのではなく、ポリフォニー的な議論および異なる意見の活発なやりとりが重視された。第四に、ブラジルの大衆文化と、特に解放運動に関心を向けた。黒人の逃亡奴隷によるパルマレス共和国や奴隷制抗議暴動、アントニオ・コンセリェイロが率いた千年王国運動*20などである。たとえば、ウェルズは筏乗りの話を、現在進行中のブラジル民衆の抑圧に対する抵抗と見なした。昔の筏乗りは奴隷制反対闘争を助け、当時も大衆の要求をはっきり表明する役目を負っていたからである（筏乗りのリーダーであるジャカレイは賞金首の労働運動家で、ブラジル人エリートは、ウェルズが「扇動家」にそのように愛情をもって注目するのを喜ばなかった）。正義を求めて外洋を筏で必死に航海するメスティーソの映像は、ブラック・アトランティックの歴史のなかで汎アフリカ的な伝達の手段として、ポール・ギルロイが「船の時空的位置《クロノトープ》」[*21]と呼んだものを思い起こさせる。かつては奴隷に自由をもたらし、今は社会的な要求を押し通すのに同じジャンガダ〔筏乗りが乗る帆のついた小舟のこと〕が使われるのだ。

カーニバルに不可欠な黒人の役割にウェルズがまだ気づいていなかったならば、この調査結果にはっとしたであろう。しかし彼は一九四二年の時点ですでに、ロバート・ファリス・トンプソンが「黒い大西洋文明」と呼ぶものが力強く複雑であることをよく知っていた。ウェルズは寛容なリベラルである以上に、人種差別と反ユダヤ主義に激しく反対した人物であった。南部で人種隔離があり北部で差別があった苛烈な人種差別の時代に、有色人種のリンチやメキシコ人差別に反対するキャンペーンに積極的に加わり、自分のラジオ番組と新聞のコラム欄を、人種差別はアメリカ版ナチズムだと激しく非難するのに使った。ウェルズは、南北戦争で北軍の「進軍歌」になった一九世紀の奴隷制廃止運動家ジョン・ブラウンに早い段階で関心を持っていたし、一九三六年にハーレム地区ですべての配役を黒人にして舞台劇『ブードゥー・マクベス』を演出し、一九四〇年にはリチャード・ライトの『アメリカの息子』を舞台化した。そしてもともとは『イッツ・オール・トゥルー』の一話に予定していたデューク・エリントンとルイ・アームストロングの「ジャズ・ストーリー」プロジェクトに参画したことからもわかるように、黒人という主題と黒人の出演者に魅かれていた。ジャズに相当するものがブラジルではサンバで、どちらも新世界におけるアフロ・ディアスポラ文化の発現だと認識すると、ウェルズは「ジャズ・ストーリー」の舞台としてニューオーリンズではなく、もう一つのアフリカ化された新世界、カーニバル都市リオデジャネイロを選んだ。アフリカ系アメリカ人の音楽ジャズも、アフリカ系ブラジル人の音楽サンバに取り換えた。「彼は流れ者」といった歌は、「バイーア」や「プラッサ・オンゼ」のようなブラジル的な楽曲に取って代わられ、デューク・エリントンやルイ・アームストロングは、ピシンギーニャやグランデ・オテーロに道を譲った。

第二次世界大戦以前は、最も重要な黒人ミュージカル・スターでさえ、二流以下の短編映画という「ゲットー」へ追いやられがちであった。『ブルースの誕生』や『シンコペーション』（一九四三年）のような作品は、及び腰ながらもジャズを好意的に扱った稀少な例ではあるが、たいてい白人に焦点を当てた。『イッツ・オール・トゥルー』でウェルズは、ハリウッドの映画制作の人種的・民族的な慣行にはっきり異議を申し立てた。ブラジルのゆるやかな人種的規範にただ合わ

37 『イッツ・オール・トゥルー』のグランデ・オテーロ

38 ジャンガダの時空的位置

せたのではなく、黒人の生活や文化、演技を前面に置く当時のブラジルの作品よりもさらに踏み込んだのである。筏乗りの話を調査するためにウェルズに雇われたエドガー・モレルは、ウェルズを「猛烈な反人種主義者」と評し、彼は黒人との交際を楽しみ、カーニバルを「黒人の」物語と見なしたせいで敵意を持たれたと述べた。そのためこの作品は、ブラジルの黒人性という「秘密」がばれてほしくないヨーロッパ系のブラジル人エリートからも、RKO社制作部やアメリカ大陸間問題調整局のロックフェラー委員会からも人種差別的に責め立てられた。ロックフェラー委員会はRKO社に宛てた覚書で、『イッツ・オール・トゥルー』では「異人種間結婚に一切触れない」よう勧め、制作所は「ムラートやメスティーソが目立つ場面を削除する」べきだと提案している[25]。

RKO社の経営陣や制作スタッフには、ウェルズが黒人の要素を強調し過ぎで、カーニバルにおける黒人と白人の「ふつうの社会的交流」が必要以上に長く、北米人の観客を不快にするのではといった不満もみられた。一九四二年七月に制作チームのウィリアム・ゴードンがRKO社の経営幹部に出した手紙には、ウェルズの「黒人と白人の見境のない交わり」について不平が述べてある[26]。サミュエル・ゴールドウィンが『教授と美女』（一九四一年）のジーン・クルーパ楽団の黒人団員が大写しになった場面を二か所削除したことを引きあいに出し、ゴードンは、そのような場面はすべて削除すべきだと主張した。主任のチャールズ・ケルナーからゴードンに宛てたRKO社の覚書には、「筏の英雄たちは、インディオと呼ばれている」とあり、「特にメイソン・ディクソン線〔北部と南部の境界線〕以南の観客にこの作品は受け入れられないだろう」という見通しも記してあった。ウェルズの企画にみなぎる民主的で反人種主義の精神は、そのような植民地化の姿勢とは対照的だった。ウェルズはブラジルを背景にした北米のスターではなく、ブラジル人の英雄を見せたいと望んだ。スラム街《ファヴェーラ》出身の黒人のサンバ演奏家や、四人組のメスティーソの漁師を本物の大衆のヒーローと称えた『イッツ・オール・トゥルー』は、この時代の差別的な雰囲気と距離を置いていることを雄弁に物語るのだ[27]。

アメリカ的シンクレティズムの演出

ウェルズの一九四〇年代初頭の作品は、多文化主義という用語ができる前から多文化的で、一九六〇年代後半の民族意識の高揚を予言していた。民族意識によりアメリカの文化的多様性は再び尊重されるようになった。『ルーツ』のような過去の見直しや、(『屋根の上のバイオリン弾き』一九七一年の東欧のシュテットルのように)移民の「祖国」を舞台とした物語、『ナッシュビル』(一九七五年)、『ヘアー』(一九七九年)、『フェーム』(一九八〇年)、『ダーティ・ダンシング』(一九八七年)といった現代アメリカの多民族性を前面に押し出した作品がその意識を高めた。一九六一年には早くも『ウエスト・サイド物語』が、「アメリカでの暮らしは快適(alright in America)。ただ肌が白ければの話だけど(White in America)」と皮肉なモットーを伝え、民族対立を様式化した(この作品では風刺はほぼミュージカルの曲に限定されている)。それでもなお、ユートピア的な民族や社会の調和に対するあこがれは、このシェイクスピアの悲劇を再利用した終幕に浸透している。この場面で恋人たちは「いつか、どこかで」「新しい生き方が見つかる」よう願うのだ。

ロックンロールが流行し、白人が黒人の音楽文化を消費しだして、『バイ・バイ・バーディー』(一九六三年)など一九六〇年代初期の映画では、ヨーロッパ系アメリカ人の俳優が黒人風の歌やダンスをする。それは、『キャビン・イン・ザ・スカイ』(一九四三年)など初期の「黒人」ミュージカルが、人種で分けた映画分野だったのとは対照的である。『バイ・バイ・バーディー』はエルヴィス・プレスリーをモデルとしていることは示唆するが、ロックンロールの起源がアフリカ系アメリカ人にあることは隠している。一方、『ダーティ・ダンシング』や『ヘアスプレー』(一九八八年)のような近年のノスタルジックなミュージカルは、「白人の」大衆文化における黒人やラティーノの影響を熱狂的に前面に押し出し、共同体のユートピアを投影する。そうした作品では、ヨーロッパ系アメリカ人の登場人物が、従来の映画で抑圧されていたアフリカ系やラテン系の文化に心底「魅了され」「恍惚となる」。しかし『ダーティ・ダンシング』やインディペンデント系の『ヘアスプレー』でさえ、焦点の当て方は昔の序列のままである。これらの映画に活力を吹き込むのはアフリカ系やラテン系の音楽やダンスだが、物語ではヨーロッパ系アメリカ人（この場合は周縁化された白人の労働者階級やユダヤ系の中産階級）の視点が特権的に扱われている。

『ダーティ・ダンシング』、『ブレイクダンス』（一九八四年）、『サルサ／灼熱の二人』（一九八八年）や、『情熱のランバダ』（一九九一年）でさえ、「民族」音楽やダンスが「主流」のアメリカ文化に多元主義的に統合されることを賛美する。『ラ★バンバ』（一九八七年）では、チカーノの登場人物の優位性が、アメリカン・ドリームに寓意的なスパイスをきかせている。『ダーティ・ダンシング』では、ユダヤ系の登場人物が主流派であるアングロ文化をまねるのに対し、労働者階級の白人男性である主人公はラテンや黒人のリズムとダンサーに強く魅せられる。この作品はエロスによる統合で幕を閉じる。かつては排除や禁止すらされて、隔離した環境でのみ演奏が許された「下品な」音楽とダンスは、下層階級のダンサーたちとともに、共同体が調和する雰囲気のなかで受け入れられるのである。官能的に腰を振ることは、ユダヤ系中産階級全体が望むファンタジーとなった。自分たちを称賛しその動きをまねる白人という「民族」の真ん中で、恋人たちは踊る。最後の場面は、同作品のリベラルで人種統合的な未来像といえよう。

アメリカの大衆文化は、ヨーロッパ系アメリカ人とそれ以外の多様な「他者」との対話よりも、周縁化された共同体どうしの「対話」のほうが少ないことを証明する。[*22] 映画ではこの対話は、主人公とその相棒（ドン・キホーテとサンチョ・パンサを現代風に民族化したローン・レンジャーとトント）とか、主人公とその従者（ジャック・ベニーとロチェスター）、主人公と芸人（『カサブランカ』一九四二年のリックとサム）という形をよく取る。『手錠のままの脱獄』（一九五八年）のトニー・カーティスとシドニー・ポワチエは、鎖でつながれた寓意で人種の相互依存性を表した。[*23] 一九七〇年代と一九八〇年代には、異なる人種が組んださらに陽気な「バディ・フィルム（相棒映画）」が登場する。リチャード・プライヤーとジーン・ワイルダーの『スター・クレイジー』（一九八〇年）や『見ざる聞かざる目撃者』（一九八九年）、エディ・マーフィとニック・ノルティの『48時間』（一九八二年）、ビリー・クリスタルとグレゴリー・ハインズの『シカゴ・コネクション／夢見て走れ』（一九八六年）、メル・ギブソンとダニー・グローヴァーの『リーサル・ウェポンI・II・III』（一九八七年、一九八九年、一九九一年）といった作品である。『ドライビングMissデイジー』（一九九一年）、『わが街』

（一九九一年）、『パッション・フィッシュ』（一九九二年）、『ハード・プレイ』（一九九二年）なども同様に、関心の中心は黒人と白人の対話にある。このような映画は、人種の融和を切望する無意識の国民感情を揺さぶり、興行的な成功も呼ぶ。レスリー・フィードラー[*24]は著書『アメリカ小説における愛と死』で、文学作品に人種の融和が登場した起源を、クルーソーとフライデー、ナッティ・バンポ[*25]とチンガチグック、イシュメールとクイークェグ〔メルヴィル『白鯨』〕、ハックとジム〔マーク・トウェイン『ハックルベリー・フィンの冒険』〕といった、彼が同性愛的とみる関係までさかのぼる。実際、毎年感謝祭を祝うことから多民族的な最新のミュージック・ビデオまで、民族的なユートピアのイメージはアメリカの大衆文化に徐々に浸透している。黒人のアーセニオ・ホールやオプラ・ウィンフリーが司会を務めるテレビのトーク・ショーや、ジャネット・ジャクソンの「リズム・ネイション」、ライオネル・リッチーの「オール・ナイト・ロング」といったMTVで流れるビデオクリップ、ソフトドリンクのコマーシャル、テレビのスポーツ番組、公共広告や、「アイウィットネス・ニュース」の多民族の和やかな仲間意識に、このユートピアの比喩《トロープ》が響いていることがわかるだろう。これは、人種の平等を自力でありふれた現実にできるよう、こうした民族の調和という慰しの描写を支えるユートピア的なエネルギーを、構造変化に必要なものに転換する挑戦である。

多人種社会では、メディアが既存の文化的ポリフォニーを拡げる場合は特に、自我は必然的に融合的《シンクレティック》になる。まず、言語の融合《シンクレティズム》が起きる。ニューヨークのような都市では言語自体が混成《ハイブリッド》語で、イディッシュ化した英語や、英語化したスペイン語などからなる。マーティン・スコセッシ監督の『キング・オブ・コメディ』（一九八三年）では、主人公ルパート・パプキンが相方の女性マーシャを「最高のバカ野郎」と呼び、この街の混成した言語を口にする。[*26]文化の融合は、アメリカ独立革命以前からすでに始まっている。さまざまなアフリカの民族（フラニ族、ハウサ族、イボ族）や、アメリカ先住民族（イロコイ族、チェロキー族、ヒューロン族）が文化的に混じり合ったり、ヨーロッパ系アメリカ人がアフリカ系アメリカ人の音楽や宗教の様式（と労働力）に加え、アメリカ先住民族の単語だけでなく兵法や政治的思想も盗用したのである。文化的な融合は、周縁や、周縁と変化する主流の間で起こり、衝突しながら創造的に文化を混ぜ合わせる。先住民族やアフリカ系アメリカ人、地方移住者などのディアスポラや亡命の経験は、「未完の」ポリフォニーにおいて互いに作用しあうのである。

多くのアメリカ映画が民族融合の過程を取り上げるのは、決して偶然ではない。『太陽の中の対決』（一九六七年）や『馬と呼ばれた男』（一九七〇年）では、白人はアメリカ先住民族の風習を学ぶ。『大陸横断超特急』（一九七〇年）では、リチャード・プライヤーがジーン・ワイルダーに「黒人の歩き方」を実演して見せる。『クロスロード』（一九八六年）の主人公ユージン・マートンは、ウィリー・ブラウンに師事してブルースの演奏を習う。『メイトワン1920／暗黒の決闘』（一九八七年）では、アパラチア地方の白人とイタリア移民、アフリカ系アメリカ人が、音楽でも政治的にも力を合わせる。『マイフレンド、クララ』（一九八八年）では、（白人の）少年デービッドがクララからジャマイカの訛りを教わる。『ボーン・イン・イースト・L.A.』（一九八七年）では、中国系移民がチカーノからストリートの俗語を教わる。『ハンナとその姉妹』（一九八五年）では、ウディ・アレンがワンダーブレッドと十字架像で武装し、改宗の準備をする。[*27]『バード』（一九八八年）では、ヤムルカを被ったチャーリー・パーカーが、ユダヤ教ハシド派の結婚式でジャズを演奏する。[*28]『天使にラブソングを』（一九九二年）では、ウーピー・ゴールドバーグが白人シスターたちにモータウン・ダンスのステップを教える。アングロ系の白人性と、黒色／赤色／黄色の他者たち〔黒人や北米先住民族、黄色人種といった有色人種〕とを二項対立で捉えようとすると、必ず混合した文化の複雑で矛盾する肌の色の違いを見落としてしまう。スパイク・リー監督の『ドゥ・ザ・ライト・シング』（一九八九年）は、イタリア系アメリカ人とアフリカ系アメリカ人の対立だけでなく、渋々ながら親近感も前面に押し出している点が評価に値する。この作品は、新しい移民共同体のなかには、黒人に対する敵意によって自らの不安定なアメリカ人アイデンティティを確認するため、ある種の「ドアマット」として黒人を利用する人がいることに暗に注意を促す（『ジャングル・フィーバー』一九九一年では、「黒人の血」をほのめかしただけで、危うくけんかになるイタリア系アメリカ人もいる）。同時にこの作品は、ほんの少し「黒人」のように行動するイタリア系と、わずかに「イタリア系」のように行動する黒人の、二つの共同体のかすかな相互作用に光を当てる。刊行された脚本を読むと、スパイク・リーが黒人とイタリア人のハーフであるジャンカルロ・エスポジートに「スパゲティ・チトリンズ」[*29]という役を考えていたことがわかる（料理に由来するこの隠喩は、実に適切である。アメリカの料理はいまや多文化的であり、ソウルフードやタコス、ファラフェル、スシも取り込んでいるからだ）。ポリフォニックな歴史は実際に、北米の大衆文化の際立つ特性と融合を生んだ。もう一つ例を挙げると、アメリカの音楽とダンスは、いまや完全にヨーロッパとアフリカの伝統を融合させた。ルーツをさかのぼってアフリカに行き着かない現代の白人ポピュラー音楽などない。たとえばミュージック・ビデオの「ウィー・アー・ザ・ワールド」では、事実上すべての黒人と白人の参加者がメリスマ風に即興でゴスペルのように歌っているが、いずれも黒人の音楽性の精神と関係がある。[*30]

近年の映画では、人種を転換する融合した空間が増えてきた。ウディ・アレン監督の『カメレオンマン』（一九八三年）は、話す相手のアクセントやエスニシティも取り込むという薄気味悪い才能を持った奇怪なカメレオンマンが主人公である。彼は白人のユダヤ人に生まれたが、その後アメリカ先住民族やアフリカ系アメリカ人、アイルランド人、イタリア人、メキシコ人、中国人になる（ブラジル版のカメレオンマンともいえるマクナイーマ〔『マクナイーマ』（一九六九年）の主人公〕は、黒人のインディオとして生まれたが、ついで白人のポルトガルの王子、離婚したフランス男へと姿を変える）。『ブラック・ライク・ミー』（一九六四年）、『スイカ男』（一九七〇年）、『ミスター・ソウルマン』（一九八六年）、『トゥルー・アイデンティティー／正体知られて大ピンチ!!』（一九八七年）、『メイド・イン・アメリカ』（一九九三年）は、どれもこの人種の転換という比喩《トロープ》を用いる。『あなたなしでは私には何もない』（一九九〇年）のオープニングでは、白人のサンドラ・バーンハードが「私の肌は黒い」を歌い、明りをつけ、黒人のように見せようと装う。ウディ・アレンの『アニー・ホール』（一九七七年）では白人の大学生たちがマリファナを吸ってビリー・ホリデイになった気になるが、スコセッシ監督の『キング・オブ・コメディ』でもそれと同じように白人のマーシャが黒人だったらと願望を語る。この比喩《トロープ》は、映画だけではない。ルー・リードは、アルバム『ストリート・ハッスル』で「アイ・ワナ・ビー・ブラック」を歌った。メンバー全員が白人のラップ・グループ、ヤング・ブラック・ティーンエイジャーズが、「黒人性とは、心のあり方だ」と主張し、「黒人であることに誇りを持て」と訴えているのと同じである。漫談も、ある種の人種的腹話術で絶えず人種の境界線を越える。黒人のウーピー・ゴールドバーグが（おそらく白人の）「バレーガール」[*31]をまね、ユダヤ系のビリー・クリスタルは（おそらく黒人の）ジャズ・ミュージシャンを演じる。こうした人種の変身は、マイケル・ジャクソンの「ブラック・オア・ホワイト」のミュージック・ビデオでその極致に達する。モーフィング[*32]の手法で、さまざまな民族のさまざまな顔の組み合わせが無限につくり出される。

文字どおり隣りの人の民族になるカメレオンマンとして、主人公のゼリグはいくつもの異なる言語からなる流動的な文化に特有の、ご都合主義的な流用を例証する。ゼリグのそれぞれの変身は深い社会的・文化的な論理に基づき、歴史的結びつきが特に重要である。たとえばゼリグがよく黒人へ姿を変えるのは、ユダヤ性と黒人性をしつこく関連づけるヨーロッパ人の反ユダヤ主義の経験と大きな関係がある。前述したようにKKKは、ゼリグが黒人・ユダヤ人・アメリカ先住民族という複数の他者性を持つため、「三重の脅威」と見なしている。ユダヤ人のゼリグは、他の抑圧された共同体の人間に変身するだけでなく、ヨーロッパ移民のるつぼの中で泳ぐ仲間にも姿を変える。そう解釈するとこの作品は、ニューヨークのような都市の路上で多様なエスニシティが出会い、衝突し、交流する過程を示したものといえよう。ウディ・アレンすなわち自身が白人でユダヤ人であると同時に、黒人、インディアン、中国人、アイルランド人でもある姿を示すことで、目に見える形で融合を表現した。対話の出会いは、完全な融合ではないが、他者の言葉との「交雑」や「同化」である。諸民族がぶつかり、影響し合うとき、文化が相互に作用する矛盾に満ちた空間でそうした変化が起こり、融合しつづける過程を表す。[28]

異人種間の対話という表現が、映画の脚本の狙いに抑揚をつけることもある。ロバート・アルトマン監督の『ナッシュビル』[*33]（一九七五年）を例に考えよう。カントリー・ミュージックの盛んなナッシュビルのレコーディング・スタジオで、ヘンリー・ギブソン演じる人気歌手ヘイヴン・ハミルトンがカントリー風に建国二〇〇年祭[*34]の歌「二〇〇年のあいだ」を眠くなるほど単調に歌っている。隣のスタジオでは、黒人が手拍子するなか感動的にゴスペルを歌っている（ありえないことに、音痴なリリー・トムリンがリード・ボーカルである）。この二つの部屋の様子がモンタージュで示される。アルトマン監督は挑発的に二つの音楽スタイルを並べており、それぞれが、バフチンが「社会的イデオロギーの世界」の「アクセント」と「イントネーション」と呼んだものを思わせる。ポリフォニーではなく、むしろ対照的なディアフォニー（不協和音）または対位法が見てとれる。一方のスタジオでは、二〇〇周年に相応しいことを何かしなければ、と権威主義的な歌手を中心に愛国心あふれる自己満足な面白みのない音楽を演奏している。おそらく彼は、この部屋から長髪の反体制派を追い出すだろう。もう一つのスタジオでは、同じ二〇〇年について奴隷制と人種差別を含めた歴史的記憶の視点で語り、魂のこもった参加型の音楽がつくりあげられる。ゴスペルの場面を、熱苦しいBBC記者が見学する。ジェラルディン・チャップリンが演じたこの記者は、暗黒のアフリカとその住民を改宗させる宣教師について、空虚で自民族中心的なコメントをする。二〇〇周年を祝う独立革命は、白人のアメリカ人だけでなく黒人も抑圧した、この英国人記者の祖先との戦いであったことを、アルトマン監督は思い起こさせるのだ(29)。

エミール・デ・アントニオ監督がリチャード・ニクソン元大統領を風刺したドキュメンタリー『ミルハウス：ホワイト・コメディ』（一九七一年）は、さらに辛辣に民族や人種を対照させた事例である。デ・アントニオは、「法と秩序」を賛美するニクソンの声を、マイアミで開かれた共和党大会で地元の黒人社会からわき上がった声に対置させる。続く映像は、ニクソンの「秩序」という華やかな表現の下に、黒人の暴動はなんであれ鎮圧してやるとの意味が隠れていることを明らかにする。次のモンタージュは、マーティン・ルーサー・キングの感動的な「私には夢がある」の演説に、ニクソンの当たりさわりのない「私にはその日が見える」のスピーチを対抗させるが、ニクソンのスピーチがキング牧師のレトリックと構文を盗用しているのは明白だ。この対比は、ニクソンのスピーチのプチブル的な凡庸さを嘲る一方で、キング牧師の演説の感情的な説得力と政治的公約には率直に共感を示す。「機会均等」という神話を公表するニクソンの声は、キング牧師の告発に徐々に取って替わられ、黒人牧師の力強い南部訛り《アクセント》に深い威信が宿る。キングは、まだ遠いが想像はできる人種の融和という「約束の地」〔暗殺前日の演説の言葉〕をはっきり描きながら、平等を妨げるものを非難する。二人の声は対話するように対置され、各人の言説の趣旨をはるかに超えた社会的メッセージを生みだした。

主流の演出で民族や人種の関係が抑制され隠されているとしたら、近年のパロディ映画には、本物の「抑圧された者の帰還」を思わせるものがある。それほど急進的ではないが、こうした作品はアメリカの支配的物語《マスター・ナラティヴ》の沈黙に光を当て、人種の序列をある程度覆す。たとえば、ジョン・ウォーターズ監督の『ヘアスプレー』（一九八八年）は、周縁化された人々の相乗的な連携を演出する。白人労働者階級の太めのヒロインと、男性俳優のディヴァインが演じるその「母親」は、アフリカ系アメリカ人の共同体と一緒に人種主義者たちを打ち負かし、白人至上主義ではないアメリカというユートピアを示唆する。フィナーレでは、ヒロインの黒人風の「バグ〔虫〕」ダンスが、「全米一のアイドル」とその人種差別的な取り巻きに勝利する。ある場面では、黒人ゲットーに「取り残された」上品な白人マダムの差別を予想してふざけるアフリカ系アメリカ人を登場させ、白人の被害妄想を風刺した。ウォーターズ監督は、近所の黒人住民の目を通してこの場面に焦点を合わせ、反人種差別の立場に観客を接合する。同様に、ジョン・セイルズ監督は、『ブラザー・フロム・アナザー・プラネット』（一九八四年）で、ハーレム地区のバーの常連客の視点から、中西部のおびえた二人の白人を描く。『ヘアスプレー』のフィナーレは、警察官が群舞に参加して最高潮に達し、さまざまな「周縁」の勝利を賛美する。

一方、メル・ブルックス監督の『ブレージングサドル』（一九七四年）は、ユダヤ人、黒人、アメリカ先住民族の「三者会談」を演出し、西部劇を風刺のきいた喜劇につくりかえている。この作品は、観客の映画に対するステレオタイプな思い込みを巧みに利用してユーモアを生みだす。白人が南部の黒人の苦難を伝える曲「オール・マン・リバー」を歌い、黒人がイタリア系のフランク・シナトラの「君にこそ心ときめく」を歌い、黒人保安官（クリーヴォン・リトル）がグッチの鞍を持っている。アングロ系アメリカ人のヒーローが邪悪な「インディアン」やメキシコ人を撃退するという、通常の西部劇の人種差別的な言説のかわりに、ブルックスのパロディ西部劇は消された歴史と抑えつけられた声を呼び起こす。映画は、ハリウッドの支配的物語から通常は省略される歴史的なエピソードで幕を開ける。鉄道建設に黒人や中国人の労働者たちが無理やり駆りだされ、人種差別的であこぎなカウボーイ（スリム・ピケンズ）が自分が従来西部劇で演じてきた役を皮肉たっぷりにやっている）に虐待され、「先住民族を守る」という家父長的なアリバイの下で土地を没収される話である。「早撃ちの名手」ジーン・ワイルダーは、民族的な修正主義映画『フリスコ・キッド』（一九七九年）では西洋の間抜けなラビ〔ユダヤ教の宗教的指導者〕[*35]を演じるが、この作品では司法の不正とカウボーイの破壊行為から町を救うために、黒人保安官（クリーヴォン・リトル）と手を組む。そして最後に二人はいくらかの辺境の土地と平等の分け前を勝ち取るのだ。また、搾取される黒人労働者を保安官にするというカーニバルのような逆転によって、ジャンル上のそして歴史記述上の慣習を挑発気味に修正する。あるシーンでは、黒人保安官の家族が西部へ旅した話を視覚化した。幌馬車隊の最後尾を守らされ、インディアンに襲われそうなときでさえ、黒人は白人の輪に入れてもらえない。一方、ブルックスが顔を赤く塗り族長を演じた「インディアン」は、悪魔的でなく思いやりがあり、黒人を解放してくれる。インディアンの族長はイディッシュ語で、「黒い人々よ《シュヴァルツァズ》」*36と黒人たちに話しかけ、仲間のインディアンに殺されるのを防ぐ。ここでブルックスは、ヨーロッパ中心の支配的物語を用いながら、先住民族、ユダヤ人、アフリカ系アメリカ人をどれも周縁化された集団と見なしている。黒人の家族が旅を続けるとき、族長は「彼らがわれわれより黒い」ことに気づく。これはユダヤ人の黒人差別を自嘲的にほのめかしたと言えるが、角度を変えてみると、肌の色を二項対立でとらえるのではなく微妙な差を知り、違いを認めたとも言える。そして三つの集団は、偽りの生物学的根拠をもとに物として扱われ、迫害されてきた点が似ているとした。

ブルックスの演じるイディッシュ語を話すインディアンの族長は、かつて「アイ・アム・インディアン」を歌ったファニー・ブライスなどユダヤ系のタレントの伝統に則っている。また、ヨーロッパ内外の「他者」とのつながりを捏造し、ユダヤ系移民が周縁であるという自意識をアメリカ先住民族に押しつけるためにつくった「インディアン風」の詩の伝統も受け継いでいる。コメディアンのレニー・ブルースは、一人の不満を述べてアメリカ先住民族の痛烈な皮肉を表明した。「ああ、神様！　白人が移り住んできました。白人の家族が一世帯でも来れば、この辺りはぜんぶ白くなるでしょう」。このように、ブルースは烙印を押された集団に向けられた都会の民族嫌悪を風刺しつつ、しかし、それを先住民族の口から言わせることで、ヨーロッパ人による先住民族の土地の収用にも注意を促したのだった。つまり「インディアン」という概念は、（ある）他者を通して自分の民族的な主体性を構築するという政治的隠喩であり、間接的に言明するやり方として用いられている。映画も含むマスコミ媒体によるこうした融合の演出では、対話による交流は模索するが、対立的な融合の可能性（これについては後述する）を論じ尽くすことは、まずないのである。

文化の相互照明

対話による表現法においては、あらゆるジャンルや言語、さらに文化でさえも、バフチンが「相互照明」と呼ぶものの影響を受けやすい。この照明は文化の「内」と「間」の両方で生じ、対話的な異文化研究のモデルとなる。たとえば、ヨーロッパ中心主義の影響で、北米の人々は自己を認識し理解する際、南北アメリカ大陸の多人種社会よりもヨーロッパに依拠する傾向がある。しかし、北米映画における民族の表象の問題は、南北アメリカ大陸における他の人種的な複合社会が提示する映画の表象に関する文脈で、植民地主義や奴隷制、移民といった共通の歴史とともに、有意義な研究が進むかもしれない。

ひと口に人種問題といっても、南北アメリカでは差異が見られる。先住民族の「赤い人」とアフリカ系の「黒人」、ヨーロッパ系の「白人」の基本の三者を中心とする関係性は、さまざまな移民によって大きく変化した。人口比率は地域によって異なるかもしれないが、合衆国を含むほぼすべての場所で、人種が混淆しているのは事実である。だが、中南米の人々は自分たちの大陸がメスティーソ化したのを知っているのに対し、ヨーロッパ系アメリカ人は北米の文化もメスティーソ化し、混ざり合い《ミックス》、雑種化《ハイブリッド》していることを認めようとしない。他の社会の融合した状態は「目に見える」が、北米社会の融合した状態はほとんど隠されたままだ。メキシコのフスト・シエラ、ホセ・バスコンセロス、カルロス・フエンテス、オクタビオ・パス、カリブ海地域のエドゥアール・グリッサン、エメ・セゼール、ブラジルのマリオ・ジ・アンドラージ、パウロ・プラド、ジルベルト・フレイレなど、中南米の思想家は一般に人種的多様性を前提にナショナル・アイデンティティについて議論する。だが北米人はナショナル・アイデンティティについて、語られることはないが規範となっている「白人性」を前提とする人が多い。

北米人の国民性は、さまざまに説明されてきた。歴史家ペリー・ミラーは建国の祖である清教徒らしい宗教的な性格の作用に求め、歴史学者フレデリック・ジャクソン・ターナーや伝記作家R・W・B・ルイスはフロンティアの経験が国民性に影響を与えたとした。アレクシ・ド・トクヴィルは、平等主義の政治制度が権力を形づくったことに注目した。ただ、ナショナル・アイデンティティの理論家は、特に人種の側面を軽視する傾向があった。それとは対照的にラテンアメリカの知識人は、遅くとも一九世紀初頭から、人種的に複数の意味でナショナル・アイデンティティを考えていた。ブラジルの詩人オラーヴォ・ビラックは一九二〇年代の著作で、自国の芸術を「悲しき三つの人種を愛する花[30]」と語った。文化人類学者のジルベルト・フレイレは一九三〇年代に、ブラジルの人種的多様性を、国の創造性と独創性の鍵と見なした。ここでラテンアメリカの理論家らがあまり人種主義ではなかったと言いたいわけではない。実際、人種の混淆を「退廃」の原因だと激しく非難した人もいたし、階級や社会階層を覆い隠すために統合論的な公式のイデオロギーを説く人もいた。しかしこれまでラテンアメリカの人々は、「国民性」の形成に人種的な決定諸要因が根源的な役割を果たしたと確かに強く主張してきた。フレイレが「熱帯の新世界」と好んで呼ぶものは、遺伝学的に平等だと彼が考える三つの人種（ポルトガル人、インディオ、アフリカ人）の文化的融合によってできた。彼は奴隷制を美化し、黒人と先住民族の貢献を「民間伝承」にしてしまうきらいがあるかもしれないが、各人種の貢献は非常に貴重だと考えた。ブラジルのジョアキン・ペドロ・ジ・アンドラージ監督によるフレイレの著書『大邸宅と奴隷小屋　ブラジルにおける家父長制家族の形成』の翻案計画[*37]は、監督が早逝したため未完のままだが、できていればフレイレの理論を劇的に演出（そして批判的に更新）しただろう[31]。脚本をみると、ブラジルのさまざまな起点文化のポリフォニー的な出会いを画策していたこと、国民の経験として先住民族やアフリカ系ブラジル人、ポルトガル人といった多様な人種の視点を示していたことがわかる。この作品は、先住民族が抵抗し（戦闘や食人）、黒人が抵抗し（キロンボなど逃亡奴隷の共和国）、セファルディー系ユダヤ人が異端審問から逃れる場にすらなっていたはずである。

　異文化間の「相互照明」という対話表現のアプローチは、ハリウッド映画でアフリカ系アメリカ人と先住民族の描写が似ているなど、特定の民族映画の伝統における類似性だけでなく、他の南北アメリカの多民族的な映画文化の描写と似ている点・似ていない点も強調する。このような比較手法は、表象の実践を丸ごと並置する。たとえば、ブラジル映画とアメリカ映画の先住民族の扱い方を比較し、黒人の表象の仕方との関係を明らかにする。北米のサイレント映画に黒人は頻繁に登場する（酷使され虐待される場合が多いとしても）のに対し、『アンクル・トムの小屋』（一九一〇年）や、アルイジオ・アゼヴェードの『ムラート』（一九一七年）、ベルナルド・ギマランイスの『女奴隷イザウーラ』（一九二九年）などの映画化を除くと、ブラジルのサイレント映画で黒人は構造化した不在を示す。その一方で、両国の映画の歴史は、「アメリカ先住民族」や「ブラジル先住民族」に捧げたサイレント映画が多いことが特徴である。たとえばブラジルのジョゼ・デ・アレンカールの『イラセマ』や、合衆国のジェイムズ・フェニモア・クーパーの『モヒカン族の最後』など、一九世紀の「インディアニスモ〔インディオ称揚主義〕」小説は多数映画化されている（ブラジルでは、サイレント時代だけで『グアラニ』は四回、『イラセマ』は三回映画化された）。ブラジルの『グアラニ』のようなＴＶシリーズや、合衆国の『ラスト・オブ・モヒカン』（一九九二年）のような映画が証明するように、広い意味で「インディアニスモ」の作品は現在まで両国で伝統が維持されている。

しかしブラジル映画には、戦闘で鬨《とき》の声をあげる危険な野蛮人という、西部劇でおなじみのアメリカ先住民族の描写がない。雄叫びをあげる大群の脅威にさらされた白人という「包囲のイメージ」もない。むしろ初期のブラジル映画は、先住民族を健康的で純粋で勇ましい、過ぎ去った黄金時代の「勇敢な戦士《ブラーヴォ・ゲヘイロ》」として描く、ロマンチックな「インディアニスモ」運動の価値観を要約する。しかも、これらの作品は、人種の融合の神話を広める。「薄幸の恋人たちが……当然うまくまとまるべき特定の地域・人種・政党・経済的利益を表す[32]」、ドリス・ソマーが「基礎をなすフィクション」というタイプの神話である。インディアニスモの小説家のように映画監督たちも、先住民族とヨーロッパ的な要素が「ブラジル人」と呼ばれる新たな存在へ融合したのがブラジルだと考える。『イラセマ』ではインディオのイラセマとフランス人マルティンの結婚、同じ作家アレンカールの『グアラニ』では先住民族のペリとヨーロッパ人のセシリアの恋愛がこの融合を体現する。『グアラニ』は二つの川が象徴的に一つとなって終わるが、これは先住民族とヨーロッパ人の融合の隠喩である。対照的に、北米の小説や映画はヨーロッパ人と先住民族の恋愛が絶望的であるとやたら強調する。ブラジル文化がおぼろげであっても賛美する異人種間結婚は、北米では恐怖と被害妄想を生みがちであった。

しかし、人種関係の描写のしかたがこのように違うからといって、ブラジル映画が自国の先住民族に対して「進歩的」な姿勢であるというわけではない。第一に、ヨーロッパ人と著しく異なるブラジルの「国民性」の精神的なよりどころであり象徴でもあるインディオを、ブラジル映画は「勇敢な戦士」と称えるが、そこには悪意も含まれている。「消えゆく」インディオは、身体的大虐殺および文化的大虐殺の犠牲となった集団だからこそ賛美されたのだ。第二に、こうした小説（やそれを下敷にした映画）におけるインディオの肯定的なイメージは、想像上の二つの特権集団、つまりヨーロッパ人と先住民族のあいだの不平等な協定を前提としたが、実際には厳しく対立していた。第三に、インディオを曖昧に「称賛」するのは、黒人や奴隷制といった厄介な問題を避けるためでもあった。黒人の反乱というブラジルの輝かしい歴史は無視された。勇敢なインディオは奴隷制に抵抗したとさりげなくほのめかすが、黒人は違った。ブラジルで文学や映画に携わる白人エリートは、安全な距離をとって神話的にインディオを扱いたがった。インディオは、嫌われ者のポルトガル人やさらに問題のある黒人とは異なり、ブラジルで映画事業が始まるちょうど一〇年前に廃止された奴隷制[*38]の犠牲者で、民族的差異の象徴なのである。

関係性のとらえ方も、各民族を区別し比較するアプローチから、より広くディアスポラ的なあるいはトランスナショナルなアプローチになるだろう。本当に多文化的なメディア研究は、研究分野の概念的な「地図の再配置」を地球規模で行うことだろう。ここでは、少しだけユートピア的な可能性を示唆しよう。たとえば、両アメリカ大陸で映画を再配置すれば、新世界の多様な映画は交差し接触し、関係の描写の慣行を丸ごとひっくり返すだろう。奴隷制の比較研究を受けて、「奴隷制の映画」が研究されるかもしれない。[*39]TVシリーズの『ルーツ』や、ハーバート・ビーバーマン監督の映画『奴隷』（一九七四年）、時折制作される『シマロネス』（一九七九年）のようなドキュメンタリーを除いて、アメリカの主流メディアは、黒人が奴隷制に抵抗したことを滅多にテーマにしない。一方、前述した『ガンガ・ズンバ』（一九六三年）や『キロンボ』（一九八四年）などのように、ラテンアメリカ映画はたびたびこのテーマを扱ってきた。奴隷制が廃止された頃を舞台にしたブラジルの歴史映画『シンハ・モサ』（一九五三年）は、奴隷制を道徳に反するものとして描き、集団脱走・放火・暴動といった黒人の怒りと叛逆まで取り上げた。オズヴァルド・サンパイオ監督の『三月』（一九七二年）は、奴隷制が撤廃される直前、奴隷を解放する黒人自由民の役に、サッカーのスター選手のペレを起用している。セルヒオ・ヒラール監督の『もう一人のフランシスコ』（一九七四年）、『マルアラ』（一九七九年）、『プラシド』（一九八六年）や、トマス・グティエレス・アレア監督の『最後の晩餐』（一九七六年）のような、黒人の抵抗に注目した他のラテンアメリカ映画を含めれば、さらに議論を広げられるだろう。「汎大西洋主義」のアプローチをとる映画監督として、以下の人々を挙げられるだろう。スパイク・リー、チャールズ・バーネット、ビル・デューク、チャールズ・レーン、マーロン・リッグス、ビル・クリーヴス、カミール・ビロップス、アヨーカ・チェンジーラ、ゼイナブ・デイヴィス、ジュリー・ダッシュといったアフリカ系アメリカ人。セルヒオ・ヒラール、フェリックス・リロイ、サラ・マルドロール、ユーザン・パルシーといったカリブ海地域の黒人。ゾジモ・バルブル、アントニオ・ピタンガなどのブラジル人。アイザック・ジュリアン、モーリーン・ブラックウッド、ジョン・アコンフラといった英国の黒人。センベーヌ・ウスマン、スレイマン・シセ、オラ・バログン、メド・オンド、イドリッサ・オエドラオゴ、ハイレ・ゲリマ、サフィ・ファイのようなアフリカ人である（学者よりも映画の企画立案者のほうが、先頭に立ってこの種の地図の再配置に取り組んでいるようだ）。新しいアフリカのディアスポラ的美学は、サンバやレゲエ、サルサ、ソカ、[*40]カリプソ、[*41]ヒップホップがさまざまに影響しあった南北アメリカの音楽にはっきりうかがえる。また、似たような感性が水面下で共有されていることもディアスポラな映画にうかがえるし、特にディアスポラな音楽はこうした作品に不可欠な美学と構造的な要素をなしている。

大ざっぱに言うと、共有しつつも対立した歴史を対位法的に解釈できるよう、支配的なメディアとオルタナティヴなメディアを絶えず行き来する教育戦略が主張されるだろう。[33] 確かにメディアという教師または企画立案者は、『愛と哀しみの果て』（一九八五年）や『ジョンソンの生き方』（一九九〇年）のようにアフリカを父親のように見る作品を上映するかもしれないが、それを『エミタイ』（一九七一年）や『キャンプ・チャロユ』（一九八七年）などアフリカ人〔センベーヌ監督〕が手がけた反植民地主義の作品と対比させることもある。キング・ヴィダーはオリエンタリズムな『南海の劫火』で異国情緒あふれる偽りの南海の女性を使ってそれを教えてくれ、トレイシー・モファットは『ナイス・カラード・ガールズ』（一九八七年）で、異人種間の性愛に関する英国人の言説について、アボリジニのフェミニストの見方を訴える。ジュリー・ダッシュ監督の『イリュージョン』（一九八二年）は、『ガール・クレイジー』のような白人しか出演しない一九四〇年代のミュージカルなどの映画が内包する人種の意味と省略を正確に指摘する。『フェーム』ではマイノリティの登場人物が芸術と社会的流動性のために自分たちのエスニシティを捨てるが、レオン・イチャソ監督の『クロスオーバー・ドリーム』（一九八五年）は成功神話が偽りで虚栄心に満ちていることを示す。ミュリエル・ジャクソン監督の『メイド』（一九八五年）と、『悲しみは空の彼方に』は、奴隷制以降の家内労働を反映する作品と見ることができる。ハリウッドが自らの白人偏重に焦点を当てた『グローリー』（一九八九年。エドワード・ズウィック監督）と、同じテーマで黒人に焦点を当てたジャクリーン・シアラー監督のドキュメンタリー『黒人部隊第五四マサチューセッツ歩兵連隊』（一九九一年）を並べてみよう。『風と共に去りぬ』と、別の感傷的な奴隷制廃止小説を脱構築したヒラール監督の『もう一人のフランシスコ』を比べてみよう。このように映画研究は、歴史の教師でもあるのだが、文化活動家にもなる。すなわち複数視点と美学との衝突を照射すること、つまり映画のワンカットではなく、映画そのものと諸言説とをつなぎあわせるモンタージュを照射すること。こうした照射を演出するような活動家になるのだ。映画によってさまざまな文化的経験は並行し、関係づけられるようになる。対位法的な対話表現におけるそのような文化経験は、どんなケースであれ、文明全体が「相互照明」の影響を受けやすいことを示す。多くの点で不均衡だとしても、文化が依然としてグローバルに多声的に伝わる時代に、すべての大陸は経済だけでなく文化的にも互いに影響し合っているのである。

訳注

＊1——対話原理とはバフチンの用語で、「どんな発話も他の発話と必ず持つ関係」（ロバート・スタム、ロバート・バーゴイン、サンディ・フリッタマン＝ルイス著、丸山修・エグリントンみか・深谷公宣・森野聡子訳『映画記号論入門』松柏社、二〇〇六年、四三九〜四四〇頁）のことを指す。

＊2——オクラホマ州出身の出稼ぎ労働者。季節労働者として農作業などを行った。

＊3——ビート・ジェネレーションの作家ノーマン・メイラーに「ホワイト・ニグロ」というエッセイがあり、黒人の置かれた苛烈な条件を肯定的にとらえ、共感する白人のことを指す。

＊4——アメコミのヒーロー。天才発明家で世界的な企業家という設定。

＊5——『フレンチ・コネクション』（一九七一年）に登場する刑事。

＊6——黒人王に扮した人物が戴冠式を行う出し物のこと。

＊7——「ジャズの王様」といわれたポール・ホワイトマンの依頼を受けて、ジョージ・ガーシュウィンは名曲「ラプソディ・イン・ブルー」を作曲した。『アメリカ交響楽』はガーシュウィンの伝記映画で、原題は Rhapsody in Blue. 作品中でもポール・ホワイトマンのオーケストラが「ラプソディ・イン・ブルー」を演奏する。

＊8——1916–1991. アフリカ系アメリカ人の作家で、多くの歴史小説を残す。

＊9——1868–1963. W・E・B・デュボイス。黒人の平等を主張したアメリカの黒人運動家。全米黒人地位向上協会を設立した中心人物。

＊10——私立の黒人大学フィスク大学の学生で構成されたアカペラ・アンサンブル。一八七一年に大学の資金集めのため創設され、各地を巡業した。

＊11——一九二七年に「リズム・ボーイズ」のメンバーとしてビング・クロスビーが歌って人気となった歌。

＊12——シナゴーグ付きの音楽家のこと。もともとはトーラーの朗読や詠唱、礼拝で信者が歌う際の先導役で、近代以降、歌手としての役割も強まった。

＊13——ドイツの作曲家ブルッフ（1838–1920）が、ユダヤ教の典礼歌の影響を受けてチェロと管弦楽のために作った曲。

＊14——My Yiddishe Momme という一九二〇年代につくられた歌を受けた表現。「イディッシュ」とは、東欧のユダヤ人コミュニティの言語や文化をいう。この歌は、ソフィー・タッカーがボードヴィルで歌ったことで有名になった。

＊15——「ジム・クロウ」とは、南北戦争後のアメリカ南部で作られた人種隔離のための州法のことで、さまざまな施設に黒人が入るのを制限や禁止したが、一九六四年の公民権法の制定により廃止された。一九世紀前半のミンストレル・ショーのヒット曲「ジャンプ・ジム・クロウ」がその名の由来とされる。

＊16——出エジプトを題材にした黒人霊歌「行け、モーセ」の一節。

＊17——古代のイスラエルの一二部族の一つであるユダ族の象徴。

＊18——エチオピア帝国の最後の皇帝ハイレ・セラシエ一世をジャー（ヤハウェの神のこと）の化身だと考えるジャマイカの黒人の宗教的思想運動の理念。聖書を聖典とし、アフリカ回帰主義を唱える。

＊19——1883–1954. ブラジルの大統領（在任一九三〇〜四五、一九五一〜五四年）。一九三〇年の大統領選挙で落選するが、軍事クーデターを起こして大統領に就任した。一九三七年に議会を閉鎖して独裁を行った。ヴァルガスがこのとき始めた「新国家体制」では、民族主義的な権威主義のもとで、工業中心の経済でインフラ整備や内陸部の開発を進めた一方で、労働者の保護も目標に掲げた。この新国家体制は一九四五年にクーデターによって崩壊するも、ヴァルガスは一九五一年に再び大統領に就任した。しかし軍の支持を失って政権は危うくなり、一九五一年にヴァルガスは自殺した。

＊20——一八九六〜一八九七年にかけて、大土地所有制を批判する説教師コンセリェイロは至福千年説を説き、貧農とともに蜂起した（カヌードス戦争）。至福千年説については、本書第8章の訳注29を参照。

＊21——ミハイル・バフチンの「クロノトポス」の概念のこと。

＊22——一九三三年にラジオドラマ化された西部劇。その後コミックやテレビドラマ、映画になった。トントは主人公ローン・レンジャーの相棒のインディアンの青年である。

＊23——1894–1974. ラジオやテレビ、映画で活躍したアメリカのコメディアン、ヴォードヴィル俳優。ロチェスターは、ラジオ番組「ジャック・

ベニー・ショー」で、エディ・アンダーソンが演じた彼の召使役のこと。

＊24——1917–2003. ユダヤ系アメリカ人の文芸批評家。『アメリカ小説における愛と死』は日本語に訳されている（レスリー・A・フィードラー著、佐伯彰一・井上謙治・行方昭夫・入江隆則訳『アメリカ小説における愛と死——アメリカ文学の原型1』新潮社、一九八九年）。

＊25——一九世紀アメリカの作家・批評家であるジェイムズ・フェニモア・クーパー（1789–1851）の「レザー・ストッキング・テールズ」シリーズの主人公。彼を主人公にしたこのシリーズは西部劇の元祖とも言えるもので、アメリカ・フロンティア神話の創造に大きな役割を果たした。

＊26——原文は el schmucko supremo. schmuck はイディッシュ語源の英語で、元の意味は「ペニス」なので「ちんぽ野郎」とも訳せる。それをスペイン語風に男性形に変化させている。

＊27——アメリカの大手メーカーの食パンに似たパン。

＊28——ポーランド語でキッパ（宗教的なユダヤ男性が頭頂に被る小さい丸いキャップ）のこと。

＊29——チトリンズとは、アメリカ南部の黒人のソウルフードに使われる、煮込みや揚げ物などにする豚の小腸。

＊30——単旋聖歌。歌詞の一節に多数の音符を当てて装飾的に歌う声楽の様式。

＊31——一九八〇年代初頭にロス郊外のサン・フェルナンド・ヴァレーの高級住宅街に住む、流行の先端の象徴となった少女たちのこと。

＊32——別の形に変化していく様子を映す手法。

＊33——テネシー州ナッシュビルを舞台に、アメリカの音楽業界を描いたブラック・コメディ。カントリー・ミュージックやゴスペルなど、音楽に携わる二四人ものメイン・キャラクターが登場し、ロバート・アルトマン監督の最高傑作の一つとして知られる。

＊34——アメリカ建国二〇〇年祭は一九七六年だが、それ以前からさまざまな準備が行われていた。

＊35——schlemiel は、聖書に登場する不運な人物シュレミルに由来する言葉。

＊36——イディッシュ語で黒（ドイツ語の schwarz から）を意味する。

＊37——全四回のテレビ番組として映像化されている。

＊38——ブラジルの奴隷制廃止は一八八八年で、はじめて映画が撮影されたのは一八九八年とされる。

＊39——一九世紀初頭のペルーを舞台にしたアフリカ系逃亡奴隷のドキュメンタリー・ドラマ。シマロネス（cimarrones）とは逃亡奴隷の意。

＊40——トリニダード・トバコ発祥のポピュラー音楽。ソウルとカリプソを合わせたもの。

＊41——二〇世紀に、仏領カリブ海の島々、特にトリニダード・トバコのカーニバルで発達した音楽。

第7章　第三世界主義の映画

西洋の「大きな物語《グラン・レシ》」が何度も繰り返され、（ジャン＝フランソワ・リオタールの）ポストモダニズムが大きな物語《メタナラティヴ》の「終焉」を、フランシス・フクヤマが「歴史の終わり」について語るとき、「いったい誰の物語や歴史が「終わり」を告げられたのか」、問わねばならない。[1] 支配者であるヨーロッパでは確かに物語という戦略的なレパートリーが枯渇しだしたかもしれないが、第三世界の人々や、第一世界の「マイノリティ」、女性やゲイ、レズビアンは、ようやく自分たちの物語を語りはじめ、その物語の脱構築を始めたばかりである。ヨーロッパの物語に対する第三世界の映画による対抗的物語《カウンター・ナラティヴ》は、第二次大戦後のヨーロッパの植民地帝国の崩壊とそこから独立した第三世界の国民国家の出現と基本的に歩みをともにしていた。[2] 一九六〇年代末から一九七〇年代初頭にかけて、フランスに対するベトナムの勝利やキューバ革命、アルジェリアの独立に触発された第三世界映画のイデオロギーは、グラウベル・ローシャの「飢えの美学」（一九六五年）、フェルナンド・ソラナスとオクタビオ・ヘティノの「第三の映画に向けて」（一九六九年）、フリオ・ガルシア・エスピノーサ（キューバの映画監督）の「不完全な映画のために」（一九六九年）といった闘争的な声明として明確になった。また、第三世界の映画祭では政治的には三大陸の革命を求め、映画には美学や物語の変革を求める声明や宣言として具体化した。[3] 政治的な作家主義精神[*1]に、ローシャは「悲しくて醜悪な映像」の「餓えた」映画を、ソラナスとヘティノは戦闘ゲリラのドキュメンタリーを、エスピノーサは「低級な」大衆文化をエネルギー源とする「不完全な」映画を求めた。

　第三世界の「ニューシネマ」は、ネオリアリズムやヌーヴェルヴァーグなどヨーロッパの「新しい」運動に触発された面もあったが、その政治理念は、理解者であるヨーロッパの左翼とさえかけ離れている。一九六〇年代や七〇年代に出た第三世界映画に関する数々の声明は、作家主義的な表現や観客の満足よりも、挑発的で闘志を持つオルタナティヴで自立した、反帝国主義的な作品を評価した。こうした声明は新しい映画を、ハリウッド映画とだけでなく、いまや「ブルジョワ的」で「よそよそしく」て「植民地化された」自国の商業主義の伝統とも対比させる。フランスのヌーヴェルヴァーグの映画監督たちがクロード・ベリの『父の映画』(一九七〇年)に激怒したように、ブラジルのシネマ・ノーヴォの監督たちは、政治的理由だけでなくエディプス・コンプレックス的な理由で、娯楽志向のシャンシャーダや、ベラクルス撮影所[*2]の作品のようなヨーロッパ風の歴史大作をはねつけた。エジプトの若手映画監督らも、「ナイル川のハリウッド[*3]」の伝統を拒絶した。サタジット・レイなどインド出身の「ニューシネマ」の監督は、ハリウッドも、ヨーロッパの芸術映画を手本とするボンベイ〔ムンバイ〕・ミュージカルの商業主義の伝統も、ともに拒絶した。今考えるとこの「ニューウェーブ」は、既存の商業映画の伝統を拒絶するにあたり、あまりにも二項対立的だった。それから何年も、エジプトのカマール・セリムの『意思』(一九三九年)や、インドのディレン・ガングリーの『英国帰り』(一九二一年)など、現地の先駆的な映画監督や作品を重視する傾向が見られた。風刺でしか、神聖な大衆の伝統を取り戻せないこともあった(ルイス・ブニュエルは、メキシコで制作した一九五〇年代の作品で、メロドラマやコメディア・ランチェーラ〔農業労働者の演劇〕のような大衆ジャンルを批判的に復活させ、アルナルド・ジャボールやラウル・ルイスら後進の監督に道を開いた)。また、ハリウッドは政治的な敵と見なされていたが、全面的に嫌われているわけではなかった。二つだけ例を挙げると、クラウベル・ローシャの最初の映画評論はジョン・スタージェスの西部劇についてだったし、カルロス・ディエゲスはキング・ヴィダーとジョン・フォードを気に入っていた。

第三世界の映画の「幸せな」時代が終わると、初期の声明は批判され、その立場は修正され更新されたが、映画の実践はあらゆる方向に進化した。本章と次章では、第三世界やマイノリティの映画制作者が手がけた作品を中心に、さまざまなオルタナティヴ・メディアについて考察する。以下は、「通覧」を意図したものではない。それよりも、とりわけ明快で大胆な注目すべき戦略の例となる特定の映画に焦点を当てたい。そうした映画やビデオによる抵抗の実践は、均質でもなければ不動なわけでもない。地域から地域へ、ジャンルも歴史大作から個人制作の低予算のドキュメンタリーまで、時代とともに変わる。美学的な戦略は、「進歩的なリアリズム」からブレヒト的な脱構築主義、前衛主義《アヴァンギャルド》、トロピカリズモ[*4]、抵抗するポストモダンにまで及ぶ。たった一つの「正しい」戦略や美学を賛美するのは、われわれの多中心的な視点とは相容れないアプローチだ。本書では、多様な戦略とモダリティ〔様相〕が必要とする、そうしたすべての多様性と矛盾さえ含むさまざまなアプローチについて検討したい。

植民地史の書き直し

フランツ・ファノンにとって植民地主義とは、「単に、自己の掟を押しつけるだけでは満足しないものだ……一種の論理の逸脱頽廃によって、被抑圧民族の過去へと向かい、それをねじ曲げ、歪め、これを絶滅する」(4)。第三世界やマイノリティの映画制作者は、ヨーロッパ中心史観に逆らって自分たちの歴史を書き直し、イメージをめぐる主導権を取り戻し、自分の声で語ってきた。彼らの映画は、ヨーロッパ人の「嘘」と汚れなき「真実」を取り換えるのではなく、地図の再配置と地名の改称という大事業において過去の事件を再び利用し強調して、反植民地主義の視点から対抗的真実と対抗的物語を提示する。

この歴史の書き直しは、二重の時間枠で行われてきた。過去を書き直せば、必然的に現在を書き直すことになるからだ。前述したように、『イェリコ』（一九九〇年）や『キロンボ』（一九八四年）など修正主義的な歴史映画が征服初期についてのヨーロッパ中心的な説明に異議を唱えたのに対し、他の作品はもっと最近の出来事を書き直した。メド・オンドの『女王サラウニア』（一九八七年）は、フランスの裏をかき、植民地主義から人々を救った一九世紀末のアフリカ人女性の物語である[*5]。フィリピン人の映画監督エディ・ロメロの『われらフィリピン人』（一九七七年）は、スペインとの戦争の直前にフィリピン人として自覚するようになる民族主義者を扱う。ホルヘ・サンヒネス[*6]の『人民の勇気』（一九七一年）は、一九六七年にボリビアで起きた錫鉱夫の虐殺を劇的に再現したもので、本物の鉱山労働者たちが演じた。

アルジェリアの民族解放戦線（ＦＬＮ）の作品から、反バティスタを訴えるカストロ主義者の作品を経て、モザンビークのフレリモ党、[7] エルサルバドルのラジオ・ベンセレモス[8]の映像制作集団、エルサルバドル映画協会の作品まで、数多くの映画が反植民地闘争と同時期につくられた。また、独立後に社会が安定すると、歴史を振り返る映画が制作された。一九四九年の革命を受けて中華人民共和国の映画産業は、『翠崗紅旗』（一九五一年。張駿祥《ジャン・ジュンシャン》監督）や『中国人民の勝利』（一九五〇年。ソ連との合作。レオニード・ワルラーモフと呉本立《ウー・ベンリー》監督）といった作品で、国民党に勝利したことを祝った。一方、センベーヌ・ウスマンの『エミタイ』（一九七一年）は、第二次世界大戦中にフランスの植民地主義に抵抗したセネガル人という比較的最近の過去に向き合い、フランス人兵士に米を供出するのを拒んだディオラ族の女性を取り上げた。同じくセンベーヌの『キャンプ・チャロユ』（一九八七年）は、フランス軍で不平等な賃金に応じなかったため、あっさりと虐殺されたセネガル人兵士らの同様の叛逆を扱う。ニアズィ・ムスタファの『夜の悪魔たち』（一九五八年）は、英国のエジプトにおける植民地抑圧を時系列に沿って描く。モハメッド・ラクダル゠ハミナの『オーレスの風』（一九六五年）は、フランスと闘うアルジェリア人民の架空の話を語る。同監督の『小さな火の歴史』（一九七五年）は、ついにアルジェリア革命となった闘争の世紀がテーマの大作である。オマール・クレイフィの『黎明』（一九六六年）と『パルチザン』（一九七〇年）は、チュニジアの解放闘争を扱う。サラ・マルドロールの『サンビザンガ』（一九七二年）はアンゴラの解放闘争[9]を、アーメッド・ラシェディ〔アルジェリア〕の編集映画『忌わしき夜明け』（一九六五年）はアフリカ全土の反植民地闘争を取り上げる。

エジプトでは一九五二年の革命を受け、フセイン・ディドキーの『帝国主義をぶっつぶせ！』（一九五三年）、ヘンリー・バラカートの『我が家の逃亡者』（一九六一年）、イブラヒム・ヒルミーの『99キロ』（一九五五年）が、反植民地の歴史に民衆が加わったことを称えた。ニアズィ・ムスタファの『シナイの褐色の少女』（一九五八年）や、カマル・エル゠シエイクの『平和の大地』（一九五五年）は、パレスチナ人を支援するアラブを称賛した。ニアズィ・ムスタファの『囚人アブー・ザバル』（一九五六年）、イゼディン・ズルフィカールの『ポートサイド』（一九五七年）、ハサン・アル゠イマームの『灼熱の愛』（一九五八年）などは、一九五六年のスエズ戦争を描いた。ユーセフ・シャヒーンは『アルジェリア人ジャミーラ』（一九五八年）でアルジェリア独立闘争に共感を表し、ガマール・アブドゥル゠ナーセル大統領の反植民地闘争への関与も示した。この作品で描かれたフランス人による拷問とアルジェリア人の連帯は、テーマ的にはジッロ・ポンテコルヴォの『アルジェの戦い』(一九六六年)に先んじていた。

多くの第三世界の映画は、美学と政治学という二つの最前線で闘いながら、表現形式の刷新と、修正主義史観とを総合しようとしている。ウンベルト・ソラス〔キューバ〕の『ルシア』(一九六八年)は、異なる時代(植民地期の一八九五年、ブルジョワ革命の一九三三年、革命後の一九六〇年代)が舞台の複雑な三部構成で、従来のたった一つの物語を否定する。それぞれのエピソードは、ルシアという名の女性(クレオールの貴族、都市の中産階級、田舎の労働者階級)をめぐり、異なるジャンル(ヴィスコンティ風の悲劇的なメロドラマ、ベルトルッチ式のヌーヴェルヴァーグ的な政治的・実証的ドラマ、ブレヒト風の茶番劇)が異なる照明(暗い、かすんだ、明るい)で展開される。その結果、歴史解釈はいかに様式の媒介と不可分であるかを示すのだ。メド・オンドの『ああ、太陽』(一九七〇年)では、ドキュメンタリーとフィクション、植民地主義の詩的な悪魔祓いの夢とダンスが混ざり合っている。同監督の『西インド諸島』(一九七九年)は、五世紀にわたる植民地支配の抑圧と反乱の抵抗に注意を促すために、奴隷船をオペラ映画の舞台にした。ソラスも、『チリのカンカータ』(一九七五年)でチリ人の炭鉱夫について語るのに、オペラ的な技法を用いている。ポール・ルデュクの『リード:反乱するメキシコ』(一九七三年)は、再帰的・脱構築的にメキシコ革命を語る。政治的な変化をヌーヴェルヴァーグ式に表すため、多くの映画はドキュメンタリーとフィクションを混ぜ合わせる。たとえばマヌエル・オクタビオ・ゴメスの『マチェテの最初の一撃』(一九六九年)は、一八六八年にスペインからの独立を目指して起きたキューバの戦争を、ハイコントラストフィルムやハンディカメラ、カメラ・インタビュー、環境光等を用い、まるで同時代のドキュメンタリーのように再構築した。

独立闘争を描いた第三世界主義の映画はたくさんあり、ポンテコルヴォの『アルジェの戦い』もその一つである。(アルジェリア人との共同制作で)イタリア人が監督したが、ファノンの第三世界主義の精神がしっかり浸み込んだ作品であった。反植民地戦争を早くに取り上げたこのヨーロッパ商業映画は、フランスからの独立を求めたアルジェリア戦争を再現した。戦争は一九五四年から一九六二年まで続き、二万人のフランス人と一五〇万人ものアルジェリア人の生命を犠牲にした。北アフリカを舞台としたフランスや合衆国の映画では、ヨーロッパ人のヒーローやヒロインの英雄的な偉業が描かれ、アラブ人は受動的な背景となるが、『アルジェの戦い』はそれと著しい対照をなす。こうした作品はフランスの映画（『望郷』一九三六年）であろうとアメリカの映画（『モロッコ』一九三〇年、『カサブランカ』一九四二年）であろうと、椰子の木が点々と連なるセットを駱駝に乗ってゆったり横切る、西洋人向けのエキゾチックなメロドラマの舞台として北アフリカを利用する。ファノンの描く帝国像そのものである。「コロン〔植民者〕は歴史を作る。その生涯は一篇の叙事詩、一篇の冒険譚である」。だが、コロンの面前で、「熱と「先祖以来の慣習」に内部から痛めつけられて麻痺した人たちが、革新的な植民地的金もうけ主義のディナミスムに対するほとんど鉱物的な背景を形成する(5)」。『アルジェの戦い』がきわめて革新的なのは、西部劇や帝国の冒険映画に典型的なヨーロッパ中心の焦点のあて方を反転させた点である。ポンテコルヴォ監督は、他の被植民者を鼓舞する具体例としてアルジェリア人の闘争を描き、被植民者の代表として彼らに感情移入できる仕組みを展開する。場面場面で次々とファノンの思想を視聴覚的に輝かせ、作品はまず社会的に引き裂かれた都市空間を二元的に概念化するところから始める。アルジェの旧市街とフランスの都市を結びつけるカメラのパンの繰り返しは、植民者の明るく輝く街、ファノンの表現では「その腹は、たえずうまいものでいっぱいの、飽食した怠惰な町」と、「悪評高い場所であり、悪評高い人々にあふれた場所(6)」という現地人の街を対比させる。ファノンのいう二つに断ち切られた世界の分割線は、この作品では有刺鉄線や兵舎、警察署からなる。植民地では、「公式の制度的対話者、コロンと抑圧体制の代弁者は、警官や兵士である」。この対照的な扱いは、アルジェリア人への共感を呼び起こす。フランス人は制服を着用しているが、アルジェリア人は庶民の普段着を着ている。アルジェリア人にとって旧市街《カスバ》は地元だが、フランス人にとっては前線の駐屯地である。有刺鉄線と検問所の画像は、ヨーロッパではファシストによる占領という映画的なトポスだが、『アルジェの戦い』では占領者でありよそ者であるヨーロッパ人との闘争に共感を生む。

　北アフリカを舞台にしたヨーロッパ映画では、たいていアラビア語は背景の囁きで、理解できないざわめきに過ぎない。対照的に『アルジェの戦い』では、アルジェリア人の登場人物はバイリンガルだが、ふだんはアラビア語を話す（ヨーロッパ人の観客のために字幕がついている）。言語的・文化的な尊厳が認められているのだ。アルジェリア人は、影のように目立たず、良くて絵のような背景、最悪の場合は敵意と脅威となるのではなく、前面に顔を出す。エキゾチックな謎でもフランス人のコピーでもなく、主体性を持った人間として彼らは存在しているのだ。この作品はフランス人を風刺するものではないが、植民地主義の破綻した論理を明らかにし、観客とアルジェリア人の共謀関係を育む。たとえば彼らの目を通して、死刑を宣告された反逆者が処刑場へ歩いて行くのを目撃する。観客がフランス軍とヘリコプターを見るのは、旧市街のなかからだ。西洋の枠組みとは逆で、ここで包囲され、脅かされ、重点を置かれるのは被植民者である。FLNの一時的な敗北を彼らの最終的な勝利というより大きな物語に組み込み、『アルジェの戦い』は、被植民者の勝利は必然だと印象づける構成となっている。彼らの興奮した叫びはどこからともなく上がり、人々のうねりは膨張する連帯のデモ隊に吸収され、独立に熱狂する人々をなんとか挫こうとするフランスの試みの無益さを強調するのだ。

『アルジェの戦い』は一見、アリ・ラ・ポワントという登場人物に重点を置いているようだが、実際にはアルジェリア人という集団が主人公である。アリは、政治運動に加わって変わるまでは、博打で生計を立てるような植民地主義の典型的な落とし子として描かれる。彼は、アルジェリアの大衆に支持されるFLNという組織の一員であり、たくさんいる指導者の一人に過ぎない。この作品は、理想的なスター俳優や英雄的な登場人物ではなく、民衆の運動を通して歴史的闘争を物語る、左翼好みの美学に従う。実際、特定の人物たちがつかの間目立つものの再び大衆のなかへ退き、個人と共同体は絶えず対話をくり広げるのである。

この作品に登場するフランス人は命令に従うただの職業軍人で、反ナチ映画に見られるような典型的な悪役ではない。マシュー中佐は、気が違っているのでも熱狂しているわけでもない。彼は魅力的で、雄弁で、高潔で、防衛における拷問の現実と「合理性」に率直に向きあう。とどのつまり、植民地主義にもともと備わる、システムの合理性という論理を表象しているのだ。二つの側面は、人間は残酷にも寛容にもなり得ることを表す。いずれも、人間らしい(だが決して悲劇的ではない)欠陥がある。ポンテコルヴォは、きわめて重要な植民地主義の問題を強調するために、メロドラマの誘惑に終始抗う。しかしメロドラマを拒絶することは、一方の側につかないという意味ではない。実際にこの映画は、FLNの暴力的な抵抗を抑圧に対する正当で必要な反応だと支持し、植民者の暴力を組織的・合理的な体制の悪化の表れと断定する。

特に、三人のアルジェリア人女性が西洋人に変装し、フランスの検問所をくぐり抜けてヨーロッパ人地区に爆弾を仕掛ける場面は、観客が登場人物に自分を重ねる従来のパターンをひっくり返した。多くの評論家は、FLNが一般市民に働いたテロ行為を見せる映画制作者の誠実さに感銘を受け、その「客観性」ゆえにこの場面を称賛した。しかし突きつめるとこの作品は、テロ行為そのものよりも、テロの見せ方のほうが重要であることを示している。つまり、テロ行為というディエジェーズ[*10]よりも、発信の仕方や観客の立ち位置のほうが大切なのだ。観客は、政治的に共感しないまでも、映画の自己同一化という手法によって、女性たちの任務が成功してほしいという気持ちになる。登場人物視点での編集をはじめ、スケール（各女性のクローズアップ）、画面外の音（まるで彼女たちになったように、フランス人兵士の女性蔑視的な発言が聞こえる）などだ。女性たちが爆弾を仕掛けるまで観客は完全に感情移入しているので、爆弾犯の犠牲になる人々のクローズアップを見てもショックは受けない。アルジェリア人女性と被害にあうフランス人のクローズアップによる視線の交差は、フランス人との一体感を生み、妨げる。彼女が攻撃するカフェの常連客はクローズアップによって人間性を与えられるが、観客は爆弾を仕掛ける側の視点で「身近に」感じており、その任務の理由が理解できるよう、すでに仕込まれているからだ。歴史的な文脈での解釈や正規の手法は、テロリズムという拒絶反応を妨げたのである。

観客を共媒関係に誘う仕かけは他にもある。物語的にこの場面は、フランスの旧市街爆撃に報復するとかつてFLNが宣言し、それを実行したものとして女性の行動を提示する。爆弾テロは狂信的な少数派の意思ではなく全人民の怒りの表れであり、常軌を逸した暴発ではなく嫌々ながらもよく考えて引き受けた政治的任務であると、あらゆることの積み重ねから描くに至ったのである。ポンテコルヴォは、主流メディアには許されない政治的見解を表すために、「客観性」という装置や、マスメディアのルポルタージュによくある技術（ハンディカメラ、ズームの多用、遠望レンズ）を乗っ取ったのだ。従来の長編映画の高度な映像に対し、技術的に劣る映像は、「信憑性」の証となり保証となる。第一世界のマスメディアにしてみれば「テロリズム」は単なる反体制的な暴力であり、決して国家の組織的暴力とか政府が承認した空爆を意味するものではない。だが『アルジェの戦い』は、植民地主義のテロに対する回答として反植民地主義の暴力を示す。

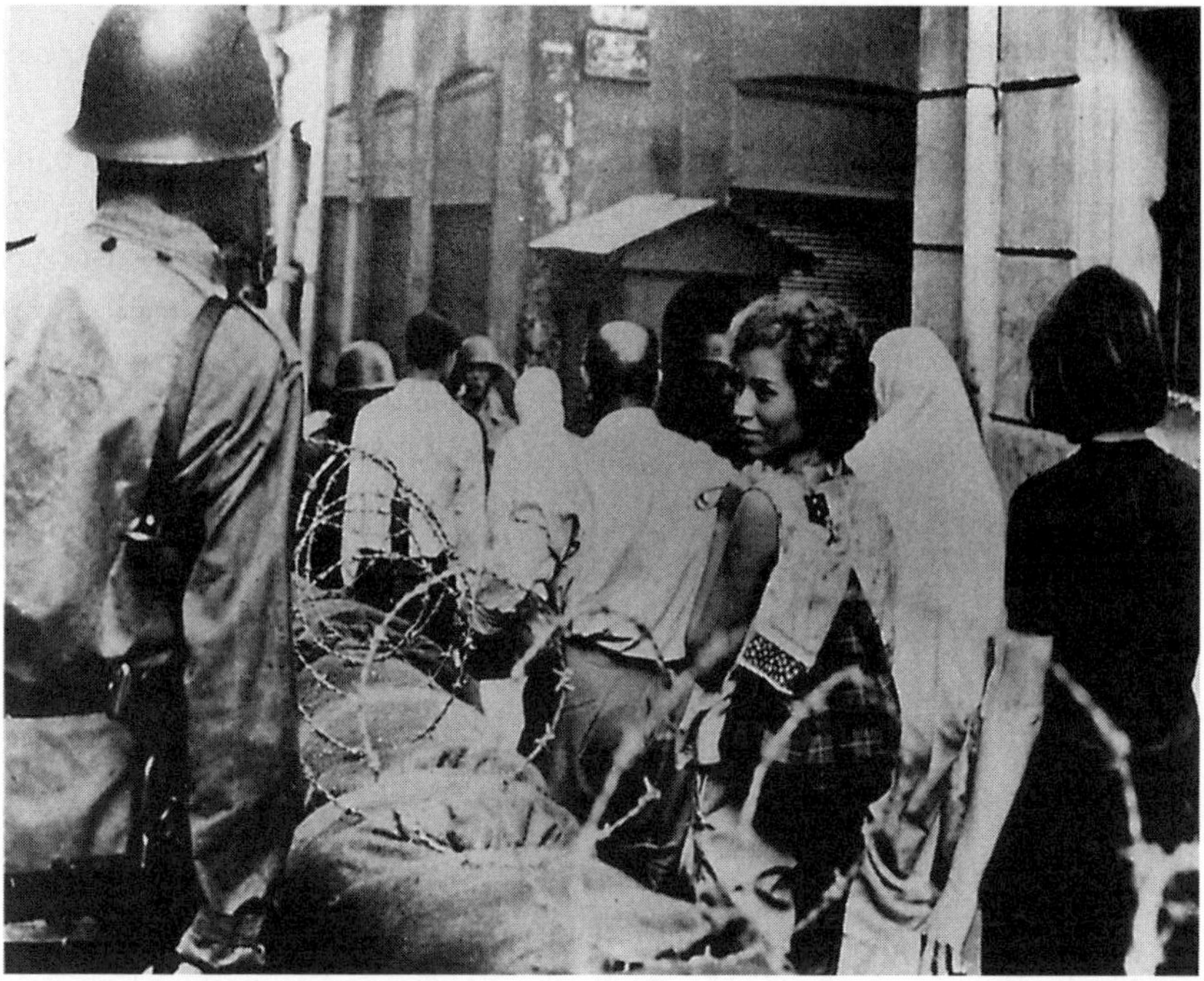

39　策略としての変装。検問所の通過。『アルジェの戦い』より

ファノンによれば、「植民地体制の暴力と原住民の反対暴力が均衡をとって、相互の異様な同質性において応えあっている」のである。[7] メディアが植民地の抑圧を「左翼主義者に転覆」された報復と見るならば、『アルジェの戦い』は、統合された組織の政治的重要性を明らかにして、この場面をひっくり返すのである。

一方、この作品の演出《ミザンセーヌ》は、たとえば鏡の前で着替える女性といった映画によくある絵画的なトポスで、別の形の反植民地主義をつくりだす。[*11] 西洋の図像学では、鏡はヴァニタスやアイデンティティの喪失を表す小道具であることが多い。ところが『アルジェの戦い』では革命の道具になる。よりヨーロッパ人らしく見えるようにヴェールを取り、髪を切って染め、化粧をする女性の顔を、照明は強調する。彼女たちは、敵のアイデンティティを装う自分の姿を鏡で見るが、これから犠牲になる人々に対して明確な復讐心もないまま、人民の義務を果たすために仕度をする。アルジェリア人女性は、他の場面では暴力行為を隠すためにヴエールをかぶるが、ここでは同じ目的のためにヨーロッパの服を着る。ハシバは、最初のシーンでは伝統的なアラブの衣装を着て顔をヴェールで覆っている。西洋の文脈では初めは異国の象徴と受け止められるかもしれないが、すぐに彼女は国の変化に対応するため工作員になり、植民者に変装して重大な役割を果たす。話が進むにつれ、観客はこの三人の女性にますます親近感を抱くようになる。ところが身近になるほど、彼女たちの振る舞いはヨーロッパ人のようになるのだ。すなわちヨーロッパ人のように見え、振る舞うときにしか人々の尊厳を認めない不条理な体制であることに気づかされる。この作品は、「同化」というフランス植民地主義の神話の皮を剝ぐ。同化とは、模範的な一部の選ばれたアルジェリア人が、進歩と解放の姿勢を示してようやくフランス社会へ「統合される」という意味である。髪形、服装、宗教、言語という、アルジェリア固有のあらゆるものを捨てて犠牲にしてはじめて、アルジェリア人は同化できると示唆するのだ。

フランス人兵士は、侮蔑し疑いの目でアルジェリア人を差別的に扱うが、ヨーロッパ人には愛想良く「ボンジュール」と挨拶する。兵士らは性差別するせいで、三人の女性が実はアルジェリア人で革命家なのに、浮ついたフランス人だと思いこむ。このように『アルジェの戦い』は、植民地の人種差別に潜む人種や性をめぐるタブーを強調する。彼女たちはアルジェリア人なので軍の警戒対象であり、性的な視線にもさらされる。フランス人に扮しているときだけ、兵士にとって公的に好ましい存在なのだ。彼女たちはヨーロッパの規範に関する知識を使って自分の「外見」を変え、革命という目的がばれないよう兵士の「視線」を欺く（武器を隠すのに都合が良いため、アルジェリア人男性の活動家が女性に変装することもある）。奴隷を抑圧する植民地の精神力学において、女性は圧制者の心理を理解するが、その逆はない。『アルジェの戦い』で女性たちはこの認識の不均衡を有利になるよう展開し、闘争に加わりながら民族・国民・性のステレオタイプを意図的に操作した。

そうは言っても、『アルジェの戦い』の性の政治学を理想化するのは誤りだろう。この作品に登場する女性の多くは、男性革命家たちの命令を実行する。確かに英雄のように見えるが、それは「ネイション」のために任務を遂行する場合に限られる。結局この作品は、民族主義的だがいまだに家父長的でもある革命の内にとどまる闘争であるという二面性には迫らない。(8) 『アルジェの戦い』は民族主義闘争を重視し、革命の過程で亀裂を生みかねないジェンダー、階級、宗教の対立は無視する。アン・マクリントックが指摘するように(9)、「民族主義は最初からジェンダーの力で構成されている」が、「女性たちは闘争中に組織する権限を与えられなかったし、闘争後もその権限は与えられないだろう」とは認識できないのだ。アルジェリア人女性がアルジェリアの国旗を振り、フランス軍を罵りながら踊る最後の場面では、「一九六二年七月二日、独立国家アルジェリアが誕生した」という字幕を重ね、女性にアルジェリア国民の「誕生」という寓意を「身ごもらせる」。しかし、革命が勝利する前後に苛んだ矛盾には触れない。民族主義者の勇気と団結の表象は、革命家の女性のイメージに依拠する。というのも、革命の際に植民者に対峙して被植民者は団結するが、それでも被植民者の間の矛盾が避けられないのが、亀裂の入った革命の現実であり、それとは違って女性像は緩やかなつながりを思い起こさせるからである(10)。

飢えの美学

一九六〇～七〇年代の第三世界の映画は、第三世界諸国の経済情勢に合わせて美学と制作様式を決めようと理論的・実践的に試みたことが大きな特徴であった。『アルジェの戦い』の制作費は八〇万ドルである。第一世界の長編映画ならば比較的低予算の部類に入るが、第三世界の映画制作者はこのささやかな金額よりもはるかに低い予算で作らなければならないことが多かった(11)。一九六〇年代初頭、ブラジルのシネマ・ノーヴォの監督たちは、グラウベル・ローシャが有名な声明で「飢えの美学」と呼んだものを擁護した。彼らは割に贅沢だった従来のブラジルの商業映画を拒絶し、イズマイル・シャヴィエールが主張するように、不足そのものを「シニフィアンに変え(12)」、映画的な「低開発の寓意」を構築したのである。これはユダヤの寓意の伝統が奴隷制と追放を名誉の象徴に変えたのと似ていた。テーマと手法の共存関係において、技術的な資源不足は、隠喩的に言えば表現力へと姿を変えたと言ってもよい。ジル・ドゥルーズの言葉を借りると、「悲惨を異様な肯定性にまで高める(13)」のだ。

シネマ・ノーヴォは、「第三世界」の不安定な状況にふさわしく、社会経験の建設的で身近な見方を伝える言葉を探しながら、従来の映画制作の官僚的ヒエラルキーを掘り崩す。ローシャからみれば、「飢えこそわれわれの独創性である」。しかし、ローシャが「飢えの美学」という表現を思いつく前も、ネルソン・ペレイラ・ドス・サントスが、ブラジル北東部の乾燥地域の貧困を描く『乾いた人生』（一九六三年）でこの美学を具現化していた。『乾いた人生』は、新石器時代からずっとこの惑星の人口の大半を占めてきた農民という集団を主題化する。第一世界の映画では、テーマとしても対話者としても中産階級が好まれ、農民はほとんど描かれてこなかった。

第三世界の映画制作者が置かれた苦境を、第一世界の大部分の同業者たちは認識できなかった。低予算以外にも、資材の輸入税など欧米よりも何倍もの経費がかかる「赤道直下の」作品は、第一世界より限定され儲けの少ない市場と闘っている。そのうえ無遠慮に「不当廉売《ダンピング》」される、一見華やかで高予算の外国映画と競わなくてはならない。制作面のこうした違いは当然、映画のイデオロギーと美学にも影響を与える。「飢え」は『乾いた人生』のテーマと美学であるばかりか、制作手法の特徴でもある。この作品の総製作費は二万五〇〇〇ドルだったが、二三年前につくられた同じようなテーマの『怒りの葡萄』の製作費は、その三〇倍であった。『乾いた人生』は、主役にギャラの高いスターを雇う余裕はなく貧しかったので、ヘンリー・フォンダのような魅力的な役者たちと仕事をする機会を逸した。実際、ジョン・フォードが一九四〇年にジョン・スタインベックの小説を映画化した作品と、ドス・サントス監督の『乾いた人生』の距離は、南カリフォルニアと乾燥したブラジルの後背地ほど離れており、ハリウッド・スタジオの映画制作と一九六〇年代の第三世界の映画制作を隔てているのである。

『怒りの葡萄』も『乾いた人生』も、原作は旱魃と移住という同じテーマを扱う自然主義文学である（刊行は一年しか違わない）。ジョード一家をオクラホマ西部からカリフォルニアへ追い立てる砂嵐の旱魃のように、ブラジル北東部のセカ〔旱魃〕はファビアーノの家族を南部の都市へと追いやる。どちらの作品も、何千もの抑圧された移住者の運命を、一つの家族の旅程に集約させている。『怒りの葡萄』での抑圧者は不動産業者や農業関連業者だが、『乾いた人生』での抑圧者は地主とその仲間である。二つの小説の社会描写には、類似性があるが差異もある。『怒りの葡萄』のオーキー〔オクラホマ野郎〕はアメリカ国内では抑圧された集団かもしれないが、世界的に見れば相対的に裕福である。ジョード一家は、

40　飢えの美学。『乾いた人生』より

ポンコツのトラックと生活必需品をいくらか持っている。『乾いた人生』のファビアーノ一家は、水ぶくれの足と所持品を入れたトランクを一つしか持っていない。オーキーたちは、読み書きはおぼつかないかもしれないが、打たれ強く生きる術について雄弁に語る、おしゃべりで素朴な哲学者として描かれる。それに対して『乾いた人生』の読み書きできない小作人たちは、話し言葉すらよく理解せず、身ぶりやうなり声、単語でコミュニケーションを取るだけである。それゆえオーキーたちには抵抗する心構えがかなり備わっていた。トム・ジョードは読み書き能力と階級意識で武装しているのに対し、ファビアーノは反乱を起こしたいという言葉で言い表せない憤りと衝動しか持たなかった。

『乾いた人生』は、「自由間接話法」を用いた小説を映画化したものである。これは、三人称で始まる言説の様式（「彼は考えた」）で、たまに直接話法にそっと変化するが、登場人物の思考や感情を説明するのはあくまで三人称である。グラシリアーノ・ラモスの原作小説の言説は、ギュスターヴ・フローベールの『ボヴァリー夫人』のように非常に主題化されている。ファビアーノから妻ヴィトーリア、二人の少年、犬まで含めたヒエラルキーのなかで、言葉で表される素材は登場人物の視点ではっきり語られる。ラモスは自分とはまったく異なる登場人物の心身に共感を持って自己を投影する。その散文により、読者は零細農民を実体のあるものと見なす（力業で、犬のバレイアにまで死後の視点を与えている）。映画では、自由間接話法による内的独白は、直接対話を選択したせいでなくなった。ファビアーノが心の中で言葉と格闘する場面は省かれ、彼が口下手である事実しか示されない。しかし、ファビアーノからヴィトーリア、二人の少年、犬へ次々に焦点を移し、映画ならではのさまざまな記録によって、民主的ともいえる主題化の配分を保っている。観客に一体感を持たせるため、古典的でわかりやすい登場人物視点の編集を行っている。ある場面では、喘ぎながらじっと見つめるバレイアのショットと、茂みを急いで駆け抜ける鼠のショットが交互する。ここでも、カメラの動きにより主題化がなされる。ローアングルからの手荷物だけの旅のショットは、セルタン〔ブラジル北東部の荒れた奥地〕を横断した少年の体験を呼び起こす。目まぐるしいカメラの回転が、年少の少年が目眩を起こして倒れたことをほのめかす。この他にも、露出（露出オーバーの画面を白くした太陽のショットで登場人物と観客の目をくらませ、眩暈を起こさせる）や、カメラアングル（少年の頭の動きに合わせてカメラが傾く）、焦点（ファビアーノが近づいてくると、バレイアの視点はまるで主人の行動に当惑したかのように焦点がぼける）といった主題化の手法がある。

『怒りの葡萄』と同じく『乾いた人生』も、自然主義文学の特色であり、一九世紀の生物学主義や社会ダーウィン主義に基づいた、人間と動物の類比をよく用いる。『乾いた人生』の小説も映画も、隠喩が説明的な文章ではなく登場人物自身の言葉に現れ、自然主義の慣行から大きく逸脱している点に工夫が見られる。ファビアーノとヴィトーリアは、動物のような生活を強いられているといつも不平を漏らす。羽毛のベッドで眠ることは、彼らにとって大げさなまでの重要性を持つ。それは、もはや動物のような暮らしではないという理想を象徴するからである。二人とも言葉でコミュニケーションする能力がないと痛感しているが、ヴィトーリアはペットのオウムを食べるために殺すとき、自分の行為を「こいつは話すこともなかったから」と言って正当化する。このようにラモス（とドス・サントス）は、登場人物が冷酷な運命をただ受け入れるしかない、自然主義文学によくある生物学的な還元主義を避ける。実際、動物扱いに自覚的に抵抗する人々を「非人間とする」のは社会構造なのだ。

『乾いた人生』は古典小説を非常に感性豊かに「解釈」したが、映画特有の貢献もしている。身体感覚と具体的な経験の描写がとりわけ秀でているラモスの文体は、映画的なエクリチュールへ姿を変える。その撮影法は、風景と同じように乾いて厳しい。撮影監督のルイス・カルロス・バレットは、ブラジル映画に相応しい光を「発明した」と評価された。日中のロケでコントラストが強い場合、ハリウッドやヨーロッパでは影の部分をつくるのに二万ワットの照明を当てるが、予算的に無理という窮状を映画の長所へ変えたのだ。たとえば、日の照りつける背景に人影を浮かび上がらせるために露出を抑えると、カメラのレンズに光が揺らめき、逆光のなかで痩せ衰えた木にコンドルが留まる。環境光は、粗末な家々の開いた窓や大きなドアなどあちこちから差し込む。ハリウッドのように費用のかかる円形のレールは使わず、ふらつくハンディカメラは奥地セルタンを横断する一家の不確かで不安定な彷徨を描写する。また、ルイス・ブニュエル監督、ガブリエル・フィゲロア撮影の『忘れられた人々』(一九五〇年)に影響されて、貧困を美しく描かなかった。

『乾いた人生』の独創的なサウンドトラックは、「音の構造的な使用」(ノエル・バーチ)の事例となる。作品のクレジットに合わせて聞こえる牛車の車輪が軋む物語の外の《ノン・ダイジェティック》音は、観客が牛車を見たとたん、「物語の中の《ダイジェティックな》音になる」。ある種の「空耳」によって、車輪の軋みは擦るようなヴァイオリンの(ダイジェティックな)音に変わるときもある。映画の各場面で聞こえる牛車の音は、明示的な意味(牛車はその地域の技術的な後進性を連想させる)と、言外の意味(攻撃的な構造の一部をなす不快な音)によって、主人公の故郷である北東部の聴覚的な提喩となる。実際、『乾いた人生』はオープニング・ショットで早くも観客に対し、ある程度攻撃的であることをほのめかしている。カメラはそっけなく、荒れ果てた風景を横切る四人と一匹の犬の、カタツムリのような歩みを記録する。ゆっくりとしたアプローチは、登場人物の農民たちと、都市の中産階級である観客の文化的な距離を示唆する。型にはまらず四分も続くこの場面は、「娯楽」映画のように目まぐるしく何度も事件が起こるのを期待するなと観客に警告を与える。農民の暮らしのテンポを模倣的に取り込むことは、この作品の目的の一つである。観客は登場人物のように、象徴的な意味で「乾く」経験をするからだ。

第一世界の映画は小農について語ることは稀で、通常は、受け身の犠牲者や牧歌的で純粋な事例として感傷的に扱う。『乾いた人生』は、哀調や事件でテーマをセンセーショナルに表現するのではなく、ただほとんど何も「起こらない」世界のまったくありふれた出来事として描く。登場人物たちは、ギターを爪弾き、民衆の素朴な知恵を語る粗野だが超然とした詩人ではない。口下手で言葉と勝ちめのない闘いをしているのだ。登場人物は、半ば形而上学的な不正義の典型的な犠牲者ではなく、ただ社会情勢に抑圧された存在として描かれる。彼らは他の人々より高貴でもないし下等でもない。視覚や時間的なそっけなさを豪華な楽譜で和らげるのではなく、オウムのギャーギャー鳴く声や荷車の耳障りな軋みといった不快な音しか聞こえない。主題となる風景の不毛さを補うために絵のような風景を準備するのではなく、まるで奥地セルタンそのもののように荒けずりで露出オーバーのとっつきにくい映像を差しだす。観客は、不快という代償をいくらか払って見るしかない。容赦なくまばゆい光は、オアシスもないところに観客を主人公とともに置き去りにする。『乾いた人生』は、多くのネオレアリスモ[12]映画のようなメロドラマ風の筋書きや感情に訴える音楽を避け、単純な時代や場所に対するのどかな郷愁を誘わないし、土地を神秘化しない。

『乾いた人生』は一九六〇年代初頭のイデオロギーや資材の条件下で、厳しい予算、状況に応じた技術、ブレッソン[13]風のミニマリズムの移植、ネオリアリスモ的原理に対する前衛的《アヴァンギャルド》な攻撃性など、一つの可能なモデルを示した。しかし、一般の観客は、必ずしも自分の貧しさをスクリーンで見たいわけではない。この作品とその「飢えの美学」は、観客の満足という答えのない問いを残した。これについては後述する。

第三の映画と闘うドキュメンタリー

ポンテコルヴォがアルジェリア独立戦争を再現し、ドス・サントスがセルタンの窮状を記録していたころ、他の第三世界の映画制作者は、ドキュメンタリーの形で反植民地主義の戦争映画をつくっていた。一九六〇年代後半は、革命映画に湧く時代であった。世界規模の脱植民地化は第三世界の各地に革命を勧めているように見え、第一世界の革命運動は帝国主義システムをその「悪の巣窟」のただ中から転覆させると約束した。他方で、支配的な映画形式とハリウッドの覇権は実際、至るところで異議を申し立てられた。前衛的《アヴァンギャルド》な闘うドキュメンタリーは、第一世界でも第三世界でも、この時代に特徴的な産物であった。前衛に、形式にこだわるものと理論政治的なものの二つがあるとすれば(14)、フェルナンド・ソラナスとオクタビオ・ヘティノのアルゼンチン映画『燃えたぎる時』(一九六八年)は、両者が合わさった金字塔といえよう。ソラナスとヘティノは声明「第三の映画に向けて」で、「敵から権力を奪うための闘い」は「互いを高めあうような同じ任務を負う政治と芸術の先駆者が出会う場(15)」だと述べた。芸術的な革新性と政治的な急進主義を融合させ、『燃えたぎる時』は文化的な闘争性だけでなく政治的な闘争性も含めた、「アヴァンギャルド」という言葉の歴史的意味をよみがえらせた。「アヴァンギャルド」には未開の危険な領域を偵察する先遣隊のイメージがあるが、そこに隠れている上辺だけの闘争性という隠喩をからかったのだ。この作品はカメラと銃の古い類比をよみがえらせ、革命の意味をはっきり込めた(ヴァルター・ベンヤミンがダダイストについて言ったように、芸術は「一発の銃弾」となった[*14])。また、『燃えたぎる時』の実験的な言葉は、その政治的思考と切り離すことができない。両者の有機的な結びつきがこの作品に意味をもたらし、その関連性を確保するのである。

『燃えたぎる時』がまだモデルとして多少力を保っているのは、その政治的立ち位置が歴史的に特殊だからではなく、芸術と政治の両方で闘う模範だからである。その後さまざまな大事件が起こったため、この作品の政治分析は、まったく信用されなくなったわけではないが、相対化されてしまった。実際、一九六〇年代末は世界中で「灼熱の時代」であり、『燃えたぎる時』は高揚する当時の様子をまさに描いた作品だった。このころフランツ・ファノン、チェ・ゲバラ、ホー・チミンという象徴を後ろだてとした三大陸の革命は弁証法のすぐそこの曲がり角で待ち伏せしており、一触即発のように思われた。しかし、外的脅威と国内の抑圧が一体となって猛攻撃したため、新自由主義とＩＭＦの緊縮策の時代になにも期待しなくなった第三世界と同じように、革命の炎は徐々に小さくなり、燃えさしとなった。アルゼンチンでは、革命家にとってもエリート層にとっても最後の希望のファアン・ペロンが亡命先から帰国したがすぐに死亡した。彼の政治的後継者(ファンの妻、イサベル・ペロン)は、右寄りへ方針転換し、反対派を何千人も殺害する政権にまでなった。軍の弾圧作戦は『オフィシャル・ストーリー』(一九八五年)、『五月広場の母たち[*15]』(一九八七年)、『女友だち』(一九八九年)のような映画に記録されている。その後大統領になったカルロス・メネムは、大幅に修正した(新自由主義的)ペロニスモ

〔ペロン主義〕政策をとった。つまりアルゼンチンは、革命とそれを描いた『燃えたぎる時』に驚いたのではなく、脈々と続く多義的虚偽に不意を打たれたのである。

『燃えたぎる時』は、三部構成の政治評論である。第一部は「新植民地主義と暴力」で、アルゼンチンが「英国の富、イタリアの技術、フランスの知識」というように、ヨーロッパの影響が混じりあってできていることを明らかにする。「日常的暴力」「寡頭制」「従属関係」という注は、さまざまな形の新植民地主義的な抑圧を探究する。第二部「解放を求める活動」は、一九四五年から一九五五年に大統領の職を追われるまでのペロンの統治を扱った「ペロニスモの時代」と、ペロンが亡命中の反対派の闘いを詳しく描いた「抵抗の時代」からなる。第三部「暴力と解放」はインタビュー、公文書、証言などで構成される。

『燃えたぎる時』は、「前衛《アヴァンギャルド》」という言葉に潜む戦争の隠喩を呼び起こしながら、「地下《アングラ》」という比喩を文字どおりに解釈する。この作品は軍の幹部たちと協力して密かに撮影され、体制と反体制のわずかな隙間でつくられた。周縁のさらに周縁の立場から「第一の映画」の支配的モデルと「第二の映画」の作家主義が覇権を握っていると遠慮なく論じ、そうではない「第三の映画」を提案する。それは、制作は自立し、政治は闘争的で、言葉は実験的な映画だ。『燃えたぎる時』はアルゼンチンという国家を称える、ブレヒト的な意味でも古典的な意味でも「叙事詩」であり、まったく異なる素材（ニュース映画、目撃情報、TVコマーシャル、写真）を豊かな歴史のタペストリーに織り上げている。単純な教育ものから芝居がかった様式まで映画のつくり方はさまざまだが、この作品は前衛《アヴァンギャルド》と王道、創作とドキュメンタリー、シネマ・ヴェリテ[*16]と広告から自由に借用する。セルゲイ・エイゼンシュテイン、[*17]ジガ・ヴェルトフ、[*18]ヨリス・イヴェンス、グラウベル・ローシャ、[*19]フェルナンド・ビッリ、アラン・レネ、ルイス・ブニュエル、ジャン＝リュック・ゴダールの作品を受け継ぎ、発展させるのである。

『燃えたぎる時』のいちばんの特徴は、その開放性である。通常、芸術における「開放性」は、同じように論理的な解釈に対する多義性と意図的な多様性を喚起するが、『燃えたぎる時』は大げさなくらい明快でプロパガンダのようですらある。多義性は、制作者のねらいというより、歴史の移り変わりによりもたらされる。あらゆる面で開放的なのは、第一に制作過程のためである。アルゼンチンの伝統的な左派は欧州かぶれの傾向があり、その一員のソラナスとヘティノは社会的関心から自国の労働者階級について短編のドキュメンタリーをつくろうとした。しかし、その経験で二人はペロニスモ左派へと進化する。映画制作の過程は、まったく予想もしないやり方で、彼らのイデオロギーの軌道を変えたのだった（何かがそこにあるという事実を理解するために、その変化の具体的内容も支持する必要はない）。いったん初めの「確実性」の薄っぺらさに気づくや、二人はアルゼンチンの労働者階級の批判と提言に耳を傾けた。そうした批判を受け、この映画は一連の変化を遂げたのである。先入観を与える演出よりも今回の作品には探求と調査が必要だった。改革主義者の短編映画は、革命家の声明になったのである。

第二に、『燃えたぎる時』の構造はテクストとして公開されている。要所要所でこう問いかける。なぜペロン政権は闘わずして崩壊したのか？ ペロンは民衆を武装させるべきだったのか？ また、観客が議論できるよう映像を中断したりもする。制作者はあらゆる場面で観客に題材の補足を訴え、脚本に協力を求める。「最後」では、「結論を出すのも、このまま映画を続けるのもあなた次第。あなたが選んでください」と、テクストに応答したり拡大してはと観客に勧め、終わることを拒む。この挑戦は、少なくとも独裁政権が実験を止めるまで、アルゼンチンの観客に具体的に受け入れられた。

映画理論家のなかには、映画では据え置きのコミュニケーションしかできないと主張する人もいるが、『燃えたぎる時』は作品自体を個人対個人の議論に開いてその限界を「押し広げる」。映画、演劇、政治集会が刺激的に混ざりあい、表象の空間を観客の空間に結合する。二つの空間が不均衡であっても、「現実」のじかの対話を可能にするのだ。目立ちたがり屋〔俳優〕とのぞき見好き〔観客〕が出会い損ねる受動的な映画経験は、生身の人間どうしの「劇的な」出会いへ変わった。スクリーンという二次元空間は、劇場と政治という三次元空間になった。この映画は、気ままな空想をかきたてるのではなく、行動を起こさせる。観客は、制作者の感性に感動するのではなく、自分たちの集団の物語の「作者」を励ます。スクリーンにヒーローは登場せず、観客こそ歴史の本当の主人公であると示される。後戻りするのではなく、行動するための政治的な舞台となったのである。

『燃えたぎる時』は活動家の姿勢をとっていたため、制作や配給はもちろん、時には鑑賞すら危険を伴った。映画を見に行くと抑圧的な政権に投獄や拷問で罰せられたため、ただの映画鑑賞が必然的に政治色を帯びた。映画ファンが『燃えたぎる時』を政治活動のかわりと考えるのは、アルゼンチンでは命がけだった。政治的関与という地雷に触れることになったからだ。ダダイズムの映画では座席の下に爆竹が仕込まれているだけだが、この作品を見る人は離れたところからだが現実に撃たれる可能性に向き合った。「観客ののぞき趣味に対する非難」をどれだけ喧伝したところで、脅迫じみたこの政治的虐待を受けるのに比べれば大したことではない。ブレヒトは、体制に簡単に取り込まれる芸術的な革新を、逆に体制そのものの存在を脅かす革新と対比させた。『燃えたぎる時』は急進的な介入の姿勢をとり、多様なテクストを使って、体制側に懐柔されまいとする。テクストは、生活と切り離して内に閉じ籠もるのではなく、消費者ではなく共謀者を求めて、歴史と実践に浸透しようとするのだ。三部とも、それぞれの提言(演出した引用、標語、スローガン)で始まる。いずれも、観客はショーを楽しむためではなく、「解放された空間」とか「脱植民地化した地域」と制作側が呼ぶ場の活動に参加するために来たと示唆する言葉だ。直接観客に向けた声や文字は、「物語」における「彼・彼女・それ」ののぞき見ではなく、「言説」における「私・あなた」の関係を促す。チェ・ゲバラへの献辞、パルチザンの言葉、行動を呼びかける檄はどれも、観客に「どちらにつくか決めろ」とブレヒトのように迫る。いつもどおり逃避していたい観客には、関与しろという要求は非常に不快なこともある。『燃えたぎる時』はファノンの「傍観者は一人残らず卑怯者か裏切り者だ」(太鼓持ちという選択肢はない)なる言葉を引用し、死ぬ覚悟を求める。「誰かの死を選ぶことは、誰かの生を選ぶことである」。ここで娯楽を求める人が、政治的関与の要求が受け入れがたいほどエスカレートしたと感じるのも当然のことであろう。

『燃えたぎる時』はまた、熱心に知的要求をして、観客に受け身でいることを許さない。タイトルの文字やナレーターの解説をまとめると、ほぼつながった一篇の評論になる。ファノン、セゼール、サルトルの引用は、作家たちのレトリックの力を思い出させる。概して言説的で、生き生きと写象的でもあるこの評論のテクストはこの作品の「頭脳」であり、映像を系統だて、一貫性をもたせる。映像はテクストと結びついて意味を持つのであって、その逆ではない。黒枠と扇動的なタイトルがたびたび挿入され、力強い映画《シネ》エクリチュールが生まれる。この作品は、自らを記述するのだ。ヴェルトフ風のタイトルは観客へ向け飛び出したり引っ込んだりして花火のように爆発し、そのグラフィック表現は意味を描写するものが多い。「解放」という言葉は、チェ・ゲバラの「二つ、三つ、数多くのベトナムをつくれ」という呼びかけを思い出させ、増殖し多様化する。「視覚的な優位性」に激しく挑戦する場合は、誰のかわからない「アクースマティック[*20]な」声が暗闇から観客に向けて語られ、スクリーンは真っ白になる。

ナレーターの解説は、この映画をわかりやすくするうえで大きな役割を果たす。ベンヤミンにとって、写真のキャプションが月なみな文句ではなく、「革命的な使用価値」があったように、この映画の解説は公式の世界像を粉々に砕いた。アルゼンチンの政治的独立を賛美する理想的な描写は、国の経済的自立を売り渡した財政計画を伝える解説のせいで損なわれた。形式上の主権はうわべにすぎず、物質的な従属を隠していると暴露する。ブエノスアイレスの活気ある港の場面には、体系的な貧困分析が添えられる。「ラテンアメリカ諸国の第一の特徴は、依存である。すなわち経済的な依存、政治的な依存、文化的な依存だ」。観客は、革命的に読み解いて外見のヴェールを見透かし、イデオロギーの疑いを晴らすために、映像を疑うよう教え込まれるのだ。

『燃えたぎる時』に説得力があるのは、抽象的な概念を受け入れやすくするため、思想を可視化しているのも大きな要因だ。たとえば社会学的な抽象概念の「寡頭制」は、アルゼンチンの多くの富を独占する「五〇家族」のショットで具体的になり、責任を負う人が認識できるよう各人の顔に焦点を合わせる。「階級社会」は、気ままな中産階級の乗客が投げるわずかな小銭を求めて死に物狂いで汽車と並走する物乞いの子どもの映像となった（フェルナンド・ビッリ監督の『ティレ・ディエ／10セントを投げて』一九六〇年からの「引用」である）。「組織的な暴力」は、監獄、装甲車、爆撃機といった国家の抑圧装置の映像で表される。「社会秩序は自殺しない」というタイトルは、そのまま素早く切り替わる軍隊の四つのショットへ続く。エメ・セゼールが「土地を奪われ、周縁化され、死刑を宣告された」と述べた被植民者は、警察の尋問を受けて「壁を向かせられている」労働者のショットになる。『燃えたぎる時』は、このように観客の心にその思想を刻みこむ。映像はエネルギーを拡散し、何の被害も出さずに爆発することはない。思想を導火線にして、観客の心に火をつけるのだ。

パロディと風刺も、『燃えたぎる時』の戦略的兵器の一つである。ブエノスアイレスを見物して回る場面は、ルイス・ブニュエルの人をくったローマ旅行の映画『黄金時代』（一九三〇年）のように不遜である。庁舎、記念碑、にぎやかな大通りといった旅行映画ではおなじみの映像が続くが、ナレーションは辛辣さに満ちている。この街のコスモポリタンな魅力を誉めそやすのではなく、その階級構造を詳しく分析する。自国の利益よりも外国資本に奉仕するブルジョワジーや、「寡頭制に守られ利用される永遠の中間者」たる中産階級、「変化を必要としてもそれが不可能な永遠の泣き虫」たる心配症のプチブルが高い地位を占める。国家の誇りを象徴する記念碑は、植民地の奴隷根性の証とされる。アルゼンチンの建国の父カルロス・デ・アルベアールの騎馬像からカメラが徐々に遠ざかるとき、ナレーションは皮肉っぽく、「これらの記念碑は、「諸州は大英帝国の法を受け入れ、統治に従い、その強大な影響の下で生きるべく、帝国に帰属したい」と示すためここに立っている」と語る。

風刺の場面は、アルゼンチン支配階級の後ろ向きの郷愁を際立たせる。高級街にあるレコレータ墓地[*21]は、「時間を凍結し」「歴史を結晶化」しようとする彼らの衰退した生き方をバロック風に示す。ヴェルトフは『カメラを持った男』（一九二八年）でボリショイ劇場を象徴的に破壊するために分割画面を用いたが、ソラナスとヘティノは墓地の新古典様式の彫像を「滅ぼす」。完全に人工的な時間と空間では、アルゼンチンのオペラ音楽の場面で、彫像は「対話」するためにつくられた。「私は、血の海へと反旗を引きずり降ろすだろう」というオペラの台詞は、未開人を抑圧するのに貴族政治が歴史上果たした役割を思い出させる。ブエノスアイレスで恒例の家畜品評会の場面では、受賞して冠を被った雄牛のショットと、上流階級の顔を織りまぜる。動きがゆったりとした血統の良い雄牛は、餌を与える寡頭制の支配者との類似性を暗示する。「雄牛の外見や骨格を褒める」競売人の説明と牛のように自己満足の表情を浮かべる所有者が、はっとさせるような映画的なくびき法によって軛《くびき》でつながれ、換喩《メトニミー》的な隣接表現と隠喩《メタファー》的な転移表現とが同時に起きているのである。

ソラナスとヘティノは時おり、支配階級の言説で自らを告発させ、気づかないうちに風刺の標的となって協力してもらう。ニュース映画風の場面は、公式歓迎会で宝石を身に着けた未亡人たちに囲まれたアルゼンチンのある作家を映す。パロディ風のナレーションが、映画の雰囲気を決める。「さあ、ペプシ・コーラのサロンへ行こう。アルゼンチン文学協会[*22]

の会員マヌエル・ムヒカ＝ライネスが[23]、最新刊『王室年代記』を紹介しているぞ」。そして、数々の国際賞を受賞したとか自分のヨーロッパ風の文体を自慢し、エリザベス朝精神に深く共感するというライネスの声が（画面の人物の口とは一致しない音声として）聞こえる。ヨーロッパやそのお古の文化への憧れや、特権を与えてくれた人々を蔑む恩知らずぶりという、エリートの知性の破綻と時代遅れの態度を、本職の俳優ではこうもうまく表せなかっただろう。

また、ソラナスとヘティノはアヴァンギャルドの遺産を根本的に変えて練り直す。ある場面では大衆文化を表すさまざまな広告と屠殺場の画像を交互に挟んでアンディ・ウォーホルとセルゲイ・エイゼンシュテインを融合させ、エイゼンシュテインが『ストライキ』（一九二五年）で用いた名高いノン・ダイジェティックな隠喩に、アルゼンチン人らしい共鳴を捧げた。畜産が基幹産業であるアルゼンチンでは、労働者の多くは自分の生産する食肉を買うこともままならない。しかし広告は、こうした人々に多国籍企業の製品を消費するようけしかける。先に品評会で入選した雄牛の場面に出てきた家畜の隠喩は、スト中の労働者を鎮圧する警察の話とともに、屠殺場の外の場面で再び取り上げられる。広告と屠殺場の映像の並置は、屠殺者だと宣伝しているように思われる。その麻酔効果は、木槌で雄牛を叩き意識を失わせるのかのようだ。スウィングル・シンガーズ[24]の退屈な音楽（バッハがグロテスクにレイ・コニフ[25]に変身する）は、広告の薄っぺらで見かけ倒しの陽気さを強調し、映像の残虐性と対照をなす。

『燃えたぎる時』では、切迫した第三世界の映画制作にふさわしい美学であるミニマリズム[26]が、芸術上の戦略はもちろん、実際の必要性も反映している。モンタージュの錬金術がタイトルや空白のコマ、打楽器の音といった卑金属をリズミカルな妙技という金銀へ変えるように、役に立たないようなカットが何度も芸術へ変換される。二次元の静止画像（写真、ポスター、広告、印刷物）は、編集やカメラの動きによって活力を得る。スチール写真や動画は、どこで動きが止まり静止状態になるか観客が見逃すほどさっとスクリーンから消える。最も印象的なミニマリズムの表現は、チェ・ゲバラの死に顔を五分間クローズアップしたことである。この感情を揺さぶられる死に顔は逆説的な効果を持つ。「臨場感のある」写真技術により、チェ・ゲバラはあの世から一瞬だけ戻ってきた。不敵で不屈な表情は人々を魅了する。だが写真は徐々に、ひび割れた革命の偶像という様相を帯びる。この映像の長い凝視により神秘性は薄れ、仮面は剝がれる。観客は枠組

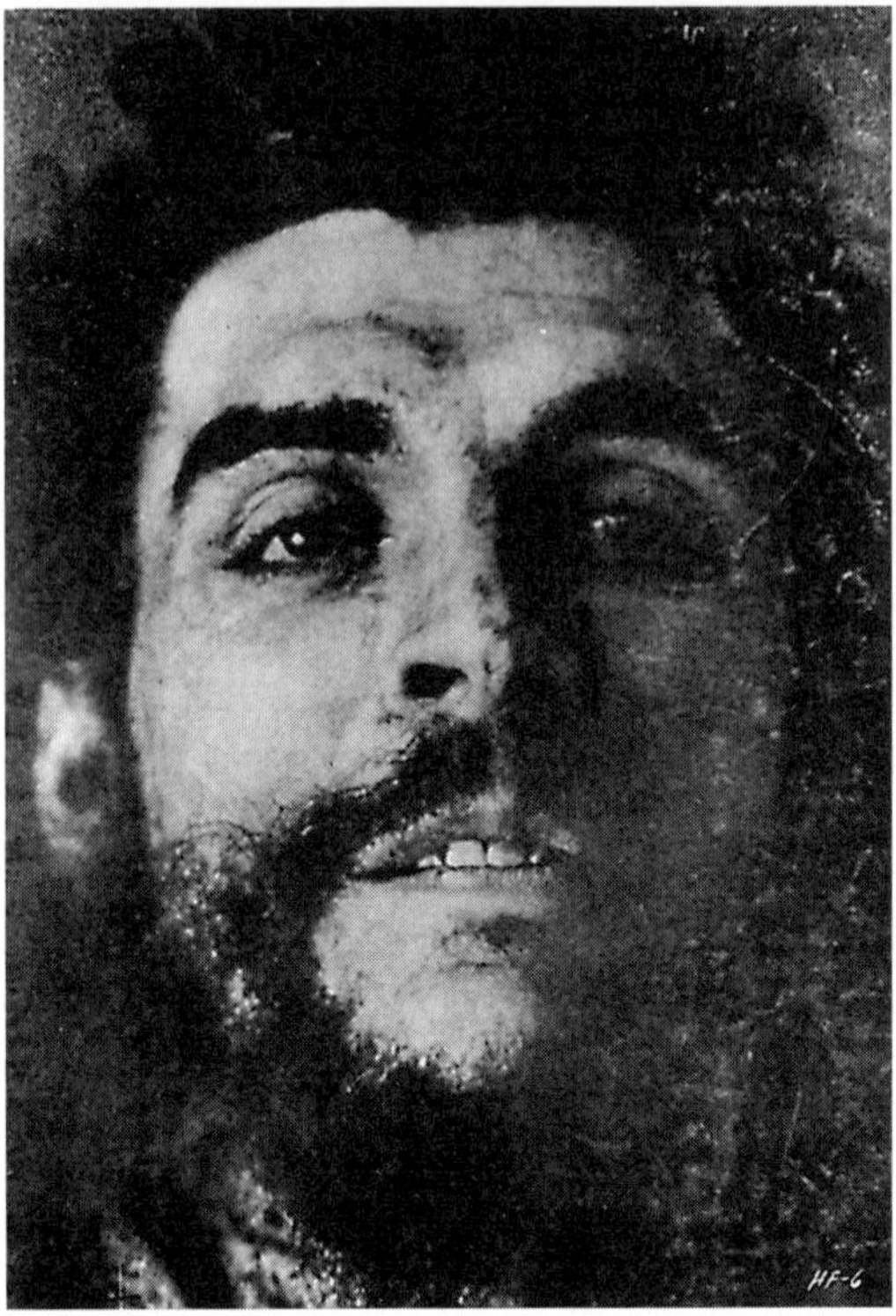

41　革命のアイコン。
死亡したチェ・ゲバラ

みや技術的欠陥、映画の素材そのものに意識を向けるようになるのである。

「モデル」というタイトルの偶像破壊の場面は、『地に呪われたる者』でファノンが最後に呼びかけた警告を思わせる。「ヨーロッパから想を得た国家・制度・社会をつくり上げて、ヨーロッパに貢ぐことはやめようではないか。人類がわれわれに期待するのは、このカリカチュア的な、そして全体としてみだらな猿真似とは別のものだ」。ヨーロッパの「人種差別的なヒューマニズム」を嘲りながら、映像ではパルテノン神殿やマネの「草上の昼食」、ローマ時代のフレスコ画、バイロンやヴォルテールの肖像画など、ヨーロッパの高尚な文化の最も評価の高い芸術品を見せびらかす。観客のイデオロギー的序列を攻撃する際、神聖な芸術作品が次々とオーバーラップしながら現れては消え〔映画用語のディゾルブ〕、しだいに無意味な換喩へと解消してゆく。反高尚芸術の代表とされる絵はがきの場面のように、西洋文化の最も大切な記念碑であるジャン＝リュック・ゴダールの『カラビニエ』（一九六三年）は、消費社会の商業的フェティッシュと同じと見なされる。古代風の肖像写真や抽象画、クレストの歯磨き粉は、帝国のさまざまなただの輸出ブランドとして一括りにされるのだ。

だが西洋文化のこの破壊作業には、もちろん両義性がある。先駆者ファノンのようにソラナスとヘティノにも、自らが激しく蔑視する当の文化が染み込んでいるのだ。『燃えたぎる時』はフランドル派の絵画やイタリアのオペラ、フランス映画など、高尚な文化から大衆文化まで全域に深い造詣があるとほのめかす。こうした攻撃は一種の悪魔払いでもあり、ヨーロッパ文化との愛憎半ばする関係の産物なのである。古典芸術の痕跡を消すオーバーラップ（ディゾルブ）は、その美を際立たせもする。先ほどのゴダールとの比較でわかるように、「文化」を嘲笑するこの映画の姿勢は、ヨーロッパの反伝統主義のモダニズムでも数多く見出せる。ウラジーミル・マヤコフスキー[*27]が古典文学は「現代という名の汽船から投げ捨てるがいい」と言ったのも、その一例である（過去の芸術を時間の浪費だと切り捨てるのは、未来派の反伝統主義や、フィリッポ・マリネッティ[*28]が「芸術の祭壇へ毎日唾を吐きかけろ」と呼びかけたことを思い起こさせる）。しかし、『燃えたぎる時』が特定のアヴァンギャルドを引き合いに出すとしても、純粋に形式主義者の活動だったはずのものを政治化することによって、そのモデルの空虚さをうまく回避している。たとえば「モデル」の場面で、高尚な芸術の映像を皮肉っぽく次々見せるとき、第三世界の文化の植民地化に関する言説が添えられる。プールサイドでくつろぐアルゼンチン人ブルジョワのショットと、ポップアートについての気の抜けたカクテルのような対話を合わせた別の場面は、シャツとジーンズといった衣料品やものにこだわり、政治的に無害なアヴァンギャルドを好む、エリートのヨーロッパ中心主義を強調する。

政治に無関心なアヴァンギャルドという批判を認めるからといって、この作品の世界政治観を全面的に支持しているわけではない。『燃えたぎる時』は未来の世代の名の下に、ある種の黙示録的な自己犠牲という構想を持った、英雄的で自虐的なアヴァンギャルドといってもよいだろう。レナート・ポッジョーリやマッシモ・ボンテンペッリ[*29]が示唆するように、芸術的なアヴァンギャルドは象徴的な意味で運命に苦しむ軍隊のイメージをつくり上げる。常設軍や新たな社会のお膳立てをするために、（批評家の言葉によってだけかもしれないが）「屠殺される」上級幹部として機能するのだ。未来のために自分は犠牲になるという考え（「ぼくらに同情してほしい　無限と未来の国境で　たえず闘っているぼくらに」[*30]）は、殉教や死、復活といった言葉やイメージを使う疑似宗教的な背後の意味《サブテクスト》とこの映画のなかで融けあう。観客は無意識にダンテ風の構造により、新植民地主義の抑圧という地獄から、革命の暴力という煉獄を経て、民族解放という天国へつれていかれるのだ。その意味でこの映画は、政治カテゴリーと倫理や宗教のカテゴリーを混同する。ひそかな至福千年説がこの作品の力強さをある程度説明するかもしれないが、それで政治的批評が鈍ることもある。この宗教的基盤は、第一世界と第三世界の関係を二元論的にとらえたり、文化を政治経済の分野と混ぜ込んだりするようになる。『燃えたぎる時』は、アルゼンチン人のアイデンティティがもともと欧米文化の影響から自由であるかのように、純粋主義の文化アイデンティティを伝える。第一世界と第三世界はそれぞれで完結した別々の国土であり、交易は帝国主義の「普及」に過ぎないものとして描かれる。英語を植民地主義者の言語だと批判しては、スペイン語も同様に植民地主義であることを見落としてしまう。アフリカ系アメリカ人アーティストの音楽やヒッピーの「ラブ・アンド・ピース」運動は、「腐敗した」権力であるという点で、ＣＩＡや国防総省と同じと見なされる。この映画の信憑性というレトリックは、もともとアルゼンチンの国民は植民地入植者で形成されたことを覆い隠す。もっと詳しく見ると、第一世界も第三世界も文化的・政治的に多様で、先住民やアフリカ人、ヨーロッパ人が入り混じっているのがわかるだろう。どちらの世界も、覇権と抵抗の場なのだ。

　現在の明晰な視点から見返せば、この映画が伝えるファノン主義やゲバラ主義に思想的な欠陥があることに気づくだろう。『燃えたぎる時』はファノンのように、暴力に癒す力があると信じる。しかし暴力は、特定の状況では抵抗や権力を掌握する政治言語として有効かもしれないが、あらゆる被抑圧者を癒す価値についてはまったく別問題である。『燃えたぎる時』は、ファノンのイデオロギー的な軌跡上のある点において（ヨーロッパ左翼に対する幻滅）、その歴史的状況（アルジェリアでのフランス植民地主義）と関わりのある理論を普遍化してしまう。また、ゲバラを革命のモデルとし、効果がなかったり自分の首を締めることも多かった、きわめて自由志願制的な彼の戦略の欠点を無視する。ゲリラの戦略家は、政府の抑圧的な権力を過小評価し、「人民」の客観的・主観的な革命に対する期待を過大評価することが多い[(16)]。さらに、自ら戦闘に身をさらす英雄的な闘士という理想は、この作品の男性主義的なナショナリズムに浸透しており、タイトル（「エル・オンブレ〔男性〕」）にも反映されている。

ペロニスモ左派の『燃えたぎる時』も、左翼の歴史的両義性を免れない。ペロンをヨーロッパ中心主義神話の「ファシスト的独裁者」ではなく、先駆的な第三世界の民族主義者として、はっきり描いている。ペロニスモの失敗（寡頭制を非難せず、民衆を武装化できず、「大衆民主主義」と「官僚独裁制」の間を行ったり来たりした）を数え上げる一方で、アルゼンチンの労働者階級が自分たちの運命に気づく姿を通して、最終的にペロンを、プロレタリア運動を体現した「客観的な革命家」と見なす。ペロニスモは、アルゼンチン経済を締めつける新植民地主義を打ち砕き、確かな社会主義革命の下地をつくった。ラテンアメリカのポピュリズムは右派と戯れながら左派を抱擁する傾向があり、その文脈にペロニズムを位置づけることはできない。ペロニスモは、迷宮のように似たような戦術が矛盾しながらからみ合っている。驚くことではないが、指導者の死によって砕けた壊れやすいモザイクなのだ。

ペロニスモの大きな矛盾のうち二つが、いくらかこの作品で描かれている。ペロニスモは、全面的に反帝国主義だったというよりも、形だけ反独占主義であったに過ぎない。産業ブルジョワジーは、帝国主義を支持することよりも労働者階級を支持することを恐れていたからだ。『燃えたぎる時』は社会主義革命を求めるが、それもペロニスモと「第三の映画」という概念の政治的な両義性を表している。「第三」が「第三世界」を指すのは明らかだが、ペロンの求める「第三の道」や、社会主義と資本主義の中間の道も反映している。この作品の急進的な印象は、それが支える政治関係よりも、革命的な間テクスト性の編成や、視覚的・聴覚的な世界革命の呼びかけから生じる。ファノンやゲバラ、ホー・チミン、ストークリー・カーマイケルの言葉を巧みに使い、古典的な写実主義小説を戦略的に詳しく紹介して、ロラン・バルトのいう「現実効果」のような「急進主義の効果」を生み出す。第二に、ペロニスモは矛盾を抱えるため、民主主義と独裁主義との間で揺れ動きつづけなければならない。ポピュリズムはたいてい、個人のカリスマ性と庶民的な手法が大衆に対する深い蔑視を覆い隠す。平等主義は、エリートと民衆の平等という幻影をつくり出す。『燃えたぎる時』は、民衆の操作と政治参加、強制と平等主義を同時に備え、この両義性を共有する。「あなたの考えは、私たちの考えと同じくらい重要です」と大衆向けに語るだけでなく、大げさな言葉や強力なレトリックに訴えるのだ。

しかし、この映画制作者たちが完全に予言に失敗したわけではないのは、歴史に示されている。『燃えたぎる時』は、軍事政権が非スターリン主義左派しか弾圧していないからと支持に回ったアルゼンチン共産党を批判したが、この告発は新植民地主義への従属という形でいまだに当てはまる。また、「国土を何度も血まみれにした」エリートの暴力を受容する能力を強調するが、この能力は後に軍事政権による反ユダヤ主義的な弾圧という暴力で証明された。どんな政治的両義性であれ、『燃えたぎる時』は革命映画のある段階における画期的な作品なのである。具体的な政治運動と手を組み、映画で「汚れた手」〔サルトルの戯曲〕の政治を実践しているのだ。政治的にときにポピュリズムになっても、映画的な戦略はそうではない。ふつうの観客にも映像やサウンドモンタージュ〔合成された音〕の正確な意味を理解する能力があり、言語的な実験に心構えがあるものと前提される。意識を高め、分析し、行動を促す道具でもある映画を提供して、観客に敬意を払う。この意味で『燃えたぎる時』は、変化する戦略の宝庫であり、芸術の政治学と、政治学の芸術に関する進歩的なセミナーである。無意味な偶像破壊という罠と、「正しい」がやや古い攻撃性という罠を避け、あきれるほど空想的で一見逆説的な「多数決主義アヴァンギャルド」の実現に向けて努力する。

同時代のパトリシオ・グスマン[*31]と製作チーム「三年目」の『チリの闘い』(一九七三〜七六年)も闘うドキュメンタリーだが、『燃えたぎる時』と比べると違いは明らかだ。この作品は、チリのサルバドール・アジェンデ政権期のうちに撮影されたが、完成したのは後に製作チームが〔軍事クーデターで〕国外亡命してからであった。制作者たちはかなりの危険に身を晒しながら交戦状態にあるまっただなかで共同作業でつくった。しかし、『燃えたぎる時』が疑似宗教的な自己犠牲を持ち上げたのに対し、『チリの闘い』は死ぬ可能性を真面目に神秘化せず受け入れる。ソラナスとヘティノはペロニスモ左派だが、グスマンとその共同制作者たちは無党派のマルクス主義左派であった。彼らは大衆運動の知識人で、一九七〇年には「芸術家と大衆の連帯を生み、解放という一つの目的の下に団結する」ための「革命映画」を求める声明を作成した。しかし本章は、『チリの闘い』の制作について詳しく記す場ではない。すでに徹底した記録が他にある。[(17)]本書では、この作品と『燃えたぎる時』の映画の戦略を比較したい。

『燃えたぎる時』と同じく、『チリの闘い』も「ブルジョワジーの叛乱」、「クーデター」、「民衆の力」の三部からなる大作（四時間半）である。『燃えたぎる時』が政治的プロパガンダならば、『チリの闘い』は分析的ドキュメンタリーであり、まずジャンルが異なる（実際、『チリの闘い』の制作者は、『燃えたぎる時』の高圧的な姿勢に批判的だ）。『チリの闘い』の制作者たちは、時系列やテーマに沿ったフィルム編集、ある一日を追うやり方など、典型的なドキュメンタリーの手法をとらない。そのかわりにそれぞれの長所を取り入れ、まとめ上げた。企画の段階では、（アジェンデ率いる）左翼と、（軍、ファシスト組織「祖国と自由」、キリスト教民主党右派からなる）右翼の闘いの結節点を強調するつもりだった。どうやって左翼は権力を握り、チリの社会を再構築しようとするのか、それを止めるために右翼は何をするのか。カメラは、議会や経済組織、大学、メディアといった主な戦いの場に焦点を当てる。制作者はこのように時局的なアプローチで（撮影の前、最中、後の）政治分析を結びつけ、政治闘争やイデオロギー闘争が過熱するなか、その現場で映画にしていったのである。闘争的な左翼の映画制作に慣れた観客は、自由選挙で社会主義への転換を初めて決めた国チリの例外的な地位に驚いた。資本主義国家に反対する左翼は、ふつうは「ブルジョワの合法性」を嘲笑し拒絶する。だが『チリの闘い』で合法性（構造、立法手続、選挙）や、もはや何の意味もない合法性を満たす権利を守るのは、社会主義政府なのである。左翼の映画では、警察権力はたいてい占領軍として描かれるが、この作品ではアジェンデ政権下の官僚制や民主主義政府の保証人である。また、左翼の映画は概ねストライキ中の労働者に共感的だが、この作品ではストの参加者は社会主義を弱体化しようとする雇用主に加担するエリートなのだ。

『燃えたぎる時』と『チリの闘い』の戦略の違いは、観客の位置づけによるところが大きい。『燃えたぎる時』が常にレトリックな効果を求め努力するのに対し、『チリの闘い』は歴史的瞬間を記録するのを好み、レトリックを避ける。観客を教え諭そうとはしないが、それでも変化は起こりつづける。撮影されてからかなり経って『チリの闘い』を見ると、登場する多くの活動家が、アウグスト・ピノチェト将軍がアジェンデ政権を倒した後に、殺され、投獄され、追放されたと知って身を切られるような思いがする。スクリーン上の一般のチリ人は、映画の「背後にいる」制作者以上に、「もの言わぬ大衆」の生きた反証としてむしろ雄弁だ。政治とは、突きつめるとその集団の生活の質を変えようとする情熱である。

ほとんどの映画が登場人物に感情移入させようとするが、この作品は共同体との一体感を強く望む。『チリの闘い』は、われわれがふつう劇映画を見るときのような興奮を引き起こす。しかし、ドラマは事件そのものに組み込まれており、事件をよく知る制作者は、どこで映画を撮るべきか、どこにマイクを置くべきかを判断するために、事件の政治力学に関する知識を使う。

『燃えたぎる時』と『チリの闘い』はどちらも自己言及的な作品だが、後者は間テクスト性の皮肉ではなく、制作過程の記号（音響や「カット」のかけ声など）を示して再帰性を実現した。音と音楽の配し方が、両作品は非常に異なる。『燃えたぎる時』は教訓めいた皮肉っぽい終幕でノン・ダイジェティック音楽（クラシック、ポップス、オペラ、タンゴ）を使うが、『チリの闘い』はただダイジェティック音（行軍や軍隊の行進曲のパーカッション）しか使わないのが特徴である。『燃えたぎる時』がモンタージュを駆使するのは、エイゼンシュテインやアヴァンギャルドの影響だけでなく、TVコマーシャルの影響も受けているとわかるが、『チリの闘い』の編集は控えめだ。政治的バザン主義[*32]のように、画面に一人の登場人物しか映さない構図を好む。そうすることで題材の時空間的な公正性だけでなく、制作者と意見が異なる人も含め、話をする人々の公正性にも敬意を払うのだ。それでも全体の構成では、微妙な階級の歪みを伝えている。それはそれぞれの「卑劣な言動《チープ・ショット》」を対照して並べるような編集によってではなく、この作品が支えている社会構造観によって伝えているのだ。階級の違いは、あらゆる場面で見られる。エリートは制作者に対し英語で「サー」、一般人には「コンパニェーロ〔相棒〕」とスペイン語で呼びかける。エリートは車を運転し、一般人は徒歩やトラックでデモに行く。エリートの女性は厚化粧だが、労働者階級の女性は質素な身なりである。エリートは選挙の機会を過大評価する（主流の反アジェンデのメディアは右翼の報復主義的な幻想にいつもおもねっていたので、驚くことではない）が、左翼はもっと明快である。画面の外から時折聞こえるナレーションには、確かに『燃えたぎる時』のように熱をもった輝きがない。しかしこちらのナレーションの目的は、そうした輝きを見せることではなく、必要不可欠な情報を提供することである。クーデターの企てのなかで一人のアルゼンチン人が撮影した映像は衝撃的である。撮影者は、自分に向けて発砲する兵士を撮る。兵士に射殺された彼が地面に崩れ落ちると、画面は激しく傾く。カメラに直接向けたショットなので、観客のわれわれにしてみればかなりショックな場面で、ヒッチコック映画の観客に直接向けたカメラの効果にやや似ている。だがこの作品は、「まさにファシズムの様相」とナレーションが呼ぶものを伝えているのだ。

不能《インポテンス》の寓意

フレドリック・ジェイムソンにしてみれば、第三世界のテクストはすべて、明らかに私的ないし本能《リビドー》的な力を備えたテクストでさえ、「民族の寓意という形で政治的特質を投影」している点で、「必然的に寓意的」である。個人の運命を描く場合も、つねに第三世界の公的な文化や社会の殺伐とした状況のたとえ話だからである[18]。本書は、ジェイムソンがいささか軽率に、第三世界のテクストすべてを一括りにしたこの主張を支持しない。「第三世界」といってもさまざまなように、文化作品も均質でなく、どれにも当てはまる芸術戦略など立てることができないからだ。また、第一世界を含めて寓意は他の場所の文化作品とも必ず関わっている。だが本章では寓意を、解釈学的に完結することや解読することを求める、ある種の遠回しな表現や提喩《シネクドキ》を使った発話と広い意味でとらえる。これにより、多くの第三世界主義の映画を扱う生産的なカテゴリーと見なすことができる[19]。

寓意は、後に第三世界と呼ばれる地域の映画においてまったく新しい現象というわけではない。ブラジル映画『平和と愛』（一九一〇年）に登場する架空の王オリン一世は、当時の大統領ニーロ・ペサーニャ[*33]のアナグラム（Olin/Nilo）なのは明らかで、彼を茶化している。一九三〇～四〇年代にインドでは、アクション女優「フィアーレス・ナディア」（恐れ知らずのナディア）が、当時は反英の寓意と解釈できるやり方で、外国の暴君に虐げられた人々を救った[20]。しかし、もっと最近の第三世界の映画では、寓意に少なくとも二つの大きな流れが見られる。一つ目は初期の、目的論的なマルクス主義風の民族主義的な寓意である。この場合、歴史は内在する歴史的目的を進歩的に発展させていくものとして示される。二つ目はもっと後の時代の、モダニストの自己を脱構築する寓意である。この場合、焦点は発展する歴史の「形象をなす」という意味から、言説そのものの断片的な性質へ移る。その際寓意は、大きな歴史的目的の喪失感のなかで、言語意識という特権的な事例として展開される。目的論でもなくモダニズムでもない、中立的な三つ目の変種は、難癖をつける政権から身を守るために寓意を使う作品に見られる。たとえば、オズヴァルド・アンドラージ監督の『共謀者』（一九七一年）のように現在を語るために過去を使ったり、マシャード・デ・アシスの小説をネルソン・ペレイラ・ドス・サントスが脚色した『精神鑑定医』（一九七〇年）のように破壊するごとく古典を改変するのだ。抑圧体制の下では、あらゆる芸術が利用できる寓意は大げさになる傾向がある。民族主義的な言説に深い影響を受けた知識人の映画監督が、全国民のために語り、国民について話さなければならないと感じる場合は、特にそうだろう。

ここではブラジル、セネガル、イスラエル／パレスチナの三つの映画に焦点を当てよう。いずれも文字どおりか比喩的な意味で不能《インポテンス》を用い、第三世界の社会的・政治的・経済的窮状を寓意化している。まず、あからさまに寓意的なブラジル映画、グラウベル・ローシャ監督の『狂乱の大地』（一九六七年）から見てみよう。バロックとアヴァンギャルドの美学（シェイクスピアやエイゼンシュテイン、オーソン・ウェルズ、ベルトルト・ブレヒト、アラン・レネにより変化した）が融合した作品で、ブラジル大統領ジョアン・グラールの左翼政権が一九六四年に軍事クーデターで倒されるのを阻止できなかった左派ポピュリストを、痛烈に批判している。映画のタイトルは、一人の登場人物ではなく、狂乱状態（アフリカ系ブラジル人の憑依宗教をいう）の大地を指し、実質的に寓意の意図を喧伝する。舞台ははっきりとブラジルとするのではなく、ヨーロッパ人の空想するラテンアメリカの黄金郷を投影した、その名もエル・ドラドという架空の地に設定することで寓意性を強く示唆している。

『狂乱の大地』は、死を目前にした主人公が思い出す過去の記憶で構成される。芸術家で知識人の彼の名はパウロ・マルティンスといい、政治的忠誠が揺れ動いてきた。右翼の指導者ポルフィリオ・ディアスを支持した後、今度はポピュリストのヴィエイラを支持して左寄りになる。右翼は選挙に負けるのを恐れ、一九六四年にブラジルで起きたクーデターを明らかにモデルにしたクーデターを画策する。冒頭の場面に戻ると、すでに急進派のパウロがヴィエイラに銃を手渡している。銃は、ヴィエイラに大衆に訴える力と支える勇気がないことを表す、市民抵抗の象徴だ。独裁者ディアスの大統領就任式とパウロの最後のもがきが交互に映り、最後のロング・ショットはライフルを高々と掲げたパウロのシルエットである。

『狂乱の大地』は、左翼の政治的芸術の善悪二元論を壊して進歩的な観客に衝撃を与えたが、当初は「ファシスト」だと非難された。しかし左翼過激派は、後にこの作品の鋭い分析を評価するようになる。陰謀を企てる右翼と無力な左翼をエリート権力の二つの顔と見なし、左翼ポピュリズムを「悲劇のカーニバル」である疑似民主主義の仮装《マスカレード》と描いた。また、巨大な歴史の力を表すつくりものの登場人物に生命を吹き込み、観客による寓意の解読を求める。メキシコ北部のインディオに対する残虐な軍事作戦を指揮した征服者と同じ名のポルフィリオ・ディアスは、イベリア半島の独裁制をラテンアメリカで実現する。その政治キャリアは、当初の左寄りからヒステリックな反共産主義へ変化し、一九六四年にクーデターを起こすため合衆国と直接協力したブラジルの政治家カルロス・ラセルダと似ている。リベラルな政治家のヴィエイラは、ブラジル人ポピュリストの指導者たち（ジェトゥリオ・ヴァルガス、ジョアン・グラール、ジャニオ・クアドロス、ミゲル・アラエス、レオネル・ブリゾーラ）の特徴を組み合わせてつくられた。サラという登場人物は共産党を表象し、政策的にヴィエイラのようなポピュリストを支持する。エクスプリントという企業（国際開発会社）は、最終的にクーデターに関わった多国籍企業の表象である。

パウロ・マルティンス自身は矛盾した、ときに非難されるべき人物で、左寄りの知識人の世代に対する批判的な描写がされる。言葉や音、映像が爆発するように流れだす打破というネオ・バロックの寓意では、パウロは階級闘争とクーデターの世界をさ迷う詩人を表す。熱狂的であり厳粛でもある彼のふだんの話し方は詩のようだ。心の声とクローズアップされる表情が合わないまま、オーソン・ウェルズがシェイクスピアの悲劇で試したやり方で、ハムレットのような独白調で回想する。さらにパウロは、過度の想像力や絶妙な台詞回し、いら立つ理想主義と共存する厳格な懐疑主義、権力の正統な継承者であるという自負など、重要な特徴がハムレットと同じだ。彼はハムレットのように、身の周りの堕落した環境を多少明快に批判する。

『狂乱の大地』のバロック美学は、芸術の分野で最も非現実的な美学であるオペラと結びつく。ウェルズやエイゼンシュテインの「オペラ映画」の熱烈なファンであるローシャは、ジュゼッペ・ヴェルディとブラジル人のその追随者カルロス・ゴメスのオペラ音楽でサウンドトラックをあふれさせた。パウロの死そのものが、登場人物が雄弁に長々と豊かな声で歌い上げて死ぬオペラの長引く苦悩を思い起こさせる。非常にオペラ風で寓意的な手法だ。たとえばクーデターは、現代の武力の行使ではなく、バロック宮殿の陰謀や簒奪、戴冠式として描かれる。ブレヒトは叙事的演劇《エピック・シアター》に関する有名な評論で、同時代の民主的なオペラをつくりたいと述べている。オペラはある程度リアリズムを獲得したが、登場人物全員が歌うせいで、それも台無しだと彼は考えた。ブレヒトの叙事的演劇と劇的演劇の区分でいえば、『狂乱の大地』は必ず叙事的演劇に入る。過程を具体化するのではなく、語りの距離感によって物語を伝える。観客を情緒的に引きつけるのではなく、登場人物の矛盾を批判的に見るよう促す。観客はパウロに感情移入しながらも、批判的に彼を見るのである。ヴァルター・ベンヤミンがブレヒトの『男は男だ』の主人公について言ったように、彼は「われわれの社会を形づくっているもろもろの矛盾の、展示場にほかならない」[*34]。

　パウロの英雄の地位を批判的に下げることで、観客の感情移入は部分的にであれ妨げられるのだが、それもまたこの映画の根幹をなす美学的戦略による。すなわち演劇的リアリズムの慣習を拒絶する戦略のためなのだ。『狂乱の大地』は、主人公が死後も語り手になるという、絶対にありえないやり方で反リアリズムの意図を強調する。物語は絶えず脱線し、脱構築され、再構成される。その一方で、目が回るようなカメラワークやジャンプカット、自律的で一貫性のないサウンドトラックによって、時空間の不連続性は強まる。様式とレトリックを衝突させつつ交える演出は、多様な映画的エクリチュールどうしの創造的な対立から意味がある程度生まれるようにするためである。ローシャは、むさぼるようにさまざまな映画様式を使い尽くす。ウェルズらの影響のほか、ダイレクト・シネマ（カメラ〔観客〕に向かって直接語りかけるインタビューや、環境光）や、エイゼンシュテインのモンタージュ（社会を象徴する有名人の偽のつなぎ《フォーラコー》）などを併用するのだ。ローシャは、映画的な間テクスト性をただ取り上げるのではなく、変換する。ある場面は、『戦艦ポチョムキン』（一九二五年）で、顎鬚を生やした軍医のスミルノフが食事について抗議する水兵たちに答える有名な場面を想起させる。彼は、蛆の湧いた肉を調べるため眼鏡を使い、「上等の肉だ、何の問題もない」と宣言する。ローシャは、エル・ドラドの完璧な社会にパングロス博士[*35]のような気前のよい上院議員を登場させ、彼は殺された民衆の代表の死体を調べる際、スミルノフ医師のとそっくりな眼鏡を使う。その類似は明らかだ。二人とも、既存権力の堕落の見本を調べるが、社会悪の紛れもない証拠を見ようとはしないのである。

『狂乱の大地』は、政治と美学の両方をわかりやすく説明する。二つの表象の方法を脱構築するのだ。第一に矛盾を演出し、政治的な表象《リプレゼンテーション》＝代表の方法であるポピュリズムを脱構築する。ローシャにとってポピュリズムとは、見せかけの政治参加を提供するに過ぎない。声をあげるよう人々を励ますが、やかましいと思えば弾圧する。宮殿へ招き入れても、あまりに好戦的ならば殺してしまう。民衆に人気があるが態度のはっきりしない代表者《リプレゼンタティヴ》を登場させ、こう問いかけてロマンチックに「民衆」を理想化することに疑問を呈する。「こんな男が権力の座にあるなんて想像できますか?」。第二に、「ポピュリスト」とレッテルを貼られそうな美学の表象の方法を認めない。ポピュリストの芸術は、「コミュニケーションがとれない」ことを恐れて、単純でわかりやすい言葉を用いる。利用しやすくするために、糖衣錠のような甘い芸術論を実践するのだ。作品のメッセージを理解してもらうために、陰謀やサスペンス、ロマンス、スペクタクルといった映画らしい満足感を大衆の常備薬として勧める。ポピュリストのヴィエイラが「大衆」について語りながら彼らを政治的に成熟させるために何もしないのとまったく同じように、まるで民衆は単純で冗長で下品に飾り立てた芸術しか望まないかのように扱う。『狂乱の大地』は、アルナルド・ジャボールが指摘するように、ヨーロッパ・アヴァンギャルドの流行で自虐的に言葉を「干上がらせる」、あるいは「言説を破壊する」ことによってではなく、むしろ「過剰なまで貪欲に批判的バロックを渇望する」ことによって、ハリウッドの映画言語を攻撃するのだ[21]。

『狂乱の大地』は大胆にも、一対の批評を重ね合わせる。一つは、政治経済と地政学のレベルである（多国籍企業とブラジル人エリートが手を組み、労働者・小農・左翼系知識人に対峙する）。もう一つは、音楽や建築、ジェスチャー、シンボル、室内装飾をめぐる文化人類学的批評であり、こうした歴史の行為主体を歴史的な力のグロテスクな例に変換する[22]。主人公の詩的な錯乱は、政治過程に示される疑いや興奮ぎみの風潮と共鳴する。この作品は、バロック演劇とブラジルのカーニバルの寓意的なお祭り騒ぎの両方を利用して、社会の隅々までヨーロッパに支配され不安定に文化が混ざりあったもの（アフリカ系先住民族メスティーソ）[*36]としてブラジルを見せる。後に「国民統合の危機」と呼ばれるものについて、

42　結婚と生活必需品フェティシズム。センベーヌの『ハラ』より

早くも表現しているのだ。マルクス主義など従来の支配的物語《マスター・ナラティヴ》は、弁証法的唯物論という進歩的な原理で歴史は定められていると信じるが、それに対する懐疑が拡がったのである。それは、『乾いた人生』をはじめとする第一期シネマ・ノーヴォ作品の根底にある信念が蝕まれていたことの表れでもある。シネマ・ノーヴォの初期の作品は自信に満ち予言のように語ったが、後期の作品は幻滅と不能《インポテンス》の感覚が特徴である。

『狂乱の大地』の不能が比喩だとしたら、センベーヌ・ウスマン監督の『ハラ（不能者）』（一九七四年）の不能はまったく文字どおりの意味である。この作品は、不能の寓話を中心に展開する。主人公は神の呪いのせいで不能になる。これは、セネガルのような国の黒人エリートが新植民地主義の奴隷であることを象徴している（もちろんジェイムソンは著名な評論で『ハラ』の小説と映画についてしっかり言及している）。主人公のエル・ハッジは妻を複数持つセネガル人ビジネスマンで、三人目の妻を娶るときに不能で苦しむようになる。治療法を探し、彼はさまざまな呪術師を訪ねるが治らない。同じころ横領の罪で起訴され、商工会議所から追放されて、仕事でも失敗する。最後になって不能が、エル・ハッジに土地を奪われたダカールの乞食による呪いであることが判明する。結局、裸になって唾を吐きかけさせろという乞食の要求に従うことで、主人公は回復する。映画は、唾を吐きかけられた彼の身体の静止フレームで幕を閉じる。

『ハラ』の世界では、植民地主義の家父長的な構造が、民族主義言説が約束した解放というユートピアを妨げながら、現地アフリカ人の階級意識やジェンダーの抑圧へ移行する。不能は、独立後の家父長制が失敗した革命であることを表す。伝統的な婚姻の儀礼は、政治的な物語を構造化する装置となっている。この親密な場で、個人的なことと政治的なことは分けられないと証明される。主人公が初夜に不能《インポテンス》だったというニュースは、原因について実にさまざまな憶測を呼びながら、共同体中にあっという間に広まる。フランソワーズ・ファフが指摘するように、主人公のそれぞれの妻は、植民地化や伝統とセネガル国民のさまざまな関係を表す寓意的な役割を演じている。威厳があり忍耐強い昔ながらの第一夫人アジャ、流行に敏感で西洋的な第二夫人オウミ、そして性的な消費の対象ンゴーネである[23]。

ローラ・マルヴェイは『ハラ』を、「人が実際以上の意味や価値を見出す」フェティッシュをめぐるさまざまな言説が反映された作品ととらえる。そして「個人の精神構造だろうと、社会集団の文化構造だろうと、脆弱性という結節点に関心を向ける」点で、フェティシズムそのものが寓意的だと指摘する[24]。寓意と同じように、フェティッシュもまた、徴候として解読することが必要である。マルヴェイによると、カール・マルクスはフェティシズムの言説を、すなわちアフリカの宗教に対するヨーロッパ中心主義的な偏見に根ざす言説を、ヨーロッパそのものに対して折り返して突きつけた。また、ジークムント・フロイトは、精神の原始的な軽信性の限界を定義するためにフェティシズムを使った。そのためにフェティシズムの人類学的な起源から離れて、より大きな意味作用の問題へとフロイトは転換した。センベーヌの映画は、性心理を社会経済と接合する。すなわち主人公の性交不能を、アフリカの黒人エリートの新植民地主義的な従属の問題へと転換するのである。

第三世界の映画はアイデンティティと権力について疑問を投げかけるため、性行動の描写は特に論争を呼ぶ。パレスチナの映画『ガリラヤの婚礼』(一九八七年)では、寓意的戦略はやはり婚姻と初夜の儀式にかかっている。それは本質的に、双方の家族、歴史、血統を暗に一つに結びつけることに由来する意味によって複合的に規定された行事なのだが、この作品においては、イスラエル人とパレスチナ人との政治紛争で状況が悪化してゆく見物となっている。物語は、思い出に残る式で息子の結婚を祝いたいと願う、ガリラヤのパレスチナの村のムフタール〔村長〕を中心に展開する。しかし、イスラエル軍は夜間外出禁止令を出しており、夕暮れまで式を続けるのであれば司令官に許可を求めるよう命じた。結局、司令官は、自分と部下たちを式に招待することを条件に、許可を与える。『ハラ』のような公私の区別は崩壊しており、婚姻と結婚式は、ある種社会的なレントゲン検査の口実となる。婚姻の儀式は地域共同体の姿を明確にし（みなで花嫁と花婿の支度を整え、着飾る）、イスラエルとパレスチナの間の、家長と新郎である息子の間の、共同体内のさまざまな政治勢力間の隠れた緊張関係を表面化させる。花婿は不能《インポテンス》のうえに、イスラエルの権威に守られて婚姻の準備をする父親の権威主義に反発し、式を望まないばかりか敵視すらしている。イスラエル軍が結婚式に強引に参加したせいで性的な挿入ができなくなり、花嫁は自分で処女喪失の証を立てねばならなくなる。

ガザ地区とヨルダン川西岸地区でインティファーダが起こる前に制作された『ガリラヤの婚礼』は、「一九四八年のパレスチナ人」[*37]が初めて手がけたパレスチナの公開劇映画である。監督のミシェル・クレイフィはイスラエル国籍のパレスチナ人で、一九七〇年にナザレ〔ガリラヤ地方〕からベルギーへ移住した。作品にはパレスチナ人の間のたくさんの言説が編み込まれている。カメラは、イスラエル占領下で生まれた過激派の若者と、「忍耐」の世代の高齢者の態度を対比させながら、多様な視点を行ったり来たりする。パレスチナ人社会がイデオロギー、性、家族、世代間の対立によって引き裂かれていることが示される。クレイフィは初期のドキュメンタリー『豊穣な記憶』（一九八〇年）で、占領下で女性の役割が高まった話と、パレスチナ人の土地が奪われた長い歴史を織り交ぜる。しかし、パレスチナ寄りの多くのアラブ人監督とは異なり、彼は「外部」からの異議と「内部」の問題を分けない[25]。男性よりも女性の裸を好む作品の男性主義を嫌う人もいるかもしれない。だが女性の登場人物は物語で力強い存在感を示し、そこの村で公式に認められた立場とは逆であるように描かれる。集団の記憶を育むのは女性である。家族と民族を護る粘り強い日々の闘いという重荷が、彼女たちの肩にかかっているのだ。女性の役割は家父長社会の行き詰まりを表明しながら、わずかな解放を示すことである。女たちのどっしりとした静かな抵抗は、男たちの英雄ぶった武力闘争よりも成熟している。実際、クレイフィが女性や子ども、一部の若者の散発的な反乱という疑似エディプス的な試みに関心を持つのは、ガザとヨルダン川西岸のパレスチナ社会の力関係が最近変わってきたことを予期していたともいえる。(26) 子どもや女性が反乱の大きな勢力になったのである。

『ガリラヤの婚礼』は、パレスチナ社会内の相違や隔たり、対立をほのめかすが、土地と過去に根差した共通の歴史や文化的アイデンティティとともに、日常の反占領闘争も反映している。パレスチナはスクリーンの中では健在で、パレスチナ人の村や畑が物理的に消されようが、「先住民族」「遊牧民」といった用語で言語イデオロギーを曖昧にされようが、パレスチナの存在を否定することに異議を唱える。この意味では、カメラのきめ細かな動きや、農村の儀礼や儀式への温かい視線、土地とその恵みに対する人々の愛着の描写は、人類学的な主張というよりも、「私たちはここにいる、ここで生きている」という控えめな政治的主張である。登場人物から登場人物へ移るなめらかなカメラの動きや、多様な言説や言語の混成（日常の俗語、ことわざ、大衆的な詩歌、スローガンのような演説、幻覚的で詩的な独白）は、民族が織りなす複雑性を示している。

シオニストの「プロスペロー・コンプレックス」[*38]は、植生や実りの豊かさを「砂漠に花を咲かせた」開拓者と関連づけるが、[*39]『ガリラヤの婚礼』は大地や穀物、樹木、植物、食物の豊富さをパレスチナに結びつける。そして、土地に対する暴力をイスラエル人に結びつける。パレスチナ人の農業とその「豊かさ」の象徴を破壊するために、畑に地雷を埋めたからだ。その一方で、パレスチナ・アラブの文化（花嫁のヘンナの儀式、壁に描かれたハムサの絵、村人の歌や踊り）の詳細な記録は、永続するという意識と、消滅に断固反対する意志を支える。ユダヤの結婚式が儀式的にシオニストの記憶を喚起したように、パレスチナの結婚式も特に占領下では、民族の願いを促す触媒、集団の記憶や希望を祝うものとなるのだ。

『ガリラヤの婚礼』は、西側メディアの「テロリスト」のイメージと鋭く対立させてパレスチナ人の生活を鮮やかに際立たせたかもしれないが、パレスチナ民族という概念を維持するために慣習や時間や場所を混ぜ合わせてもいる。たとえば婚礼の儀式は、パレスチナ人ムスリムとパレスチナ人キリスト教徒の慣習が入り混じっている。パレスチナ人のアイデンティティに関して宗教よりも民族を重視するこの演出（監督はマイノリティのキリスト教徒）は、ヨーロッパ系イスラエル人の文脈では重要な意味を持つ。キリスト教徒のパレスチナ人はわずかに「マシ」と認識されるが、公的な言説は、パレスチナの民族主義を「非ユダヤ人のマイノリティ」と言って貶めるのである。一九六六年に戒厳令はイスラエル領内のパレスチナ人について解除されたが（その翌年には新たな占領地〔西岸地区とガザ地区〕にまた適用された）、『ガリラヤの婚礼』は、現在ではイスラエル領となったガリラヤの占領下にあるパレスチナ人の村を描く。この合成は、一九六七年以前からのイスラエル領内のパレスチナ人の土地もやはり占領されたものであることを暗示する。イスラエル系パレスチナ人は法律上はイスラエルの政治過程に参加できても、国民と宗教の定義を等置する「ユダヤ人国家」から排斥される。たとえイスラエルのパスポートを持っていても、彼らのナショナル・アイデンティティはガザや西岸のパレスチナ人とは分けられないアラブ人のままである。ガリラヤと西岸のさまざまな村のショットでは、変化に富んだ地形や建築様式があるにもかかわらずまとめられ、たった一つのナショナル・アイデンティティをここでも強調するのだ。パレスチナの団結を蝕む試みにもかかわらず、『ガリラヤの婚礼』は、一九四八年と六七年のパレスチナ人の運命や夢を、ディアスポラのパレスチナ人〔国外難民〕の運命や夢と結びつけようとするのである。

この作品の物語の構造も、民族の正統化を支える。イスラエル権力に制限されたパレスチナの儀式に焦点を当てて、イスラエルを包囲するアラブ人とか、イスラエルの日常を破壊するパレスチナ人といった、西側やイスラエルのメディアの比喩をひっくり返すのだ。パレスチナ人を物語の中心に置いてイスラエル人を「招待客」とすることで、ユダヤ人は昔からの住民で現在のアラブ人は「客」であるという主張を逆転させる。パレスチナ人から見ればイスラエルは、オスマン帝国や大英帝国の後にやって来た、より侵略的な外国勢力の代表である。この点は、オスマン帝国について現在形で長々と話す老人の独白でよくわかる。『ガリラヤの婚礼』は『豊穣な記憶』と同様に、パレスチナ人の記憶はただ残っているのではなく豊かであり、新たな始まりを生み出すことができると示している。

この作品のいくつかの場面は、はっきりと寓意的である。たとえば、イスラエル軍が地雷を埋めた土地でパレスチナ人とイスラエル人が一緒に雌馬をなだめる場面は、地雷やライフルではなく寛容さと対話による未来像を連想させる。牧歌的な終幕では、血塗られた土地の融和の願いを強調するように、ムフタールの子どもが野原を駆けてくる様子が映し出される。イスラエルのジェット機の轟音に、パレスチナの子どもたちの遊び声がかき消された映画の冒頭のシーンで開いた円を、まるで閉じるかのようである。イスラエル兵が村から引き揚げた後のこの場面は、解放された未来を望む気持ちを暗示する。パレスチナ人とイスラエル人の民族文化は互いの記憶と物語に浸透しているが、パレスチナ人の立場から見た対話的な未来は、占領が終わって初めて可能となる。花婿の妹がイスラエル兵に、「踊りたかったら、軍服を脱がなくちゃ」と挑発的に言ったように。

第三世界主義の再帰性

多くの第三世界主義の映画は、ヴァルター・ベンヤミンがいう「一種の媒介された連帯」の見られる、知識人と周縁に置かれた大衆の関係に心を奪われている。映画制作者は、自らも一般大衆の歩みの一部と考えながら、描きたい人々に対し自分を再帰的〔内省的〕に位置づけて向きあう。また、支配的モデルにへつらう文化的植民地主義の亡霊に憑りつかれてもいる。彼らは独創的な個性を表現するが、それは民族映画を確立するという大きな集団的な課題の一環としてである。映画に限らずさまざまなテクストで長い間検討されてきた争点に意識的に取り組むため、どうしても再帰的になるのだ。信念と方法という一般に認められた実体のあるものと対話し、作品内で直接的・間接的に映画文化そのものを論じる。それぞれの作品はただちに、主題「について」かつ作品自体「について」実行可能な方法論的な見本となるのだ。

第三世界の映画は、モダニスト（初期のゴダール）だろうと、ブレヒト派（後期のゴダール）やポストモダニスト（アトム・エゴヤン）だろうと、世界の映画でますます強まる再帰性の傾向にもちろん歩調を合わせている。しかし、同時に、第三世界の周縁的で融合した文化的経験に根差した民族固有性も作用している。歴史的に多文化的で、たいてい複数の言語を流暢に操り、周縁的でありながらも十分「中心」と相互に影響し合う第三世界の芸術家は、言語や文化を重視する傾向があり、言葉やイメージを額面どおりに受け止めることは滅多になく、一風変わった皮肉の世界の住人である。この現

43　困窮を撮影するという矛盾。『飢饉を探して』より

象の根本原因が何であれ、メタシネマと再帰性の技法は、ドキュメンタリーやフェイクドキュメンタリー〔モキュメンタリー〕、直線的な進歩史観のマルクス主義やポストモダンの脱構築主義者の物語など、この数十年の第三世界の映画のさまざまなジャンルで実際に普及してきた(27)(ここでは、最前線の映画制作者や映画作品、テクストの処理や間テクスト性、その反応に言及するために、再帰性を広い意味で用いる)。キューバ映画の『ある程度までは』(一九八三年)や『可愛い嘘』(一九九一年)、メキシコ映画『愛しのトム・ミックス』(一九九一年)、エジプト映画『エジプト物語』(一九八二年)、『カイロ』(一九九一年)、インド映画『役割』(一九七七年)、ブラジル映画『罪なき映画』(一九七九年)、『上海映画の淑女』(一九八七年)に、その再帰性は見られる。とくに明快で、文字どおりの意味で再帰的な作品をいくつか検証しよう。いずれも第三世界の映画制作の特殊性を強調し、映画の制作過程そのものに焦点を当てた作品である。

第一世界に比べて条件的に不利な第三世界の映画制作者だが、往々にして自国ではエリートである。ムリナル・セン監督の『飢饉を探して』(一九八〇年)は、こうした状況につきものの矛盾を探る。このインド映画は、一九四三年にベンガル地方で実際に起こった飢饉の調査と称して、人里離れた村に『飢饉を探して』というタイトルの映画を撮りにやってきた一行を、物語の中心に置く。彼らは、（ドリティマン・チャタージーが演じる）監督をはじめとする映画の撮影スタッフである。センは、都市の中産階級の映画制作者たちと、彼らが描こうとする貧しい農村の間に横たわる社会的な溝を強調する。この作品のタイトルそのものが皮肉である。飢饉を「探す」ぜいたくができるのは、芸術家だけなのだから。撮影スタッフたちは、村へ向かう道中で左翼主義を讃える歌を歌っていても、困窮を探して回るかけ足の旅行者であり、救い難いブルジョワである。彼らの勝手気ままな干渉は、悲惨な結果を生む。その大量消費のせいで生活必需品が高騰し、地元経済が大きく変貌するきっかけとなったのだ（皺だらけの小農は言う。「奴らは飢饉を撮影するだけじゃなく、新たに生み出したんだ」）。一方、俳優たちは、ハリウッドの魅力とスター・システムという理想を身に付けている。だからある女優は、小農の役のせいで野暮ったい服を着なくてはならないと不平を言うのだ。俳優たちの会話には流行の英語表現が散りばめられており、制作者たちには植民者の文化が深く染み込んでいる。そして自分たちが撮影する人々に対し、精神的な植民地主義を実践するのだ。特にある瞬間に、制作者の特権的な偉そうな態度があらわになる。古い写真を見て、彼らは画質や色合いから飢饉の年を推測する。人間の悲劇は、室内ゲームの口実になるのだ。

しかし、制作者は、批判の対象であるだけではない。一九四三年の飢饉は、英国からインドに仕掛けられた経済戦争の副産物であり、「自然」現象ではなく社会歴史的な現象として描かれている。怪しげな手を使って富と特権を得た地元エリートは、その共犯者である。この作品には、「世界一のハンサム、アンソニー・クインの主演作」[*40]という『ナヴァロンの要塞』（一九六一年）の宣伝が登場し、文化的植民地主義を茶化す。センも、家父長的な姿勢を批判している。若手女優スターのデヴィカが役に適さないことがわかると、代役探しが始まる。娘に志願させた裕福な父親たちは、それが生きるために売春婦になる村娘の役だと知って、ショックを受ける。しかし、酔っ払いや女衒を演じる男性俳優を咎める人はいない。批判的な意見を述べる人もいるが、それはすべて売春婦役の女優のことなのだ。この作品は、いまや再帰的なトポスになったことで終わる。制作者たちは映画をつくらないと決めるが、観客は映画が実際につくられ、『飢饉を探して』というタイトルになるのを知っている。

エドゥアルド・コウティーニョのメタドキュメンタリー『死を予告された男』（一九八四年）（英題は『二〇年後』）は、一九六〇年代初頭以降のブラジルとブラジル映画の歴史を要約するために再帰性を利用し、第三世界の映画制作の政治的有効性を示すという点で、『飢饉を探して』に対する反証をいくつか提供する。一九六四年に軍事クーデターが起きる前に制作が始まり、当初は一九六二年に実際に起きた農民運動の指導者ジョアン・ペドロ・ティシェイラの暗殺を劇映画で再構築する予定だった。ジョアン・ペドロの実際の仕事仲間や運動の同志たちは事件が起こった現場で演技をし、故人の妻エリザベッチもそうした「俳優」の一人だった。しかし、クーデターで撮影は中断され、スタッフと撮影に参加した農民たちは散り散りとなった。撮影済みのフィルムは、新たに樹立した軍事政権から隠さなければならなかった。それからほぼ二〇年後、コウティーニョは一九八〇年代の自由化に勇気づけられ、長年の苦難と弾圧により全国に散った、隠されたフィルムとかつての「出演者」を捜しだした。終幕では、二〇年前の作品に参加した農民たちが、独裁政権による心の傷を証言する自分の顔と人生の映るスクリーンを見つめる。

ジョアン・ペドロの未亡人エリザベッチは、『二〇年後』の中心人物である。彼女は夫の闘いを引き継ぎ、デモを指揮し、夫の殺害を告発するためブラジリアまで旅した。コウティーニョは、偽名を使い、友人や家族と離れ離れになって外国にいる彼女を見つける。「みなが生きのびるためには」必要だったと彼女はいう。つらい抑圧を経験した後エリザベッチは家族と再会し、本当の名前に戻り、自らの政治信念を再確認した。ロベルト・シュワルスが指摘するように、姿を消し、生き延び、再び姿を現す能力の点で、彼女は監督と似ている。(28) シュワルツが言うとおりこの作品は、何とかして自分の政治的足跡を辿ろうとする真の民衆のヒロインと、どうにかして自分の企画を完成させようとする熱意に満ちた映画監督が出会い、感動を生んだ。政治映画と民衆闘争が再び合流し、映画人は農民指導者と有効な連帯をつくりだす。抑圧による家族の離散や崩壊、アイデンティティの消失は、その世代の苦しみを表す。しかし反対の方向へ向かえば、天国とはいかなくても、少なくとも歴史的事態は変化し、地獄行きは免れる。この作品は二〇年の過程をたどり、文字どおり、抑圧された人々の人生に介入する。始まり、容赦なく中断され、いまや完成したこの映画の物語は、民衆の物語と、監督が対話する人々の物語でできている。政治映画でありながら別の手法で撮っているようなこの作品のおかげで、エリザベッチ・ティシェイラは潜伏するのを止め、自分のアイデンティティを取り戻すのである。

一九六〇年代の監督と未亡人の出会いは、当時の非常に説教くさい映画を引用するのと同じ頃だった。これは『地の塩』(一九五四年)のリアリズム様式と、左翼組織の人民文化センター[*41]が促したポピュリストの理想主義が混ざったものである。一方、八〇年代の二人の出会いは、全国テレビ網と、修正主義者の「他者の声」を伝えるドキュメンタリーの時代だった。映画の言葉はより対話的になり、尊大に話すのではなく、人々の話に耳を傾ける傾向にあった。作品自体が、伝統的なドキュメンタリーの手法、特にナレーションによる解説とコウティーニョが日ごろ実践している、現在のTVレポートの技術を巧みに織り交ぜ、この進化を証明している。彼は有名な『グローバル・レポート』シリーズに関わり、いまやテレビの専門家である。撮影スタッフが画面の中に映り込み、観客は目の前で映画がつくられているとはっきり気づかされる。こうして『二〇年後』は、ブラジルの歴史だけでなく、ブラジル映画の歴史を政治的・社会的・人類学的・映画的に総合し、表象するのである。

ハリウッド・ドリームにとらわれた野心的な映画監督を描いた、ユーセフ・シャヒーンの半自伝的映画『アレクサンドリアWHY?』(一九七九年)は、帝国化した合衆国の映画文化に対するエジプトの見方を示す。主人公は初め、シェイクスピアの戯曲とハリウッド映画を崇拝するヴィクトリア・カレッジの学生である。主人公にもエジプトにも厳しい時代だった一九四〇年代が舞台だ。連合国軍がエジプトに駐留し、枢軸国がアレクサンドリアに侵攻するおそれがあった。『アレクサンドリアWHY?』は映画監督になりたい青年に焦点を当てるが、脇筋では労働者階級の共産主義者、貴族階級のムスリムの同性愛者、中産階級のエジプト系ユダヤ人、プチブルのカトリックなど、階級、民族、宗教が異なる人々がエジプト・アラブ民族主義《ナショナリズム》にどう反応したかを描き、エジプト社会の多面的な検討を提示する。ヨーロッパ植民地主義に対する完全に同じ反応ではなく、エジプトの経験の多様性を強調するのだ。たとえば、エジプトのアラブ系ユダヤ人が「アラブ性」を再確認する話には、労働者階級出身のムスリムの共産主義者と、中産階級の反シオニズム共産主義者が父親のユダヤ系エジプト人女性とのロマンスが織り込まれている。(29) シャヒーンはこのようにアラブ対ユダヤというヨーロッパ中心的な二項対立論を批判した。そして、エジプト系ユダヤ人も参加した(なかにはヤアクーブ・サヌアのように指導者に

44　ヨーロッパの戦場エジプト。『アレクサンドリア WHY ?』より

なる人もいた）民族闘争の複雑な歴史を想起させ、すべてのユダヤ人をシオニズムやヨーロッパ性と結びつける単純な見方をくつがえす。

『アレクサンドリアＷＨＹ？』は、ニュース映画やハリウッド映画のフィルムの一部、アレンジし再構成された映像、シャヒーンが若かりし頃のアマチュア映画などさまざまな素材を皮肉たっぷりに組み合わせて織り込んでいる。オープニング・クレジットでは、一九四〇年代のアレクサンドリアの海岸のモノクロ映像と、戦時中のヨーロッパのニュース映画をとり混ぜ、「周縁的」なエジプトのヨーロッパ観を表す。その後観客は、アレクサンドリアの人々とともに、ニュース映画とハリウッドのミュージカル映画を見る。ミュージカルにはアラビア語の字幕が付くが（エジプトは、中東向けの翻訳を手がける中心地である）、ニュース映画は「周縁」から「差出人に返信する」かのようにアラビア語に吹き替えられる。主演のハリウッド・スターや「天国への階段」といった歌をミュージカルから切り貼りした場面は、第一世界と第三世界の経済的・軍事的関係や、世界規模で覇権を握るアメリカン・ドリームを暗示し、それを受容する文脈に挿入される。たとえば「星条旗に万歳三唱」という曲は、大砲がカメラに向かって砲撃するクライマックスでは、魅力的であると同時に威嚇も感じさせる。アメリカの力を称賛し、さらに第一世界の「エンターテインメント」の根底にある民族主義的な伏線を提供するのである。

映画をよく見に行く場面は、映画ファンの反復儀式のような一種の強迫観念を示唆する。一方、主人公が撮影するエジプト人のミュージカルの場面は、アメリカ風になったファンタジーを茶化しているのは明らかだ。使われる楽曲は、ハリウッド作品の「低開発」な模倣であり、低俗な印象を与える。エジプト人の役者はハリウッドのラテン・ミュージカルのお約束を真似て、彼らも第三世界のイメージを広めるハリウッドの役割に注意を促す。ある場面でアルゼンチンの歌「愛の裏切り《ペルフィディア》」を歌ったエジプト人の役者が、次の場面ではポンチョとソンブレロを被ってマリアッチ風にギターを弾く。中東の中産階級や第三世界全体に、カルメン・ミランダなどのラテンアメリカの役者や、タンゴやルンバやチャチャチャといったダンスを広めたのは、ハリウッドとその配給網であることに気づかされる。しかしシャヒーンは、西洋化しマスメディアが媒介する文化について、その起源よりも文化的・イデオロギー的な面を風刺する。エジプト人のミュージカルに使う仰々しい階段は、冒頭に出てきた豪華な「天国への階段」という曲のパロディである。不格好なハリウッド風ダンスは、その前のナイトクラブの場面と対照をなす。客の酔っぱらった英国兵は英語で歌おうとするが、エジプト人の女性たちはアラビア語の歌を歌う場面だ。サウンドトラックは女性たちの歌声を大きくして、アラビア語は象徴的に英語を圧倒する。

『アレクサンドリアWHY?』は、ドキュメンタリーと芝居がかった物語を革新的な方法で織り交ぜる。たとえば、ニュース映画の素材と映画向けに演出された大げさな芝居は、動作が非常に滑らかにつながっている。第二次世界大戦の実写映像は画面の中の音であろうとなかろうと意図的にぼかされ、登場人物を組み込むためにいじられる。一方、芝居がかった寸劇は、ヨーロッパの権力をヒトラーの口髭やチャーチルの葉巻、フランス人シェフ、イタリアのピザといった、ステレオタイプの文化表象へ矮小化する。伝統を反転させて、いまでは被植民者が植民者を風刺するのである。実際、エジプト人はヨーロッパ人植民者の役をエジプト人に割り振るが、最終的に自らのエジプト人性を明らかにする再帰的な身ぶりでヒトラーの仮面を剝ぎ取る。連合国と枢軸国の代表が砂漠を舞台にお互いを追いかける際（ドキュメンタリーであり劇映画でもある矛盾した空間をジャンル横断的に）、どの人も自分の訛りの言葉でつぶやくが、エジプト人の登場人物は母国における外国の帝国主義者たちの戦争を観客として眺める。エジプト人は、「この先、通行禁止」とアラビア語で書いた表示板を掲げるが（エジプトの反植民地主義スローガンが思い出される）、ヨーロッパ人の植民者は連合国側も枢軸国側も目まぐるしく変わり、あっさりと無視する。西洋のオリエンタリズムがふだんアラブ人に投影している不条理は、ここではヨーロッパ人自身へはね返るのである。

最後の場面では、主人公と寓意的にエジプト人中産階級の両方を魅了するアメリカかぶれの妄想を馬鹿にして、第二次世界大戦後にエジプトでヨーロッパ人植民者の後釜となる勢力、すなわちアメリカを茶化す。主人公はミュージカルの祖国に到着すると、大声で笑う歯のない女に姿を変えた自由の女神に挨拶される。『アレクサンドリアＷＨＹ？』が制作された一九七九年までに、合衆国を解放者と捉える考えは苦い幻滅に変わった。自由の女神は、一九四〇年代のスタジオ式の逆投影で撮影される。ハリウッドがエキゾチックな場所に見せるためにマット・ショット〔合成映像の技法〕をよく利用するのに対し、このエジプト映画はアメリカの大衆文化という産業化したファンタジーを笑うためにその技術を使う。シャヒーンのみすぼらしい張り子の自由の女神は、北米の自由を理想とした第三世界の作り話の隠喩である。とりわけ、合衆国がヨーロッパ植民地主義のかわりに魅力的なモデルや新たな帝国主義を表象するようになった、第二次大戦後の中東でその状況が見られる(30)。

ナショナルを超えて

第三世界の映画に関する真面目な議論は、必ず「ナショナル」という複雑な問題に取り組まなければならない。その国の製品として、その国の言語で制作され、その国の状況を描き、文学や民間伝承などその国の間テクスト性を再利用するので、あらゆる映画はもちろんナショナルである。これはヒンドゥー神話であれ、メキシコのメロドラマであれ、第三世界の大作であれ、すべての映画がナショナルな想像《イマジナリー》を投影するのとまったく同じである。第一世界の映画制作者が、つまらない国家主義《ナショナリズム》から離れて「超然」としているように見えるとしたら、それは映画の制作を円滑にし、作品を宣伝する国家権力の投影を当然と考えるからだ。一方、第三世界の映画制作者は国家権力の土台を想定できない。むしろ国の権力が比較的弱いせいで、どの世代も定義しづらい「信憑性」を改めて構築すべくつねに闘いつづけるのである。

第三世界主義の映画制作者は、国家プロジェクトの一端を自負するが、ナショナルという概念は矛盾に満ち、言説が競い合う場である。ナショナリズムは、歴史的にもイデオロギー的にも曖昧なのはさておき、歴史的・地理的文脈が異なれば、作用する力も変わる。「民族《ネイション》」の人種集団という本来の意味と、政治的に組織された統合体という後にできた意味にずれが生じたり、ナショナリズムの進展と後退の間で揺れ動いているからだ。近隣諸国に対する野心を意味するナチス・ドイツの生存圏《レーベンスラウム》などヨーロッパの積極的な民族主義《ナショナリズム》と、ラテンアメリカ諸国の反発型の民族主義を同じと考えることはできない。後者は近隣諸国に対するものではなく、北米の覇権的権力に対するものだからだ。また、細分化する民族主義(旧ユーゴスラビアを目下ばらばらにしているような)と、ディアスポラな運動を凝集させる民族主義(地域の統合性も幅広い混淆した集合性も両方求める)を同じと考えることもできない。さらに、第三世界の「良い」ナショナリズムと、第一世界の「悪い」ナショナリズムという二項対立的な考え方も否定したい。第三世界のナショナリズムが、敵対する第一世界の最悪の特徴を模倣することもあり得る。解放を目的にしていたのが抑圧的になったり、(ジェンダーやセクシュアリティなど)すでに抑圧的だったものがさらにひどくなることもあるのだ。

ナショナリズムに関する初期の第三世界主義者の議論には、民族的《ナショナル》なものを回復するために、外国のものを追い出せば簡単に問題は解決できるという主張も見られた。まるで外側の葉を剝けば姿を見せる「アーティチョークの芯」や、未加工の石の中に隠れている理想の彫像のように民族を捉えるのだ。ロベルト・シュワルスは、この考えを「引き算によるナショナル」と呼ぶ。つまり、外国の影響をただ除去するだけで、自動的に自国の栄光のなかに民族の文化《ナショナル・カルチャー》が浮かび上がるという想定である。[31] 第三世界の多くの国では、外国のものを排除し、自民族のものを回復させる試みを左翼も右翼も行った。ただし両陣営の「国家《ナショナル》」と「外国《フォーリン》」という言葉の政治的ニュアンスは異なった。右翼の「国家の安全保障《ナショナル・セキュリティ》」イデオロギーにとって排除すべきは「外国の《エイリアン》」マルクス主義だったが、左翼にとって排除すべきなのは帝国主義と多国籍企業だった。

ここで右翼の分析不足について長々論ずる必要はないが、左翼の立ち位置の曖昧さに関しては探究する価値がある。第一に、単一民族というトポスは、第三世界社会のさまざまな領域で起こり得る矛盾を見えにくくする。南北アメリカ大陸やアフリカ、アジアの国民国家《ネイションステイト》は、先述したように国内の「先住民族」の存在を「隠蔽する」ことがよくある。第二に、「民族的なもの《ナショナル》」が称揚される場合、維持する価値がある「民族の伝統《ナショナル・トラディション》」とそうでないものを区別する基準は示されない。「われわれのもの」だからという理由で、感傷的に家父長的社会制度を保持すれば解放に役立つと考える人はほとんどいない。実際、そうした制度を批判する第三世界の映画は山ほどある。『ハラ（不能者）』は一夫多妻制を、『フィンザン』（一九八九年）や『炎の瞳』（一九九三年）は女子割礼を非難している。ところが『神意』（一九九二年）などの作品は、セク・トゥーレ[*42]のような汎アフリカ主義の英雄でさえ政治的抑圧をしていたことを取り上げ、『グエレワール』（一九九二年）は第三世界の国内の宗教的分裂を風刺する。第三に、あらゆる民族は、都市と田舎の両方で暮らし、男と女の両方がいて、宗教的な人と世俗的な人の両方を含み、先住民族もいれば移民もいて、異質なものの寄せ集めである。民族を一つの単位と見なすと、異言語混淆的な文化の社会や民族の「ポリフォニー」が消えてしまう。第三世界フェミニストは、第三世界の民族革命が、密かに異性愛的で男らしいものと決めつけられてきたと強調する。第四に、回復されるべき民族的なもの《ナショナル》の「本質」は、とらえどころがなく、得体がしれない。植民地時代以前や、内陸の農村部（アフリカの村など）、発展の前段階（産業革命前）、非ヨーロッパのエスニシティ（南北アメリカの国民国家《ネイションステイト》の先住民族やアフリカ人）にあると主張する人もいる。しかし、最も誇りにする民族の象徴《ナショナル・シンボル》でさえ、外国が残したものであることも多い。たとえばブラジルの典型的な文化的慣行でも、ヤシの木はインドから、サッカーは英国から、サンバはアフリカからというようによそから伝わったものだ。近年の学説では、ナショナリズムが価値のある伝統を「発明」したように、ナショナル・アイデンティティが媒介され、テクスト化され、構築され、「想像された」方法が重視される。[32] 民族性《ナショナリティ》はどんな定義でも本質的に均質ではなく、階級、ジェンダー、セクシュアリティを考慮し、人種的差異と文化的混淆性を認めなければならない。「民族《ネイション》」をそもそもの本質ではなく変化しつづける想像上の構成概念と見て、生き生きとしたものと考えなければならないのである。

第三世界主義者は、ヨーロッパ中心主義的な啓蒙の物語と手を携えながら、ヨーロッパをモデルとした国民国家観を形成した。だがせっかく建国したその国民国家は、約束を守らないことが多い。特に人種、階級、ジェンダー、セクシュアリティに関してはいまだに、概して自民族中心的で家父長的、ブルジョワで同性愛を嫌悪している。また、第三世界の民族主義《ナショナリズム》をヨーロッパの民族主義《ナショナリズム》の単なる物まねと矮小化すると、被植民者が植民地主義を終わらせるために国民国家の言説と実践を採用せざるを得なかった世界の現実政治を見落としてしまう。第三世界の国民国家の形成は、一方では植民地主義の下でばらばらにされた多様なエスニシティや宗教を結びつけ、他方では地域の再定義（イラクとクウェート）や住民の国境を越えた移動（パキスタンとインド）を迫るように地域を分割する、二重の過程を伴うことがよくある。政治地理と国境は、サイードが「心象地理」と呼んだものとつねに一致するわけではない。「国内亡命者」と言われる存在は、その「心象地理」に対して郷愁を覚えたり反発を覚えたりする。すなわち、みな同じパスポートを持ってはいるが国民国家との関係は矛盾し、相反する感情を抱く人間の集団である。人々が絶えず流動するポストコロニアルな状況では、国民国家への帰属は非常に不完全で不確かだからだ(33)。

革命のレトリックが懐疑的に受けとられるようになると、第三世界主義者の高揚感はしぼみ、政治的・文化的・美学的な可能性の再考を促した。一九六〇年代から七〇年代初頭にかけての社会主義的な民族解放闘争は経済的・軍事的に疲弊し、独立後の社会の画期的なモデルになるのを激しく妨げられた。ＩＭＦの圧力や取り込み、「低強度戦争」が合わさって、社会主義政権ですら多国籍資本主義と提携せざるを得なくなった。単なる民族革命を超えて階級やジェンダー、地域、民族間の関係を再構築しようとした人々に対し、抑圧を強めた政権もあった。外的圧力と内省の結果、初期の作品が押しつけていた反植民地主義が徐々に多様なテーマになるにつれ、映画はこうした変化も表現するようになった。これは、芸術家や知識人が政治に関わらないようになったのではなく、文化批評や政治批評がこれまでと違う新しい手法を取るようになったことを意味する。

第三世界主義の映画を制作するのは主に男性のため、民族主義言説に対するフェミニストの批判にほとんど関心を持たなかった。彼らは舞台が路上だろうが旧市街や山中、密林だろうが、英雄的な対決というジャンルの（ジェンダー化した）空間を好むことが多い。ごく少数いる女性は、反植民地革命においても第三世界主義言説においても女性に割り当てられた公的空間に対応するが、しかしその「私的」な戦いはいまも無視されている。『アルジェの戦い』のように女性は時々「民族《ネイション》」の名の下に爆弾を運ぶ。女性は民族の寓意《ナショナル・アレゴリー》という「重荷」を背負わされたり（『アルジェの戦い』の旗を持って踊る女性や、『燃えたぎる時』の国歌でイメージが強調されたアルゼンチン人売春婦、『クバグア』（一九八七年）のベネズエラ国民を体現したメスティーソのジャーナリスト）、帝国主義を擬人化したものにされることがよくある（ローシャ作品の寓意的な「バビロンの娼婦」像）。ジェンダーの矛盾は、反植民地闘争よりも下位に置かれてきたのだ。女性は、「自分たちの順番を待ち」つづけてきた。ただの民族主義《ナショナリズム》言説では、ディアスポラやポストコロニアルな主体の不調和なアイデンティティの多層性を理解できない。対照的に一九八〇年と九〇年代のマイノリティや第三世界の映画は、その抑圧と限界を問いただす「民族《ネイション》」をそれほど拒絶しない。自伝的な形式を取ることが多いが、つねに一人称で語るわけでも、「単なる」個人的なものでもない。ドキュメンタリーと劇映画のジャンル上の境界のように、個人と共同社会の境界はつねに曖昧である。日記やナレーション、個人の手記は、植民地時代の暴力の集団的記憶の証言を今に伝える。初期の第三世界主義の映画が公的領域に限定しながら記録フィルムやインタビュー、数々の証拠、歴史の再構築によってオルタナティヴな歴史を実証したのに対し、一九八〇年代と九〇年代の映画はカメラを革命の武器としてではなく、個人や家庭のジェンダー化され性化された領域の監視装置として使う。こうした領域は、集団の歴史になくてはならないが、しかし抑圧された側面なのである。一九八〇年代と九〇年代の「ポスト第三世界主義」の映画は、解放という大きな物語《メタナラティヴ》に懐疑的だが、解放を求めて戦う価値があるという考えを必ずしも捨てたわけではない。そうした映画は矛盾から逃げるのではなく、懐疑と危機をまさに作品の中心に据える。壮大な反植民地メタナラティヴよりも、多ジャンル横断的な物語における差異が異言語混淆《ヘテログロッシア》的に拡がることを好むのだ。それは、ただ一つの真実を具現化するのではなく、共同体主義《コミュニタリアン》者の政治的・美学的な自己構築を促すように思われる。次章でその新しい枠組みについて取り上げる。

訳注

＊1——作家主義とは、美術には画家などが、文学には作家がいるように、映画も監督個人の主張や表現を訴える手段であり、その作品と見なす考え。フランスの映画批評誌『カイエ・デュ・シネマ』によって提唱された。

＊2——一九四〇年代に設立されたブラジルの映画制作プロダクション。ハリウッド風の作品を多数制作したが、シネマ・ノーヴォの台頭によって破産し閉鎖された。

＊3——一九三五年にエジプトに、初のハリウッド式の映画スタジオで、中東・アフリカ地域最大のミスル・スタジオが設立された。多産で優れた監督や作品を数多く輩出し、エジプト映画の時代を築いたが、一九六一年のミスル・スタジオの国営化によって、この時代は終わりを告げる。一九八〇年代半ばにユーセフ・シャヒーンが国際的な映画シーンに復帰して以降は、彼がエジプト映画の象徴的存在として新たな時代を切り開いていく。

＊4——ブラジルで一九六〇年代後半に起こった、音楽を中心に現代美術や演劇、映画まで及んだ芸術運動。六〇年代末には下火となった。

＊5——一九世紀末にフランス軍と戦ったハウサの一部族のリーダーだったサラウニア・マンゴウの実話を元にした、ニジェール人作家アブドライエ・ママニの小説が原作。

＊6——1936-. ボリビアの映画監督、脚本家。一九六〇年代半ばに映画制作・上映・配給などを行うウカマウ集団を設立した。

＊7——一九六二年に、ポルトガルの植民地支配に対抗して武力闘争を行ったモサンビーク解放戦線が結成した政党。一九七五年のモザンビーク独立後に一党制による社会主義路線の政権党となったが、モザンビーク内戦後の一九八六年には複数政党制が承認された。

＊8——エルサルバドル内戦（一九八〇〜九二年）下で、共産化を掲げる反政府左翼ゲリラ組織ファラブンド・マルティ民族解放戦線が組織した、アングラのラジオ・ネットワーク。内戦終結後も放送を継続。

＊9——原文ではモザンビークとなっているが、アンゴラの誤り。サンビザンガは、アンゴラの首都ルアンダにあるスラム街の名称。

＊10——フランス語由来で、物語が描く作品世界を指す。映画研究で使われてきた。同じ綴りでギリシャ語由来の「ディエゲーシス diegesis」とは異なる。こちらは自らが自らを「語る」表現モードとして「叙述」と訳され、他人になりきって状況を「見せる」モードとしても「ミメーシス（模倣）」の対概念になる。

＊11——一六〜一七世紀のヨーロッパ北部を中心に見られた、静物画のジャンル。モチーフとして頭蓋骨や砂時計などを用い、人生のはかなさや虚栄の空しさを表す。

＊12——一九四〇〜五〇年代のイタリアで生まれた映画・文学における潮流。ファシズムや頽廃主義に対抗し、日常的で平易な言語を使って、労働者や市民暴動、パルチザン闘争などの政治的・経済的・社会問題をテーマとした。

＊13——1901-1999. ロベール・ブレッソン。フランスの映画監督、脚本家。芝居がかった演技を嫌い、素人俳優（モデルと呼んだ）を使った。音楽はほとんど使用せず、感情表現も抑えた作風で、自分の作品を映画とは呼ばず、シネマトグラフと総称した。

＊14——ヴァルター・ベンヤミン『複数技術の時代における芸術作品』の第一四節。

＊15――一九七六～八三年まで続いた軍事政権によって拉致され行方不明となったと思われる人々のために、一九七七年から毎週木曜日にブエノスアイレスの五月広場で女性たちが抗議と祈りの活動を開始した。彼女たちは「五月広場の母たち」と呼ばれ、軍事政権打倒に大きな役割を果たした。

＊16――一九五〇年代末から六〇年代にかけてフランスで用いられたドキュメンタリーの手法。カメラが被写体にインタビューし、そのやりとりを記録する。映画からつくり手の存在を排除する虚構を暴き、「真実」を引きだそうとする。

＊17――1898-1948. ドイツ系ユダヤ人とスウェーデン系ユダヤ人の血を引くソ連の映画監督。モンタージュ理論を確立し実行。代表作に『戦艦ポチョムキン』。

＊18――1896-1954. ソ連の映画監督。ヨリス・イヴェンス、ロバート・フラハティとともに、ドキュメンタリー作品の父と言われる。

＊19――1925-2017. アルゼンチンの映画監督。一九五七年、サンタフェに映画学校を設立し、新しい運動 Nuevo Cine Latinoamericano の中心となった。

＊20――音を発する原因を見ずに、音を聞く状態のこと。楽器や演奏の再現としてではなく、純粋に音の響きだけで構築・作曲されたものをアクースマティック音楽という。

＊21――歴代の大統領や大富豪が埋葬されている。同地区には、各国の大使館も立地している。

＊22――アルゼンチンのスペイン語研究を担う学院。一九三一年設立。

＊23――1910-1984. アルゼンチンの作家、エッセイスト、評論家。一六世紀のコンキスタドールのファン・デ・ガライ（1528-1583）に連なる貴族の出身。一九六二年、イタリアの奇人の生涯を描いた長編小説『ボマルツォ公の回想』で世界的な評価を得る。

＊24――アメリカ出身のワード・スウィングル（1927-2015）が、一九六二年にパリで結成した八名のアカペラ・ヴォーカル・グループ。

＊25――1916-2002. アメリカのイージー・リスニング界の巨匠。

＊26――一九六〇年代のアメリカで生まれ主流を占めた創作理論で、芸術上の形態や色彩を最小限度にまで突き詰めようとした。その作品はミニマル・アートと呼ばれる。

＊27――1893-1930. ロシア・アヴァンギャルドを代表する詩人。グルジア生まれ。

＊28――1876-1944. アレクサンドリア出身のイタリアの詩人、作家、批評家。一九一八年に「未来派宣言」を発表。

＊29――1878-1960. イタリアの小説家、劇作家。シュールレアリスムの影響を受けた魔術的リアリズムの提唱者。

＊30――フランスの詩人ギヨーム・アポリネール（1880-1918）の有名な詩「美しい赤毛の女」の一節。『飯島耕一・詩と散文1』みすず書房、二〇〇〇年、二二九頁。

＊31――1941-. チリのドキュメンタリー映画監督。ヨーロッパやラテン・アメリカでドキュメンタリーを教える。また、サンティアゴ国際ドキュメンタリー映画祭の創設者。

＊32――1918-1958. アンドレ・バザン。フランスで大きな影響力を持った映画批評家。「ヌーヴェルヴァーグの精神的父」と称されることもある。

＊33――1867–1924. 第七代ブラジル大統領（在任一九〇九～一〇年）。「平和と愛」に基づく施政方針を提唱。

＊34――ヴァルター・ベンヤミン著、野村修訳「叙事的演劇とはなにか」『ヴァルター・ベンヤミン著作集9　ブレヒト』晶文社、一九七一年、一一頁、一部訳文を変更した。叙事的演劇とは、観客の理性に訴えて社会問題に批判的な思考を促そうとする演劇の手法。

＊35――一七五九年に発表されたヴォルテールのピカレスク小説『カンディード、あるいは楽天主義説』の登場人物。ライプニッツの楽天主義を擬人化した登場人物。

＊36――通常メスティーソは先住民族と白人の混血を指すが、ブラジルでは黒人奴隷の割合が高かったため、アフリカ系の血を引くメスティーソが多い。

＊37――一九四八年に建国されたイスラエル領内のパレスチナ人。

＊38――黒人や先住民族など白人の植民者が野蛮と見なす者に対し、恐怖や優越意識を抱くこと。フランスの精神分析家オクターブ・マノーニが植民者と被植民者を『テンペスト』のプロスペローとキャリバンの関係になぞらえたことを、エメ・セゼールやファノンが批判した文脈で生まれた。

＊39――シオニストのイスラエル建国神話は、ユダヤ入植者が不毛の大地を緑に変えたと謳う。こうした安直な見方は、パレスチナ人農村の存在を無視しがちである。

＊40――『ナヴァロンの要塞』の主演は、実際は『ローマの休日』で知られるハンサムな白人俳優グレゴリー・ペックで、アンソニー・クインは脇役である。彼は生涯を通して二度のアカデミー助演男優賞に輝いた名優だが、父親がアイルランド系メキシコ人、母親がアステカ族系メキシコ人であったため、初期にはインディアンや中国人などさまざまな人種の悪役を演じている。

＊41――Popular Center of Culture. ブラジル国際学生連盟（União Nacional dos Estudantes: UNE）の助成機関。ＵＮＥは、一九三八年にリオデジャネイロで、約八〇の大学と高校の生徒によって設立された。一九六〇年代までに社会改革を掲げ創設。貧しい農民や都市の下層民など低所得層への教育の普及を目指し、演劇や寸劇、歌、スピーチの公演をしながら全国を巡った。

＊42――1922–1984. フランスから独立したギニア共和国初代大統領。完全独立と引き換えにフランスから一切の援助を打ち切られ、社会主義路線を取るも成果を上げられず、独裁制を敷いて恐怖政治を行った。

第8章　抵抗の美学

第一世界でも第三世界でも、反抗する映画は幅広いオルタナティヴな美学を探究してきた。ここにはカーニバルや人食い人種や魔術的リアリズム、再帰的モダニズム、抵抗のポストモダニズムといった様式や戦略を支持し、ドラマ的リアリズムの約束ごとを無視する映画やビデオが含まれる。オルタナティヴな美学は、非リアリズムの、非西欧または疑似《パラ》西欧の文化的伝統に根差すことが多い。そうした伝統は、他の歴史的リズムや物語構造、肉体やセクシュアリティ、精神性や集団生活に対する別の見方を特徴とする。ポスト第三世界主義者は、階級的・ジェンダー的・性的・ディアスポラ的なアイデンティティという基準で民族主義言説を問いただす。その多くが疑似《パラ》モダンの伝統を、明らかにモダンもしくはポストモダン化した美学へ組み込み、伝統／近代《モダン》、リアリスト／モダニスト、モダニスト／ポストモダニストのような安易な二分法を問題にする。

アヴァンギャルドなモダニズムやマスメディア化したポストモダニズムに触れずに第三世界の文化的実践を投影する場合、第三世界を「低開発」とか「発展途上」と無意識のうちに見て重ね合わせることが多い。まるで最近の資本主義世界のグローバル・システムから切り離されて、別の時間帯に生きているかのようである。「近代化」の社会学や「開発」の経済学のように、モダニズムの（そしてポストモダニズムの）美学はよく、第三世界の文化的実践が発展していると見なすのは最後にとっておくきらいがある。フレドリック・ジェイムソンのような鋭い文化理論家でさえ、第三世界の文学や映画に関する著作で、第三世界やディアスポラの芸術家たちが美学を徹底的に改定したことを過小評価する傾向がある。ありがたいことにジェイムソンはこの点で矛盾しているが、軽率に政治経済学の用語と、美学的・文化的な時代区分の用語をまとめて使ったりする〔あまり開発されていない近代的でない枠組みに第三世界を投影したり、「プレモダニズム」や「プレ・ポストモダニズム」の過去に美学的な用語を用いたりする〕。ジェイムソンのような思想家はふつう経済主義の遺物や「経済発展段階論」をひどく嫌うものだが、「いわゆる先進諸国が完全にポストモダニティにはまり込んだとき、近代化する第三世界にモダニズムが遅ればせながら現れる」と彼が語るように、ここではそれは後期資本主義者／ポストモダニストと、前資本主義者／前近代主義を同一視することになる。他の箇所では、皮肉のこもったよそよそしさで、昔の第一世界の左翼ファンタジーが「第三世界主義なる希望」(1)に投資したことを思い出す。「比較的最近になってようやく近代化したこの前資本主義社会は、その資本主義の経験で、西洋の産業社会を阻害してきたすべてのものをなんとか乗り越えるだろう(2)」という。

このように初期の段階では理想化の対象だった第三世界は、後に幻滅の対象となる。ジェイムソンの著作では、第三世界は経済だけでなく文化もつねに遅れており、それは「進んだ」世界の歴史を別の記録で繰り返すことしかできない永遠に続くゲームを強いられているように見える。第一世界が後期資本主義とポストモダニズムの段階に達するとき、第三世界は資本主義の始まりとモダニズムに向けてよろよろ歩く。ジェイムソンはこのように、第一世界と第三世界は同じ歴史的瞬間を生きているが、第三世界は抑圧された状況にあると見なす世界システム論を無視する。たとえば奴隷を基盤とする一七世紀のプランテーションも猛烈な資本化と技術の発展を伴う産業システムであり、世界の近代化に不可欠であった。ラテンアメリカの造語文化を、不均等な発展や他の文化との多面的な交流の産物とか、いち早くポストモダニズムを実践するコピーやパスティーシュ〔模倣〕の特権がある場だと断定する文化理論もある。筆者にしてみれば、「ポストモダン」は敬意を表す言葉ではないし、第三世界のポストモダニズムが第一世界のポストモダニズムと同じとも限らない。何が「支配的」となるかは地域によって異なるかもしれないが、時間とはどの世界でもプレモダンとモダンとポストモダンとパラモダンを混ぜこぜにして重ね書きしたものと考えるのが適切だろう。「ポストモダン」のアメリカにはペンシルベニア・ダッチ*1とシリコン・バレーのテクノクラートが暮らし、ブラジルには「石器時代」のヤノマミ族とサンパウロの非常に教養の高いヨーロッパ系ブラジル人が住んでいる。だが、ヤノマミ族がビデオを使いこなすのに対し、その教養の高い

45　初期のポストモダン。『トゥキ・ブゥキ／ハイエナの旅』より

人たちは「原始的な」アフリカ系ブラジル人の宗教を信奉するのである。

本章では、第三世界のモダニズムやパラモダニズムで革新された美学にも注意を促したい。たとえば、ジェイムソンが第一世界のポストモダニズムの特徴として挙げた「いかがわしさ、パンク、くず、ゴミ」は、一九六〇年代末ブラジルの「ゴミの美学」運動における「汚れた映画」で、すでに価値を持っていた。ブレヒト流のモダニズムとマルクス主義の近代化論の合流はさておき、キューバのトマス・グティエレス・アレアや、ブラジルのルイ・ゲーハ、セネガルのセンベーヌ・ウスマン、インドのムリナル・センたち「ニュー・シネマ」には、第三世界のモダニズムやアヴァンギャルドな作品が多い。その流れは、ともにブラジル映画の『サンパウロ／ある都市のシンフォニー』（一九二八年）や『リミット』（一九三〇年）までさかのぼり、セネガルの監督ジブリル・ジオップ・マンベティの『トゥキ・ブゥキ／ハイエナの旅』（一九七三年）、モーリタニアのメド・オンドの『ああ、太陽』（一九七〇年）と『西インド諸島』（一九七九年）、チュニジアのフェリッド・ブーゲディールの『後ろめたい死』（一九七〇年）を経て、アルゼンチンとブラジルの地下活動へと向かった。また、フィリピンのキドラット・タヒミックの反植民地主義的な実験映画（ジェイムソンが称賛している）も影響を与えた。

したがって、「アヴァンギャルド」はつねに「白人」や「ヨーロッパ人」を指すとか、ジェイムソンが時折いうように第三世界の芸術は必ずリアリズムかプレモダニズムであるとは考えられない[(3)]。美学の交流は必ず双方向的だ。ヨーロッパのアヴァンギャルドがアフリカや太平洋地域、南北アメリカの芸術の恩恵に浴した証拠は事欠かない。ほんの一例を挙げると、イギリスの彫刻家ヘンリー・ムーアは、古代メキシコのチャクモール[*2]の石像を参考に一連の「横たわる像」を制作した。ロイ・アーメスは、「借りものの言葉というくびきからカリブ海地域やアフリカのネグリチュード[*3]の詩人を解き放ったのはシュールレアリスムの衝撃だった」と言ったが、真実かもしれない[(4)]。また、アフリカやアジアやアメリカの先住民族の芸術によってこそ、ヨーロッパのモダニストは自文化に縛られたリアリズムの美学に疑問を持ち自由になったのである。ヨーロッパのモダニズムと「再帰性」を同一視するのも問題がある。メソアメリカの聖なる書（宇宙の書）は、『ポポル・ヴフ』[*4]が「記し語る天地創造と同様に自らをつくる」[(5)]のとまったく同じように、本の材料の鹿皮に鹿皮を描いたミザナビーム（入れ子構造・紋中紋）を特色とする。一方アフリカでは、イフェ大学（ナイジェリア）のカリン・バーバーをはじめとする研究者が、不確定性、間テクスト性、一定の可変性など、脱構築とヨルバ族の聖歌オリキの共通点を見極めてきた[(6)]。そしてヘンリー・ルイス・ゲイツ・ジュニアは、ヨルバ族のトリックスターであるエシュ・エレグバラ[*5]は、アフリカを起源とする芸術様式の脱構築的な「シグニファイング（意味づけ）」[*6]を象徴するという（『シグニファイング・モンキー』）。要するに、「第三世界」の美学の実践を、ヨーロッパが普及した芸術史の概念の狭い隔絶した枠に閉じ込めることはできないのである。

古代に起源を持つオルタナティヴな美学

映画が誕生したのは、帝国主義の最盛期と一致するだけではない。写実主義小説や（本物の肉を吊るした肉屋のセットがある）自然主義演劇、模倣を追求する展覧会など、ヴェリズモ[*7]が非常にさかんになった頃でもあった。うわべだけ近代的で技術的に見えたにもかかわらず、主流映画は模倣する情熱を受け継いだ。模倣は、絵画では印象派に退けられ、演劇ではアルフレッド・ジャリからも象徴派からも攻撃され、小説ではジェイムズ・ジョイスやヴァージニア・ウルフに非難されたのだが。「進歩的リアリズム」（ロマン・ヤコブソンの用語）はいくつかの映画で発揮され、植民地主義の支配的言説《マスター・ナラティヴ》と闘う「退歩的リアリズム」という、おそろしく貴重なかつての芸術的・政治的戦略を分析した。リアリズムや幻想主義は数ある選択肢の一つに過ぎず、地方色が強い。これまでの長い芸術の歴史で、世界の多くの地域はリアリズムにそれほど忠誠も関心も示してこなかった。カピラ・マリク・ヴァツサーヤンは、世界の大半を支配する、まったく異なる美学について語る。

> 南アジアと東南アジアでは、演芸と造形を合わせすべての芸術が共通の美学理論の影響を受けた。大ざっぱに言えば、芸術における写実主義的な模倣の原則の否定が確認できるとしてよいかもしれない。これは現実の序列が確立した地域で抽象化の後に見られ、時間は直線というより循環的だとする芸術論である。……この伝統は、アフガニスタンやインドから日本やインドネシアに至るまで、二〇〇〇年以上もの間、説得力を持ち続けたように思われる。(7)

二〇〇〇年の伝統を誇るインドの演劇は、サンスクリット古典劇までさかのぼることができ、一貫性のある登場人物や時系列の筋ではなく、微妙に雰囲気や感情（ラサ）[*8]が変化する美学によって、ヒンドゥー文化の神話を語る。中国絵画も同じように、遠近法とリアリズムの両方を無視してきた。多くのアフリカ芸術も同様に、ロバート・ファリス・トンプソンが「中間点の模倣」と呼ぶ、幻想的リアリズムと超抽象主義を避けた様式を深めた。(8)もちろん西洋にも非リアリズムの伝統はあるが、いずれにしても西洋のリアリズムに関して本質的に「悪い」ことは何もない。しかし、特定の文化や歴史的瞬間の産物として見ると、非リアリズムは広範な美学のごく一部に過ぎないのだ。

ヨーロッパのアヴァンギャルドが「古代の《アルカイック》」「原始的」なものを利用して「先進的」になったように、非ヨーロッパ人の芸術家も「革命のノスタルジア」を美学に当てはめ、自文化の最も伝統的な要素を利用した。それは近代化を目的とし

46・47　アフロ・ディアスポラ的な記憶。『サンコファ』（左），『自由への旅立ち』

た「プレモダン」な要素というより、「パラモダン」な要素だった。古代《アルカイック》の芸術とモダニズムな芸術は、どちらも模倣的なリアリズムの慣行を拒絶しており、両者を区別するのは多くの場合、妥当ではない。それゆえ、過去の想像上のコムニタスと未来の想像上のユートピアを合わせた相容れない時間的広がりにおいて、より問題となるのは古代《アルカイック》と近代《モダン》を並置することよりも、近代化のために逆説的に古代を配置することのほうなのだ。たとえば解放する言葉をつくり出す試みでは、オルタナティヴな映画には民衆宗教や儀式魔術のようなパラモダンの現象を利用する伝統がある。『ひかり』（一九八七年）、『ジット』（一九九二年）、『この土地は私たちのもの』（一九九一年）といった近年のアフリカ映画では、魔術の力が美学の源泉となる。魔術の力は、アリストテレス的な物語詩学の直接的な因果関係の慣行を断ち切る、しばしば馬鹿げた手段であり、時系列的な流れの時間と広がりをもつ空間の両方の意味における「重み」に抗う手段なのだ。

ナイジェリアでは「演芸」について語るというよりは、「儀式や民俗芸能や……劇的な要素が組み込まれた社会・宗教儀礼」について語るといったほうが適切である[9]と映画監督のオラ・バログンは説明する。バログンのいうアフリカの宗教文化の価値は、ナイジェリア映画だけでなく、少なからぬアフロ・ディアスポラの映画の特徴でもある。たとえばグラウベル・ローシャの『バラベント』(一九六二年)やイベレ・カヴァルカンティの『シャンゴの力』(一九七七年)、ネルソン・ペレイラ・ドス・サントスの『オグンのお守り』(一九七五年)のようなブラジル映画や、『パタキン』(一九八〇年)や『オグン』(一九九〇年)といったキューバ映画、ジュリー・ダッシュの『自由への旅立ち』(一九九〇年)やトマス・アレン・ハリスの『天と地と地獄』(一九九三年)、ゼイナブ・デイヴィスの『サイクル』(一九八九年)、アヨカ・チンジィラの『アフロ・アメリカン・ストーリー』(一九八九年)などアフリカ系アメリカ人の映画は、いずれもアフリカの(たいていヨルバ族の)宗教的な象徴性や慣習を刻みつけている。ヨルバ族の宗教的な象徴性を選択すること自体重要である。神学や聖書に演芸を接ぎ木した宗教とは異なり、音楽やダンス、衣装、物語、詩歌といった演芸は、ヨルバ族の憑依宗教に不可欠であったためだ。

ハイレ・ゲリマ監督の『サンコファ』(一九九三年)は、アフリカの魔術的なエグングン〔祖霊崇拝の儀式で仮面をつけて踊る人やその衣装〕の美学によって、近代的なものと伝統的なものを統合する。これは、個人と集団の歴史の深い意識を体現するものとして先祖の霊を呼び出す美学である。(10)「なくしたものを取り戻す」という意味のアカン語〔ガーナやコートジボワールに暮らす部族の言葉〕にちなんだタイトルのこの映画は、先祖の霊に「立ち上がって踏み出して、あなたの話をしてください」と熱心に勧める太鼓の祈りで始まる。執拗にささやくナレーションが促す。「死者の霊よ、飛び立ち、渡り鳥となって現れよ。汝、盗まれしアフリカ人よ。死者の霊よ。犯され、去勢され、麻痺させられた者たちよ」。まとめ役の一つの霊が集団に繰り返し呼びかけるこの装置は、現在(奴隷貿易の拠点だったエルミナ城*9を背景にポーズを取る、ウィッグを付けた黒人のファッションモデルが体現する)と、過去(かつてこの砦でなされた残虐行為が表す)の、世代を超えた交流を認める。このモデルは精神的・歴史的な一種のタイムマシンにより、ショーラという一九世紀の家内奴隷の霊にとり憑かれる。そして強姦され奴隷の焼き印を押されるなど残酷な目に遭い、奴隷にされた先祖が自分にいると受け入れるのだ(この説教じみた寓話で、彼女は現代社会の疎外という重荷に耐えている)。ゲリマは、黒人の並ぶ列に繰り返しカメラを向け顔をパンするが、まるで視覚のコーラスのようで、まなざしの共同体を想起させるために個性を与える視点はとらない。そして黒人は、奴隷制の制約のもとでも受け身の被害者ではなく、主導権を発揮する。この物語は焦点が複数ある共同体主義的なビルドゥングスロマンの形をとる。ファッションモデルは自分の疎外の原因と奴隷を鞭打つ「奴隷頭」に向きあい、二重の意味で解放のために動く行為主体となる。この共同体には畑で働く奴隷や家内奴隷、他の奴隷を罰する奴隷頭まで含まれるため、一枚岩ではない。アフリカ的な生活（共同の子育て、植物性の生薬、音楽や物語の根源的な役割）の文化面は、絶えず強調される。口承は、登場人物が語るアフリカや〈中間航路〉の物語／歴史など作品世界《ディエジェーズ》の中でも、集団の物語で作品を構成するメタシネマ的な装置としても使われる。集団の物語では、肉体から離脱した声が「ポリリズム」の様式で訴えや予言、悪霊祓い、批判をすべてを行い、アヴァンギャルド風の美学的な瞑想の瞬間と、断固とした行動の劇的な瞬間と交互に表れる。

「古代」の口承性には、口承物語の形態と物語を語る方法論の形態の両方がある。ミハイル・バフチンによると、著者がはっきりしている「署名のある文学」は、作者不詳の口承民話という大海の一滴に過ぎない。記述文学が口承文学によって活力を得ることも実際よくある。チヌア・アチェベやウォーレ・ショインカ、センベーヌ・ウスマンのようなアフリカの作家は、ことわざやトリックスターの小話、神話といった口承の根幹をなすものを活用している。(11) イタロ・カルヴィーノはアマゾンの部族の宇宙神話や伝説について、世界の物語の酸素とエネルギーの「本源となるマグマ」だと語る。(12) マリオ・ジ・アンドラージもこの「マグマ」を小説『マクナイーマ』（一九二八年）を創作するのに利用した。この小説が自由なのは、トーテムや精霊を信仰するアマゾンの神話によるところもある。天地創造の神話では、アメリカ先住民族の伝説と同様に登場人物は動物に変身し、死後は星になる。映画も小説も、民話という模倣と逆の論理を活かす。民話はリアリズムを装ったりせず、むしろ空間的にも時間的にも定まらない傾向がある。異なる伝統の民話が掛け合わされると豊かな組み合わせとなり、部族の集団的言語が文学的・映画的な話し言葉《パロール》へ変容するのだ。

ヨーロッパ中心の思想は、『イーリアス』や『ベーオウルフ』といったヨーロッパ自身の誕生を伝える口承の起源を無視し、「文字を持たないこと」と「文盲であること」を同じと見なす傾向がある。文字は口承より上だと評価し、歴史を解釈する特権を読み書きのできるヨーロッパ人に与えたのもそのせいである。しかし、読み書きを役に立つ手段と考えることもできるが、文書を高尚で重要で科学的で歴史があるものと考え、口承を後進的で軽薄で不合理なものととらえるのに疑問を呈することもできる。[13] 口承と読み書きの序列については、音声中心主義を批判したジャック・デリダ、歴史と神話を平準化したヘイドン・ホワイト、「発話ジャンル」の序列をなくそうとしたバフチンなど、さまざまな思想家が多様なやり方で疑問を投げかけてきた。また、グロリア・アンサルドゥーアやオードリー・ロード、ベル・フックス、チェリー・モラガといった非白人フェミニストによる「オーラル・ライティング」という混合様式も、この序列に強く異議を唱えた。多くの映画では、一般大衆の記憶を通して「下から上へ」歴史が伝えられ、スクリーンにそれを「刻みつける」ことでオーラル・ヒストリーが正当化されている。そうした作品が示唆するように、世代から世代へ伝えられた物語や神話、歌など口承の形を歴史がとることも可能である。口承の伝統の豊かな創造力は、特にアフリカやアフロ・ディアスポラの映画によく表れている。スレイマン・シセ監督の『ひかり』(一九八七年)は、バンバラ族の口承の叙事詩で、一種の通過儀礼ともいえる冒険の旅の話を脚色した。だが、イドリッサ・ウエドラオゴ監督の『ヤーバ』(一九八九年)のように口承物語に基づかない作品も、話の区切りや繰り返し、会話のリズムを特徴とする発話の映画であろう。

アフリカでは、口承をあらためて記録することは実際に役立つことが多い。たとえばセンベーヌは、読み書きできない観客にも伝わるよう小説家から映画制作者に転身した。「人々の抱える問題や争い、希望を映し出し、総合的に扱う[14]」人に、いわば社会の「口と耳」になりたいと考えたのだ。その意味で映画は部族の口承の記録係で、誕生や死、勝利や敗北を語り歌うグリオ[*10]の社会的機能を受け継ぐ(ただし伝統的イデオロギーは除く。共同体のグリオという口承表現は、フランスのヌーヴェルヴァーグの個人主義的な「カメラ万年筆」[*11]論と対照的かもしれない)。シャーリー・チザムはこう指摘する。

〔グリオによって〕過去は集団の精神や心の中で生きつづける。朗誦ができあがる過程で自分たちのアイデンティティについて集団の意見は時間をかけてまとまっていく。グリオは現在から見た過去を、過去から見た現在を論ずる。従来の西洋史の特徴だったしがらみのない第三者の声ではなく、集団で現在継続中のドラマに専念する方向で批評する。[15]

グリオそのものが、現在のアフリカの生活でますます周縁的になっている（モマル・ティアム監督の『サ・ダッガ』（一九八二年）は、その衰退ぶりを描いた）。しかし、口承の語りは正式な情報源として、多くのアフリカ映画やアフロ・ディアスポラ映画を特徴づける。[16]『ジョム』（一九八一年）ではグリオの語り手がたびたびカメラに向かって映画の主題をはっきり伝える。

マンティア・ディアワラは、口承の伝統と、映画における再構成を仲介するものをいくつか示す。彼によると、映画の中にはっきり見てとれる口承文学の痕跡（グリオの存在や口承の伝統から拝借した男性や女性の主人公）よりも、物語の視点で映画的な効果が構造上大きく転換するほうがずっと重要である。こうした作品は口承の伝統にただ「忠実」なのではなく、その伝統を変えることができる。たとえば『神さまのおくりもの』（一九八二年）は、「物語をひっくり返す口承の演出も取り入れる」。ディアワラは、フェミニズムや革命のために神話を転倒させると力説し、ウラジーミル・プロップとA・J・グレマスのいう「機能」の点から、この映画のさまざまな神話的要素を挙げる。グリオの物語が伝統的な秩序の回復を含意するとしたら、この作品は新しい秩序への希望を暗示する。口承の伝統では、再婚を勧める年寄りの助言を聞かない女性は魔女である。『神さまのおくりもの』の「魔女」は、夫が行方不明で病気の息子を抱えた罪のない人である。こうして「口承の配置の転倒」を実践しているのだ。物語は「非領域化」し、その意味を変える。[17]

だが、口承風の物語はアフリカ映画に限らないし、グリオだけが口承性のモデルというわけでもない。トリン・T・ミンハは、「杼《ひ》が動き台座が軋む音。男も女も何代も織り手が受け継いできたこの心地よい糸を紡ぎ織る音をドゴン族は「言葉の軋み」と呼ぶ」[18]と語っている。フェリックス・デ・ローイ監督の『荒廃した魂』（一九八六年）は、一九世紀末から二〇世紀初頭にキュラソー島（カリブ海にあるオランダ領の島）のアフリカ系社会で起きた創造と破壊の象徴的な戦いを語る際、キュラソー島のほか、同じく蘭領アンティル諸島のアルバ島やボネール島の伝説を織り込んだ。ゲリマ監督の『灰と残り火』（一九八二年）でも、ダッシュ監督の『自由への旅立ち』でも、年輩の女性の声が世代を超えて伝えられてきた抵抗と抑圧の歴史を語る。一方、チャールズ・バーネット監督の『怒りと共に眠る』（一九九〇年）は、口承の伝統のトリックスター像を利用する。[19]アメリカ先住民族の映画も、口承性を生かす。ヴィクター・マサイイェズバ監督の『ホピ族とは誰なのか』（一九八二年）では、弓族の最後の男性の語り部が自分の話のほか、ホピ族の出現や一六八〇年のプエブロの反乱[*12]について語る。ジョージ・バーデューとラリー・ウォルシュの『サバイビング・コロンブス』（一九九〇年）と、パット・フェレロの『ホピ族：第四世界の歌』（一九八三年）でも長老が部族の歴史を語る。そうすることで（合理的で科学的だという前提の）記録に基づく実証的な歴史と詩のような神話物語の歴史の境界をぼやかし、ヨーロッパ中心の征服解釈に口承や神話で異議を唱えている。クレイアニメの『コヨーテは地下に潜む』（一九八九年）ではトリックスターのコヨーテが口承の伝説を演じ、『古代の聖霊と生きたことば：口承』（一九八三年）と『人生と思い出』（一九八六年）は口承の伝統を過去との絆であり未来への鍵であると強調する。

ラップ・ミュージックというハイテクなグリオも、ポストモダンの雰囲気にもかかわらず、口承性に芸術の起源を持つ。黒人やラティーノの労働者階級のティーンエージャーが主な作り手であるラップ・ミュージックは、もともとアフリカ系のコールアンドレスポンス[*13]や出演者と聴衆の生きたかけ合いから生まれた。ディスコや教会の説教、ストリート・ファンク、ラジオのDJ、ビバップの歌手、キャブ・キャロウェイ、タップ・ダンサー、スタンダップ・コメディアン[*14]、ラスト・ポエッツ[*15]、ギル・スコット・ヘロン、モハメド・アリ、ドゥーワップグループ[*16]、リング・ゲーム[*17]、韻を踏んだ縄跳び歌、刑務所や軍の歌、悪口ゲーム、「ダズンズ」[*18]など、ラップにはたくさんのものが溶け込んでいる[20]。さかのぼるとすべてがナイジェリアやガンビアのグリオに行きつく。ラップの自由奔放さは間テクスト性を襲撃し、著作権というブルジョワ的な所有権も無視する。他人の曲や政治演説、広告の部分は「サンプル」とされ、皮肉な相互関係に置かれる。ラップのミュージックビデオは、マルコムXやマーティン・ルーサー・キングたち黒人の殉教者や先駆者の声や映像を「脚色」しつつ再利用する。そして「黒人民族のCNN」（チャックDの表現）としてアフリカの文化的英雄やアメリカ黒人の間テクスト性、黒人共同体と直接結びつけるのである[21]。

口承性の問題は、「開発」理論のように文化は直線的に「進歩」するという物語を押しつける落とし穴の一例である。開発理論では、伝統社会を無気力な文字を持たない過去の泥沼にはまった人々で、変化することも行為主体になることもできないと見なす。だが芸術では、伝統の美学的な再編が、現在の集団的行為主体に役立つこともある。「アル・ハカワーティー（語り部）」というパレスチナの劇団の名はまさにアラブの語り部の伝統を思わせるが、彼らの劇はアラブの古典詩やよく知られたことわざ、歴史物語を幅広く取り入れてポストモダン風に混ぜあわせ、シオニストの開発主義的な主張を皮肉る。テショメ・ガブリエルによれば、第三世界の映画には観客に顔を向けたナレーションを繰り返したり、消費主義的な娯楽より集団の関与を優先し、受け身より参加を好むといった口承文化に特有な戦略を重視する傾向がある。[22] この流れで近年は、モダニズムやポストモダニズムの枠組みで集団的な空間を育むために、一種の村や拡大家族の美学をつくり出すアフリカ映画もある。カメルーン人居住区を描いたジャン＝ピエール・ベコロ監督の『モーツァルトの地区』（一九九二年）は、どちらか一方だけのジェンダーや性の登場人物の欲望から見た編集はせず、カーニバルのように半ば公的な問題とする。この作品で「魔術」は、「街の女王」である女学生がジェンダーの境界を探るために男性（「私の男」）の体に入るのを女呪術師（ママン・テクラ）が手伝うという形で使われる。女呪術師は、カメルーンの民間伝承でおなじみの、握手で男性のペニスを消すことができる使い魔「パンカ」の姿になる。『モーツァルトの地区』の魔術的な装置は伝統的な民話のモチーフを現代に設定しなおしていて「古風《アルカイック》」な面もある。だが、様式はポストモダンで（スパイク・リーやそのしゃれた直接的訴え《ダイレクト・アドレス》かけを参照している）、メディアに敏感で（近所の女の子たちはデンゼル・ワシントンにあこがれている）、ミュージックビデオにかぶれている。

『モーツァルトの地区』などの作品は、映画の資源がまだほとんど活用されていないのではないかという疑念をいだかせる。個人的な欲望を超えた観点から映画を再考しうる作品は、各人の動機や軋轢に基づく平凡な台本どおりの手続きをいわば「社会化」するものだと想像される。つまり、民族を説明し、社会と闘い、人種を認知し（自己認識）、共同体の感情を浄化することをかわりに提案するのだ。たとえば『自由への旅立ち』は、共同体が息をし生きていることを強調するために、心理学的な分析が人間をモナド的に完結した単一体と見なすのをひっくり返す。反デカルト的な「私がいるのは、私たちがいるからだ。みんながいるから私もいる」[23] というアフリカの精神や、「私」という代名詞がなく「あなたのしもべ」という表現しかないベトナム語[*19]の精神[24]でそれはなされる。トニ・ケイド・バンバーラによれば、『自由への旅立ち』は「直線的ではなく、多層的な展開」を選んで、男性の主人公が物語を主導するハリウッドのしきたりを避ける。

「（はっきり焦点を合わせた前景の男性主人公と、ぼんやりとした背景の中で〈他者化〉されたその他の人々という）支配的な空間ではなく、（広角レンズでディープ・フォーカス[*20]で撮影し、誰も他の人の芝居の背景にならない）共有の空間[25]」に力点が置かれる。舞台は一九〇二年のサウスカロライナ州シー諸島のイボ・ランディング島に設定されているが、さまざまな出来事はつらい過去の記憶と自由を手にできるかもしれないはるか未来の時のはざまで起こる。現在は過去のこだまと共鳴する。子どもたちが遊んで互いにのしかかるとき、奴隷船にアフリカ人が詰め込まれた中間航路を思い出させるうめき声が聞こえる。[26]『自由への旅立ち』では、歴史の痕跡や文化的メトニミー〔換喩〕を表すため、小道具や衣装、髪型、手ぶりは、登場人物と同じくらい重要なのだ。

他の映画も、変容した美学の可能性を挙げ、口承と音楽の刺激的な共生関係を提示する。この場合の音楽は映像や物語世界《ディエジェーズ》に従属するのではなく、映画そのものを生む一種の母体を形成するのだ。したがって音楽は、村や共同体の生活でしばしば演じてきた役割を、映画の中でも演じるかもしれない。音楽は活気づけると同時に芸術的・精神的・実用的でもあり、個人主義・消費主義というより共同体主義の機能がある。また音楽は、（ブレヒトのいう）歴史的・社会的な「身ぶり《ゲストゥス》」[*21]を伝えることもできる。『フリーダ・カーロ』（一九八四年）と『グレゴリオ・コルテス』（一九八三年）は、どちらもコリドスと呼ばれるメキシコ国境地域の民謡で、歴史的事件や社会的態度を示唆する。それに対してグラウベル・ローシャ監督の『黒い神と白い悪魔』（一九六四年）に登場する盲目の歌手の歌は、ブラジル北東部のコルデル[*22]の伝統に基づいていて、雰囲気が変わる合図をしたり、対話のかわりをしたり、カメラが動く「きっかけ」となったり、教訓を引きだすなど、説話とブレヒトの叙事的演劇の両方の意味で「叙事詩的」である。[27]ローシャによれば、この「古めかしい《アルカイック》」伝統にも電報文体のような簡潔さや模倣の拒絶といった「モダニズム」の要素が見られる。従来のような雰囲気を盛り上げるために音楽を使わなかった『狂乱の大地』（一九六七年）は、登場人物の文化的・政治的な忠誠心を引きだすため、特定の音楽に備わる社会的な含意を利用した。右翼の独裁者はオペラ（ヴェルディや、ブラジル人でヴェルディの流れをくむアントーニョ・カルロス・ゴメス）と、ポピュリストの政治家はサンバと関連づけられる。そしてローシャのような知識人の主人公は、監督と同じくなじみ深いモチーフを使って凝った作品を生み出した作曲家エイトル・ヴィラ＝ロボス[*23]と関連づけられるのである。

カーニバレスクな転倒

古代《アルカイック》に起源を持つもう一つのオルタナティヴな美学は、「カーニバル」である。ヨーロッパに限定するとカーニバルは、ギリシャのディオニューシア祭（古代ギリシャそのものがアフリカやセム、ギリシャの混合物である）や、ローマのサートゥルナーリア祭から、中世の「カーニバレスク」なグロテスク・リアリズム[*24]（ラブレー風の冒瀆など）やバロック劇を経て、アルフレッド・ジャリの作品やシュールレアリスム、ここ数十年の対抗文化《カウンター・カルチャー》の芸術に至るカウンター・ヘゲモニーの伝統である。ヨーロッパの現実のカーニバルは長年繰り返してきた硬直した儀式にほぼなってしまったが、それを「カーニバルの終焉」だと言ってはヨーロッパ中心的だろう。ほとんどすべての文化にカーニバルに似た伝統があるからだ。ナバホ族（ディネ）[*25]には、良好な秩序や立派な美学を覆す特別な儀式がある。ラスクアチスモ[*26]（ナワトル語に由来する）の概念も同様に、意図的な悪趣味や禁忌を破ることを連想させる。[28] ホピ族の儀式では、道化役は陽気な相対主義の精神で慣習に背く者である。[29] ラテンアメリカやカリブ海域のカーニバルはいまでも活気あふれる伝統だが、すばらしく創意に富んだ文化的現象を偽造するために、先住民族やアフリカの伝統的な祝祭を土台にメスティーソの文化を築いている。呪術、カーニバル、人食いの風習といったヨーロッパのモダニズムにとって縁のない隠喩的なものは、ラテンアメリカの人々にとってはなじみ深く字句どおりに近いものである。キューバの作家アレホ・カルペンティエールが、不可思議なものの復活を求めるヨーロッパの試みの一環で、「アメリカの驚異的現実」とラテンアメリカの日常的な魔術を対比したのは、こうした祝祭やハイチのブードゥー教と出会ったことも一因であった。[30] カーニバルを古めかしいものととらえるのは間違いだろう。現代のマスメディアすら取り込んで、ダイナミックに発展する現象だからだ。実際、北米やヨーロッパの都市では、ラテンアメリカやカリブ海域の出身者や、アフリカ系などの移民社会とつながりのある小規模のカーニバルがますます発展している。

ミハイル・バフチンが理論化したように、カーニバルは非対称性や異質性、矛盾した表現、混淆を好み、形だけの調和や統一を拒否する反古典的な美学を包含する。カーニバルの「グロテスク・リアリズム」は、大衆的で激しい反逆の美という新たな美学を位置づけるため、従来の美学をひっくり返し、「低俗なもの」の力強さや隠れた美しさのグロテスクをあえて見せつける。カーニバルの美学ではあらゆるものが相容れないことを宿しており、恒久的な矛盾と包括的な対立というオルタナティヴな論理において、特定の実証主義的な合理主義によくある真か偽かの考え方を超越する。

カーニバルは、フランソワ・ラブレーが「笑いの原理」と呼ぶ過ちの美学を好む。ここでは芸術用語は正確さや格調といった息がつまるような規範から解放される。古代彫刻の静的で一流の完成された美に、カーニバルは変化しやすく逸脱した「グロテスクな身体」を対置し、「美のファシズム」なるものを拒絶する。「美のファシズム」は、理想のタイプの美をつくり、違うタイプの美の用語を劣った「方言の」一種と見なす。カーニバルの美学は肉体の老廃物ですらあがめ、上品な表現はすべて禁じる。正式な作法が、肉体は基本的に不浄とするマニ教的な概念にいまだに縛られているからだ。このようにカーニバレスクな芸術は「非正統的」であり、規範だけでなく、規範や文法性を生みだす基盤を脱構築する。カーニバルが文法性に反しているとしたら、映画の支配的なモデルは序盤から中盤、終盤まできちんと順番に並び、文法性を構成していると言える。思索的になると、古典的な物語の問題解決のしかたがわかるかもしれない。古典的な物語では、意欲的な登場人物が非カーニバル的で個人主義的で競争的な世界観[*27]を立証するように、明確で実現できる目標に向けて動く。主流の映画の美学は、時間を儀式や祝祭と結びついたものではなく、因果関係のある出来事が直線状に並んだものとして伝える。主流の映画は「時は金なり」の価値観のもと、慎重に順序を吟味して時間を商品化する。そう考えると、超大作「エンターテインメント」の美学は、あらゆる瞬間に一定の効果やスペクタクルを生まねばならないという点で「生産主義」と見ることもできる。

これまで黒人の音楽家たちは洗濯板[*28]、たらい、ドラム缶といった「みすぼらしい」材料をどのようにわくわくする楽器に変えたのか、トランペットを考えられないほど高音で吹き、「ピアノと格闘するため（セロニアス・モンクのように）二つの鍵盤を叩いたり弾き間違えたりして、わざとしくじったような音を出す」など、ジャズの演奏家がどのようにヨーロッパの楽器の「標準の」能力をのばしてきたか、「笑いの原理」という概念は気づかせてくれる。[31] これらの例では、美学的な礼儀や上品さに反することと、これまでの社会的・政治的な序列の暗黙の批判は密接な関連がある。アーサー・ジャファは、「黒人の視覚的なイントネーション」の映画における可能性について語っている。「不規則で調整していない（メトロノームのようでない）カメラの速度やコマの再生は、映画に黒人の声のイントネーションに近い動きをもたらし」、黒人音楽に映画と同様の流れができれば「旋律は固定した現象ではなく、曖昧で本質的に不安定な音の振動として表現される」[32]。アフリカ起源の音楽に特有の繰り返しや変奏と同じ役割を果たすのは、映画では一体何だろうか。メリスマ〔一音節に多数の音を入れる、装飾的な旋律の声楽の様式〕や、ブルーノート〔ジャズやブルースの音階〕、いったん止まるビート、コールアンドレスポンスの歌に相当するのは何なのだろう。観客には聞こえないが感じるビートを正確に刻むポリリズムに相当するのは何なのだろうか。

「過ちの美学」の可能性を暗示するのが、ウィリアム・グリーヴスの『シンビオサイコタクシプラズム：テイク・ワン』（一九六七年）である。この再帰的な作品では映画監督が触媒となる。監督は指示するのを拒み、俳優やスタッフに（熱心に）反乱をそそのかす。ニューヨークのセントラル・パークで〔架空のアクター・ドキュメンタリー〕「崖っぷち」を撮影しているという設定で、夫婦が別れる同じ場面を数え切れないほど撮り直す間、監督はみなを欺くため、監督の指示を拒否しようか議論する自分たちを撮影するようけしかけた。サウンドトラックはマイルス・デイヴィスの「イン・ア・サイレント・ウェイ」で、ジャズのように「過ち」を表明して映画をつくっている。フィルムは足らず、カメラは故障し、俳優は落ち着きがなく怒りっぽい。主流の映画のしきたりを批判し、即興の離れわざや、多様な権威主義や抑圧に対する多彩な抵抗と反乱のエネルギーにおいて、ヨーロッパの主流音楽とジャズの関係を類推するのだ。

カーニバレスクの原則は、最も過激なものであれば既存の権力関係をひっくり返すにとどまらないが、「ただの」転倒であってもばかにできない。ジェームズ・C・スコットが論じるように、抑圧された人々が新しい社会を明確にイメージするのは難しいのかもしれないが、「実際にはない社会秩序」で既存の地位や報酬の分配が逆転することを想像しても問題はない[33]。最後が最初となり、最初が最後となって世界が逆転する至福千年説[*29]のテーマは、スコットによれば「ほぼすべての主要な文化的伝統で見られる。そこでは権力や富、地位の不平等が公言されてきた」[34]。古代ローマのサートゥルナーリア祭やカリブ海域のカーニバル、インドのクリシュナの祭り*30は、いずれも至福千年説的な逆転のイメージによって大衆の反乱を転換したのである。このような逆転は、驚くような場所に現れる。たとえば『ルーファス・ジョーンズを大統領に』（一九三三年）は、六歳のサミー・デイヴィス・ジュニアがアメリカ合衆国の大統領になる短編映画である。純粋なファンタジーという枠組みが設定されているものの、ブラック・パワーという夢のはけ口を提供する。「黒人の選挙日*31」や「ジュビリー・シンガーズ*32」など、黒人が主導し、アフリカの影響を受けた娯楽だけでなく、さまざまな黒人の即位式や解放の祝祭、そして少年王というカーニバルのトポスを思い出す[35]。

　カーニバルは歴史的に見て、政治的にさまざまな意味を持つ。権利を奪われた者たちによる象徴的な反乱を構成するときもあれば、強者（あるいはやや弱者）が祭りで弱者を身代わりにするときもある。カーニバルやカーニバレスクな芸術の実践は、本質的には進歩でも後退でもない。それはどのような歴史的状況で、何の目的で、どんな方法で、誰が誰をカーニバル化するのかによる。実際のカーニバルは、象徴的な慣行の形が変わったり、イデオロギーの巧妙な操作やユートピアの切望が複雑に交差し、政治バランスが変化する。公的権力は大衆の反乱を引き起こすかもしれないエネルギーを発散させるのにカーニバルを使うときもあったが、カーニバルはエリートに不安を感じさせ、当局の抑圧の対象となることも多かった。英国におけるこの抑圧の過程について、シーザー・L・バーバーはエリザベス朝の、ピーター・ストリブラスとアロン・ホワイトはもっと後の時代の資料で証明した*33。一方、マイク・デイヴィスは著書『要塞都市LA』で、ロサンゼルスではカーニバレスクな公的空間が破壊されて「フランク・スキナー風*34の編成《オーケストレーション》」に取って替わられ、「蝟集し消費する単細胞生物がキャッシュコーナーからキャッシュコーナーへと渡り歩く、正真正銘の商業交響曲」を生みだすと述べている[36]。ブラジルの歴史家は、同国のカーニバルに向けられた敵意は、黒人差別やアフリカ系ブラジル人の宗教的表現に対する憎悪とよく関連づけられる、とその抑圧について語る。ネルソン・ペレイラ・ドス・サントス監督の『奇蹟の家』（一九七七年）は、一九世紀末から二〇世紀初めにかけてのバイーア州におけるカーニバルの抑圧と人種主義とのつながりを扱っている。サンコファア*35が制作した『領土』（一九八五年）は、英国の公共メディアがノッティング・ヒルで毎年開催されるカリブ海域のカーニバル[*36]を理解できず、警察による取り締まりを批判しないことを取り上げている。

現代のマスメディアの訴求力は、平等主義的でカーニバルのようなコムニタスの、遠い文化の記憶（もしくは漠然とした未来への希望）を妥協しつつ継承する力にある程度由来するのではないだろうか。確かに大衆文化は、カーニバルのテクストにいつもこだまを返す。たとえば、エディ・グラントのミュージックビデオ「ダンス・パーティー」は「路上で踊る」というカーニバルの比喩をまるでペプシのコマーシャルのように利用し、ライオネル・リッチーのミュージックビデオ「オール・ナイト・ロング」はカリブ海域のカーニバルの特徴を忠実に伝える。音楽や歌詞、楽しげに公的空間を乗っ取る映像、警察官でさえ警棒を振り回しブレイクダンスをして権威主義を捨ててしまう多民族のユートピアといったものである。

カーニバルは、映画の中でじつにさまざまな形をとってきた。文字どおりカーニバルをテーマにしたもの（『黒いオルフェ』一九五九年）や、制度的ヒエラルキーを混乱させるもの（『ボーン・イン・フレイムス』一九八三年）、「肉体的下層」を前面に押し出したもの（リチャード・プライヤー監督の「コンサート」映画[*37]）、グロテスク・リアリズムや映画の文法に反したもの（ブラジルの「ゴミの美学」の作品）、社会的・人種的逆転を称えるもの（トマス・グティエレス・アレア監督の『最後の晩餐』一九七六年）などがある。特にブラジル映画はカーニバルに関わる文化的価値観が深く染み込んでいる。一九三〇年代から五〇年代にかけて人気を博したミュージカル・コメディのシャンシャーダやカルナヴァレスコ（カーニバレスク映画）は、カーニバルの時期だけ公開されるのではなく、毎年カーニバルでどんな曲目が並ぶか宣伝するためのものであった。こうしたパロディ風の戦略は、北米の覇権を前提としている。北米の文化的製品に観客はどっぷりつかっていると考えるのだ。ジョアン・ルイス・ヴィエイラが指摘するように、これらの映画は政治的には国家の誇りと外国の理想像を混ぜ合わせ、「理想の自我」として内在化しており、たいてい相反する感情を持つ。理想化と批判の力関係は映画によって変わる。ブラジル映画自体を攻撃の対象とする映画もある。低開発国家にはアメリカ映画の強力な技術的効率性を真似する力がないことのはけ口になっているのだ。他者にとってパロディは、規範的な記号を転倒させる手段となる[(37)]。

ヴィエイラから見ると、再帰的モダニズムのシャンシャーダには、とりわけそうした多義性が詰まっている。『アトランティス・カーニバル』（一九五二年）は、最高のどんちゃんさわぎとカーニバレスクな皮肉に基づいた映画の実例だ。主題は映画制作そのもので、もっと正確に言うと、ブラジルにハリウッド・モデルは合わないというのである。ヨーロッパ系ブラジル人の映画監督セシリオ・B・ジミーリョ（セシル・B・ディコーン）を追いかけるのだが、彼はトロイのヘレン〔ヘレネー〕の話を大作映画にする計画を断念する。ブラジル映画の状況は、そんな大規模な企画にとってよいとは言えないと暗に認めるのだ。ハリウッドでは、このジャンルは派手なセットと周知のとおり数千人の出演者がふつうで、第三世界の国にとても実現できるものではない（ヴィエイラが指摘するように、ブラジル人がアメリカ映画をパロディにする場合、『キング・コング』や『ジョーズ』のような超大作が多い。そうすれば、ブラジル人監督はアメリカ映画を諷刺できるし、その華やかなハイテク作品の価値観をまねできないブラジルの無力さも茶化すことができるからだ）。背伸びするジミーリョに対し、他の登場人物たちはもっと大衆向けの高尚でないものに変えたほうがよいと主張し、監督に大作をあきらめカーニバル映画にするよう勧める。ある場面でジミーリョは、ブラジルで内面化されたハリウッド標準と、その代替案を示しながら、『トロイのヘレン』の構想を説明する。彼のエリート主義で壮大なものの見方は、撮影所の用務員と野心的な脚本家の二人のアフリカ系ブラジル人（コール・サンタナとグランデ・オテーロ）の視点と対照的である。この二人の目を通して、観客はジミーリョの「設定」から、二人が想像する場面に移る。黒人歌手のブレカウチ（暗転《ブラックアウト》の意）がギリシャ風の衣装を着て、その年のカーニバル用に作曲されたサンバの「ドナ・セゴニャ」を歌いながら、自分のトーガにつまずくグランデ・オテーロとともに現れる。こうしてヨーロッパ的な主題は、ブラジルのカーニバルという文脈で、パロディ風に位置づけなおされる。「『トロイのヘレン』はうまくいかないだろう。人々は踊りたいし、感動したいのだ」とジミーリョは言う。アフロブラジル化した大衆文化が支持され、ハリウッド／ギリシャ・モデルは負けるのである。

一九七〇年代から八〇年代にあったブラジル映画の「再カーニバル化」は、映画制作者が自らの作品の方向性を確かめる重要な比喩であるだけでなく、一般の観客と再び接触する手段でもあった。たとえばカルロス・ディエゲス監督の『シッカ・ダ・シルバ』（一九七六年）やヴァルテル・リマ・ジュニオル監督の『奴隷王シコ』（一九八二年）には、リオのカーニバルのサンバ・チーム・コンテストが最初に登場する。それどころかディエゲスは『シッカ・ダ・シルバ』も『キロンボ』（一九八四年）も、サンバ・エンヘード[*38]（サンバの物語）と見なした。これは毎年恒例のサンバ・チーム・コンテストで披露される歌や踊り、衣装、歌詞の集大成である。フェルナンド・コニ・カンポスの『映画泥棒』（一九七七年）でも、ファヴェーラ〔スラム街〕の住民という周縁化された主人公（意味ありげに「インディオ」の恰好をしている）が、リオのカーニバルに来たアメリカ人観光客から映画用資材を盗むという同じ比喩の演出をしている。ファヴェーラの住民たちは、サンバ・チームのナレーションとして映画をつくろうと考える。その筋は、ポルトガルの植民地主義に対してブラジル人が反乱を起こすが、失敗に終わったというものである。

したがってカーニバルはいまも活発な社会的慣習であるだけでなく、社会全体で毎年行う大衆向けの特別な儀式なのだ。観客と出演者の境界がなく、「フットライトもない」参加型の見世物である。階層制の区別や障壁、規範や禁止を一時棚上げした、ある種ユートピアの予行演習なのだ。そしてかわりに「自由で無遠慮な接触」に基づいた、通常とは違う種類のコミュニケーションを設定する。カーニバルは社会的生活や政治的生活を、「戴冠と奪冠」で、希望の源として永遠に変化するものと見なす。カーニバルでは、何よりもまず「階層構造と、……社会階層やその他の要因（年齢も含む）からくる不平等に基づくものすべて」が取り払われるのである。(38)

モダニズムの人食い

近年の批判的な言説は人食い《カニバル》という植民地主義的な比喩を逆転させ、人食い《カニバル》のイメージをヨーロッパに向けるものであふれている。たとえばジャック・フォーブスは著書『人を食うコロンブスたち』で、帝国主義や搾取を一種の人食い《カニバリズム》だと定義している。ベル・フックスは「エスニック」の流行を「他者を食べる行為」と語り、ディーン・マッカネルは「熾烈な競争〔cut-throat competition. 喉を切り裂く競争〕」、「知恵を借りる〔picking brains. 脳をほじくる〕」、人材の「ヘッドハンティング〔headhunting. 首狩り〕」といった、企業の重役が使う日常的な表現に人食いの含意があると暴露する。[39] また、ここ数十年の第一世界の映画でも、ジャン＝リュック・ゴダールの『ウィークエンド』（一九六七年）やピエル・パオロ・パゾリーニの『豚小屋』（一九六九年）のようなヌーヴェルヴァーグの芸術的な映画から、『カニバル・ツアー』（一九八八年）といった批判的な民族誌映画や、『フライパン殺人』（一九八二年）、『ペアレンツ』（一九八八年）、『羊たちの沈黙』（一九九一年）、『デリカテッセン』（一九九一年）、『ヘルハザード／禁断の黙示録』（一九九一年）、『生きてこそ』（一九九三年）などもっと大衆向けの作品まで人食いが流行したが、これはおそらく西洋の道徳的な自信の喪失を反映している。[40] チリから亡命した映画監督ラウル・ルイスも、『テリトリー』（一九八一年）で人食いと西洋を結びつける。この作品の冒頭で、「人間の精神の発明」であり、「ゴシック様式の大聖堂のように複雑かつ調和的で、尊重する価値がある」という、印象的なミルチャ・エリアーデの人食いについての言葉を引いている。ルイスの寓話でも、南フランスの中世の面影が残る小さな街でアメリカ人たちが雪の中で道に迷ったあげく、徐々に人食いに走って終わる。ルイスが示唆するように、西洋の社会は思っているほど「野蛮」と隔たっているわけではないのだ。

あまり知られていないが、一九二〇年代のブラジルのモデルニスモ[*39]の芸術家は、人食い《カニバリズム》の比喩を反乱の美学の基礎とした。ヨーロッパのアヴァンギャルドとブラジルの「人食い」の創造的な総合を求めたため、支配と戦うのに役立つよう先進国の技術や情報を「食人者のごとく」むさぼり食うかのようである。先住民族のトゥピナンバ族が敵の力を得るため敵を食べたように、ブラジルの芸術家や知識人は輸入した文化作品を消化し、新たな総合の原料として利用するべきである、とブラジルのモデルニスモの芸術家は論じた。そうして植民者側に押しつけられた文化をつき返し、変容させるというのだ。また、モデルニスモは、アメリカ大陸の「脱ヴェスプッチ化」（アメリゴ・ヴェスプッチを引用した表現）や、ブラジルの「脱カブラル化」（ブラジルを「発見した」ポルトガル人ペドロ・カブラルを参考にしたもの）も求めた。『食人雑誌』は、ブラジル人が「腐ったヨーロッパ文化」や「植民地的な精神構造」の「奴隷」であり続けていると嘆く。[41] 同時に「食人」の概念は「中心」と「周縁」の文化交流が不可避なこと、昔を懐かしんでも混淆する前には当然戻れないことを前提とする。外国の影響に汚されない民族の起源を何の問題もない状態に回復することはできないため、被支配文化の芸術家は外国の存在を無視すべきではなく、常に民族の目的のために文化的な自信に基づいてそれを受け入れ、カーニバル化し、再利用しなければならない。「カニバリスト〔食人者〕」と「カーニバリスト〔カーニバル参加者〕」の隠喩には、「口承の」儀式で抵抗を訴えるという共通点がある。他者の肉体または精神と混ざることで自己を超越させ、外国文化を「心を込めて咀嚼」し、批判的に再利用しようと呼びかけるのである。

ブラジルの詩人・劇作家のオズヴァルド・ジ・アンドラージは、「ブラジルウッドの詩の宣言」（一九二四年）と「食人宣言」（一九二八年）で、芸術的な実践を速やかに民族主義的でモダン、多文化的で楽しいものにする方法を示した。それ以前も彼は、輸入したヨーロッパ・モデルを借用するのではなく、日常生活や大衆文化に根差した「輸出できる品質」の詩にしようと訴えている。植民地主義言説は、ヨーロッパの道徳的優位を弁別する指標として、カリブ人を獰猛な人食い人種に仕立てた。しかしデ・アンドラーデは、フランス革命がなければ「ヨーロッパはあの貧弱な人権宣言さえ持たなかっただろう」とし、その「フランス革命よりもはるかに偉大なカリブ革命」を求めた。[42] 人食いの隠喩もヨーロッパのアヴァンギャルドに広まったが、アウグスト・デ・カンポスがいうように、ヨーロッパで人食いは文化運動となったわけでも、イデオロギーを定義したわけでもなかったし、ブラジルのように文化のなかで深い共鳴を得たわけでもなかった。ダダイスムの虚無主義は、デ・カンポスがブラジルの食人を「寛容なイデオロギーのユートピア」と呼ぶのとはほとんど関係がなかった。[43] ブラジルでのみ、食人は長年にわたる文化運動で重要な比喩となった。それは、新しい試みがさまざま生まれた一九二〇年代の『食人雑誌』の創刊から、食人を技術化した原始主義の哲学とした一九五〇年代のオズヴァルド・ジ・アンドラージの思索を経て、トロピカリア運動[*40]でこの隠喩が広く再生利用された一九六〇年代末まで続く。

ブラジルのモデルニスモの芸術家が利用したように、人食いの隠喩には否定的な面と肯定的な面の両極があった。否定的な面では、階級社会の搾取的な社会ダーウィン主義を暴くため、人食いを効果的に使った。だが結局、肯定的な面のほうが示唆に富んでいた。アメリカ先住民族の自由なあり方に啓蒙主義的な価値を積極的に認め、先住民族の母系制や共同体主義をユートピアのモデルとして強調したのである。デ・アンドラーデはこう書いている。「インディオには警察も抑圧もない。無秩序に不安になることも、裸を恥ずかしがることもない。階級闘争や奴隷制もない[44]」。彼は、ブラジルの先

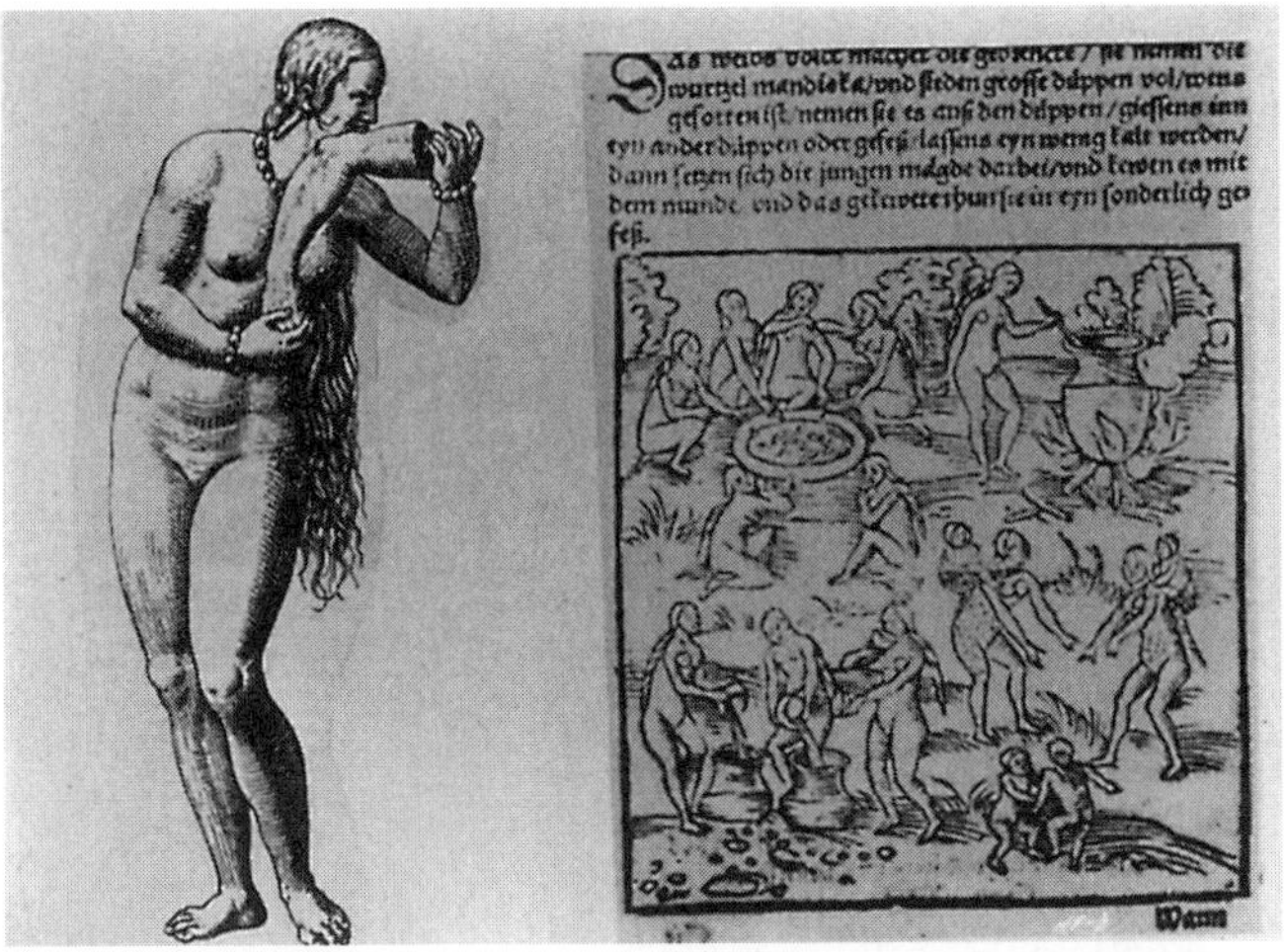

48・49　食人的な批判と食にまつわる映画。『私が食べたフランス人』と『キング・ソロモンの秘宝』(1985 年)

住民族社会に関する自分の知識と、モンテーニュやニーチェ、マルクス、フロイトの洞察を総合し、先住民族の文化のほうがヨーロッパの文化よりも社会モデルとしてふさわしいとした。それは余暇を完全に楽しむ社会モデルだった。ポルトガル語で「仕事」を意味するネゴーシオ（negocio）が文字どおり「余暇の否定」（neg-ocio）であることを利用して、ジ・アンドラージは初期のヘルベルト・マルクーゼのように「聖なる余暇〔sacer-docio〕」を称揚した。[45] かつてヨーロッパ人に奴隷にされたインディオにとってヨーロッパ的な仕事とは苦痛や服従を含意したが、彼らは生産主義を存在の最も重要な理由とは考えなかった。ここでまたヨーロッパのアヴァンギャルドの隠喩を文字どおり解釈してみよう。ダダイスムの芸術家も「進歩的失業」を訴え、アンドレ・ブルトンらシュールレアリスムは定職の禁止を「規則」とした。一方、ブラジルのインテリ芸術家には、西洋の賃金労働という意味の仕事からも、強制力という意味の仕事からも、完全に自由な既存の先住民族社会を挙げることができるという利点があった。こうした社会は貧しくなく物質的に豊かな暮らしをしてきた。[46] 人食いの隠喩は、もちろん両面が補完し合っている。批判としての人食いのモチーフは、想像上のアメリカ先住民族の理想的なコムニタスと現代社会を隔てる悲しい距離について考える。ジ・アンドラージは、「あらゆるユートピアの中心には、夢だけではなく不満も存在する」[47]と述べた。

怠惰な生活の再評価は、近代性の生産主義的で喜びを否定する労働倫理やこれまでの「生業文化」に対する嫌悪といった背景とともにとらえなければならない。「生業文化」という言葉自体が豊かな誇りある自給自足ではなく、貧しい生活との必死の闘いを表し、敵意の言い換えである。[48] まるで土地を共有するわりと楽しい生活が、「進歩的」で勤勉な清教徒たちをいらだたせたかのようだ（『蛮行とアメリカ・インディアン』は、アメリカ先住民族のやり方を清教徒が「不真面目」で「非生産的」だと見なし、はっきり敵意を向けた様子を描く）。ヨーロッパ以外の部族民が極刑に値するのは、彼らが異なる生き方をしているからではなく、楽しく生活しているからだという思想家もいる。[49] レナータ・サレーツルは、ジョージ・バーナード・ショーがピューリタニズムを「誰かがどこかでいい生活をしているのをひどく恐れること」と定義したのを思い出し、自分の喜びの抑制が他者の喜びに対する攻撃に転換されるときに、この怠惰嫌いは起こると示唆する。[50]

ブラジルの食人運動は、先住民族の文化に対する敬意と美学的なモダニズムが混ざっている。食人運動はモダニズム（モデルニスモ）を自称するだけでなく、未来派[*41]やダダイスム、シュールレアリスムのようなヨーロッパのアヴァンギャルド運動と関連があり、概念的にも似ているとされる。また、かなり後になるが、一九六〇年代後半のブラジルで生まれたトロピカリスモという文化運動を通して、ブラジル映画に影響を与えた。ブラジルのモデルニスモのように（そしてヨーロッパのモダニズムとは異なり）、トロピカリスモは政治的なナショナリズムと美学的な国際主義《インターナショナリズム》を融合した。一九六〇年代に再生利用されたように、「人食い」は「本物のブラジル映画」と「ハリウッド映画風」を二項対立させるシネマ・ノーヴォを超越する意味を含む。演劇や音楽、映画で表現されるとおり、トロピカリスモは民俗的なものと工業的なもの、土着のものと外来のものを積極的に並置した。特に言説を果敢にコラージュし、多様性のなかで、さまざまな文化的な刺激を人食いのようにむさぼり食うのを好んだ。トロピカリスモの映画制作者は、低予算の「ゴミの美学」を前提とする抵抗の戦略を立てた。かつての「飢えの美学」という隠喩が、飢えた犠牲者が暴力によって汚名をそそぐことを連想させるのに対し、ゴミの隠喩は、周縁であること、ものが不足しても生き残ること、主流文化の材料の使い回しが非難されることに対し、よい意味で前向きである。第一世界の資本主義が支配する国際システムの残り物をあさる第三世界の国々には、ゴミ方式がふさわしいと考えられた。

この精神によってロジェリオ・スガンゼルラは、『赤灯の無法者』（一九六八年）で昔からある題材や陳腐な表現をまさかというコラージュにして、皮肉たっぷりにいろいろなジャンルをまとめた。マスメディアが神話に祀りあげた有名な無法者の栄枯盛衰をめぐる話で、スガンゼルラはハリウッドやマスメディアをはじめ、間テクスト性の影響に対し人食いのように寛容である。シネマ・ノーヴォの純粋主義を拒絶し、のちに「ポストモダン」と呼ばれるやり方でばらばらにコラージュする戦術により、ハリウッドをハリウッドに敵対させた。そして、この作品を「西部劇やミュージカル・ドキュメンタリー、探偵もの、シャンシャーダ、SFなどの寄せ集め」と呼び、それを引用符でくくった映画的な書きもの、模倣作品《パスティーシュ》編集物へと変えた。イズマイル・シャヴィエールが指摘するように、『赤灯の無法者』は「ゴミの王国」である第三世界の風俗街と、映画やマスメディアの廃棄物を集めたテクストは相同関係にあると仮定する。この作品でゴミの原理は、異質なものの接触と相対化しあう言説によって「水平に」働き、同じ統語論的観点で複数の要素を重ね合わせることで「垂直に」働く。たとえば、まったくタイプの違う相容れない音楽を同時に演奏し、そこにナレーションを重ねるのである。『赤灯の無法者』では、都市と田舎の言葉、中心と周縁をごたまぜにし、ふつうは別々とか正反対だと考えられている言説様式を濃縮して、シネマ・ノーヴォらしい大衆文化に学識を加えた美学の手順を少し変えている。

『赤灯の無法者』での人食いが隠喩的だとするなら、もう一つのトロピカリスモの映画『マクナイーマ』では完全に文字どおりの意味である。前述したように同作品は、この主題を抑圧的な軍事政権や、短命に終わった「ブラジルの奇跡」という略奪的な資本主義モデルを批判するための踏み台にした。『マクナイーマ』は知的内省と大衆性を総合し、もっと禁欲的だったり闘争的な第三世界主義の映画がいつも取り上げるわけではない喜びの問題に応答している。バスター・キートンやマルクス兄弟を思わせる喜劇調の語りを基調に、原作小説の学究的な人食いと融合させ、内省と大衆性をうまく両立したのだ。この映画はブラジルで最も人気のある映画ジャンルのシャンシャーダと新たに接点を持ち、シャンシャーダから流行歌のほかグランデ・オテーロやゼゼー・マセードといった大スターを借りて、興業的な成功を揺るぎないものとした。『マクナイーマ』はブラジルの略奪的な階級構造をあばくために人食いのモチーフを用い、両極的な人食いの隠喩のうち否定的な極を明らかに強調する。ジョアキン・ペドロ・ジ・アンドラージ監督は、映画の冒頭でこう述べている。

> 人食いとは、低開発国の人々が採用した消費主義の典型である。……従来の保守的な支配階級は権力構造を管理し続け、われわれはそこで人食いを再発見する。……現在の仕事上の関係も人々の関係も、まだ基本的に人食い的である。製品を消費したり性的関係ではもっと直接的に、人は他者を「食べる」ことができる。人食いはそれをただ制度化し、巧妙に隠してきただけなのだ。[51]

『マクナイーマ』がトロピカリスモとほぼ無関係なのは、人食いという主題だけでなく、出しゃばって派手な色調や、国民性の欠如の強調（小説の副題は「つかみどころのない英雄」）、高尚な芸術の伝統とマスメディアが媒介する文化の混合であることからも明らかである。シネマ・ノーヴォの寓意的な社会批判を展開するが、検閲官の不意をつく遠回しなユーモアとずる賢さをもって演出したのである。

アルトゥール・オマルの『悲しき熱帯』も、人食いの問題に触れている。人食いの創作ドキュメンタリーの傑作といわれる作品で、そのタイトルはクロード・レヴィ＝ストロースのブラジルに関する民族誌的な体験記をほのめかしているのは見え見えであり、文化交流の刺激的な連鎖を引き起こす。レヴィ＝ストロースは、ヨーロッパの自民族中心の先入観に気づくためだけにブラジルに行ったようなものだが、この作品の主人公はヨーロッパへ行き、そこで無数のブラジルの知識人と同じ道をたどってブラジルを見出しただけであった。ヨーロッパとブラジルの問題のある文化交流について今も続いている議論に、作品そのものが投げこまれる。議論の作法は「インディアニスモ」「ナショナリスモ」「モデルニスモ」「トロピカリスモ」と頻繁に変わる。オマルの『悲しき熱帯』はトロピカリスモの映画ではなく、それはどこかエキゾチックなヨーロッパの他者という「熱帯」の概念全体に反映されている。

『悲しき熱帯』は、観客との関係をつねに変化させる。古い家族アルバムに収められたサンパウロの往来のショットから始まり、きちんとした従来のドキュメンタリーかと思わせる。画面の外でナレーターは、ドキュメンタリーによくある堅苦しい調子で、アルトゥール・アルバロ・デ・ノローニャなる人物について語る。ブラジルで開業するために留学先のパリから帰国した有名な医師のアルトゥールである。ホームムービーは、家族とともに一人の男性を映し、観客はこの男性がアルトゥール医師だろうと考える。彼はパリでアンドレ・ブルトンやポール・エリュアール、マックス・エルンストと親しくなったとナレーションが告げる。これが観客を待ち受けるおそろしくシュールな伝記の最初の手がかりなのだ。話が進むと、二つのことが起こる。まず、ナレーションが次第にありえない幻覚のようなものになっていく。医師はインディオと関わるようになり、薬草年鑑を編んで先住民族の救世主となる。そして最後は、男色（悲鳴のような挿入字幕が恐怖を強調する！）と人食いに走る。こうして植民地文学の通ってきた道をある程度くり返すのである。第二に、物語が『闇の奥』のブラジル版パロディへ傾くと、観客も映画の混乱した密林にはまってしまう。映像は徐々にナレーションから切り離され、どんどん理解できない混沌になってゆく。観客は、ホルヘ・ルイス・ボルヘスがジョゼフ・コンラッドの作品をひょうきんに書きかえたように大掛かりないたずらにかつがれたのではないか、高名な医師アルトゥールとは同名の監督の想像の産物にすぎないのではないかと疑いはじめるのだ。

『悲しき熱帯』は、（ばかげているほど）見事に平板なナレーションを、おそろしく一貫性のない音や映像に重ねて進行する。画面の外のナレーションは（そのありえない枠内で）筋が通っているものの、その他の映像や音楽、物音、字幕などはすべて混沌とした均質でないものの狂宴である。アマチュア映画やヨーロッパの紀行映画、リオのカーニバルのショット、やらせ場面、古文書の資料、別の映画のカット、彫刻、本の表紙、年鑑の挿絵といった異なる材料を乱暴にまとめている。ブラジルやアメリカ、アルゼンチン、キューバの名曲で構成された音楽は、急にラジオのつまみを回したように短くとぎれとぎれに挿入される。この視覚と聴覚のブリコラージュにおいて、観客は構造的な対立にでくわす。それは映画らしい対立（モノクロ対カラー、古いフィルム映像と新しい映像）であったり、もっと大きく文化的な対立（沿岸地方と内陸地方、「素材のままの」ブラジルと「調理した」ヨーロッパ、節度ある秩序と奔放な狂乱、野生の思考《パンセ・ソヴァージュ》と文明人の思想《パンセ・シヴィリゼ》）であったが、現在、構造主義についてのポストモダンな解釈を提起する。

芸術的戦略としてのシンクレティズム

先住民族の文化的モチーフとヨーロッパのアヴァンギャルドが混ざりあうなか、ブラジルの食人は、芸術の資源としてずっとシンクレティズム〔融合主義〕を使ってきた多くの方法の一つに過ぎないと見ることもできる。ブラジルのモデルニスモは、ヨーロッパの技法を土着文化に取り入れる「専門知識のあるインディオ」について語るが、（北米の）先住民族の芸術家もある種の食人を行う。ジミー・ダーハム[*42]は述べている。

［ヨーロッパから持ちこまれたものは、すべて］大きな力に変化した。……われわれはガラスビーズや馬、ウールの毛布、揚げパン用の小麦粉を取り入れ……そしてすぐに「インディアンの」ものにした。それができたのは、われわ

れの文化が清廉だったのと、われわれの社会が絶えず変化し新しい考えを受け入れられたからだった。[52]

この食人的なアプローチは、サルマーン・ルシュディーが自著『悪魔の詩』について述べた言葉を指針としているのだろう。ルシュディーは、「ハイブリッド性や不純物、混合は人間や考え方、政治、映画や歌に新しい予期せぬ組み合わせをもたらし、混淆を喜び、純血絶対主義を恐れるものだ」と称揚している。[53] 多文化主義言説によくある料理の隠喩には、たいてい混合物の類への偏愛が含まれる。インド人監督たちが、映画制作の秘訣はマサラをブレンドすることだと言っているのは重要である。マサラはヒンディー語でスパイスのことだが、隠喩的には「古い材料から何か新しいものをつくること」になる。[54] 実際、マサラという言葉はインド系移民による二本の映画のタイトルに使われている。一本はインド系カナダ人の作品（『マサラ』一九九一年）で、もう一本はインド系アメリカ人の作品（『ミシシッピー・マサラ』一九九一年）である。『マサラ』では、クリシュナ神はひどい快楽主義者として描かれるのだが、ビデオを利用して懐かしいインド人の祖母として現れる。カナダの公式な多文化主義政策を茶化しながらも、映画のスタイルそのものが一種のマサラの役割を果たしており、ヒンドゥー「神話」の用語がMTVやマスメディアの用語と混じりあう。一方、外国に移住したイギリス人の映画『ポット・ボイラー』（一九九三年）は、インド人女性とカリブ人男性の緊張感あふれる結婚式を描く。キッチンの空中にスパイスの名称の文字が「浮かび」、結婚パーティーのハイブリッドな空間に食べ物やスパイスが浸透するなかで、料理を通して緊張が示され解けるのである。

音楽はとくに融合的《シンクレティック》である。アフロ・ディアスポラの音楽は、南北アメリカで「サンバ・レゲエ」「サンバ・ラップ」「ジャズ・タンゴ」「ラップ・レゲエ」「ロフォレンゲ（ロック、フォホー[*43]、メレンゲ[*44]が混ざったもの）」といった、さまざまなハイブリッドを生み出している。この相互に高めあう合作は、「横方向のシンクレティズム」の例、あるいはほぼ同じものの「対等性」に基づくシンクレティズムの例である。ディアスポラな音楽文化は互いに混じりあうが、アフロ・ディアスポラの伝統に活力を得た第一世界（特にアメリカ）のポピュラー音楽と張り合うよう仕向けられてもいる。音楽の新しいアイデアは多方面に向かいつづけ、「ブラック・アトランティック」（ポール・ギルロイの言葉）を行ったり来たりする。たとえば、ボサノヴァ[*45]にとってのクール・ジャズ[*46]やサンバ、レゲエ[*47]にとってのソウル・ミュージック[*48]やスカ[*49]がそうである。アフロ・ディアスポラの音楽は、文化的にはいまでもアフリカのベース音に導かれるが、西洋をはじめさまざまな影響を吸収する一種の人食いめいた能力を見せつける。南北アメリカでは、スティービー・ワンダーやタジ・マハール、ルーベン・ブラデス、ジルベルト・ジル、カエターノ・ヴェローゾといったミュージシャンが、融合的《シンクレティック》な形の音楽を実践するだけでなく、シンクレティズムを歌詞のテーマにもしている。(55)この文化交流の新しい流れはケーブルテレビや衛星放送によって可能になり、一方で「ヒンディー・ラップ」のような現象も生まれた。中東や北アフリカでは、ジアード・ラハバーニとマルセル・ハリーファ（レバノン）、サーブリーン（パレスチナ西岸地区）、ナチュラル・オルタネイティヴ、ブスタン・アブラハム、ヤイル・ダラル（イスラエル）、シェブ・ハレド（アルジェリア）などのミュージシャンやグループは、多様なアラブ音楽とジャズやロック、サンバ、レゲエを前向きに組み合わせている。たとえば、シェブ・ハレドのアルバム「ハレド」は民族音楽やライ、ファンク、レゲエ、フラメンコが混ざり合っているし、「ディディ」のミュージックビデオはスーフィーの舞踊やムーア芸術、彼のヒップホップ・ダンスの映像を混ぜあわせている。

　このように非常に融合的な形の音楽により、シンクレティズムは映画でどんな意味を持つのかという疑問がわく。たとえば映画の言葉の面で、インド映画は融合的だと見ることができる。ラヴィ・ヴァスデヴァンが指摘するように、一九五〇年代のヒンドゥー語の大衆映画は、ヒンドゥー神話とハリウッド映画から借用した筋書きと、やや写実主義的なものから民画に根差す反イリュージョニズムまで含めた美学の様式を混合した。そうした大衆映画は実際はその美学の強みである、文化や映画様式をごちゃまぜにしたという理由で批評家に非難された。(56)インドのような国は、多面的で絶えず変化しつづける芸術的なシンクレティズムの例を無数に示す。サルマーン・ルシュディーのシンクレティズムに対する敬意は、インドの思想と歴史の長い伝統の上に築かれているのである。『悪魔の詩』の融合的な主人公のジブリール・ファリシュタが、スミタ・チャクラヴァルティーが「きわめてハイブリッドなインドの商業映画」というものの典型なのは決して偶然ではない。(57)一六世紀にムガル帝国のアクバル大帝は「ディーネ・イラーヒー」（神の宗教・神聖宗教）という、ヒンドゥー教とイスラームから最良の要素を借用した新しい宗教を導入しようとした。アグラ近郊にある新都「ファテープル・

シークリー」の宮殿では何層も柱が重ねられ、さまざまな宗教や言語文化に敬意を払う、多文化主義という言葉がない時代の計画に従った一種の多文化主義を実証する。インド映画もまた、混ざりあった美学の政治を実践してきた。ところが美学と政治の領域には大きな断絶が見られる。一九四七年にインドとパキスタンは分離独立し、その後、『アナルカリ』（一九五三年）と『偉大なるムガル帝国』（一九六〇年）の二本が制作された。どちらもインド・イスラーム文化の特にムガル文化を讃えているが、路上でイスラーム教徒を襲撃するようなヒンドゥー教徒の観客に大好評であった[58]。ディリップ・クマールやミーナ・クマーリ、ナルギスといった多くのムスリムの俳優や女優は、ヒンドゥー教徒とムスリムの緊張が高まったときでさえ、広く大衆の人気を集めつづけた。

インド映画には、シンクレティズムや、今まさに大きな危機にさらされている共同体どうしの寛容を称える物語がたくさんある。サタジット・レイ監督[*50]の『音楽ホール』（一九五八年）に出てくるビスワンバー・ロイという人物は、ヒンドゥー教徒だが同じくらいムスリムでもあり、どこまでがヒンドゥー教徒でどこからがムスリムなのかわからないほどだ。シャーム・ベネガル監督の『ジュノーン』（一九七八年）も同様に、一八五七年の「シパーヒーの反乱〔セポイの反乱〕」の頃のインドで宗教が異なる共同体に寛容が行きわたっていたと強調する。物語がキリスト教徒の家族からヒンドゥー教徒やムスリムの家族へと移るにつれて、宗教の違いと類似点が日常生活という織物をつくり上げる。ヒンドゥー教徒の家ではマントラが唱えられ、ムスリムの家では家族がムアッジン〔礼拝を呼びかけるアザーンを唱える人〕の呼びかけに応える。ヘマ・ラマチャンドランがいうように、ムスリムの生活は詩や音楽、カッワーリー〔イスラーム神秘主義者が行うアッラーへの賛歌〕の演奏と「この国〔インド〕の大きな歴史でとても複雑に絡みあっている[59]」ことを知って、観客は衝撃を受ける。また、こうした文化的な絡みあいはムスリム社会とヒンドゥー教社会の緊張や暴力も防げなかったため、シンクレティズムの限界にぶつかる。文化と政治の境界は、必ずしも一致しないのだ。

イスラエルにもパレスチナにもヨーロッパ系ユダヤ人〔アシュケナジー〕やセファルディー＝ミズラヒ〔中東や北アフリカ、中央アジアなどイスラーム世界のユダヤ人〕やパレスチナ人の文化が混ざっていて、矛盾するシンクレティズムに富んでいる。中東のセファルディーに人気のパイにちなんだ「ブレカス」というイスラエル映画のジャンルは、ヨーロッパ系と（中東の）ミズラヒの対立によって生まれ、メロドラマやコメディの枠組みを特徴とする。（大半がヨーロッパ系アシュケナジーの）主流の批評家は、そうした作品を「低俗」で「安っぽく」、「レヴァント風（東地中海地域風）」で「反映画」ですらあると非難する。このような批評家は、『今日だけ』（一九七六年）や、『五〇万の黒人』（一九七七年）、『盗人から盗むのは罪でない』（一九七七年）、『真夜中のタレント』（一九七八年）といったブレカス映画には遊び心があり、カーニバレスクで自己言及的でもある面が見えていない。ブレカス映画とエジプトやレバノン、インド、トルコ、イランなどの映画は、その国々からユダヤ人が移動してきたためつながりができた。たとえばジョージ・オバディア監督は、イラクやイランの映画産業で働いていた。ブレカス映画は頻繁に映画館で上映されたり、ヨルダンやレバノン、エジプト、イスラエルのテレビでよく放映されるし（特に金曜の晩のエジプト映画の放映はブレカスのファンに人気がある）、レンタル・ビデオやケーブルテレビのおかげもあって、このつながりはいまも続いている。そのため、場所は中東にあるが、支配的な想像物《イマジナリー》は西洋を向いた国では、ブレカス映画はインドからモロッコまで多様な東洋的アラブ・ユダヤ文化との出会いの場を提供してきた。ゾハール・アルゴフやオフラ・ハザ、ゼハヴァ・ベンたちセファルディーのポピュラー音楽の歌手が中東のさまざまな伝統音楽を混ぜあわせるように、ブレカスは中東の映画文化を広範囲にわたって融合させ、押しつけられた西洋化を前に、自分たちがつくり出した東洋系ユダヤ人のアイデンティティの存在を証明する。

シンクレティズムは、カリブ海地域やラテンアメリカの映画では、主題や美学のきわめて重要な資源であり続けてきた。もちろん映画が生まれる前からある主題のほか、この地域もメスティサヘ（混血）、多様性、クレオール性、アンティル性[*51]、ラサ・コスミカ（宇宙的人種論）[*52]といった文化の混合の新解釈を想起させるものがあふれている。ディエゴ・リベラ、ダビッド・アルファロ・シケイロス、ホセ・クレメンテ・オロスコといった、メキシコの画家たちによるメスティーソの汎アメリカ芸術は、フォーディズム産業のイメージを表したリベラのデトロイト美術館の壁画と、アステカやマヤの壮大な石像彫刻を独創的に並べることもあった。エミリオ・フェルナンデス（別名エル・インディオ）などメキシコの映画制作者は撮影のガブリエル・フィゲロアと組み、ハリウッドの美学とメキシコ壁画運動[*53]のシンクレティックな混合物をつくり、この伝統を持続させた。メキシコの映画監督ポール・ルデュクは、もっと後になってこの伝統を身に付けた。まず

『フリーダ・カーロ』で、フリーダ・カーロの画風に似せて映画をつくった。その後、アレホ・カルペンティエールの小説『バロック協奏曲』（一九七四年）を自由に翻案した映画『バロック』（一九八八年）でも同様のことを行った。『バロック』では、メスティサへや芸術的シンクレティズム、植民地主義のすべてが関連する。カルペンティエールの小説のようにルデュクの映画は、コロンブスやコンキスタドール〔征服者〕と同じ旅をこんどは逆にメキシコを出発地にして観客に体験させる。小説の主要な登場人物であるメキシコのメスティーソのアモとアフリカ系カリブ人のフィロメニオは、初めからラテンアメリカの文化が人種的に融合していると示唆する。メキシコ、キューバ、スペイン、イタリアの場面で観客は、南北アメリカの融合的な文化（先住民族の豊饒の儀式、黒人のカーニバル、聖週間の行進）を巡る旅をする。音楽はマリアッチやサルサ、ボレロ、フラメンコ、ヨルバ族の儀式音楽、カトリックの典礼聖歌などさまざまな様式とともにバロックの演奏が渾然一体となっている。このように『バロック』の映像や音楽は、先住民族やアフリカ人、ムーア系スペイン人、セファルディーのユダヤ人、ヨーロッパのキリスト教徒などの文化に根ざすのである。

このように融合的なのはメキシコに限らない。ベネズエラのディエゴ・リスケス監督の『オリノコ川と新世界』（一九八六年）は、アマゾンを訪れたヨーロッパ人（スペインのコンキスタドール〔征服者〕やイギリス海賊）の視点と空想をくっつけ、オリノコ川のヤノマミ族に関する民族誌的な説明と並置した。同じ監督の『あめりか・てら・いんこぐにた』（一九八八年）は、ヨーロッパにおける囚われた先住民族の長と高貴なスペイン人女性の混血にいたる過程を演出する。カリブ海地域のフェリックス・デ・ローイ監督による『エバとガブリエル』（一九九〇年）も、芸術におけるシンクレティズムの実践である。物語は一九四八年のオランダ領キュラソー島で、黒いマドンナを描こうとする黒人画家を中心に展開する。シンクレティズムは、絵画だけでなく言語でも見られる。対話がオランダ語、英語、フランス語、それにパピアメント語（オランダ語とスペイン語とアフリカ諸言語の混成語）で行われているからだ。ビデオ『シャーマン』（一九九〇年）は、合衆国の覇権を多文化的に批判する化身として「ボーダーの呪術師」ギリェルモ・ゴメス＝ペーニャを取り上げる。最後にラウル・ルイスはシンクレティズムそのものを主題にしたわけではないが、融合的でディアスポラな芸術家と見ることができる。多文化的な指針は掲げないが、自分の得意分野である世界中の神話や表現形式、小説を、すばらしい組み

50 『シャーマン』

合わせで多文化的な意味で利用するからだ。ルイスは『水夫の三枚の二五ペンス硬貨』(一九八二年)で、物語は増えても必ず中心の主題や状況に立ち戻るという、逸脱の美学を実践している。禁欲的な飢えの美学とはほど遠く、ルイスは表現形式を貪欲に吸収し、増殖させる。ズサーナ・ピックがいうとおり、『水夫の三枚の二五ペンス硬貨』は、タンピコやダカール、シンガポール、タンジールといった投錨地で、チリ南部沿岸の船乗りの伝説(大型幽霊船カルーチェなど)と、ヨーロッパの水夫の話を混ぜ合わせる。[60]ルイスの物語論的なシンクレティズムでは、全世界が描くべき物語や映像の貯蔵庫となる。

ブラジル映画は特に映画的なシンクレティズムに富んでいて、主題でも様式でもそれをくり広げる。たとえば『マクナイーマ』の冒頭の場面にも、名前は先住民族風だが肌はアフリカとヨーロッパとメスティーソの特徴があり、服装はポルトガルやアフリカの、帽子は先住民族や奥地のもので、出産の仕方は先住民族式という家族が登場する。別のブラジル映画『サンタ・バルバラの誓い』

（一九六二年）の話は、文化的象徴の改竄によって生じたカトリックの教えとカンドンブレの価値観の対立を中心に展開し、文化の衝突が始まる。たとえば、ベリンバウ（長い弓とひょうたん状の胴部と弦からなるアフリカの楽器）と教会の鐘の争いは、もっと大きな宗教的・政治的闘争を含意する。『奇蹟の家』は、バイーア州の白人エリートと彼らが支配するメスティーソの対立や、支配階級の科学とアフリカの影響を残す大衆文化の対立といった大きな闘いを隠喩化するために、オペラとサンバを対置する。ブラジル映画は、既存のシンクレティズムをただ反映する以上のことをたびたび行っており、文字を使わずにそれぞれの文化の力を対照させ、積極的に融合させている。グラウベル・ローシャの『狂乱の大地』は、タイトルの「狂乱《トランス》」を想起させるためにカンドンブレを用いる。しかし、その際「トランス状態」にあって本当に迷信的なのは、アフリカの宗教を信仰する貧しい黒人ではなく、不可思議な権力闘争に熱中する白人の政治エリートであると示唆し、これまでの連想をひっくり返す。要するに、シンクレティックなテクストは、単なる付加的な戦略なのではなく、衝突と交流の空間で文化的な要素を強調するのである。

脱身体化の詩学

近年、ディアスポラな映画やビデオ作品の多くが、ポスト第三世界主義の美学やイデオロギーにおいて、ポストコロニアルなアイデンティティの問題を扱っている。サンコファ・フィルム・ヴィデオ集団の作品『追悼の情熱』（一九八六年）は、ポスト第三世界主義言説とディアスポラなばらばらのアイデンティティを主題とする。この場合はアフリカ系英国人のアイデンティティである。一九六〇年代のやや禁欲的で闘争的な黒人の急進的民族主義者の声と、ゲイやレズビアンの「新しく」もっと陽気な声の「ポリローグ」[*54]を演出し、すべては脱現実化した再帰的な美学の枠内で行われる。アルジェリア系フランス人の作家アシア・ジェバールの『シュヌア山の女たちのナウバ』（一九七八年）や、モナ・ハトゥムの『距離の測定』（一九八八年）、エリア・スレイマンの『殺人というオマージュ』（一九九〇年）などの映画は、民族解放という旧来の大きな物語と決別し、「民族」を多言語混淆《ヘテログロッシア》の多様な道をたどってきたものとして描きなおす。これらの実験映画は反植民地主義ではあるが、民族の中や外の経験の多様性に注意を促す。文化的にまったく異なる共同体を統合したり、明らかに同じ属性の共同体を分離して、植民地主義は多くの第三世界の国民国家を人工的で矛盾した存在に変えた。〔第三世界から移住した先の〕第一世界において制作された映画は特に、商品やアイデア、人間の流動性が特徴の「多国籍化した」グローバル経済のもと、混乱したアイデンティティについて疑問を投げかける。

第三世界主義の映画には、基本的に一貫したナショナル・アイデンティティを前提とし、民族創生の過程とまったくそぐわない侵入者の植民者を排除するものが多い。一方、ディアスポラな映画は、ジェンダーや階級、エスニシティ、宗教、分割、移住、亡命といった断絶に注意を促す。その多くは革新的な物語の戦略をとり、自分の土地や歴史、身体を追放された人々のアイデンティティの複雑さを探求する。ばらばらな映画様式は、文化の脱身体化に対応している。「マイナー」文学について、孤独をロマンチックととらえず、「移住の経験を超えて可能性に満ちた世界をつくり出すために、自己の異なる部分の結びつき」[61]を書き直したものとしたカレン・カプランの考察は、亡命パレスチナ人の手がけた二本の自伝映画にぴったり当てはまる。エリア・スレイマンの『殺人というオマージュ』と、モナ・ハトゥムの『距離の測定』の二本である。『殺人というオマージュ』は、湾岸戦争中のニューヨークで監督自身の息苦しい現実を記録した作品だ。ラジオのアナウンサーが監督に電話で連絡しようとしてあきらめてしまったり、監督が（イスラエル／パレスチナの）ナザレにいる自分の家族と話そうとして失敗したり、昔の家族の写真を力なく眺めたり、留守番電話に入っていたパレスチナの状況のジョークに悲観するなど、数々のコミュニケーションの失敗を取り上げる。この映画では、独立国家の地位や帰還という大きな夢はテレビ画面のパレスチナ国旗として、土地は壁に貼った地図として、難民の帰還《リターン》（アル・アウダ）[*55]はコンピューターのキーボードの「リターン」キーとして組み立て直される。あるときスレイマンは友人からファックスを受け取る。その女友達は、アラブ系ユダヤ人である自分の家族の歴史や、イラク空爆やイスラエルに対するイラクのスカッドミサイル攻撃の最中に何を感じたか、イラクを脱出してイスラエルやパレスチナを経由し合衆国に移ったことを語る。[62]通信媒体は場所を移した人々が民族という想像を保つには不完全な手段であり、新たな移転先の国々（合衆国や英国）で居場所をめぐって争い、その国の外交政策は具体的に生活に影響する。『殺人というオマージュ』は、亡命に特徴的なさまざまな空間と時間を思い起こさせる。ニューヨークとナザレにある二つの時計のショットは、ディアスポラな主体が生きる二重の時間と空間を表す。時間の二重性は、監督の母親がスカッドミサイルにそなえてまさにその瞬間にガスマスクを装着しようとしているという字幕によって際立つ。女友達のファックスも、イラクやイスラエルの親戚と一体感を持ちながら自分は合衆国にいるという、分裂した時空間を強調する。

ビデオ作品『距離の測定』は、パレスチナ人の芸術家モナ・ハトゥムが一九八〇年代初頭のレバノンで家族と短い再会を果たし、母親との絆を取り戻す様を描く。母親が語る「過去の」パレスチナの話や、レバノンで過ごしたハトゥム自身の子ども時代、レバノンの内戦、監督と姉妹が西洋でばらばらに暮らす現在、といったさまざまな世代の断片的な記憶が結びつけられる（一九二一年の『シーク』から一九八五年の『愛と哀しみの果て』に至るまで、映画は、西洋にいる東洋人女性よりも、東洋にいる西洋人女性を見せるほうを好んだ）。母親が娘に宛てて書いたアラビア語の手紙の映像が、シャワーを浴びている母親のスライド写真に重なる。観客は、録音してあった母娘のアラビア語の会話と、監督が英語に訳して読み上げる手紙の両方を耳にする。

『距離の測定』の画面外のナレーションや手書きの文字は、地理的な隔たりと感情的な近さという逆説的な状態を物語る。アラビア語と英語のテクストや視覚、言語のやりとりは、一家がパレスチナからレバノン、英国（モナ・ハトゥムは一九七五年以降暮らしている）へ転々と居場所を変えたことを明らかにする。さまざまな土地へ少しずつパレスチナ人の離散が広がっているのだ。手紙や写真、音声テープは、追放された人々が文化的アイデンティティを維持するためにあてにならない手段に頼っていることに注意を促す。画面の外から何度も聞こえる「愛しいモナ」という母親の声は、作品のタイトルにあるようにさまざまな「距離の測定」を想起させる。一方、背後に流れるアラビア語の会話はかつて録音したものをいま再生している。セクシュアリティやパレスチナに関する会話を回想し、シャワーを浴びる母親の写真はこの場面で映るが、これも同じように過去に写したものをいま見ているのである。ハトゥムが英語で手紙を読む間、時間的な広がりは増えつづける。手紙を送り、届くまでの時間に、ハトゥムが英語話者の視聴者のために訳したナレーションの時間が加わる。それぞれの時間の層は、時間的かつ空間的な、つまり歴史的かつ地理的な距離をすぐさま思い起こさせる。そして、それぞれの対話は、正確な歴史的状況に位置づけられ、生まれ、受けとめられるのだ。

アラビア語と英語という言語も母親と娘の距離を示す。さらに母娘が離れて暮らしていることは、ある国家の断片化した存在を裏付ける。執拗な空爆のせいで母親が手紙を送れないと画面は徐々に暗くなるが、これは突然コミュニケーションが終わったことを暗示する。亡命した人が自文化に触れ続けるのは難しいとナレーションは語るが、手紙は結局、人を介して届けられる。時間と場所の交渉は、ここではきわめて重要である。母親の手紙をいま読むビデオ制作者のナレーションは、過去にレバノンで録音した会話を妨げる。背後に流れるアラビア語の会話は現在の即時性を感じさせるが、英語のもっと大きな声のナレーションが過去形で同じ会話をする。アラビア語話者の観客は、アラビア語の会話に集中し、手書きのアラビア語の文字を読もうと努めるが、英語も耳に入る。観客がアラビア語話者でない場合はこの作品のテクストをいくつか捉え損ねるし、アラビア語話者であれば競合する映像と音に圧倒されてしまう。アラビア語を戦略的に訳さない手法は、スレイマンの『殺人というオマージュ』でも繰り返されていて、こちらでは監督（本人）がコンピューターの画面に訳文をつけずにアラビア語のことわざを打ち込む。ディアスポラなメディア・アーティストはこのように、アラビア語話者でない観客に亡命者と同じ疎外感を巧妙に味わわせ、位置をひっくり返して、亡命者とその「受け入れ先」の共同体の文化交流が非対称であることに気づかせる。同時に、少数派言語を話す共同体にとっての共同体の意味を根底から変えた。これは最終的に第一世界に行き着くことが多いディアスポラな映画制作者の場合、特に示唆に富んだ戦略である。彼らは、まさに宗主国や帝国列強のせいで避難民にされたからだ。

『距離の測定』も、一種の自己民族誌として性や女性の身体の問題にメスを入れる。そのレトリックは、民族闘争という「公的領域」よりも、性や妊娠、子どもといった「私的領域」に関わった懐かしいものだ。性をめぐる女性たちの会話によって、父親は自分の気持ちより「女のたわごと」なんかが優先された、と考える。娘が母親のヌード写真を撮ると、母親が手紙に書いたように、父親はまるで娘に「自分の所有権を侵害された」ごとく、大いに機嫌を損ねた。中東のドキュメンタリー映画でも他のどんな映画でも、このような親密な会話が録画される例はあまりない（どうやって母親にヌード写真を使う許可をもらえたのか、主題は性だとどうやって切り出したのか、とハトゥムは西洋人の観客によく質問され

51・52　亡命者の身体に手書きの文字が重ねられる。『殺人というオマージュ』と『距離の測定』

る）。逆説的だが、亡命者と中東の距離が、親密な内容をさらすことを正当化する。移動や別離は、故郷という精神的な聖所に姿を変えて帰還できるようにした。母と娘はテクストという空間で再び一緒に過ごすのである。

西洋の大衆文化においてアラブ女性の身体は、フランスの絵葉書のように胸をあらわにしてヴェールを被った女性でも、ハーレムやベリーダンサーといったハリウッドの映像でも、エキゾチックな記号として機能してきた。しかしハトゥムは、女性のヌードを非難し、被植民者の女性の身体を「覆い隠す」民族主義的で家父長的な戦略をとるのではなく、民族主義を含意したより複雑な話を物語るために、光が拡散してほとんど点描のような母親のヌード写真を効果的に使う。のぞき見のような凝視を遮るため、さまざまな手法をとっている。すでにぼやけている写真の上に母親の手紙のアラビア語の文字が重ねられ、はっきり見えない。アラビア語の手書き文字は、母親の身体を「包み隠し」「横棒で隠す」ために使われたり、なかなか会えないことを隠喩化したり、音声で感じた親しみやすさを視覚的にじゃましたりする。このように手紙や対話の一節、（手や胸や腹で表された）母親の「寸断された身体」[*56]など、断片を重ねることで亡命の本質に迫るのである。ぼやけた断片の映像は、民族や家族の集団性が分散させられていることを思わせる。(63)『殺人というオマージュ』と同じく『距離の測定』は、待望の父祖の地を描くのではなく、亡命者の境界域でアイデンティティが再び創られる過程を肯定する。(64)幾層にも重ねたビデオ映像により、モナ・ハトゥムは、ディアスポラな主体の流動的で多様なアイデンティティを表現できる。

見た目のパラダイム

亡命は、自分の身体と距離をおくという形をとることもできる。支配的なメディアは、植民地主義言説から受け継いだ覇権的な美学をずっと普及させており、それは非白人の身体から色を追放する美学だ。一九六〇年代末まで規範的な美の観念を普及させたのは、圧倒的に英国系アメリカ人のファッション雑誌や映画、テレビ番組、コマーシャルが多く、白人女性だけが正当な欲望の対象であった（二番目は白人男性）。その際メディアは、白人性に長年哲学的な価値を置きつづけたのは、前述したとおりである。白人の美を理想としてあがめるヨーロッパ人は、非白人の外見を暗に貶めている。アルテュール・ド・ゴビノーは「白色人種は生まれつき、美や知性、強さを独占している[65]」とした。ジョルジュ＝ルイ・ルクレール・ド・ビュフォンによると、「〔自然は〕白人男性を作るのに最大の力を注いだ[66]」。ヨハン・フリードリヒ・ブルーメンバッハは、白人のヨーロッパ人を「コーカソイド〔コーカサス人〕」と呼んだ。コーカサス山脈こそ、最も美しい人種の原産地だと信じていたからである[67]。

第一世界のメディアだけでなく、時には第三世界のメディアさえ広めて覇権を握ったこのヨーロッパ中心の視線は、なぜイスラエルのアラブ系ユダヤ人（セファルディー）女性のようにプエルトリコのモレナ[*57]女性も髪をブロンドに染めるのか、なぜブラジルのテレビ・コマーシャルは黒人が多数派の国ではなく北欧スカンジナヴィアの国を連想させるのか、どうして「ミス・ユニバース」のコンテストでは北アフリカの国々でさえブロンドの女王が選ばれるのか、なぜアジア女性はもっと西洋人のような見た目にするため美容整形を行うのかを説明する（本書ではそのような変化に関わる行為主体に疑問を呈するのではなく、その実行に導いた思考様式に光を当てる）。ヨーロッパ中心の美学の神話的な規範は、自意識の底に棲みつき、精神に深刻な傷を残す。家父長的システムによって、すべての女性は神経症的な自己不満（拒食症、過食症、その他の外見に関わる病状）を持つよう仕向けられた。欲望の正当な理想像から特に非白人女性を排除し、抑圧した。だが近年、アフリカ系アメリカ人が中心的な役割を担うマスメディアが媒介する文化では、逆方向の動きも見られる。白人は唇を厚ぼったくし、ドレッドヘアやフェード、コーンロウといった髪型を見せびらかす。多文化主義フェミニストから見るとこのような異文化間の転移は、「国内亡命」や「流用」、変節の見本となりうるが、一方で外見やアイデンティティへのアプローチとして開放的で非本質主義的と思える。

前述したとおり、「ホッテントット・ヴィーナス」という矛盾するであろう命名は、攻撃的でヨーロッパ中心的であった。レネー・グリーンのコラージュ作品は、これと同じ「矛盾」を命名した人に向けた。カメラをのぞきこむ白人男性の写真、フープスカートを着た白人女性の胴体を描いた一九世紀のスケッチの一部、裸の「ホッテントット」の胴体の断片、「グランド・ティトン山」（大きな胸の意）の絵が並べてある。コラージュに添えられた文章は、科学的見世物の内に秘め

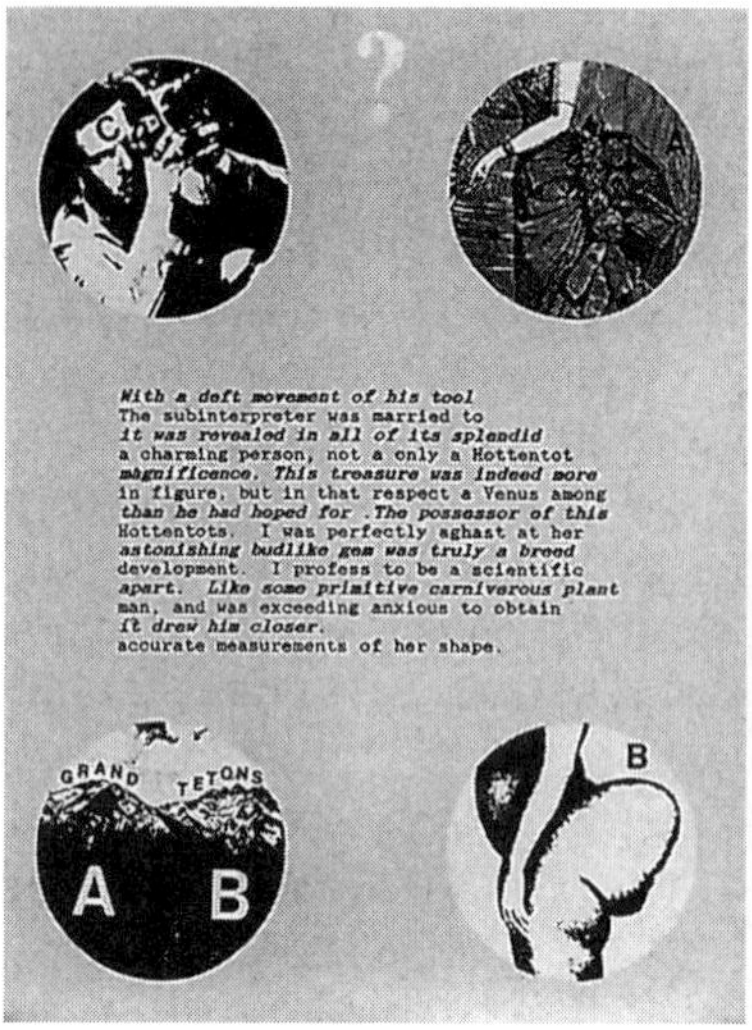

53・54　戻ってきた植民地主義的な目線。レネー・グリーンの「ホッテントット・ヴィーナス」とココ・フスコとゴメス・ペーニャの「二人の未発見のアメリカ先住民族」

た欲望に注意を促す。

副通訳は、魅力的な人と結婚しました。お相手はホッテントットというだけでなく、その中でもヴィーナスと崇められている人なのです。彼女の発育のよさには、まったく驚きました。私は科学的な人間だと公言していますし、彼女の身体の正確な測定値をぜひ知りたいと思います。

このコラージュは権力の序列を想起させる。写真の男性は、ホッテントット・ヴィーナスを測定した科学者キュヴィエを思わせる。グリーンはアフリカ人女性の臀部だけを取り上げて、白人の科学者たちがすでに誇張していたものを誇張した。当時流行したわざとお尻を大きく見せるフープスカート姿の白人女性のスケッチと彼の写真を並べ、グリーンはアフリカ人女性もヨーロッパ人女性も男性優位主義者を喜ばせるために構築されてきたとほのめかす。一方は花で身を飾り優美に扇子を持った控えめな乙女の美の極致として、もう一方は裸で粗野で肉体的な存在の見本として描かれた。後者はおそらく悦びもなく、ただ科学という厳格な規律のために見つめられるのだ。どちらのスケッチも、「グランド・ティトン山」

や自然のイメージに簡単に持ち込まれる。白人女性の隣にA、黒人女性にB、「グランド・ティトン山」(大きな胸)にはA・Bの文字が付され、カメラを持った白人男性のCには語呂合わせで「見る see」をかけている。性やジェンダー、人種についての社会的な諷刺性を強調するため、ヨーロッパ人によるアフリカ女性の表象を戦略的に使っており、一種のブーメラン法といえよう。一人の昔のアフリカ女性の偏ったイメージを、彼女の死後の告発として、一人のアフリカ系の末裔が批判的に再構成したのだ。

人種で区別された身体は、競売にかけ、強姦や焼き印、リンチ、鞭打ち、スタンガンなどで肉体的に虐待して侮蔑する対象となっただけでなく、美学的に烙印を押して文化的に抹消する対象でもあった。第三世界やマイノリティのフェミニストの映画やビデオの企画には、人種で区別された身体を容赦ない抑圧と創造的な抵抗の両方の場として前面に出し、ヨーロッパ中心の美学による精神的な暴力に対抗する戦略を示唆するものが多い。黒人の創造性は、身体を一つの「文化資本」として、ステュアート・ホールが「表象のキャンバス」[68]と呼ぶものに変えた。近年、インディペンデント映画やビデオの多くが、アイデンティティの問題を語るために人種的な女性の身体を介在させる。アヨカ・チンジィラの『ヘアピース：縮れ毛の人のための映画』(一九八五年)や、カミール・ビロップスの『老女と愛』(一九八七年)、ンゴズィ・オヌラーの『コーヒー色の子どもたち』(一九八八年)、シュー・リー・チェンの『カラー・スキーム』(一九八九年)、モーリーン・ブラックウッドの『パーフェクト・イメージ?』(一九八九年)、パメラ・トムの『二つの嘘』(一九九〇年)、ヘレン・リーの『サリーのほくろ』(一九九〇年)、キャス・サンドラー監督の『肌の色の問題』(一九九三年)は注目に値する。これらの半ば自伝的なテクストは、ヨーロッパ中心の大衆文化の複雑な経験を克服し、断片的でディアスポラなアイデンティティを表象というもっと大きな問題に結びつける。たとえば『パーフェクト・イメージ?』は、一人は明るい褐色の肌で、もう一人は濃い色の肌というイギリスの二人の黒人女優の表象や自己表象に焦点を合わせ、マスメディアが媒介する「完璧なイメージ」という理想像を皮肉り、自分は肌の色が濃すぎる、薄すぎる、太りすぎている、背が高すぎるといった具合に、すべての女性がじつにさまざまな自己不満を持つシステムを風刺する。語り手がたえまなく変わり、女性の多様性を思い起こさせる。そうすることで、アフロ・ディアスポラ共同体のカラー・ライン〔肌の色の境界線〕に沿った、本質主義的なステレオタイプ化も防いでいる。

「黒い皮膚・白い仮面」(ファノンの言葉) のような自己否定症候群は、人種的な覇権の後遺症を生む。黒人の身体は醜く獣のようだという解釈があるとすると、それに抵抗するには「黒人の美」を支持する形になる。一九六〇年代のブラック・パワー運動は、縮れ髪を誇らしげなアフロ・ヘアへと変貌させた。サンドラー監督の『肌の色の問題』は、アフリカ系アメリカ人社会における肌の色の自覚と内面化した人種主義をめぐる対立を追ったもので、おなじみの次の歌詞に要約できる。「肌が白ければ、問題ない。黄色の肌の人は穏やかだし、茶色の肌の人はいてもいい。でも、お前は黒い肌なんだから、消え失せろ」[*58] (この対立は、デューク・エリントンの組曲「ブラック・ブラウン・アンド・ベージュ」の主題である)。肌の色や髪質、顔の特徴に関する支配的な規範は、「良い髪」(真っ直ぐな髪の意)、「すぐれた容貌」(ヨーロッパ風の顔立ちを指す) といった婉曲表現や、「黒いけれど美しい」などの推測に基づいた偏見に満ちた言い回し、あるいは「ウバンギ地方の女性[*59]みたいに」ならないようにという忠告で表現される。この映画は「ブラック・イズ・ビューティフル」[*60]運動の衝撃を記録する一方で、現在を古い規範のなごりとラップ・ミュージックで蘇ったアフロセントリズム (アフリカ中心主義) が合わさり新旧が混在する矛盾した場と考える。黒人女性を黒っぽくない外見に変えるナイジェリア人の美容整形外科医にインタビューし、ラップのビデオやMTVが肌の色の明るい黒人女性に価値を置くことについて検討する。サンドラーはまた、肌の色の序列に基づく社会病理を明らかにするため、人間関係を調査する。すると肌が黒い人ほど自分には価値がなく性的な魅力がないと感じ、肌の色が明るい人ほどそれに優越感をおぼえ、自分の黒人性を黒人社会に「証明」しなければならないと考える傾向が強いことがわかった。肌の色の序列は上位から順に濾過され、兄弟や友人の間に対立の種をまくが、そのすべてをサンドラーは非常に繊細な演出ですくい上げている。

いずれの作品も、白人の美という内在化したモデルを辛辣に批判する。コベナ・マーサーは、「人種と人種主義のイデオロギーが生む問題の美学的な解消法として、大衆芸術がある」という。(69) 偶然にもこれらの映画の多くは、屈辱的な場面(「ひどい髪の毛」)と創造的な自己形成の場面の両方で、髪にとりわけ注目する。スパイク・リーは、一九九二年の映画『マルコムX』で「縮れた髪を薬品でまっすぐにする」シーンを撮る以前も、『スクール・デイズ』(一九八八年) で髪をテーマに取り上げている。女性が美しくなる過程一般を皮肉るのではなく、リーのミュージカルは「白人」（ヨーロッパ人）対黒人（アフリカ人）の美のモデルに焦点を合わせる。美容院が舞台の定型化した曲は、アフリカ系アメリカ人社会で髪のもつ政治的意味を前面に押し出す。「こんな髪になりたいとは思わない？　この髪なら男をイチコロ。……最低の髪にも長所はあるわ。セット不要のクシ要らず」と、「白人願望」のグループはアフリカ人の外見を拒否するが、政治意識を持った「ジガブー」〔黒んぼ。肌の色の濃い黒人を侮蔑する語〕はやり返す。「私の髪はクシより強いの。束ねなくても乱れない。……恥じゃないわ、黒人の誇りよ。頭の外より中を磨きな」(70)。両グループにはそれぞれヴィヴィアン・リー風のファンとハティ・マクダニエル風のファンがいるが、*61 これはハリウッドの人種間関係の表象と、それがアフリカ系アメリカ人の自己イメージに影響を与えていることを示す。この曲は、白人男性の最大の罪は黒人を自己嫌悪させたことだ、とマルコムXが断定したのは美学的に当然とする。

アヨカ・チンジィラの一〇分の短編アニメ『ヘアピース：縮れ毛の人のための映画』も同様に、身体から追放されたアフリカ系アメリカ人の歴史だけでなく、アフリカ人を自覚して自信を得るユートピアを語るため、髪とその変遷に目を向ける。美しい髪は「風になびく」と考える支配社会で、『ヘアピース』は、扱いづらい髪と、そんな髪をした元気で反抗的な人々はタイプが同じだと暗示する。アレサ・フランクリンとジェームス・ブラウンとマイケル・ジャクソンの音楽には、（サミー・デイヴィス・ジュニアからアンジェラ・デイヴィスまで）黒人の顔がコラージュされる。縮毛矯正剤、ジエル、カーラーといった品々が、モータウンの曲にのってめまぐるしく画面に現れる。黒人、特に黒人女性に、痛いほどなじみのある用品だ。この映画のナレーションや「ハッピーなエンディング」は、「自然なままのアフリカ人の美しさ」を本質的に肯定しているように見えるかもしれないが、コベナ・マーサーが別の文脈で指摘するように、「自然な髪」自体が、アフリカ的ではない。他のものと融合してできたからである(71)。一九六〇年代や七〇年代のアフロ・ヘアからコーンロウやドレッドヘア、フェードまで、アフロ・ディアスポラな髪型は「現実の」アフリカ人の髪型を真似たというよりも、むしろディアスポラなアイデンティティを新たに解釈し投影したものである。フィナーレに登場する髪型は、「ポリティカル・コレクトネス」からはほど遠く、ディアスポラな外見の多様性や、多彩な集団的身体の力強い表現を示す。この作品は、黒人が白人の美のモデルを取り入れることを風刺し、自己植民地化される恐怖や哀しみの経験がある観客に喜劇的なカタルシスをもたらすのである。(72)

一方、ンゴズィ・A・オヌラー監督の抒情的な半自伝映画『コーヒー色の子どもたち』は、人種主義に囲まれた黒人の身体について語る。ナレーターは、白人の母親とナイジェリア人の父親の間に生まれた娘が、父親の留守のせいで周りが全員白人英国人のなかで成長したつらい思い出を語る。冒頭では、この家族が受けた人種差別的な嫌がらせをほのめかす。人種主義者の一人の若者が玄関のドアに排泄物をかけるが、母親は子どもたちを暴力から何とかして守ろうと心配しているとナレーターは語る。物語は、押しつけられた枠組《パラダイム》みがどんなトラウマ的な自己嫌悪を生んだか伝える。あるシーンでは、望ましい白人性に近づこうと、娘が鏡の前でブロンドのカツラをつけて顔を白く塗る。『アルジェの戦い』は鏡を革命の道具にしたが、ここでは鏡は文字どおり白人性で黒い肌を隠すという、トラウマを抱えたアイデンティティを映し出す。人は多くの他者の目を通して自分を見るように、鏡を見るという単純な行為は、多様な自分を映し出すことが明らかになる。つまり、自分の家族の目、仲間の目、異人種の目を通して見ることであり、すべてを監視するようなマスメディアや消費文化でもある。この覇権的な美学の犠牲者が負った傷は、子どもたちが苦しみのもとの黒人性を必死にこすりおとそうとする入浴の場面で痛いほど示される。(73) この清めの儀式は出血を連想させるように画像が滲み、す早く肌をこする様子を近くから撮ったショットにナレーションが重なる。子どもの身体に刻まれた植民地主義の遺産にふさわしい映像であり、破壊的な美学の支配体制が内面化した傷を証明する。

第三世界や第一世界のマイノリティの女性は、さまざまな歴史的・性的な抑圧を経験してきたが、植民地のエキゾチックなものという地位も共通する。トゥッティフルッティ・ハット〔さまざまな果物を載せた帽子〕で美しく飾りゆれ動く身体や、ヴェールの奥からこちらをじっと見つめる扇情的な黒い瞳、加速するリズムでトランス状態に陥っていく羽飾りをつけた黒い身体として描かれる。トレーシー・モファットの『ナイス・カラード・ガールズ』はその枠組みから逃れ、現代のオーストラリアの都会に住むアボリジニの女性たちと彼女らの「キャプテン」(シュガー・ダディ〔パトロン〕)の話と、二〇〇年以上前のアボリジニの女性と白人男性の話を織り交ぜる。モファットはアボリジニ映画の使い古された慣習を問い質し、かわりに『ナイス・カラード・ガールズ』を実験的な新しい形式の映画として提示した。[74] 物語の中心に活動的で不遜で機知に富むアボリジニの女性たちを据え、エキゾチックな土地の隠喩と見なされるアボリジニ女性の身体という植民地的構造とはっきり対比させる。そうして彼女たちのプチ売春やオーストラリア人の白人男性をだまして金を使わせる「汚い」ふるまいについて複数の時間の視点を示す。現在と過去のテクストや声、映像を往き来して、彼女たちのふるまいを、植民地における他者との遭遇に典型的な非対称交易の延長に位置づける。時間的にも空間的にもまったく異なるが、概念はつながっている二つの枠組みを遭遇という文脈に当てはめるのだ。一つは過去の海（もしくは海の絵のような表象）のイメージに設定され、もう一つは現在のオーストラリアのパブに設定される。始まってまもないパブの場面で、一組のアボリジニの男女がマリファナを吸うために曇りガラスの向こうに消える。そのフィルム・ノワールのようなシルエットが映画のなかで流れるパブの音楽に合わせて揺れるとき、アボリジニの女性の胸や歯、顔について記した歴史学術誌からの引用を英国アクセントの男性ナレーターが読み上げる。過去の遭遇を思い返すことが、現在の出会いを観客が理解する要件になる。

『ナイス・カラード・ガールズ』は、「本物の」アボリジニ文化を探し求めるのではなく、罪とされることの「系譜」を描く。ヨーロッパ中心の作法から見ればアボリジニ女性は道徳心のない策士だが、入植する植民地主義の歴史的文脈と、土地と女性の両方を性的な対象とする関係は、倫理的・感情的な誘意性を変える。パブで女性たちは立ち直りの早さを見せつけるが、それは生き抜く力、周縁化の裏をかく能力だ。過去の映像が船の中や昼間の海岸なのに対して、現在の映像は夜の都会に設定され、これはアボリジニの空間が言ってみれば歴史的に「新しくなったこと」を示す。また、この作品を「復讐」の物語と見ることもできる。アボリジニの女性はオーストラリア人の白人男性をだまして、セックスと品物の「公正な」交換を夢見させ、その後金を奪って逃げるのだ。

過去（ヨーロッパ人とアボリジニが遭遇した一七八八年）から現代（一九八七年）に至る人種的・性的な関係は、映像や音楽、テクスト、ナレーションを重ねて織り合わされる。冒頭の場面では、暗い都会の摩天楼に昔の英国人「探検家」のテクストが重ねられ、ボートを漕ぐ音やリズミカルな荒い息の音も同時に聞こえる。男性のナレーションは一七八八年のオーストラリア「入植」に関する学術誌を引くが、字幕は現在のアボリジニ女性の考えを伝える。ナレーションは最初のヨーロッパ人に関わるものなのに、字幕はアボリジニ女性の集団の声を教える。映像はその字幕のほうの見方を補強しており、女性たちが自分たちを罠にかけた「キャプテン」をどう見ているか知らせるが、歴史史料を正すのではなく、人種主義的で男権主義的な攻撃への言説批判によって学説を脱構築している。

『ナイス・カラード・ガールズ』という題名も皮肉を含んでいて、この作品が、植民地のエキゾチックな対象である「すてきな」有色人種の女の子という「肯定的な」イメージをひっくり返し、「肚黒さ」という「否定的な」イメージに価値を置くことを予告している。歴史的な遭遇は、「写実主義的に」描くのではなく、象徴的にそれを喚起するものとして、反写実主義的なミニマリズムで再構築される。型にはまったセットや行き過ぎた演技、皮肉に満ちた字幕によって演出の狙いを前面に押し出し、社会学的に「信頼できる」とか倫理的に「確かな」描写だという期待に背く。映像、音、テクストは相互に増幅して文脈にあてはめられ、どんな権威ある歴史も阻止する。シネマ・ヴェリテ式のハンドカメラ、ナレーションのついた民族誌のテクスト、字幕つきの口承の物語、画面の中でひっそり使われるアメリカのソウル・ミュージックといったように、言説を記録するものを絶えず変えつづけ、一つの意味しか持たない歴史叙述を揺るがすのである。

『ナイス・カラード・ガールズ』は、言説・ジャンル・学問に関わる一連の伝統に異議を申し立てる。脱構築されたアボリジニ女性の目を通して英国系オーストラリア人の公的言説を考察し、この幾重にもぎっしり重なったテクストは、アボリジニの性に魅きつけられた好色な「民族誌」を嘲る。性的な第三世界の女性と純潔なヨーロッパ人女性という二分法を、アボリジニ女性に清純なイメージを与えて逆転させるのではなく、特定の経済的・歴史的状況に対する独創的な応答として「肚黒さ」を提示し、二項対立のやり方を完全に拒絶するのだ。

メディアの柔術

前述したように、ブラジルの「食人」運動は、ヨーロッパの支配ともっとうまく戦うために、ヨーロッパの技術をむさぼり食う芸術を求めた。「ヨーロッパ」と「ブラジル」という言葉のかわりに、「支配的」と「オルタナティヴな」、または「集団的」と「民衆的」を使えば、その批判と現代世界の関連性が少し見えてくる。食人は、自らの目的のために既存の言説を流用することによって、ある支配的言説の力を帯びるのだが、それは一種の芸術的な「柔術」により、支配に対抗する言説の力を展開するためにすぎないのだ。そのような「エクスコーポレーション」[62]は、支配文化の要素を盗み、それを対立する実践に役立つように再展開する。実際、グラウベル・ローシャの「飢えの美学」からトロピカリスモの「ゴミの美学」まで、クレール・ジョンストンのフェミニズムの「カウンター・シネマ」からヘンリー・ルイス・ゲイツ・ジュニアの「シグニファイング・モンキー」の美学やポール・ルデュクの（恐竜とは逆の）「山椒魚」の美学まで、ジャン・ルーシュの「シネ・トランス」やテショメ・ガブリエルの「ノマドの美学」からコベナ・マーサーの「ディアスポラの美学」まで、ドゥルーズ＝ガタリの「マイナー」の美学からフリオ＝ガルシア・エスピノサの「不完全な映画」やイシュメール・リードの「ネオ・ブードゥー」の美学まで、多くのオルタナティヴな美学には共通点がある。それは、マイナスに思われるものの再評価と、戦術的な弱点を戦略的な強みに変えるという、食人の対をなす考えである（「魔術的リアリズム」でさえ、魔術を不合理な迷信とする見解をひっくり返す）。

ドン・フェザーストーン監督の『ババキュエリア』（一九八六年）は、アボリジニに対するヨーロッパ系オーストラリア人の言説や政策を皮肉を込めて反転させ、「メディアの柔術」の意味するものを説明する。この映画は、アボリジニが白人の住むオーストラリアを「発見する」ことから始まる。アボリジニがはじめて見た白人「原住民」がピクニックでバーベキューを楽しんでいたことから、植民地の思い違いの事例をパロディ化して、侵略者のアボリジニはこの大陸を「ババキュエリア」（「バーベキュー・エリア」がなまったもの）と名付ける。ババキュエリアにできたアボリジニの報道番組で、アボリジニの女性レポーターが白人の「奇妙な文化」を視聴者に伝える。レポーターは人食いと社会福祉の言説を一緒にして、「典型的な白人のゲットー」の「典型的な白人の家」に暮らし、「典型的な白人の儀式」を実践する、「典型的な白人家族」を紹介する。父親が働きに行き、母親は家にいて、子どもたちは（原子爆弾など授業で）自分たちの文化を学ぶ。（年に三回、祖母に電話するなど）「家族には強い絆」が見られる。「祈りのしるしに寄付する」白人の宗教的な実践や、

「調教した馬がぐるぐる走るのを見る」ことも取り上げる。視聴者は白人が「暴力的」で(サッカーの試合の乱闘の様子が映る)、環境汚染、ゴミを好む傾向があると教えられる。アボリジニを基準にするとヨーロッパ系オーストラリア人の慣習はかけ離れており、植民地的な実践でもある。これはかつてアボリジニが対象だったが、いまは白人が対象とされる(自己表象の否定や強制的な養子縁組[*63]、移住プログラムなど)。「白人問題担当大臣」はババキュエリアの全住民に対し、白人「発見」二〇〇周年記念の祝賀会に参加するよう求める。白人の政治的抵抗は外部の扇動者の仕業だとはねつけられ、警察に容赦なく鎮圧される。白人の暴力が減っているとレポーターが締めくくると同時に、煉瓦が窓ガラスを突き破ってくる。ヨーロッパ系オーストラリア人によるアボリジニの表象が、ババキュエリアでは加害者にブーメランとなってはね返るのだ。

フィリピンのキドラット・タヒミック監督の『悪夢の香り』(一九七七年)には、武道の美学が見出せる。アルトゥール・オマルの『悲しき熱帯』のように、この映画は再帰的なドキュメンタリー調の回顧録の手法を取り、皮肉たっぷりのオデッセイを案内する。第一世界を新植民地主義化した世界の理想的な自我と決めつけることをばかにし、すべてが「ゴミの美学」を思わせる即興式である。若いジープニー運転手の話で、彼は「ヴェルナー・フォン・ブラウン博士[*64]」ファンクラブの会長で、クラブのミス・ユニバース・コンテストの栄えある責任者でもある。(あやし気な)ナレーターの他にも、タヒミックは主役として登場し、初めから新植民地主義的な依存症の兆候を見せる。竹よりも鋼鉄を、ジープニーよりもロケットを、タガログ語よりも英語というように、彼は体系的に自国のよりも外国のものを好む。心の声にすら、「ボイス・オブ・アメリカ[*65]」というラジオ番組の声が混ざる。主人公はひそかに地方の「後進性」という「罠」を飛び越え、近代性に向けて空高く飛翔したいという夢があり、これはヴェルナー・フォン・ブラウンのそそり立つミサイルが具現化している。アメリカのチューインガム業界の幹部にパリに連れてこられた主人公は、取り壊された住宅と都市の荒廃という形でヨーロッパの近代性の裏面を垣間見る。タヒミックはアメリカの愛国心を無批判に受け入れていたが、のちにそうした理想を疑うようになる。合理主義的な西洋を称賛していたが、しだいに友人のカヤが体現するフィリピンの神秘主義に手を出しはじめる。カヤは、顔が歪み胸に大きな蝶のタトゥーのある、人目を引く幻視者である。カヤは「進歩と

55　メディアの柔術。『ババキュエリア』

56　『ドラゴン殺し』

いう幽霊」に懐疑を述べ、かわりに「竹の静かな強さ」を勧める。終盤では、合理主義的な近代性とフィリピンの神秘主義、産業化し巨費を投じた退屈な商業映画と職人技の低予算で詩的な映画が対比されるが、ヨーロッパの「優位」に対する辛辣な姿勢はまったく揺るがない。また、フレドリック・ジェイムソンが示唆するように、美学に関するオルタナティヴなモデルとして、この映画はさまざまな部品を集めてつくるジープニー式のブリコラージュを提案する。その一つに外部組立ラインの異化効果[*66]があり、「誰もが楽しめる悪くて新しいことというブレヒト的喜び」である。「もう一台のジープニーは、堂々とばか騒ぎをしながら第一世界と第三世界を渡し船で行き来するような、すべての目的を対象とするオムニバス形式の乗り合いバス」[(75)]となる。

現代のビデオやコンピューター技術は、メディアの柔術を促進する。ビデオ制作者は、「飢えの美学」のかわりに最低限の費用で最大の美を獲得し、ある意味サイバネティックスのミニマリズムを展開することができる。ビデオ・スイッチャー〔映像切替機〕によって、画面を分割したり、ワイプ[*67]やインサート[*68]で縦や横に分けられるようになった。コンピューター・グラフィックスに加え、キーイング[*69]やクロマキー[*70]、マットペイント[*71]やフェーダー・バー[*72]は、画面の破砕や断裂、ポリフォニーの視聴覚的な可能性を拡げる。電子の「キルトづくり」は、登場人物を中心に直線状に紡ぐ物語と決別し、音と映像を織り合わせることができる。こうしたテクストでは、画廊の壁にたくさんの絵画が飾ってあるようにスクリーンに複数の映像が「掛けられ」、観客はどれを選ぶべきかじっくり考えることができる。目線や位置にあわせたマッチ・カット[*73]や三〇度ルール[*74]、カットアウェイ[*75]といった主流の劇映画の型にはまった従来のやり方は、多義性の増大のせいで座を奪われる。長方形のスクリーンに複数の映像が空間的に共存すると、映像が一つだけの映画を否定する可能性も高まる。ルネサンスの人文主義から続く焦点を定めた遠近法は相対化され、複数の視点で一つの視点に一体感を持つのは難しい。観客は、並んだ映像の共通点は何か、それはいかに対立しているかを判断しなければならない。視聴覚的な素材に隠れている本当の統合をしなければならない。電子工学とサイバネティックスのおかげで映像や音を気楽に何度も重ねたり合成できるようになり、革新的で多チャンネルで、ポリフォニーな美学への道を開いた。意味は、直線的な物語で要約される個人的な欲望の衝動や圧力によって生まれるのではなく、音と映像と言語が互いに相対化した層が織り合わさって生まれ

57 『論争の終わりのための序章』

るのだ。

　多くのテクストが、ハリウッド映画や民放テレビ番組に喜劇的な自己批判の作品を促し、支配的なメディアの力をそのヨーロッパ中心の前提に対峙させてメディアの柔術を行っている。エリア・スレイマンとジェイス・サルームの『論争の終わりのための序章』（一九九〇年）は、マスメディアのオリエンタリズムを陽気に脱構築する。暗殺者、テロリスト、狂信者といったメディアのばかげたアラブ人像が、風刺漫画やニュース番組、劇映画、クイズ番組からも引用される。より批判的な素材と対置して、戯画的な映像を何度も繰り返せば、ステレオタイプは自らの重みに耐えかねてつぶれる。スパイダーウーマン・シアターはネイティヴ・アメリカン（クナ族もしくはラッパハノック族）の三姉妹による演劇集団である。『太陽と月と羽根』（一九八九年）はその公演の記録で、姉妹二人が「インディアン・ラヴ・コール」[*76]を歌うネルソン・エディとジャネット・マクドナルドを真似して、ハリウッドのステレオタイプをカーニバル化する。こうしたやり方でヨーロッパ中心の枠組みをこじ開け、ハリウッドの戯画を「再インディアン化」するのだ。カルロス・アンサルドゥーアのビデオ『それが独裁だ、食べろ！』（一九八三年）は、コマーシャルやニュース、劇映画のカットを偽の報道番組に加え、ロナルド・レーガン大統領の政策とそれに黙って従うメディアの共生関係に対する批判に織り込んでいる。シェリー・ミルナーとアーネスト・ラーセンの『砂漠のブッシュ』（一九九一年）は、湾岸戦争の報道を批判するため、『アラビアのロレンス』や戦争映画、玩具、ジョージ・W・ブッシュの演説、『千夜一夜物語』風の挿入字幕など大衆文化のイメージや大量生産品を混ぜあわせる。ティアナ・ティ・タイン・ガーは、『ハリウッドからハノイまで』（一九九三年）で、B級映画のカラテ・クイーンやセクシーな東洋女性といった商業映画で自分が演じるオリエント化されたカットを自主制作の映画に取り入れ、柔術を行う。野菜を食べないとホー・チ・ミンに食べられてしまうよと子どもの頃に言われた反射的な反共産主義者から、ベトナムと米国を和解させるためのディアスポラな闘いに至る、自らの探求の旅を描いた作品である。

柔術の戦術は支配的なものをただ脱構築するか逆転させるだけで、人々はずっと受動的で寄生的な立場に置かれると反論されるかもしれない。だが、これらの作品は単に受け身なだけではないと主張したい。それどころか、オルタナティヴな感性を表現し、革新的な美学を構想している。既存の素材を異化し、再び強調して新しい方向にエネルギーを向けなおし、特定の文化の歪みや自伝的な屈折さえ伝えて、支配と服従という二項対立の外に交渉の場をつくるのだ。ともかく、柔術は唯一のオルタナティヴな戦略であるべきだと言いたいのではない。支配的なものに浸透し、支配的なものを変形させ、支配的なものを攫い、支配的なものにかわるオルタナティヴなものを創り、支配的なものを無視するなど、多様な戦略を示したい。とはいえ、周縁化の文脈で柔術はきわめて重要になる。ヨーロッパ中心主義に反対する言説は歴史的に守勢の位置に置かれてきたため、実質的に覇権主義言説と敵対せざるをえなかった。どんな支配システムも「水漏れする」だろうが、重要なのは水漏れを洪水へ変えることだ。そこで本書では、第一世界のマスメディアに批判的なテクストや、第三世界の映画やビデオ、ラップのミュージックビデオ、政治化したアヴァンギャルド、教訓的なドキュメンタリー、ポータブルカメラを持った闘争的なメディア活動家、「ペーパー・タイガー・TV」[*77]や「ディープ・ディッシュ・TV」[*78]のようなパブリック・アクセス[*79]のケーブルテレビの自嘲的なミニマリズムについて論じた。教師や評論家は、文化産業が超大作映画を届けるのをおとなしく待ったり、次のマドンナのミュージックビデオが穏健になるのを待ったり、産業界にわれわれのための政治をさせたりするかわりに、こうしたさまざまな映画やビデオを含め、より大きな視野に立って、大衆文化を創造し応援するかもしれない[(76)]。

差異や複数性に対する敬意があり、また、シミュラークル〔本物なき模像の循環〕という自分の立ち位置や、活動家の気持ちのままメディアが媒介する感性に関わるテクストを自覚した最良の柔術映画は、ハル・フォスター[*80]が「抵抗のポストモダニズム」と呼ぶ事例を構成する。ジョルジ・フルタードの『花の島』（一九八九年）は、ブラジルの「ゴミの美学」を意識的にポストモダンの美学に持ちこんだ。「地球やその社会システムについて何も知らない火星人に宛てた手紙」というこの一五分の短編は、世界の富や食糧の不均衡な分配を非難するために、モンティ・パイソン[*81]風のアニメーションや記録映像、パロディ的／再帰的なドキュメンタリーの技法を用いる。タイトルの「花の島」とは、腹を空かせた貧民が一〇分間、食べ物をあさるのが許されているブラジルのゴミの山の名前だ。この批判的な素材が豚やトマト、人種主義、ホロコーストをめぐる皮肉な話に織り込まれる（ユダヤ人がゴミのように絶滅収容所の死体の山に放り出される記録映像が使われる）。フルタードは豚とソーセージというカーニバルの古いモチーフを引き合いに出すが、ここには豚が人間よりも身体に良い食事をしているという政治的なひねりが効いている。観客はゴミを通して、社会の真実はその残りかすにあるという考察を得る。カーニバルのように周縁が中心に押し寄せるのではなく、この作品では中心が周縁をつくる。いや、それ以上に、周縁がまったく存在しない。都会の中産家庭はグローバルな関係という網の目のなか、ソーセージやトマトによって農村部の貧民とつながっているからだ。エドゥアルド・コウティーニョのドキュメンタリー『くず拾い』（一九九三年）は、ポルトガル語の原題が「ゴミの口」で、「風俗街」や「ゴミの映画」も想起させて三重に暗示している。リオデジャネイロ郊外のゴミ捨て場のおかげで暮らし、生き延びている貧しいブラジル人に軸を置いた映画だ。しかし、コウティーニョはこの人々を惨めなものとしてではなく創意に富み、皮肉っぽく、批判的な存在として示す（彼らは、何を撮影すべきではないか、どんな解釈上の間違いを避けるべきか、監督に語る）。中産階級の観客は、恩着せがましい「同情」といううさんくさい満足のかわりに、恐れずに夢を見たり言い返したりする生き生きした人々を目の前につきつけられるのだ。

だが、今のところ、抵抗のモダニズムの事例を探す必要はない。いまでは必ず視覚表現を伴うポピュラー音楽は、数え切れないほど多くの例を提供してくれる。一定の距離を置いてじっくり耳を傾ける姿勢が求められるクラシック音楽とは違い、ポピュラー音楽は行動を促し、動的で元気づける打楽器を使い、演奏者と聴衆の垣根をなくそうとする。一九八〇年代にロバート・ムッジ監督の『ブラック・ワックス』は「B級映画」として、メディアを意識した歌でロナルド・レーガンを風刺するギル・スコット・ヘロンを主演に抜擢した。ジギー・マーリー〔ボブ・マーリーの子〕やジャングル・ブラザーズ、パブリック・エナミー、クイーン・ラティファ、KRS・ワン、アレステッド・ディベロップメントらのラップのミュージックビデオも同様に、現代的な想像物《イマジナリー》のもつメディアに染み込んだ本質には気づくものの、シニカルなニヒリズムには陥っていない。マーリーの「ボールド・アワ・ストーリー」は、黒人の読み書き特訓コースを（課題図書付きで）提案する。クィーン・ラティファの「レディース・ファースト」はアフロ・フェミニズムを訴え、一方でパブリック・エナミーのラップ・ビデオ「燃えろ！ハリウッドよ、燃えろ！」はハリウッドが提供したステレオタイプのイメージを皮肉る。パブリック・エナミーの曲「縛られない」は、歴史に無関心であろうポストモダンの時代に、奴隷制という人種に基づく恐怖と、現代の警察の残忍な行為の歴史的な連続性を思い起こさせる。マンティア・ディアワラがいうとおり、これらの作品は、活気にあふれた黒人の公的領域をつくる後押しをしてきた。また、人種統合を軽蔑するが、逆に大勢の白人の崇拝者や模倣者を引きつける。(77) ブラジルでは、サンバの寓意で有名なシコ・ブアルキ・ジ・オランダや、「ボブ・ディランからボブ・マーリーへ」という曲のようにシンクレティズムの政治について音楽的な試みをしたジルベルト・ジル、「新しい世界の秩序のなか、何かが狂っている」という一節のある歌で知られるカエターノ・ヴェローゾといった知識人のポップ・ミュージシャンたちが、楽しいダンス向きの、政治的で芸術的な実践の手本を提供している。(78) この数十年、政治的・美学的な革新（と、この時期の文化や自分自身の実践についての内省）の最先端で、これらのアーティストは同時代の政治問題に積極的に関わった。興行的な意味でも、バフチン的なカーニバレスクという意味でも、彼らは「大衆的な」共同体を基盤とした知識人なのである。一方、オロドゥンやイレ・アイエといったブラジルの音楽団体は、自分のミュージックビデオをつくるだけでなく、実用的なヨーロッパ中心でない教育のためのコミュニティ・スクールを創設し、雇用先を提供するため「カーニバルの関連会社」を建てた。彼らの視聴覚に訴える音楽的なテクストは、芸術の力を見せつける。それは、社会的欲求に楽しい形を与え、新しいノリ《グルーヴ》のいいことを始め、可能性を感じさせ、国民を揺るがせる力だ。また、深く根づいているが社会的な欲求不満に訴え、大衆に向けマスメディアを媒介して欲求を具体化し、仕事や祝祭、共同体の新しい形をつくる力でもある。

訳注

＊1――アメリカ東部のペンシルベニア州に移住したドイツ系の人々の子孫のこと。英語のダッチはかつては「ドイツ人」を指した。

＊2――メソアメリカの人物彫像の一種。仰向けで肘をつき、腹の上に皿のような容器を置いて膝を立て、顔を横に向けた姿をしている。

＊3――一九三〇年代にエメ・セゼールやサンゴールらが使いはじめた、アフリカの黒人の特質を意味する語。カリブ海地域やアフリカのフランス語圏で見られた、黒人の自覚を促す文学運動の名称でもある。

＊4――古代マヤ諸族の起源神話をキチェ語で著わしたもの。原本は現存しない。マヤの宇宙観や宗教を知るうえで重要な資料。

＊5――もともとはヨルバ人の支族エグバ族のメッセンジャーを意味する「エス・エレグバラ」から来ており、それぞれに「エシュ」と「エレグア」という吉と凶を表すトリックスターとして形象化され、ブードゥー教信仰の一部として南北アメリカに伝わる。

＊6――ここでの signifying は記号論の用語ではなく、アフリカ系アメリカ人独特の言葉遊びにおいて行われる形式的な方法である。

＊7――一九世紀末に、フランスの自然主義の影響を受けて起こったイタリア文学の写実主義運動で、「真実主義」「現実主義」と訳される。この運動は文学以外にも影響を与え、現実の生活を題材とする演劇やオペラを生み出した。

＊8――「ラサ」は、インドの美学で用いられる語で、感情や雰囲気を表す。

＊9――もとは一五世紀後半にポルトガル人がガーナに建てた「サン・ジョルジュ・ダ・ミナ」砦で、のちに大西洋奴隷貿易の拠点となった。

＊10――西アフリカで日常生活の教訓や歴史上の英雄の話など、さまざまな伝承を楽器の演奏と歌にのせて伝える人々。

＊11――一九四八年、フランスの映画批評家・監督のアレクサンドル・アストリュック（1923–2016）が提唱した理論。「映画が少しずつ、視覚的

なもの、イメージのためのイメージ、直截な挿話、具体的なものが圧倒的な力を持っている状態から身を引き離し、言葉を書くときと同じくらいの柔軟さと繊細さを持つような書くこと（エクリチュール）の一手段となる」とした。この主張は大きな反響を呼び、ヌーヴェルヴァーグへとつながっていく。訳文は、堀潤之訳「新しいアヴァンギャルドの誕生――カメラ万年筆」『アンドレ・バザン研究』第一号、二〇一七年、一〇頁。

*12――アメリカの南西部（アリゾナ州やニューメキシコ州）などに居住する先住民族はプエブロと総称され、ホピ族のほか、アコマ族やズニ族など多くの部族が含まれる。一六八〇年、現在のニューメキシコでアメリカ先住民族は宗教指導者ポペを中心に、スペイン植民地支配に対して蜂起した。

*13――先導者が呼びかけ、それに応じる形で別の演者が演奏するやり方のこと。黒人音楽ではこの方法が多く用いられる。

*14――一人で演じるお笑い喜劇の役者。

*15――一九六〇年代の黒人公民権運動のなかで活動した詩人・音楽家グループの総称。

*16――アメリカのグループ・コーラスが始めた歌い方の一つ。意味のない語をリズミカルに入れてアレンジしながら歌う方法で、一九五〇～六〇年代に流行した。

*17――アフリカ由来でジャマイカに伝わる屋外の遊びで、輪になって歌い、踊る。

*18――主に黒人の間で行われる言葉遊びで、韻を踏みながら対戦相手の家族の悪口を言い合うゲーム。

*19――ベトナム語は、相手の年齢によって一人称が変わる。

*20――前と後ろの被写体を同時に鮮明に写し、画面に奥行きを感じさせる技法のこと。

*21――ブレヒトは筋や主題には還元できない演劇の本質を「身ぶり」（ゲストゥス）と呼び、それは社会的なものでなければならないとした。ドゥルーズはゲストゥスを「態度の間の脈絡あるいは結節であり……身体の直接的な演劇化を実現する」と説明している（宇野邦一ほか訳『シネマ2＊時間イメージ』法政大学出版局、二〇〇六年、二六八頁）。

*22――ブラジルの市や路上で販売されていた小冊子やパンフレット形式の民話や詩、歌のこと。

*23――クラシックの技法にブラジル独自の音楽を取り込んだ作風で知られる。

*24――バフチンの提唱した用語。民衆の「笑いの文化」のイメージ・システムとなっている美的概念。より詳しくは、ミハイール・バフチーン著、川端香男里訳『フランソワ・ラブレーの作品と中世・ルネッサンスの民衆文化』せりか書房、一九七三年を参照。

*25――カナダ・アラスカおよびアメリカに住む、ナ・デネ語族に属する先住民族を指す。ナバホ族が最も人数が多い。

*26――矛盾や違和感を笑いや個性につなげる、チカーノ芸術における感性。

*27――カントのいう「世界観」（独: weltanschauung）。世界を統一的に見ることを指すが、単なる人生観よりも広く世界を把握し、評価することなども含む。

*28――洗濯板と同じ形をした楽器のこと。通常の洗濯板とは異なり、ウォッシュボードは音が響きやすいように金属製で、表面の凹凸をはじい

て音を鳴らすリズム楽器である。

＊29――千年至福説や千年王国説ともいうキリスト教の終末論。世界の終末の日が近づくと、イエスが再臨して一〇〇〇年間にわたって平和の王国（千年王国）を支配し、その後、悪魔サタンとの最終戦争（ハルマゲドン）を経て神が勝利し、最後の審判が行われると説く。

＊30――クリシュナは、ヒンドゥー教のヴィシュヌ神の化身。クリシュナの祭りとは、毎年インド各地で行われる「ジャンマシュタミ」というクリシュナの生誕祭のことを指す。

＊31――黒人は南北戦争後に合衆国憲法が改正されるまで法律上、選挙権を持てず、その後も長らく州法などで選挙権を制限されていたが、「黒人の選挙日」（Negro Election Day）という黒人の祝日があり、その日は解放黒人だけでなく、所有者の了解のもとで黒人奴隷もパレードやさまざまな出し物に参加して祭りが行われた。

＊32――『ルーファス・ジョーンズを大統領に』に登場するラッセル・ウッディング率いるジュビリー・シンガーズのこと。

＊33――シーザー・L・バーバー著、三盃隆一訳『エリザベス朝悲劇の創造』而立書房、一九九五年、ピーター・ストリブラス／アロン・ホワイト著、本橋哲也訳『境界侵犯――その詩学と政治学』ありな書房、一九九五年を参照。

＊34――フランク・スキナーはハリウッドで長く活動した作曲家。二〇〇本以上の映画で音楽を担当した。

＊35――サンコファ・フィルム・ヴィデオ集団。一九八三年にロンドンで、アイザック・ジュリアンなど黒人のインディペンデント映画の製作者が設立したワークショップ。

＊36――ノッティングヒル・カーニバル。アフロ・カリブ系が自分たちの文化と伝統を祝うため、一九六〇年代から始めたストリート・フェスティバル。一九世紀初頭の奴隷制および奴隷貿易廃止を祝したカリブ海地域の祭りにルーツを持つとされる。

＊37――リチャード・プライヤーの作品にはライブ映像を映画化したものや、彼が進行役になって討論などを行ったものがある。

＊38――サンバ・エンヘードはテーマや物語を持ったサンバのこと。「サンバ・ジ・エンヘード」（サンバのテーマ曲）とは別物。

＊39――モデルニスモとは、一般に一九世紀後半から二〇世紀初頭にラテンアメリカで展開された近代主義文学の運動を指すが、ブラジルではやや遅れて一九二〇年代に始まった。ブラジルのモデルニスモは美学的観点から起こり、ナショナリズムまで視野に入れた文化運動として展開された。その中心人物の一人オズヴァルド・ジ・アンドラージは、西洋の文化を摂取し新たな文化を生み出す、と「食人主義」を提唱した。

＊40――ブラジルで一九六〇年代に起きた芸術運動のこと。「トロピカリスモ」ともいう。音楽や演劇、映画などさまざまな分野で、ヨーロッパの影響を受けたものとブラジルの伝統や大衆文化を合わせて発展させようとした。一九六〇年代末にブラジルで軍事政権が成立し、主な運動家が亡命すると、この運動も下火になった。

＊41――二〇世紀初頭にイタリアで起こった、美術や音楽、文学にまで及ぶ前衛主義の芸術運動で、過去の芸術の破壊と機械化された近代社会を賛美する。

＊42――1940-．アメリカの彫刻家、詩人、著述家など多岐にわたって活躍している。先住民族チェロキー出身で、一九六三年に少数民族出身の

アーティストたちの発表の場、アデプト・アート・センターを設立した。
＊43——ブラジル北東部の大衆音楽。
＊44——ドミニカの軽快なリズムのダンス・ミュージック。
＊45——ボサノヴァは、ポルトガル語で「新しい傾向、感覚」を意味する。一九五〇年代後半～六〇年代にブラジルで、ジャズの影響などを受けてサンバから生まれた。
＊46——一九四〇年代後半から一九五〇年代にかけて成立したジャズのジャンルの一つ。「クール・ジャズ」の名のとおり、知的で抑制がきいているのが持ち味。
＊47——一九六〇年代にジャマイカで生まれたポピュラー音楽で、ジャマイカや他のカリブ海地域、アフリカのさまざまな黒人音楽とアメリカのリズム・アンド・ブルースの影響を受けている。
＊48——一九五〇～六〇年代初期にかけて生まれたアメリカの黒人音楽で、ゴスペルとブルースが合わさり、発展したもの。
＊49——一九五〇年代のジャマイカで、アメリカのリズム・アンド・ブルースの影響を受けて成立したポピュラー音楽。
＊50——**1921–1992.** インド映画の巨匠。ベンガル文学の『大地のうた』をもとにした三部作の『大地のうた』（一九五五年）、『大河のうた』（一九五六年）、『大樹のうた』（一九五九年）の他、インドの文化や歴史を題材とした数多くの映画を残した。一九五六年にはヴェネツィア国際映画祭で金獅子賞を獲得し、一九六四年と六五年にはベルリン映画祭で銀熊賞を受賞するなど、国際的に有名な映画監督である。日本の黒澤明とも親交があり、インド以外にも多くの国々の映画人に影響を与えた。
＊51——フランス語圏アンティル諸島の地域的アイデンティティや特性のこと。
＊52——文部大臣にもなったメキシコの政治家ホセ・バスコンセロス（1882–1959）が一九二五年に発表した論文「宇宙的人種」（ラサ・コスミカ）に由来。バスコンセロスは、混血こそが発展のもとであるとして一九二〇年代の白人中心的な人種改良論に対抗し、メキシコのみならずラテンアメリカの人種論に影響を与えた。バスコンセロスはこの論文で、混血の人々のことを黒色人種、赤色人種（ここではアメリカ先住民族のこと）、黄色人種、白色人種に次ぐ、第五の人種と考え、これを「宇宙的人種」と称した。
＊53——一九二〇～三〇年代にメキシコで起こった絵画運動。誰でも見ることのできる個人所有でない壁画で、メキシコ革命や民族のアイデンティティを表現し、民衆に伝えようとした。題材はメキシコ革命のほか、西洋や白人の優位を否定するためもあって、インディオの伝統や混血も取り入れられた。
＊54——ジュリア・クリステヴァによる造語。自我を構成する「ロゴス（論理）」は、複数のロゴスに分離されることを表す理論。
＊55——「アウダ」はアラビア語で「帰還」を意味する語。
＊56——原語は、**corps morcellé.** フランスの精神分析学者ジャック・ラカンの言葉。幼児は自分の身体を一つのまとまったものではなく、ばらばらのものとしてとらえる、とする。
＊57——いくつかの人種が混ざった黒っぽい肌と髪の女性のこと。

＊58――米国のブルースシンガー、ビッグ・ビル・ブルーンジー（1893/1898–1958）の曲「ブラック・ブラウン・アンド・ワイト」の歌詞。人種差別の実態を皮肉ったこの曲は一九四六年にはじめてニューヨークのコンサートで演奏されたがアメリカでは発売されず、一九五一年にフランスでようやくレコードになった。訳文はピーター・バラカン『ロックの英詞を読む――世界を変える歌』集英社インターナショナル、二〇一六年、二三頁を一部変更した。

＊59――ウバンギ川は中央アフリカのコンゴ川の支流で、流域はアラブ人による奴隷貿易の供給地であった。また、平たい円盤を入れて唇を伸ばす習俗で知られるサラ族は、ウバンギ川流域に暮らす。

＊60――一九六〇年代の黒人解放運動で提唱されたスローガン。

＊61――ヴィヴィアン・リーは白人女優で、『風と共に去りぬ』のスカーレット・オハラ役でアカデミー主演女優賞を受賞した。ハティ・マクダニエルは黒人女優で、同作品のスカーレットのメイド役により、黒人初の助演女優賞を受賞した。

＊62――社会学者のジョン・フィスクが提唱した語。支配的なシステムが供給した資源や産物から、被支配者が自文化を作る過程を指す。

＊63――オーストラリアでは現在では廃止されているものの、一九六〇年代末まで白人同化政策のもと、アボリジニの子どもを強制的に親から引き離し、養子という形で白人の施設や教会、家庭に送り込む政策が採られていた。アボリジニの子どもはそのため自分たちの文化やアイデンティティを失い、白人に虐待されることもあった。このような子どもたちを「盗まれた世代」という。二〇〇八年には当時のラッド首相がアボリジニに謝罪を行っている。また、オーストラリアでは二〇〇二年に「盗まれた世代」を題材とした映画『裸足の一五〇〇マイル』がつくられ、日本でも二〇〇三年に公開された。この映画の原作の小説も日本語に訳されている（ドリス・ピルキングトン著、中江昌彦訳『裸足の一五〇〇マイル』メディアファクトリー、二〇〇三年）。

＊64――1912–1977. アメリカのアポロ計画に貢献したロケット技術者。生国のドイツで一九三六年以降、ロケット開発を行ったが、第二次大戦後にアメリカに移住し、大型ロケットの開発に携わり米ソの宇宙開発競争の指導者の一人となった。

＊65――一九四二年に設立されたアメリカ政府による国営ラジオ放送。

＊66――ブレヒトの叙事的演劇論の中心となる言葉。対象となるものを異常に見せて、際立たせ、観客に驚きを感じさせる手法のこと。見慣れたものを初めて見るものであるかのように感じさせる効果がある。

＊67――場面転換の技法で、片方から画面をふき取るように消し、次の画面をそこに出していく方法。

＊68――画面に新聞や書物、手紙などの文字をクローズアップして画面に挿入する技法。

＊69――色や明暗などを利用して、映像の一部を取り出す映像編集の技法。

＊70――色の違いを使って、別の映像を画面にはめこむ画面合成の技法で、キーイングの一種。人物などの被写体と背景を合成するときなどに用いられる。

＊71――実写と背景を合成する技法。

＊72――映像切替機の切替の速さを調節するつまみ。

＊73――ある映像の次に関連のある別の映像を持ってきてつなぐ技法。たとえば、目線にあわせた場合（eyeline match）では、登場人物が何かを見ている映像が出て、次にその目線の対象物と思われるものの映像が映るというもの。位置に合わせて別の映像を入れる場合には「position match」という。

＊74――それまでとは別の角度から被写体を写す場合、少なくとも三〇度は角度をずらして撮影する技法。

＊75――ある映像に関連する別の映像をつなぐ技法だが、最初の映像の被写体が次の映像に映っていないものを指す。

＊76――映画『ローズ・マリイ』（一九三六年）のナンバー。

＊77――ニューヨークを拠点に、アーティストや批評家が自主制作で番組を制作し、主にケーブルテレビで放映する。一九八一年に創設された。近年では、インターネットでの活動も多くなっている。

＊78――アーティストやインディペンデント系の制作者、番組制作者、社会活動家などさまざまな人々を結ぶネットワーク。参加者が持ちこんだビデオや番組を衛星放送やケーブルテレビ、インターネットで放送している。

＊79――一般には、公共の情報や地域にアクセスする権利のことだが、ここではアメリカのケーブルテレビが、一般市民が制作した番組を放映していることを指す。

＊80――1955-．アメリカの美術評論家。詳しくは、ハル・フォスター編、室井尚・吉岡洋訳『反美学――ポストモダンの諸相』勁草書房、一九八七年、ハル・フォスター編、榑沼範久訳『視覚論』平凡社ライブラリー、二〇〇七年。

＊81――斬新なアイデアとブラックユーモアが持ち味の英国のコメディ・グループ。一九六九年に始まった「空飛ぶモンティ・パイソン」というテレビ番組で人気を博し、テレビだけでなく映画でも活躍した。

第9章　ポストモダン時代における多文化主義のポリティクス

革命的なユートピアに対する期待はこの数十年でしぼみ、政治的・文化的可能性の地図の再編を促してきた。一九八〇年代以降、左派の人々でさえ、革命や第三世界主義のレトリックとは、再帰的かつ反語的な隔たりがあることに気づいている。「革命」という言葉は、物語をまとめ、解放の視点を変える危機を表す「抵抗」という言葉にほぼ覆い隠されてきた。ウラジーミル・レーニンの政治と結びつき国家や経済を乗っ取った前衛思想は、アントニオ・グラムシが提唱したヘゲモニーへの抵抗に道を譲って久しい。「革命」や「解放」といった名詞は、ほとんどが「カウンター・ヘゲモニーの」「破壊的な」「敵対する」といった反対の意味の形容詞に変化した。いまでは革命という大きな物語のかわりに、局地的な闘いという脱中心化した多様性に焦点が当てられる。階級や民族という言葉が完全に消えることはないが、人種やジェンダー、セクシュアリティに補足されたり異議を唱えられて、特権的な地位を失った。

また、政治文化は、「ポストモダニズム」と一言で表される現象を考慮しなければならない。それは、市場文化の世界的な遍在を意味し、文化と情報が闘いの重要な領域となる資本主義の新たな段階を指す。チカーノ〔メキシコ系アメリカ人〕の劇団カルチャー・クラッシュによるビデオ・パフォーマンスは、ポストモダン時代の矛盾した力学を、風刺を効かせて演ずる。急進派のチカーノとそのプエルトリコ人の友人は、政治的な指導をあおぐためにチェ・ゲバラを復活させるべくサンテリアの儀式を行う。ゲリラの完全装備をして有名なポスターから奇跡のようによみがえったゲバラは、自分が死んだ後の世界情勢の簡単な説明を求め、二人は国際主義の衰退や共産主義の挫折、資本主義者による革命の象徴の取り込みを語った。ジェームズ・ミッチェナー作らしき『チェ・ゲバラ亡き後の世界』を読みながら、チカーノのチューイーはゲバラに「良いニュース」と「悪いニュース」を知らせる。

ゲバラ　ロシアはどうしたんだ？　共産党は？
チューイー　楽しい時間は終わったよ、ホームズ。
ゲバラ　何てことだ！
ゲバラ　ベトナム戦争の勝者は？
チューイー　ベトナム人だ。
ゲバラ　（ライフルを掲げて）万歳！
チューイー　それで、ベトナム人の奴らはカリフォルニアへ行ったよ。

「何か、左翼が達成したことはないのか？」と、心配そうにゲバラが尋ねる。

チューイー　あんたが死んでから、左翼は多くのことを成し遂げたよ。チリではマルクス主義者の大統領〔サルバドール・アジェンデ〕が誕生した。
ゲバラ　（ライフルを掲げて）いいぞ！
チューイー　でも、一九七三年にＣＩＡに殺されちまったよ。
ゲバラ　何てことだ！
チューイー　グレナダにはマルクス主義政権が樹立したよ。[*1]
ゲバラ　大勝利だ！
チューイー　今じゃ、クラブメッド[*2]〔バカンス地〕になっちまったけど。
ゲバラ　くそったれ！

チューイーは、一九九〇年代の生活をゲバラに教える。

チューイー　司令官殿、狂った時代だよ。共産主義は下火になって、資本主義が人気上昇中だ……

ゲバラ　……お前は、国際主義の精神が死んだと言うのか？　マルクス同志やレーニン同志の哲学やイデオロギーは色褪せたと？　それなら（劇的な身ぶりで）、俺が山の中で死んだのはまったく無駄だったのか！（磔刑のような姿勢で腕を拡げる）

チューイー　（典型的なメキシコ人のアクセントで）おいおい、司・令・官殿、最前列にいるファシストの支持者どもに、大げさに演じる理由も唾をかける理由もないぜ！

この世代を超えた会合は、陰鬱な一九九〇年代における（ラテンアメリカの）急進主義の矛盾を説明する。大衆（las massas）はいまでは人種（la raza）を意味し、「ヒスパニックの一〇年間」[*3]は、「クアーズが出資する週末」[*4]であることがわかった。カリフォルニア大学バークレー校[*5]は「グアテマラのキチェ語の世界では共産主義者の最後の砦」としてまだ踏みとどまっているが、（ゲバラが聞いたこともない）チカーノたちは、いまやデモよりも『L・A・ロー／七人の弁護士』〔一九八六〜九四年に大ヒットしたドラマ〕に関心を示す。たとえばアフロ・ディアスポラの宗教や非白人レズビアンの性の政治学など、かつてマルクス主義革命が禁じたり無視した文化的実践や政治的展望は、TVのスポーツ番組やホームコメディと混じりあうのだ。ゲバラは、ドミノ・ピザを買収している最中に再び暗殺される。今度はボリビアの山中ではなく、カリフォルニアの都会のジャングルの中だった。彼の「ドミノ」理論は失敗し、急進的なチカーノはまたテレビを見はじめる。政治的な英雄ゲバラの死よりも、テレビで放映されるスポーツ・ヒーローの成績に関心があったのだ。

命がけで大真面目なゲバラと、自虐的なチューイーとのギャップは、ある面では、典型的なブエノスアイレス人（ゲバラはアルゼンチン訛りで話し、タンゴを踊る）と、もっと自信のない自嘲的なチカーノの差でもある。しかし別の面では、外部からやって来た帝国主義者の怪物と闘った過去の革命家と、ポストモダンという野獣のはらわた〔悪の巣窟〕の中で抵抗する現代の急進派の隔たりも反映している。ゲバラと、テレビに夢中なチカーノを隔てる歴史の溝は、ポストモダン世界の対抗的な戦略に疑問を投げかける。第三世界の民族主義者《ナショナリスト》の物語は、第一世界のマイノリティの闘いに何をもたらすのか。抵抗は、反動的な異議の政治学しか意味しないのか。「不屈の民」*6の歌がサンフランシスコ・フォーティナイナーズ〔アメフトのプロチーム〕を応援する声に遮られ、サンテリアの儀式で革命のカリスマが召喚されるとき、政治的に急進的であるとはどんな意味なのか。ポストモダン時代のメディアが媒介する喜びのために、左翼の政治はどのように交渉できるのか。解放論の文化的成果は、ワーニーマ・ルビアーノのいう「影響が及ぶ人々と商業化の間の滑りやすい地盤」をどう横断するのか。(1)最後に、ポピュラー・カルチャーは、政治的に正しいのだろうか。(2)

大衆文化とポリティカル・コレクトネス

こうした問いに答える前に、意味をめぐってさかんに議論されている重要な用語をすべて明確にしなければならない。マルクス主義や第三世界主義の言説では、「ポピュラー・カルチャー」とは「民衆《ピープル》」の文化を指し、人々を鼓舞する結束や社会の変容がじきに起こる前兆である。一方、「マスメディアが媒介する文化」は、資本主義者の大量消費や、「民衆」が商品化という機械のネジにすぎないことを連想させる。「大衆文化《マス・カルチャー》」がフランクフルト学派の文化的悲観主義や催眠状態にあるような原子化した観客を思わせるのに対し、「ポピュラー・カルチャー」は、カルチュラル・スタディーズの楽観主義や、バフチンのいうカーニバルの反乱のエネルギーを想像させる。しかし、「大衆に支持された《ポピュラー》」カルチャーも「大衆《マス》」カルチャーも、まとまった場であるとは言いがたい。「ポピュラー」を消費として見なすべきだろうか。民衆《ピープル》が消費した文化という意味で、「ポピュラー」を興行成績や視聴率に当てはめるべきなのか。それとも民衆が民衆のために創作した文化として作品を見るべきだろうか。レイモンド・ウィリアムズも警告するように、「文化」という言葉自体がイデオロギー的な地雷原に埋まっている。この言葉は、記念碑とか傑作という敬意を表す意味で使われているのか、それとも人々の暮らし方とか生活といった文化人類学的な意味で使われているのだろうか。大衆文化《マス・カルチャー》は「ポピュラー・カルチャー」と同じと見なすべきか、少なくとも組み込まれたと見なすべきなのか。ラテンアメリカや中東のポピュラー・カルチャーは、覇権的でない文化の成果と考えるべきだろうか。

本書は、大衆文化とポピュラー・カルチャーは概念的に区別できるが、相互に重なってもいるととらえる。どちらもいま現在を特徴づけ、緊張をはらみ、活力に満ちている。[3] マスメディアの訴求力は、ある程度、平等なコムニタスの文化の記憶や未来に対する希望を商品化する能力に基づく。こうしてメディアは、腹の底から笑うカーニバルを、虚像の祝祭の録音した拍手に代えようとする。しかしポピュラー・カルチャーは、もはや最新機械を嫌って農業を懐古したり、「人民よ進め」[*7]や「不屈の民」を感傷的にまた歌ったりはしない。ポピュラー・カルチャーは、政治的志向が何であれ、「自由」を賛美する人々が生みだしたものだろうと、カウチポテト族が消費したものだろうと、いまでは国家を超えてグローバル化したテクノ・カルチャーに完全に巻き込まれている。したがって、ポピュラー・カルチャーを多元的で、生産と消費の対立する過程に関わる多様な共同体間の交渉ととらえるのは理にかなっているのだ。

一方、「ポリティカル・コレクトネス〔政治的公正さ〕」という言葉は周囲に論争を巻き起こしている。この用語は、政治的に擁護できない姿勢に対する自嘲的な謝罪という本来の左翼の意味で使われているのか、あるいはさまざまなイデオロギーのお化けに対するざっくりした非難という右翼の意味で使われているのだろうか。振る舞いや言葉についてではなく、文化表象について批判的な姿勢を想像させる点で、ポリティカル・コレクトネスは一枚岩ではない。さまざまな価値の名目で使われるのだ。前述したように、メディアでリアリズムや正確さに焦点を当てるとテクストが主体に、肌の色による自己表象の問題に焦点を当てると配役と制度が主体に、「肯定的なイメージ」に焦点を当てれば登場人物が主体になる可能性がある。だが正しい左翼とは、特権のある左翼[4]だけでなく、負けた左翼でもある。肌の色がさまざまな文法的に正しくない美の可能性、すなわち、もっと平等な社会という共通の目標に向けて人々に情熱を持たせ、共同体や同盟者に対する社会的要求を結集する芸術の可能性を本書は提示してきた。よって、抑圧と解放のすべての座標軸に沿ってさらに平等な方向へ、どんな行為や言説が社会生活や表象を押し進めるのかが判断基準になる。つまり、方針の正しさや話し手のアイデンティティが問題なのではなく、エネルギーの流れる方向が問題なのである。

マイケル・デニングがいうように、ポリティカル・コレクトネスは、持続的な社会的つながりがない共同体どうしの関係を調整する、基準となる作法やしきたりが必要とされていることの表れである。ばらばらに分裂した左翼の種々異なる小グループどうしの駆け引きを管理する非人格的な規範である。(5) そのため親密さからは遠いか、そもそもないのが前提だ。しかし、多くの文化や共同体では、コレクトネス〔公正〕やポライトネス〔礼儀正しさ〕はそれ自体が距離の目印である。一方で、とんでもない悪態や愛情ある猥談は親密さや仲間意識の証となっている。過去の抑圧を考慮に入れて尊敬と相互の倫理的責任を刺激することが、ポリティカル・コレクトネスの隠れた目標である。しかし実際には、罪深いリベラルのSM的な自責や、サバルタンどうしのどちらがより虐げられているか競争に堕することが多い。変動するアイデンティティ株式市場では、被害者意識や「一歩後れた人であること」が文化資本になるのである。

ポリティカル・コレクトネスは、それが含意する概念の規制や文化の監視よりもっと曖昧な現象だ。党路線の国際主義と反植民地主義の連帯をかつては指したが、アイデンティティ・ポリティクス（人種・ジェンダー・性的指向）や環境学と融合したより地方色の強い抵抗まで、その意味が歴史的に変化した。したがって本当の問題は、なぜ今この質問をするのかであって、マスメディアが媒介するポピュラー・カルチャーに特有の成果であるポリティカル・コレクトネスを構成するのは何かではない。ゲバラとチューイーの出会いは、現代の文化評論が直面するポピュラー・カルチャーの矛盾する様相を説明する。文化評論は、ある文化的成果を取り上げてただ認めたり拒否するのではなく、現代のポピュラー・カルチャーを亀裂や関係性の文脈で、誰が何を、何のために、どんな状況で、誰のために、どのように生産し消費するのかを問わなければならない。問題となっている権力の配置や解放の思想につねに目を向けながら。

ポピュラー・カルチャーのポリティカル・コレクトネスがとても重要なのは、大きな歴史的変化の表れである。ヒステリックな右翼の非難はさておき、ポリティカル・コレクトネスの言葉自体に勢いがある。革命の陶酔が醒め、局地的な抵抗に転換すると、すでにマスメディアが媒介するテクストにあった抵抗の事例も受け入れられる批評空間が開かれた。そこでは喜びという概念でさえ公に論じられる。一九八〇年代に学問分野として「カルチュラル・スタディーズ」がさかんになったこともあって、この変容により転倒の「契機《モーメント》」を探る研究が急増した。ポピュラー・カルチャーとマスメディアの論争は、文化的成果に対するあまり純粋主義でないアプローチをもたらした。現在の急進派が、もはやシステムを拒絶せず、そのなかでさまざまに動く混乱ぎみの立ち位置にあるのは、その表れである。

支配的な制度との不安定な関係のための開放と、テクストも含めた広義の転倒の定義の採用により、ポリティカル・コレクトネスの政治は代償として「閉鎖」された。その意味で「ポリティカル・コレクトネス」は、不能の急進派の泣きごとにとどまらない。ポストモダンの闘いが増加するなか、ポスト構造主義による主体の脱中心化が「歴史の主体」を危うく無力なものへと解体しそうな知的環境で、左翼の計画を管理する試みとなる。革命の概念はジェンダー、人種、性的指向の矛盾を無視した「全体化」だと批判されてきたが、局所化した抵抗や複合的な帰属という言説は、ポリティカル・コレクトネスを並べる「不平家」によって、皮肉なことに再び中心に置かれる。ポピュラー・カルチャーの議論によくある誇張したポリティカル・コレクトネスは、革命という気高く壮大な計画を、小さな闘いに解体する局所的な徴候である。こうして縄張り争いでエネルギーは浪費されるが、解放の連携の可能性は高まるのだ。

自己表象とアイデンティティ・ポリティクス

今日のポリティカル・コレクトネスは、アイデンティティ・ポリティクスや自己表象の問題が中心の政治的雰囲気と結びついている。問題は、誰が、いつ、どのように、誰の名において語るかに関して、個人的・政治的緊張が伴うことだ。アイデンティティ・ポリティクスは周縁化された共同体に、「本当の自分を伝える」ために「自己表象」を求める。ポスト構造主義のフェミニズムやゲイ／レズビアン、ポスト植民地主義の理論は、アイデンティティの本質主義的な表明や、ジェンダー・人種・性的指向の生物学的で歴史を超越した決定を拒絶することが多いが、一方で、本質主義だと拒絶するその区分に基づいた「アファーマティブ・アクション〔積極的差別改善措置〕」の政策を支持してきた(6)。行動主義が全体化の神話を育み、理論がその神話を脱構築するという逆説的な状況をもたらす。つまり、理論と実践は、明らかに反対方向へ引っ張り合うようだ。「構築主義」の考えは人種差別や性差別、同性愛嫌悪と戦う手段だが、これを拡大解釈すると、誰か（おそらく自分自身も含めて）を本当に代弁できる人はいない、あるいは逆に、誰でも誰かの代弁ができるということになる。一方、アイデンティティ・ポリティクスは、人々は明確に社会集団に帰属し、委任された代表がみなのかわりに話すことができるとする。だが任意の共同体の代弁ができるのは、その共同体を表向き代表するのにふさわしい正式な成員に限られるのか？　抑圧の経験は、抑圧について話す権利に特別な司法権を与えるのか？　スパイク・リーが主張したように、アフリカ系アメリカ人しか『マルコムX』を撮ることができないのか？　ポール・サイモンはアルバム『グレイスランド』[*8]を制作すべきではなく、スティービー・ワンダーがつくったほうがよかったのか？　「流用」の恐れはいつ精神的な人種隔離や人種の境界の取り締まりへ変わり、他者性との相互-影響関係（チャンドラー・モーハンティーの言葉）を受け入れなくなるのか？　学術的・博物館的・芸術的・教育学的な研究は、多文化主義をただの空間と見なさずどのように「扱う」ことができるのか？　その空間ではラティーノしかラティーノを語れず、アフリカ系アメリカ人しかアフリカ系アメリカ人を語れないなど[7]、どの集団も自らを具象化した差異に囚われているのだが。また、マイノリティ集団のある成員は、どの程度まで他の成員の代弁ができるのか？　ヨルバ人だけがヨルバ人を代弁できるが、都合のよいときはヨルバランド[*9]に一週間滞在した旅行者でもヨルバ人を代弁できるという「民族当事者主義」（ポール・ギルロイの言葉）の二重の罠を、どうしたら避けられるのか？　潜在的な味方を沈黙させることなく、いわゆるマイノリティに対する不正な流用や無神経さといった植民地主義の遺産（評価と引用の力関係という学術的な意味におけるものも含む）をどうすれば長引かせずにいられるか？　反本質主義や混淆性の話でさえ、誰が、何について、誰のために、何の目的で話すのかに関わる不安を完全にやわらげることはない[8]。

　したがって、ガヤトリ・スピヴァクの「サバルタンは語ることができるか？」という有名な問いは、おそらくこう問い返されるだろう。「サバルタンでない人は語ることができるか？」と。この問いに答えるにあたり、語ることのこうした不安は非対称であると注意しておこう。伝統的に語る権利のある人々は、他者の声と競わねばならないとただ相対化されたと感じる。自分も他者を沈黙させるのに一役買っていると気づくと、長い間当然と考えていた特権を失うのではないかと怖れる。一方、権利を奪われた者や新たに与えられた者は、不安定な認められた権利を肯定しようとする。「権利を奪う」という言葉と「権利を与える」という言葉は、相関関係がある。人々は、ある軸（階級など）で権利を与えられるが、別の軸（人種やジェンダーなど）では与えられないというように、さまざまな位置を占めることができる。抑圧者か被抑圧者かという単純な二分法にかわり、支配、従属、協力といった幅広い複雑な関係性を求めよう。この連続体の両端にはたしかに、あらゆる軸で権利を与えられた集団と、どの軸でも権利のない集団がある。だが、ある人の先祖代々の共同体が必ずしもその人の力関係を決定しないように、ここでも何の保証もないのである。社会的に位置づけられた精神《プシュケー》の矛盾した性格を考えれば、絶え間なく変化する文化や精神の分野にある不協和音や矛盾により、個としての存在は妨害される。そうした分野では、メディアのように言説と声が競い合う場として主体を構築する、多元的な価値関係を生むじつにさまざまな言説が見られる。こうして個人は、上の階層にも下の階層にも一体感を持つ。権利を奪われた者が有力者に自らを重ね、有力者が自分の利害を代弁してくれると感じるのと同じように、あらゆる軸で権利を与えられた者は権利を奪われた人に自らを重ね、より重要なことに、権利を奪われた側に帰属意識を持つことがある。(9) 自己とは決して人種、階級、ジェンダー、民族の現実を否定するのではなく、それらを複雑にし弁証法的に論じるだけの、多様な言説上の形式と帰属意識の基盤となる。それが昨今、学界であらゆる語り手の帰属を「ホピ族の芸術家、白人の批評家……」など、エスニシティで分類するのが流行しているのが問題視される理由だ。ある面では、父母どちらかのエスニシティを記録し、規範として白人性をこっそりと符号化する誤りを指摘する。だが別の面では、イデオロギーや言説、自己認識、帰属などの問題を考慮せず、肌の色や出自といった最も表面的なエスニシティの指標だけを符号化するため、うまく機能しない。したがって、本当にそのようなラベルづけを追求するなら、（「チカーノを自任するフェミニストだが異性愛主義者でアナーキストの白人芸術家」というように）ハイブリッドな特性が際限なく生まれるかもしれない。

以上を勘案すると、覇権的なシステムにどれほど批判的であろうと、マイノリティ集団の視点や闘いにどれほど傾倒しようとも、サバルタンがはじめて姿を見せたことを無価値にするために、帰属する共同体が直接抑圧をされなかった一見「不適当な」語り手を求めるべきなのだろうか（そのような考えは、サバルタンの妬みを誘うかもしれない）。たまたま生まれついたアイデンティティに属することを誰も恥じるべきではないが、抑圧的なシステムや言説における積極的な役割や受動的な共謀には責任がある。[10] ポール・ギルロイも引用しているラップ・ミュージシャンのラキム・アラー（本名ウィリアム・マイケル・グリフィン・ジュニア）が言うとおりだ――「どこから来たかじゃねえんだよ、どこにいるかなんだ」[11]。同時に、「マイノリティ」が特権のある民族に対して人種偏見を持たないよう、そして特権民族の言説だけに耳を傾け、彼らの帰属を無視するよう期待するのは不当だろう。遠い祖先の犯した罪を永遠に謝罪しつづける必要はないが、何世紀もかけて溜った利益を無視することも罪だろう。特に、現在の構造的特権にその利益が「滲み出ている」場合はなおさらだ。個人はすっぱりと抑圧者か被抑圧者かという地位にはほとんどならないが、権力と優位が明確なパターンもある。個人が他の共同体のアクセントやイントネーション、民族特有の話し方、ボディランゲージ、自己提示を身につければ、言説そのものははっきり表明できる。だが、共同体の言説に精通し、いくら雄弁に擁護しても、人種や植民地の抑圧によって日常的に汚名を着せられた人々の「経験に基づいた権威」（ベル・フックスの言葉）には見合わない[12]。

　人種主義やヨーロッパ中心主義に反対する教育は、支配集団の一部に眠っていた罪の意識を呼び覚ますこともある。この罪の意識は、ジェノサイドや奴隷制、人種主義、差別に対するごく妥当な反応だが、逆効果の面もある。罪の意識を「刺激」する者に対し憤りを持つように「凝り固まる」傾向があるのだ。自分にはもともと博愛の心があり、撤退するわがままが許されると思い込んでいるため、「同情疲労」[*10]に至る。罪悪感は自己愛になり、自慰的になることもある（芸能界の処世訓では、悪口でもいいから私の話をして、となる）。そこで個人的で神経症的な罪の意識と、集団的で代償的な責任を区別したい。罪の意識よりも怒りや明晰さ、自覚、憤りのほうがずっと生産的である。多文化連合の特権的な参加者にとって、社会的な位置づけを知り、そこからの「脱退」を成し遂げるのは難題[13]である。それはヨーロッパの自己愛と特権のカントリークラブから抜けるという選択だ。神経症的な自己の拒絶でもなければ、他者の日和見的な領有でもない。しかしそれは、同時に再加盟することなのだ。つまり、比較的特権のある人々には、罪悪感に浸る以外に果たし得る役割がたくさんある。己れの環境で人種主義と闘い、権力を再構築するために活動し、スパイとして働き、周縁化された人々と提携できる。

　同様に、自分を語るのは単純な行為ではなく、複雑な過程である。女性やマイノリティ、第三世界の人々は今日、共同体のアイデンティティはいうまでもなく、一貫した主体というアイデンティティ概念が認識論的に疑わしいとする理論的文脈で語るため、とりわけそうである（「物語」や「真実」といった別の分類で見たポスト構造主義の解体と同じ過程だ）。第三世界フェミニストのこの主体の（脱）節合に対する不満は、デブラ・P・エイモリーがうまくまとめている。

女性や非白人が、白人男性との交渉のテーブルに着こうとしたまさにその瞬間、テーブルが消えたら妙だと思わない？　突然、真実や知識を求める根拠がなくなるの。私たちは、あらゆる種類の知識や真実を求めるつもりで会議室に立っているけれど、書類やコーヒーカップを置くテーブルが、そして拳を叩きつけるテーブルが、突然なくなるの。[14]

エイモリーは、民族や物語、主体性など他者が大切にしているものが消滅したと公表する都市圏中心の理論は傲慢だと非難した。[15]その意味で、ポストモダン理論の多くは、アンワール・アブデルマレクのいう「マイノリティを占有する覇権主義」の洗練された事例である。周縁化の現実を否定することは、周縁的でない人にしか許されないぜいたくである。[16]周縁が権利を主張するようになると、皮肉なことに中心はその特権の終焉を宣言する。エリザベス・フォックス＝ジェノヴェーゼは、こう述べる。

西洋の白人男性エリートが、その優位に異議を唱える女性や他の人種や階級の人々と共有しなければならなくなったとき、はっきりこのテーマの終焉を宣言したのはきっと偶然ではない……。[17]

中心にいる思想家は、ナショナルなものの力とそのインターナショナルな投影を無邪気に信じ、旧宗主国以外のナショナリズムを原始的で時代遅れだと非難する。旧宗主国の作家は、「周縁の」作家がノーベル賞を受賞しだすと、「作者の死」〔ロラン・バルトの言葉〕を告げる。いずれの「剥奪」も、すでに権利を持つ者しか使えない特権である。周縁の終わりを宣言しても、民衆から文化を、民族から権力を実質的に奪い取る仕組みは残るからだ。

では、歴史の主体になる闘いは、「主体が消滅した時代」にどのように表現すべきなのか。歴史の「主体」になるという第三世界主義の意志は、感傷を誘うとか不可解なものと片づけるべきなのか。アイデンティティの脱中心化は、特権付与と権利剝奪のあいだに境界線を引くのはもはや不可能という意味なのか。アイデンティティは少なくとも一時は地理的空間に位置づけられ、歴史的契機に「乗る」ときに形成される。「アイデンティティ」は、「生まれつきの」差異を表す固定した本質ではない。多中心的な円が重なりあう、流動的で歴史的に多様な経験から生まれる。アイデンティティと経験は媒介され、語られ、構築され、表象と間テクスト性の渦に巻き込まれるが、そのことはすべての闘いが終わったことを意味しない。ダイアナ・ファスは、本質主義を〔あえて新たに〕「展開すること」と〔既存のものとして〕「活性化すること」を区別し、本質主義へ「入り込むこと」と「堕落すること」を区別する。本質主義は必ずどこであろうと反動的だと主張するのは、間接的に本質主義を受け入れ、「まるで本質主義には本質があるかのように振る舞う」ことだ。[18]「この宣告を終わりにすること」について、ガヤトリ・スピヴァクが「戦略的本質主義」と呼び、スチュアート・ホールが「恣意的に閉ざすことを必要とする虚構」と述べたものは、たとえ多様で一貫性がなく、多少想像上の共同体も、その帰属を認めるよう求める多文化的な闘いにとってきわめて重要なのだ。

本質主義の罠にはまったり、脱構築主義を定式化して政治的に無力になるのを避けるべく、歴史的に形づくってきた親近感に基づく共同体の連合を可能にする円ははっきり重なりあうことを示そう。したがって、誰が語ることができるか尋ねるのではなく、どのように語り合うか、さらに重要なのは多様な対話をどのように進めるか尋ねるべきなのだ。われわれの声をどのように織り交ぜよう。合唱《コーラス》か、交唱《アンチフォニー》か、コールアンドレスポンスか、多声音楽《ポリフォニー》か。集団の話はどんな形でするのか。人は他者を代弁できると思い込むのは危険だが（他者に場所ごと取って代わることになる）、連合を組むという意味で他者と話したり一緒に話すのは、それとまったく違う。この場合は、人が「持っている」アイデンティティに関心があるのではなく、人が「すること」に一体感を覚える。帰属意識は交差するという考え方は、支配に対する批判および表象の重荷を共有する理論可能性や政治的必要を喚起する。それにより表象の重荷は減り、逆に表象をめぐる集団の喜びや責任は増える。連合はもちろん争いのない空間ではなく、不安定なことが多い。対話は痛みを伴い、ポリフォニーは不協和音となる。しかし、文化的ポリフォニーは、より平等なやり方で権力を再構築することに関心を持つすべての人々の多元的な対話を編成《オーケストラ》（編曲）するだろう。多才なジャズ・アンサンブルのメンバーが楽器を交換して他の人のパートを演奏するように、他者の声やアクセントを互いに取り入れるのを促す単なる共生を越えて、双方の解放の言説をさらに充実させる。力強い声は、互いに競いあうこともある。ギターの音で引き立てると、フルートはフルート以上のものに力を増すものだ。政治的には、シャーロット・バンチが「一人連合」と呼んだものの育成を意味する。黒人だけでなく白人も人種差別問題に取り組み、女性はもちろん男性もジェンダー問題に注目し、異性愛者が同性愛嫌悪に反対意見を述べ、健常者が身体障害者について語るような状況である。(19) 共通の闘いに加わる共同体の連合では、「誰のために」語るかよりも、「どのような関係性で」語るかが論点になるだろう。

交渉する観客性

ポストモダン時代は、メディアがアイデンティティの一部を形づくる。電子メディアの消費者は、実際に会ったことのない人々との共同体を経験し、先祖とはなんの関係もない伝統の影響を受けたりもする。メディアは、他者の文化をエキゾチック化するだけでなく標準化もできるし、オルタナティヴな共同体やアイデンティティをつくりだすこともできるのだ。前述したように、映画の観客性（spectatorship）は帝国の想像物《イマジナリー》を形づくるが、必ず観客性を退行させる固有のものはフィルムにも装置にもない。物語映画の強い「主体効果」は自然に生まれるとか抑えられないものではなく、歴史的に位置づけられた観客の欲望や経験、知識と切り離せるわけでもない。主体効果はテクストの外で構成され、民族や人種、階級、ジェンダー、セクシュアリティといった力関係と交差する。まったく言説的で社会的な相互関係において、メディアの観客性はテクストと読み手と共同体の鼎談を育む。たとえば特定の視聴者の意識や経験が支配的な表象に対抗する圧力を生むように、「異常な」または対抗的な読みの可能性における、相互に作用し闘う交渉の余地がある場なのだ。

映画理論は、他の差異とは対照的にほぼ性的なものに限定して焦点を当てたり、間主観的なものや言説的なものではなく心理内のものを特権的に扱って、人種的・文化的に変化した観客性の疑問を無視することがよくある。最近のメディア理論は、社会学的に区別した観客性の様態を前向きに探究するが、その際多文化主義の尺度は滅多に用いない。その映画をどこで見たかという場所、どんな歴史的瞬間に見たかという時間的な隔たり、矛盾した主体の位置どりや、観客がどの共同体に帰属するのかなどによって、観客性の性質は文化的にじつに多彩だ。たとえば被植民者のアフリカ人やアジア人が、ヨーロッパやハリウッドの映画を見るためにヨーロッパ人の所有する劇場に行っていた植民地の状況は、植民地化した主体に観客の一種の精神分裂症や二律背反をもたらした。そうした人々はヨーロッパを理想の自我と内面化しながら、一方で侮辱的な表象に憤る(たいてい抗議する)かもしれない。反植民地言説やポストコロニアル言説を表現する人のなかには、ある種の原風景として植民地の観客性について書く人もいる。クワメ・ンクルマ[*11]は、こう記す。

すばらしいハリウッドの映画物語がつめ込まれる。この武器の有効性を理解するためには、ハリウッドのヒーローがアメリカ・インディアンかアジア人を虐殺するときのアフリカ人の観衆のかっさいを聞くだけでいい。それは、植民地主義者の遺産が大多数の人々を文盲のままにしている新興諸国においては、小さな子供でさえ〔…〕、メッセージを受け取るからである。[(20)]

マルティニーク島の革命理論家フランツ・ファノンや、エチオピア系アメリカ人映画監督ハイレ・ゲリマ、パレスチナ系アメリカ人文化批評家エドワード・サイードは、みな感受性の強い若い時分に受けた『ターザン』の衝撃を書き記している。ゲリマは、〔主演の〕ジョニー・ワイズミュラーが「暗黒大陸」の住民を一掃したときに拍手するエチオピア人の子どもに触発され、「アイデンティティの危機」を思い出す。「アフリカ人がターザンの背後に忍び寄るたびに、彼に〝奴ら〟が来ることを知らせようと、私たちは声を限りに叫びました[(21)]」。ファノンも『黒い皮膚・白い仮面』で、映画的な自己同一化のあの不安定さを指摘するため『ターザン』を取り上げている。

アンティル諸島とヨーロッパで、『ターザン』の映画の上映に立ち会ってみること。アンティル諸島では、黒人の子供はニグロに打ち勝つターザンに事実上自己同一視を行う。ヨーロッパの映画館ではそれははるかに難しい。というのは白人である周囲の観客が彼を自動的に映写幕上の野蛮人に重ね合わせるからである。[22]

ファノンの例は、植民地化された観客の状況に応じて変わりやすい性格を示す。植民地が受容する文脈は、まさにこの同一化の過程を変える。他の観客が否定的な反応を示す可能性を意識すると、映画が予定した喜びから不安へ後退するきっかけになる。白人ヒーローの視線とのよくある自己否定的な同一化は、ヨーロッパ人の自我を代行する行為であるが、まるで映画館の植民地の視線で「上映」され「寓意化」されるように、特定のやり方で見られていると自覚すると、その同一化が妨げられるからだ。白人フェミニストの映画理論は、映写される女性の演技の「見つめられるべき性質」（ローラ・マルヴィの言葉）について語る。ファノンの例は、彼が指摘するように、自分の外見の奴隷になる観客自身の「見つめられるべき性質」に注意を促す。「ほら、ニグロだよ！……白人のまなざしが私を解剖する。私は凝視・染色される」[23]。

その一方で観客は、批判的な論評や敵意ある視線で見つめ返すこともできる。言葉と外見の活発なやり取りは、植民地期のエジプトやインドであろうと、現代のタイムズスクエアの映画館であろうと、公的な観客性を言説の戦場に変える。そこでは共同体どうしの「見る関係」（ジェーン・ゲインズの表現）を、聴衆が熱心に交渉する。『アレクサンドリアＷＨＹ？』（一九七九年）では、映画館は文字どおりオーストラリア人兵士とエジプト人ナショナリストのイデオロギー闘争の場となるが、その一方で、ハリウッドの夢にひたるエジプト人の主人公は、ナショナリストの指針を記号化した場面を見ている（戦艦の機関砲の前でヘレン・パウエルが「星条旗に万歳三唱」を歌う）。そうした例で明らかなように、社会的矛盾はメディアのテクストだけでなく、聴衆のなかにも存在する。一九七〇年代にジェイムズ・ボールドウィンは、自分の二つの体験を対比させた。彼のような外見の人がほとんどいない場所でハリウッド映画を見たことと、出演者が全員黒人だったオーソン・ウェルズの『マクベス』（一九三六年）のハーレム公演を見たことである。そのマクベスは「私と同じように黒んぼ《ニガー》だった。それに私は、毎日曜日、教会で魔女たちを見ていた」[24]。また、映画『手錠のままの脱獄』（一九五八年）の受け止め方が人種によって異なると詳しく語る。彼は、この作品は、人種的憎悪の本質をまったく理解していないと見なした。ハーレムの観客の反応をボールドウィンは詳細に記す。

黒人の観客が『手錠のままの脱獄』に憤慨したのは、この点だ。すなわち、シドニー・ポワチエはトニー・カーティスといっしょに鎖でつながれていながら、じつはまったく白人以上の扱いをされていたということ、そして、ポワチエの演技のまごうことない真実が、ひとつの嘘に操られていたということなのである。リベラルな白人の観客たちは、映画の最後でシドニー・ポワチエが白人の相棒を見捨てないために列車から飛び降りたとき、拍手喝采した。しかし、ハーレムの観客たちは、激昂し、どなりつけた、「列車に戻れ、ばかやろう！」[25]。

ボールドウィンは、ポワチエが列車から飛び降りたのを、彼らは憎み合っていないと白人に思い込ませるためであったと結論づける。この作品の「リベラル」な表現は、帝国や男性優位主義の救出の比喩を反転させている（ここでは、黒人男性が白人を救出する）。この作品の「リベラル」な表現は、帝国や男性優位主義の救出の比喩を反転させている（ここでは、黒人男性が白人を救出する）。人種を越えた男性の友情というユートピアの提案は、黒人をいまだ従属的な空間に置きつづける。そのような「ヒロイズム」に感動しない、黒人の意識の歴史的奥行きを想像することができないのだ。歴史映画（『ガンガ・ズンバ』一九六三年のような）では、このように観客の反応は人種の境界線で分かれる。黒人が奴隷監督を殺し反逆する場面では、黒人の観客が拍手するのはよくあることだが、白人の観客は（急進的な人でも）ためらう。そうした場合、社会的に観客の反応に違いが生じたことが明らかになる。拍手喝采、ため息、はっと息をのむなどの観客の感情表現は、「観客の位置どり」のような抽象的な言い回しに隠れた心の底の気持ちを明白にする。

マンティア・ディアワラは、黒人の観客は『国民の創生』（一九一五年）のような映画の人種主義を「黙認」できないと主張する。黒人の観客は、物語が押しつける「秩序」に反発し、D・W・グリフィスの映画の機能を妨げる。彼らから見れば、顔を黒く塗った白人俳優が演じるガスという登場人物は欲望と暴力の権化で、明らかに黒人を代表しておらず、白人の黒人に対する偏見を表しているに過ぎない[26]。一方、ベル・フックスは、黒人女性観客の「反抗的なまなざし」について語る。奴隷制と人種隔離政策の下で、黒人はまさに見るという行為のために罰せられたのであり、それが「視線とのトラウマ的関係」を生んだという。そして、白人至上主義の文化では、黒人女性の存在は女性のアイデンティティや表象、観客性を問題化し複雑にするとした。批判的な黒人女性観客は、「映画の視覚的な楽しみは尋問の喜びである」という、見る関係の理論を暗に構築するからだ(27)。

テクストも観客もずっと同じではないし、最初から決まっているものでもない。終わりのない対話の過程で映画を経験して、観客はつくりつくられるのだ。映画的な欲求は自分の心の内にあるだけでなく、社会やイデオロギーが生むものでもある。その意味で、階級とイデオロギーに基づくスチュアート・ホールの「交渉的読み」という概念は、人種やエスニシティの問題まで広げられるかもしれない。そこで人種の「支配的」読み、人種の「交渉的読み」、人種の「対抗的」読みについて明らかにしよう(28)。付け加えると、ある軸（たとえば階級）における「対抗的」読みは、社会的アイデンティティや帰属の配列による別の軸（たとえば人種）の「支配的」読みと密接に関連するかもしれない。デヴィッド・モーリーは、ホールの三分類をもっと複雑にして、観客性を「読み手の言説がテクストの言説に出会う契機(29)」と定義する言説的アプローチを唱える。観客性の民族誌がどれほど包括的でも、観客をいくつかに区別しなければならない。

1　テクスト自体が（焦点化、一人称視点の慣行、物語の構築、演出により）つくる観客。
2　（多様で進化する）技術装置（映画館、双方向性《インタラクティヴ》の家庭用ビデオデッキ）がつくる観客。
3　おなじみの観客性の文脈（映画を見に行くという社会的儀式、授業分析、シネマテーク）がつくる観客。
4　周囲の言説やイデオロギーが構成する観客。
5　具現化され、人種やジェンダーや歴史的に位置づけられた現実の観客。

要するにテクストや装置、言説、歴史はどれも作用し、活動中なのだ。したがって観客性を分析するには、各レベルの緊張関係、すなわちテクスト、装置、歴史、言説が観客をつくる多様な方法、主体や対話者である観客が遭遇をどのように具体化するかを模索しなければならない。

　オルタナティヴな観客とオルタナティヴなテクストがぴったり適合することなどない。やはり階級やジェンダー、セクシュアリティ、イデオロギーに関して緊張がある。実際、〈白人の観客〉〈黒人の観客〉〈ラティーノ／ラティーナの観客〉〈抵抗する観客〉というように、人種や文化、イデオロギーまで限定した重要な観客の概念について反論するつもりだ。第一に、カテゴリー自体、あらゆる共同体の多言語混淆《ヘテログロシア》な特性を抑えているため、社会学的に曖昧である。「ラティーノ／ラティーナの観客」とは、裕福なキューバ人のビジネスマンか、エルサルバドル人の難民か、それともチカーナの家事労働者のことか？　第二に、カテゴリーは観客自身の多言語混淆を抑える。観客はジェンダーや人種、性的指向、地域、階級、年齢と結びついたさまざまなアイデンティティ（および同一化《アイデンティフィケーション》）に関与する。第三に、社会が押しつける表層的なアイデンティティは、個人の自己認識や政治的忠誠心を厳密に決定はしない。あなたは何者か、どこの出身かという問うだけでなく、何になりたいのか、どこに行きたいのか、誰と一緒に行きたいのかと問うてもいる。観客の立ち位置の複雑な組み合わせの範囲で、特権集団の成員が被抑圧集団の闘いに自己投影するのと同じように、抑圧された集団の成員は抑圧集団に自分を重ねる（アメリカ先住民族の子どもは、「インディアン」の敵のカウボーイを応援するようしむけられる。アフリカ人はターザンに自己投影し、アラブ人はインディ・ジョーンズに一体感を持つ）。観客の位置どりは相対的である。それぞれの共同体は共通の親密さ、あるいは共通の敵に基づいて互いを特定することができる。観客は差異と矛盾で枝分かれし、変わりやすい領域に存在するのだ。

　このように観客の立ち位置はさまざまで、ひびが入り、分裂気味ですらある。観客を文化的・言説的・政治的に一貫性のないものとする見方は、一連の相違を示唆している。同じ人物に、矛盾した言説や記号が入り込むかもしれない。観客は、心理的に気が向いた、そして歴史的に位置づけられた映画を見る。覇権的な映画の観客は意識してある物語やイデオロギーを応援するが、潜在的にはテクストが提供する別のファンタジーに引きつけられる。したがって、片方をつねに抵抗する政治的に正しい観客、もう一方を文化的なカモと単純に二極分化できない。政治的に正しい観客でも複雑で矛盾に満ち、一様に発展しない。この「むらのある発展」は、一方では装置、物語、演技のカリスマ的魅力と権力の矛盾と関わりがあり、他方ではそうした魅力や権力と観客の知的・政治的な距離と関わりがある。ジョージ・スティーヴンスの古典的な帝国映画『ガンガ・ディン』（一九三九年）に対するベルトルト・ブレヒトの評価は、この点を浮かび上がらせる。

『ガンガ・ディン』で……私は、英国の駐留軍が先住民族と戦っているのを見た。……インディアンは原始的な生き物で、滑稽であり邪悪だった。英国に忠誠を示すときは滑稽で、敵対するときは邪悪なのだ。……一人のインディアンが同胞を英国に売り渡し、自分の命を犠牲にしてみなを破滅させ、観客の心からの称賛を得た。私も深く感動した。ふさわしい場面で拍手し、おもしろいと感じたのだ。その間ずっと、何かが間違っていること、インディアンは原始的でも無教養でもなく、すばらしい古くからの文化を持つこと、そしてこのガンガ・ディンなる人物が……同胞には裏切り者に見えることに気づいていたのだが。(30)

異化効果を提唱したこの理論家でさえ、神話をでっち上げる帝国の強力な仕組みと感情的に距離を置くことはできなかったのだ。

観客が差異や矛盾が拡大する場であるとは、それとは反対の、人種を超えた同一化や連帯の想像といった接合するプロセスが起こらないという意味ではない。レイモンド・ウィリアムズの説を修正して、映画館の中だけでなく外にも「感情の類推的な構造」があると主張したい。社会認識や歴史経験の類似性をしっかり認めるなり漠然と感じるなりして、社会的・政治的・文化的状況を越えた、映画の同一化の構造について議論しよう。観客性は、社会学的に区分されていない。多様な共同体は、互いに共鳴し合うからだ。ある人にとって自分の共同体が表象されない状況では、類推的な自己同一化は代償的な表現手段となる。マイノリティ集団の成員がスクリーン上に自分を探して見つからない場合、スポーツの試合で負けたチームが他のチームを応援するように、別の似たカテゴリーに自己投影しようとするだろう。異人種間の結婚を描いたラリー・ピアース監督の『わかれ道』（一九六四年）は、この類推的過程の心が痛む物語の事例を提供する。この作品に登場する黒人の夫は、ドライブイン・シアターに西部劇を見に行き、人種差別に基づく軽視に腹を立てた。その怒りを投影して、自分と同じように苦しんでいるインディアンに声援を送り、カウボーイを憎む。西部劇の植民地主義的言説を「その意に反して」読み、連帯という想像の空間に置かれるのだ。

メディアにおける観客性の空間は、本質的に退行や疎外とはほど遠く、政治的にどっちつかずである。一九七〇年代に発展した装置論や支配的な映画理論は画一的で偏執的ですらあり、装置の進歩的な配置や抵抗のテクスト、「異常な読み」を考慮しなかったと当然の批判を受けた。「装置」という言葉は、圧倒的な映画の仕組みを連想させる。巨大な操業や歯車の組み合せを思わせ、観客はチャップリンの『モダン・タイムス』風の言い訳さえ認められない。しかし、日常の観客性はもっと複雑で、複数の要因によって決まる。野次を飛ばし、ばかにし、皮肉に嗤い、風刺が効いた受け答えをする好戦的な聴衆だったり、それを見たことがある人は、観客を強力な装置の受け身的な客体として描くことはまずない。臨機応変な言葉のやり取りを好む共同体では、聴衆は画面に向かって（お互いも）論評し、共同体の存在そのものを肯定する。[31] 見世物がスクリーンから聴衆の側に移ると、映画から物語は消え、時おり本格的な対話が始まる。野次や拍手のようなパラ言語的な表現は、距離を隔てる効果を生む。観客が参加すると、映画の経験が変化するのだ。

また、超大作をつくる映画装置は、オルタナティヴな映画を観客に提供することもできる。冒険映画が帝国の自己陶酔を助長する一方、他の映画はさほど逆行しないイデオロギーの主体にこびへつらう。ハリウッド映画すべてが反動的なわけでもない。覇権的なテクストさえ、ハリウッドで「マーケット・リサーチ」といわれる、多様な共同体の欲求と交渉しなければならない。フレドリック・ジェイムソンやハンス・マグヌス・エンツェンスベルガー、リチャード・ダイアー、ジェーン・フォイヤーはみな、あるテクストやメディアに対する公衆の関心を説明するには、既存の社会関係と共謀するよう人々を陥れる「イデオロギー効果」だけでなく、こうした関係を越えて到達するユートピア・ファンタジーの核心も探さなければならない、と主張する。こうしてメディアは、現状の範囲内で望まれたり欠けているものを満足させる投影として、自らを構成するのだ。インディ・ジョーンズやランボーのような帝国主義者のヒーローでさえ、抑圧者としてではなく、被支配民族の解放者と位置づけられているのはその表れだ。映画は、地位向上の夢を育んだり、社会変革を求める闘いを励ますことができる。病院や公民館、コミュニティ・センターで上映されるオルタナティヴな映画のように、状況が変われば読みも変わる。対立は、個々の観客と作家や映画の間にあるだけではない。それぞれのやり方で多様な映画を見る、さまざまな状況の各共同体の間にもあり、個人対社会の比喩をくり返すのだ。

スパイク・リーの『マルコムX』（一九九二年）のある場面は、観客性のこうした多様化を例証する。それは列車の場面で、従属的で人に仕える役割と旅をするチャンスを黒人に思い起こさせるクロノトポスである(32)。若いマルコム・リトルは「サンドイッチマン」の制服を着た三人の初老の黒人ウェイターとともに、ジョー・ルイスとビリー・コンの試合[*12]をラジオで聞いている。ウェイターたちは、あたかもリングサイドにいるかのように、ルイスの動きを真似た。白人の上司がやって来ると、素早くいつもの従属的な役割に戻った。ルイスと同じように、「死んだふり」をして好機を待ったのである。彼らは、一人の黒人男性が一人の白人男性に身体的に勝利するのをわがことのように味わい、黒人共同体にとっての象徴的な報復の瞬間を楽しむ（歴史的にそうした瞬間は、「安全弁」以上の役割を果たした。勝利の後、黒人は大喜びして威勢がよくなることが多い。たとえば、一九一〇年のジャック・ジョンソンとジェームス・ジェフリーズの試合後は、南部のあらゆる州と北部の多くの州で、人種間衝突が起きた[*13]）。『マルコムX』で、ウェイターの「見物人」が孤独な観察者でないことは重要である。彼らは一斉に反応し、動き、身ぶり手ぶりする。車椅子に縛りつけられた『裏窓』（一九五四年）の主人公L・B・ジェフリーズのような、見世物を一人きりで見張る、受け身ののぞき趣味のモデルとはほど遠い。ジェフリーズのようなのぞき趣味やのぞき見的な映画が「ふつう」な社会的孤立ともかけ離れている。強い孤独をともなう細分化は、いわば大量消費型でない関与をすべて否定する。しかし、『裏窓』では、最初は無感動だったジェフリーズでさえ、つかの間の観客性のコムニタスにおいて、自分が目撃したり、その経験を他の「観察者」（リサとステラ）と共有することで、「生き生きしだす」。観客の覚醒と同一化というこの一般的な現象に、スパイク・リーの作品はさらに怒りと社会的抑圧という展開を加える。黒人ウェイターたちは、職場である調理室を一時的に解放された場に変える。そこは、ひそかな希望やシナリオを明示できる、言説的な自由のオルタナティヴな空間である。（身体的な）闘いをさかんに真似ることで、彼らは個人の内面的な抵抗から、抵抗の実践の社会化へ移行しはじめる。

しかし、映画の受け止め方についての純粋に認知論的なアプローチは、そうした差異のための空間をほとんど認めない。

自分に不利な話に観客がどう一体感を持つのかは、考察しないのだ。コノテーション〔言外の意味〕よりもデノテーション〔明示的意味〕に特権を与えて、「人種的なスキーマ」とか「民族的に歪んだ認知」といったもののための余地は、認知モデルにはほとんどない。たとえば映画に白人警官が登場すると、安心や守られていると感じる「解釈の共同体」もあれば、苦い記憶や脅威を感じる共同体もあるだろう。映画に対する異なる反応は、歴史的経験や社会的欲求が違うことの表れである。中東で上映されたオリエンタリズムの映画に対し、観客が華麗な西洋のファンタジーだと喜んだり、現実を歪めていると苛立ったりすることをどう説明するのか？　反米的なレバノンで、『ランボー』がアメリカ帝国主義の所産ではなく、軍人らしい勇気の模範と受け取られることがあるのは、同一化の置換のせいなのか？

知覚自体が歴史に埋め込まれている。同じ映画の映像や音声が、共同体が異なればまったく別の反響を呼び起こす。ラシュモア山の場面（たとえば『北北西に進路を取れ』一九五九年）を見ると、ヨーロッパ系アメリカ人は建国の父たちの姿を懐かしく思い出すが、アメリカ先住民族は土地の収奪と不正義という感情がわく。『オクラホマ！』のテーマソングの「ここがおれたちの故郷。雄大なこの土地が」という歌詞は、居留地に拠点を置く先住民族にどういう意味に聞こえるだろうか？　家族で教会を訪れたり、登場人物が十字を切り、教会の鐘が結婚や人の死を告げる場面は、たとえ対話の相手がキリスト教徒でなくても、少なくともキリスト教の文化に親しんでいる人には、同じように語りかける。しかし、ある観客にとって規範を再確認する映像が、別の人に排除の意味に受け止められるかもしれず、ユダヤ文化という特定のケースにおいてさえ抑圧の意味を持つようになる（たとえば東欧ユダヤ人の詩では、教会の鐘は危険を意味することが多い(33)）。それぞれの共同体が、国民の祝日（アメリカ先住民族にとっての「感謝祭」[*14]）とか宗教儀礼（ユダヤ人やムスリム、仏教徒にとってのクリスマス）のような象徴的な行事に違う反応をするとしたら、媒介された表象にも多様な対応をするだろう。この意味で多文化的な視聴覚教育は、テクストの「普遍的」な規範を問題として、向きあい方について隠れた前提を明らかにする。

対抗的読みに関する限り、観客に批判的に読むよう「前もって教え込む」特定の文化的・政治的な心構えに左右される。そのため、テレビの視聴者が大衆の記憶に基づいて悪意ある「転倒した」読みをすると見なすジョン・フィスクのような理論家の耳に快い主張は疑問に思う。フィスクは、テレビの視聴者を「カウチポテト族」や「文化的なカモ」に矮小化したり、受動的で毎晩注射を打たれて薬漬けになった患者と見なす「皮下注射モデル」を当然ながらはねつける。たとえばマイノリティは、支配的なメディアの人種主義を「見破る」というのだ。だが、権利を奪われた共同体が抵抗の視点で支配的な番組編成を脱コード化できるとはいっても、それは自分たち集団の生活と歴史の記憶が別の理解枠組みを提供するときだけである。湾岸戦争を例にとると、アメリカ人視聴者の大半は非白人も含め、一連の出来事を解釈するのに役立つ別の尺度、特に中東における植民地主義の遺産とその独特の複雑さの理解に根ざした見方をしなかった。以前からオリエンタリズムの言説や、永続する帝国の想像を刷り込まれていたので、政府が選び与えたどんな見解も信じた。このように合衆国の人種主義の犠牲者のなかには、抑圧をめぐる植民地的／国際的形態の類似性および国内的／国民形態の類似性の連鎖を忘れさせるため、帝国主義の物語を黙認するようメディアに丸め込まれた人もいたのである。

　世界がますます国境を越えるなか、メディアの観客性は、ナショナル・アイデンティティや共同体意識、所属する政党に複雑な影響を与える。さまざまな民族の欲求との交渉は、ある程度映画に組み込まれた。とりわけ国内市場が強くない映画業界は、他の民族の想定される反応も考慮しなければならないからだ。集団の記憶と欲求は、ある種の越境文化《トランスカルチャー》的な場で互いに出会うことがある。移民や難民、亡命者は、映画やテレビ、ビデオデッキのおかげで失った祖国の風景や、子どものころ耳にした言葉を浴びることができる。メディアと亡命者は、ハミード・ナフィーシーのいう「リミナリティ」[*15]の空間で交わる。そこは、「祖国でも受け入れ社会でも文化的コードが矛盾し、抵抗し、ずらし、隠れ、重複し、転倒さえ」する場だ。[34] アラビア語、ヒンディー語、ペルシャ語のビデオテープが字幕なしで合衆国の地方の食料雑貨店で販売されていて、それは想像の共同体を強固にし、時には島国性への欲求と「ここにいること」の否定を示唆する。イラン人亡命者のテレビ番組『パランドゥーシュ』などは、地図や風景、詩で祖国への郷愁をかきたてる。イラン文化に伝統的に作用してきたとおりの亡命の理論枠組み《パラダイム》を思わせる。視聴者は、民族的にコード化した土産物や絨毯、旗、アロマ製品、手工芸品で溢れた番組セットの視点からこの番組を理解する。[35]「オリエント」を公式に敵視する周縁的なイスラエルのアラブ系ユダヤ人（ミズラヒーム）は、エジプトやトルコやインド、イランの映画を見て、公的領域では許されない中東や北アフリカに対する共通の郷愁を解放するのだ。国境を越えた観客性は、「国内移民」という想像物《イマジナリー》を育み、未来志向の欲求の空間をつくることもできる。「どこかよそ」でも生きていけるという感覚を積極的に具体化し、現地の住まいと名前を与え、他の国でも「ハッピーエンド」になる可能性を想起させるのだ。さまざまな国家《ネイション》や民衆《ピープル》のあいだの不公平な力の配分を考えれば、そうした動きは一方向的なことが多く、どこかよそを求めても、たいてい永住ビザ関連の法律や国境警備にくじかれる。つまり異文化間の観客性は、単なる共同体どうしのユートピアの交換ではなく、権力の非対称性に深く埋めこまれた対話でもあるのだ。

　さまざまな民族が入り混じるという世界の主要大都市の特徴は、映画を見に行くことを意義深い多文化的な経験に変える。たとえばニューヨークやロンドンやパリでさまざまな人種からなる観客に「外国」の映画を上映すると、冗談に笑ったり引用を理解できる文化的な「身内」と、突然の立ち位置の混乱を経験する「よそ者」との間でズレが生じる。当該の文化や言語に精通していない人は、自分の知識の限界や、外国人という潜在的な地位に間接的に気づかされる。こうして第一世界の人々は自国にいながら、第三世界やマイノリティの観客に共通の経験を分かち合うことになる。「この映画は私たちのためにつくられたものではない」と感じさせるのである。

　観客性があるレベルで構築され決定されるとしたら、他のレベルでは開放的で多様な形態を持つ。映画の経験は専制的なだけでなく、遊びや冒険の面もある。複数の「突然変異した」自己を形成し、さまざまな主体の位置を占める(36)。映画館やカメラや映写機、スクリーン上の演技など映画の装置は観客性を「二重にする」。また、非常にありふれたモンタージュですら視点は多様となり観客性は広まる。映画の「多様な形の同一化としての投射」（エドガール・モランの言葉）は、あるレベルでは地域の道徳観、社会環境、民族的帰属の決定を超越する(37)。観客性は、夢と自己形成の境界空間《リミナル》となり得るのである。その心理的なカメレオン主義により、ふだんの社会的位置はカーニバルのときのように、一時的に括弧に入れられる。

　現代の観客性とメディア教育は、視聴覚技術が変化した点も考慮しなければならない。これらの技術のおかげで、映画になじむモデルを世界で探す手間が省ける。抽象的な理念やありそうもない夢に、目に見える形を与えることができる。

映像はもはやコピーではなく、双方向の回路のなかで自らの生命や活力を獲得する。電子メールによって、見知らぬ者どうしの共同体でテクストや画像、動画をやりとりできるようになった。新しいタイプの国際的な教育が可能になるのだ。コンピューター・グラフィックス、双方向性技術《インタラクティヴ》、「バーチャル・リアリティ」は、社会的位置をかつてないほど広範に「括弧に入れる」。サイバネティックな疑似空間では生身の体は現実世界にとどまるが、コンピューター技術は、サイバー空間の主体をシミュレーションの末端世界へ投影する。視聴者は受動的な位置からより対話的な位置へ移り、臨場感は飛躍的に増大する。そのため人種やジェンダーで区別された感覚上の肉体は、理論的にはバーチャルな視線を備えることができ、アイデンティティの旅に出かけるのだ。たとえば、国境警備隊に追われる「不法入国者」とか、一九六〇年代初頭に警察にひどく叩かれる公民権運動のデモ隊を体感するバーチャル・リアリティやコンピューター・シミュレーションが、相互理解のための多文化教育に用いられるだろうか。だが、こうした新しい技術の経費を食いつぶすのは主に企業や軍隊なので、過度に信ずるのは単純だろう。制度をつくり、広め、商業化した人が実権を握るのは世の習いだ。[38] また、世界の技術がどれほど高度になっても、共感を保証したり、政治に関与するきっかけにはならない。歴史的慣性となっている人種や階級、ジェンダーの階層化は、そうたやすくは消えない。人種差別に反対する教育は、共感だけに頼るべきではない。人は、抑圧を「経験してみる」かもしれないが、結局、「それが人生だ」とか、「神様、私じゃなかったことに感謝します！」と言うだけなのだ。気持ちを伝えることだけではなく、構造的な理解や変化への関与を進めることが重要である。

ポストモダン文化では、メディアは課題を設定し議論を組み立てるだけでなく、欲求、記憶、空想を歪めもする。大衆の記憶を操作し、その活力を抑えたり刺激したりするのだ。それゆえ、メディアの慣行や教育を発展させるのが目標であり、[39] それによって変革と解放の実践の一環としてさまざまな主観性が生活の中に示されそして分析されるだろう。これまで議論してきたように、テクストが正しいかどうかよりも、権限を与える方向で欲求を結集するほうが重要なのだ。ポリティカル・コレクトネスは欲求を無視し、人間どうしやテクストと聴衆の間主観的な関係に気づかないふりをする。したがって、メディアの受容というリビドー経済を考えると、解放を目的とした個人や集団の欲求をいかに具体化するのかが問題となる。ヨーロッパ中心でない教育は、その意味で、フェリックス・ガタリのいう主観性の「生産機械」と「集合的変異」に注意を払わなければならない。右派は、主観性の超自我的で「保守的な再領土化」を助長しようとするので、平等主義の方向に変化を求める人は個人や集団の欲求をどう具体化するのか、知っておく必要がある。

マスメディアの急進的な教育は、自分たちが伝える文化的なさまざまな声に意識を高める。それは、「画面の外」の覇権的な声でもあり、押し殺したり抑圧された声でもある。ユートピアの実現を妨げ、時には想像さえ阻むマスメディアの構造的な障害を指摘しながら、歪められたユートピアの底意を見分けるのが目標である（くり返しになるが、「ユートピア」という言葉で「進歩主義的」な大きな物語《メタナラティヴ》を要約するのではなく、日常生活の不満から生まれた「批判的なユートピア」に言及し、その可能性を再考したい[40]）。そうしたアプローチは、何を聞くか選択する傾向のある大衆文化に対抗するだろう。また、マスメディアが媒介するテクストの批判的でユートピア的な可能性は、そのテクスト自体のなかで半ば否定されたり抑圧されても、回復するだろう。争点は解釈を押しつけることではなく、テクストの包み隠した声を明らかにすることだ。低音部を引き出し、高音域をクリアにし、音質を増幅するなど、録音した音を再構成する音楽スタジオのミキサーの仕事にどちらかと言えば似ている。

また、教室をハイジャックしたりメディア・テクストを乗っ取る形で、一種の教育学的な柔術も論じる。教師や生徒は、ビデオデッキを活用して、マスメディアのアーカイブを漁ることができる。ヨーロッパ中心的なテクストを再読し、書き直しさえするために、もともとの文脈と切り離すことができるのである。生徒は、受け身の観客のままでいるのではなく、別の視点で脚本を書き直したり再編集して、古典作品を「正典の地位から引き摺り下ろす」。たとえば『模倣の人生』（一九三四年）でクローデット・コルベールが演じた白人の視点ではなく、ルイーズ・ビーヴァースやフレディ・ワシントンの役の視点を想像して、論文を書いたりビデオを制作するかもしれない。『捜索者』（一九五六年）の、「スカー（北米先住民族の女性・妻を指す語）」という明らかに目立たないサバルタンの視点で映画をつくるかもしれない。どんなジャンルも見直しうる。西部劇はホピ族やシャイアン族の視点から、ハリウッドのミュージカルはアフリカ系アメリカ人の視点から、「英国領インド帝国を懐しむ」作品は反植民地主義の視点から、書き直すこともできよう。画面を分割し、映像にナレーションをつけ、画面を一時停止し、新しいナレーションを加え、音楽を変えるといったビデオ編集の技術は、視聴覚的に視点の衝突を演出できるだろう。

アウグスト・ボアール[*16]も、さまざまな様式が入り混じった教育論を採用した。著書『被抑圧者の演劇』でボアールは、演劇を三つのモデルに分けた。一つはアリストテレス型で、観客が自分のかわりに考え行動してくれる登場人物に権力を委譲する。次はブレヒト型で、観客は考える権力は保持するが、行動する権力は諦める。最後はボアール型で、観客は考える権力も行動する権力も行使する。ボアールは、観客を「観客兼役者」に変えようとした。教室は演劇空間となり、生徒は、ある登場人物が社会的な抑圧にどうすればもっとうまく対処できるか案を出し、場面を中断することができる(行動《アクション》=演技がフィクションであることは問題ではない。ボアールは、「重要なのは、それが行動=演技であることだ」と強調する[41])。

映画とメディア教育は、生徒自身のイデオロギーや感情移入に注意を払うために、教室でも社会的な多言語混淆も展開できる。観客性は自己中心の行動というよりも、自分と向き合う行動となるだろう。たとえばエイドリアン・パイパーのビデオは「白人」の観客に、四〇〇年後「この国には、遺伝学的に白人と識別できる人間はいない」ので、誰しも黒人の血がいくらか流れていると告げる。彼女は、挑発的に問う。「自分が黒人であると知った今、黒人性による恩恵を享受したくないの?」「人種差別が〝私たちだけの〟問題ではなく、〝あなたたちの〟問題でもあったら、どのように解決するつもりなの?[42]」。ジュディス・ウィルソンの指摘によると、白人にハイブリッド性と特権を自覚させて、「パイパーは、白人の権力を保つ分類は実際は脆弱であることを暴露する[43]」。また、パイパーは、「白人」が「黒人」のパフォーマンスを見るという、伝統的な心地よいのぞき趣味的な前提を切り崩す。

メディア中心の教育は、「マイノリティ」に権限を与え、特権的な生徒がオルタナティヴな主体の立ち位置や社会的欲求を想像するのに役立つ、他者化という小さな経験を重ねさせた[44]。実験的な教育は、このような象徴的な形で多文化主義の理想を具現化するのである。スチュアート・ホールがいうように、文化的アイデンティティは私たちが何者で「ある」かだけでなく、何者に「なる」かに関わっており、過去だけでなく未来にも属する[45]。多文化的なメディア研究は、社会生活の密かな希望を実現する育成空間を提供できるだろう。それは、アイデンティティの抑圧とユートピア、共同体のファンタジーと想像の連帯の空間を安全に節合するための実験室だ。この種のメディア教育の対象範囲は、「先住民族メディア」と同じである。フェイ・ギンズバーグは「先住民族メディア」について、「大きな政治的・地理的・経済的混乱を経験した人々の文化的アイデンティティを再生し変革する」手段だという。[46] アレクサンドラ・ユハスは、ギンズバーグの理解を第一世界のオルタナティヴなメディアまで拡げて、エイズ活動家のビデオを、「大きな混乱」の犠牲者が抑圧に対抗する「先住民族メディア」の一種と考える。[47] テレンス・ターナーは、ビデオカメラを使いこなすブラジルのカヤポ族の活動が、ヨーロッパ人と遭遇する前の理想化した昔を取り戻すのではなく、現在のアイデンティティを構築する過程に力を入れていると強調する。カヤポ族は、村どうしで情報を伝えたり、儀式や儀礼を記録・保存し、ヨーロッパ系ブラジル人政治家の公約を残し（その責任を負わせ）、世界中に自分たちの主張を広めるためにビデオを活用する。その際、「ビデオ・メディアとカヤポ族の自己表象や民族的自意識の相乗効果が生まれる」。[48] 世界中で人々が自分の社会的・政治的・経済的利益を守る手段として文化的アイデンティティを見てきたのと同じように、多文化的メディアの行動主義や教育は、脅かされるアイデンティティを守り、新しいアイデンティティを創造し、さらに各文化の公的領域を主張するだけでなく、「自己創造のための集団的人間の能力」を育むのに役立つかもしれない。[49] その意味では、部族化した権力の行使とか、新興の共同体や連合の潜在的な「アチェ」（ヨルバ語で「認識する力」の意）の増大と考えてもよいだろう。

急進的で多中心的な多文化主義は、形だけ非白人を数人招待する郊外のバーベキューのように「うまく」いくわけではないと、本書はこれまで示唆してきた。どれほど実質的な多文化主義であっても、痛みや怒り、憤りという実存主義的な現実を認めなければならない。「多文化主義」という言葉で連想する複合的な文化は、平等で互いに敬意を持っていままで共存してきたわけではないからだ。境界を越えてただ情報をやり取りすることが重要なのではなく、境界をそもそも生む力を識別することが重要なのだ。多文化主義は、ただの差異だけでなく、苦痛を伴う妥協できない差異も認識しなければならない。ヴァイン・デロリア・ジュニアがいうように、土地は神聖で共同社会の財産だというアメリカ先住民族の考え方は、土地を譲渡可能な財産と見る考え方とはまったく相容れない。[50] 奴隷船の子孫と移民船の子孫は、完全に同じファインダーを通してワシントン記念塔やエリス島[*17]を見ることはできない。だが、こうした認識のズレがあっても、連帯や対話的な連合、共同体どうしの同一化や類似性を排除するわけではない。多文化主義とヨーロッパ中心主義批判を説明してきたが、両者は不可分の概念である。お互いに相手がいなければ精彩を欠くからだ。ヨーロッパ中心主義を批判しない多文化主義は、世界の文化が集まったショッピングモールのブティックのように徐々に増えつづけるだけという危険を冒す。また、多文化主義を認めないヨーロッパ中心主義批判は、既存の階層構造について深く再考したりぐらつかせるのではなく、ただそれをひっくり返すだけという危険を冒すのだ。

多文化主義の中心には相互的で互恵的な相対化という概念があり、これは影響を及ぼしてきた多様な文化は、自らの社会的・文化的な視点の限界に気づくべきとする考えである。フランツ・ファノンは、「植民地主義が排除された後、異なる文化相互が相対的立場を受ける」と認めるのに必要な決意を語る。(51) 各集団は、(ミハイル・バフチンのいう)自分たちの外部性や、「視覚の余剰」を提示する。うまくいけば、他の集団を「見る」だけでなく、健全な距離感によって自身がどう見られるのかわかるようになる。大事なのは、他者の見方を全面的に受け入れることではなく、少なくともそれを認識し、承認し、考慮し、いつでも変わる準備をすることである。ジョージ・マーカスとマイケル・フィッシャーが「間文化的並置による脱親和化」と呼ぶものを、文化的な視点を対照させて実践するのだ。(52)

また、この相対化において、権力と知識の歴史的構造は明らかに非対称である。力のある者は、相対化されるのに慣れていない。世界の制度や表象は、ナルシシズムのものさしに合わせて作られる。あまりおだてない視点による突然の相対化は、衝撃と激怒を経験し、包囲された礼儀正しさとは逆のヒステリックな言説を引きおこす。対照的に、権利を奪われた集団は、ずっと相対化されるのに慣らされてきただけでなく、支配的な文化に対し非常に相対化し、軽蔑的な態度すら示す。システムの暴力を身をもって知る人々は、理想化や合理化に惑わされにくい。しかし、多中心的多文化主義には、他者をよい気分にしようという意図はないが、認知論あるいは認識論における貢献はする。それは、人口統計学的な異議申し立てに応えるというよりも、長年の懸案だった歴史のわかりやすさに対する意思表示であり、慈善ではなく公正さの問題である。単一文化主義の古くさく、薄っぺらで、無益な自己満足への答えは、文化のグローバル・ポリティクスを再考するうえで不可欠なのである。

訳注

＊1——カリブ海の小アンティル諸島の小国で、一九七四年に英国から独立。一九七九年にモーリス・ビショップがクーデターによって首相となり、人民革命政府を樹立したが、一九八三年にアメリカ合衆国が軍事侵攻し、政権は崩壊した。

＊2——パリに本社を置く国際的なバカンス・サービス会社。一九五〇年創設。一九八七年に、日本にも進出。

＊3——アメリカ合衆国でヒスパニックが台頭した一九八〇年代を指す。

＊4——アメリカ合衆国の大手ビール会社クアーズ社は、一九七〇年代まで保守的な経営陣が人種差別的な雇用策をとってヒスパニックを排除していたが、ボイコット運動にあって売り上げが激減し、一九八〇年代から積極的にヒスパニックを雇用するようになった。

＊5——カリフォルニア大学バークレー校はリベラルな校風で知られ、一九五〇年代のマッカーシズムによる赤狩りや共産主義者差別に強く抵抗した。古典キチェ語の研究拠点でもある。

＊6——正式名は「団結した人民は決して敗れない！」。一九七六年、チリのセルヒオ・オルテガが、人民連合政府の歌として作曲した。作詞はフォルクローレ・グループのキラパジュン。チリのクーデター後、国際的に有名になり、世界各地の抵抗運動で用いられた。

＊7——イタリア共和制下の愛唱歌。ファシズムに闘いを挑む歌。原題は「バンディエラ・ロッサ（赤旗）」であり、日本では冒頭の歌詞から「アバンティ・ポポロ（人民よ進め）」で知られている。

＊8——このアルバムは、南アフリカのミュージシャンと協力して制作されたが、当時のアパルトヘイト政策に抗議する欧米のボイコット運動に反すると批判を浴びた。しかし、アルバムはグラミー賞を受賞するなど高く評価され、現在までに五〇〇万枚を売り上げる大ヒットとなった。

＊9——ニジェール、ベニン、トーゴに跨る、ヨルバ人の文化圏を指す。

＊10——惨状をたくさん見るうちに、同情心が薄れていく社会現象。

＊11——1909-1972. ガーナの初代大統領。アフリカ独立運動の父。マルクス主義者。歴史の教科書では便宜的に「エンクルマ」と表記することが多い。

＊12——1914-1981. 史上二人目のアフリカ系アメリカ人の世界ヘビー級王者。現在も破られていない二五連続防衛記録保持者。一九三八年にドイツ人元ヘビー級王者マックス・シュメリングを一ラウンドで下し、アメリカの英雄となった。ビリー・コンとの試合は一九四一年。

＊13——1878-1946. 史上初のアフリカ系アメリカ人の世界ヘビー級王者。そのことで、当時大きな論争を巻き起こした。

＊14——感謝祭は一般には、イギリスからプリマス植民地に移住したピルグリム・ファーザーズの最初の収穫を記念する行事と信じられているが、先住民族には、ヨーロッパの侵略者による「収奪と虐殺の始まりの日」と受け止められている。

＊15——人類学者ヴィクター・ターナー（1920-1983）の用語。通過儀礼の過渡的段階に当たる。この時期の人間は社会的身分や地位を持たず不安定で、従順な態度をとり、規定の行動様式や服装に従う。

＊16——1931-2009. ブラジルの舞台演出家・政治活動家。政府による弾圧を受け、アルゼンチンへ亡命、その後ポルトガルを経てパリで暮らし、

のちにブラジルに戻った。一九七〇年代に、民衆演劇の形態の一つ「被抑圧者の演劇」の方法論を提唱。

*17——ニューヨーク湾にある、アメリカ移民局があった島。一八九二〜一九五四年までのおよそ六〇年間、大西洋を渡ってアメリカにやってきた移民は、必ずこの島から入国した。移民たちから、「希望の島」とも「嘆きの島」とも呼ばれた。

訳者解題

早尾貴紀

本書は、Ella Shohat, Robert Stam, *Unthinking Eurocentrism: Multiculturalism and the Media*, Routledge, 1994 の全訳である。従来本書が紹介されるときは、unthinking を形容詞として辞書的に訳して『無思慮なヨーロッパ中心主義』や『軽率な西洋中心主義』などとされてきた。しかし今回全訳を刊行するにあたって精読したところ、後述のように unthinking にはそのような単純な形容詞では収まらない意味合いが込められており、本書全体の趣旨をできるだけ反映させて、あえて日本語訳のタイトルとしては『支配と抵抗の映像文化——西洋中心主義と他者を考える』とした。

1 著者について

著者のエラ・ショハットとロバート・スタムは、ともにポストコロニアリズムやカルチュラルスタディーズといわれる分野で研究や批評をおこなっているが、映画など映像表象を論じる機会が多い。

エラ・ショハットは、一九五九年にイラクのバグダードで、ユダヤ教徒の家庭に生まれた。アラブ文化圏のいわゆるスファラディー系のユダヤ人として、アラブとユダヤどちらの文化も併せもっている。幼少期に一家でイスラエルに移住したことで、ヨーロッパ出自のアシュケナジー系ユダヤ人の支配的文化に囲まれ、抑圧を感じながら子ども時代を過ごした。アメリカ合衆国に移住して学業を修め、そのまま合衆国に在住して研究者となっている。研究も、アラブ系ユダヤ人文化に関するものと、イスラエル／パレスチナ文化に関するものが多い。なお、イスラエルで過ごした時代の思い出については、ショハット自身がインタビューを受けたドキュメンタリー映画『忘却のバグダード』(サミール監督、二〇〇二年)のなかで語っている。

ロバート・スタムは、一九四一年、アメリカ合衆国のニュージャージー生まれ。英語圏文学、フランス語圏文学、ポルトガル語圏文学、つまりそれぞれイギリス・フランス・ポルトガルの植民地の文学を越境的にカバーする比較文学研究をおこないつつ、同時にそうした地域の映画の表象分析も積極的におこなってきた。とりわけブラジル文学・ブラジル映画に関する研究が多い。

ショハットによる論文の日本語訳としては、「関係としての民族性——アメリカ映画のマルチカルチュラル的な読解に向けて」(とちぎあきら訳、岩本憲児・武田潔・斉藤綾子編『「新」映画理論集成①——歴史/人種/ジェンダー』フィルムアート社、一九九八年所収)があり、これは本書第6章の元論考の一部である。

またショハットは、二〇〇八年に京都大学のシンポジウム「変化する人種イメージ——表象から考える」に招聘されて来日し、「ステレオタイプ、表象、「リアルなもの」——方法論をめぐる提起」という基調講演をしている。

スタムによる論文の日本語訳としては、「映画表現における植民地主義と人種差別　序説」(ルイス・スペンスとの共著、奥村賢訳、同『「新」映画理論集成①』所収)「カブラルとインディオ——ブラジル五〇〇年の映画表現」(ルシア・ナジブ編『ニュー・ブラジリアン・シネマ——知られざるブラジル映画の全貌』鈴木茂監訳、プチグラパブリッシング、二〇〇六年所収)がある。

スタムによる書籍の日本語訳としては、『転倒させる快楽——バフチン、文化批評、映画』(浅野敏夫訳、法政大学出版局、二〇〇二年)『映画記号論入門』(ロバート・バーゴイン、サンディ・フリッタマン゠ルイスとの共著、丸山修・エグリントンみか・

深谷公宣・森野聡子訳、松柏社、二〇〇六年）がある。

二人の英語での単行本については、それぞれ多岐にわたって多数あるため、紙幅の関係でここでは紹介しない。ただし本書は、エラ・ショハットとロバート・スタムの共著となっており、本書以外にもこの二人の共同作業による書籍があるので、それだけ挙げておく。

まず本書と同様に以下の二冊は、二人の共同執筆による著作である。

Flagging Patriotism: Crises of Narcissism and Anti-Americanism (Routledge, 2007)〔『衰弱した愛国主義／愛国主義を旗で飾る――ナルシシズムと反アメリカ主義の危機』(flag には二重の意味がかけてある)〕

Race in Translation: Culture Wars Around the Postcolonial Atlantic (NYU press, 2012)〔『翻訳のなかの人種――ポストコロニアル的大西洋をめぐる文化戦争』〕

また二人の編集による以下の論集がある。

Multiculturalism, Postcoloniality and Transnational Media (Rutgers Univ. Press, 2003)〔『多文化主義、ポストコロニアリティ、越境的メディア』。ジュリアン・バートン＝カルバハル、ロビン・ウィーグマン、マンティア・ディアワラ、ハミード・ナフィーシー、フェイ・ギンズバーグ、ジェニファー・ゴンサレス、アナ・ロペス、カレン・カプランの論考を収録している〕

さらに、以下の写真集に二人が写真をもとに対話的な文章を寄せている。

Zubin Shroff (photo), *The Cosmopolitans*, Veenman Publishers, 2008〔ズービン・シュロフ撮影『コスモポリタンズ』〕

2　原書のタイトルについて

本書の原題は、冒頭で触れたように、*Unthinking Eurocentrism* であり、unthinking を辞書のとおりに訳すと「無思慮な」

「軽率な」となる、すなわち「考え-ない」un-thinkというわけだ。なるほど、ヨーロッパ中心主義的な人種差別や白人優越意識は浅はかで無分別であって、著者たちはそれを鋭く指摘している、とも言える。それゆえに、従来の日本語圏での紹介では、『無思慮なヨーロッパ中心主義』や『軽率な西洋中心主義』などとされてきた。だが、それだけではないだろう。ヨーロッパ中心主義は、たんに軽卒で人種差別をやってしまっているわけではない。むしろ、周到に計算され、徹底して思想化され、そして執拗に実践されている。

ではunthinkとは何か。それは「考えない」のではなく、むしろ「徹底的に考え抜いて乗り越えること」を意味する。これはポストコロニアリズムの議論で、インド出身の哲学者ガヤトリ・スピヴァクが、unlearnという思考操作を強調していることと重なる。この言葉をスピヴァクの翻訳者たちは、「学びほぐす」や「学び捨てる」などと訳語を充てている。「学ばない」のではない。un-には、「戻す」とか「振りほどく」といった反復行為を指す接頭辞の使い方がある。ここのunthinkにも、その使い方が意識されている。

とくに本書とも重なるスピヴァク的なポストコロニアリズムの文脈で考えるべきは、欧米であるいは日本も含む大国で前提とされている学問知識のことだ。こうした知識はある種の特権ではあるが、同時にそれは民族・人種、ジェンダー・セクシュアリティ、階級・階層などについての偏見を含み込んでもいる。学ぶことが同時に自動的に偏見を身につけるような認識論的枠組み《エピステーメー》のなかにあるとき、それを克服するのは、学ばないことによってではなく、むしろその枠組みそのものも徹底して学び返すことによって、それを解きほぐすこと、そのプロセスで偏見を捨てていくことによってなのだ。

スピヴァク研究によって「学びほぐす」「学び捨てる」という行為が注目されたが、日本語圏では鶴見俊輔や大江健三郎らがunlearnについて論じている。鶴見は、ヘレン・ケラーがunlearnという言葉を使っていたのを聞いて、毛糸のセーターをいったんほどいて再び体に合った形に編み直すイメージから、「学びほぐす」という訳語をあてがった。大江は、教えた相手から教え返されるunteachという言葉と対にしてunlearnを「学び返す」と訳した。

unthinkについても同様のことが言えるだろう。「考えない」のではない。むしろ徹底して考え抜くことによって乗り越えることが含意されている。そうした理論的考察の実例はある。たとえばイマヌエル・ウォーラーステインの『脱＝社会科学』(本多健吉、高橋章訳、藤原書店、一九九三年)と訳されている書物の原題は、*Unthinking Social Science* (1991) である。近代的社会科学を根底から問いなおしつつ、新しい社会科学を創造する試みをウォーラーステインはこう名づけた。このなかでウォーラーステインはunthinkを「根底から見直しそして捨て去ること (radically revise and discard)」と定義する。それを訳者らは「脱」という一言に含ませた。おそらくそこには、「構築 (construction)」でも「破壊 (destruction)」でもない「脱構築 (deconstruction)」という戦略的用語が流行したこともあって、「脱」というタイトルが選ばれたのだろうと思われるが、ともあれ、unthinkingに「考え抜くことで乗り越える」という含意があることは確かだ。本文で動詞としてunthinkが使われている箇所は、unlearn「学び捨てる」に倣い、「考え捨てる」と訳出した。

もちろんダブル・ミーニングで「無思慮な西洋中心主義」「無意識化された西洋中心主義」ということも掛けてあるだろう。一般的に文字面ではそういう印象を受けるからだ。だからこそそれをあえて思考対象として徹底して分析し、それを克服することが目指されているのだ。日本語訳のタイトルを考えたとき、そのダブル・ミーニングをそのまま一語で反映させることが難しく、検討した結果「支配と抵抗」という表現に含ませることとした。ご理解いただきたい。

3 本書の意義について

浩瀚で博覧強記を誇る本書の各章についての要約的な紹介は、紙幅の関係もあり、ここではおこなわない。各章のテーマや、その議論のトピックの広がりについては、小見出しも含めた章立て目次を凝視していただきたい。また、各章の要旨については、著者らによる序章に簡潔にまとめられているので、そちらを読んでいただきたい。

ここで強調しておきたいのは、本書が一九九四年に刊行されて以来、大きな反響を呼び、多くの書評が出され、頻繁に引用・言及されてきた、いわば「現代の古典」というポジションを得ているということだ。もはや映画論・映画史論において必読の基本文献と言って過言ではない。また、エドワード・サイード、ピーター・ヒューム、チャンドラー・モーハンティーといったポストコロニアリズムの思想家たちが本書への賛辞を相次いで寄せていることも付言しておく。

一九二〇年代の映画史初期の無声映画から、ハリウッドの創成期を経て、現代まで、世界の映画産業を牽引するアメリカ合衆国のグローバル文化について、明らかに戦前の植民地主義から戦後の新植民地主義へという、変化しつつも一貫している帝国主義のなかで発展する映画産業で、必然的に利用されまた反映される人種・民族表象をショハットとスタムは緻密に分析した。アングロ系、ラテン系、ユダヤ系、アフリカ系、先住民などは、映像文化の最初期・古典的作品から現代のヒット作にいたるまで、オリエンタリズム的な歪曲を受けながら、権力支配関係に組み込まれて表象されてきた。かりにマイノリティが画面上に登場しなくても、それは「隠蔽」という形で表象されてきたのだ。

さらにそこには、ジェンダー／セクシュアリティによる支配・差別の構造と、そして階層／階級による支配・差別の構造とが同時に重なり、複雑なしかし厳然とした秩序をなしている。民族／人種的な支配では、自己や他者を男性化したり女性化したりしながら性的関係をほのめかす。人種的／民族的な優越意識・劣等意識には必然的に性的な劣等意識・優越意識がともなっているのだ。また、その双方に財力に裏打ちされた社会階層ないし経済階級の上下関係が確実に重なる。明らかに白人・男性が、有色人種・女性に比して、支配的地位にあるのは、経済構造と綿密に絡み合っている。これらの民族（人種）、ジェンダー（セクシュアリティ）、階層（階級）の「三竦み」が一体となって、「ナショナルなもの」の規範を形成する。すなわち、国家主義／国民主義のことだ。現在の社会理論においてはもはや常識の範囲になっているだろうが、何度でも確認しておくべきことでもあろう。

問題は、そうしたレイシズムとセクシズムと格差社会が映像作品にとりわけ大衆文化に反映し、同時に逆に大衆文化として映像作品が、現実の人びとの意識や価値観（すなわち偏見）に浸透し影響を与えもすることだ。それは、ジャン＝ミシェル・フロドンが『映画と国民国家』（野崎歓訳、岩波書店、二〇〇二年）で指摘するように、映画という大衆メディアの発展が国民国家の発展と寄り添っており（大衆的とはつまり国民的ということでもある）、それはその両者ともに資本主義に依拠しているからである。大衆メディアとしての映画は一大産業である（製作、宣伝、動員、収益、つまり投資と回収のサイクルだ）。しかも資本主義は世界規模でありつつ不均等に発展する。市場形成で国民経済をつくると同時に、低開発地域への支配をも生み出す。国民国家に寄り添う映画は、そうした不均衡な資本主義的支配関係を表象するというわけだ。映画が、国家の物語、国民の物語でもあるのは、かくして一面の歴史的事実である。その相互作用をこそ著者らは分析する。

だがハリウッド分析だけならほかに幾多もあろう。本書が類書と圧倒的に異なるのは、ラテンアメリカ、アフリカ、アジア、いわゆる「第三世界」へと対象地域を広げている点だ。とりわけ、スタムが本領とするブラジル映画、ショハットが本領とするアラブ映画については記述が厚い。そしてもちろんそれらの映画・映像を扱うということは、それぞれの地域のナショナルな文化を論じるというにはとどまらない。植民地支配を経て、独立後のポストコロニアル期にいたるまで、ラテンアメリカ、アフリカ、アジア（第三世界）が欧米（第一世界）の相互浸透的な影響を免れたときなどありはしない。欧米の内部にラテン系が、アフリカ系が、アラブ系が、アジア系が、その人と文化が入り込んでいるのであり、逆に、ラテンアメリカ、アフリカ、アジアに欧米人・欧米文化が、そしてその影響が入り込んでいるのである。

それが、植民地支配の影響関係で言えば、コロニアル状況、あるいはポストコロニアル状況であり、言語や音楽はそれを反映し、そして映像文化はそれを映し出す。帝国の想像力《イマジネーション》がはたらき、帝国の想像物《イマジナリー》が生みだされる。他方で、相互浸透的に人や文化が越境しているところに着目すれば、それはディアスポラ状況でもある。ディアスポラとは「民族の離散」を意味する言葉であるが、民族と民族の新しい出会いの場をもたらすものであり、すなわち新しい混淆的《ハイブリッド》で融合的《シンクレティック》な文化を生み出す機会をもたらすものだ。もちろん総合的なアートとしての映像文化には、ディアスポラ、ハイブリディティ、シンクレティズムといった主題がすべて関わっている。逆にショハットとスタムは、映像文化を通して、これらポストコロニアリズムの問題系を網羅的かつ根底的に問いなおそうと試みたのだ。それはあたかも、エドワード・サイードの記念碑的文芸批評である『オリエンタリズム』および『文化と帝国主義』の映像批評版とも言える作業ではないだろうか。

原書の副題にある multiculturalism 多文化主義というのは、多文化的状況を指す言葉ではなく、抵抗・反抗の戦略である。政策的な多文化共生とはむしろ異質なものだ。映像技術をつかって、映像作品によって、帝国主義に、（新）植民地主義に抵抗すること。先に映画は、国家の物語、国民の物語を提供すると書いた。それは一面の事実だ。だが、そうした作品ですら、緻密に分析すれば、多くの矛盾に満ちていることや隠蔽しているものに気づき、その矛盾と隠蔽から裏側を透かして見ることもできる。支配的文化が唯一かつ単一の文化であるなどということは（いくらそう僭称しようとも）ありえないのだから。

さらに踏み込んで、あえて戦略的に映像作品でもって、国家や国民の支配的物語に対し抵抗を試みることもできる。それこそが、本書で紙幅を割いて詳細に分析を加えた、ジッロ・ポンテコルヴォ監督『アルジェの闘い』（一九六六年）、グラウベル・ローシャ監督『狂乱の大地』（一九六七年）、フェルナンド・ソラナスとオクタビオ・ヘティノ監督『燃えたぎる時』（一九六八年）、パトリシオ・グスマン監督『チリの戦い』（一九七五―七八年）、ミシェル・クレイフィ監督『ガリラヤの婚礼』（一九八七年）といった作品だ。国家の暴力に対する批判はもちろんのこと、民族独立を原則的に支持しながらも、民族運動が硬直し権力的・階層的になることや、セクシズムに陥ることも同時に批判する。そういう映像戦略を、抵抗の美学として探究しているのだ。

4 「新版あとがき」について

訳者らが翻訳作業を開始した後の二〇一四年に、本書底本の第二版が刊行され、本文には加筆修正はなかったものの、ショハットとスタムの共著による長文の「あとがき」が書き加えられた。本訳書では版権および分量の関係から「あとがき」部分の訳が含まれていない。別の機会に翻訳紹介することができればと考えているが、ここで概略を紹介する。

このあとがきは、"Thinking about *Unthinking*: Twenty years after" と題されている。先に検討したように Unthinking が「無思慮」だけではなく「考え捨てる」という批判的思考様式であるとしたら、あえて訳せば「〈考え捨てる〉について考える――二〇年後に」とでもなろうか。

さて、このあとがきは、その二〇年の間に公開された新しい映像作品の分析を増補するものではない。そうではなく、初版に対する批判や誤読への補足と、そして初版刊行時からのポストコロニアリズムに関する理論や議論の深化を踏まえた補足を意図している。まずショハットとスタムは、「ヨーロッパ中心主義」という用語が、「反ヨーロッパ人」「反西洋」と混同されてしまったことに対して、これがあくまで植民地主義的で覇権主義的な思考のことであり、また西洋文明への無批判な信頼のことであることの再確認をする。その上で、その植民地主義・覇権主義の決定的な起源として、初版でもコロンブス問題として論じた「一四九二年」を二人は詳しく再検討する。そこで強調するのは、コロンブスによるアメリカ新大陸到達が、ヨーロッパによる南北アメリカ・先住民への征服《コンキスタ》をもたらしたというだけではない、ということだ。この一四九二年はキリスト教徒によるイベリア半島（現スペイン・ポルトガル）の再征服《レコンキスタ》完了の年でもあり、すなわちユダヤ人とムスリムとがそこから追放されたのだが、「ユダヤ－ムスリム」との共生的な親和性はこのレコンキスタの以前から以後までかなり長期で保たれていたこと、それにもかかわらず、ヨーロッパ近代のキリスト教世界からシオニズム思想（ユダヤ・ナショナリズム）が生み出されて以降、「ユダヤ－キリスト教」的紐帯が規範化されたことで、一方でユダヤ人は脱オリエンタル化され漂白されてゆき、他方でムスリムはオリエンタル化されたまより褐色にされていったこと、などが詳述される。

次に、本書のなかでも「トランス－」「インター－」「クロス－」といった接頭辞と、「ディアスポラ」「エグザイル」「グローバル」といった用語が頻出したが、流動性は決して万能薬ではないと著者らは釘を刺す。また大西洋は「黒（アフリカ人）」と「赤（先住民）」と「白（ヨーロッパ人）」で彩られているが、それらは調和的な虹をなしているのではなく、複雑な権力支配関係で織り合わされているという。二人はポストコロニアル状況の安易な礼賛を許さない。同様に「多文化主義」という用語についても、英語圏と非英語圏でのニュアンスの違い、一九九〇年頃を境にした時代的なニュアンスの変化などに注意を促し、とりわけ一国内での多文化的状況に矮小化することなく、反植民地主義と階級闘争を意識した戦略的概念であることを強調する。

それゆえアイデンティティの越境性・流動性に関連して、ジル・ドゥルーズの生成の哲学と映画論から、民族・性・階級の境界を超えて「他者に成ること」という概念が参照されるのだが、ここでも著者らは、他者に成ることが、グローバル・エリートなど支配的グループの側だけ一方的に享受できる特権でありうることに警告を発する。映画や文学における表象行為においてでも、マジョリティがマイノリティを占有することがあるからだ。生成もそれゆえ、ステレオタイプへの抵抗、支配からの脱却でなければならないという。

最後に著者らは、初版刊行後にテレビやインターネットで広まり発展してきた、自己表象の手段である「先住民メディア」の役割に注目する。先住民メディアは、伝統と近代、日常性とエキゾティシズムのダブルバインドのなかにあって、古くてかつ新しい挑戦をしている。すなわち、植民地主義と国民国家を批判しつつ、同時にマルクス主義の生産主義、ポストモダニズムのノマディズム、ポスト構造主義の構築主義をも問題視するのだ。

以上が「新版あとがき」の概要である。初版でのヨーロッパ中心主義批判の意図と手法を明確化するとともに、その後のアカデミズムとメディアの展開をふまえた補足であると言えよう。二〇年の時間を経てなお本書の有効性が確認できる。

5　日本で、東アジアで、本書を読むことの意義について

さて、本書が翻訳され日本語で読むことができるようになり、当然それを日本語圏で読むことの意義を考えなければならない。

もちろん一つには、グローバル化したハリウッド産業に、無意識のうちに多大な影響を受けてきている私たちの社会の映画文化への反省的視点だ。とくに日本は、第二次世界大戦後にアメリカ合衆国による占領統治を受け、そして再度の独立後も合衆国の同盟国として、そして東アジア冷戦下の西側陣営として、きわめて強い合衆国イデオロギーの影響下にあるということを反省しつつ、そこから批判的な距離を置く必要がある。本書はそのための説得的な視角を提供してくれる。私たちは、想像するよりもはるかに深く広範に、ハリウッド的表象に馴染んでおり、それを自明視しており、それを内面化・規範化してしまっている。水を飲み空気を吸うようにして数十年にわたって、ハリウッド的な映画やドラマを享受してきた。一九八〇年代までは反共産主義が、一九九〇年代以降は反イスラームが基本コードであったし、そこに立ち向かう「正義の合衆国」にあまりに安易に同一化してしまっていた。

いやもっと言えば、幼少期からディズニーやワーナーのアニメを通して、先述のようなレイシズムやセクシズムにまみ

れた規範を、物心とともに身につけてしまう。ちょうどいま監訳者自身が、幼年の子どもをもっていることもあり、子どもが好んで観るアニメーション『トムとジェリー』（メトロ・ゴールドウィン・メイヤー制作、一九四〇―八二年）が否応なしに目に入ってしまう。私自身が子ども時代に観て楽しんでいたはずだが、いまの視点から冷静に見ると、驚くほどに人種表象とジェンダー・バイアスに満ちていることに気づく。とりわけ、先住民とアフリカ系の外見がきわめて頻繁に「ネタ」として織り込まれており（トム＝猫ないしジェリー＝鼠が、「インディアン」のように頭に羽をつけて鬨の声を上げたり、「黒人」のように顔を黒塗りにし唇を分厚くしたり）、また雌猫・雌鼠は両者ともに雄であるトムとジェリーの欲望の対象としてしか描かれることはない。そして飼い主の家で登場する人間は「黒人家政婦」のみであり、顔が出ることはなく、黒い皮膚の手足のみを画面に登場させつねに粗暴にトムを虐げている。

あまりに露骨な人種表象と言うほかない。だが、それを私たちは数十年にもわたって、問題視することなく世代を超えて楽しんでいるのだ。あいかわらず対米従属という政治経済的構図と、合衆国発の消費文化の模倣から抜けることができていない以上、ハリウッド的な物語表象から抜け出ることは私たちの課題でありつづけているし、本書はその意味で日本語圏でも重要な問題提起をなしている。

第二に、日本映画と日本の国民国家の関係、そしてそれへの抵抗の可能性について、当然にして私たちは考えなければならない。日本の映画史も一〇〇年程度の歴史があるが、それはすでに日露戦争の後の本格的な日本のアジア侵略開始の後の時代になる。膨張する植民地帝国の歩みと重なる。ここで詳述することはできないが、もちろん植民地となった台湾、朝鮮、満州でも映画製作がなされた。植民地統治と戦争遂行の時代の映画製作は、一方で体制を強化するための国策映画および厳しい検閲があり、他方ではそうした枠に収まらないハイブリッドとシンクレティズムや、あるいは検閲を逃れる反抗的作品があっただろう。ショハットとスタムが東アジア地域の映画史をカバーしていないからこそ、二人の提起に呼応する視角を私たちが持つ必要がある。

さらには戦後＝ポストコロニアル期の東アジア地域の映画史・映画論をショハットとスタム的な視点で描くこともまた必要だろう。端的に言えば、日本の植民地支配・軍事侵攻の「ポスト（後）」というのは、二つの中国と二つの朝鮮という分断体制を生み出したし、同時に日本国内にはやはりそれぞれ二つに分断されてしまった在日中国人と在日朝鮮人の民族集団をもった。二つの中国（中華民国・台湾と中華人民共和国）と二つの朝鮮（朝鮮民主主義人民共和国と大韓民国）はいずれも、ポストコロニアルであると同時に強くナショナルである場所となった。加えて、沖縄もまた一九七二年までのアメリカ合衆国統治があり（言うまでもなくコロニアリズムだ）、日本本土とは厳然と分断されたし、日本「復帰」後は占領統治後という意味でポストコロニアルであると同時に、「国内植民地」という意味でコロニアルでもあるような場所となった。これらの地域で製作される映画は、否応なしにそうした分断ナショナリズムと同時にポストコロニアリティを帯びざるをえない。一方で民族性を強調し国家体制を支えるような映画も作られるが、他方では否応なしに越境的で反逆的な映画も作られる。もちろん相互浸透的なコロニアリティ／ポストコロニアリティは、日本「国内」で製作される映画にも、意識しようがしまいが滲み出し反映される。私たちはショハットとスタムに倣って東アジアのポストコロニアル映画論の全体像を描かなくてはならないだろう。

6　さらなる批判的思考のための文献案内

だが、そうした作業は単独の研究者で可能なわけではないし、逆にすでにあちこちにポストコロニアルでポストナショナルな映画論は編まれてきたとも言える。本書を手にした読者がさらに思考を深め、それこそナショナルな思考を乗り越えるために手がかりとなる、日本語で読むことのできる比較的新しい映画論を精選して紹介することで便宜をはかりたい。

・三澤真美恵『「帝国」と「祖国」のはざま――植民地期台湾映画人の交渉と越境』（岩波書店、二〇一〇年）
・李英載『帝国日本の朝鮮映画――植民地メランコリアと協力』（三元社、二〇一三年）
この二冊は、日本の植民地下の台湾と朝鮮のそれぞれで映画をとおして、支配者と被支配者とのあいだでおこなわれた協力と交渉とを、ポストコロニアルまで射程に入れて論じている。

・李英載『トランス／ナショナルアクション映画——冷戦期東アジアの男性身体・暴力・マーケット』（東京大学出版会、二〇一六年）
戦後の日本・韓国・香港の映画を対象に、国家と暴力と男性性を論じることで、それらを逸脱する、あるいは超克する表象を探究している。
・イ・ヒャンジン『コリアン・シネマ——北朝鮮・韓国・トランスナショナル』（武田珂代子訳、みすず書房、二〇一八年）
植民地期朝鮮から現代までの長期にわたり在外コリアンも射程に入れた越境的映画文化論。
・韓燕麗『ナショナル・シネマの彼方にて——中国系移民の映画とナショナル・アイデンティティ』（晃洋書房、二〇一四年）
中国本土とは異なる香港と華僑の「中国語圏」映画をとおして「ナショナルなもの」を考察する。
・川村湊『君よ観るや南の島——沖縄映画論』（春秋社、二〇一六年）
沖縄という辺境の映像表象から日本という矛盾と暴力に満ちた国家の生成と構造を抉りだす。
・川口恵子『ジェンダーの比較映画史——「国民の物語」から「ディアスポラの物語」へ』（彩流社、二〇一〇年）
マルグリット・デュラスからトリン・T・ミンハへという流れのなかで、ナショナリズムとセクシズムの乗り越えを探る重厚な映画論。
・ハミッド・ダバシ、モフセン・マフマルバフ『闇からの光芒——マフマルバフ、半生を語る』（市山尚三訳、作品社、二〇〇四年）
イラン映画の大家が、欧米の介入から独立したイランの国家主義とも対峙しながら、反抗的主体を映画表現で模索する。
・今福龍太『ブラジル映画史講義——混血する大地の美学』（現代企画室、二〇一八年）
中南米文化研究で著名な人類学者が、ブラジル映画を縦横無尽に論じ尽くす重厚な講義録。

＊

最後に、翻訳の責任分担を記しておく。本書はまず、内田（蓼沼）理絵子と片岡恵美の二人が翻訳作業をおこなった。その後、法政大学出版局編集部の奥田のぞみさんにいったん訳文を整理していただいたうえで、早尾貴紀が全文にわたってチェックして訳文の修正をおこなった。訳文に対して最終的な責任は早尾にある。

編集部の奥田さんは原稿整理の際に多大な苦労をされた。映画論の名著・必読文献とされながら、長く翻訳される機会のなかった本書を日本語で世に送り出すことができたのも、奥田さんのおかげである。経緯を記して感謝したい。

二〇一八年一一月二八日

監訳者記

監訳者

早尾貴紀（はやお　たかのり）
1973年生まれ。現在，東京経済大学准教授。専攻は社会思想史。
主要業績：単著に『ユダヤとイスラエルのあいだ——民族／国民のアポリア』（青土社，2008年），『国ってなんだろう？』（平凡社，2016年），共編書に『シオニズムの解剖——現代ユダヤ世界におけるディアスポラとイスラエルの相克』（平凡社，2011年），『ディアスポラから世界を読む——離散を架橋するために』（明石書店，2009年），共訳書に，ジョナサン・ボヤーリン／ダニエル・ボヤーリン『ディアスポラの力——ユダヤ文化の今日性をめぐる試論』（平凡社，2008年），サラ・ロイ『ホロコーストからガザへ——パレスチナの政治経済学』（青土社，2009年），イラン・パペ『パレスチナの民族浄化ーーイスラエル建国の暴力』（法政大学出版局，2017年），ハミッド・ダバシ『ポスト・オリエンタリズムーーテロの時代における知と権力（作品社，2018年）などがある。

訳者

内田（蓼沼）理絵子（うちだ／たでぬま　りえこ）
1973年生まれ。京都大学大学院人間・環境学研究科共生文明学専攻博士後期課程修了。
専攻は中世セファルディーム文学および反ユダヤ・フォークロア。

片岡恵美（かたおか　めぐみ）
1972年生まれ。現在，神戸学院大学，羽衣国際大学の非常勤講師。関西大学大学院文学研究科博士課程後期課程修了。博士（文学）。専攻は東西交渉史（とくにオスマン朝外交史）。

著者

エラ・ショハット（Ella Shohat）
ニューヨーク市立大学およびニューヨーク大学の教授。イラクに出自を持つアラブ系ユダヤ人。中東のメディア・映画研究を専門とする。主な著書に *Israeli Cinema: East/West and the Politics of Representation*（Univ. of Texas Press, 1989）; *Taboo Memories, Diasporic Voices*（Duke Univ. Press, 2006）など。ロバート・スタムとの共著は本書のほか，*Multiculturalism, Postcoloniality and Transnational Media*（Rutgers Univ. Press, 2003）; *Flagging Patriotism: Crises of Narcissism and Anti-Americanism*（Routledge, 2007）; *Race in Translation: Culture Wars Around the Postcolonial Atlantic*（NYU press, 2012）がある。

ロバート・スタム（Robert Stam）
ニューヨーク大学の映画学教授。中南米のとくにブラジル映画を専門とする。主な著書に *Literature through Film: Realism, Magic and the Art of Adaptation*（Blackwell, 2005）; *Francois Truffaut and Friends: Modernism, Sexuality, and Film Adaptation*（Rutgers, 2006）など。日本語訳としては，『転倒させる快楽――バフチン，文化批評，映画』（浅野敏夫訳，法政大学出版局，2002 年），『映画記号論入門』（共著，松柏社，2006 年）がある。

サピエンティア　57
支配と抵抗の映像文化
西洋中心主義と他者を考える

2019年 2 月 5 日　初版第 1 刷発行

著　者　エラ・ショハット／ロバート・スタム
監訳者　早尾貴紀
訳　者　内田（蓼沼）理絵子／片岡恵美
発行所　一般財団法人　法政大学出版局
〒102-0071 東京都千代田区富士見2-17-1
電話03（5214）5540／振替00160-6-95814
製版・印刷　平文社／製本　誠製本
装幀　奥定泰之

ISBN 978-4-588-60357-0　　Printed in Japan

人名・グループ名索引

KRS・ワン　KRS-One　67, 416
X・クラン　X Clan　67

あ 行

アームストロング，ルイ　Louis Armstrong　276–278, 285
アーメス，ロイ　Roy Armes　34, 364
アイェ，イレ　Ile Aiye　417
アギーレ，ロペ・デ　Lope de Aguirre　105
アクアネッタ　Acquanetta　166
アコンフラ，ジョン　John Akomfra　301
アサド，タラル　Talal Asad　4
アサンテ，モレフィ・ケテ　Molefi Kete Asante　113
アジェンデ，サルバドール　Salvador Allende　332–334, 424
アシス，マシャード・デ　Machado Assis　336
アジャーニ，イザベル　Isabelle Adjani　203
アステア，フレッド　Fred Astaire　226, 272, 277, 281
アストゥリアス，ミゲル・アンヘル　Miugel Ángel Asturias　81
アストリュック，アレクサンドル　Alexandre Astruc　417
アゼヴェード，アルイジオ　Aluísio Azevedo　298
アダムズ，サミュエル　Samuel Adams　119
アチェベ，チヌア　Chinua Achebe　368
アッシャイフ，ハナン　Hanan Al-Shaykh　198
アッテンボロー，リチャード　Richard Attenborough　152
アパデュライ，アルジュン　Arjun Appadurai　33, 39
アハメド，ライラ　Leila Ahmed　198
アブーセイフ，オンシー　Onsi Abuseif　viii
アブデル・サラム・シャディ　Shadi Abdel Salam　187–188
アブデルマレク，アンワール　AnwarAbdel Malek　433
アブドゥラー・ハサン，サイイド・ムハンマド　Sayyīd Muhammad `Abd Allāh al-Hasan　118
アブドゥル・ハディ，ラバーブ　Rabab Abdul Hadi　viii
アブヌーディー，アティヤート・アル　Atteyat El-Abnoudi　200
アフマド，アイジャズ　Ahmad Aijaz　32
アブラハム，ブスタン　Boustan Abraham　390
アフリカヌス，レオ　Leo Africanus　69
アブリュー，ジルダ・ジ　Gilda de Abreu　36
アフル，メアリー　Mary Ahl　vi
アフロン，ミレーラ　Mirella Affron　viii
アポリネール，ギヨーム　Guillaume Apollinaire　358
アミール，アズィーザ　Aziza Amir　36
アミン，サミール　Samir Amin　67
アラー，ラキム（グリフィン・Jr.，ウィリアム・マイケル）　Rakim Allar（William Michael Griffin Jr.）　432
アラエス，ミゲル　Miguel Arraes　337
アリ，モハメド　Muhammed Ali　371
アリアガ，アントニオ・フアン・デ　Antonio Juan de Arriga　91
アリストテレス　Aristotle　67, 95, 117, 217
アル＝イマーム，ハサン　Hassan al-Imam　308
アル・ハカワーティー（語り部）　Al Hakawati（The Storyteller）　371–372
アル・ハキーム，タウフィーク　Tawfiq al-Hakim　189
アル・フィフリ，ファーティマ　Fatima al-Fihri　201
アルゴフ，ゾーハル　Zohar Atgov　392
アルチュセール，ルイ　Louis Althusser　239
アルディ，ジョルジュ　Georges Hardy　28
アルトマン，リック　Rick Altman　275
アルトマン，ロバート　Robert Altman　293, 304

アルバ，ホルヘ・クロール・デ　Jorge Klor de Alva　vii, 90
アルバル・ヌニェス，カベサ・デ・バカ　Álvar Núñez Cabeza de Vaca　88
アルベアール，カルロス・デ　Carlos de Alvear　326
アルマン，ジュール　Jules Harmand　22
アレア，トマス・グティエレス　Tomás Gutiérrez Alea　300, 363, 378
アレステッド・ディベロップメント　Arrested Development　416
アレナル，エレクタ　Electa Arenal　vii
アレン，ウディ　Woody Allen　291–293
アレン，リンダ　Linda Allen　vi
アレンカール，ジョゼ・デ　José de Alencar　64, 299
アングル，ドミニク　Dominique Ingres　198
アンサルドゥーア，カルロス　Carlos Anzaldua　414
アンサルドゥーア，グロリア　Gloria Anzaldúa　231, 369
アンダーソン，エディ　Eddie Anderson　304
アンダーソン，デイム・ジュディス　Dame Judith Anderson　226
アンダーソン，ベネディクト　Benedict Anderson　123–124
アントニオ，エミール・デ　Emilio de Antonio　294
アンドラージ，オズヴァルド・ジ　Oswald de Andrade　259, 336, 382, 384, 419
アンドラージ，ジョアキン・ペドロ・ジ　Joaquim Pedro de Andrade　258, 298, 386
アンドラージ，マリオ・ジ　Mário Pinto de Andrade　81, 258–259, 297, 368
アンドラージ・ジュニア，アイレス・ジ　Ayres de Andrade Jr.　284
アンラディ，パラグ　Parag Anladi　viii
イーウェン，アレックス　Alex Ewen　vii
イーストウッド，クリント　Clint Eastwood　160
イヴェンス，ヨリス　Joris Ivens　322, 358
イクイアーノ，オラウダ（ヴァッサ，グスタヴス） Olaudah Equiano (Gustavus Vassa)　96
イサベル女王　Isabella, Queen of Spain　77, 88
イスマイール，カドリー　Qadri Ismail　v
イチャソ，レオン　Leon Ichaso　301
イラセマ　Iracema　55
ヴァスデヴァン，ラヴィ　Ravi Vasudevan　390
ヴァツサーヤン，カピラ・マリク　Kapila Malik Vatsayan　365
ヴァル・キルマー　Val Kilmer　252
ヴァルガス，ジェトゥリオ・ドルネレス　Getúlio Dornelles Vargas　283, 303, 337
ヴァレンティ，ジャック　Jack Valenti　220–222
ヴァレンティノ，ルドルフ　Rudolph Valentino　192, 194, 196, 204–206
ヴァン・ダイク，W. S.　W. S. Van Dyke　137
ヴィアニ，アレキス　Alex Viany　284
ヴィエイラ神父，アントニオ　Padre Antonio Vieira　83
ヴィエイラ，ジョアン・ルイス　João Luiz Vieira　v, 378–379
ヴィダー，キング　King Vidor　15, 173, 301, 306
ウィドマーク，リチャード　Richard Widmark　246
ヴィラ＝ロボス，エイトル　Hector Villa-Lobos　373
ウィリアムズ，バート　Bert Williams　226
ウィリアムズ，レイモンド　Raymond Williams　15, 426, 441
ヴィリリオ，ポール　Paul Virilio　156, 161
ウィルズ，ゲイリー　Garry Wills　85
ウィルソン，ジュディス　Judith Wilson　449
ウィルソン，ドーリー　Dooley Wilson　168
ウィルソン，リチャード　Richard Wilson　283
ウィルマン，ポール　Paul Willmen　34
ウィンフリー，オプラ　Oprah Winfrey　219, 290
ウー・ベンリー　Wu Benli　308
ウェイン，ジョン　John Wayne (Duke)　144–145
ウェザーフォード，エリザベス　Elizabeth Weatherford　vii
ウェスト，コーネル　Cornel West　ix, 112
ウェストモーランド大将　General Westmoreland　29, 220, 263
ヴェスプッチ，アメリゴ　Amerigo Vespucci　72, 171–172, 381

ヴェトラッラ，ジャチント・ブルジオッティ・ダ　Giacinto Brugiotti da Vetralla　96
ヴェナブルズ，ロバート　Venables Robert　vii
ウェルズ，アイダ・B.　Ida B. Wells　194
ウェルズ，オーソン　Orson Welles　228, 276, 283–285, 287, 336–337, 437
ヴェルディ，ジュゼッペ　Giuseppe Verdi　337, 373
ヴェルトフ，ジガ　Dziga Vertov　322, 324–326
ヴェルナー，ヘルツォーク　Werner Herzog　105, 224–225
ヴェルヌ，ジュール　Jules Verne　133, 139
ヴェレス，ルーペ　Lupe Velez　166, 227, 236
ヴェローゾ，カエターノ　Caetano Veloso　390, 416
ウォーカー，アリス　Alice Walker　240
ウォーターズ，ジョン　John Waters　294–295
ウォーターハウス，エドワード　Edward Waterhouse　160
ウォートリー・モンタギュー，メアリー　Mary Wortley Montagu　199–200
ウォーホル，アンディ　Andy Warhol　327
ウォール，アレン　Allen Woll　236
ウォーレス，エドガー　Edgar Wallace　122, 134
ウォーレス，ミッチェル　Michele Wallece　viii
ウォルコット，デレック　Derek Walcott　32, 102, 231
ウォルシュ，ラリー　Larry Walsh　371
ヴォルテール，フランソワ＝マリー・アルエ　Fraçois-Marie Arouet Voltaire　109, 266, 328, 359
ウォレス，ジョージ　George Wallance　220
ウグボマ，エディー　Eddy Ugboma　185
ウスペンスキー，ボリス　Boris Uspensky　202
ウッド，ナタリー　Natalie Wood　226
ウッパル，ジョートサナ　Jyotsna Uppal　viii
ウヤ，O. E.　O. E. Uya　96
ウルフ，ヴァージニア　Virginia Woolf　122, 365
ウルフ，トム　Tom Wolfe　264
エイアース，アグネス　Dustin Hoffman　204
エイゼンシュテイン，セルゲイ　Sergei Eisenstein　322, 327, 336–338
エイモリー，デブラ・P.　Debora P. Amory　433
エゴヤン，アトム　Atom Egoyan　345
エジソン，トマス・アルバ　Thomas Alva Edison　121, 126, 133
エスピノーサ，フリオ・ガルシア　Julio Garcia Espinosa　305, 409
エスポジート，ジャンカルロ　Giancarlo Esposito　291
エディ，ネルソン　Nelson Eddy　414
エドモンド，ルイス　Luiz Edmondo　284
エリアーデ，ミルチャ　Mircea Eliade　381
エリソン，ジェームズ　James Ellison　191
エリソン，ラルフ　Ralph Ellison　26–27
エリュアール，ポール　Paul Éluard　387
エリントン，デューク　Duke Ellington　277, 285, 404
エル＝シェイク，カマル　Kamal el-Cheikh　308
エル・サーダウィ，ナワル　Nawal el Saadawi　32, 201
エルンスト，マックス　Max Ernst　387
エンゲルハート，トム　Tom Engelhardt　146
エンツェンスベルガー，ハンス・マグヌス　Hans Magnus Enzensberger　442
オエドラオゴ，イドリッサ　Idrissa Ouedrago　301, 369
オクリ，ベン　Ben Okri　230–231
オグレイディ，ジェラルド　Gerald O' Grady　vi
オサリバン，モーリン　Maureen O'Sullivan　192
怖れ知らずのナディア　fearless Nadia　335
オテーロ，グランデ（プラタ，セバスティアン）　Grande Otelo（Prata Sebastião）　259, 284–286, 379, 386
オトゥール，ピーター　Peter O'toole　103, 204–205
オヌラー，ンゴズィ・A.　Ngozi A. Onwurah　403, 406
オバディア，ジョージ　George Ovadia　392
オハラ，モーリン　Maureen O'Hara　194
オビエド神父　Father Oviedo　73
オフダーハイデ，パトリシア　Patricia Aufderheide　viii
オマル，アルトゥール　Artur Omar　42, 387,

410
オリヴィエ，ローレンス　Laurence Olivier 229
オリジナル・ディキシーランド・ジャズ・バンド　Original Dixieland Jazz Band 276
オルテガ，セルヒオ　Sergio Ortega 452
オルモス，ジェームズ　James Olmos 71
オロヴィッチ，セルヒオ　Sergio Olhovich 85
オロスコ，ホセ・クレメンテ　José Clemente Orozco 392
オロドゥン　Olodum 417
オンド，メド　Med Hondo 301, 307, 309, 363

か　行

ガーシュウィン，ジョージ　George Gershwin 302
カーソン，ジョニー　Johnny Carson 282
カーター，ハワード　Howard Carter 188
カーティス，トニー　Tony Curtis 289, 438
カーニー，ダニエル　Daniel Carney 150
カービー，ヘイゼル　Hazel Carby 194
ガーフィールド，ジョン　John Garfield 280
ガーベイ，マーカス　Marcus Garvey 67, 182
カーマイケル，ストークリー　Stokely Carmichael 331
ガーランド，ジュディ　Judy Garland 53, 226, 272
カールス，カール・グスタフ　Carl Gusta Carus 112
カーロ，フリーダ　Frida Kahlo 393
カーロフ，ボリス　Boris Karloff 226
カヴァディーニ，アレッサンドロ　Alessandro Cavadini 46
カヴァルカンティ，イベレ　Iberê Cavalcanti 367
カウェルティ，ジョン　John Cawelti 140
カサヴェテス，ジョン　John Cassavetes 226
カスター将軍　General Custer 140
カストロ，アルリンド　Arlindo Castro viii
ガタリ，フェリックス　Felix Guattari 409, 447
カッタージョン，モント・M.　Mont M. Katterjohn 207
カット，キーソン　Kit Carson 140
カトリン，ジョージ　George Catlin 140
カニング，シャーロット　Charlotte Canning 127
カニング，チャールズ・ジョン，初代伯爵　Charles John Canning, 1st Earl 127
カノ，メルチョル　Melchor Cano 83
カプール，ラージ　Raj Kapoor 52
カブラル，ペドロ　Pedro Cabral 87–88, 381
カプラン，カレン　Caren Kaplan v, 396
ガブリエル，テショメ　Teshome Gabriel 372, 409
カミュ，マルセル　Marcel Camus 224
ガライ，フアン・デ　Juan de Garay 358
カリュー，ジャン　Jan Carew viii
カルー，ジャン　Jan Carew 88
カルヴィーノ，イタロ　Italo Calvino 368
カルチャー・クラッシュ　Culture Clash 94, 248, 423
カルデック，アラン　Alain Kardec 58
カルペンティエール，アレホ　Alejjo Carpentier 374, 393
ガルボ，グレタ　Greta Garbo 229, 264
ガレアーノ，エドゥアルド　Eduardo Galeano 21, 108
カレリ，ヴァンサン　Vincent Carelli 45,
ガンガ・ズンバ　Ganga Zumba 98–99
カント，イマヌエル　Immanuel Kant 109–110, 418
カンポス，アウグスト・デ　Augusto de Campos 382
カンポス，フェルナンド・コニ　Fernando Cony Campos 380
キートン，バスター　Buster Keaton 386
キション，エフライム　Ephraim Kishon 257
キップリング，ラドヤード　Rudyard Kipling 15, 121–122, 137, 153, 177
ギブソン，ヘンリー　Henry Gibson 293
ギブソン，メル　Mel Gibson 289
ギマランイス，ベルナルド　Bernardo Guimarães 298
ギャバン，ジャン　Jean Gabin 228, 230
キャリントン，エドワード　Edward Carrington 108
キャロウェイ，キャブ　Cab Calloway 371
キャンベル，メアリー・シュミット　Mary Schmidt Campbell viii
キュビエ，ジョルジュ　Georges Cuvier 131,

402
キュラー，ジョナサン　Jonathan Culler　vi
キルシェンブラット＝ギンブレット，バーバラ　Barbara Kirshenblatt-Gimblett　3
ギルロイ，ポール　Paul Gilroy　285, 389, 430, 432
キング，マーティン・ルーサー　King, Martin Luther　67, 261, 294, 371
ギンズバーグ，フェイ　Feye Ginsburg　vi–viii, 43–44, 450
クアドロス，ジャニオ　Janio Quadros　337
クイーン・ラティファ　Queen Latifa　416
クイン，アンソニー　Anthony Quinn　347, 359
クーパー，アンナ・ジュリア　Anna Julia Cooper　194
クーパー，ゲイリー　Gary Cooper　137
クーパー，ジェイムズ・フェニモア　James Fenimore Cooper　299, 304
クジョー，セルウィン　Selwyn Cudjoe　vi
クステン，ジョージ　George Custen　viii
グスマン，クロヴィス・デ　Clovis de Gusmao　284
グスマン，パトリシオ　Patricio Guzman　332
クマーリ，ミーナ　Meena Kumari　391
クマール，デリップ　Dilip Kumar　391
グラール，ジョアン　João Goulart　336–337
クライ，Y. N.　Y. N. Kly　109
クラストル，ピエール　Pierre Clastres　108
グラハム，ビリー　Billy Graham　220
グラムシ，アントニオ　Antonio Gramsci　423
グラント，エディ　Eddie Grant　378
クリーヴス，ビル　Bill Greaves　301
グリーブス，ウィリアム　William Greaves　viii, 376
グリーン，ジョン・ビーズリー　John Beasley Green　127
グリーン，レネー　Renee Green　401–402
グリウォル，インダーパル　Inderpal Grewal　viii
クリシュナ，シュリニヴァース　Srinivas Krishna　60
クリシュナン，インドゥ　Indu Krishnan　38
クリスタル，ビリー　Billy Christal　289, 291
クリスチャン，バーバラ　Barbara Christian　4
グリッサン，エドゥアール　José Vasconcelos　297
クリップス，トマス　Thomas Cripps　234, 273
グリフィス，D. W.　D.W. Griffith　174, 193, 438
グリフィン，エイダ・ゲイ　Ada Gay Griffin　59
クリフォード，ジム　Jim Clifford　viii
クリューガー，ハーディー　Hardy Kruger　150
グリンデ・ジュニア，ドナルド　Donald Grinde Jr.　vii, 107
クリントン，ビル　Bill Clinton　163
クルーパ，ジーン　Gene Krupa　287
クルス，フアナ・イネス・デ・ラ　Juana Inés de la Cruz　73
グレアム，マーサ　Martha Graham　16
グレイ，ゼイン　Zane Grey　236
グレイ，ドロレス　Dolores Grey　192
グレイ，ハーマン　Herman Grey　241
クレイシ，ハニフ　Hanif Kureishi　35, 38
クレイバーグ，ジル　Jill Clayburgh　250
クレイフィ，オマール　Omar Khlefi　308
クレイフィ，ミシェル　Michel Khleifi　49, 342–343
クレインハンズ，チャック　Chuck Kleinhans　viii
クレーヴクール，J. ヘクトール・St. ジョン　J. Hector St. John de Crévecouer　90, 170
クレール，ルイ・ド　Louis de Clercq　126–127
クレール，ルネ　René Clair　149
グレマス，A. J.　A. J. Greimas　370
グレン，ジョン　John Glen　77
クロウ，ジム　Jim Crow　280
クロウダス，ゲイリー　Gary Crowdus　vi
グローヴァー，ダニー　Danny Clover　289
クローン，ビル　Bill Krohn　283
クロスビー，ビング　Bing Crosby　226, 272, 276, 278, 303
クロフォード，マーク　Mark Crawford　viii
ゲイツ・ジュニア，ヘンリー・ルイス　Henry Louis Gates Jr.　165, 364, 409
ケイトン，コニー　Connie Katon　viii
ケイトン，ロザンヌ　Rosanne Katon　274
ケイン・マイケル　Michael Cain　151, 245
ゲインズ，ジェーン　Jane Gaines　viii, 437

ゲーハ，ルイ　Ruy Guerra　363
ケップ，マイケル　Michael Kepp　viii
ケネディ，ジョン・F.　John F. Kennedy　263
ゲバラ，チェ　Che Guevara　227, 321, 325, 327–328, 331, 423–426, 428
ケリー，ジーン　Gene Kelly　274
ゲリマ，ハイレ　Haile Gerima　38, 195, 224, 301, 367, 370, 436
ケルナー，チャールズ　Charles Koerner　287
ゲレーロ，エド　Ed Guerrero　253
ゲレーロ，ゴンサーロ　Gonzalo Guerrero　90
コウティーニョ，エドゥアルド　Eduardo Coutinho　348–349, 415
コエーリョ，ルイス・アントニオ　Luiz Antonio Coelho　viii
ゴードン，ウィリアム　William Gordon　287
コーヘン，フェリックス　Felix Cohen　108
ゴーラン，メナヘム　Menahem Golan　178, 206
コール，ナット・キング　Nat King Cole　269
ゴールド，ジャック　Jack Gold　102
ゴールドウィン，サミュエル　Samuel Goldwyn　137, 287
ゴールドバーグ，ウーピー　Whoopi Goldberg　247, 291
ゴールドファーブ，ブライアン　Brian Goldfarb　viii
コールマン，ロナルド　Ronald Colman　134
コスタ，ルイ　Rui Costa　284
コスビー，ビル　Bill Cosby　219, 237, 265
ゴダール，ジャン＝リュック　Jean-Luc Godard　322, 329, 345, 381
コックス，ジャック　Jack Cox　151
コッペル，テッド　Ted Koppel　30, 159
コッポラ，フランシス・フォード　Francis Ford Coppola　30, 224
ゴビノー，ジョゼフ・アルチュール・ド　Arthur de Gobineau　242, 401
ゴメス，アントーニョ・カルロス　Antônio Carlos Gomes　337–338
ゴメス，サラ　Sara Gomez　38
ゴメス，マヌエル・オクタビオ　Manuel Octavio Gomez　309
ゴメス＝ペーニャ，ギリェルモ　Guillermo Gomez-Peña　vi, 256, 393
コラフェイス，ジョージ　George Corraface　77
コルダ，アレクサンダー　Alexander Korda　133–134, 138
コルテス，エルナン　Hernán Cortés　64, 71, 84, 116
コルベール，クローデット　Claudette Colbert　448
コロンブス，クリストファー　Christopher Columbus　1, 10, 55, 71, 74–80, 82–84, 86, 93, 116, 129, 177, 185, 208, 393
コン，ビリー　Billy Conn　443
ゴンサレス，レリア　Lélia Gonzales　32
コンセリェイロ，アントニオ　Antonio Conselheiro　303
コンラッド，ジョゼフ　Joseph Conrad　136, 387

さ　行

サーク，ダグラス　Douglas Sirk　266
サーブリーン　Sabreen　390
サイード，エドワード　Said, Edward　viii, 17, 138, 170, 179, 184, 238, 355, 436
サイモン，ポール　Paul Simon　430
サカガウィア　Sacagawea　55
サヌア，ヤアクーブ　Ya'aqub Sanua　349
サミュエルズ，シャーリー　Shirley Samuels　vii
サルーム，ジェイス　Jayce Salloum　413
サルキンド，アレクサンダー　Alexander Salkind　116
サルキンド，イリヤ　Ilya Salkind　116
サルコウ，シドニー　Sidney Salkow　148
サルトル，ジャン＝ポール　Jean-Paul Sartre　111, 324, 332
サレーツル，レナータ　Renata Salecl　384
サレニー，エミリア　Emilia Saleny　36
サン・ファン・オルガ　Olga San Juan　166
サンゴール，レオポール・セダール　Léopold Sédar Senghor　208
サンダース，ジョージ　George Sanders　134
サンタナ，コール　Colé Santana　379
サントス，カルメン　Carmen Santos　36
サンドラー，キャス　Kathe Sandler　403–404
サンパイオ，オズヴァルド　Oswaldo Sampaio　300

サンヒネス，ホルヘ　Jorge Sanjinés　41, 307
シアラー，ジャクリーン　Jacqueline Shearer　302
ジー，デボラ　Deborah Gee　238
シールズ，ブルック　Brooke Shields　193
シェイクスピア，ウィリアム　William Shakespeare　101–102, 118, 208, 228, 288, 336–337, 349
ジェイムソン，フレドリック　Fredrick Jameson　281, 335, 340, 361–364, 412, 442
ジェニングス，ピーター　Peter Jennings　139, 156
ジェニングス，フランシス　Francis Jeninngs　77, 140
ジェバール，アシア　Assia Djebar　32, 395
ジェファソン，トマス　Thomas Jefferson　108, 140
ジェフリーズ，ジェームズ　James Jeffries　443
シェリー，パーシー・ビッシュ　Percy Bysshe Shelley　66
シェル，ジョナサン　Jonathan Schell　161
シオン，ミシェル　Michel Chion　254
ジオンゴ，ングギ・ワ　Ngũgĩ wa Thiong'o　20, 32, 230–231
シケイロス，ダビッド・アルファロ　David Alfaro Siqueiros　392
シコ・ブアルキ・ジ・オランダ　Chico Buarque　232, 416
シセ，スレイマン　Souleyman Cisse　255, 301, 369
シナトラ，フランク　Frank Sinatra　275, 295
ジミーリョ，セシリオ・B.　Cecilio B. de Milho（Cecil B. de Corn）　379
シャヴィエール，イズマイル　Ismail Xavier　v, 315, 385
ジャウォルスキー，セサリー　Cesary Jaworsky　94
ジャカレイ　Jacaré　284
ジャクソン，アンドリュー　Andrew Jackson　106, 166
ジャクソン，ジェシー　Jesse Jackson　27
ジャクソン，ジャネット　Janet Jackson　290
ジャクソン，マイケル　Michael Jackson　292, 405
ジャクソン，ミュリエル　Muriel Jackson　301
ジャクソン，リン　Lynne Jackson　viii
シャッツ，トマス　Thomas Schatz　146
シャヒーン，ユーセフ　Youssef Chahine　37, 222, 308, 349–352, 357
ジャファ，アーサー　Arthur Jaffa　376
シャフィーク，ヴィオラ　Viola Shafik　viii
ジャボール，アルナルド　Arnaldo Jabor　220–222, 306, 339
シャム，ムバイェ　Mbye Cham　viii
ジャヤマン，ラレーン　Laleen Jayamanne　38
ジャリ，アルフレッド　Alfred Jarry　365, 374
ジャリー，スート　Sut Jhally　241
シャリフ，オマー　Omar Sharif　205, 227, 230
張駿祥（ジャン・ジュンシャン）　308
ジャングル・ブラザーズ　Jungle Brothers　416
ジャンモハメド，アブドゥル　Abdul Jan Mohamed　243
シュー・リー・チェン　Shu Lea Cheang　vi, 238, 403
ジュネット，ジェラール　Gerard Genette　249
シュメリング，マックス　Max Schmeling　452
ジュリアン，アイザック　Issac Julien　212, 222, 301, 419
シュワルス，ロベルト　Roberto Schwarz　348, 353
シュワルツコフ大将，ノーマン　General Norman Schwarzkopf　149
ショー，ジョージ・バーナード　George Bernard Shaw　384
ジョイ，ジェイソン　Jason Joy　137
ジョイス，ジェイムズ　James Joyce　365
ショインカ，ウォーレ　Wole Soyinka　32, 368
ジョージ，メタクサ　George Metaxa　281–282
ジョーダノヴァ，ルドミラ　Ludmilla Jordanova　181
ジョーンズ，ジャッキー　Jacquie Jones　viii, 234
ジョゼ，パウロ　Paulo José　260
ジョハンセン，ブルース　Bruce Johansen　107
ジョフィ，ローランド　Roland Jaffé　84
ジョルソン，アル　Al Jolson　226, 272, 279, 281
ジョンストン，クレール　Claire Johnston　409
ジョンソン，サミュエル　Samuel Johnson　5

ジョンソン，ジャック　Jack Johnson　443
ジョンソン，ポール　Paul Johnson　19
ジョンソン，ランダル　Randal Johnson　viii
ジョンソン，リンドン（副大統領）　Lyndon Johnson　263
ジョンソン夫妻，マーティン，オサ　Martin and Osa Johnson　129
シラー，ハーバート　Herbert Schiller　39
シリーン，アギー　Aggie Sirrine　vi
ジル，ジルベルト　Gilberto Gil　390, 416
シルコウ，レスリー・マーモン　Leslie Marmon Silko　81
ジロドゥ，ジャン　Jean Giraudoux　161
スアレス・イ・ロメロ，アンセルモ　Anselmo Suárez y Romero　99
スー，ヴァレリー　Valerie Soe　238
スウィート・ハニー・イン・ザ・ロック　Sweet Honey in the Rock　33
ズウィック，エドワード　Edward Zwick　302
スウィフト，ジョナサン　Jonathan Swift　104–105
スウィングル・シンガーズ　Swingle Singers　327
スウェイジ，パトリック　Patrick Swayze　250
スウェイズ，ジョン・キャメロン　John Cameron Swayze　139
スガンゼルラ，ロジェリオ　Rogerio Sganzerla　385
スキナー，フランク　Frank Skinner　377, 419
スクラー，ロバート　Robert Sklar　iii
スコセッシ，マーティン　Martin Scorsese　290–291
スコット，ジェームズ・C.　James C. Scott　235, 376
スコット，リドリー　Ridley Scott　78
スタージェス，ジョン　John Sturges　306
スタージェス，プレストン　Preston Sturges　255–256
スターデン，ハンズ　Hans Saden　92, 118
スタール，ジョン・M.　John M. Stahl　266
スタインベック，ジョン　John Steinbeck　269, 316
スタナード，デヴィッド　David Stannard　72
スタム，ジム　Jim Stam　viii
スタム，ジルベルト　Gilberto Stam　vii
スタム，デヴィッド　David Stam　viii
スタム，フアン　Juan Stam　viii
スタンリー，ヘンリー・モートン　Henry Morton Stanley　122, 125, 180
スチュアート，チャールズ　Charles Stuart　263
スティーヴンス，ジョージ　George Stevens　137, 441
ストラエト，ヤン・ファン・デル　Jan Van der Straet　172
ストランカン，キャロライン　Caroline Stranchan　46
ストリブラス，ピーター　Peter Stallybrass　377, 419
スナイプス，ウェズリー　Wesley Snipes　227
スニード，ジェームズ　James Snead　166, 234
スピヴァク，ガヤトリ　Gayatri Spivak　32, 430, 434
スペンス，ルイーズ　Louise Spence　iii
スミス，アダム　Adam Smith　5
スミス，オーブリー　C. Aubrey Smith　134
スミス，リリアン　Lillian Smith　27
スムーディン，エリック　Eric Smoodin　viii
ズルフィカール，イゼディン　Izzedine Zulficar　308
スレイマン，エリア　Elia Suleiman　vii–viii, 395–396, 413
スレルケル，ハワード　Howard Threlkel　157
スロットキン，リチャード　Richard Slotkin　140, 157–158, 160
ズンビ　Zumbi　97–99
セイエド，パルヴィーズ　Parvaz Sayad　38
セイルズ，ジョン　John Sayles　295
セール，カークパトリック　Kirkpatrick Sale　108
セクエイロ，アデラ　Adela Sequeyro　36
セス，ヴィクラム　Vikram Seth　231
セゼール，エメ　Aimé Césaire　3, 72, 99, 102, 104, 118, 182, 195, 208, 297, 324–325, 359, 417
セプルベダ，フアン・ヒネス・デ　Juan Ginés de Sepúlveda　85, 95, 117
セラーズ，ポール　Paul Sellors　149
セリム，カマール　Kamal Selim　306
セルトー，ミシェル・ド　Michel de Certeau　172

セン，ムリナル　Mrinal Sen　346–347, 363
センソニー，オズヴァルドゥ　Oswaldo Censoni　249–250
センベーヌ・ウスマン　Senbène Ousmane　37, 72, 231, 255, 301, 308, 340（写真 42），341, 363, 368–369
ソーヴィ，アルフレッド　Alfred Sauvy　31
ソーヤー，ダイアン　Diane Sawyer　159
ソーヤー，フォレスト　Forest Sawyer　157
ソーントン，ジョン　John Thornton　95
ソボル，ジョシュア　Yehoshua Sobol　24
ソマー，ドリス　Doris Sommer　299
ソモサ・ガルシア，アナスタシオ　Anastasio Somoza García　163
ソモサ・デバイレ，アナスタシオ　Anastasio Somoza Debayle　163
ソラス，ウンベルト　Humberto Solas　309
ソラナス，フェルナンド　Fernando Solanas　35, 37, 305, 321, 323, 326–327, 329, 332
ソリナス，フランコ　Franco Solanas　225

た　行

ダーウィン，チャールズ　Charles Dawin　40, 115, 318, 382
ターナー，ヴィクター　Victor Turner　63, 209, 452
ターナー，ティナ　Tina Turner　53
ターナー，テレンス　Terence Turner　vi–vii, 44, 46, 450
ターナー，フレデリック・ジャクソン　Frederick Jackson Turner　297
ダーハム，ジミー　Jimmie Durham　388
ダーリン，ボビー　Bobby Darin　246
ダイアー，リチャード　Richard Dyer　271, 442
タウシグ，ミック　Mick Taussig　vii
ダウニング，ジョン　John Downing　248
タウンゼント，ロバート　Robert Townsend　236
ダギール，アーシア　Asia Dagir　36
ダグデール，ウィリアム　William Dugdale　209
ダグラス，カーク　Kirk Douglas　280
タジマ，レニー　Renee Tajima　238
ダスグプタ，チダナンダ　Chidananda das Gupta　250
ダステージャー，サブー　Sabu Dastagir　227, 264
タッカー，ソフィー　Sofi Tukker　303
ダッシュ，ジュリー　Julie Dash　255, 273, 301, 367, 370
ダニエルズ，リロイ　LeRoy Daniels　277–278
タヒミック，キドラット　Kidlat Tahimik　94, 363, 410
タフト，ウィリアム　William Taft　215
ダラル，ヤイル　Yair Dalal　390
ダルウィーシュ，マフムード　Mahmoud Darwish　49
チェンジーラ，アヨーカ　Ayoka Chenzira　301
チザム，シェリル　Cheryl Chisholm　viii, 369
チザム，ラリー　Larry Chisholm　vi
チャーチル，ワード　Ward Churchill　vii, 141, 233, 264
チャールズ，レイ　Ray Charles　54
チャクラバルティ，スミタ　Sumita Chakravarty　viii, 390
チャタージー，ドリティマン　Dhritiman Chatterjee　347
チャック D　Chuck D　371
チャップリン，ジェラルディン　Geraldine Chaplin　294
チャップリン，チャールズ　Charles Chaplin　442
チャリシー，シド　Cyd Charisse　226, 229, 264
チョイ，クリスティン　Christine Choy　238
チョーサー，ジェフリー　Geoffrey Chaucer　71
チラム・バラム　Chilam Balam　81–82
チンジィラ，アヨカ　Ayoka Chenzira　367, 403, 405
デ・パルマ，ブライアン　Brian de Palma　227
ティ・タイン・ガー，ティアナ　Tiana Thi Thanh Nga　53, 414
ディアス，ポルフィリオ　Porfirio Díaz　88, 336–337
ティアム，モマル　Momar Thiam　370
ディアワラ，マンティラ　Manthia Diawara　v, vii, 370, 416, 438
ティーガーデン，ジャック　Jack Teagarden　276
ディートリッヒ，マレーネ　Marlene Dietrich

192
デイヴィス，アンジェラ　Angela Davis　405
デイヴィス，ゼイナブ　Zeinabu Davis　301, 367
デイヴィス，マイク　Mike Davis　377
デイヴィス，マイルス　Miles Davis　376
デイヴィス・ジュニア，サミー　Sammy Davis Jr.　377, 405
ディエゲス，カルロス　Carlos Diegues　97–98, 232, 306, 379–380
ティシェイラ，エリザベッチ　Elizabete Teixeira　348–349
ティシェイラ，ジョアン・ペドロ　João Pedro Teixeira　348
ディドキー，フセイン　Hussein Didky　308
ディドロ，ドゥニ　Denis Diderot　110–111
ティニャール，フェリクス　Félix Taynard　127
テイラー，クライド　Clyde Taylor　viii, 112, 234,
テイラー大将，マクスウェル　General Maxwell Taylor　148
テイラー，リン　Lynn Taylor　vi
デヴォン，ジェーン　Jane Devon　vii
デッケル，エドゥアルド・ダウエス（ムルタトゥーリ）　Eduard Douwes Dekker (Multatuli)　251
デニング，マイケル　Michael Denning　428
デビッドソン，バジル　Basil Davidson　69
デフォー，ダニエル　Daniel Defoe　95, 102–104
デポージョ，ダフネ　Daphne Depollo　viii
デミル，セシル・B.　Cecil B. de Mille　174, 230, 270
デュ・カン，マクシム　Maxime du Camp　126–127
デューク，ビル　Bill Duke　301
デュカキス，マイケル　Michael Dukakis　263, 265
デュティユー，ジャン・ピエール　Jean-Pierre Dutilleux　43
デュボイス，W. E. B.　W. E. B. Du Bois　62, 275, 303
デュボワ・ド・ヌオー，ルイ・ピエール・テオフィーユ　Louis Pierre Théophile Dubois de Nehaut　127–128
デリダ，ジャック　Jacques Derria　4, 63, 81–82, 369
デル・リオ，ドロレス　Dolores del Rio　173, 227, 282
デロリア・ジュニア，ヴァイン　Vine Deloria Jr.　233, 450
テンプル，シャーリー　Shirley Temple　136–138, 168
トゥーサン・ルーヴェルチュール，フランソワ＝ドミニク　Fraçois-Dominique Toussaint Louverture　108, 273
トゥーレ，セク　Sekou Toure　354
トウェイン，マーク　Mark Twain　29, 290
ドゥスーザ，ディネシュ　Dinesh D'Souza　24
トゥパク・アマル，ホセ・ガブリエル・コンドルカンキ　José Gabriel Condorcanqui Túpac Amaru　90–91
ドゥルーズ，ジル　Gilles Deleuze　315, 409
ドーズ，ヘンリー　Henry Dawes　142
ドーソン，ダン　Dan Dawson　viii
トクヴィル，アレクシ・ド　Alexis de Tocqueville　297
ドス・サントス，ジョアン・フェリシオ　João Felicio de Santos　98
ドス・サントス，ネルソン・ペレイラ　Nelson Pereira dos Santos　37, 58, 92, 316, 318, 320, 336, 367, 377
トナッチ，アンドレア　Andrea Tonacci　42
ドニ，クレール　Claire Dénis　152
ドパルデュー，ジェラール　Gérard Depardieu　78
トマス，クラレンス　Clarence Thomas　24, 228
トム，パメラ　Pamela Tom　403
トムリン，リリー　Lily Tomlin　293
ドラクロワ，ウジェーヌ　Eugène Delacroix　198
トラボーリー，デヴィッド　David Traboulay　viii
ドリノン，リチャード　Richard Drinnon　140, 148
トルケマダ，トマス・デ　Tomas de Torquemada　3
トレイシー，スペンサー　Spencer Tracy　137
トレイシー，ディック　Dick Tracy　220
トレヴァー＝ローパー，ヒュー　Hugh

Trevor-Roper 1
ドン・フェザーストン Don Featherstone 409
トンプソン，ロバート・ファリス Robert Farris Thompson 285, 365

な 行

ナ・ダヴ Nah Dove vi
ナーセル，ガマール・アブドゥル Gamal Abdel 189, 308
ナーモア，ジェームズ James Narmore viii
ナイポール，シヴァ Shiva Naipaul 32
ナヴァロ，ヴィニシウス Vinicius Navarro viii
ナチュラル・オルタネイティヴ Natural Alternative 390
ナフィーシー，ハミード Hamid Naficy viii, 445
ナルギス Nargis 391
ニーヴン，デヴィッド David Niven 134, 139
ニーチェ，フリードリヒ Friedrich Nietzsche 383
ニカウ N!xau 224
ニクソン，リチャード Richard Nickson 294
ニクソン，ロブ Rob Nixon viii, 118, 223
ニセーリオ，パトリツィオ Patrizio Nisserio vi
ヌニェス，エンリケ・ベルナルド Enrique Bernardo Núñez 92
ネルーダ，パブロ Pablo Neruda 81
ネルソン，ヘンリー・ルーミス Henry Loomis Nelson 148
ノイマン，クルト Kurt Neumann 149
ノックス，ロバート Robert Knox 114
ノバーロ，マリア Maria Novarro 38
ノリエガ，マヌエル Manuel Noriega 243
ノルティ，ニック Nick Nolte 289

は 行

パーカー，チャーリー Charlie Parker 291
バーグマン，イングリット Ingrid Bergman 167, 230
バークリー，バズビー Busby Berkeley 200, 277
バーゴイン，ロバート Robert Burgoyne 163
ハースコヴィッツ，リチャード Richard Herskowitz vi
ハースト，ファニー Fannie Hurst 266
パーソンズ，タルコット・E. Talcott E. Parsons 182
バーチ，ノエル Noel Burch 319
バーデン，レベッカ Rebecca Barden v
ハート，ウィリアム・S. William S. Hart 145
ハードウィック，セドリック Cedric Hardwick 134
バートマン，サーキ Saartjie Baartman 130–131
バートン，リチャード Richard Burton 150
バートン，リチャード・フランシス Richard Francis Burton 151
バートン＝カルバハル，ジュリアン Julianne Burton-Carvajal viii
バーナム，フィニアス・テイラー Phineas Taylor Barnum 162
バーネット，チャールズ Charles Burnett 301, 370
バーバー，カリン Karin Barber 364
バーバー，シーザー・L. Caesar L. Barber 377, 419
ハーベルマン，フーゴー・フォン Hugo von Haberman 198
ハーン，パルヴィーズ Parvaiz Khan viii
ハーンスタイン，リチャード Richard Herrnstein 115
バーンハード，サンドラ Sandra Bernhard 292
パイパー，エイドリアン Adrian Piper 449
ハイメス，アネッテ Annette Jaimes vi–vii, 233, 264
ハイレ・セラシエ１世 Haile Selassie I 303
バイロン，ジョージ・ゴードン George Gordon Byron 198, 328
ハインズ，グレゴリー Gregory Hines 289
パインズ，ジム Jim Pines 234
ハウ，アーヴィング Irving Howe 279–280
パウエル，コリン Colin Powell 159
パウエル，マイケル Michael Powell 202
ハウレット，ロバート Robert Howlett 127
ハガード，H. ライダー H. Rider Haggard 122, 149, 153, 162
バクスタイン，カレン Karen Backstein viii

ハゴピアン，ロバート　Robert Hagopian　237
ハザ，オフラ　Ofra Haza　392
ハサウェイ，ヘンリー　Henry Hathaway　137
バザン，アンドレ　André Bazin　179, 334, 358
ハシェク，ヤロスラフ　Jaroslav Hašek　257, 266
パス，オクタビオ　Octavio Paz　81, 297
バスコンセロス，ホセ　José Vasconcelos　6, 297, 420
パゾリーニ，ピエル・パオロ　Pier Paolo Pasolini　381
パターソン，オルランド　Orlando Patterson　95
バタイユ，ジョルジュ　Georges Bataille　108
バックスバウム，ジョナサン　Jonathan Bucksbaum　viii
バッド，ロイ　Roy Budd　254
ハトゥム，モナ　Mona Hatoum　35, 38, 395–398, 400
ハドソン，ロック　Rock Hudson　226, 233
バナール，マーティン　Martin Bernal　17, 68
ハビービー，エミール　Emile Habibi　49, 257
バフチン，ミカエル　Mikhail Bakhtin　124, 213–214, 247, 256, 262, 293, 297, 302–303, 368–369, 375, 417–418, 426, 451
パブリック・エナミー　Public Enemy　416
バフレ，ジャナケ　Janake Bakhle　viii
早川雪舟　Sessue Hayakawa　233
ハラウェイ，ダナ　Donna Haraway　155
バラカート，ヘンリー　Henri Barakat　308
バラカン，ピーター　Peter Barakan　421
バランシン，ジョージ　George Balanchine　16
ハリーファ，マルセル　Marcel Khalife　390
ハリーフェ，サハル　Sahar Khalifeh　49
ハリス，トマス・アレン　Thomas Allen Harris　367
ハリス，リチャード　Richard Harris　150, 254
ハル，エディス　Edith Hull　202, 207
バルコン，マイケル　Michael Balcon　134
パルシー，ユーザン　Euzhan Palsey　301
バルデュス，エドゥアール＝ドニ　Édouard-Denis Baldus　127
バルト，ロラン　Roland Barthes　109, 331, 433
バルブル，ゾジモ　Zozimo Balbul　301
パルマール，プラティブハ　Pratibha Parmer　38
バレイロ，ジョゼ　José Barreiro　vii
バレット，ルイス・カルロス　Luiz Carlos Barreto　319
ハレド，シェブ　Cheb Khaled　390
バローズ，エドガー・ライス　Edgar Rice Burroughs　122
バログン，オラ　Ola Balogun　301, 366
バンクロフト，アン　Anne Bancroft　226
バンチ，シャーロット　Charlotte Bunch　435
ハント，クレア　Claire Hunt　200
バンドライン，ネッド　Ned Buntline　236
バンバーラ，トニ・ケイド　Toni Cade Bambara　372
ピアース，ラリー　Larry Peerce　441
ピアソン，カール　Karl Pearson　114
ビアンキ，セルジオ　Sergio Bianchi　43
ビーヴァーズ，ルイーズ　Louise Beavers　236, 247, 448
ピーテルス，ヤン　Jan Pieterse　16, 114
ビーバーマン，ハーバート　Herbert Biberman　300
ピエドラ，ホセ　José Piedra　vii
ピケット，ルイーザ　Louisa Picque　190
ビゲロー，ビル　Bill Bigelow　74
ピケンズ，スリム　Slim Pickens　295
ビコ，スティーヴ　Steve Biko　223, 264
ピジェ，マリー＝フランス　Marie-France Pisier　152
ビショップ，ジョーイ　Joey Bishop　226
ビショップ，モーリス　Maurice Bishop　452
ピシンギーニャ　Pixinguinha　284–285
ピタンガ，アントニオ　Antonio Pitanga　301
ピック，スザーナ　Zuzana Pick　394
ヒックス，ボブ　Bob Hicks　93
ピックフォード，メアリー　Mary Pickford　226
ヒッチコック，アルフレッド　Alfred Hitchcock　269–270, 335
ビッリ，フェルナンド　Fernando Birri　322, 325
ヒトラー，アドルフ　Adolf Hitler　3, 80, 105, 158–159, 351
ビトリア神父，フランシスコ・デ　Father Francisco de Vitoria　83

ピノチェト，アウグスト　Augusto Pinochet 333
ヒューズ，ラングストン　Langston Hughes 212
ヒューストン，サミュエル　Samuel Houston 163
ヒューム，デヴィッド　David Hume 109–111
ヒューム，ピーター　Peter Hulme 21, 80, 102
ビュフォン，ジョルジュ＝ルイ・ルクレール・ド　Georges-Louis Leclerc de Buffon 401
ビュルドー，ジョルジュ　George Burdeau 93, 371
ヒュン，マリナ　Marina Heung viii
ヒラーマン，トニー　Tony Hillerman 264
ヒラール，セルヒオ　Sergio Giral 99, 195, 300–302
ビラック，オラーヴォ　Olavo Bilac 298
ビリー・ザ・キッド　Billy the Kid 140
ヒル，ルース・ビービ　Ruth Beebe 215
ピルキングストン，ドリス　Doris Pilkington 421
ビルトン，スー　Sue Bilton v–vi
ヒルミー，イブラヒーム　Ibrahim Hilmy 308
ビロップス，カミール　Camille Billops 301, 403
ファーナム，トマス　Thomas Farnham 142
ファーネア，エリザベス　Elizabeth Fernea 201
ファイ，サフィ　Safi Faye 19, 255, 301
ファス，ダイアナ　Diana Fuss 434
ファノン，フランツ　Frantz Fanon 23, 25, 32, 98, 111, 166, 181–182, 184, 195, 208, 223, 231, 272, 307, 309–310, 313, 321, 324, 328–331, 359, 404, 436–437, 451
ファビアン，ヨハネス　Johannes Fabian 112
ファフ，フランソワーズ　Françoise Pfaff 341
フィードラー，レスリー　Leslie Fiedler 290, 304
フィゲロア，ガブリエル　Gabriel Figueroa 319, 392
フィスク，ジョン　John Fiske 421, 444–445
フィスク・ジュビリー・シンガーズ　Fisk Jubilee Singers 275
フィッシャー，マイケル　Michael Fischer 451
フィッシャー，ルーシー　Lucy Fischer 200
フィッシュバーン，ラリー　Larry Fishburne 227
フィッツジェラルド，フランシス　Frances Fitzgerald 148
ブーゲディール，フェリッド　Ferid Boughedir 363
フーコー，ミシェル　Michel Foucault 21, 109
フェアバンクス，ダグラス　Douglas Fairbanks 192, 204
フェアバンクス・ジュニア，ダグラス　Douglas Fairbanks Jr. 226
フェイ，アリス　Alice Faye 191
フェチット，ステピン　Stepin Fechit 216, 234, 247
フェルナンデス，エミリオ（エル・インディオ）Emilio Fernandez (El Indio) 392
フェレロ，パット　Pat Ferrero 371
フエンテス，カルロス　Carlos Fuentes 32, 297
フォイヤー，ジェーン　Jane Feuer 271, 442
フォースター，E. M.　E. M. Foster 152, 177
フォード，ジョン　John Ford 143, 269, 306, 316
フォード，ハリソン　Harrison Ford 270
フォーブス，ジャック　Jack Forbes 380
フォスター，ハル　Hal Foster 415, 422
フォックス＝ジェノヴェーゼ，エリザベス　Elizabeth Fox-Genovese 433
フォルナーリ，エルナーリ　Ernani Fornari 284
フォン・R，エリザベート　Elisabeth Von R. 180
フォン・ブラウン，ヴェルナー　Werner von Braun 410
フォンダ，ジェーン　Jane Fonda 53
フォンダ，ヘンリー　Henry Fonda 316
フクヤマ，フランシス　Francis Fukuyama 305
フスコ，ココ　Coco Fusco vi, viii, 256, 402
ブスコンベ，エド　Ed Buscombe v
フスト，シエラ　Justo Sierra 297
フセイン，サッダーム　Saddam Hussein 157–160, 243
フセイン，ターハー　Taha Hussein 189
フックス，ベル　Bell Hooks 112, 369, 380, 432, 438
ブッシュ，ジョージ・H. W.　George H. W.

Bush 158–159, 219, 235, 243, 264, 414
ブニュエル，ルイス Luis Buñuel 102, 306, 319, 322, 326
フラー，サミュエル Samuel Fuller 23–24
フライアー，ナターシャ Natasha Friar 233
フライアー，ラルフ Ralph Friar 233
ブライス，ファニー Fanny Brice 296
ブライスウェイト，エドワード・カマウ Edward Kamau Braithwaite vii, 32
プライヤー，リチャード Richard Pryor 289, 291, 378, 419
ブラウト，ジェームズ・モリス James Morris Blaut 2, 74
ブラウン，ウィリー Willie Brown 291
ブラウン，ジェームズ James Brown 405
ブラウン，ジョン John Brown 285
ブラザーストン，ゴードン Gordon Brotherston 81
ブラックウッド，モーリーン Maureen Blackwood 301, 403
ブラックトン，J. スチュアート J. Stuart Blackton 133
プラット，メアリー・ルイーズ Mary Louise Pratt 126
ブラデス，ルーベン Rubén Blades 390
プラド，パウロ Paulo Prada 297
プラトン Platon 16, 67, 217
フラハティ，ロバート Robert Flaherty 358
フランクリン，アレサ Aretha Franklin 405
フランクリン，ベンジャミン Benjamin Franklin 107–108, 119, 140
フランケル，デヴィッド David Frankel v
フランコ，アイシェ Ayse Franko viii
ブランド，マーロン Marlon Brando 225–226, 282
フリードマン，レスター Lester Friedman iii
フリードリヒ，オットー Otto Friedrich 198
フリーマン，モーガン Morgan Freeman 227
ブリストウ，ジョゼフ Joseph Bristow 122
ブリゾーラ，レオネル Leonel Brizola 337
ブリッジス，ジョージ George Bridges 126
フリッシュ，マイケル Michael Frisch vi
フリッタマン＝ルイス，サンディ Sandy Flitterman-Lewis viii, 163
ブリンナー，ユル Yul Brynner 194
ブルース，レニー Lenny Bruce 296
ブルーメンバッハ，ヨハン・フリードリヒ Fredrich Bluembach 401
ブルーメンベルク，ハンス Hans Blumenberg 177
ブルーンジー，ビッグ・ビル Big Bill Broonzy 421
フルタード，ジョルジ Jorge Furado 415
ブルック，クライヴ Clive Brook 134
ブルック，ピーター Peter Brook 228
ブルックス，ジョン・ベンジャミン John Brooks Benjamin 209
ブルックス，メル Mel Brooks 295–296
ブルトン，アンドレ André Breton 384, 387
フレイタス，デチオ Decio Freitas 98
フレイレ，ジルベルト Gilberto Freyre 98, 297–298
ブレカウチ Blecaute 379
プレスバーガー，エメリック Emeric Pressburger 202
プレスリー，エルヴィス Elvis Presley 196–197, 204, 226, 288
ブレッソン，ロベール Robert Bresson 319, 357
ブレヒト，ベルトルト Bertolt Brecht 34, 213, 228, 256, 307, 309, 322, 324, 336, 338, 345, 359, 363, 373, 412, 418, 421, 441, 449
フロイト，ジークムント Sigmund Freud 180–181, 341, 384
フローベール，ギュスターヴ Gustave Flaubert 127, 162, 317
フローレス，フアン Juan Flores vii
ブロコウ，トム Tom Brokaw 242
フロスト，ロバート Robert Frost 143
フロタ，モニカ Monica Frota vi
プロップ，ウラジーミル Vladimir Propp 370
ベイカー，ジョセフィン Josephine Baker 167, 192, 227–228
ヘイゲン，ジーン Jean Hagen 273
ベイジル・ラスボーン Basil Rathbone 134
ベイティ，ウォーレン Warren Beatty 204
ヘイリー，アレックス Alexander Haley 265
ペイン，トマス Thomas Paine 119
ヘーゲル，フリードリヒ Friedrich Hegel 111–112, 115, 242

ベーコン，フランシス　Francis Bacon　176, 182
ベーデン・パウエル，ロバート　Robert Baden-Powell　122
ペーニャ，リチャード　Richard Peña　v, vii
ベコロ，ジャン＝ピエール　Jean-Pierre Bekolo　372
ペサーニャ，ニーロ　Nilo Peçanha　335
ヘス，ジョン　John Hess　viii
ヘストン，チャールトン　Charlton Heston　137, 226, 270
ペック，グレゴリー　Gregory Peck　278, 359
ベックフォード，ウィリアム・トマス　William Thomas Beckford　198
ペティット，アーサー・G.　Arthur G. Pettit　236
ヘティノ，オクタビオ　Octavio Getino　35, 305, 321, 323, 326–327, 329, 332
ペトゥリツェリ，ジョン　John Peturizzelli　94
ベナモウ，キャサリン　Catherine Benamou　vi, viii, 283
ベニー，ジャック　Jack Benny　289
ベネガル，シャーム　Shayam Benegal　391
ヘラリ，ヘスケル　Heskel Helali　viii
ベリ，クロード　Claude Berri　306
ベルトラン・ロンドン，カンディーダ　Candida Beltran Rondon　36
ベルトルッチ，ベルナルド　Bernardo Bertolucci　230, 309
ペレ　Pelé　300
ペロン，イサベル　Isabel Perón　321
ヘロン，ギル・スコット　Gil Scott Heron　371
ペロン，フアン　Juan Perón　34, 63, 321–323, 331
ペン，アーサー　Arthur Penn　148
ベン，ゼハヴァ　Zehava Ben　392
ベン・リャジィード，ファリーダ　Farida Ben Lyazid　38, 201
ヘンダーソン，ブライアン　Brian Henderson　282
ヘンドリックス，ジミー　Jimi Hendrix　54
ベンベルグ，マリア・ルイサ　María Luisa Bemberg　73
ベンヤミン，ヴァルター　Walter Benjamin　109, 119, 321, 325, 338, 345, 357, 359
ボアール，アウグスト　Augusto Boal　449
ボアズ，フランツ　Frantz Boas　27
ボウザー，パール　Pearl Bowser　234
ホウズ，クレメント　Clement Hawes　104
ホー・チ・ミン　Ho Chi Minh　321, 331, 414
ホークス，ハワード　Haward Hawks　150
ボーグル，ドナルド　Donald Bogle　234–235, 240
ポージー，ダレル　Darrell Posey　41
ボードリヤール，ジャン　Jean Baudrillard　161–163
ホートン，ウィリー　Willie Horton　219, 235, 243, 263, 265
ボーム，L. フランク　L. Frank Baum　29
ホール，アーセニオ　Arsenio Hall　219, 290
ホール，スチュアート　Stuart Hall　28, 52, 212, 403, 434, 439, 449
ボールドウィン，クレイグ　Craig Baldwin　vi, 94–95
ボールドウィン，ジェームズ　James Baldwin　437–438
ポーロ，マルコ　Marco Polo　80–81
ホーン，レナ　Lena Horne　226
ボガート，ハンフリー　Humphrey Bogart　150, 230
ポカホンタス　Pocahontas　55–56, 194
ポッジョーリ，レナート　Rrnato Poggilio　329
ボネット，リサ　Lisa Bonet　245
ボバディージャ，フランシスコ・デ　Francisco de Bobadilla　75
ホフバウアー，パトリシア　Patricia Hofbauer　viii
ホフマン，ダスティン　Warren Beatty　204
ホリデイ，ビリー　Billie Holiday　292
ポルティージョ，ロールデス　Lourdes Portillo　vii–viii, 93
ポルトン，リチャード　Richard Porton　v
ボルヘ，トマス　Tomás Borge　163
ボルヘス，ホルヘ・ルイス　Jorge Luis Borges　387
ホワイト，アロン　Allon White　377, 419
ホワイト，チャールズ　Charles White　112
ホワイト，ヘイドン　Hayden White　123, 163, 165, 369
ホワイトヘッド，ネイル　Neil Whitehead　80

ホワイトマン，ポール　Paul Whiteman　273, 275–276, 302
ポワチエ，シドニー　Sidney Poitier　150, 247, 289, 438
ポンス，マリア・アントニエータ　Marie Antoinette-Pons　166
ポンテコルヴォ，ジッロ　Gillo Pontecorvo　225, 309–312
ボンテンペッリ，マッシモ　Massimo Bontempelli　329

ま 行

マーカス，ジョージ　George Marcus　451
マーカス，セシリー　Cecily Marcus　vi
マーサー，コベナ　Kobena Murcer　7, 404–5, 409
マーチ，フレドリック　Fredric March　75
マーティン，ワルド　Waldo Martin　viii
マートン，ユージン　Eugene Martoni　291
マーフィー，エディ　Eddie Murphy　248, 289
マーリー，ジギー　Ziggy Marley　416
マーリー，ボブ　Bob Marley　67, 416
マイゼル，マイロン　Myron Meisel　283
マクダニエル，ハティ　Hattie McDaniel　235–236, 405, 421
マクドナルド，ジャネット　Jeanette MacDonald　414
マクドナルド，デヴィッド　David MacDonald　75
マグドフ，ハリー　Harry Magdoff　62
マクニール，ロイド　Lloyd MacNiell　viii
マクラグレン，アンドリュー　Andrew McLaglen　150
マクリントック，アン　Anne McClintock　viii, 315
マクルーア，ジョン　John McClure　viii, 122–123
マサイイェズバ，ヴィクター　Victor Masayesva　46, 224, 370
マサド，ジョセフ　Joseph Massad　v
マスペロ，ガストン　Gaston Maspero　185–187
マズルイ，アリ　Ali Mazrui　69
マセード，ゼゼー　Zeze Macedo　386
マゼラン，フェルディナンド　Ferdinand Magellan　94
マッカネル，ディーン　Dean MacCannell　380
マッキー，ロネット　Lonette Mckee　274
マッサー，チャールズ　Charles Musser　iii
マッデン，ケイト　Kate Madden　43
マトラール，アルマン　Armand Mattelart　39
マノーニ，オクターヴ　Octave Mannoni　168, 359
マハール，タジ　Taj Mahal　390
マフフーズ，ナギーブ　Naguib Mahfouz　32
ママニ，アブドライエ　Abdoulaye Mamani　357
マヤコフスキー，ウラジーミル　Vladimir Mayakovsky　329
マラブル，マニング　Manning Marable　24
マリー，ジョン　John Murray　127
マリネッティ，フィリッポ　Filippo Marinetti　329
マリンチェ　Malinche　55
マルヴェイ，ローラ　Laura Mulvey　341, 437
マルクーゼ，ヘルベルト　Herbert Marcuse　384
マルクス，カール　Karl Marx　112, 217, 263, 341, 384
マルクス兄弟　Marx Brothers　386
マルグリーズ，アイヴォン　Ivone Margulies　viii
マルケス，エヴァリスト　Evaristo Marques　225
マルケル，クリス　Chris Marker　185
マルコムX　Malcolm X　67, 182, 261, 371, 405
マルチネッリ，マイケル　Michael Marcinelli　vii
マルドロール，サラ　Sarah Maldoror　38, 301, 308
マレー，エティエンヌ＝ジュール　Étienne-Jules Marey　129, 162
マレー，チャールズ　Charles Murray　115
マングラーノ＝オ＝ヴァーレ，イニゴ　Inigo Manglano-Ovalle　vi, 256, 393, 402
マンゴウ，サラウニア　Sarrounia Mangou　357
マンダー，ジェリー　Jerry Mander　108
マンデラ，ネルソン　Nelson Mandela　67
マンベティ，ジブリル・ジオップ　Djibril Diop Mambete　363
ミックス，トム　Tom Mix　226

ミッチェナー，ジェームズ　James Michener　423
ミューレン，ハリエット　Harryette Mullen　vii
ミラー，ペリー　Perry Miller　297
ミランダ，カルメン　Carmen Miranda　169, 191, 228, 351
ミランド，レイ　Ray Milland　134
ミル，ジョン・スチュアート　John Stuart Mill　108
ミルナー，シェリー　Sherry Millner　vii–viii, 414
ミンハ，トリン・T.　Trinh T. Minh-ha　33, 370
ムーア，トマス　Thomas Moore　198
ムーア，ヘンリー　Henry Moore　364
ムーア，ロジャー　Roger Moore　150
ムガベ，ロバート　Robert Mugabe　60
ムケルジー，バハラティー　Bharati Mukherjee　231
ムスタファ，ニアズィ　Niazi Mustafa　308
ムッジ，ロバート　Robert Mugge　416
ムッソリーニ，ベニート　Benito Mussolini　3
ムニ，ポール　Paul Muni　226
ムヒカ＝ライネス，マヌエル　Manuel Mujica Lainez　327
ムフティー，アーミル　Amir Mufti　viii
メイシー，デヴィッド　David Macey　180
メイラー，ノーマン　Norman Mailer　302
メッツ，クリスチャン　Christian Metz　125, 156
メネム，カルロス　Carlos Menem　321
メリエス，ジョルジュ　Georges Mélliès　133
メルヴィル，ハーマン　Herman Melville　290
メルフォード，ジョージ　George Melford　202
メンチュウ，リゴベルタ　Rigoberta Menchú　41
メンミ，アルベール　Albert Memmi　22–23, 208, 217, 238, 251, 263
モイ，トリル　Toril Moi　180
モイラン，トム　Tom Moylan　14
毛沢東　Mao Zedong　153
モートン，トマス　Thomas Morton　107
モーハンティー，チャンドラー・タルパデー　Chandra Talpade Mohanty　viii, 430
モーリー，デヴィッド　David Morley　439
モファット，トレイシー　Tracey Moffat　38, 301, 406
モラガ，チェリー　Cherrie Moraga　369
モラン，エドガール　Edgar Morin　446
モリス，デズモンド　Desmond Morris　115
モリスン，トニ　Toni Morrison　26, 32, 168, 246
モリソン，サミュエル・エリオット　Samuel Eliot Morison　170
モレル，エドガー　Edgar Morel　284, 287
モンク，セロニアス　Thelonious Monk　375
モンタルバン，リカルド　Ricardo Montalban　233
モンティ・パイソン　Monty Python　415
モンティール，サリタ　Sarita Montiel　165
モンティソン伯爵　Count de Montizón　128
モンテーニュ，ミシェル・ド　Michel de Montaigne　100–101, 110, 384
モンテシノス，アントニオ・デ　Antonio de Monesinos　83
モントーヤ，リチャード　Richard Montoya　265

や　行

ヤービー，フランク　Frank Yerby　273
ヤコブソン，ロマン　Roman Jakobson　365
ヤング，ホイットニー　Whitney Young　23
ヤング，ロレッタ　Loretta Young　226
ヤング・ブラック・ティーンエイジャーズ　Young Black Teenagers　292
ユイス，ジャミー　Jamie Uys　224
ユディス，ジョージ　George Yudice　260
ユハス，アレクサンドラ　Alexandra Juhasz　450

ら　行

ラーセン，アーネスト　Ernest Larsen　v, vii, 414
ライデル，ロバート・W.　Robert W. Rydell　129
ライト，リチャード　Richard Wright　285
ライトル，ナンシー　Nancy Lytle　vii
ラウンドトゥリー，リチャード　Richard Roundtree　103
ラオ，アゴスティン　Agostin Lao　viii
ラカプラ，ドミニク　Dominic LaCapra　vi

ラカン，ジャック＝マリー＝エミール Jacques- Marie Émile 208, 420
ラクダル＝ハミナ，モハメッド Mohamed Lakhdar-Hamina 308
ラザー，ダン Dan Rather 157
ラシェディ，アーメッド Ahmed Rachedi 308
ルシュディー，サルマーン Salman Rushdie 32, 152, 231, 389, 390
ラス・カサス，バルトロメー・デ Bartlomé de las Casas 79, 84–85, 100, 117
ラセルダ，カルロス Carlos Lacerda 337
ラッセル，ダイアナ Diana Russel vi
ラデメーカーズ，フォンス Fons Rademakers 251
ラハバーニ，ジアード Ziad Al-Rahabani 390
ラブレー，フランソワ François Rabelais 375
ラマチャンドラン，ヘマ Hema Ramachandran 391
ラマルティーヌ，アルフォンス・ド Alphonse de Lamartine 184
ラムーア，ドロシー Dorothy Lamour 194
ラモス，グラシリアーノ Graciliano Ramos 317–318
ラロッカ・ニック Nick LaRocca 276
ランダ，ディエゴ・デ Diego de Landa 73
ランデータ，マティルデ Matilde Landeta 36
ランド，アイン Ayn Rand 215
リー，ヴィヴィアン Vivien Leigh 405, 421
リー，スパイク Spike Lee 217, 219, 248, 253, 261, 291, 301, 372, 404–405, 430, 443
リー，ヘレン Helen Lee 403
リード，イシュメール Ishmael Reed 185, 409
リード，マーク Mark Ried viii
リード，ルー Lou Reed 292
リーブ，ダニエル Daniel Leab 234
リーフ，デヴィッド David Rieff 5
リーン，デヴィッド David Lean 152, 205, 230
リヴィングストン，デヴィッド David Livingstone 122, 125, 134
リエナルト，マルティン Lienhardt, Martin 82
リオタール，ジャン＝フランソワ Jean-François Lyotard 305
リカルド，ジョリーン Jolene Ricard vi
リスケス，ディエゴ Diego Risguez 393
リチャーズ，ジェフリー Jeffrey Richards 134, 137
リッグス，マーロン Marlon Riggs 237–238, 240, 248, 301
リッチ，ルビー Ruby Rich viii
リッチー，ライオネル Lionel Richie 290, 378
リトル，クリーヴォン Cleavon Little 295
リブ，グロリア Gloria Ribe 237
リプスタイン，アルトゥーロ Arturo Ripstein 73
リベラ，ディエゴ Diego Rivera 392
リベラーチェ Liberace 220
リマ・ジュニオル，ヴァルテル Walter Lima Jr. 380
リミナーノ，エヴァ Eva Liminano 36
リュミエール兄弟 Auguste and Louis Lumière 35, 121, 123, 126, 132, 138, 143
リロイ，フェリックス Felix LeRoy 301
リンチ，サイラス Silas Lynch 235
ルアン，ブリジット Brigitte Rouan 152
ルイス，R. W. B. R. W. B. Lewis 171, 297
ルイス，ジャスティン Justin Lewis 241
ルイス，ジョー Joe Louis 443
ルイス，ラウル Raul Ruiz 38, 56, 306, 381, 393, 394
ルーカス，フィル Phil Lucas 237
ルーシュ，ジャン Jean Rouch 42, 69, 181, 409
ルーズベルト，フランクリン Franklin Roosevelt 151
ルートフィ，ナディア Nadia Lutfi 188
ルーニー，アンディ Andy Rooney 241
ルーニー，ミッキー Mickey Rooney 226, 272
ルービン，アーネスト Ernst Lubin 132
ルーンバ，アーニャ Ania Loomba 118
ルカーチ・ジェルジュ Lukács Georg 123
ルゴシ，ベラ Bela Lugosi 216
ルサージュ，ジュリア Julia Lesage viii
ルソー，ジャン＝ジャック Jean-Jacques Rousseau 108–109
ルデュク，ポール Paul Leduc 309, 392, 409
ルナン，エルネスト Ernest Renan 24, 167, 242
ルビアーノ，ワーニーマ Wahneema Lubiano

viii, 426
レイ，エマニュエル＝ギヨーム　Emmanuel-Guillaume Rey　127
レイ・コニフ　Ray Conniff　327
レイ，サタジット　Sayajit Ray　37, 306, 391
レイク，ハンサム　Handsome Lake　58
レイノルズ，デビー　Debbie Reynolds　273
レヴィ＝ストロース，クロード　Claude Lévi-Strauss　81, 108, 387
レーガン，ロナルド　Ronald Reagan　160, 416
レーナル，ギヨーム＝トマ　Guillaume-Thomas Raynal　110
レーニン，ウラジーミル　Lenin Vladimir　423
レーン，チャールズ　Charles Lane　301
レッドフォード，ロバート　Robert Redford　203, 264
レテス，ガブリエル　Gabriel Retes　55
レネ，アラン　Alain Resnais　185, 322, 336
レノー，ベレニス　Bérénice Reynaud　viii
レミントン，フレデリック　Frederic Remington　140
レリー，ジャン・ド　Jean de Léry　92
レンティ，ポール　Paul Lenti　viii
ロイ，マーナ　Myrna Loy　192
ローイ，フェリックス・デ　Felix de Rooy　370, 393
ローウィック，ジョージ　George Rawick　25
ローク，ミッキー　Mickey Rourke　245
ロージェーン，フィル　Phil Rosen　v
ローシャ，グラウベル　Glauber Rocha　37, 88, 228, 305–306, 315–316, 322, 336–339, 356, 367, 373, 395, 409
ローズ，エリック　Erik Rhodes　282
ローズ，セシル　Cecil Rhodes　125, 133–134, 136
ローズ，フィリス　Phyllis Rose　26
ロード，オードリー　Audre Lorde　369
ローラー，メアリー　Mary Lawlor　viii
ローリー卿，ウォルター　Sir Walter Raleigh　170
ローレンツ，コンラート　Konrad Lorenz　115
ロゴフ，イリット　Irit Rogoff　vii
ロジャース，ジンジャー　Ginger Rogers　281
ロジン，マイケル　Michaeel Rogin　140, 159–160, 218
ロス，アンドリュー　Andrew Ross　v
ロック，ジョン　John Locke　108–109
ロバートソン，ウィリアム　William Robertson　107
ロビンズ，ブルース　Bruce Robbins　v
ロビンソン，セドリック　Cedric Robinson　96–97
ロビンソン，ビル（ボージャングル）　Bill Robinson（Bojangles）　168, 236
ロブソン，ポール　Paul Robeson　134, 149, 228
ロペス，アナ　Ana Lopez　viii
ロペス＝プマレホ，トマス　Tomas Lopez-Pumarejo　245
ロメロ，エディ　Eddie Romero　307
ロレンス，T. E.　T. E. Lawrence　204
ロンジノット，キム　Kim Longinotto　200

わ　行

ワイズミュラー，ジョニー　Johnny Weissmuller　192, 436
ワイルダー，ジーン　Gene Wilder　289, 291, 295
ワシントン，ジョージ　George Washington　140
ワシントン，デンゼル　Denzel Washington　227, 372, 448
ワシントン，フレディ　Fredi Washington　448
ワックスマン，フランツ　Franz Waxman　269
ワルラーモフ，レオニード　Leonid Varlamov　308
ワンダー，スティービー　Stevie Wonder　26, 390, 430
ンクルマ，クワメ　Kwame Nkurmah　60, 436, 452

作品名索引

あ　行

『ああ，太陽』 *Soleil O*　309, 363
『アーノルド坊やは人気者』 *Different Strokes*　241
『アーリア人』 *The Aryan*　145
『アイアン・ホース』 *The Iron Horse*　143
「アイウィットネス・ニュース」 *Eyewitness News*　246, 290
『愛と哀しみの果て』 *Out of Africa*　11, 203, 215, 254, 301, 397
『愛と野望のナイル』 *Mountains of the Moon*　151, 205
『愛の弾丸』 *Annie Oakley*　281
『愛は霧のかなたに』 *Gorillas in the Mist*　203
『赤い日没』 *Red Sundown*　143
『暁の討伐隊』 *The Real Glory*　137
『アギーレ　神の怒り』 *Aguirre, der Zorn Gottes*　105
『悪夢の香り』 *Mababangong Bangungot*　410
『アシャンティ』 *Ashanti*　151, 254
『アジュリカバ』 *Ajuricaba*　92
『アトランティス・カーニバル』 *Carnival Atlantida*　379
『アナルカリ』 *Anarkli*　391
『アニー・ホール』 *Annie Hall*　292
『アパッチ砦』 *Fort Apache*　148
『アパッチ砦・ブロンクス』 *Fort Apache the Bronx*　215
『アバンチュール・イン・リオ』 *Blame it on Rio*　245
『アフリカ遠征』 *Trailing African Wild Animals*　129
『アフリカのセシル・ローズ』 *Rhodes of Africa*　134, 136
『アフリカの太鼓』 *Drums of Africa*　151
『アフロ・アメリカン・ストーリー』 *Zajota and the Boogie Spirit*　367
『雨に唄えば』 *Singin' in the Rain*　272–274
『あめりか・てら・いんこぐにた』 *Amerika, Terra Incognita*　393
『アメリカ交響楽』 *Rhapsody in Blue*　273, 302
『アメリカの影』 *Shadows*　226
『アメリカの息子』 *Native Son*　285
『嵐を呼ぶ太鼓』 *Lydia Bailey*　273
『アラビアのロレンス』 *Lawrence of Arabia*　vi, 77, 176, 179, 204–205, 414
『アラビアン・ナイトの宮殿』 *Le Palais des Mille et une Nuits*　133
『アリゾナの決斗』 *Fury at Furnace Creek*　138
『アリは油と一緒に食べる』 *Ali Bouffe à l'Huile*　132
『アルシ・アフマドのハーレムのお茶』 *Le Thè au harem d' Archimède*　53

『アルジェの戦い』 *La Battaglia di Algeria* iv, vi, 12, 204, 225, 309–315, 356, 406
『アルジェリア人ジャミーラ』 *Jamila al jazairiyya* 308
『アルゼンチンでの出会い』 *They Met in Argentina* 194
『ある程度までは』 *Hasta Cierto Punto* 346
『アレキサンダー大王』 *Alexander the Great* 268
『アレクサンドリア〔アレキサンドリア〕WHY?』 *Alexandria Why...?* vi, 12, 349–352, 437
『アンダー・ファイア』 *Under Fire* 249
『イェリコ』 *Jericó* 90, 307
『イエロー・テイル・ブルース』 *Yellow Tale Blues* 238
『怒りと共に眠る』 *To Sleep with Anger* 370
『怒りの葡萄』 *Grapes of Wrath* 269, 316, 318
『生きてこそ』 *Alive!* 381
『意思』 *Al Azima* 306
『イシュタール』 *Ishtar* 203–204
『偉大なるムガル帝国』 *Mughal-e-Azam* 391
『異端審問所』 *El Santo Oficio* 73
『イッツ・オール・トゥルー』 *It's All True* iv, 276–277, 283–287
『いつも上天気』 *It's Always Fair Weather* 272, 278
『いつわりの輪』 *Circles of Deceit* 249–250
『愛しのトム・ミックス』 *Mi Querido Tom Mix* 346
『イマジニング・インディアン』 *Imagining Indians* 224
『忌まわしき夜明け』 *L'Aube des Damnés* 308
『いまを生きる』 *Dead Poet7s Society* 269
『イヤー・オブ・ザ・ドラゴン』 *The year of the Dragon* 215
『イラセマ』 *Iracema* vi, 41, 42, 64, 299
『イリュージョン』 *Illusions* vii, 273–274, 301
『色の調整』 *Color Adjustment* 238, 248
『イン・ベッド・ウィズ・マドンナ』 *Truth or Dare* 220
『イン・リビング・カラー』 *In Living Color* 256
『インディ・ジョーンズ　魔宮の伝説』 *Indiana Jones and the Temple of Doom* 152–153, 177–178
『インディ・ジョーンズ』シリーズ *Indiana Jones* 11, 132, 153, 176, 184
『インディアン戦争』 *The Indian Wars* 144
『インディアンのイメージ』 *Images of Indians* 237
『インドの神秘の修行僧』 *Le Fakir-Mystère Indien* 133
『インドへの道』 *A Passage to India* 11, 152, 177, 203, 250
『イントレランス』 *Intolerance* 123, 174–175, 179, 184
『ヴァイニンガーの夜』 *Weininger's Night* 24
『ウィークエンド』 *Weekend* 381
『ウィンドウォーカー』 *Windwalker* 226–227
『ヴェールに覆われた顔』 *Hidden Faces* 201
『ヴェールニ隠れた革命』 *The Veiled Revolution* 201
『ウエスト・サイド物語』 *West Side Story* 256, 288
『ウクマウ』 *Ukumau* 41
『後ろめたい死』 *La Mort Trouble* 363
『有頂天時代』 *Swing Time* 226, 271, 281

『馬と呼ばれた男』 *A Man Called Horse* 233, 291
『裏窓』 *Rear Window* 269, 443
『映画泥棒』 *Ladrôes de Cinema* 380
『栄光への脱出』 *Exodus* 179
『英国帰り』 *Bilat Ferat* 306
『エイモス＆アンディ』 *Amos and Andy* 238
『エジプト物語』 *Hadutha Misruya* 346
『エバとガブリエル』 *Ava and Gabriel* 393
『エミタイ』 *Emitai* 301, 308
『エメラルド・フォレスト』 *The Emerald Forest* 26, 41, 46, 80
『L.A. ロ／七人の弁護士』 425
『エル・ドラド』 *El Dorado* 142
『エルダーブッシュ渓谷の戦い』 *The Battle at Elderbush Gulch* 233
『エンゼル・ハート』 *Angel Heart* 245
『王冠の宝石』 *The Jewel in the Crown* 152
『王家の谷』 *The Mummy/ Night of Counting the Years* vi, 185–188
『黄金時代』 *L'Age d'Or* 326
『王様と私』 *The King and I* 176, 194
『オー・ノー・コロラド！』 *O No Coronado!* vi, 89, 94
『オール・イン・ザ・ファミリー』 *All in the Family* 238–239
『オーレスの風』 *Assifat al-Aouraz* 308
『オクラホマ！』 *Oklahoma!* 272, 281, 444
『オクラホマ・キッド』 *Oklahoma Kid* 142
『オグン』 *Ogum* 367
『オグンのお守り』 *Amuleto de Ogum* 58, 367
『落ちこぼれの天使たち』 *Stand And Deliver* 71
『踊らん哉』 *Shall We Dance* 272
『踊る大紐育』 *On the Town* 278
『オフィシャル・ストーリー』 *La Historia Oficial* 321
『オリノコ川と新世界』 *Orinoko, Nuevo Mundo* 393
『折れた矢』 *Broken Arrow* 145, 194, 233
『音楽ホール』 *Jalsaghar* 391
『女黄金鬼〔ブードゥー・ウーマン〕』 *Voodoo Woman* 245
『女たちの顔』 *Faces of Women* 255
『女友だち』 *La Amiga* 321
『女奴隷イザウーラ』 *A Escrava Isaura* 298

か 行

『カーツーム』 *Khartoum* 137–138
『ガール・クレイジー』 *Girl Crazy* 273, 301
『開拓者の血闘』 *The Oklahoman* 194
『カイロ』 *Al Qahira* 346
『カサブランカ』 *Casablanca* 168, 230, 289, 310
『風と共に去りぬ』 *Gone with the Wind* 203, 235, 302, 421
『悲しき熱帯』 *Triste Tropico* 387–388, 410

『悲しみは空の彼方に』 *Imitation of Life* 194, 226, 235, 258, 266, 302
『カナダ騎馬警察のスザンナ』 *Susannah of the Mounties* 138
『カニバル・ツアー』 *Cannibal Tours* 381
『金持ちも涙を流す』 *Los Ricos Tambien Lioran* 39
『カベサ・デ・バカ』 *Cabeza de Vaca* 88
『神さまのおくりもの』 *Wend Kuuni* 370
『神の庭に遊びて』 *At Play in the Fields of the Lord* 41
『カメラを持った男』 *Man witj the Movie Camera* 326
『カメレオンマン』 *Zelig* 292
『仮面』 *The Mask* 185
『カヤポ族と熱帯雨林保護運動』 *Kayapo: Out of the Forest* 46
『カラー・スキーム』 *Color Schemes* iv, 238, 403
『カラビニエ』 *Les Carabiniers* 329
『カリフォルニアの征服』 *California Conquest* 142
『ガリラヤの婚礼』 *Urs bilGalil* 12, 341–344
『彼らを殺すのか？』 *Mato Eles?* 43
『可愛い嘘』 *Adorables Mentiras* 346
『乾いた人生』 *Vidas Secas* 12, 37, 316–320, 340
『ガンガ・ズンバ』 *Ganga Zumba* 97–98, 300, 438
『ガンガ・ディン』 *Gunga Din* 137–138, 441
『カンサス騎兵隊』 *Santa Fe Trail* 138
『ガンジー』 *Gandhi* 152, 224
『艦隊を追って』 *Follow the Fleet* 281
『帰郷』 *Coming Home* 30
『飢饉を探して』 *Aakaler Sandhane* vii, 12, 346–348
『奇傑パンチョ』 *Viva Villa!* 215
『危険な年』 *The Year of Living Dangerously* 249
『キスメット』 *Kismet* 179, 197
『奇蹟の家』 *Tenda dos Milagres* 258, 377, 395
『絹の靴下』 *Silk Stockings* 229, 275
『奇妙なムスリム』 *Le Musulman Rigolo* 132
『キム／ある少年の闘いと冒険の物語』 *Kim* 152
『キャビン・イン・ザ・スカイ』 *Cabin in the Sky* 226, 247, 288
「キャメル・ニュース・キャラバン」 *Camel News Caravan* 139
『キャンディード』 *Candide* 266
『キャンプ・チャロユ』 *Le Camp de Thioraye* 72, 301, 308
『九回シリーズ　アフリカ：三重の遺産』 *The Africans:A Triple Heritage* 69
『求婚者たち』 *The Suitors* 53
『求婚大作戦』 *The Girl Most Likely* 275
『99 キロ』 *Kilo Tissa wa Tissaine* 308
『キューバの伏兵』 *Cuban Ambush* 133
『狂気の主人公たち』 *Les Maître Fous* 181
『教授と美女』 *Ball of Fire* 287
『兄弟のように』 *Like Brothers* 45
『今日だけ』 *Rak Hayom* 392

『恐怖の人喰い植物〔ブードゥー・アイランド〕』 *Voodoo Island* 245
『共謀者』 *Os Inconfidents* 336
『狂乱の大地』 *Terra em Transe* vi, 87–88, 336–40, 373, 395
『虚栄のかがり火』 *Bonfire of the Vanities* 227
『虚構の歴史』 *Falsas Historias* 86, 94
『距離の測定』 *Measures of Distance* 395–400
『キリマンジャロの決斗』 *Killers of Kilimanjaro* 136, 151
『キロンボ』 *Quilombo* 97–99, 300, 307, 380
『キング・オブ・コメディ』 *King of Comedy* 290, 292
『キング・オブ・ジャズ』 *King of Jazz* 275
『キング・コング』 *King Kong* 113, 129, 379
『キング・ソロモン』 *King Solomon's Mines* 134, 149, 178
『キング・ソロモンの秘宝』 *King Solomon's Mines* 132, 178, 383
『グアラニ』 *O Guarani* 299
『クアルピー』 *Quarup* 41
『空中レビュー時代』 *Flying down to Rio* 282, 284
『グエレワール』 *Guelwaar* 354
『クォ・ヴァ・ディス』 *Quo Vadis* 268
『ククリ』 *Kukuli* 41
『クジラの背の上で』 *Het Dak Van de Walvis* 56
『くず拾い』 *Boca de Lixo* 415
『グッドタイムス』 *Good Times* 238
『クバグア』 *Cubagua* 92, 356
『グリーザーの復讐』 *The Greaser's Revenge* 132
『グリーン・カード』 *Green Card* vi
『クレオパトラ』 *Cleopatra* vi, 133, 141, 174–175, 184
『グレゴリオ・コルテス』 *The Ballad of Gregorio Cortez* 373
『黒いオルフェ』 *Orfeo Negro* 224, 378
『黒い神と白い悪魔』 *Dens e Diaba na Terra do Sol* 373
『黒いジャガー』 *Shaft* 247
『グローバル・レポート』 *Globo Reporter* 349
『グローリー』 *Glory* 302
『黒水仙』 *Black Naecissus* 176, 202
『クロスロード』 *Crossroads* 291
『群青・海外へ』 *Outremer* 152
『月世界旅行』 *Le Voyage dans la Lune* 133
『決闘ウエストバウンド』 *Westbound* 143
『ケマダの戦い』 *Burn* 225
『コイサンマン』 *The Gods Must Be Crazy II* 224
『郊外のブッダ』 *The Buddha of Suburbia* 53
『荒廃した魂』 *Almacita di Desolato* 370
『コーヒー色の子どもたち』 *Coffee Coloured Children* 403, 406
『ゴールド・ディカース』 *Gold Diggers of 1933* 273
『五月広場の母たち』 *Las Madre de la Plaza de Mayo* 321
『黒人女』 *La Noire de...* 231

『黒人少年ジョアン』 *João Negrinho* 250
『黒人の歴史：失われ，盗まれ，迷いしもの』 *Black History: Lost, Stolen, and Strayed* 237
『黒人部隊第五四マサチューセッツ歩兵連隊』 *The Massachusetts 54th Colored Infantry* 302
『国民の創生』 *The Birth of a Nation* 168, 189, 193, 203, 212, 215, 226, 235, 258, 438
『ここから，こちら側から』 *From Here, from This Side* 237
『五〇万の黒人』 *Hamesh Meot Elef Shahor* 392
『コスビー・ショー』 *The Cosby Show* 238, 248
『古代の精霊と生きたことば：口承』 *Ancient Spirit, Living Word -the Oral TraditionAncient Spirit, Living Word -the Oral Tradition* 371
『この土地は私たちのもの』 *Kasarmu Ce* 366
『コヨーテは地下に潜む』 *Coyote Goes Underground* 371
『コロラド・テリトリー』 *Colorado Territory* 142
『コロンブス』 *Columbus: The Discovery* 75, 77
『コロンブス：大航海の時代』 *Columbus and the Age of Discovery* 79, 178
『コロンブスの侵略：植民地主義とインディオの抵抗』 *The Columbus Invation: Colonialism and the indian Resistance* 86, 93
『コロンブスの探検』 *Christopher Columbus* 75, 76
『コロンブスは私たちを発見しなかった』 *Columbus Didn't Discover Us* 86, 93, 107
『コンゴ』 *Congo* 42
『コンゴウ部隊』 *Sanders of the River* vii, 131, 133–135, 228
『コンドルの血』 *Yawar Malku* 41

さ 行

『サ・ダッガ』 *Sa Dagga* 370
『ザ・トゥナイト・ショー』 *The Tonight Show* 283
『サイクル』 *Cycles* 367
『最後のインディアン』 *The Last of the Redmen* 144
『最後の砦』 *The Last Outpost* 143
『最後の晩餐』 *La Ultima Cena* 97, 300, 378
『最後のフロンティア』 *The Last Frontier* 143
『最後のマラーノ』 *Last Marranos* 57
『祭礼の道化師』 *Ritual Clowns* 46
『詐欺師』 *Shree* 52
「砂上の戦列」 *Lines in the Sand* xvii
『サタデー・ナイト・フィーバー』 *Saturday Night Fever* 220
『殺人というオマージュ』 *Homage by Assassination* vii, 395–396, 398–400
『サバイビング・コロンブス：最初の遭遇』 *Surviving Columbus* vii, 86, 89, 371
『裁かれるコロンブス』 *Columbus on Trial* vii, 86–87, 93–94
『砂漠のブッシュ』 *The Desert Bush* 414
『サハラ』 *Sahara* vi, 193, 204, 206–07
『サミー・アンド・ロージー／それぞれの不倫』 *Sammy and Rosie Get Laid* 53
『サヨナラ』 *Sayonara* 173
『サラー・シャバティ氏』 *Sallah Shabbati* 257
『さらば偽りの楽園』 *Farewell to False Paradise* 53
『サリーのほくろ』 *Sally's Beauty Spot* 403

『サリヴァンの旅』 *Sullivan's Travels* 255
『サルサ／灼熱の二人』 *Salsa* 289
『サルバドル／遥かなる日々』 *Salvador* 249
『三月』 *A Marcha* 300
『サンコファ』 *Sankofa* 366–367
『三銃士』 *The Three Musketeers* 77
『三銃士』 *Soldiers Three* 138
『サンタ・バルバラの誓い』 *Pagador de Promessas* 255, 394
『サンダーハート』 *Thunderheart* vii, 252
『サンタクロース』 *Santa Claus-The Movie* 77
『サンタリア　魔界怨霊』 *The Believers* 245
『三人の騎士』 *The three Caballeros* 149
『サンパウロ／ある都市のシンフォニー』 *São Paulo: Sinfonia de uma Cidade* 363
『サンビザンガ』 *Sambizanga* 308
『シーク』 *The Sheik* vi, 131, 190, 192, 194, 198, 202, 204–206, 397
『ジェダイの帰還』 *Return of the Jedi* 139
『ジェファーソンズ』 *The Jeffersons* 241
『シェルタリング・スカイ』 *The Sheltering Sky* 230
『ジェロニモ』 *Geronimo* 138
『シカゴ・コネクション／夢見て走れ』 *Running Scared* 289
『時間をつくる』 *Compasso de Espera* 258
『地獄からの脱出』 *The Last Plane Out* 151
『地獄の黙示録』 *Apocalypse Now* 30, 224
『7月4日に生まれて』 *Born on the Fourth of July* 30
『シッカ・ダ・シルバ』 *Xica da Silva* 379–380
『十戒』 *The Ten Commandments* 270
『ジット』 *Jitt* 366
『シティ・オブ・ジョイ』 *City of Joy* 250
『シナイの褐色の少女』 *Samara Sinai* 308
『島の想い出』 *Cuban Love Song* 215
『シマロネス』 *Cimmarrones* 300
『シャーマン』 *Border Brujo* vi, 330, 394
『灼熱の愛』 *Hub min Nar* 308
『ジャズ・シンガー』 *The Jazz Singer* 271, 279–281
『ジャラウ』 *Jarawu* 41
『ジャングル・フィーバー』 *Jungle Fever* 253, 291
『ジャングル・ブック』 *Jungle Book* 138, 177
『シャンゴの力』 *A Força de Xango* 367
『上海映画の淑女』 *A Dama de Cine-Shanghai* 346
『十字軍』 *The Crusades* 268
『囚人アブー・ザバル』 *Sajine Abou Zabaal* 308
『修道女フアナ＝イネス・デ・ラ・クルス：最悪なる存在』 *Yo, Peor de Todos* 73
『自由への旅立ち』 *Daughters of the Dust* vi, 255, 366–367, 370, 372–373
『シュヌア山の女たちのナウバ』 *Nouba Nisa al Djebel Shnua* 395
『ジュノーン』 *Junoon* 391

『ジュリアス・シーザー』 *Julius Caesar* 268
『情熱のランバダ』 *The Forbidden Dance* 41, 289
『上流社会』 *High Society* 276, 278
『女王サラウニア』 *Sarrouina* 307
『ジョージ・ウォレス／アラバマの反逆者』 *George Wallace* 263
『ジョーズ』 *Jaws* 379
『女学生の恋』 *Too Many Girls* 191, 283
『女群西部へ』 *Westward the Women* 143
『ショコラ』 *Chocolat* 152
『ショック集団』 *Shock Corridor* 24
『ジョム』 *Jom* 370
『ジョルスン物語』 *Jolson Story* 281
『ジョンソンの生き方』 *Mister Johnson* 301
『知りすぎていた男』 *The Man Who Knew Too Much* 149
『白く渇いた季節』 *A Dry White Season* 30, 223
『白と黒』 *Blanc/Ebène* 20
『死を予告された男』 *Cabra Marcado para Morrer* 12, 248
『神意』 *Allah Tanto* 354
『紳士協定』 *Gentleman's Agreement* 278
『紳士は金髪がお好き』 *Gentlemen Prefer Blondes* 149
『人生と思い出』 *Live and Remember* 371
『人生の道　ミリオナリオとジョゼ・リコ』 *Na Estrada da Vida* 37
『新世界』 *Nuevo Mundo* 55
『シンバ：百獣の王』 *Simba* vi, 129, 130–131
『シンハ・モサ』 *Sinha Moça* 97, 300
『シンビオサイコタクシプラズム：テイク・ワン』 *Symbio Psycho Taxi Plasm-Take One* 376
『神秘の戦士』 *Mystic Warrior* 215
『シンボル』 *Le Symbole* 230
『人民の勇気』 *El Coraje del Puebla* 307
『スイカ男』 *Watermelon Man* 292
『翠崗紅旗』 *Red Banner on Green Rock* 308
『水夫の三枚の二五ペンス硬貨』 *Three Crowns of the Sailor* 394
『スージー・ウォンの世界』 *The World of Suzie Wong* 173, 238
『スーダン』 *The Sudan* 178
『スーパーマン』 *Superman* 77
『ズールー』 *Zulu* 121
『ズールーランドのラスタス』 *Rastus in Zululand* 132
『スクール・デイズ』 *School Daze* 248, 404
『少しずつ』 *Petit à Petit* 42
『進め龍騎兵』 *Charge of the Light Brigade* 138
『スター・クレイジー』 *Stir Crazy* 289
『スター・ウォーズ』 *Star Wars* 154
『スタア誕生』 *A Star Is Born* 272
『スタンレー探検記』 *Stanley and Livingstone* 70, 137
『ストライキ』 *Strike* 327

『聖衣』 *The Robe* 141
『青春一座』 *Babes in Arms* 226, 272
『精神鑑定医』 *O Alenista* 336
『西部開拓史』 *How the West Was Won* 143
『西洋の影の中で』 *In the Shadow of the West* 238
『赤灯の無法者』 *Bandido da Luz Vermelha* 385–386
『戦艦ポチョムキン』 *The Battleship Potemkin* 338, 358
『1492 コロンブス』 *1492: The Conquest of Paradise* vi, 78
『一四九二年再訪』 *1492 Revisited* 86, 93
『捜索者』 *The Searchers* vii, 145, 189, 448
『総督の舞踏』 *Bal du Gouverneur* 152
『壮烈第七騎兵隊』 *They Died with Their Boots on* 138
『祖先・ゾエに会って』 *Arco de Zo'e* 45
『空への扉』 *Bab Ilsma Maftouh* 201
『ソルジャー・ブルー』 *Soldier Blue* 145
『それが独裁だ，食べろ！』 *It's a Dictatorship, Eat!* 414
『ソロモン王の宝庫』 *Watusi* 149

た 行

『ダーク・ウィンド』 *Dark Wind* 224
『ターザン』 *Tarzan* 70, 131, 436–437
『ダーティー・ダンシング』 *Dirty Dancing* 288,–289
『ダーティー・ハリー 4』 *Sudden Impact* 160
『大西部への道』 *The Way West* 143
『大平原』 *Union Pacific* 143
『太陽と月と羽根』 *Sun, Moon, and Feather* 414
『太陽の中の対決』 *Hombre* 291
『太陽は沈まず』 *The Sun Never Sets* 136
『大陸横断超特急』 *Silver Streak* 291
『タクシードライバー』 *Taxi Driver* 239
『戦ふ民族』 *The Great Barrier* 134
『007／ドクター・ノオ』 *Doctor No* 151
『タムタム姫』 *Princess Tam Tam* 227
『誰がビンセント・チンを殺したか？』 *Who Killed Vincent Chin?* 238
『タンゴ：ガルデルの亡命』 *Tangos: Exilios de Gardel* 37
『ダンス・ウィズ・ウルブス』 *Dances with Wolves* 80, 230, 233, 237
『小さな巨人』 *Little Big Man* 145
『父の映画』 *Le Cinéma de papa* 306
『地の塩』 *Salt of the Earth* 347
『中国人民の勝利』 *Victory of the Chinese People* 308
『彫像もまた死す』 *Les Statues Meurent Aussi* 185
『チリのカンタータ』 *Cantata de Chile* 309
『チリの闘い』 *La Batalla de Chile* 332–334
『追悼の情熱』 *Passion for Remembrance* 395
『罪なき映画』 *Cinema Inocente* 346

『ディア・アメリカ　戦場からの手紙』 *Dear America: Letters from Home* 30
『ディア・ハンター』 *The Deer Hunter* 30
『ディープ・カバー』 *Deep Cover* 248
『デイヴィッド・リヴィングストン』 *David Livingstone* 134
『ディキシー』 *Dixie* 226, 272
『帝国主義をぶっつぶせ！』 *Yaskut al Istiamar* 308
『泥酔夢』 *Dames* 272, 278
『ディック・トレイシー』 *Dick Tracy* 263
『ティレ・ディエ／10セントを投げて』 *Tire dié* 325
『テキサス決死隊』 *The Texas Rangers* 142
『手錠のままの脱獄』 *The Defiant Ones* 247, 289, 437–438
『テスタメント』 *Testament* 53
『デリカテッセン』 *Delicatessen* 381
『テリトリー』 *Le Territoire* 381
『テレビの精霊』 *The Spirit of TV* 45
『天国の門』 *Heaven's Gate* 143
『天使にラブソングを』 *Sister Act* 291
『天と地と地獄』 *Heaven, Earth & Hell* 367
『テンプルの愛国者』 *The Littlest Rebel* 168
『テンプルの軍使』 *Wee Willie Winkie* 136, 138, 176
『ドゥ・ザ・ライト・シング』 *Do the Right Thing* 217, 261, 291
『トゥキ・ブゥキ／ハイエナの旅』 *Touki-Bouki* vi, 363
『トゥパク・アマル』 *Tupac Amaru* 90
『東洋人は皆，同じ顔に見える』 *All Orientals Look the Same* 238
『トゥルー・アイデンティティー／正体知られて大ピンチ!!』 *True Identity* 292
『遠い夜明け』 *Cry Freedom* 223
『時の終りまで』 *Till the End of Time* 273
『年を数える夜』 *The Night of Counting the Years* 185
『トップ・ハット』 *Top Hat* 282
『トップガン』 *Top Gun* 154
『トニー・ザ・グリーザー』 *Tony the Greaser* 132
「トム・ブロコウ・リポート」 *Tom Brokaw Report* 241
『ドライビング Miss デイジー』 *Driving Miss Daisy* 289
『ドラゴン殺し』 *Slaying the Dragon* vii, 238, 411
『トラベル』 *Travel* 250
『ドラム』 *Drums* 133, 138
『奴隷』 *Slaves* 300
『奴隷王シコ』 *Chico Rei* 380
『トレイダ・ホーン』 *Trader Horn* 113, 137, 205
『奴隷ハンター』 *El Rancheador* 97
『トロイのヘレン』 *Helen of Troy* 268, 379

な　行

『ナイス・カラード・ガールズ』 *Nice Coloured Girls* 301, 406–408
『ナヴァロンの要塞』 *The Guns of Navarone* 347, 359

『ナッシュビル』 *Nashville* 288, 293
『七世代の涙を拭って』 *Wiping the Tears of Seven Generations* 146
『七つの頭のライオン』 *Der Leone Have Sept Cabecas* 228
『南海の劫火』 *Bird of Paradise* 15, 131, 173, 176, 227, 301
『西インド諸島』 *West Indies* 309, 363
『二重に見る』 *Seeing Double* 229
『二〇年後』 *Twenty Years After* 248–249
『2001 年宇宙の旅』 *2001: A Space Odyssey* 123
『ニノチカ』 *Ninotchka* 229, 264
『ニューヨーク・ニューヨーク』 *New York, New York* 271
『盗人から盗むのは罪でない』 *Gonev mi Ganav Patur* 392
『熱砂の日』 *Heat and Dust* 152
『熱砂の舞』 *Son of the Sheik* 192, 204, 206
『ノウイング・ハー・プレイス』 *Knowing Her Place* 53

は 行

『ハーダー・ゼイ・カム』 *The Harder They Come* 280
『ハーツ・アンド・マインズ ベトナム戦争の真実』 *Hearts and Minds* 29
『ハーツ・イン・ディキシー』 *Hearts in Dixie* 223
『バード』 *Bird* 291
『ハード・プレイ』 *White Men Can't Jump* 290
『パーフェクト・イメージ？』 *Perfect Image?* 403
『パープル・レイン』 *Purple Rain* 220
『ハーロウのフォックス家』 *The Foxes of Harrow* 273
『バイ・バイ・バーディー』 *Bye Bye Birdie* 288
『バイーア・ジ・トードス・オス・サントス』 *Bahia de Todos os Santos* 258
『バイキング』 *The Viking* 268
『灰と残り火』 *Ashes and Embers* 370
『バイバイ・ブラジル』 *Bye Bye Brazil* 232
『ハイロー・ブロードウェイ』 *Hi Lo Broadway* 226, 272
『バグダッドの盗賊』 *The Thief of Baghdad* 179, 198, 204, 216, 264
『バスビー・バークリーの集まれ！仲間たち』 *The Gang's All Here* 169, 191, 271, 283
『はだかの女王』 *Zou Zou* vi, 167, 228
『パタキン』 *Patakin* 367
『裸足の一五〇〇マイル』 *Rabbit-Proof Fence* 421
『肌の色の問題』 *A Question of Color* 403–404
『ハタリ！』 *Hatari* 70
『八回シリーズ　アフリカ：アフリカ大陸の調査分析』 *Africa:Anatomy of a Continent* 69
『八十日間世界一周』 *Around the World in 80 Days* 128, 139, 178, 205
『パッション・フィッシュ』 *Passion Fish* 290
『花の島』 *Isle of Flowers* 415
『ババキュエリア』 *Babakiueria* vi, 409, 411
『ハバナの休日』 *Weekend in Havana* 191, 283
『ハラ：不能者』 *Xala* vii, 12, 231, 340–342, 354
『バラベント』 *Barravento* 255, 367

『パランドゥーシュ』 *Parandush* 445
『ハリウッドからハノイまで』 *From Hollywood to Hanoi* 53, 414
『ハリウッドのショーガール』 *Show Girl in Hollywood* 272
『ハリウッド夢工場／オスカーを狙え』 *Hollywood Shuffle* 236
『遥かなるアルゼンチン』 *Down Argentine Way* 284
『遥かなる旅路／ワン・フローム・インディア』 *Staying On* 152
『遥かなる地平線』 *Far Horizons* 194
『パルチザン』 *Fallaga* 308
『バルトロメー・デ・ラス・カサス』 *Baltolomé de las Casas* 85
『ハレムの奴隷売り』 *Vente d'Esclaves au Harem* 133
『ハレム万才』 *Harem Scarum* vi, 197, 204, 208
『ハレルヤ』 *Hallelujah* 223, 255
『バロック』 *Barroco* 393
『パン・アメリカ人』 *Pan-Americana* 283
『蛮行とアメリカ・インディアン』 *Savagery and the American Indian* 93, 384
『ハンタヨー』 *Hanta Yo* 215
『パントマイム』 *Pantomime* 102
『バンド・ワゴン』 *The Band Wagon* vi, 273, 277–278
『ハンナK』 *Hanna K.* 250, 252
『ハンナとその姉妹』 *Hannah and Her Sisters* 291
『ひかり』 *Yeelen* 366, 369
『ビッグ・アメリカン』 *Buffalo Bill and the Indians* 145
『羊たちの沈黙』 *Silence of the Lambs* 381
『ビバリーヒルズ・コップ』 *Beverly Hills Cop* 248
『ピンキー』 *Pinky* 194, 226, 235, 258
『ファーティマの踊り』 *The Dance of Fatima* 131, 192
『ファイティング・ブラッド』 *Fighting Blood* 132
『ファジャル』 *Fadjal* 19
『ファニー・ガール』 *Funny Girl* 271
『フィツカラルド』 *Fitzcarraldo* 225
『フィリピン行き軍隊輸送船』 *Troop Ships for the Philippines* 133
『フィンザン』 *Finzan* 247, 354
『ブードゥー・マクベス』 *Voodoo Macbeth* 228, 285, 437
『ブードゥー・マン』 *Voodoo Man* 245
『フェイド・トゥ・ブラック』 *Fade to Black* 239
『フェーム』 *Fame* 288, 301
『復讐鬼』 *No Way Out* 246
『豚小屋』 *Poreile* 381
『再び戦場へ』 *Farewell Again* 136
『二つの嘘』 *Two Lies* 403
『二つの法』 *Two Laws* 46
『ブッシュ・ママ』 *Bush Mama* 195, 224
『ブッダの復讐』 *La Vengeance de Bouddah* 133
『フットライト・パレード』 *Footlight Parade* 275
『フライパン殺人』 *Eating Raoul* 381

『ブラザー・フロム・アナザー・プラネット』 *The Brother from Another Planet* 295
『プラシド』 *Placido* 300
『ブラジルの発見』 *The Discovery of Brazil* vi, 76
『ブラック・アンド・ホワイト・イン・カラー』 *Noir et Blans en Couleur* 255
『ブラック・ライク・ミー』 *Black Like Me* 292
『ブラック・ローブ』 *Black Robe* 80, 230
『ブラック・ワックス』 *Black Wax* 416
『プラトーン』 *Platoon* 30
『フリーダ・カーロ』 *Frida* 373, 393
『フリスコ・キッド』 *The Frisco Kid* 295
『ブルースの誕生』 *Birth of the Blues* 276, 285
『フルムーン・オーバー・ニューヨーク』 *Full Moon over New York* 53
『ブレイクダンス』 *Breakin'* 289
『ブレージングサドル』 *Blazing Saddles* 295
『プレッシャー・ポイント』 *Pressure Point* 246
『フレンチ・コネクション』 *The French Connection* 302
『ヘアー』 *Hair* 288
『ヘアスプレー』 *Hairspray* 288, 294–295
『ヘアピース：縮れ毛の人のための映画』 *Hairpiece : A Film for Nappy-Headed People* 403, 405
『ペアレンツ』 *Parents* 381
『米軍，サンチャゴ近郊に上陸』 *Landing of U.S. Troops near Santiago* 133
『平和と愛』 *Paz e Amor* 335
『平和の大地』 *Ardh al Salam* 308
『ベーオウルフ』 *Beo Wulf* 368
『ヘルハザード／禁断の黙示録』 *The Resurrected* 381
『ベン・ハー』 *Ben Hur* 141, 268
『ベンガル槍騎兵』 *Bengal Lancer* 137–138
『辺境の追跡』 *Escape to Burma* 134
『望郷』 *Pèpè le Moko* 230
『豊穣な記憶』 *Al Dhikrayat al Khasibah* 342, 344
『ボー・ジェスト』 *Beau Geste* 133, 135
『ポートサイド』 *Port Said* 308
『ボーン・イン・イースト・L. A.』 *Born in East L.A.* 291
『ボーン・イン・フレイムス』 *Born in Flames* 378
『ポギーとベス』 *Porgy and Bess* 271
『北西への道』 *Northwest Passage* 141, 143
『北北西に進路を取れ』 *North by Northwest* 444
『ホット・ペッパー』 *Hot Pepper* 236
『ポット・ボイラー』 *Pot Boiler* 389
『ボディガード』 *The Bodyguard* 220
『炎の瞳』 *Fire Eyes* 354
『ホピ族：第四世界の歌』 *Hopi: Songs of the Fourth World* 371
『ホピ族とは誰なのか』 *Itam Hakim, Hopiit* 370–371
『滅び行く民族』 *The Vanishing Race* 144
『ホワイト・ドッグ』 *White Dog* 23

『ホンドー』 *Hondo* 144

ま 行

『マイ・ビューティフル・ランドレット』 *My Beautiful Landrette* 215
『マイフレンド，クララ』 *Clara's Heart* 247, 291
『マクナイーマ』 *Macunaíma* 258–259, 284, 292, 386, 394
『まさにダイナマイト』 *Strictly Dynamite* 236
『マサラ』 *Masala* 53, 60, 389
『魔人ドラキュラ』 *Dracula* 216
『マゼランの奴隷／乱開発の記録』 *Magellan's Slave* 94
『マチェテの最初の一撃』 *La Primera Carga del Machete* 309
『マックス・ハーフェラール』 *Max Havelaar* 250
『招かざる声』 *Unbidden Voices* 53
『マハーバーラタ』（テレビ版） *The Mahabaratha* 39
『マハーバーラタ』（映画版） *The Mahabaratha* 228
『マパンツラ』 *Mapantsula* 223
『真昼の決闘』 *High Noon* 194
『真夜中のタレント』 *Badranit ba Hatzot* 392
『マルアラ』 *Maluala* 97, 300
『マルコムX』 *Malcolm X* 404, 430, 443
『マン・フライデー』 *Man Friday* 102–103
『ミイラ再生』 *The Mummy* 183
『ミイラ』シリーズ *Mummy* 184
『ミクロキッズ』 *Honey, I Shrunk the Kids* 38
『見ざる聞かざる目撃者』 *See No Evil* 289
『ミシシッピー・バーニング』 *Mississippi Burning* 212–213, 250
『ミシシッピー・マサラ』 *Mississippi Masala* 52, 389
『ミス・ダイナマイト』 *Call Her Savage* 194
『ミズーリ横断』 *Across the Wide Missouri* 194
『ミスター・ソウルマン』 *Soul Man* 292
『ミッション』 *The Mission* 53, 84
『ミッシング』 *Missing* 249
『ミッドナイト・エクスプレス』 *Midnight Express* 215
『ミラクル・ワールド／ブッシュマン』 *The Gods Must Be Crazy* 214, 224, 264
『ミルハウス：ホワイト・コメディ』 *Milhouse: A White Comedy* 294
『魅惑のパリ』 *Les Girls* 275
『民族の観念』 *Ethnic Notions* 226, 237, 240
『ムラート』 *Mulato* 298
『メイド』 *Maids* 301–302
『メイド・イン・アメリカ』 *Made in America* 292
『メイトワン 1920／暗黒の決闘』 *Matewan* 291
『メキシコのスピットファイア』 *Mexican Spitfire* 236
『メディア・ショー：北米インディアン』 *The Media Show: North American Indians* 237
『めまい』 *Vertigo* 239, 269
『もう一つの五百年祭』 *Outros Quinhentos* 86

『もう一人のフランシスコ』 *El Otro Francisco* vi, 97, 99–100, 195, 300, 302
『燃えたぎる時』 *La Hora de los Hornos* vi, 12, 321–327, 329–334, 356
『モーツァルトの地区』 *Quartier Mozart* 372
『モガンボ』 *Mogambo* 70
『モダン・タイムズ』 *Modern Times* 442
『モヒカン族の最後』 *The Last of the Mohicans* 132, 144, 189
『模倣の人生』 *Imitation of Life* 194, 247, 258, 266, 448
『モホークの太鼓』 *Drums along the Mohawk* 141, 147, 189, 254
『モロッコ』 *Morocco* 310
『モロッコへの道』 *The Road to Morocco* 191, 194

や 行

『ヤーバ』 *Yaaba* 369
『役割』 *Bhumika* 346
『屋根の上のバイオリン弾き』 *Fiddler on the Roof* 288
『山が震えるとき』 *When the Mountains Tremble* 41
『闇の奥』 *Hearts of Darkness* 224, 387
『野郎どもと女たち』 *Guys and Dolls* 282
『ヤング・ソウルズ・レベル』 *Young Soul Rebels* 53, 222
『ゆかいなブレディー家』 *The Brady Bunch* 238
『ユリシーズ』 *Ulysses* 268
『許された夢』 *Ahlam Mumkina* 200
『夜ごとの美女』 *Les Belles de Nuit* 149
『四人の復讐』 *Four Men and a Prayer* 138
『夜の悪魔たち』 *Shitan Alayil* 308
『夜の大捜査線』 *In the Heat of the Night* 248
『夜の豹』 *Pal Joey* 275
『48 時間』 *48 Hours* 289
『四枚の羽根』 *The Four Feathers* 133, 138

ら 行

『ラ★バンバ』 *La Bamba* 289
『ラーフィ』 *Laafi* 247
『ラオーニ』 *Raoni* 43
『ラコタ・スー族　一〇〇年目の鎮魂』 *Wiping the Tears of Seven Generations* vii
『ラスト・オブ・モヒカン』 *The Last of the Mohicans* 144, 299
『ラテン・アメリカの旅』 *Saludos Amigos* 276
『蘭の女』 *Wild Orchid* 245
『ランボー』 *First Blood* 154, 214, 444
『リーサル・ウェポンⅠ・Ⅱ・Ⅲ』 *Lethal Weapon* 289
『リード：反乱するメキシコ』 *Reed: Insurgent Mexico* 309
『リオの地獄への道』 *Rio's Road to Hell* 215
『リオの夜』 *That Night in Rio* 284
『リターン・オブ・ザ・カントリー』 *Return of the Country* 93
『リトル・ドラマー・ガール』 *The Little Drummer Girl* 250

『リミット』 *Limite* 363
『流血の谷』 *Devil's Doorway* 145
『領土』 *Territories* 377
『ルアッサンブラージュ』 *Reassemblage* 42
『ルーズベルトのラフ・ライダーズ：第一合衆国義勇騎兵隊』 *Roosevelt's Rough Riders* 133
『ルーツ』 *Roots* 238, 248, 288, 300
『ルーファス・ジョーンズを大統領に』 *Rufus Jones for President* 377
『ルシア』 *Lucia* 309
『ルッキング・フォー・ラングストン』 *Looking for Langston* 212
『レイダース　失われた聖櫃〈アーク〉』 *Raiders of the Lost Ark* 149, 153, 177–179, 183–185, 270
『黎明』 *Al-Fajr* 308
『老女と愛』 *Older Women and Love* 403
『ローマの休日』 *Roman Holiday* 359
『ローン・レンジャー』 *Lone Ranger* 247
『ロビン・フッド』 *Robin Hood* 77
『ロビンソン・クルーソーの冒険』 *Les Aventures de Robinson Crusoe* 133
『ロビンソン漂流記』 *The Adventures of Robinson Crusoe* 103
『論争の終りのための序章』 *Muquaddima Li Nihayat Jidal* 413
『ロンドン・キルズ・ミー』 *London Kills Me* 53
『ロンリー・イン・アメリカ』 *Lonely in America* 53

わ　行

『ワールド・アパート』 *A World Apart* 223
『ワイルド・ギース』 *The Wild Geese* iv, 150–151, 254
『若き勇者たち』 *Red Dawn* 151
『若草の頃』 *Meet Me in St. Louis* 271–272
『わが街』 *Grand Canyon* 289–290
『我が家の逃亡者』 *Fi Baitouna Ragoul* 308
『わかれ道』 *One Potato, Two Potato* 441
『忘れられた人々』 *Los Olvidados* 319
『私が食べたフランス人』 *Como Era Gostoso Mev Française* vi, 92, 93, 383
『われらフィリピン人』 *Ganito Kami Noon, Papano Kayo Ngayon* 307

参考文献

以下は，ヨーロッパ中心主義と多文化主義の問題に焦点を当てた参考文献である。紙幅の関係により，本文で引用したすべてを挙げてはいない。各章の注も参照されたい。

Abrash, Barbara and Catherine Egan, eds. *Mediating History: The MAP Guide to Independent Video*. New York: New York University Press, 1992.

Abu-Lughod, Janet L. *Before European Hegemony: The World System A. D. 1250–1350*. New York: Oxford University Press, 1989（ジャネット・L. アブー＝ルゴド著，佐藤次高ほか訳『ヨーロッパ覇権以前——もうひとつの世界システム　上下』岩波書店，2001 年）.

Abu-Lughod, Lila. *Veiled Sentiments: Honor and Poetry in a Bedouin Society*. Berkeley: University of California Press, 1986.

————. *Writing Women's Worlds: Bedouin Stories*. Berkeley: University of California Press, 1993.

Ahmad, Aijaz. *In Theory: Classes, Nations, Literatures*. London: Verso, 1992.

Ahmed, Leila. *Women and Gender in Islam: Historical Roots of a Modern Debate*. New Haven, Conn.: Yale University Press, 1992（ライラ・アハメド著，林正雄ほか訳『イスラームにおける女性とジェンダー——近代論争の歴史的根源』法政大学出版局，2000 年）.

Alcalay, Ammiel. *After Jews and Arabs: Remaking Levantine Culture*. Minneapolis: University of Minnesota Press, 1993.

Alea, Tomas Gutierrez. *Dialectica del Espectador*. La Habana: Ediciones Union, 1982.

————. *Memories of Underdevelopment*. New Brunswick, NJ: Rutgers University Press, 1990.

Allen, Paula Gunn. *The Sacred Hoop*. Boston: Beacon Press, 1986.

————, ed. *Spider Woman's Granddaughters: Traditional Tales and Contemporary Writing by Native American Women*. Boston: Beacon Press, 1989.

Alloula, Malek. *The Colonial Harem*, trans. Myrna Godzich and Mad Godzich. Minneapolis: University of Minnesota Press, 1986.

Alvarez, Santiago, et al. *Cine y Revolucion en Cuba*. Barcelona: Editora Fontamara, 1975.

Amin, Samir. *Delinking: Towards a Polycentric World*, trans. Michael Wolfers. London: Zed, 1985.

————. *Eurocentrism*. New York: Monthly Review Press, 1989.

Anderson, Benedict. *Imagined Communities: Reflections on the Origins and Spread of Nationalism*. London: Verso, 1983（ベネディクト・アンダーソン著，白石隆・白石さや訳『想像の共同体——ナショナリズムの起源と流行』リブロポート，1987 年；NTT 出版，1997 年；書籍工房早山，2007 年）.

Anzaldúa, Gloria. *Borderlands: La Frontera*. San Francisco: Spinsters/Aunt Lute Foundation, 1987.

————, ed. *Making Face, Making Soul, Haciendo Caras*. San Francisco: Aunt Lute Foundation, 1990.

Armes, Roy. *Third World Filmmaking and the West*. Berkeley: University of California Press, 1987.

Aronowitz, Stanley. *Roll over Beethoven: The Return of Cultural Strife*. Hanover and London: Weleyan, 1993.

Asad, Talal, ed. *Anthropology and the Colonial Encounter*. London: Ithaca Press, 1975.

Asante, Molefi Kete. *The Afrocentric Idea*. Philadelphia: Temple University Press, 1987.

————. *Afrocentricity*. Trenton, NJ: Africa World Press, 1988.

————, and Kariamu Welsh Asante. *African Culture: The Rhythms of Unity*. Trenton, NJ: Africa World Press,

1990.
Axtell, James. *The European and the Indian: Essays in the Ethnohistory of Colonial North America*. Oxford: Oxford University Press, 1982.
Ayala Blanco, Jorge. *La Aventura del Cine Mexicano*. Mexico City: Ediciones Era, 1968.
———. *La Busqueda del Cine Mexicano: 1968–1972*. Mexico City: UNAM, 1974.
Bachy, Victor. *Le Cinema de Tunisie*. Tunis: Societe Tunisienne de Diffusion, 1976.
———. *Le Cinema au Mali*. Brussels: OCIC, 1982.
———. *Le Cinema en Cote d'Ivoire*. Brussels: OCIC, 1982.
———. *La Haute Volta et le Cinema*. Brussels: OCIC, 1982. -
Baker Jr, Houston A. *The Journey Back: Issues in Black Literature and Criticism*. Chicago: University of Chicago Press, 1980.
———. *Blues, Ideology and Afro-American Literature*. Chicago: University of Chicago Press, 1984（ヒューストン・A. ベイカー・ジュニア著，松本昇ほか訳『ブルースの文学——奴隷の経済学とヴァナキュラー』法政大学出版局，2015 年）.
———. *Modernism and the Harlem Renaissance*. Chicago: University of Chicago Press, 1984（ヒューストン・A. ベイカー・ジュニア著，小林憲二訳『モダニズムとハーレム・ルネッサンス——黒人文化とアメリカ』未來社，2006 年）.
———. *Long Black Song*. Charlottesville: University Press of Virginia, 1990.
———. *Black Studies, Rap and the Academy*. Chicago: University of Chicago Press, 1993.
Baldwin, James. *The Devil Finds Work: An Essay*. New York: Dial Press, 1976（ジェームズ・ボールドウィン著，山田宏一訳『悪魔が映画をつくった』時事通信社，1977 年）.
Balibar, Etienne and Immanuel Wallerstein. *Race, Nation and Class: Ambiguous Identities*. London: Verso, 1991（エティエンヌ・バリバール，イマニュエル・ウォーラーステイン著，若森章孝ほか訳『人種・国民・階級——揺らぐアイデンティティ』大村書店，1995 年；若森章孝・岡田光正・須田文明・奥西達也訳『人種・国民・階級——「民族」という曖昧なアイデンティティ』唯学書房，2014 年）.
Balogun, Francoise. *Le Cinema au Nigeria*. Brussels/Paris: OCIC/L'Harmattan, 1984.
Banerjee, Shampa, ed. *New Indian Cinema*. Delhi: Vikas, 1977.
Barker, Francis, Peter Hulme, Margaret Iversen, and Diana Loxley, eds. *Europe and Its Others*. Vols 1 and 2. Colchester: University of Essex, 1984.
Barnouw, Erik, and S. Krishnaswamy. *Indian Film*. New York: Columbia University Press, 1963; 2nd edn: New York: Oxford University Press, 1980.
Bataille, Gretchen M., and Kathleen Mullen Sands. *American Indian Women: Telling Their Lives*. Lincoln: University of Nebraska Press, 1984.
Benitez-Rojo, Antonio. *The Repeating Island: The Caribbean and the Postmodern Perspective*, trans. James E. Maraniss. Durham, NC: Duke University Press, 1992.
Berg, Charles Ramirez. *Cinema of Solitude: A Critical Study of Mexican Film, 1967–1983*. Austin: University of Texas Press, 1992.
Berger, Maurice, et al. *Race and Representation*. Hunter College of the City University of New York. Exhibition January 26–March 6, 1987.
Bergeron, Regis. *Le Cinema Chinois*, Vol. 1: 1905–1949. Lausanne: Alfred Eibel, 1977.
———. *Le Cinema Chinois*, Vol. 2: 1949–1983. 3 Vols. Paris: L'Harmattan, 1983.

Berkhofer, Robert F. *The White Man's Indian*. New York: Vintage, 1979.

Bernal, Martin. *Black Athena*. New Brunswick, NJ: Rutgers University Press, 1987. Vols I and 111（マーティン・バナール著，片岡幸彦監訳『ブラック・アテナ——古代ギリシア文明のアフロ・アジア的ルーツ 1　古代ギリシアの捏造 1785–1985』新評論，2007 年；金井和子訳『黒いアテナ——古代ギリシアのアフロ・アジア的ルーツ 2　考古学と文書にみる証拠　上下』藤原書店，2004–2005 年）.

Berrah, Mouny, et al. *Cinemas du Maghreb*. Paris: CinemAction, No. 14/Papyrus Editions, 1981.

Berry, Chris, ed. *Perspectives on Chinese Cinema*. London: BFI, 1991.

Bestman, Martin T. *Sembene Ousmane et l'Esthetique du Roman Negro-africain*. Sherbrooke, Quebec: Editions Naarman, 1981.

Bhabha, Homi K., ed. *Nation and Narration*. London: Routledge, 1990.

Binet, Jacques, Ferid Boughedir, and Victor Bachy, eds. *Cinemas Noirs d'Afrique*. Paris: CinemAction, No. 26/ L' Harmattan, 1983.

"Black British Cinema." ICA Documents No. 7. London: ICA, 1988.

"Black Film Issue." Smith, Valery, Camille Billops, and Ada Griffin, eds. *Black American Literature Forum*, Vol. 25, No. 2（Summer 1991）.

Blaut, J. M. *The Colonizer's Model of the World: Geographical Diffusionism and Eurocentric History*. New York and London: Guilford Press, 1993.

Bloom, Lisa. *Gender on Ice*. Minneapolis: University of Minnesota Press, 1993.

Boal, Augusto. *Theatre of the Oppressed*, trans. Charles A. and Mari-Odilia Leal McBride. New York: Theatre Communications Group, 1979（アウグスト・ボアール著，里見実ほか訳『被抑圧者の演劇』晶文社，1984 年）.

Bodley, John H. *Victims of Progress*. Mountain View, Calif.: Mayfield, 1990.

Bogle, Donald. *Blacks in American Films and Television: An Illustrated Encyclopedia*. New York: Simon and Schuster, 1988.

————. *Toms, Coons, Mulattoes, Mammies, and Bucks: An Interpretive History of Blacks in American Films*. New York: Continuum, 1989.

Bosi, Alfredo. *Dialectica da Colonização*. Saõ Paulo: Companhia das Letras, 1992.

Boskin, Joseph. *Sambo: The Rise and Demise of an American Jester*. New York: Oxford University Press, 1986（ジョゼフ・ボスキン著，斎藤省三訳『サンボ——アメリカの人種偏見と黒人差別』明石書店，2004 年）.

Bosseno, Christian, ed. *Youssef Chahine l'Alexandrin*. Paris: CinemAction, No. 33/Cerf, 1985.

Boujedra, Rachid. *Naissance du Cinéma Algérien*. Paris: Francois Maspero, 1971.

Boulanger, Pierre. *Le Cinéma Colonial*. Paris: Editions Seghers, 1975.

Bourdieu, Pierre, ed. *La Misère du Monde*. Paris: Editions du Seuil, 1993.

Bowser, Pearl, ed. *In Color: Sixty Years of Images of Minority Women in the Media: 1921–1981*. New York: Third World Newsreel, 1983.

————, and Renee Tajima. *Journey across Three Continents*. New York: Third World Newsreel, 1985.

Brantlinger, Patrick. *Rule of Darkness: British Literature and Imperialism, 1830–1914*. Ithaca, NY: Cornell University Press, 1988.

————. *Crusoe's Footprints*. New York: Routledge, 1990.

Bridges, George and Rosalind Brundt, eds. *Silver Linings: Some Strategies for the Eighties*. London: Lawrence and Wishart, 1981.

Bristow, Joseph. *Empire Boys: Adventures in a Man's World*. London: HarperCollins, 1991.

Brossard, Jean-Pierre. *L'Algérie vue par son Cinéma*. Documentation for the International Film Festival, Locarno, 1981.

Brotherston, Gordon. *Image of the New World: The American Continent Portrayed in Native Texts*. London: Thames and Hudson, 1979.

————. *Book of the Fourth World: Reading the Native Americas through Their Literature*. Cambridge: Cambridge University Press, 1992.

Bruner, Charlotte H., ed. *Unwinding Threads: Writing by Women of Africa*. London: Heinemann, 1983.

Burger, Julian. *The Gaia Atlas of First Peoples*. New York: Doubleday, 1990（ジュリアン・バージャー著，やまもとくみこほか訳『図説世界の先住民』明石書店，1995 年）.

Burton, Julianne, ed. *Cinema and Social Change in Latin America: Conversations with Filmmakers*. Austin: University of Texas, 1986.

————, ed. *The Social Documentary in Latin America*. Pittsburg, Penn.: University of Pittsburg Press, 1990.

Buscombe, Edward, ed. *The BFI Companion to the Western*. New York: Da Capo, 1988.

Cabral, Amilcar. *National Liberation and Culture*. Syracuse, NY: Syracuse University Program of Eastern African Studies, 1970.

Calder, Angus, et al. *African Fiction and Film: Three Short Case Studies*. Milton Keynes: Open University Press, 1983.

Callaway, Helen. *Gender, Culture and Empire*. Chicago: University of Illinois Press, 1987.

Carby, Hazel. *Reconstructing Womanhood: The Emergence of the Afro American Woman Novelist. New* York: Oxford University Press, 1987.

Carew, Jan. *Fulcrums of Change*. Trenton, NJ: Africa World Press, 1988.

Center for Contemporary Cultural Studies, ed. *The Empire Strikes Back*. London: Routledge and Kegan Paul, 1983.

Cesaire, Aime. *Discourse on Colonialism*. New York: Monthly Review Press, 1972（エメ・セゼール著，砂野幸稔訳『帰郷ノート／植民地主義論』平凡社，1997 年；平凡社ライブラリー，2004 年）.

Chakravarty, Sumita. *National Identity in Indian Popular Cinema*. Austin: University of Texas Press, 1993.

Chaliand, Gerard. *Revolution in the Third World*. Harmondsworth: Penguin, 1978.

Cham, Mbye B. *Ex-Iles: Caribbean Cinema*. Trenton, NJ: Africa World Press, 1991.

—— and Claire Andrade-Watkins, eds. *Blackframes: Critical Perspectives on Black Independent Cinema*. Cambridge, Mass.: MIT Press, 1988.

Chanan, Michael, ed. Chilean Cinema. London: BFI, 1976.

————. *Santiago Alvarez*. London: BFI, 1980.

————. *Twenty-five Years of the New Latin American Cinema*. London: BFI/ Channel Four Television, 1983.

————. *The Cuban Image*. London: BFI, 1985.

Chatterjee, Partha. *Nationalist Thought and the Colonial World*. Minneapolis: University of Minnesota Press, 1993.

Chaudhuri, Nupur, and Margaret Strobel, eds. *Western Women and Imperialism: Complicity and Resistance*. Bloomington: Indiana University Press, 1992.

Cheyfitz, Eric. *The Poetics of Imperialism*. New York: Oxford University Press, 1991.

Chinweizu. *Voices from Twentieth Century Africa*. Boston: Faber and Faber, 1988.

Chomsky, Noam. *Year 501: The Conquest Continues*. Boston: South End Press, 1993.

Chow, Rey. *Writing Diaspora: Tactics of Intervention in Contemporary Cultural Studies*. Bloomington: Indiana University Press, 1993（レイ・チョウ著，本橋哲也訳『ディアスポラの知識人』青土社，1998 年）.

Churchill, Ward, ed. *Marxism and Native Americans*. Boston: South End Press, 1983.

———. *Fantasies of the Master Race*, ed. M. Annette Jaimes. Monroe, Maine: Common Courage Press, 1992.

———. *Struggle for the Land*. Monroe, Maine: Common Courage Press, 1993.

Clifford, James. *The Predicament of Culture*. Cambridge, Mass.: Harvard University Press, 1988（ジェイムズ・クリフォード著，太田好信ほか訳『文化の窮状——二十世紀の民族誌，文学，芸術』人文書院，2003 年）.

———, and George Marcus, eds. *Writing Culture: The Poetics and Politics of Ethnography*. Berkeley: University of California Press, 1986（ジェイムズ・クリフォード，ジョージ・マーカス編，春日直樹ほか訳『文化を書く』紀伊國屋書店，1996 年）.

Cluny, Claude-Michel. *Dictionnaire des Nouveaux Cinémas Arabes*. Paris: Sinbad, 1978.

Contreras Tones, Miguel. *El Libro Negro del Cine Mexicano*. Mexico City: Editora Hispano-Continental Films, 1960.

Cortes, Carlos E., and Leon G. Campbell, eds. *Race and Ethnicity in the History of the Americas: A Filmic Approach*. Riverside, Calif.: University of California, Latin American Studies Program Film Series, No. 4, 1979.

Crawford, Ian Peter and David Turton. *Film as Ethnography*. Manchester: Manchester University Press, 1992.

Cripps, Thomas. *Slow Fade to Black*. New York: Oxford University Press, 1977.

———. *Black Film as Genre*. Bloomington: Indiana University Press, 1979.

———. *Making Movies Black: The Hollywood Message Movie from World War II to the Civil Rights Era*. New York: Oxford University Press, 1993.

Custen, George. *Bio/Pics*. New Brunswick, NJ: Rutgers University Press, 1992.

Cyr, Helen W. *A Filmography of the Third World*. Metuchen, NJ: Scarecrow Press, 1986.

Dangerous Memories: Invasion and Resistance Since 1492. Chicago: Chicago Religious Task Force on Central America, 1991.

Daniels, Therese, and Jane Gerson, eds. *The Color Black*. London: BFI, 1989.

Das Gupta, Chidananda. *Talking about Films*. New Delhi: Orient Longman, 1981.

Davies, Miranda, ed. *Third World — Second Sex*. London: Zed, 1983.

Davis, Angela. *Women, Race, and Class*. New York: Vintage, 1983.

Davis, Charles D. *Black is the Color of the Cosmos*, ed. Henry Louis Gates Jr. Washington, DC: Howard University Press, 1989.

Deloria, Vine, Jr. *Custer Died for Your Sins*. New York: Avon Books, 1969.

Dent, Gina, ed. for a project by Michele Wallace, *Black Popular Culture*. Seattle, Wash.: Bay Press, 1992.

Diawara, Manthia. *African Cinema*. Bloomington: Indiana University Press, 1992.

———, ed. *Black American Cinema: Aesthetics and Spectatorship*. London: Routledge, 1993.

van Dijk, Teun A. *Racism and the Press*. New York: Routledge, 1991.

Dorfman, Ariel. *The Empire's Old Clothes: What the Lone Ranger, Babar, and Other Innocent Heroes Do to Our Minds*. New York: Pantheon Books, 1983（アリエル・ドルフマン著，諸岡敏行訳『子どものメディアを読む』晶文社，1992 年）.

———, and Annand Mattelart. *How to Read Donald Duck*. New York: International General, 1975（アリエル・ドルフマン，アルマン・マトゥラール著，山崎カヲル訳『ドナルド・ダックを読む』晶文社，

1984 年).
Downing, John D. H., ed. *Film and Politics in the Third World*. New York: Autonomedia, 1987.
Drinnon, Richard. *Facing West: The Metaphysics of Indian-Hating and Empire-Building*. New York: Schocken, 1980.
DuBois, Ellen Carol, and Vicki L. Ruiz, eds. *Unequal Sisters: A Multi-Cultural Reader in U.S. Women's History*. New York: Routledge, 1990 (ヴィッキー・L. ルイス, エレン・キャロル・デュボイス編, 和泉邦子ほか訳『差異に生きる姉妹たち——アメリカ女性史における人種・階級・ジェンダー』世織書房, 1997 年).
Enloe, Cynthia. *Bananas, Beaches, and Bases: Making Feminist Sense of International Politics*. Berkeley: University of California Press, 1989.
Essed, Philomena. *Understanding Everyday Racism*. London: Sage, 1991.
Etienne, Mona and Eleanor Leacock, eds. *Woman and Colonization: Anthropological Perspectives*. New York: Praeger, 1980.
Fabian, Johannes. *Time and the Other: How Anthropology Makes Its Object*. New York: Columbia University Press, 1983.
Fanon, Frantz. *The Wretched of the Earth*. New York: Grove Press, 1964 (フランツ・ファノン著, 海老坂武等訳『フランツ・ファノン集——黒い皮膚・白い仮面, 地に呪われたる者』みすず書房, 1968 年;鈴木道彦・浦野衣子訳『フランツ・ファノン著作集 3　地に呪われたる者』みすず書房, 1969 年).
————. *A Dying Colonialism*. New York: Grove Press, 1967.
————. *Black Skin, White Masks*. New York: Grove Press, 1967 (フランツ・ファノン著, 海老坂武等訳『フランツ・ファノン集——黒い皮膚・白い仮面, 地に呪われたる者』みすず書房, 1968 年;海老坂武・加藤晴久訳『フランツ・ファノン著作集 1　黒い皮膚・白い仮面』みすず書房, 1970 年).
————. *Toward the African Revolution*. New York: Monthly Review Press, 1967 (フランツ・ファノン著, 佐々木武ほか訳『フランツ・ファノン著作集 4　アフリカ革命に向けて』みすず書房, 1969 年;北山晴一訳『フランツ・ファノン著作集 4　新訳　アフリカ革命に向けて』みすず書房, 1984 年).
Farid, Samir. *Arab Cinema Guide*. Cairo: Arab Cinema Guide, 1979.
Ferguson, Russell, Martha Gever, Trihn T. Minh-ha, and Cornel West, eds. *Out There: Marginalization and Contemporary Cultures*. Cambridge, Mass.: MIT Press, 1990.
Fischer, Lucy, ed. *Imitation of Life* (Script and Essays). New Brunswick, NJ: Rutgers, 1992.
Fisher, Dexter. *The Third Woman: Minority Women Writers of the United States*. Boston: Houghton-Mifflin, 1980.
Fitz, Earl E. *Redicovering the New World: Inter-American Literature in a Comparative Context*. Iowa City: University of Iowa Press, 1991.
Flores, Juan. *Divided Borders: Essays on Puerto Rican Identity*. Houston, Tex.: Arte Publico, 1993.
Forbes, Jack. *Columbus and Other Cannibals*. New York: Autonomedia, 1992.
Fowler, Carolyn. *Black Arts and Black Aesthetics: A Bibliography*. Atlanta, Ga.: Atlanta University Press, 1976.
Franco, Jean. *Plotting Women: Gender and Representation in Mexico*. New York: Columbia University Press, 1989.
Frank, Andre Gunder. *Capitalism and Underdevelopment in Latin America*. Harmondsworth: Penguin, 1971.
Fregoso, Rosa Linda. *The Bronze Screen: Chicana and Chicano Film Culture*. Minneapolis: University of Minnesota Press, 1993.
Freire, Paulo. *Pedagogy of the Oppressed*. New York: Continuum, 1982 (パウロ・フレイレ著, 小沢有作ほ

か訳『被抑圧者の教育学』亜紀書房，1979 年；三砂ちづる訳『新訳被抑圧者の教育学』，亜紀書房，2011 年）.

Friar, Ralph, and Natasha Friar. *The Only Good Indian: The Hollywood Gospel*. New York: Drama Book Specialists, 1972.

Friedman, Lester, ed. *Unspeakable Images: Ethnicity and the American Cinema*. Urbana, Ill: University of Illinois Press, 1991.

Fusco, Coco. *Reviewing Histories: Selections from New Latin American Cinema*. Buffalo, NY: Hallwalls, 1987.

———. *Young British and Black*. Buffalo, NY: Hallwalls, 1988.

Gabriel, Teshome H. *Third Cinema in the Third World: The Aesthetics of Liberation*. Ann Arbor, Mich.: UMI Research Press, 1982.

Gaffary, Farrokh. *Le Cinéma en Iran*. Teheran: High Council of Culture and Art, Center for Research and Cultural Coordination, 1973.

Galeano, Eduard. *The Open Veins of Latin America*. New York: Monthly Review Press, 1973（エドゥアルド・ガレアーノ著，大久保光夫訳『収奪された大地――ラテンアメリカ五百年』新評論，1986 年；新版，藤原書店，1991 年）.

Garaudy, Roger. *O Ocidente é urn Acidente*. Rio de Janeiro: Forense-Universitaria, 1976.

Garcia Riera, Emilio. *El Cine Mexicano*. Mexico City: Ediciones Era, 1963.

———. *Historia Documental del Cine Mexicano*. 8 Vols. Mexico City: Ediciones Era, 1969–74.

Gardies, André. *Cinéma d'Afrique Noire Francophone*. Paris: L'Harmattan, 1989.

Gates Jr, Henry Louis. *Black Literature and Literary Theory*. London and New York: Methuen, 1984.

———, ed. *"Race," Writing, and Difference*. Chicago: University of Chicago Press, 1986.

———. *Figures in Black*. New York: Oxford University Press, 1987.

———. *The Signifying Monkey*. New York: Oxford University Press, 1988（ヘンリー・ルイス・ゲイツ・ジュニア著，松本昇・清水菜穂監訳『シグニファイング・モンキー――もの騙る猿／アフロ・アメリカン文学批評理論』南雲堂フェニックス，2009 年）.

Gaur, Madan. *The Other Side of the Coin: An Intimate Study of Indian Film Industry*. Bombay: Trimurti Prakashan, 1973.

Gayle Jr, Addison. *The Black Aesthetic*. New York: Doubleday, 1972（アディソン・ゲイル・Jr. 編，木島始・浜本武雄監訳『黒人の美学』ぺりかん社，1973 年）.

Genovese, Eugene D. *From Rebellion to Revolution*. New York: Vintage Books, 1981.

———. *In Red and Black: Marxian Explorations in Southern and Afro-American History*. Knoxvill: University of Tennessee Press, 1984.

Getino, Octavio. *Cine y Dependencia: El Cine en la Argentina*. Buenos Aires/Lima: Cine-Liberacion 1976–8.

Ghareeb, Edmund, ed. *Split Vision: The Portrayal of Arabs in the American Media*. Washington, DC: American-Arab Affairs Council, 1983.

Gilman, Sander L. *Difference and Pathology*. Ithaca, NY: Cornell University Press, 1985.

———. *The Jew's Body*. New York: Routledge, 1991（サンダー・L. ギルマン著，菅啓次郎訳『ユダヤ人の身体』青土社，1997 年）.

Gilroy, Paul. *There Ain't No Black in the Union Jack*. London: Hutchinson, 1987（ポール・ギルロイ著，田中東子・山本敦久・井上弘貴訳『ユニオンジャックに黒はない――人種と国民をめぐる文化政治』月曜社，2017 年）.

———. *The Black Atlantic: Modernity and Double Consciousness*. Cambridge, Mass.: Harvard University

Press, 1993（ポール・ギルロイ著，上野俊哉・毛利嘉孝・鈴木慎一郎訳『ブラック・アトランティック――近代性と二重意識』月曜社，2006年）.
Giroux, Henry A. *Border Crossings: Cultural Workers and the Politics of Education*. London: Routledge, 1992.
————, and Peter McLaren. *Between Borders: Pedagogy and the Politics of Cultural Studies*. New York: Routledge, 1994.
Giudici, Alberto. *El Cine Argentino; Hollywood: Del Esplendor al Ocaso*. Buenos Aires: Accion, 1976.
Gladwin, T. and A. Saidin. *Slaves of the White Myth: The Psychology of Neocolonialism*. Atlantic Highlands, NJ: Humanities Press, 1981.
Glissant, Edouard. *Caribbean Discourse*. Charlottesville: University Press of Virginia, 1989.
Godoy Quesada, Mario. *Historia del Cine Chileno*. Santiago: no publisher given, 1966.
Goldberg, David Theo, ed. *Anatomy of Racism*. Minneapolis: University of Minnesota Press, 1990.
————. *Racist Culture: Philosophy and the Politics of Meaning*. Oxford: Blackwell, 1993.
Gomez-Peña, Guillermo. *Warrior for Gringstroika*. St Paul, Minn.: Graywolf, 1993.
Gould, Stephen Jay. *The Mismeasure of Man*. New York: W. W. Norton, 1981（スティーヴン・ジェイ・グールド著，鈴木善次・森脇靖子訳『人間の測りまちがい――差別の科学史』河出書房新社，1989年；河出文庫，2008年）.
————. *The Flamingo's Smile*. New York: W.W. Norton, 1985（スティーヴン・J. グールド著，新妻昭夫訳『フラミンゴの微笑――進化論の現在　上下』早川書房，1989年；ハヤカワ文庫，2002年）.
Greenblatt, Stephen J. *Learning to Curse*. New York: Routledge, 1990（スティーヴン・J. グリーンブラット著，磯山甚一訳『悪口を習う――近代初期の文化論集』法政大学出版局，1993年）.
————. *Marvelous Possessions: The Wonder of the New World*. Chicago: University of Chicago Press, 1991.
Grewal, Inderpal and Caren Kaplan, eds. *Scattered Hegemonies: Postmodernity and Transnational Feminist Practices*. Minneapolis: University of Minnesota Press, 1994.
Grinde Jr, Donald A., and Bruce E. Johansen. *Exemplar of Liberty: Native America and the Evolution of Democracy*. Los Angeles: American Indian Studies Center, University of California, 1991（ドナルド・A. グリンデ・Jr., ブルース・E. ジョハンセン著，星川淳訳『アメリカ建国とイロコイ民主制』みすず書房，2006年）.
Guerrero, Ed. *Framing Blackness*. Philadelphia: Temple University Press, 1993.
Gumucio-Dragon, Alfonso, ed. *Cine, Censurio y Exilio en America Latina*. La Paz: Ediciones Film/Historia, 1979.
————. "*Chuquiago*: X-Ray of a City." *Jump Cut*, No. 23 (October 1980), pp. 6–8.
————. *El cine de los trabajadores*. Managua: Coleccion Textos, 1981.
Gutierrez-Alea, Tomas. "The Viewer's Dialectic." Parts 1 and 2. *Jump Cut*, No. 29 (February 1984), pp. 18–21, and No. 30 (March 1985), pp. 48–53.
Guzman, Patricio, and Pedro Sempere. *Chile: El Cine contra el Fascismo*. Valencia: Fernando Tones, 1977.
Haffner, Pierre. *Essais sur les Fondements du Cinema Africain*. Paris: Nouvelles Editions Africaines, 1978.
Hall, Doug, and Sally Jo Fifer. *Illuminating Video: An Essential Guide to Video Art*. Aperture in association with the Bay Area Video Coalition, 1990.
Hall, Stuart. *Race and Class in Post-Colonial Society*. New York: UNESCO, 1977.
————, et al. *Policing the Crisis*. London: Macmillan, 1978.
Haraway, Donna J. *Primate Visions*. New York: Routledge, 1989.
————. *Simians, Cyborgs, and Women: The Reinvention of Nature*. New York: Routledge, 1991（ダナ・ハラウェイ著，高橋さきの訳『猿と女とサイボーグ――自然の再発明』青土社，2000年）.

Harding, Sandra, ed. *"Racial" Economy of Science: Toward a Democratic Future*. Bloomington: Indiana University Press, 1993.
Harlow, Barbara. *Resistance Literature*. New York: Methuen, 1987.
Harris, J.E. ed. *Global Dimensions of the African Diaspora*. Washington, DC: Howard University Press, 1982.
Hawk, Beverly G., ed. *Africa's Media Image*. Westport, Conn.: Greenwood, 1993.
Hebdige, Dick. *Subculture: The Meaning of Style*. London: Methuen, 1979（ディック・ヘブディジ著，山口淑子訳『サブカルチャー――スタイルの意味するもの』未来社，1986 年）.
————. *Cut 'n Mix: Culture, Identity and Caribbean Music*. London: Methuen, 1987.
Hennebelle, Guy, ed. *Les Cinémas Africains en 1972*. Paris: L'Afrique Litteraire et Artistique, No. 20/Société Africaine d'Edition, 1972.
————. *Le Tiers-Monde en Films*. Paris: CinemAction/Tricontinental, 1982.
————, and Alfonso Gumucio-Dragon, eds. *Les Cinémas de l'Amerique Latine*. Paris: Lherminier, 1981.
Hernton, Calvin C. *Sex and Racism in America*. New York: Grove Press, 1965（C. C. ハーントン著，横山一雄訳『傷だらけの黒人――アメリカの人種差別とセックス』芸文社，1968 年）.
————. *The Sexual Mountain and Black Women Writers*. New York: Doubleday, 1987.
Hicks, Emily D. *Border Writing*. Minneapolis: University of Minnesota Press, 1991.
Hijar, Alberto, ed. *Hacia un Tercer Cine*. Mexico City: UNAM, 1972.
Hobsbawm, Eric, and Terence Ranger, eds. *The Invention of Tradition*. Cambridge: Cambridge University Press, 1983（E. ホブズボウム，T. レンジャー編，前川啓治他訳『創られた伝統』（文化人類学叢書）紀伊國屋書店，1992 年）.
Hoch, Paul. *White Hero, Black Beast: Racism, Sexism and the Mask of Masculinity*. London: Pluto Press, 1979.
Hockings, Paul, ed. *Principles of Visual Anthropology*. The Hague: Mouton, 1975（ポール・ホッキングス，牛山純一編，石川栄吉監修，近藤耕人翻訳監修『映像人類学』日本映像記録センター，1979 年）.
Hodge, John L., Donald K. Struckmann, and Lynn Dorland Trost. *Cultural Bases of Racism and Group Oppression*. Berkeley, Calif.: Two Riders Press, 1975.
Hojas de Cine: Testimonis y Documentos del Nuevo Cine Latinoamericano, Vols I, II, III: *Centroamerica y el Caribe*. Mexico City: Fundacion Mexicana de Cineastas, 1988.
Holloway, Joseph E., ed. *Africanisms in American Culture*. Bloomington: University of Indiana Press, 1990.
Honour, Hugh. *The Image of the Black in Western Art*. 4 Vols. Cambridge, Mass.: Harvard University Press, 1989.
hooks, bell. *And There We Wept*. Privately published, 1978.
————. *Ain't I A Woman? Black Women and Feminism*. Boston: South End Press, 1981.（ベル・フックス著，大類久恵監訳，柳沢圭子訳『アメリカ黒人女性とフェミニズム――ベル・フックスの「私は女ではないの？」』明石書店，2010 年）.
————. *Feminist Theory. From Margin to Center*. Boston: South End Press, 1984（ベル・フックス著，清水久美訳『ブラック・フェミニストの主張――周辺から中心へ』勁草書房，1997 年；野崎佐和・毛塚翠訳『ベル・フックスの「フェミニズム理論」――周辺から中心へ』あけび書房，2017 年）.
————. *Talking Back*. Boston: South End Press, 1989.
————. *Yearning: Race, Gender, and Cultural Politics*. Boston: South End Press, 1990.
————. *Black Looks: Race and Representation*. Boston: South End Press, 1992.
————. *Sisters of the Yam: Black Women and Self-Recovery*. Boston: South End Press, 1993.
————, and Cornel West. *Breaking Bread*. Boston: South End Press, 1991.
Hull, Gloria T., Patricia Bell Scott, and Barbara Smith, eds. *But Some of Us Are Brave*. Old Westbury, NY: Fem-

inist Press, 1982.
Hulme, Peter. *Colonial Encounters: Europe and the Native Caribbean 1492–1797*. London: Methuen, 1986（ピーター・ヒューム著，岩尾龍太郎ほか訳『征服の修辞学——ヨーロッパとカリブ海先住民，1492–1797 年』法政大学出版局，1995 年）.
———, and Neil L. Whitehead, eds. *Wild Majesty: Encounters with Caribs from Columbus to the Present Day*. Oxford: Clarendon, 1992.
"Identity." ICA Documents No. 6. London: ICA, 1987.
The Independent Commission on International Humanitarian Issues. *Indigenous Peoples: A Global Quest for Justice*. London: Zed, 1987.
Introduction to Korean Motion Pictures. Seoul: Motion Picture Production Corporation, 1980.
Jacobs, Paul, and Saul Landau, with Eve Pell. *To Serve The Devil*, Vol. 1: *Natives and Slaves*. New York: Vintage Books, 1971.
Jaimes, Annette M., ed. *The State of Native America*. Boston: South End Press, 1992.
Jalée, Pierre. *The Pillage of the Third World*. New York: Monthly Review Press, 1968.
James, C. L. R. *The Black Jacobins*. New York: Vintage Books, 1989（C. L. R. ジェームズ著，青木芳夫監訳『ブラック・ジャコバン——トゥサン＝ルヴェルチュールとハイチ革命』大村書店，1991 年；増補新版，大村書店，2002 年）.
James, David E. *Allegories of Cinema: American Film in the Sixties*. Princeton, NJ: Princeton University Press, 1989.
Jameson, Fredric. *The Geopolitical Aesthetic: Cinema and Space in the World System*. Bloomington and London: Indiana University Press and BFI, 1992.
JanMohamed, Abdul R. *Manichean Aesthetics: The Politics of Literature in Colonial Africa*. Amherst: University of Massachusetts Press, 1983.
———, and David Lloyd, eds. *The Nature and Context of Minority Discourse*. New York: Oxford University Press, 1990.
Jarvie, I. C. *Window on Hong Kong: A Sociological Study of the Hong Kong Film Industry and Its Audience*. Hong Kong: University of Hong Kong Centre for Asian Studies, 1977.
Jayawardena, Kumari. *Feminism and Nationalism in the Third World*. London: Zed, 1986.
Jefferson, Tony, and Stuart Hall, eds. *Resistance through Rituals*. London, Hutchinson, 1975.
Jennings, Francis. *The Invasion of America: Indians, Colonialism and the Cant of Conquest*. New York: W. W. Norton, 1975.
Jhally, Sut, and Justin Lewis. *Enlightened Racism: The Cosby Show, Audiences and the Myth of the American Dream*. Boulder, Colo.: Westview Press, 1992.
Johansen, Bruce E. *Forgotten Founders: How the American Indian Helped Shape Democracy*. Boston: Harvard Common Press, 1982.
Johnson, Charles. *Being and Race: Black Writing since 1970*. Bloomington: Indiana University Press, 1990.
Johnson, Randal. *Cinema Novo X 5: Masters of Contemporary Brazilian Film*. Austin: University of Texas Press, 1984.
———, and Robert Stam, eds. *Brazilian Cinema*. Rutherford, NJ: Fairleigh Dickinson University Press, 1982; republished Austin: University of Texas Press, 1987.
Jordan, Winthrop D. *White over Black*. Baltimore, MD.: Penguin, 1968.
Josephy Jr, Alvin M. *America in 1492*. New York: Alfred A. Knopf, 1992.

Joshi, Svati, ed. *Rethinking English*. New Delhi: Trianka, 1991.

Kabbani, Rana. *Europe's Myth of the Orient*. Bloomington: Indiana University Press, 1986.

Kabir, Nasreen. *Les Stars du Cinéma Indien*. Paris: Centre Georges Pompidou/Centre National de la Cinematographie, 1985.

Katz, Judith H. *White Awareness: Handbook for Anti-Racism Training*. Norman: University of Oklahoma Press, 1978.

Keller, Gary D., ed. *Cine Chicano*. Mexico City: Cineteca Nacional, 1988.

Khan, Aga Saddruddin and Hassan bin Talal, *Indigenous Peoples: A Global Quest for Justice*. London: Zed, 1987.

Khan, M. *An Introduction to the Egyptian Cinema*. London: Informatics, 1969.

Khlifi, Omar. *L'Histoire du Cinéma en Tunisie*. Tunis: Societe' Tunisienne de Diffusion, 1970.

Killingray, David. *A Plague of Europeans*. Harmondsworth: Penguin, 1973.

King, John, Ana M. Lopez, and Manuel Alvarado, eds. *Mediating Two Worlds: Cinematic Encounters in the Americas*. London: BFI, 1993.

Kipnis, Laura. *Ecstasy Unlimited: On Sex, Capital, Gender and Aesthetics*. Minneapolis: University of Minnesota Press, 1993.

Klotman, Phyllis Rauch, ed. *Screenplays of the African American Experience*. Bloomington: Indiana University Press, 1991.

Kochman, Thomas. *Black and White Styles in Conflict*. Chicago: University of Chicago Press, 1981（トマス・カーチマン著，石川准訳『即興の文化――アメリカ黒人の鼓動が聞こえる』新評論，1994 年）.

Korzenny, Felipe and Stella Ting-Toomey, eds. *Mass-Media Effects across Cultures*. London: Sage, 1992.

Kovel, Joel. *White Racism: A Psychohistory*. New York: Columbia University Press, 1984.

Kruger, Barbara, and Phil Mariani, eds. *Remaking History*. Seattle, Wash.: Bay Press, 1989.

Krupat, Arnold. *For Those Who Come After*. Berkeley: University of California Press, 1985.

————. *The Voice in the Margin: Native American Literature and the Canon*. Berkeley: University of California Press, 1989.

LaCapra, Dominick, ed. *The Bounds of Race*. Ithaca, NY: Cornell University Press, 1991.

Lakoff, Robin. *Language and Woman's Place*. New York: Harper and Row, 1975（ロビン・レイコフ著，かつえ・あきば・れいのるず，川瀬裕子訳『言語と性――英語における女の地位』有信堂高文社，1985 年）.

Lambropoulos, Vassilis. *The Rise of Eurocentrism: Anatomy of Interpretation*. Princeton, NJ: Princeton University Press, 1993.

Laroui, Abdallah. *L'Idéologie Arabe Contemporaine*. Paris: François Maspero, 1967.

————. *The Crisis of the Arab Intellectual: Traditionalism or Historicism?*, trans. from the French by Diarmid Cammell. Berkeley: University of California Press, 1976.

Lash, Scott, and Jonathan Friedman. *Modernity and Identity*. Oxford: Blackwell, 1992.

"The Last 'Special Issue' on Race?" *Screen*, Vol. 29, No. 4（Autumn 1988）.

"Latin American Dossier." Parts 1 and 2. *Framework*, No. 10（Spring 1979）, pp. 11–38, and No. 11（Autumn 1979）, pp. 18–27.

"Latin American Film." Dossier. *Jump Cut*, No. 30（March 1985）, pp. 44–61.

"Latin American Militant Cinema." Special issue. *Cineaste* 4, No. 3（1970–1）.

Lavie, Smadar. *The Poetics of Military Occupation: Mzeina Allegories of Bedouin Identity under Israeli and Egyptian Rule*. Berkeley: University of California Press, 1990.

Leab, Daniel J. *From Sambo to Superspade: The Black Experience in Motion Pictures*. Boston: Houghton-Mifflin, 1976.

Lee, Spike, with Lisa Jones. *Uplift the Race: The Construction of School Daze*. New York: Simon and Schuster, 1988.

————. *Do The Right Thing*. New York: Simon and Schuster, 1989.

————. *Mo' Better Blues*. New York: Simon and Schuster, 1990.

————. *By Any Means Necessary*. New York: Hyperion, 1992（スパイク・リー著，片岡理智・荒井ひふみ・菊池淳子訳『メイキングオブマルコム X』ビクター音楽産業，1993 年）.

Lent, John A. *The Asian Film Industry*. Austin: University of Texas Press, 1990.

Leon-Portilla, Miguel, ed. *The Broken Spears: The Aztec Account of the Conquest of Mexico*. Boston: Beacon Press, 1962（ミゲル・レオン＝ポルティーヤ著，山崎真次訳『インディオの挽歌——アステカから見たメキシコ征服』成文堂，1994 年）.

Leyda, Jay. *Dianying: Electric Shadows - An Account of Films and Film Audience in China*. Cambridge, Mass.: MIT Press, 1972.

Li Cheuk-to, ed. *A Study of Hong Kong Cinema in the Seventies*. Hong Kong: Eighth International Film Festival, 1984.

Liauzu, Claude. *Aux Origines des Tiers-Mondismes: Colonistes et Anticolonialistes en France 1919–1939*. Paris: Editions 1'Harmattan, 1982.

Lin Niantong, ed. *Cantonese Cinema Retrospective, 1950–59*. Hong Kong: Second International Film Festival, 1978.

————. *Hong Kong Cinema Survey, 1946–68*. Hong Kong: Third International Film Festival, 1979.

Lippard, Lucy R. *Mixed Blessings: New Art in a Multicultural America*. New York: Pantheon Books, 1990.

Lipsitz, George. *Time Passages: Collective Memory and American Popular Culture*. Minneapolis: University of Minnesota Press, 1990.

Littin, Miguel. *Cine Chileno: La Tierra Prometida*. Caracas: Rocinante, 1974.

Lloyd, David. *Nationalism and Minor Literature*. Berkeley: University of California Press, 1987.

Long, Daniel. *The Power within Us: Cabeza de Vaca's Relation of His Journey from Florida to the Pacific, 1528–1536*. New York: Duell, Sloan and Pearce, 1944.

Lowe, Lisa. *Critical Terrains: French and British Orientalisms*. Ithaca, NY: Cornell University Press, 1991.

Lunenfeld, Marvin, ed. *1492: Discovery/Invasion/Encounter*. Chicago: Newberry Library, 1989.

Lyons, Oren, John Mohawk, Vine Deloria Jr., Laurence Hauptman, Howard Berman, Donald Grinde Jr., Curtis Berkey, and Robert Venables. *Exiled in the Land of the Free: Democracy, Indian Nations, and the U.S. Constitution*. Santa Fe, Calif.: Clear Light, 1992.

Maarek, Philippe J., ed. *Afrique Noire: Quel Cinéma?* Paris: Association du Cine-Club de l' University Paris X, 1983.

MacCannell, Dean. *Empty Meeting Grounds: The Tourist Papers*. London: Routledge, 1992.

MacKenzie, John M., ed. *Imperialism and Popular Culture*. Manchester: Manchester University Press, 1986.

al-Mafraji, Ahmed Fayadh. *The Cinema in Iraq*. Baghdad: Research and Studies Center, General Establishment for Cinema and Theatre, Ministry of Culture and Information, 1978.

Magdoff, H. *Imperialism: From the Colonial Age to the Present*. NY: Monthly Review Press, 1978（ハリー・マグドフ著，大阪経済法科大学経済研究所訳『帝国主義——植民地期から現在まで』大月書店，1981 年）.

Maherzi, Lofti. *Le Cinéma Algérien: Institutions, Imaginaire, Idéologie*. Algiers: Société Nationale d'Edition et de Diffusion, 1980.

Mahieu, Jose Agustin. *Breve Historia del Cine Argentino*. Buenos Aires: EUDEBA, 1966.

Malkmus, Lizbeth, and Roy Armes. *Arab and African Filmmaking*. London: Zed, 1991.

Mannix, Daniel P., with Malcolm Cowley. *Black Cargoes*. New York: Viking, 1962（ダニエル・P. マニックス著，土田とも訳『黒い積荷』平凡社，1976 年）.

Mapping Colonialism. Berkeley: Group for the Critical Study of Colonialism, University of California, 1988.

Marable, Manning. *How Capitalism Underdeveloped Black America*. Boston: South End Press, 1983.

————. *Black America*. Westfield, NJ: Open Magazine, pamphlet series, 1992.

Marcus, George E. and Michael M.J. Fischer. *Anthropology as Cultural Critique: An Experimental Moment in the Human Sciences*. Chicago: University of Chicago Press, 1986（ジョージ・E. マーカス，マイケル・M. J. フィッシャー著，永渕康之訳『文化批判としての人類学——人間科学における実験的試み』紀伊國屋書店，1989 年）.

Marshall, P. and G. Williams. *The Great Map of Mankind: British Perceptions of the World in the Age of Enlightenment*. London: Dent, 1982.

Martin, Angela, ed. *African Films: The Context of Production*. BFI Dossier No. 6, British Film Institute, 1982.

Martinez Pardo, Hernando. *Historia del Cine Colombiano*. Bogota: Guadalupe, 1978.

Martinez Tones, Augusto, and Manuel Perz Estremera. *Nuevo Cine Latinoamericano*. Barcelona: Editorial Anagrama, 1973.

Mattelart, Armand. *La Cultura Como Empresa Multinacional*. Mexico City: Ediciones Era, 1974（アルマンド・マテラルト著，阿波弓夫訳『多国籍企業としての文化』日本エディタースクール出版部，1991 年）.

————. *Multinational Corporations and the Control of Culture*. Brighton: Harvester Press, 1979.

————, and Seth Siegelaub, eds. *Communication and Class Struggle*, Vol. 1: *Capitalism, Imperialism*. New York: International General, 1979, and Vol. 2: *Liberation, Socialism*. New York: International General, 1983.

Mauduy, Jacques, and Gerard Henriet. *Géographies du Western*. Paris: Nathan, 1989.

Maynard, Richard A. *Africa on Film: Myth and Reality*. Rochelle Park, NJ: Hayden Book Co., 1974.

————. *The Black Man on Film: Racial Stereotyping*. Rochelle Park, NJ: Hayden Books, 1974.

Mazrui, Ali A. *The Africans*. Boston: Little, Brown, 1986.

McCarthy, Cameron and Warren Crichlow, eds. *Race and Representation in Education*. New York: Routledge, 1993.

McClure, John. *Late Imperial Romance: Literature and Globalization from Conrad to Pynchon*. London: Verso, 1994.

McCulloch, J. *Black Soul, White Artifact*. New York: Cambridge University Press, 1983.

McGrave, Bernard. *Beyond Anthropology*. New York: Columbia University Press, 1989.

Megherbi, Abdelghani. *Les Algériens au Miroir du Cinéma Colonial*. Algiers: Editions SNED, 1982.

Mellencamp, Patricia and Philip Rosen. *Cinema Histories/Cinema Practices*. Fredericksburg, Md.: University Publications of America, 1984.

Memmi, Albert. *Dominated Man*. Boston: Beacon Press, 1968.

————. *The Colonizer and the Colonized*. London: Souvenir Press, 1974（アルベール・メンミ著，渡辺淳訳『植民地——その心理的風土』三一書房，1959 年）.

Merchant, Carolyn. *Ecological Revolutions: Nature, Gender and Science in New England*. Chapel Hill: Univer-

sity of North Carolina Press, 1989.
Merle, Marcel, ed. *L'Anti-colonialisme Européen de las Casas à Karl Marx*. Paris: Armand Colin, 1969.
Mernissi, Fatima. *Le Harem Politique: Le Prophète et les Femmes*. Paris: Editions Albin Michel, 1987.
———. *The Forgotten Queens of Islam*. Minneapolis: University of Minnesota Press, 1993.
Mesa, Carlos D. *El Cine en Bolivia*. La Paz: Don Bosco de la Laz, 1976.
———. Beatriz Palacios, Jorge Sanjines, Arturo Von Vacano, et al. *Cine Boliviano: Del Realizador al Critico*. La Paz: Gisbert, 1979.
Meyerson, Michael, ed. *Memories of Underdevelopment — The Revolutionary Films of Cuba*. New York: Grossman, 1973.
Mikhail, Mona N. *Images of Arab Women: Fact and Fiction*. Washington, DC: Three Continents Press, 1981.
Miles, Robert. *Racism*. New York: Routledge, 1989.
Miller, Christopher. *Blank Darkness: Africanist Discourse in French*. Chicago: University of Chicago Press, 1985.
———. *Theories of Africans*. Chicago: University of Chicago Press, 1990.
Miller, Randall M., ed. *The Kaleidoscopic Lens: How Hollywood Views Ethnic Groups*. Englewood, NJ: Jerome S. Ozer, 1980.
Mitchell, Timothy. *Colonizing Egypt*. Berkeley: University of California Press, 1991（ティモシー・ミッチェル著，大塚和夫・赤堀雅幸訳『エジプトを植民地化する——博覧会世界と規律訓練的権力』法政大学出版局，2014 年）.
Mohanty, Chandra Talpade, Ann Russo, Lourdes Torres, eds. *Third World Women and the Politics of Feminism*. Bloomington: Indiana University Press, 1991.
Mora, Carl J. *Mexican Cinema: Reflections of a Society 1896–1988*. Berkeley: University of California Press, 1988.
Moraga, Cherríe, and Gloria Anzaldua, eds. *This Bridge Called My Back: Writings by Radical Women of Color*. Watertown, Mass.: Persephone Press, 1981.
Morrison, Toni, ed., *Race-ing Justice, En-gendering Power: Essays on Anita Hill, Clarence Thomas and the Construction of Social Reality*. New York: Pantheon, 1992.
———. *Playing in the Dark: Whiteness and the Literary Imagination*（New York: Vintage Books, 1993）（トニ・モリスン著，大社淑子訳『白さと想像力——アメリカ文学の黒人像』朝日新聞社，1994 年）.
Mosse, George L. *Toward the Final Solution: A History of European Racism*. London: Dent, 1978.
Mphahlele, Ezekiel. *The African Image*. New York: Praeger, 1962.
Mudimbe, V. Y. *The Invention of Africa: Gnosis, Philosophy, and the Order of Knowledge*. Bloomington: Indiana University Press, 1988.
Murray, James P. *To Find an Image: Black Films from Uncle Tom to Superfly*. Indianapolis: Bobbs-Merrill, 1973.
Nabokov, Peter, ed. *Native American Testimony*. New York: Viking, 1991.
Naficy, Hamid. *The Making of Exile Cultures: Iranian Television in Los Angeles*. Minneapolis: University of Minnesota Press, 1993.
———. and Teshome H. Gabriel, eds. *Otherness and the Media: Ethnography of the Imagined and the Imaged*. Langhorne, Penn.: Harwood, 1993.
Nah, June and Maria Patricia Fernandez-Kelly. *Women, Men and the International Division of Labor*. Albany, NY: SUNY Press, 1983.
Nandy, Ashis. *The Intimate Enemy: Loss and Recovery of Self under Colonialism*. Delhi: Oxford University Press, 1991.

Nelson, Cary, Paula A. Treichler and Lawrence Grossberg, eds. *Cultural Studies*. New York: Routledge, 1992.
Nesteby, James. *Black Images in American Films, 1896–1954*. Washington, DC: University Press of America, 1982.
Nevares, Beatriz Reyes. *The Mexican Cinema — Interviews with Thirteen Directors*. Albuquerque: University of New Mexico Press, 1976.
Ngũgĩ wa Thiong'o. *Writers in Politics*. London: Heinemann, 1981.
————. *Decolonizing the Mind*. London and Nairobi: James Currey/Heinemann Kenya, 1986（グギ・ワ・ジオンゴ著，宮本正興・楠瀬桂子訳『精神の非植民地化——アフリカのことばと文学のために』第三書館，1987 年；増補新版，『精神の非植民地化——アフリカ文学における言語の政治学』第三書館，2010 年）.
Nichols, Bill. *Representing Reality: Issues and Concepts in Documentary*. Bloomington: Indiana University Press, 1991.
The 1989 Guide to Multicultural Resources. Madison, Wisc.: Praxis Publications, 1989.
Nixon, Rob. London Calling: VS. Naipaul, Postcolonial Mandarin. New York: Oxford University Press, 1992.
Nkrumah, Kwame. *Neo-Colonialism: The Last Stage of Imperialism*. London: Nelson, 1965（クワメ・エンクルマ著，家正治・松井芳郎共訳『新植民地主義』理論社，1971 年）.
Noble, Gil. *The Negro in Films*. London: Skelton Robinson, 1948.
————. *Black Is the Color of My TV Tube*. Secaucus, NJ: Lyle Stuart, 1981.
Noriega, Chon, ed. *Chicanos and Film: Essays on Chicano Representation and Resistance*. New York: Garland, 1991. Reprinted University of Minnesota Press, 1992.
Norris, Christopher. *Uncritical Theory: Postmodernism, Intellectuals and the Gulf War*. Amherst: University of Massachusetts, 1992.
Nouri, Shakir. *À la recherche du cinéma irakien*. Paris: Editions l'Harmattan, 1986.
Null, Gary. *Black Hollywood: The Negro in Motion Pictures*. Secaucus, NJ: Citadel Press, 1975.
Ong, Aihwa. *Spirits of Resistance and Capitalist Discipline*. Albany, NY: SUNY Press, 1987.
"Other Cinemas, Other Criticisms." Special issue. *Screen* 26, Nos 3–4（1985）.
Otten, Rik. *Le Cinéma au Zaire, au Rwanda et au Burundi*. Brussels/Paris: OCCICI L'Harmattan, 1984.
Pagden, Anthony. *Spanish Imperialism and the Political Imagination*. New Haven, Conn.: Yale University Press, 1990.
Palacios More, René, and Daniel Mateus. *El Cine Latinoamericano*. Madrid: Sedmany, 1976.
Paranagua, Paulo Antonio. *Cinéma na America Latina*. Porto Alegre, Brazil: L and PM, 1984.
————, and José Carlos Avellar, eds. *Cinema Bresilien 1970–1980*. Documentation for the International Film Festival, Locarno, 1983.
Parker, Andrew, Mary Russo, Doris Sommer, and Patricia Yaeger. *Nationalisms and Sexualities*. New York: Routledge, 1992.
Parrain, Pierre. *Regards sur le Cinéma Indien*. Paris: Cerf, 1969.
Parry, Benita. *Delusions and Discoveries: Studies on India in the British Imagination 1880–1930*. Berkeley: University of California Press, 1972.
Passek, Jean-Loup, ed. *Le Cinéma Indien*. Paris: Centre Georges Pompidou/L'Equerre, 1983.
Patterson, Lindsay, ed. *Black Films and Filmmakers*. New York: Dodd, Mead and Co., 1975.
Pearce, Roy Harvey. *Savagism and Civilization*. Berkeley: University of California Press, 1988.
Penley, Constance and Andrew Ross, eds. for the *Social Text* Collective. *Technoculture*. Minneapolis: University

of Minnesota Press, 1991.
Peterson, Scott. *Native American Prophecies: Examining the History, Wisdom, and Startling Predictions of Visionary Native Americans*. New York: Paragon House, 1990.
Petrie, Duncan, ed. *Screening Europe: Image and Identity in Contemporary European Cinema*. London: BFI, 1992.
Pettit, Arthur G. *Images of the Mexican American in Fiction and Film*. College Station: Texas A and M University Press, 1980.
Pick, Zuzana M., ed. *Latin American Filmmakers and the Third Cinema*. Ottawa: Carleton University Press, 1978.
————. *The New Latin American Cinema: A Continental Project*. Austin: University of Texas, 1993.
Pieterse, Jan Nederveen. *Empire and Emancipation*. London: Pluto Press, 1990.
————. *White on Black: Images of Africa and Blacks in Western Popular Culture*. New Haven, Conn.: Yale University Press, 1992.
Pines, Jim. *Blacks in Films: A Survey of Racial Themes and Images in the American Film*. London: Studio Vista, 1975.
————, and Paul Willemen, eds. *Questions of Third Cinema*. London: BFI, 1989.
Pommier, Pierre. *Cinéma et Développement en Afrique Noir Francophone*. Paris: Pedone, 1974.
Post-Revolutionary Iranian Cinema. Teheran: General Department of Cinematic Research and Relations, 1982.
Pratt, Mary-Louise. *Imperial Eyes: Travel Writing and Transculturation*. New York: Routledge, 1992.
Pribram, Deidre, ed. *Female Spectators: Looking at Film and Television*. London: Verso, 1988.
Price, Richard, ed. *Maroon Societies: Rebel Slave Communities in the Americas*. New York: Anchor Books, 1973.
Price, Sally. *Primitive Art in Civilized Places*. Chicago: University of Chicago Press, 1989.
Quiquemelle, Marie-Claire, and Jean-Loup Passek, eds. *Le cinéma Chinois*. Paris: Centre Georges Pompidou, 1985.
Raboteau, Albert J. *Slave Religion*. New York: Oxford University Press, 1978.
"Racism, Colonialism, and Cinema." Special issue. *Screen* 24, No. 2 (1983).
Raha, Kiranmoy, ed. *Indian Cinema 81/82*. New Delhi: Indian Directorate of Film Festivals, 1982.
Ramachandran, T. M., ed. *Seventy Years of Indian Cinema (1913–1983)*. Bombay: Cinema India International, 1985.
Ramos, Juanita, ed. *Compañeras: Latina Lesbians*. New York: Latina Lesbian History Project, 1987.
Rangoonwalla, Firoze. *Satyajit Ray's Art*. Delhi: Clarion Books, 1980.
————. *Indian Cinema: Past and Present*. New Delhi: Clarion Books, 1983.
Ranucci, Karen. *Directory of Film and Video Production Resources in Latin America and the Caribbean*. New York: Foundation for Independent Video and Film, 1989.
Rashad, Adib (James Miller). *Aspects of Euro-Centric Thought*. Hampton, Va.: United Brothers and Sisters Communications Systems, 1991.
Raskin, Jonah. *The Mythology of Imperialism*. New York: Delta, 1971.
Ray, Satyajit. *Our Films, Their Films*. New Delhi: Orient Longman, 1986（サタジット・レイ著，森本素世子訳『わが映画インドに始まる——世界シネマへの旅』第三文明社，1993 年）.
Rayns, Tony, and Scott Meek. *Electric Shadows: Forty-five Years of Chinese Cinema*. London: BFI, 1980.
Reeves, Geoffrey. *Communications and the "Third World."* London: Routledge, 1993.
Reid, Mark A., *Redefining Black Film*. Berkeley: University of California Press, 1992.
Retamar, Roberto Fernandez. *Caliban and Other Essays*. Minneapolis: University of Minnesota Press, 1989.

Reyes, Aurelio de los. *Los Origenes del Cine en Mexico*. Mexico City: UNAM, 1973.

————, et al. *80 Anos de Cine en Mexico*. Mexico City: Imprensa Madero, 1977.

Richards, Jeffrey. *Visions of Yesterday*. London: Routledge and Kegan Paul, 1973.

Robbins, Bruce. *Secular Vocations: Intellectuals, Professionalism*, Culture. London: Verso, 1993.

Rocha, Glauber. *Revisão Critica do Cinema Brasileiro*. Rio de Janeiro: Editora Civilazação Brasileira, 1963.

————. *O Seculo do Cinema*. Rio de Janeiro: Editora Alhambra, 1983.

Rodney, Walter. *How Europe Underdeveloped Africa*. London: Bogle-L' Ouverture, 1972（ウォルター・ロドネー著，北沢正雄訳『世界資本主義とアフリカ――ヨーロッパはいかにアフリカを低開発したか』柘植書房，1978 年）.

Roediger, David R. *The Wages of Whiteness: Race and the Making of the American Working Class*. London: Verso, 1991（ディヴィッド・R. ローディガー著，小原豊志・竹中興慈・井川眞砂・落合明子訳『アメリカにおける白人意識の構築――労働者階級の形成と人種』明石書店，2006 年）.

Rogin, Michael. *Ronald Reagan, the Movie*. Berkeley: University of California Press, 1987.

Rosaldo, Renato. *Culture and Truth: The Remaking of Social Analysis*. Boston: Beacon Press, 1989（レナート・ロサルド著，椎名美智訳『文化と真実――社会分析の再構築』日本エディタースクール出版部，1998 年）.

Rose, Phyllis. *Jazz Cleopatra*. New York: Random House, 1989（フィリス・ローズ著，野中邦子訳『ジャズ・クレオパトラ――パリのジョゼフィン・ベーカー』平凡社，1991 年）.

Rose, Tricia. *Black Noise*. Middletown, Conn.: Wesleyan University Press, 1994（トリーシャ・ローズ著，新田啓子訳『ブラック・ノイズ』みすず書房，2009 年）.

Ross, Andrew. *No Respect: Intellectuals and Popular Culture*. New York: Routledge, 1989.

Rowe, William, and Vivian Schelling. *Memory and Modernity: Popular Culture in Latin America*. New York: Verso, 1991（ウィリアム・ロウ，ヴィヴィアン・シェリング著，澤田眞治・向山恭一訳『記憶と近代――ラテンアメリカの民衆文化』現代企画室，1999 年）.

Rubin, Bernard, ed. *Small Voices and Great Trumpets: Minorities in the Media*. New York: Praeger, 1980.

Ryan, Michael, and Douglas Kellner. *Camera Politica*. Bloomington: Indiana University Press, 1988.

Saadawi, Nawal El. *The Hidden Face of Eve: Women in the Arab World*. London: Zed, 1980（ナワル・エル・サーダウィ著，村上真弓訳『イヴの隠れた顔――アラブ世界の女たち』未來社，1994 年）.

Sadoul, Georges, ed. *The Cinema in Arab Countries*. Beirut: Interarab Center for Cinema and Television/UNESCO, 1966.

Said, Edward W. *Orientalism*. New York: Pantheon, 1978（エドワード・W. サイード著，板垣雄三・杉田英明監修，今沢紀子訳『オリエンタリズム』平凡社，1986 年；平凡社ライブラリー，1993 年）.

————. *The Question of Palestine*. New York: Times Books, 1979（エドワード・W. サイード著，杉田英明訳『パレスチナ問題』みすず書房，2004 年）.

————. *Covering Islam: How the Media and the Experts Determine How We See the Rest of the World*. New York: Pantheon Books, 1981（エドワード・W. サイード著，浅井信雄・佐藤成文共訳『イスラム報道――ニュースはいかにつくられるか』みずず書房，1986 年；増補版，浅井信雄・佐藤成文・岡真理共訳，みすず書房，2003 年）.

————. *The World, The Text and the Critic*. Cambridge, Mass.: Harvard University Press, 1983（エドワード・W. サイード著，山形和美訳『世界・テキスト・批評家』法政大学出版局，1995 年）.

————. *After the Last Sky*. New York: Pantheon, 1986（エドワード・W. サイード著，ジャン・モア写真，島弘之訳『パレスチナとは何か』岩波書店，1995 年；岩波現代文庫，2005 年）.

———. *Culture and Imperialism*. New York: Knopf, 1992（エドワード・W. サイード著，大橋洋一訳『文化と帝国主義　1・2』みすず書房，1998，2001 年）.

———, and Christopher Hitchens, eds. *Blaming the Victims: Spurious Scholarship and the Palestinian Question*. London: Verso, 1988.

Saldivar, Jose David. *The Dialectics of Our America*. Durham, NC: Duke University Press, 1991.

Sale, Kirkpatrick. *The Conquest of Paradise*. New York: Alfred A. Knopf, 1990.

Salles, Gomes, and Paulo Emilio. *Cinema: Trajetoria no Subdesenvolvimento*. Rio de Janeiro: Paz e Terra/Embrafilme, 1980.

Salmane, Hala, et al. *Algerian Cinema*. London: BFI, 1976.

Sanchez, Alberto Ruy. *Mitologia de un Cine en Crisis*. Mexico City, Premia Editora, 1981.

Sangari, Kumkum, and Sudesh Vaid, eds. *Recasting Women: Essays in Colonial History*. New Delhi: Kali for Women Press, 1989.

Sarkar, Kobita. *Indian Cinema Today*. Delhi: Sterling Publishers, 1975.

Schiller, Herbert I. *Mass Communications and American Empire*. New York: Augustus M. Kelley, 1970.

———. *Communication and Cultural Domination*. New York: M.E. Sharpe, 1976.

Schneider, Cynthia, and Brian Wallis, eds. *Global Television*. New York: Wedge Press, 1988.

Schnitman, Jorge A. *Film Industries in Latin America: Dependency and Development*. Norwood, NJ: Ablex, 1984.

Scognamillo, Giovanni, et al. *The Turkish Cinema*. Istanbul: IDGSA, 1979.

Scott, James C. *Domination and the Arts of Resistance*. New Haven, Conn.: Yale University Press, 1990.

Sen, Mrinal. *Views on Cinema*. Calcutta: Ishan Publications, 1977.

Sertima, Ivan van. *They Came before Columbus*. New York: Random House, 1975.

Shah, Panna. *The Indian Film*. Bombay: Motion Picture Society, 1950.

Shaheen, Jack. *The TV Arab*. Bowling Green, Ohio: Bowling Green State University Popular Culture Press, 1984.

Sharpe, Jenny. *Allegories of Empire: The Figure of the Woman in the Colonial Text*. Minneapolis: University of Minnesota Press, 1993.

Shohat, Ella. *Israeli Cinema: East/West and the Politics of Representation*. Austin: University of Texas Press, 1989.

Sidran, Ben. *Black Talk*. New York: Da Capo, 1983.

da Silva, Janice Theodoro. *Descobrimentos e colonização*. São Paulo: Editora Atica, 1987.

Simone, Timothy Maligalim. *About Face: Race in Postmodern America*. New York: Autonomedia, 1989.

Simonson, Rick, and Scott Walter, eds. *The Graywolf Annual Five: Multi-Cultural Literacy*. St Paul, Minn.: Graywolf Press, 1988.

Singh, K.S., ed. *Visual Anthropology and India*. Calcutta: Seagull Books, 1992.

Sleeter, Christine E., *Empowerment through Multicultural Education*. Albany: State University of New York Press, 1991.

Sklar, Robert, and Charles Musser, eds. *Resisting Images: Essays on Cinema and History*. Philadelphia: Temple University Press, 1990.

Slotkin, Richard. *Regeneration through Violence: The Mythology of the American Frontier, 1600–1860*. Middletown, Conn.: Wesleyan University Press, 1973.

———. *The Fatal Environment: The Myth of the Frontier in the Age of Industrialization, 1800–1890*. Middletown, Conn.: Wesleyan University Press, 1985.

———. *Gunfighter Nation: The Myth of the Frontier in Twentieth Century America*. New York: Atheneum, 1992.

Smith, Anthony. *The Geopolitics of Information: How Western Politics Dominates the World*. New York: Oxford University Press, 1980（アンソニー・スミス著，小糸忠吾訳『情報の地政学』TBS ブリタニカ，1982 年）.

Smith, Barbara. *Home Girls: A Black Feminist Anthology*. New York: Kitchen Table Women of Color Press, 1983.

Smith, Valery. *Self-Discovery and Authority in Afro-American Narrative*. Cambridge, Mass.: Harvard University Press, 1987.

Smitherman-Donaldson, Geneva, and Teun A. van Dijk. *Discourse and Discrimination*. Detroit: Wayne State University Press, 1988.

Solanas, Fernando E., and Octavio Getino. *Ciné, Cultura y Descolonización*. Mexico City: Siglo Veintiuno Editores, 1973.

Sollors, Werner. *Beyond Ethnicity*. New York: Oxford University Press, 1986.

———. *The Invention of Ethnicity*. New York: Oxford University Press, 1989.

Social Text. Special Issue on Postcolonialism（with an introduction by John McClure and Aamir Mufti）, Vols 31–2. Durham, NC: Duke University Press, 1992.

Soyinka, Wole. *Myth, Literature and the African World*. New York: Cambridge University Press, 1976（ウォレ・ショインカ著，松田忠徳訳『神話・文学・アフリカ世界』彩流社，1992 年）.

Spillers, Hortense J. *Comparative American Identities*. New York: Routledge, 1991.

Spivak, Gayatri Chakravorty. *In Other Worlds*. New York: Methuen, 1987（ガヤトリ・C. スピヴァック著，鈴木聡ほか訳『文化としての他者』紀伊國屋書店，1990 年；復刊版，紀伊國屋書店，2006 年）.

———. *The Post-Colonial Critic: Interviews, Strategies, Dialogues*, ed. Sarah Harasym. New York: Routledge, 1990（G. C. スピヴァック著，S. ハレイシム編，清水和子・崎谷若菜訳『ポスト植民地主義の思想』彩流社，1992 年）.

Sprinker, Michael, ed. *Edward Said: A Critical Reader*. Oxford: Blackwell, 1992.

Spurr, David. *The Rhetoric of Empire: Colonial Discourse in Journalism, Travel Writing and Imperial Administration*. Durham, NC: Duke University Press, 1993.

Stam, Robert. *Reflexivity in Film and Literature: From Don Quixote to Jean-Luc Godard*. Ann Arbor: University of Michigan Press, 1985; republished New York: Columbia University Press, 1992.

———. *Subversive Pleasures: Bakhtin, Cultural Criticism, and Film. Baltimore*, Md.: Johns Hopkins University Press, 1989（ロバート・スタム著，浅野敏夫訳『転倒させる快楽——バフチン，文化批評，映画』法政大学出版局，2002 年）.

Standly, Fred L., and Lois H. Pratt, eds. *Conversations with James Baldwin*. Jackson: University Press of Mississippi, 1989.

Stannard, David E. *American Holocaust: Columbus and the Conquest of the New World*. New York: Oxford University Press, 1992.

Stedman, Raymond William. *Shadows of the Indian*. Norman: University of Oklahoma Press, 1982.

Stein, Stanley J., and Barbara H. Stein. *The Colonial Heritage of Latin America*. New York: Oxford University Press, 1970.

Steinberg, Stephen. *The Ethnic Myth: Race, Ethnicity and Class in America*. Boston: Beacon Press, 1981.

Stember, C. H. *Sexual Racism*. New York: Elsevier, 1976.

Street, Brian. *The Savage in Literature: Representations of "Primitive" Society in English Fiction 1858–1920*.

London: Routledge and Kegan Paul, 1975.
Strobel, Margaret. *European Women in British Africa and Asia*. Bloomington: Indiana University Press, 1990（マーガレット・シュトローベル著，井野瀬久美惠訳『女たちは帝国を破壊したのか――ヨーロッパ女性とイギリス植民地』知泉書館，2003 年）.
Suleiri Sara. *The Rhetoric of English India*. Chicago: University of Chicago Press, 1992.
Sussekind, Flora. *O Brasil não é longe dàqui*. São Paulo: Companhia das Letras, 1990.
Swann, Brian, and Arnold Krupit, eds. *I Tell You Now: Autobiographical Essays by Native American Writers*. Lincoln: University of Nebraska Press, 1987.
Symposium on Cinema in Developing Countries. New Delhi: Ministry of Information and Broadcasting, 1979.
Taguieff, P. A. *La Force du Préjugé*. Paris: Editions la Découverte, 1987.
Takaki, Ronald T. *From Different Shores: Perspectives on Race and Ethnicity in America*. New York: Oxford University Press, 1988（ロナルド・タカキ著，阿部紀子・石松久幸訳『もう一つのアメリカン・ドリーム――アジア系アメリカ人の挑戦』岩波書店，1996 年）.
Taussig, Michael. *Shamanism, Colonialism, and the Wild Man: A Study in Terror and Healing*. Chicago: University of Chicago Press, 1987.
――――. *Mimesis and Alterity: A Particular History of the Senses*. New York: Routledge, 1993（マイケル・タウシグ著，井村俊義訳『模倣と他者性――感覚における特有の歴史』水声社，2018 年）.
"Third World Film." *Jump Cut*, No. 27 (July 1982), pp. 14–40.
Thompson, Robert Farris. *Flash of the Spirit*. New York: Random House, 1983.
Thoraval, Yves. *Regards sur le Cinéma Egyptien*. Beirut: Dar el-Machreq, 1976.
Todorov, Tzvetan. *The Conquest of America*. New York: Harper and Row, 1984（ツヴェタン・トドロフ著，及川馥ほか訳『他者の記号学――アメリカ大陸の征服』法政大学出版局，1986 年）.
――――. *On Human Diversity: Nationalism, Racism and Exoticism in French Thought*, trans. Catherine Porter. Cambridge, Mass.: Harvard University Press, 1993（ツヴェタン・トドロフ著，小野潮・江口修訳『われわれと他者――フランス思想における他者像』法政大学出版局，2001 年）.
Tomlinson, John. *Cultural Imperialism*. Baltimore, Md.: Johns Hopkins University Press, 1991（ジョン・トムリンソン著，片岡信訳『文化帝国主義』青土社，1993 年）.
Tompkins, Jane. *West of Everything: The Inner Life of Westerns*. New York: Oxford University Press, 1992.
Torgovnick, Marianna. *Gone Primitive*. Chicago: University of Chicago Press, 1990.
Trask, Haunani-Kay. *From a Native Daughter: Colonialism & Sovereignty in Hawaii*. Monroe, Maine: Common Courage Press, 1993（ハウナニ＝ケイ・トラスク著，松原好次訳『大地にしがみつけ――ハワイ先住民の訴え』青土社，1993 年）.
Trinh T. Minh-ha. *Woman, Native, Other*. Bloomington: Indiana University Press, 1989（トリン・T. ミンハ著，竹村和子訳『女性・ネイティヴ・他者――ポストコロニアリズムとフェミニズム』岩波書店，1995，2011 年）.
――――. *When the Moon Waxes Red: Representation, Gender and Cultural Politics*. New York: Routledge, 1991（トリン・T. ミンハ著，小林富久子訳『月が赤く満ちる時――ジェンダー・表象・文化の政治学』みすず書房，1996 年）.
――――. *Framer Framed*. London: Routledge, 1992（トリン・T. ミンハ著，小林富久子・村尾静二訳『フレイマー・フレイムド』水声社，2016 年）.
Troupe, Quincy. *James Baldwin: The Legacy*. New York: Simon and Schuster, 1989.
U. S. Commission on Civil Rights. *Window Dressing on the Set: Women and Minorities in Television*. Washing-

ton, DC: U. S. Commission on Civil Rights, 1977.

de Usabel, Gaizka S. *The High Noon of American Films in Latin America*. Ann Arbor: University of Michigan Press Research Press, 1982.

Valverde, Umberto. *Reportaje Critico al Cine Colombiano*. Bogota: Toronuevo, 1978.

Vasudev, Aruna. *Liberty and Licence in the Indian Cinema*. New Delhi: Vikas, 1978.

————. *The Role of the Cinema in Promoting Popular Participation in Cultural Life in India*. Paris: UNESCO, 1981.

————. *The Film Industry's Use of Traditional and Contemporary Arts*. Paris: UNESCO, 1982.

————. *Indian Cinema 82/83*. New Delhi: Indian Directorate of Film Festivals, 1983.

————, and Philippe Lenglet, eds. *Indian Cinema Superbazaar*. New Delhi: Vikas, 1983.

Vega, Alicia, ed. *Re-vision del Cine Chileno*. Santiago: Aconcagua, 1979.

Vieyra, Paulin Soumanou. *Le Cinema et l'Afrique*. Paris: Présence Africaine, 1969.

————. *Le Cinéma Africain des Origines à 1973*. Paris: Presence Africaine, 1975.

————. *Le Cinéma au Senegal*. Brussels/Paris: OCIC/L'Harmattan, 1983.

Viswanathan, Gauri. *The Masks of Conquest: Literary Study and British Rule in India*. New York: Columbia University Press, 1989.

Wall, Cheryl A., ed. *Changing Our Own Words*. New Brunswick, NJ: Rutgers University Press, 1989.

Wallace, Michele. *Black Macho and the Myth of the Superwoman*. New York: Dial Press, 1979（ミシェル・ウォレス著，矢島翠訳『強き性，お前の名は』朝日新聞社，1982 年）.

————. *Invisibility Blues*. London: Verso, 1990.

Wallerstein, Immanuel. *The Modern World System*. New York: Academic Press, 1974（I. ウォーラーステイン著，川北稔訳『近代世界システム――農業資本主義と「ヨーロッパ世界経済」の成立　1・2』岩波書店，1981 年；新版 1 巻，名古屋大学出版局，2013 年）.

Ware, Vron. *Beyond the Pale: White Women, Racism and History*. London: Verso, 1992.

Weatherford, Jack. *Indian Givers: How the Indians of the Americas Transformed the World*. New York, Fawcett, 1988（ジャック・M. ウェザーフォード著，小池佑二訳『アメリカ先住民の貢献』パピルス，1996 年）.

————. *Native Roots: How the Indians Enriched America*. New York: Fawcett, 1991.

West, Cornel. *Beyond Eurocentrism and Multiculturalism*. Vols I and II. Monroe, Maine: Common Courage Press, 1992.

————. *Keeping Faith: Philosophy and Race in America*. London: Routledge, 1993.

Willemen, Paul, and Behroze Gandhi, eds. *Indian Cinema*. BFI Dossier No. 5, London: BFI, 1982.

Williams, Eric. *From Columbus to Castro: The History of the Caribbean, 1492–1969*. New York: Vintage Books, 1984（E. ウィリアムズ著，川北稔訳『コロンブスからカストロまで――カリブ海域史，1492-1969　1・2』岩波書店，1969 年；岩波現代文庫，2014 年）.

Williams, Patricia J. *The Alchemy of Race and Rights*. Cambridge, Mass.: Harvard University Press, 1991.

Williams, Walter W. *The Spirit and the Flesh: Sexual Diversity in American Indian Culture*. Boston: Beacon Press, 1992.

Willis, Susan. *Specifying: Black Women Writing the American Experience*. Madison: University of Wisconsin Press, 1987.

Woll, Allen L. *The Latin Image in American Film*. Los Angeles: University of California Latin American Center Publications, 1980.

———, and Randall M. Miller. *Ethnic and Racial Images in American Film and Television*. New York: Garland, 1987.

Wright, Ronald. *Stolen Continents: The Americans through Indian Eyes since 1492*. Boston: Houghton-Mifflin, 1992（ロナルド・ライト著，香山千加子訳『奪われた大陸』NTT 出版，1993 年）.

Wunenburger, Jean-Jacques, ed. *La Recontre des Imaginaires: entre Europe et Amériques*. Paris: L'Harmattan, 1993.

X, Malcolm. *The Autobiography of Malcolm X*. Harmondsworth: Penguin, 1968（マルコム X 著，浜本武雄訳『マルコム X 自伝』アップリンク，1993 年；完訳版，濱本武雄訳『マルコム X 自伝——完訳上・下』中公文庫，2002 年）.

Xavier, Ismail. *Sertão Mar: Glauber Rocha e a estetica da Fome*. São Paulo: Editora Brasiliense, 1983.

———. *Alegorias do Subdesenvolvimento: Cinema Novo, Tropicalismo, Cinema Marginal*. São Paulo, Brazil: Editoria Brasiliense, 1993.

Yeboah, Samuel Kennedy. *The Ideology of Racism*. London: Hansib, 1988.

Young, Robert. *White Mythologies: Writing History and the West*. New York: Routledge, 1990.

原注

序章

(1)　Hugh Trevor-Roper, *The Rise of Christian Europe* (New York: Harcourt Brace Jovanovich, 1965), p. 9

(2)　ロジャー・キンボールによれば，多文化主義は，以下を含意する。

「多くの差異にもかかわらず，ギリシャや聖書に大半が由来し，混沌や野蛮からわれわれを護っている，知的・芸術的・道徳的遺産を共有するという概念……に対する攻撃〔である〕。多文化主義者がなくしたいと願っているのは，まさにこの遺産のことだ」。

Roger Kimball, *Tenured Radicals: How Politics Has Corrupted Higher Education* (New York: HarperCollins, 1990), postscript を参照。

(3)　ドイツの歴史家アルノ・ピーターズ（1916–2002）が作成した世界地図は，伝統的な地図の歪みを正す。国連の開発プログラム，友好協会，ニューヨークによって広まったこの地図に関するテクストは，伝統的な地図が北半球に特権を与えていることを示す（地図の 3 分の 2 を占める）。伝統的な地図は，メキシコよりアラスカを（実際はメキシコのほうが広い），中国よりグリーンランドを（中国は 4 倍の大きさである），インドよりスカンジナビア半島（インドのほうが 3 倍広い）を大きく描く。

(4)　管見の限り，「西洋とその他」という言葉は，チンウェイズ・イベクウェの著書で初めて使われた。Chinweizu Ibekwe, *The West and the Rest of Us: White Predators, Black Slaves and the African Elite* (New York: Random House, 1975). Stuart Hall and Bram Gieben, eds., *Formations of Modernity* (Cambridge: Polity Press, 1992）でも使われている。

(5)　J. M. Blaut, *The Colonizer's Model of the World: Geographical Diffusionism and Eurocentric History* (New York: Guilford Press, 1993), p. 10.

(6)　バーバラ・キルシェンブラット＝ギンブレットに恵贈された草稿を参照。Barbara Kinshenblatt-Gimblett, "Making Difference: Mapping the Discursive Terrain of Multiculturalism".

(7)　Jacque Derrida, *De la Grammatologie* (Paris: Minuit, 1967), p. 168（ジャック・デリダ著，足立和浩訳『グラマトロジーについて　上』現代思潮新社，1996 年，231 頁）を参照。

(8)　1989 年 10 月，カリフォルニア大学バークレー校で開催されたジェンダーと植民地主義者に関する会議で配布されたバーバラ・クリスチャンの資料より。

(9)　Talad Asad, "A Comment on Aijaz Ahmad's *In Theory*," *Public Culture*, Vol. 6, No. 1 (Fall 1993).

(10)　David Rieff, "Multiculturalism's Silent Partner," *Harper's*, Vol. 287, No. 1719 (August 1993）を参照。

(11)　Samuel Johnson, *The World Displayed*, quoted in the Yale edition of *The Works of Samuel Johnson*, Vol. 10: *The Political Writings*, ed. Donald J. Greene (New Haven, Conn.: Yale University Press, 1977), p. 421.

(12)　Adam Smith, *The Wealth of Nations* (New York: Random House, 1937), p. 590（アダム・スミス著，水田洋・杉山忠平訳『国富論　第三巻』岩波書店，1944 年，235 頁).

(13)　トマス・ジェファーソンは同様に，学校でアメリカ先住民族の文化や言語を研究する時間を要求した。しかし多文化主義者が求めた「多様性を受け入れる教育課程」の設置は，「マイノリティ治療法」として風刺される。先住民族に対するジェファーソンの関心については，Donald A. Grinde Jr. and Bruce E. Johansen, *Exemplar of Liberty: Native America and Evolution of Democracy* (Los Angeles: American Indian Studies Center, 1991)（ドナルド・A. グリンデ・Jr., ブルース・E. ジョハン

セン著，星川淳訳『アメリカ建国とイロコイ民主制』みすず書房，2006 年）を参照。

(14)　自民族中心主義的な多文化主義に対する批判については，George Yudice, "We Are *Not* the World," *Social Text*, No. 31/32（1992）を参照。

(15)　Tom Moylan, *Demand the Impossible: Science Fiction and the Utopian Imagination*（New York: Methuen, 1986）, p. 213.

第 1 章

(1)　Raymond Williams, *Keywords: A Vocabulary of Culture and Society*（New York: Oxford University Press, 1976）（レイモンド・ウィリアムズ著，岡崎康一訳『キーワード辞典』晶文社，1980 年）.

(2)　Jan Pieters, "Unpacking the West: How European is Europe?" unpublished paper given us by the author, 1992.

(3)　モダン・ダンスにおけるアフリカの影響については，Brenda Dixon, "The Afrocentric Paradigm," *Design for Arts in Education*, No. 92（Jan. /Feb. 1991）, pp. 15–22 を参照。

(4)　Pieterse, "Unpacking the West", p. 16.

(5)　C. M. Cipolla, *Before the Industrial Revolution: European Society and Economy 1000–1700*（New York: W.W. Norton, 1980）, p. 222 を参照。

(6)　Pieterse, "Unpacking the West," J. Merson's *Road to Xanadu*（London: Weidenfeld and Nicolson, 1989）より引用。

(7)　Joseph Needham, *The Grand Titration: Science and Society in East and West*（Toronto: University of Toronto Press, 1969）を参照。

(8)　Alfredo Bosi, *Dialética da Colonização*（São Paulo: Companhia das Letras, 1992）, pp. 11–19 を参照。

(9)　H. Magdoff, *Imperialism: From the Colonial Age to the Present*（New York: Monthly Review Press, 1978）, p. 108（ハリー・マグドフ著，大阪経済法科大学経済研究所訳『帝国主義――植民地期から現在まで』大月書店，1981 年，117 頁）を参照。

(10)　Paul Johnson, "Colonialism's Back － and Not a Moment Too Soon," *New York Times Magazine*（April, 18, 1993）を参照。

(11)　Ngũgĩ wa Thiong'o, *Decolonizing the Mind: The Politics of Language in African Literature*（London and Nairobi: James Currey/ Heinemann Kenya, 1986）（グギ・ワ・ジオンゴ著，宮本正興・楠瀬佳子訳『精神の非植民地化――アフリカ文学における言語の政治学』第三書館，2010 年）.

(12)　Heinz Dieterich, "Five Centuries of the New World Order," *Latin American Perspectives*, Vol. 9, No. 3（Summer 1992）を参照。

(13)　Jon Bennet, *The Hunger Machine*（Cambridge: Polity Press, 1987）, p. 19 を参照。

(14)　Andre Gunder Frank, *Capitalism and Underdevelopment in Latin America*（Harmondsworth: Penguin, 1971）, p. 33.

(15)　Eduardo Galeano, *The Open Veins of Latin America*（New York: Monthly Review Press, 1973）, p. 12（エドゥアルド・ガレアーノ著，大久保光夫訳『収奪された大地――ラテンアメリカ五百年』新評論，1986 年，45 頁を参考に一部訳文を変更した）.

(16)　「世界システム論」の批評の要約については，Jan Nederveen Pieterse, *Empire and Emancipation*（London: Pluto Press, 1990）, pp. 29–45; Geoffrey Reeves, *Communications and the Third World*（London, Routledge, 1993）を参照。フェミニストの批評については，Inderpal Grewal and Caren Kaplan, "Introduction: Transnational Feminist Practices and Questions of Postmodernity," in Grewal and Kaplan , eds,

Scattered Hegemonies: Postmodernity and Transnational Feminist Practices (Minneapolis: University of Minnesota Press, 1994).

(17) Ingrid Sarti, "Communication and Cultural Dependency: A Misconception," in Emile G. McAnany, Jorge Schnitman, and Noreene Janus, eds, *Communicaton and Social Structure* (New York: Praeger, 1981), pp. 317–34 を参照。

(18) Perter Hulme, *Colonial Encounters: Europe and the Native Caribbean 1492–1797* (London: Methuen, 1986), p. 2（ピーター・ヒューム著，岩尾龍太郎・本橋哲也・正木恒夫訳『征服の修辞学――ヨーロッパとカリブ海先住民，1492～1797 年』法政大学出版局，1995 年，2 頁）.

(19) Philip D. Curtin, ed., *Imperialism* (New York: Walker, 1971), pp. 194–195 より再引用。

(20) Albert Memmi, *Dominated man* (Boston: Beacon Press, 1968), p. 186.

(21) 中東系の人々は，実際にはさまざまな肌の色をしているし，ヨーロッパ系アメリカ人から差別されることもよくあるが，合衆国の国勢調査では白人と呼ばれる。関連する議論については，Joseph Massad, "Palestinians and the Limits of Racialized Discourse," *Social Text*, No. 34, 1993 を参照。

(22) Paul Gilroy, *There Ain't No Black in the Union Jack* (London: Hutchinson, 1987), p. 11（ポール・ギルロイ著，田中東子・山本敦久・井上弘貴訳『ユニオンジャックに黒はない――人種と国民をめぐる文化政治』月曜社，2017 年は新版を底本としており，該当頁はない）.

(23) Cedric J. Robinson, *Black Marxism: The Making of the Black Radical Tradition* (London: Zed, 1983), p. 27.

(24) Frantz Fanon, "Racism and Culture," *Présence Africaine*, Nos 8/9/10 (1956).

(25) Whitney Young, "Exceptional Children: Text of a Keynote Speech," (1970) は，以下で引用されている。Judith H. Katz, *White Awareness* (Norman, Okla: University of Oklahoma Press, 1978).

(26) マニング・マラブルは，ニューヨークのハーレム・スタジオ博物館やソーホーの DIA 財団で，1991 年 12 月 6 ～ 8 日の週末に開催された，ブラック・カルチャーの現状に関する会議で，これらの意見を表明した。マラブルの所見のいくつかは，Gina Dent, ed., for a project by Michele Wallace, *Black Popular Culture* (Seattle,Wash.: Bay Press, 1992) に収められている。

(27) Tzvetan Todorov, *On Human Diversity: Nationalism, Racism and Exoticism in French Thought*, trans. Catherine Porter (Cambridge, Mass.: Harvard University Press, 1993) を参照（ツヴェタン・トドロフ著，小野潮・江口修訳『われわれと他者――フランス現代思想における他者像』法政大学出版局，2001 年）。

(28) Benita Parry, *Delusions and Discoveries: Studies on India in the British Imagination 1880–1930* (Berkeley: University of California Press, 1972) より再引用。

(29) John Mohawk and Oren Lyons, eds., *Exiled in the Land of the Free* (Santa Fe, Calif.: Clear Light, 1992), p. 117 を参照。

(30) George Rawick, *From Sundown to Sunup: The Making of the Black Community* (G. P. ローウィック著，西川進訳『日没から夜明けまで――アメリカ黒人奴隷制の社会史』刀水書房，1986 年）を参照。David R. Roediger, *The Wages of Whiteness: Race and the Making of the American Working Class* (London: Verso, 1991), p. 95（デイヴィッド・R. ローディガー著，小原豊志・竹中興慈・井川眞砂・落合明子訳『アメリカにおける白人意識の構築――労働者階級の形成と人種』明石書店，2006 年，158–159 頁）より再引用。

(31) Ibid., p. 106（同上 182 頁）.

(32) Ibid., p. 119（同上 97 頁）.

(33) Phyllis Rose, *Jazz Cleopatra : Josephine Baker in Her Time* (New York: Random House, 1989), p. 44（フィリス・ローズ著，野中邦子訳『ジャズ・クレオパトラ――パリのジョゼフィン・ベーカー』平凡社，1991 年，79 頁）.

(34) Toni Morisson, "The Pain of Being Black," *Time* (May 22, 1989), p. 120 を参照。

(35) Ralph Ellison, *Shadow and Act* (New York: Vintage, 1972), p. 48（ラルフ・エリスン著，行方均・松本昇・松本一裕・山嵜文男訳『影と行為』南雲堂フェニックス，2009 年，66 頁）.

(36) Lillian Smith, *Killers of the Dream* (New York: W.W. Norton, 1949). Jane Gaines,"Competing Glances: Who Is Reading Robert Mapplethorpe's *Black Book?*," in *New Formations*, No. 16 (Spring 1992) より引用。

(37) 『オックスフォード英語辞典』は 16 世紀以前の「ブラック」の意味を論じ，類語として以下を挙げている。「泥でひどく汚れた，汚れた，汚い……邪悪な，あるいは致命的な意図を持つ，悪意のある，死に関係がある，あるいは死に携わる，致命的な，破滅をもたらす，災害を引き起こす，不吉な……不潔な，不正な，残虐な，恐ろしい，よこしまな」。スパイク・リーは『マルコム X』（1992 年）で，そのような辞書の定義に注意を呼びかけている。

(38) 公民権運動に関する映画やテレビの報道では，人種差別的な白人は，「われわれは白人で，彼らは黒人である」という「議論」で人種統合に対する敵意を正当化する。道徳的に「敵対する人々」は必ず衝突すると理解しない限り，この議論はまったく無意味である。

(39) Etiennne Balibar and Immanuel Wallerstein, *Race, Nation and Class: Ambiguous Identities* (London: Verso, 1991), pp. 37–67（エティエンヌ・バリバール，イマニュエル・ウォーラーステイン著，若森章孝・須田文明・岡田光正・奥西達也訳『人種・国民・階級――揺らぐアイデンティティ』大村書店，1995 年，55–102 頁）を参照。

(40) 以下を参照。Stuart Hall, "The Whites of Their Eyes: Racist Ideologies and the Media," in George Bridges and Rosalind Brundt, eds, *Silver Linings: Some Strategies for the Eighties* (London: Lawrence and Wishart, 1981), p. 36.

(41) Philomena Essed, *Understanding Everyday Racism* (London: Sage, 1991), p. 37.

(42) David Spurr, *The Rhetoric of Empire: Colonial Discourse in Journalism, Travel Writing, and Imperial Administration* (Durham, NC: Duke, 1993), p. 105 より再引用。

(43) 原文は，*Aberdeen Saturday Pioneer* (Dec. 20, 1891）にあるが，David E. Stannard, *American Holocaust: Columbus and the Conquest of the New World* (New York: Oxford University Press, 1992), p. 126 に引用されている。

(44) シュワルツコフ大将は湾岸戦争時に，「我が国の兵士」一人一人について同じように表現した。その一方で，まさに死にかけているイラク人を一括りにして，「われわれと同じ価値の生命を持たない」人々と語っている。

(45) Spurr, *The Rhetoric of Empire*, p. 24 を参照。

(46) チャンネル 13 の PBS で，1991 年 12 月 10 日に放送された。

(47) Gary Peller, "Race against Integration," *Tikkun*, Vol VI, No. 1 (Jan./Feb. 1991), pp. 54–66.

(48) U. S. Mehta, "Liberal Strategies of Exclusion," *Politics and Society*, Vol. 18, No. 4 (1990), pp. 429–30 を参照。

(49) Todorov, *On Human Diversity*, p. 259（前掲，トドロフ『われわれと他者』406 頁）を参照。

(50) David Rieff, *Los Angeles: Capital of the Third World* (New York: Simon and Schuster, 1991), pp. 239–240 より再引用。

(51) 特に Aijaz Ahmad, "Jameson's Rhetoric of Otherness and the National Allegory," *Social Text*, No. 17

(Fall 1987), pp. 3–25（Aijaz Ahmad 著，清水みち訳「ジェイムソンの他者性と「民族的アレゴリー」というレトリック」『文藝』第 28 巻 3 号，283–302 頁）と Julianne Burton, "Marginal Cinemas," *Screen*, Vol. 26, Nos 3–4 (May–August 1985) を参照。

(52) アルジュン・アパデュライによれば「……イリアンジャヤの人々にとっては，おそらくアメリカ帝国主義よりもインドネシア化の方が，韓国人にとっての日本化，スリランカ人にとってのインド化，カンボジア人にとってのベトナム化のように厄介であり，……ある人にとっての想像の共同体は，別の人にとっては政治的牢獄である」。Arjun Appadurai, "Disjuncture and Difference in the Global Culture Economy," *Public Culture*, Vol. 2, No. 2 (1990), pp. 1–24（A. アパデュライ著，門田健一訳「グローバル文化経済における乖離構造と差異」『思想』第 933 号，2002 年，5–31 頁）を参照。

(53) 関連する概念として，インダパル・グルワルが唱える「散在する覇権」に関しては，「ローカル」と「グローバル」の関係を扱ったカプランとの共著 "Introduction: Transnational Feminist Practices and Questions of Postmodernity" において議論が進められている。

(54) Pierre Jalée, *The Third World in World Economy* (New York: Monthly Review Press, 1969), pp. ix–x を参照。

(55) Ibid., pp. 3–8 より再引用。

(56) Fernando Solanas and Octavio Getino, "Towards a Third Cinema" in Bill Nichols, ed., *Movies and Methods*, Vol. I (Berkely: University of California Press, 1976) を参照。

(57) David Bordwell, Janet Staiger and Kristin Thompson, *The Classical Hollywood Cinema* (New York: Columbia University Press, 1985).

(58) Mark Schapiro, "Bollywood Babylon," *Image* (June 28, 1992) を参照。

(59) アパデュライは，これらのグローバルな文化フローの，5 つの次元を想定する。

1 エスノスケイプ（人々が暮らし，絶えず変化する世界を構成する，諸個人のランドスケイプ）。

2 テクノスケイプ（これまで流動を阻んできた種々の障壁をこえて，テクノロジーが高速移動している，グローバルな配置）。

3 ファイナンスケイプ（貨幣投機と資本の移動の世界網）。

4 メディアスケイプ（情報を生産・配信する電子的能力に対する貢献と，これらの能力によって生み出されるイメージと物語の，幅広く複合的なレパートリー）。

5 イデオスケイプ（国民国家が，彼らの政治文化を組織した，状態のイデオロギーと，運動の対抗イデオロギー）。

Arjun Appadurai, "Disjunction and Difference in the Global Cultural Economy," *Public Culture*, Vol. 2, No. 2 (Spring, 1990), pp. 1–24（A. アパデュライ著，門田健一訳「グローバル文化経済における乖離構造と差異」『思想』第 933 号，2002 年，5–31 頁）を参照。

(60) より完全な定義については，"Special Rapporteur on the Problem of Discrimination against Indigenous Populations for the UN Sub-Commision on Prevention of Discrimination and Protection of Minorities" を参照。Saddruddin Aga Khan and Hassan bin Talal, *Indigenous Peoples: A Grobal Quest for Justice* (London: Zed, 1987) が要約，引用している。「第四世界」という言葉の使われ方は，さまざまである。グローバル経済の言説では，主要な資源のない第三世界諸国を指すこともあるが，ゴードン・ブラザーストンは，アジア，ヨーロッパ，アフリカに次ぐ「第四の大陸」として南北アメリカ大陸の意味で使っている。以下を参照。Gordon Brotherston, *Book of the Forth World* (Cambridge: Cambridge University Press, 1992).

(61) ジェイソン・W. クレイは，そのような部族は世界中に 5000 は存在すると見積る。Jason W.

Clay, "People, Not States, Make a Nation," *Mother Jones* (Nov./ Dec. 1990) を参照。

(62) 以下の本に引用された *Cultural Survival Quarterly* を参照。Jerry Mander, *In the Absence of the Sacred: The Failure of Technology and the Survival of the Indian Nations* (San Francisco: Sierra Club, 1992), p. 6.

(63) John H. Bodley, *Victims of Progress* (Mountain View, Calif.: Mayfield, 1990), p. 5 を参照。

(64) Herman Merivale, *Lectures of Colonization and Colonies* (London: Green, Longman and Roberts, 1861), p. 541 より再引用。

(65) 1907 年に，パウル・ロールバッハは，ヘレオ族の最も良い土地を徴用するドイツの方針を，正当化している。

「南アフリカの原住民のような文化水準にある人々にとって，自由で野蛮な民族でなくなることや，白人に仕えたり依存する労働者階級への発展は，そもそも生存の法則に最も合致することなのである」。

John H. Wellington, *South West Africa and Its Human Issues* (Oxford: Oxford University Press, 1967), p. 196 より再引用。

(66) Colin M. Turnbull, *The Mountain People* (New York: Simon and Schuster, 1972)（コリン・M. ターンブル著，幾野宏訳『ブリンジ・ヌガク——食うものをくれ』筑摩書房，1974 年）を参照。

(67) Julian Burger, *The Gaia Atlas of First Peoples* (New York: Doubleday, 1990), p. 34（ジュリアン・バージャー著，やまもとくみこほか訳『図説世界の先住民族』明石書店，1995 年，32 頁）より再引用。世界中で使用されていた植物由来の処方薬の高い比率が，先住民族の薬を手掛かりに発見された。たとえば，フィリピンのハヌノオは彼らの森の中の 1600 種の植物を区別しており，これは同じ地域で研究する科学者たちが区別するよりも 400 種も多い。

(68) たとえば，David MacDougall, "Beyond Observational Cinema," in Paul Hockings, ed., *Principles of Visual Anthropology* (The Hague: Mouton, 1975) を参照。

(69) Faye Ginsburg, "Aboriginal Media and the Australian Imaginary," *Public Culture*, Vol. 5, No. 3 (Spring 1993) を参照。

(70) Kate Madden, "Video and Cultural Identity: The Inuit Broadcasting Experience," in Felipe Korzenny and Stella Ting-Toomey, eds, *Mass-Media Effects across Cultures* (London: Sage, 1992) を参照。

(71) 先住民族メディアは，特別な祭典（たとえばサンフランシスコとニューヨーク市で定期的に開催されたネイティブ・アメリカン・フィルム・アンド・ビデオ・フェスティバル，あるいはメキシコシティとリオデジャネイロで開催された先住民族のラテンアメリカ・フィルム・フェスティバルなど）を除いては，大部分が第一世界の人々には目に見えない存在であり続けている。

(72) Faye Ginsburg, "Indigenous Media: Faustian Contract or Global Village?", *Cultural Anthropology*, Vol. 6, No. 1 (1991), p. 94.

(73) Ibid.

(74) カヤポ族のプロジェクトに関する批判的な意見は，Rachel Moor, "Marketing Alterity," *Visual Anthropology Review*, Vol. 8, No. 2 (Fall 1992); James C. Faris, "Anthropological Transparency: Film, Representation and Politics," in Peter Ian Crawford and David Turton, eds, *Film as Ethnography* (Manchester: Manchester University Press, 1992) を参照。テレンス・ターナーのファリスへの返答には，1992 年のマンチェスターで開かれたイタリア放送協会のフィルム・ビデオ・フェスティバルのフォアマン・レクチャーの内容を参照。Terence Turner, "Defiant Images: The Kayapo Appropriation of Video," *Anthropology Today*, Vol. 8, No. 6 (Dec. 1992), pp. 5–16.

(75)　テレンス・ターナーのカヤポ族との長期間にわたる共同制作の報告を参照。Terence Turner, "Visual Media, Cultural Politics and Anthropological Practice," *Independent*, Vol.14, No.1（Jan./ Feb. 1991）.

(76)　ポストモダニズムとポストコロニアリズムの関係については，Kwame Anthony Appiah, "Is the Post- in Postmodernism the Post- in Postcolonial?" *Critical Inquiry*, No. 17（Winter 1991）を参照。

「ポストコロニアル研究を画一的にどんどん推奨するのがポリティカル・コネクトネス（PCs）の成功物語であるなら，それは有色人種（POCs）や，エスニック研究に携わる者を，部分的に抑制することでもある。こういった人々は，合衆国でポストコロニアル研究が盛んになったために，人種主義の議論が下火になったと考えているからだ」。

(77)　その用語については，以下のとおりである。

「アフリカ諸国，オーストラリア，バングラデシュ，カナダ，カリブ海沿岸諸国，インド，マレーシア，マルタ，ニュージーランド，パキスタン，シンガポール，南太平洋諸国，スリランカ，これらすべての国や地域の文学が，「ポストコロニアル」文学といえる。またわたしたちは，アメリカ合衆国の文学も，このカテゴリーのなかに位置づけることを忘れてはならない。……それぞれの地域的な特殊性を越え，これらの文学のすべてに共通する性質は，それが植民地主義体験の渦中から現在の形式を生み出してきたことや，ヨーロッパの支配力との緊張関係を前面に押しだし，帝国の中心が掲げる文化的前提との差異を強調することによって，その存在を自己主張してきた点などに認めることができる。そして，これらの文学がまぎれもないポストコロニアル文学といえるのも，まさしくこのような性質によるのである」。

Bill Ashcroft, Gareth Griffiths and Helen Tiffin, *The Empire Writes back: Theory and Practice in Post-Colonial Literatures*（London: Routledge, 1989）, p. 2（ビル・アッシュクロフト，ガレス・グリフィス，ヘレン・ティフィン著，木村茂雄訳『ポストコロニアルの文学』青土社，1998年，13頁）を参照。

われわれは，この「ポストコロニアル」の拡大使用が典型的，あるいは模範的であると主張しているのではない。

(78)　たとえば，Zachary Lockman and Joel Beinin, eds, *Intifada: The Palestinian Uprising against Israeli Occupation*（Boston: South End Press, 1989），特に Edward W. Said, "Intifada and Independence," pp. 5–22と，Edward W. Said, *After the Last Sky*（New York: Pantheon Books, 1986）（エドワード・W・サイード著，島弘之訳『パレスチナとは何か』岩波書店，1995年，岩波文庫，2005年）を読むこと。

(79)　たとえば「ポスト」の論議については，Robert Young, "Poststructuralism: The End of Theory," *Oxford Literary Review*, Vol. 5, Nos 1–2（1982）; R. Radhakrishnan, "The Postmodern Event and the End of Logocentrism," *Boundary* 2, Vol. 12, No. 1（Fall 1983）; Geoffrey Bennington, "Postal Politics and the Institution of the Nation," in Homi K. Bhabha, ed., *Nation and Narration*（London and New York: Routledge, 1990）を参照。

(80)　第三世界諸国への「ポストコロニアル」の旅行を想像するにはたやすい（それどころか，インドに行くよりも，英米の学界内でのインド人のディアスポラを通した「ポストコロニアル」のほうが想像しやすい）。しかし，現在のアフリカや中東，ラテンアメリカの知識人たちが，植民地支配が終わった直後という歴史的に限られた時期を除き，この用語をほとんど使っていないのは，重要な意味を持つ。

(81)　「ポストコロニアル」については，さらに Shohat, "Notes on the Postcolonial" and Anne McClintock, "The Angel of Progress: Pitfalls of the Term 'Post-colonialism'," *Social Text*, Nos 31/32（Spring 1992）, pp. 84–98; Ruth Frankenberg and Lata Mani, "Crosscurrents, Crosstalk: Race, 'Postcoloniality' and the Politics of Location," in *Cultural Studies*, Vol. 7, No. 2, May 1993. *Public Culture*, No. 5（Fall 1992）を

参照。

(82) Stuart Hall, "Cultural Identity and Cinematic Representation," *Framework*, No. 36 (1989), pp. 68–81.

(83) ココ・フスコが1991年に監督した『融合する映画シリーズ』は，非営利の文化センター「エグジット・アート」によりプロデュースされ，ジャネット・イングバーマンとパポ・コロが監督した，1年間の学術プロジェクト「パラレル・ヒストリー」のプログラムであった。

(84) 現代のチカーナのアイデンティティにとってのマリンチェとその意味についての議論は，以下を参照。Norma Alarcon, "Traddutora, Traditora: A Paradigmatic Figure of Chicana Feminism," reprinted in Inderpal Grewal and Caren Kaplan, eds., *Scattered Hegemonies* (Minneapolis University of Minnesota Press, 1994); Gloria Anzaldua, "La Conciencia de la Mestiza: Towards a New Consciousness," in Gloria Anzaldua ed., *Making Face, Making Soul, Haciendo Caras: Creative and Critical Perspectives by Women of Color* (San Francisco: Spinsters/Aunt Lute, 1987), pp. 377–89; Rachel Phillips, "Marina/Malinche: Masks and Shadows" in Beth Miller, ed., *Women in Hispanic Literature: Icons and Fallen Idols* (Berkeley: University of California Press, 1983), pp. 97–114; Jean Franco, "On the Impossibility of Antigone and the Inevitability of La Malinche: Rewriting the National Allegory," in Jean Franco, *Plotting Women: Gender and Representation in Mexico* (New York: Columbia University Press), pp. 129–46.

(85) Rayna Green, "The Pocahontas Perplex: The Image of Indian Women in American Culture," in Ellen Carol Dubois and Vicki L. Ruiz, eds., *Unequal Sisters: A Multi-Cultural Reader in U.S. Women's History* (New York: Routledge, 1990)（ヴィッキー・L. ルイス，キャロル・デュボイス編，和泉邦子ほか訳『差異に生きる姉妹たち——アメリカ女性史における人種・階級・ジェンダー』世織書房，1997年）; Beth Brant, "Grandmothers of a New World," *Woman of Power*, No. 16 (Spring 1990), pp. 4–47.

(86) Ella Shohat, "Staging the Quincentènary: The Middle East and the Americas," *Third Text*, No. 21 (Winter 1992–3) を参照。

(87) Ada Gay Griffin, "What's Mine Is Not Mine/What's Mine Is Ours/What's Mine Is Yours/ What's Yours Is Yours (Power Sharing in Africa)," *Felix*, Vol. 1, No. 2 (Spring 1992) を参照。

(88) 管見の限り，「インターコミュナリズム」という表現を初めて使ったのは，ヒューイ・ニュートンとブラック・パンサー党である。

(89) M. M. Bakhtin, "The Problem of Speech Genres," in *Speech Genres and Other Late Essays* (Austin: University of Texas, 1986), p. 91.

(90) 以下を参照。Y. N. Kly, *The Anti-Social Contract* (Atlanta, Ga.: Clarity Press, 1989).

(91) サミール・アミンは，著書で，似たような言葉で経済的な多中心主義について述べている。Samir Amin, *Delinking: Towards a Polycentric World* (London: Zed, 1985).

(92) 類似の見方については，以下を参照。Joan Scott, "Multiculturalism and the Politics of Identity," *October*, No. 61 (Summer 1992); Stuart Hall, "Minimal Selves," *Identity: The Real Me* (London: ICA, 1987).

第2章

(1) *New York Times Magazine* (March 14, 1993) を参照。

(2) Donald Johanson and Maitland Edey, *Lucy: The Beginnings of Humankind* (New York: Simon and Schuster, 1981) を参照。「ルーシー」というヨーロッパ風の名前（ビートルズの歌「ルーシー・イン・ザ・スカイ・ウィズ・ダイアモンズ」から採った）をつけたことを，彼女が「発見された」地エチオピアの論者は批判した。アフリカ系アメリカ人の映画監督アリス・シャロン・ラーキンは，

「ルーシー」のドキュメンタリーを制作中，エチオピアの子どもがルーシーを「素敵」と言い，大人の女性たちが彼女を話題にしていたと指摘している。Alice Sharon Larkin, "Black Women Filmmakers Defining Ourselves: Feminism in Our Own Voice," in Deidre Pribram, ed., *Female Spectators* (London: Verso, 1988), p. 168 を参照。

(3) David E. Stannard, *American Holocaust: Colombus and the Conquest of the New World* (New York: Oxford University Press, 1992), p. 41 を参照。

(4) われわれは，どんな物語でも「中心」とか「起源」と見なしたりしない。そうした物語では，地理的空間が世界の歴史と文明の基となるからだ。「アフリカ中心の」解釈は，抑圧的なヨーロッパ中心主義と闘う方法としては理解できるが，他のアフリカの諸文化を無視して，エジプトの記念碑的な文化を盲目的に崇拝しており，まさに複数のアフリカを単一化する危険を冒している。

(5) 政治的手段としてのヒップホップについて詳しくは，Tricia Rose, "Never Trust a Big Butt and a Smile," *Camera Obscura*, No. 23 (May 1990) や，Jeffrey Louis Decker, "The State of Rap: Time and Place in Hip Hop Nationalism," *Social Text*, No. 34 (1993) を参照。

(6) Martin Bernal, *Black Athena* (New Brunswick, NJ: Rutgers University Press, 1987), Vol. I, p. 241（マーティン・バナール著，片岡幸彦訳『ブラック・アテナ――古代ギリシア文明のアフロ・アジア的ルーツ』新評論，2007 年，284 頁）.

(7) フランク・スノーデンは自著で，前 3 世紀からクシュ王国のアフリカ人がエジプト人，シリア人，ギリシャ人，ローマ人と接触していた事実を立証している。Frank Snowdon, *Before Color Prejudice: The Ancient View of Blacks* (Cambridge, Mass.: Harvard University Press, 1983).

(8) ルーシュは 1967 年に，これを『シギの祭り：ボンゴの洞穴』(1969 年）という作品にした。V. Y. ムディンベはドゴン族に関するいくつかの論争を要約している。V. Y. Mudimbe, *The Invention of Africa* (Bloomington: Indiana University Press, 1988).

(9) Leo Africanus, *History and Description of Africa* [c. 1518]. David Killingray, *A Plague of Europeans* (Harmondsworth: Penguin, 1973), pp. 12–13 より再引用。

(10) John Thornton, *Africa and Africans in the Making of the Atlantic World, 1400–1680* (Cambridge: Cambridge University Press, 1992), p. 46 を参照。

(11) Ibid., pp. 43–71.

(12) Ibid.

(13) Cedric Robinson, *Black Marxism* (London: Zed, 1983), p. 4.

(14) パトリック・ブキャナンは，「ズールー族の移民がヴァージニア州に同化するのは，イングランド人よりも難しかっただろう」という悪名高い論評をした際，この相違を想定していた。『ニューヨークタイムズ』の論説記事（1992 年 3 月 8 日付）で，スティーブン・L. カーターは，多言語を使用する南アフリカでは多くのズールー族が，ブキャナンお気に入りのヨーロッパ人よりも上手に英語を話すと指摘した。編集部宛の書簡（1992 年 3 月 9 日付）でローナ・ハーンは，ヴァージニア州にはいまや公的生活に積極的に参加するだけでなく，「保守的な共和党員にさえなった」ズールー族の子孫がいると述べた。また，ソール・ベローの「ズールー族にはプルーストがいない」という悪名高い批評のように，ズールー族に対して修辞学的な成果を促す保守主義の志向も問いたださなければならない。「ズールー」という言葉が好まれるのは，ヨーロッパ中心的な耳にはおもしろく聞こえるせいなのだろうか，それとも音声学的に「ズー（zoo)」〔動物園〕という音を含んでいるからなのだろうか。

(15) Ronald Wright, *Stolen Continents: The Americas through Indian Eyes since 1492* (Boston: Houghton-

Mifflin, 1992), p. 12（ロナルド・ライト著，香山千加子訳，植田覺監修『奪われた大陸』NTT出版，1993年，25頁）を参照。以下は，別の歴史家の記述である。

「当時，あいついでいた戦争は，大規模に暴力をふるった。戦場への行き帰り，軍隊は田舎を略奪した。山賊が旅行者を襲い，村全体を占領して，身代金を取った。賭博は，社会のあらゆる階級の血管に流れる毒だった。人々は，けんかで，いかさま賭博で，悪意のある中傷で，酒宴の席で，都市の暴動で，不慮の死をとげた」。

Milton Meltzer, *Columbus and the World around Him* (New York: Franklin Watts, 1991), p. 31（ミルトン・メルツァー著，渡会和子訳『コロンブスは何をもたらしたか――大航海時代の先駆け』ほるぷ出版，1992年，44頁）を参照。

(16) たとえば，Alfred W. Crosby, *Ecological Imperialism: The Biological Expansion of Europe, 900–1900* (Cambridge: University Cambridge Press, 1986)（アルフレッド・W. クロスビー著，佐々木昭夫訳『ヨーロッパ帝国主義の謎――エコロジーから見た10〜20世紀』岩波書店，1998年）を参照。

(17) Gordon Brotherston, *Book of the Fourth World* (Cambridge: Cambridge University Press, 1992), p. 2を参照。また，Sharon Begley, "The First Americas," *Newsweek* Columbus Special Issue (Fall/ Winter 1991), p. 15も参照。

(18) コロンブス以前の先住民族の生活を扱った膨大な文献から数例を挙げる。Alvin M. Josephy Jr, *America in 1492* (New York: Alfred K. Knopf, 1992); Wright, *Stolen Continents*; Renny Golden, Michael McConnell, Peggy Mueller, Cinny Poppen, and Marily Turkovich, *Dangerous Memories: Invasion and Resistance since 1492* (Chicago: The Chicago Religious Task Force on Central America, 1991); Rene Jara and Nicholas Spadaccini, eds, *Amerindian Images and the Legacy of Columbus* (Minneapolis: University of Minnesota Press, 1992）を参照。

(19) Brotherston, *Book of the Fourth World*, p. 3を参照。モーリス・バサンは，ヨーロッパ中心教育の犠牲者である今日のマヤ族の子どもは，自分たちの先祖のオルメカ人が，西洋で使われているのと基本的に似た数字体系を紀元前3世紀には発明していたことを教えられていないと指摘する。Maurice Bazin, "Tales of Underdevelopment," *Race and Class*, Vol. XXVIII, No. 3 (1987）を参照。

(20) In Eric R. Wolf, *Sons of the Shaking Earth* (Chicago: University of Chicago Press, 1959), pp. 154–5.

(21) Jane Comby, "1492: Le Choc des Cultures et l' Evangelization du Monde," *Dossiers de l' Episcopat Français*, No. 14 (October 1990), p. 16より再引用。

(22) Charles Duff, *The Truth about Columbus* (New York: Random House, 1936）を参照。

(23) アラブ・ムスリムが十字軍をどう見ていたかについては，Amin Malouf, *Les Croisades vues par les Arabes* (Paris: Gallimard, 1983)（アミン・マアルーフ著，牟田口義郎・新川雅子訳『アラブが見た十字軍』リブロポート，1986年）を参照。

(24) Jean Delumeau, *La Peur en Occident* (Paris: Fayard, 1978)（ジャン・ドリュモー著，永見文雄・西沢文昭訳『恐怖心の歴史』新評論，1997年）と *Le Péché et la Peur* (Paris: Fayard, 1983)（ジャン・ドリュモー著，佐野泰雄ほか訳『罪と恐れ――西欧における罪責意識の歴史／十三世紀から十八世紀』新評論，2004年）を参照。

(25) Joshua Trachtenberg, *The Devil and the Jews: The Medieval Concept of the Jew and Its Relation to Modern Anti-Semitism* (New York: Harper, 1943）を参照。

(26) ヤン・ピーテルスは，一般的にヨーロッパの帝国主義というテーマは，多くがヨーロッパ圏や地中海圏まで遡ると主張する。したがって，文明対野蛮というテーマは古代ギリシャ・ローマから持ち越され，キリスト教対異教徒というテーマは十字軍で頂点に達するヨーロッパ拡大の基本をな

し，「伝道」というキリスト教のテーマは侵略を正当化する「文明化の使命」と融合した。Jan Pieterse, *Empire and Emancipation*（London: Pluto Press, 1990）, p. 240 を参照。

(27) Jan Carew, *Fulcrum of Change: Origins of Racism in the Americas and Other Essays*（Trenton, NJ: Africa World Press, 1988）を参照。

(28) Aimé Césaire, *Discourse on Colonialism*（New York: Monthly Review Press, 1972）, pp. 14–15（エメ・セゼール著，砂野幸稔訳『帰郷ノート／植民地主義論』平凡社，1997 年，126 頁）を参照。

(29) Stannard, *American Holocaust*, p. 246.

(30) スペイン人の目撃者による報告は，以下のとおり。

「インディオが，わずかばかりの偶像を持っていると自供すると……修道士たちは多くのインディオの首を吊るし始めた。手首を縄で縛り，地面から引き上げて，持っている全部の偶像のことと，それがどこにあるかを自白しなければならないと告げた。インディオは，これ以上持っていないと言い続けた。……すると修道士たちは，彼らの足に大きな石を取り付けるよう命じ，そのまま宙吊りにした。大量の偶像がまだあると認めなければ，その状態で鞭打たれ，体に溶けた蠟をかけられた」。

Jara and Spadaccini, eds, *Amerindian Images and the Legacy of Columbus*, p. 31 より再引用。

(31) Bernard McGrave, *Beyond Anthropology*（New York: Columbia University Press, 1989）, p. 10 より再引用。

(32) ソル・フアナ〔＝イネス・デ・ラ・クルス〕のようなスペイン系修道女について詳しくは，Electra Arenal and Stacey Schlau, *Untold Sisters: Hispanic Nuns in Their Own Works*（Albuquerque: University of New Mexico Press, 1989）を参照。

(33) J. M. Blaut, *The Colonizer's Model of the World: Geographical Diffusionism and Eurocentric History*（New York; Guilford Press, 1993）, pp. 153–213.

(34) Bill Bigelow, "Discovering Columbus, Re-reading the Past," in *Rethinking Columbus,* a special quincentenary issue of *Rethinking Schools*（1991）.

(35) ムスリムの天文学者アル・バッターニー（850？～929 年）は，コロンブスより 500 年も前に，地球の円周を（正確に小数点第 3 位まで）測定した。Ziaddin Sardar, "Lies, Damned Lies and Columbus," *Third Text*, No. 21（Winter 1992–3）を参照。また，Hans Konig, *Columbus His Enterprise: Exploding the Myth*（New York: Monthly Review Press, 1976）, pp. 29–30 も参照。

(36) 『コロンブスの探検』の製作ノートは，ヨーロッパ人と「カリブ族」の仲介者として，「カリブ族とともに暮らし，若く美しいカリブ族の少女と結婚した」ケンブリッジ大学卒のダグラス・テイラーに触れている。テイラーは「カリブ族居留区の無冠の王」になったという。このように，ヨーロッパの白人に生まれつき備わる指導者の資質という時代遅れの比喩は，いくつものターザン映画で再生産された。『食人島の王』（1905 年）は，控えめな形でこうした製作ノートを再利用した。

(37) Francis Jennings, *The Invasion of America: Indias, Colonialism and the Cant of Conquest*（New York: W. W. Norton, 1975）, p. 174 を参照。

(38) Bernard Weinraub, "It's Columbus against Columbus, with a Fortune in Profits at Stake," *New York Times*（May 21, 1992）, p. C17 を参照。

(39) ワード・チャーチルは，第三帝国は「人種至上主義や征服，ジェノサイドといったヨーロッパ文化」からの逸脱ではなく具体化だとして，コロンブスをその好例とする。彼はコロンブスとヒトラー，もっと正確に言えばコロンブスとヒムラーは対応していると詳細に検証した。Ward Churchill, "Deconstructing the Columbus Myth," *Anarchy*（Summer 1992）.

(40)　Chris Searle, "Unlearning Columbus," *Race and Class*, No. 33 (Jan.– March 1992), p. 69 を参照。

(41)　Peter Hulme and Neil L. Whitehead, eds, *Wild Majesty: Encounters with Caribs from Columbus to the Present Day* (Oxford: Clarendon, 1992), p. 3.

(42)　Emir Rodriguez Monegal and Thomas Colchie, eds, *The Borzoi Anthology of Latin American Literature*, Vol. I (New York: Alfred A. Knopf, 1977), p. 1.

(43)　On *écriture* in pre-Columbian America. Brotherston, *Book of the Fourth World* を参照。

(44)　Eral E. Fitz, *Rediscovering the New World: Inter-American Literature in a Comparative Context* (Iowa City: University of Iowa Press, 1991) を参照。

(45)　「お前は，われわれの神が原初の神ではないと言う／それは初耳だ／気が狂いそうだ／まったくとんでもないことだ」。ナワトル族のテクスト *Totecuyoane* からの訳。Translated by Gordon Brotherston, in Brotherston, *Image of the New World: The American Continent Portrayed in Native Texts* (London: Thames and Hudson, 1979), pp. 63–9.

(46)　Martin Lienhardt, "Writing and Power in the Conquest of America," *Latin American Perspectives*, Vol. 74, No. 3 (Summer 1992), p. 81.

(47)　新世界では，アステカ族など一部の民族のみ，ヨーロッパ人の侵略に対する自らの考えを書き残す能力を持っていた。そうした報告の一部が，Miguel Leon-Portilla, ed., *The Broken Spears: The Aztec Account of the Conquest of Mexico* (Boston: Beacon Press, 1962) に収められている。

(48)　先住民族によるアメリカ大陸の地図作製については，Brotherston, *Book of the Fourth World* を参照。

(49)　Wright, *Stolen Continents*, p. 14（前掲，ライト『奪われた大陸』28 頁）より再引用。

(50)　Leonardo Boff, *America Latina: Da Couquista à Nova Evangelização* (São Paulo: Attica, 1992), p. 9 より再引用。

(51)　たとえば『ニューズウィーク』(1991 年秋冬号）のコロンブス特集巻頭に掲載された，Kenneth Auchinloss のエッセイ（"When World Collide"）を参照。

(52)　Anthony Pagden, *Spanish Imperialism and the Political Imagination* (New Haven, Conn.: Yale, 1990), p. 24 より再引用。

(53)　Boff, *America Latina*, p. 64 より再引用。

(54)　Bartolomé de las Casas, *History of the Indies*, trans. and ed. Andrée Collard (New York: Harper and Row, 1971), p. 184（ラス・カサス著，長南実訳，石原保徳編『インディアス史』5 巻，岩波書店，2009 年，31 頁）より再引用。

(55)　Carlos Fuentes, *The Buried Mirror* (Boston: Houghton-Mifflin, 1992), p. 134（カルロス・フエンテス著，古賀林幸訳『埋められた鏡――スペイン系アメリカの文化と歴史』中央公論社，1996 年，154 頁）を参照。

(56)　Bartolomé de las Casas, *The Devastation of the Indies: A Brief Account* (New York: Seabury Press, 1974), p. 41（ラス・カサス著，染田秀藤訳『インディアスの破壊についての簡潔な報告』岩波書店，1976 年，21 頁）.

(57)　Ibid., pp. 43–4（同上 26 頁）.

(58)　Doug Ireland, "Press Clips," *Village Voice* (March 23, 1993) を参照。

(59)　Carew, *Fulcrums of Change* を参照。

(60)　ローシャのアフリカの音楽の使い方は，まるでヨーロッパ人がブラジルに到着する前からこうした音楽があったかのように，きわめて暗示的だ。ブラジルとアフリカがかつて一つの広大な大陸だったという「大陸移動説」を思い起こさせ，また，「アフリカ人は"コロンブスよりも前に"新

世界へ到着した」というイヴァン・ヴァン・セルティマの理論を先取りする。ローシャは，ヨルバ族の聖歌を，繰り返し独裁者ポルフィリオ・ディアスに結びつけて使うことで，ヨーロッパ人と先住民族の皮肉な逆転を表す。ヨーロッパ人は，アフリカ人の宗教を不合理でヒステリックなものと考えているが，実際はヨーロッパのエリートこそがそうなのだと，この作品はほのめかしているようだ。たとえば，1992年に汚職で弾劾されたブラジル大統領フェルナンド・コロール・デ・メロが，政敵の人形にピンを刺す「黒魔術」の儀式を行っていたことが明るみに出た。知事を務めたアラゴアス州でコロールは征服時代の総督のように権力をふるい，ローシャの予見を文字どおり立証した。

(61) アルバル・ヌニェスらスペイン人の征服に関する批判的な分析は，Beatriz Pastor, *Discurso Narrativo de la Conquista de America*（Havana: Casa de las Americas, 1983）を参照。スペイン人の食人については，Stannard, *American Holocaust*, p. 216を参照。

(62) Stephen Greenblatt, *Marvelous Possessions: The Wonder of the New World*（Chicago: University of Chicago Press, 1991), p. 141（S. グリーンブラット著，荒木正純訳『驚異と占有——新世界の驚き』みすず書房，1994年，223頁）を参照。

(63) Hector St John de Crevecoeur, *Letters from an American Farmer*. James Axtell, *The European and the Indian: Essays in the Ethnohistory of Colonial North America*（Oxford: Oxford University Press, 1982), p. 172より再引用。

(64) Axtell, *The European and the Indian*, p. 206を参照。

(65) ロバート・スタムが企画し，1992年10月9日にニューヨーク大学で開催された "Rewriting 1492" という講演会で，この見解が示された。

(66) ケチュア語の「トゥパク」は「本物」を意味し，「アマル」は「蛇」を指す。また，「トゥパク・アマル」は，ダン・クエール元アメリカ合衆国副大統領が非難したラップ・グループの名前でもある。

(67) アンデスの宇宙観を踏まえた映画の解釈については，ミリアム・ヤタコとユーリディス・アラタイアの力添えをいただいた。インカリについては，Brotherston, *Book of the Fourth World*を参照。

(68) 『クバグア』のビデオテープを提供してくれたエンペラトリス・アレアサ＝カメロに感謝したい。彼女の論文は，この映画について歴史的知識に基づき詳細に考察している。Emperatriz Arreaza-Camero, "Cubagua, or the Search for Venezuelan National Identity," *Iowa Journal of Cultural Studies*, 1993を参照。

(69) Orlando Patterson, *Slavery and Social Death: A Comparative Study*（Cambridge: Harvard University Press, 1982), p. vii（オルランド・パターソン著，奥田暁子訳『世界の奴隷制の歴史』明石書店，2001年，5頁）を参照。

(70) Basil Davidson, "Columbus: The Bones and Blood of Racism," *Race and Class*, No. 33（Jan.–March 1992), p. 19を参照。

(71) Thornton, *Africa and Africans in the Making of the Atlantic World, 1400–1680*, p. 87を参照。奴隷にされたアフリカ人は読み書きができ，彼らを奴隷にした人々はそうでなかったハウサ諸王国のような例もあった。

(72) "The Life of Olaudah Equiano," in Henry Louis Gates Jr, ed., *The Classic Slave Narratives*（New York: New American Library, 1987).

(73) O. E. Uya, "Conceptualizing Afro-American/ African Realities," in J. E. Harris, ed., *Global Dimensions of the African Diaspora*（Washington, DC: Howard University Press, 1982）を参照。ヨーロッパがアフリカを低開発化したという考えはWalter Rodney, *How Europe Underdeveloped Africa*（London: Bogle-

l'Ouverture, 1972)（ウォルター・ロドネー著，北沢正雄訳『世界資本主義とアフリカ――ヨーロッパはいかにアフリカを低開発化したか』柘植書房，1978 年）に，アフロ・アメリカに関しては Manning Marable, *How Capitalism Underdeveloped Black Africa* (Boston: South End Press, 1983) に詳しい。

(74) Blaut, *The Colonizer's Model of the World*, p. 204.

(75) Robinson, *Black Marxism* (London: Zed, 1983), p. 86.

(76) R. K. Kent, "Palmares: An African State in Brazil," *Journal of African History*, Vol. VI, No. 2 (1965), pp. 167–9.

(77) バイーア州出身のオロドゥンやイル・アイエなどのバンドは，「ああキロンボ，キロンボには唯一恩義がある，ズンビには唯一恩義がある」といった歌詞で，現代のキロンボの子孫を支援している。James Brooke, "Brazil Seeks to Return Ancestral Lands to Descendants of Runaway Slaves," *New York Times* (Sunday, Aug. 15, 1993), p. 3 を参照。

(78) Decio Freitas, *Palmares: A Guerra dos Escravos* (Rio de Janeiro: Graal, 1974) を参照。

(79) ロバート・スタムが企画し，1992 年 10 月 9 日にニューヨーク大学で開催された "Rewriting 1492" という講演会で，カリブ文化センターのダン・ドーソンによるキロンボに関するコメントに多くを負っている。

(80) Montaigne, "Of Cannibals" [1590], in *The Complete Essays of Mongtaigne*, trans. Donald Frame (Stanford, Calif.: Stanford University Press, 1957), pp. 155–6（モンテーニュ著，原二郎訳『エセー（一）』岩波書店，1991 年，404 頁).

(81) Montaigne, "Of Coaches" [1590], in *The Complete Essays of Mongtaigne*, pp. 131–2（モンテーニュ著，原二郎訳『エセー（五）』岩波書店，1991 年，240 頁).

(82) Montaigne, "Of Cannibals," [1590], in *The Complete Essays of Mongtaigne*, pp. 155–6（前掲，モンテーニュ『エセー（一）』411–412 頁).レヴィ＝ストロースは，ブラジルのインディオに，階級の不平等性について同じ質問をされたと主張する。

(83) Aimé Césaire, *A Tempest*, trans. Richard Miller (New York: Ubu Repertory Theatre Publications, 1985)（エメ・セゼール，W. シェイクスピア，ロブ・ニクソン，アーニャ・ルーンバ著，本橋哲也編訳，砂野幸稔・小沢自然・高森暁子訳『テンペスト』インスクリプト，2007 年）を参照。

(84) Hulme, *Colonial Encounters*, pp. 210–211 を参照。

(85) Clement Hawes, "Three Times around the Globe: Gulliver and Colonial Discourse," in *Cultural Critique*, No. 18 (Spring 1991) を参照。

(86) Jonathan Swift, *Gulliver's Travels* (New York: Random House, 1958), p. 241（スウィフト著，富山太佳夫訳『ガリヴァー旅行記』ユートピア旅行記叢書第 6 巻，岩波書店，2002 年，314 頁).

(87) アンドリュー・ジャクソン大統領の弁。J. D. Richardson, ed., *A Compilation of the Messages and Papers of the Presidents, 1789–1897*, Vol. II, pp. 520–1 に所収。

(88) トーマス・モートンの話は，Richard Drinnon, *Facing West: The Metaphysics of Indian Hating and Empire-Building* (New York: Schocken, 1980) に詳しい。

(89) William Robertson, *Works* (London, 1824), Vol. IX, pp. 94–5. Roy Harvey Pearce, *Savagism and Civilization* (Berkeley: University of California Press, 1988), p. 88 より再引用。

(90) Donald A Grinde Jr. and Bruce E. Johansen, *Exemplar of Liberty: Native America and the Evolution of Democracy* (Los Angeles: American Indian Studies Center, University of California, 1991)（ドナルド・A. グリンデ・Jr.，ブルース・ジョハンセン著，星川淳訳『アメリカ建国とイロコイ民主制』みすず書房，2006 年）と Bruce E. Johansen, *Forgotten Founders: How the American Indian Helped Shape Democ-*

racy（Boston: Harvard Common Press, 1982）を参照。どちらの本も，建国の父たちの話から，先住民族がアメリカの制度に与えた影響を注意深く非常に慎重に引証する。

(91)　Tom Paine, *Complete Writings*, ed. Foner, Vol. I, p. 610. Grinde and Johansen, *Exemplar of Liberty*, p. 153（前掲，グリンデ・Jr., ジョハンセン『アメリカ建国とイロコイ民主制』176頁）より再引用。

(92)　Johansen, *Forgotten Founders*, p. 98 より再引用。

(93)　Felix Cohen, "Americanizing the White Man," *The American Scholar*, Vol. 21, No. 2（1959）. Oren Lyons *et al.*, *Exiled in the Land of the Free*（Santa Fe, Calif.: Clear Light, 1992）, p. 274 より再引用。

(94)　Y. N. Kly, *The Anti-Social Contract*（Atlanta, Ga.: Clarity Press, 1989）を参照。

(95)　このように契約や法律文書に大きな関心を持つ政体は，都合のよいときに問題を避ける方法を知っていた。より詳しくは，D. W. Meinig, "Strategies of Empire," in *Culturefront*, Vol. 2, No. 2（Summer 1993）を参照。

(96)　Pieterse, *Empire and Emancipation*, p. 56 を参照。

(97)　P. Marshall and G. Williams, *The Great Map of Mankind: British Perceptions of the World in the Age of Enlightenment*（London: Dent, 1982）, p. 192（P. J. マーシャル，G. ウィリアムズ著，大久保桂子訳『野蛮の博物誌── 18世紀英国がみた世界』平凡社，1989年，287頁）を参照。

(98)　David Hume, "Of National Characters," *The Philosophical Works*, ed. Thomas Hill Greene and Thomas Hodge Grose, 4 Vols（Darmstadt: 1964）, Vol. 3, p. 252, n.1. Henry Louis Gates Jr., *Figures in Black*（New York: Oxford University Press, 1987）, p. 18 より再引用。

(99)　Immanuel Kant, "Observations on the Feeling of Beautiful and the Sublime." Gates, *Figures in Black*, p. 19（イマヌエル・カント著，久保光志訳「美と崇高の感情にかんする観察」『カント全集2』岩波書店，2000年，379頁）より再引用。

(100)　M. Duchet, *Anthropologie et Histoire au Siècles des Lumières*（Paris: Maspero, 1971）を参照。

(101)　より詳しくは，V. Y. Mudimbe, *The Invention of Africa: Gnosis, Philosophy, and the Order of Knowledge*（Bloomington: Indiana University Press, 1988）, pp. 71–2 を参照。

(102)　Kirkpatrick Sale, *The Conquest of Paradise: Christopher Colombus and the Columbian Legacy*（New York: Alfred A. Knopf, 1990）, pp. 366–7 より再引用。

(103)　A. Moorhead, *The Fatal Impact: An Account of the Invasion of the South Pacific*（Harmondsworth: Penguin, 1987）, p. 131（ディドロ著，浜田泰裕訳『ブーガンヴィル航海記補遺 他一篇』岩波文庫，1953年，14頁）.

(104)　Yves Benot, *Diderot: de l'Athéisme à l'Anti-Colonialisme*（Paris: Maspero, 1970）, p. 176 より再引用。ベノーは，『両インド史』や，その思想を取り入れた他の信頼性の高い刊行物も含め，ディドロの著作を徹底的に精読している。

(105)　Benot, *Diderot*, p. 172 より再引用。

(106)　Ibid., p. 209.

(107)　G. W. F. Hegel, *The Philosophy of History*, trans. J. Sibree（New York: Dover, 1956）, pp. 91–9（ヘーゲル著，長谷川宏訳『歴史哲学講義（上）』岩波書店，1994年，169頁）.

(108)　Paul Gilroy, *The Black Atlantic*（Cambridge, Mass.: Harvard University Press, 1993）, p. 41（ポール・ギルロイ著，上野俊哉・鈴木慎一郎・毛利嘉孝訳『ブラック・アトランティック──近代性と二重意識』月曜社，2006年，86頁）より再引用。

(109)　Boff, *America Latina*, p. 20 より再引用。

(110)　Hegel, *The Philosophy of History*, p. 173（前掲，ヘーゲル『歴史哲学講義（上）』283頁）.

(111)　Ibid., p. 139（同上 230 頁）.

(112)　Ibid., pp. 142–3（同上 235 頁）.

(113)　マルクスのオリエンタリズムについては，Edward Said, *Orientalism*（New York: Pantheon, 1979)（エドワード・E. サイード著，今沢紀子訳，板垣雄三・杉田英明監修『オリエンタリズム 上下』平凡社，1993 年）と Ronald Inden, *Imagining India*（Oxford: Basil Blackwell, 1990）を参照。

(114)　マルクス主義のヨーロッパ中心的な前提に対するアメリカ先住民族の批判は，Ward Churchill, ed., *Marxism and Native Americans*（Boston: South End Press, 1983）を参照。

(115)　Johannes Fabian, *Time and the Other: How Anthropology Makes Its Object*（New York: Colombia University Press, 1983）, p. 155.

(116)　Cornel West, *Prophesy Deliverance: An Afro-American Revolutionary Christianity*（Philadelphia: Westminster, 1982）; Clyde Taylor, "Black Cinema in the Post-aesthetic Era," in Jim Pines and Paul Willemen, eds, *Questions of Third Cinema*（London: BFI, 1989）; bell hooks, *Black Looks: Race and Representation*（Boston: South End Press, 1992）を参照。

(117)　Charles White, *Account of the Regular Gradation in Man*. Stephen Jay Gould, *The Mismeasure of Man*（New York: W. W. Norton, 1981）, p. 42（スティーヴン・J. グールド著，鈴木善次・森脇靖子訳『増補改訂版　人間の測り間違い』河出書房出版，1998 年，83 頁）より再引用。

(118)　Molefi Kete Asante, *Kemet, Afrocentricity and Knowledge*（Trenton, NJ: Africa World Press, 1990）, p. 24 を参照。

(119)　Pieterse, *Empire and Emancipation*, p. 360.

(120)　Gould, *The Mismeasure of Man*, p. 20（前掲，グールド『人間の測り間違い』57 頁）を参照。

(121)　Robert Knox, *The Races of Men: A Fragment*（Philadelphia: Lea and Blanchard, 1850）, p. 153.

(122)　カール・ピアソンの弁。Random House Historical Pamphlet, *Social Darwinism: Law of Nature or Justification of Repression?*（London: Random House, 1967）, p. 53 より再引用。

第３章

(1)　Jan Pieterse's chapter on "Colonialism and Popular Culture" in his *White on Black: Images of Africa and Blacks in Western Popular Culture*（New Haven, Conn.: Yale University Press, 1992）, p. 77 を参照。

(2)　Robert Baden-Powell, *Scouting for Boys*. Joseph Bristow, *Empire Boys: Adventures in a Man's World*（London, HarperCollins, 1991）, p. 170（ベーデン・ポウエル著，ボーイスカウト日本連盟訳『スカウティングフォアボーイズ』ボーイスカウト日本連盟，1957 年，2 頁）より再引用。

(3)　Bristow, *Empire Boys*, p. 19.

(4)　Patrick Brantlinger, *Rule of Darkness: British Literature and Imperialism 1830–1914*（Ithaca, NY: Cornell University Press, 1988）, p. 11.

(5)　John McClure, *Late Imperial Romance: Literature and Globalization from Conrad to Pynchon*（London: Verso, 1994）を参照。

(6)　Hayden White, *Tropics of Discourse*（Baltimore, Md.: Johns Hopkins University Press, 1978）, p. 58.

(7)　エティエンヌ・バリバールは，「諸国民《ネイション》の歴史は，これまでつねに，主体としての連続性を付与する物語という形式をとって現れてきた」と記している。Etienne Balibar and Immanuel Wallerstein, *Race, Nation, Class: Ambiguos Identities*（London: Verso, 1991）, p. 86（エティエンヌ・バリバール，イマニュエル・ウォーラーステイン著，若森章孝ほか訳『人種・国民・階級――揺らぐアイデンティティ』大村書店，1995 年，130 頁）を参照。

(8) Benedict Anderson, *Imagined Communities* (New York: Verso, 1983), pp. 41–6（ベネディクト・アンダーソン著，白石さや・白石隆訳『想像の共同体――ナショナリズムの起源と流行』NTT 出版，1997 年，40–59 頁）.

(9) バフチンのクロノトポス概念について，詳しくは以下を参照。Robert Stam, *Subversive Pleasures: Bakhtin, Cultural Criticism, and Film* (Baltimore, Md.: Johns Hopkins University Press, 1989)（ロバート・スタム著，浅野敏夫訳『転倒させる快楽――バフチン，文化批評，映画』法政大学出版局，2002 年）; Kobena Mercer, "Diaspora Culture and the Dialogic Imagination," in Mbye Cham and Claire Andrade-Watkins, eds, *Blackframes* (Cambridge, Mass.: MIT, 1988); Paul Willemen, "The Third Cinema Question: Notes and Reflections," in Jim Pines and Paul Willemen, eds, *Questions of Third Cinema* (London: BFI, 1989).

(10) 植民地世界では，当初映画館はカイロ，バグダード，ムンバイのような都心にしか建てられなかった。映画に対する初期の反応を調べるため，エラ・ショハットは，かつてバグダードの同じ地域に暮らし，現在はイスラエルやパレスチナ，英国，合衆国に散った人々に，インタビューを行った。

(11) Christian Metz, "The Imaginary Signifier," in *The Imaginary Signifier: Psychoanalysis and the Cinema* (Bloomington: Indiana University Press, 1982), p. 51（クリスチャン・メッツ著，鹿島茂訳『映画と精神分析――想像的シニフィアン』白水社，1981 年，101 頁）.

(12) 「集められた視線」に関して詳しくは，Anne Friedberg's discussion in *Window Shopping: Cinema and Postmodern* (Berkeley: University of California Press, 1993)（アン・フリードバーグ著，井原慶一郎・宗洋・小林朋子訳『ウィンドウ・ショッピング――映画とポストモダン』松柏社，2008 年）を参照。

(13) この節で論じた写真は，以下に収められている。Maria Hambourg, Pierre Apraxine, Malcolm Daniel, Jeff L. Rosenheim, and Virginia Heckert, *The Waking Dream: Photography's First Century*, Selections from the Gilman Paper Company Collection (New York: Metropolitan Museum of Art, 1993).

(14) 人類学の言説に批判的な研究は，以下を参照。Talal Asad, ed., *Anthropology and the Colonial Encounter* (Atlantic Highlands, NJ: Humanities Press, 1973); James Clifford and George Marcus, eds, *Writing Culture* (Berkeley: University of California Press, 1986); James Clifford, *The Predicament of Culture* (Cambridge, Mass.: Harvard University Press, 1988)（ジェイムズ・クリフォード，ジョージ・マーカス編，春日直樹・足羽與志子・橋本和也・多和田裕司・西川麦子・和邇悦子訳『文化を書く』紀伊國屋書店，1996 年）; Trinh T. Minh-ha, *Woman, Native, Other* (Bloomington: Indiana University Press, 1989)（トリン・ミンハ著，竹村和子訳『女性・ネイティヴ・他者』岩波書店，1995 年）; Edward Said, "Representing the Colonized: Anthropology's Interlocutors," *Critical Inquiry*, Vol. 15, No. 2, pp. 205–25（エドワード・サイード著，大橋洋一・近藤弘幸・和田唯・三原芳秋訳「被植民者を表象する――人類学の対話者たち」『故国喪失についての省察 I』みすず書房，2006 年，272–303 頁）.

(15) ジャン・ルーシュは，民族誌映画の制作を批判する論文で，人類学者は研究対象を昆虫のように観察するのではなく，「相互理解を刺激するもの」と見るべきであると主張した。Jean Rouch, "Camera and Man" in Mick Eaton, ed., *Anthropology- Reality- Cinema* (London: BFI, 1979), p. 62 を参照。しかし，センベーヌ・ウスマンは，ルーシュ自身が「まるで昆虫のように」アフリカ人の映画を撮っていると皮肉を込めて非難した。*Cinemaction*, No. 17 (1982) のルーシュ特集を参照。

(16) 科学と見世物についてさらに関心があれば，Ella Shohat,"Imaging Terra Incognita: The Disciplinary Gaze of Empire," *Public Culture*, Vol. 3, No. 2 (Spring 1990), pp. 41–70 を参照。

(17) フランス人生理学者エティエンヌ＝ジュール・マレーは，動物の動き方や野生動物の写真に興味を持っていた。彼は 1882 年に発明したカメラを「写真銃（fusil cinématographique）」と名づけた。回転式弾倉のような円形のガラス板に 12 枚の連続写真を撮影する銃のような装置だったからである。「写真銃」や「ゲリラ映画」といった第三の映画の概念は，のちに植民地支配そのものに対して向けられた。

(18) Donna Haraway, *Primate Visions: Gender, Race, and Nature in the World of Modern Science* (New York: Routledge, 1989), p. 52.

(19) エジプト人は，オリエンタリズムの展示で売られていたパン菓子が本国のものとまったく同じだったことに驚いた。Tim Mitchell, *Colonizing Egypt* (Berkeley: University of California Press, 1991), p. 10 を参照。

(20) Robert W. Rydell, *All the World's a Fair* (Chicago: University of Chicago Press, 1984), p. 236.

(21) Ibid.

(22) Pieterse, *White on Black* を参照。小型社会の旅行ともいえる植民地探検については，Donna Haraway, "Teddy Bear Patriarch: Taxidermy in the Garden of Eden, New York City, 1908–1936," *Social Text*, 11 (Winter 1984–5) を参照。

(23) Phillips Verner Bradford and Harvey Blume, *Ota Benga: The Pygmy in the Zoo* (New York: St Martins Press, 1992) を参照。

(24) 「ホッテントット・ヴィーナス」のアフリカ名は，彼女を「研究した」人々が一度も言及しなかったため，依然不明である。

(25) 科学と人種的・性的身体について，詳しくは以下を参照。Sander Gilman, "Black Bodies, White Bodies: Toward an Iconography of Female Sexuality in Late Nineteenth-Century Art, Medicine, and Literature," *Critical Inquiry*, Vol. 12. No. 1 (Autumn 1985). 初期の映画に関しては，以下を参照。Fatimah Tobing Rony, "Those Who Squat and Those Who Sit: The Iconography of Race in the 1859 Films of Félix-Louis Regunault," *Camera Obscura,* No. 28, 1992 (a special issue on "Imaging Technologies, Inscribing Science," ed., Paula A. Treichler and Lisa Cartwright).

(26) George Cuvier, "Flower and Murie on the Dissection of a Bushwoman," *Anthropological Rewiew*, No. 5 (July 1867), p. 268.

(27) Richard Altick, *The Shows of London* (Cambridge, Mass. and London: Harvard University Press, 1978), p. 272（リチャード・オールティック著，小池滋監訳，井出弘之・高山宏・浜名恵美・村田靖子・森利夫訳『ロンドンの見世物 II』国書刊行会，1989–1990 年，274 頁).

(28) Stephen Jay Gould, *The Flamingo's Smile* (New York: W. W. Norton, 1985), p. 292（スティーヴン・ジェイ・グールド著，新妻昭夫訳『フラミンゴの微笑　下』早川書房，2002 年，84 頁). 人類博物館に行ったが，ホッテントット・ヴィーナスの存在を認めた公式資料にも，痕跡は見つからなかった。

(29) Mitchell, *Colonizing Egypt*, p. 13.

(30) 民族誌映画に関する本の表紙も乳房に魅了された。Karl Heider's *Ethnographic Film* (Austin: University of Texas Press, 1976) は，「先住民族」女性の授乳シーンに注目する。一方，Trinh T. Minh-ha, *Reassemblage* (1982) は，民族誌映画が乳房に焦点を当てることについて，反射的に問い質す。IMAX の巨大スクリーンで上映される『グランド・キャニオン〜その隠されたる秘密』も，裸のアメリカ先住民族と服を着たヨーロッパ人というステレオタイプを再生産している。

(31) 興味深いことに，メリエスが見世物に魅了されたのは，エジプシャン・ホールに行ったころに

遡る。そこでは，マスケリンとクックのショーが行われていた。

(32)　(特にフランス映画で）北アフリカやアラブ世界がどのように扱われていたのか，以下の分析を参照。Pierre Boulanger, *Le Cinéma Colonial* (Paris: Seghers, 1975); Abdelghani Megherbi, *Les Algériens au Miroir du Cinema Colonial* (Algiers: Editions SNED, 1982); "Arabian Nights and Colonial Dreams," in Richard Abel, *French Cinema: The First Wave 1915–1929* (Princeton, NJ: Princeton University Press, 1984).

(33)　英国の帝国主義映画の概説は，Jeffrey Richards, *Visions of Yesterday* (London: Kegan and Paul, 1973）を参照。

(34)　1929 年に告知された "Trinidad Government Principles of Censorship Applied to Cinematographic Films" より。Ruth Vasey, "Foreign Parts: Hollywood's Global Distribution and the Representation of Ethnicity," *American Quarterly*, Vol. 44, No. 4 (December 1992）より再引用。

(35)　ユナイテッド・アーティスツ社宛ての 1928 年 3 月 8 日付のメモ。アメリカ映画製作配給業者協会の文書館所蔵。Vasey, "Foreign Parts" より再引用。

(36)　1928 年の梗概。MPPDA の文書館所蔵。Vasey, "Foreign Parts" より再引用。

(37)　Hala Salmane, Simon Hartog, David Wilson, eds, *Algerian Cinema* (London: BFI, 1976). Ella Shohat, "Egypt: Cinema and Revolution," *Critical Arts*, Vol. 2, No. 4 (1983）も参照。

(38)　Abel, *French Cinema*, p. 151 を参照。

(39)　Jeffrey Richards, "Boys Own Empire," in John M. Mackenzie, ed., *Imperialism and Popular Culture* (Manchester: Manchester University Press, 1986）を参照。

(40)　ABC の「砂漠の防衛線」は 1991 年 1 月 14 日に放映されたが，この日はアメリカがイラクに提示したクウェートからの撤退期限の前日であった。

(41)　統計数字は，Edward Buscombe, ed., *The BFI Companion to the Western* (New York: DaCapo, 1988), p. 35 より。

(42)　Ward Churchill, *Fantasies of the Master Race: Literature, Cinema and the Colonization of American Indians*, ed. M. Annette Jaimes (Monroe, Maine: Common Courage Press, 1992), p. 232 を参照。

(43)　Ralph Friar and Natasha Friar, *The Only Good Indian: The Hollywood Gospel* (New York: Drama Book Specialists, 1972), p. 188.

(44)　Churchill, *Fantasies of the Master Race*, p. 232 を参照。

(45)　「お前にすごい役を用意したよ」とラウール・ウォルシュは，俳優の卵によく言ったものだ。「8 人のインディアンを殺せるんだ」。*Harper's* (October 1970）の，リチャード・シッケルによるウォルシュのインタビューより。

(46)　Thomas Farnham, *Travels in the Great Western Prairies* [1843], in Thwaites, ed., *Early Western Travels*, Vol. XXVIII, pp. 123–4. Roy Harvey Pearce, *Savagism and Civilization* (Berkeley: University of California Press, 1988) p. 65 より再引用。

(47)　*To Protect Mother Earth*（1987 年）という親先住民族的なドキュメンタリーで，アメリカ先住民族の女性は，いわゆる「母なる大地の強姦」を何度も嘆いている。

(48)　Noam Chomsky, *Year 501: The Conquest Continues* (Boston: South End Press, 1993), p. 232 より再引用。

(49)　インディアン由来の名称については，Jack Weatherford, *Native Roots: How the Indians Enriched America* (New York: Ballantine, 1991）を参照。ニューヨーク市内のアメリカ先住民族由来の名称については，Robert Steven Grumet, *Native American Place Names in New York City* (New York: Museum of

the City of New York, 1981）を参照。

(50) Henry Blackman Sell and Victor Weybright, *Buffalo Bill and the Wild West* の一節で，Friar and Friar, *The Only Good Indian*, p. 74 より再引用。

(51) Thomas Schatz, *Hollywood Genres* (New York: Random House, 1981）を参照。

(52) Tom Engelhardt, "Ambush at Kamikaze Pass," in *Bulletin of Concerned Asian Scholars*, Vol. 3, No. 1 (Winter-Spring 1971).

(53) Ibid.

(54) Richard Drinnon, *Facing West: The Metaphysics of Indian-Hating and Empire-Building* (New York: Schocken, 1980）を参照。

(55) Richard Slotkin, *Gunfighter Nation: The Myth of the Frontier in Twentieth-Century America* (New York: Atheneum, 1992), p. 110 を参照。

(56) Drinnon, *Facing West*, p. 221.

(57) Ibid., p. 314 より再引用。

(58) Francis Fitzgerald, *Fire in the Lake: The Vietnamese and the Americans in Vietnam* (New York: Vintage, 1973), pp. 491–2 を参照。

(59) Slotkin, *Gunfighter Nation*, p. 3 を参照。

(60) Drinnon, *Facing West*, p. 404.

(61) ディズニーの帝国主義については，Ariel Dorfman and Armand Mattelart, *How to Read Donald Duck: Imperialist Ideology in the Disney Comic* (New York: International General, 1975); Julianne Burton, "Don (Juanito) Duck and the Imperial-Patriarchal Unconscious: Disney Studios, the Good Neighbor Policy, and the Packaging of Latin America," in Andrew Parker, Mary Russo, Doris Sommer, and Patricia Yaeger, eds, *Nationalisms and Sexualities* (New York: Routledge, 1992); Eric Smoodin, *Animating Culture: Hollywood Cartoons from the Sound Era* (New Brunswick, NJ: Rutgers University Press, 1993）を参照。

(62) Paul Sellors, "Selling Paranoia: *Gilligan's Island* and the Television Medium," unpublished paper.

(63) アラブ連盟は，まさにこの理由で同作品に抗議した。*New York Times* (April 29, 1985), p. C13 を参照。

(64) Salman Rushdie, "Outside the Whale," in *Imaginary Homelands* (London: Penguin, 1992).

(65) ジョン・マクルーアの著書から引用した。John McClures, *Late Imperial Romance* (London: Verso, 1994).

(66) ここでの議論は，アレル・カルデロンがニューヨーク大学の第三世界映画学科の講義用に執筆した以下の未公刊論文に負っている。Harel Calderon, "I'm Goin' Home to Missouri, Where They Never Feed You Snakes before Ripping Your Heart out".

(67) 皮肉にも，H. ノーマン・シュワルツコフ大将自身が，最近出版した回顧録で，この間テクスト性について語っている。彼は「タカ派」の圧力に不平を言う。

「彼らは，『グリーン・ベレー』のジョン・ウェインを見た奴らだった。『ランボー』も，『パットン大戦車軍団』も見たことがある。彼らが机をドンドン叩いてこう言うのは，簡単なことだ。「神かけて，俺たちはそこへいかなければならない。……あの野郎に罰を食らわせなくてはならない！」もちろん，彼らの誰も，挑戦しようとはしなかったが」。

New York Times (Sept. 20, 1992), p. 10 より再引用。

(68) 「予定どおり」の戦争という繰り返し使われる表現は，軍隊風であり物語論的でもある。セルジュ・ダネーが指摘したように，開戦した 1 月 15 日は，ハリウッド超大作の公開日に合わせてい

た。Serge Daney, “Mais que fait la Police,” *Libération* (Feb. 15, 1991), p. 16 を参照。

(69) Donna Haraway, “Situated Knowledge: The Science Question in Feminism and the Privilege of Partial Perspective,” in Haraway, *Simians Cyborgs and Women* (New York: Routledge, 1991), p. 188〔ダナ・ハラウェイ著，高橋さきの訳『猿と女とサイボーグ——自然の再発明』青土社，2000 年，360–361 頁〕.

(70) 本章では，同一化を促す仕組みに焦点を当てた。だがたとえば，バグダード在住者とニューヨーカー，クウェート人とイスラエル人，キリスト教徒とムスリム，左翼と右翼が，同じようにこの仕組みを体験すると言うのではない。戦争の経験は伝わるが，観客性には差異があるからだ。こうした観客性の差異は，最終章のテーマになる。

(71) Robert Stam, “Television News and Its Spectator,” in Ann Kaplan, ed., *Regarding Television* (Fredricksburg, Md.: AFI, 1983).

(72) Paul Virilio, *War and Cinema: The Logistics of Perception* (London: Verso, 1989)（ポール・ヴィリリオ著，石井直志・千葉文夫訳『戦争と映画——知覚の兵站術』平凡社，1999 年）を参照。

(73) メッツの「第二の同一化」については，*The Imaginary Signifer*（前掲，メッツ『映画と精神分析』）を参照。

(74) Slotkin, *Gunfighter Nation*, p. 12.

(75) Ibid.

(76) メディアはフセインについても，性的倒錯者とか好色などと，オリエンタリズム的なファンタジーを加味して伝えた。娯楽雑誌やテレビ番組は，隠れ家の寝室やハレムの写真，恋人を殺す趣味（特に，性行為が上手くいかなかったと証言できる恋人）があったという話まで，フセインの性的倒錯の噂をめぐるのぞき趣味であふれていた。*National Examiner*（1991 年 3 月 12 日号）の表紙には，「サダム・フセインの奇妙な性生活：CIA の最新報告による暴露」という見出しがおどり，ミニスカートを穿いたフセインの合成写真付きだった。ヘラルド・リヴェラのトーク・ショー（1991 年 3 月 4 日）は，専門家とやらによる拷問の刺激的な説明を特集し，非常に視聴者に嫌悪感を抱かせた。イディ・アミン〔1925–2003. ウガンダの独裁者〕，カダフィ大佐，ノリエガ将軍，ヒトラー，スターリンに匹敵する，この残酷な浅黒い肌の指導者にショックを受けた善良なアメリカ人の反応はクローズアップで強調した。フセインは，「バグダードの殺戮者」「バグダードの盗賊」といったあだ名で呼ばれることが多かった。Ella Shohat, “The Media’s War,” *Social Text*, No. 28, Vol. IX (1991) を参照。

(77) パイロットたちは，イラク上空で爆弾を発射する前にポルノビデオを見るという。鬱積した性的エネルギーを軍事攻撃へ変換するわけだが，これは，レスリー・フィードラーが著書『アメリカ小説における愛と死——アメリカ文学の原型 1』（佐伯彰一・行方昭夫・井上謙治・入江隆則訳，新潮社，1989 年）で認めた，セックスを暴力に変換するというアメリカ小説の特徴をくり返している。

(78) Michael Rogin, *Ronald Reagan: The Movie* (Berkley: University of California Press, 1987), p. xxi.

(79) William Albert, “Prayer as an Instrument of War,” *Z* (April 1991) を参照。

(80) Michael Rogin, “Make My Day’: Spectacle as Amnesia in Imperial Politics,” *Representations*, No. 29 (Winter 1990).

(81) Pearce, *Savagism and Civilization*, p. 11 より再引用。

(82) Jean Baudrillard, “The Reality Gulf,” *Guardian* (Jan. 11, 1991).

(83) Jean Baudrillard, “La Guerre du Golfe n’a pas eu lieu,” *Libération* (March 29, 1991)（ジャン・ボードリヤール著，塚原史訳『湾岸戦争は起こらなかった』紀伊國屋書店，1991 年）.

(84)　Paul Virilio, "L'Acquisition d'Objectif," *Libération* (Jan. 30, 1991), p. 15 を参照。

(85)　Jonathon Schell, "Modern Might, Ancient Arrogance," *Newsday* (Feb. 12, 1991), p. 86 を参照。

(86)　湾岸戦争についてより詳しくは，Robert Stam, "Mobilizing Fictions: The Gulf War, the Media, and the Recruitment of the Spectator," *Public Culture*, Vol. 4, No. 2（Spring 1992）を参照。本章 6 節は，同じテーマについて，完全に等しくはないが似たアプローチをとる Christopher Norris, *Uncritical Theory: Postmodernism, Intellectuals, and the Gulf War*（Amherst: University of Massachusetts Press, 1992）の刊行前に執筆した。「過激な反現実主義者や非合理主義学者の政策と，自分たちの名で犯された行為に抗議の声を上げるべきだった人々の道徳的・政治的な精神の危機にある……イデオロギー的な共犯関係」（p. 27）を批判するノリスに，われわれは全面的に賛成する。

第 4 章

(1)　Hayden White, *Tropics of Discourse* (Baltimore, Md.: Johns Hopkins University Press, 1978), p. 2.

(2)　抑圧的な比喩については，Harold Bloom, *A Map of Misreading* (New York: Oxford University Press, 1975), p. 91 を参照。

(3)　David E. Stannard, *American Holocaust: Columbus and the Conquest of the New World* (New York: Oxford University Press, 1992）より再引用。

(4)　George L. Mosse, *Toward the Final Solution: A History of European Racism* (London: Dent, 1978）を参照。

(5)　James Snead, "Repitition as a Figure of Black Culture," in Russell Ferguson, Martha Gever, Trin T. Minh Ha, and Cornel West, eds., *Out There: Marginalization and Contemporary Cultures* (Cambridge, Mass.: MIT Press, 1990).

(6)　Ernest Renan, *The Future of Science* (Boston: Roberts Roberts, 1891), p. 153.

(7)　Stephen Jay Gould, *The Mismeasure of Man* (New York: W. W. Norton, 1981), p. 40（スティーヴン・J. グールド著，鈴木善次・森脇靖子訳『人間の測りまちがい——差別の科学史』河出書房新社，1989 年，40 頁）を参照。

(8)　Jan Pieterse, *White on Black: Images of Africa and Blacks in Western Popular Culture* (New Haven, Conn.: Yale University Press, 1992), p. 89 より再引用。

(9)　戦後の世界観では，第一世界諸国は科学的で合理的な知識に従ってできたため最も発展しており，第二世界諸国は発展したが社会主義イデオロギーのせいで妨げられ，第三世界は「発展途上」と見なされたとカール・プレトシュは言う。Carl Pletsch, "The Three Worlds, or the Division of Social Scientific Labor, circa 1950–1970," *Comparative Studies in Society and History*, Vol. XXIII, No. 4 (1981), pp. 565–90 を参照。

(10)　*Orientalism* (New York: Vintage, 1978)（エドワード・サイード著，板垣雄三・杉田英明監修，今沢紀子訳『オリエンタリズム』平凡社，1986 年）のオリエントの「女性化」に関する見解や，Francis Barker, Peter Hulme, Margaret Iversen, Diana Loxley, eds, *Europe and Its Others*, Vols 1 and 2 (Colchester: University of Essex, 1985)，特に Peter Hulme, "Polytropic Man: Tropes of Sexuality and Mobility in Early Colonial Discourse" (in Vol. 2）と，Jose Rabasa, "Allegories of the Atlas" (in Vol. 2）を参照。

(11)　Samuel Eliot Morison, *Admiral of the Ocean Sea* (Boston: Little, Brown, 1942), Vol. I, p. 308.

(12)　Sir Walter Raleigh, "Discovery of Guiana." Susan Griffin, *Woman and Nature: The Roaring Inside Her* (New York: Harper and Row, 1978), p. 47 より再引用。Louis Montrose, "The Work of Gender in the Discourse of Discovery," *Representations*, No. 33 (Winter 1991）も参照。

(13) St John de Crevecoeur, *Letters from an American Farmer*, 1782. Henry Nash Smith, *Virgin Land: The American West as Symbol and Myth* (Cambridge, Mass.: Harvard University Press, 1950), p. 121 (H. N. スミス著，永原誠訳『ヴァージンランド——象徴と神話の西部』研究社，1971 年，149 頁）より再引用。

(14) Smith, *Virgin Land* を参照（同上)。19 世紀の北米の拡張論者のイデオロギーについては，Richard Slotkin, *The Fatal Environment: The Myth of the Frontier in the Age of Industrialization, 1800–1890* (Middletown, Conn.: Wesleyan University Press, 1985）を参照。

(15) ジェリー・マンダーは，1978 年にソ連の原子力衛星が軌道を逸れて地球へ墜落する際に，何百もの破片となって「無人の氷原」に降るといわれたが，実際にはその地に，2 万年の間，ディネ族とイヌイットの 26 の共同体が住み続けていたと指摘した。Jerry Mander, *In the Absence of the Sacred* (San Francisco: Sierra Club Books, 1992), p. 99 を参照。

(16) アメリカの西部劇やイスラエルの入植者の映画にこの言説は引き継がれた。イスラエル映画のジェンダー化したパレスチナの描写については，Ella Shohat, *Israeli Cinema: East/West and the Politics of Representation* (Austin: University of Texas Press, 1989）を参照。

(17) 女性とアメリカのフロンティアについては，Annette Kolodny, *The Lay of the Land: Metaphors as Experience and History in American Life and Letters* (Chapel Hill: University of North Carolina Press, 1975); *The Land before Her: Fantasy and Experience of the American Frontiers, 1630–1860* (Chapel Hill: University of North Carolina Press, 1984）を参照。

(18) R. W. B. Lewis, *The American Adam: Innocence, Tragedy and Tradition in the Nineteenth Century* (Chicago: University of Chicago Press, 1959)（R. W. B. ルーイス著，斎藤光訳『アメリカのアダム——19 世紀における無垢と悲劇と伝統』研究社出版，1973 年). 興味深いことに，ハンス・ブルーメンベルクは，フランシス・ベーコンが，歴史の終着点である楽園の回復は魔法のような便利さを約束すると考えていたと指摘する。ベーコンにとって，自然の知識は言葉による支配のように，楽園の状況を定義することと関係しているのだ。Hans Blumenberg, *The Legitimacy of the Modern Age*, trans. Robert Wallace (Cambridge, Mass.: MIT Press, 1983)（ハンス・ブルーメンベルク著，斎藤義彦・忽那敬三・村井則夫訳『近代の正統性』I〜III，法政大学出版局，1998–2002 年）を参照。

(19) 推定人口については，Russel Thornton, *American Indian Holocaust and Survival: A Population History since 1492* (Norman: University of Oklahoma,1987), pp. 22–5 を参照。

(20) Carol Kaesuk Yoon, "Rain Forests Seen as Shaped by Humans," *New York Times* (July 27, 1993), p. C1 を参照。

(21) Leonardo Boff, *American Latina: Da Conquista à Nova Evangelização* (São Paulo: Attica, 1992), p. 16 を参照。

(22) "Complex Farming Found in Amazon," *New York Times* (April 3, 1990), p. C12 を参照。

(23) Alfred W. Crosby, "Virgin Soil Epidemics as a Factor in the Aboriginal Depopulation in America," *William and Mary Quarterly,* Third Series, No. 33 (1976), pp. 289–99.

(24) 何人もの研究者が，ヤン・ファン・デル・ストラエトのアメリカの描写を引用してきた。ミシェル・ド・セルトーは，著書 *L'Ecriture de l'Histoire* (Paris: Gallimard, 1975)（ミシェル・ド・セルトー著，佐藤和生訳『歴史のエクリチュール』法政大学出版局，1996 年）の "Avant Propos"（「再版はしがき」）で引用している。Oliver Richon, "Representation, the Despot and the Harem: Some Questions around an Academic Orientalist Painting by Lecomte-du-Nouy (1885)," in Barker *et al.*, eds, *Europe and Its Others*, Vol. 1 も参照。

(25) ジェンダー的な植民地との遭遇は，「人間と自然」という既存のジェンダー化された言説を利

用する。Griffin, *Woman and Nature*; Carol MacCormack and Marilyn Strathern, eds., *Nature, Culture and Gender*（Cambridge: Cambridge University Press, 1980）を参照。

(26) De Certeau, "Avant Propos."（前掲，ド・セルトー『歴史のエクリチュール』1頁）.

(27) Olga Martin, *Hollywood's Movie Commandments: Handbook for Motion Picture Writers and Reviewers*（New York: Scribners, 1937）.

(28) たとえば，Suleiman Mousa, *T. E. Lawrence: An Arab View*, trans. Albert Butros（New York: Oxford University Press, 1966）（スレイマン・ムーサ著，牟田口義郎・定森大治訳『アラブが見たアラビアのロレンス』リブロポート，1988年）を参照。

(29) 科学の性別化について詳しくは，Ludmilla Jordanova, *Sexual Visions: Images of Gender in Science and Medicine between the Eighteenth and Twentieth Centuries*（Madison: University of Wisconsin Press, 1988）（ルドミラ・ジョーダノヴァ著，宇沢美子訳『セクシュアル・ヴィジョン――近代医科学におけるジェンダー図像学』白水社，2001年）を参照。

(30) Francis Bacon, *Advancement of Learning and Novum Organum*（New York: Colonial Press, 1899）（ベーコン著，服部英次郎・多田英次訳『学問の進歩』岩波書店，1974年，ベーコン著，桂寿一訳『ノヴム・オルガヌム　新機関』岩波書店，1978年）を参照。

(31) Ibid., p.135（同上，『学問の進歩』211頁）.

(32) Francis Bacon, "Novum Organum" in *The Works of Francis Bacon*, ed. James Spedding, Robert Ellis, and Douglas Heath（London: Longmans and Co., 1870）, p. 82.

(33) 以下は，ブルーメンベルクの引用文の全文である。

「人間の精神には何世紀にもわたって非常に多くのものが隠されたままであった。そしてそれらは哲学や理性の能力によってではなく，偶然と幸運な機会とを通じて発見されることになった。というのも，それらは馴染みのものとはあまりにも異なり，それとは懸け離れていたために，どんな先行的概念〔ある先入見〕もそれらには思い至りえなかったからである」。

Hans Blumenberg, *The Legitimacy of the Modern Age*, p. 389（ハンス・ブルーメンベルク著，忽那敬三訳『近代の正統性 II』法政大学出版局，2001年，228頁）.

(34) John Higham, "Indian Princess and Roman Goddess: The First Female Symbols of America," *Proceedings of the American Antiquarian Society*, No. 100（1990）, p.48.

(35) ハガードの『ソロモン王の洞窟』（H・R・ハガード著，大久保康雄訳『洞窟の女王』東京創元社，1974年）と，地図の性別化については，Anne McClintock, "Maidens, Maps, and Mines: The Reinvention of Patriarchy in Colonial South Africa," *South Atlantic Quarterly*, Vol. 87, No.1（Winter 1988）を参照。

(36) マルローに刺激を受け，バザンは『写真映像の体系』の冒頭で，映画について一部に精神分析を試みると述べた。「絵画と彫刻の起源にはミイラ・コンプレックスがある」とほのめかしたのだ（*What Is Cinema*, trans. Hugh Gray [Berkeley: University of California Press, 1967], p. 9, アンドレ・バザン著，小海永二訳『映画とは何か　2巻』美術出版社，1970年，13頁）。映画の儀式は，この意味では，「時の経過に対するとりで」を提供し，それゆえ「死とは時間の勝利に他ならない」のであり，「人間心理の基本的な欲求」を満たすエジプトの宗教儀式とは異なる。バザンは，ミイラについて実存主義的に解釈するが，それは同時に，エジプトの宗教そのものを損ねる。古代エジプト人はなによりも死後の生命を想定していたのは自明である。ミイラはそのための手段に過ぎなかったのだ。

(37) Said, *Orientalism*（前掲，サイード『オリエンタリズム』）. ハリウッドのオリエンタリズム映画

は，少なくとも 7 つの下位ジャンルに分類できる。①東洋における現代の西洋人をめぐる話（『シーク』1921 年，『モロッコへの道』1942 年，『カサブランカ』1942 年，『知りすぎていた男』1956 年，『レイダース　失われた聖櫃〈アーク〉』1981 年，『サハラ』1983 年，『イシュタール』1987 年）。②第一世界における「東洋人」に関する映画（『ブラック・サンデー』1977 年，『バック・トゥ・ザ・フューチャー』1985 年）。③さまざまなバージョンの『クレオパトラ』のように，古代史に基づく映画。④現代史に基づく映画（『栄光への脱出』1960 年，『アラビアのロレンス』1962 年）。⑤聖書に基づく映画（『アッシリアの遠征』1913 年，『サムソンとデリラ』1949 年，『十戒』1956 年）。⑥『千夜一夜物語』に基づく映画（『バグダッドの盗賊』1924 年，『東洋の夢』1944 年，『キスメット』1955 年）。⑦古代エジプトとその神話化された謎を現代のホラー・ミステリーやロマンスの口実に使う映画（ミイラ・シリーズ）。Ella Shohat, “Gender in Hollywood’s Orient,” *Merip*, No. 162 (January-February, 1990), pp. 40–3 を参照。

(38)　マレク・アロウラは，フランス製のアルジェリアの絵葉書に関してこの問題を考察する。Mallek Alloula, *The Colonial Harem*, trans. Myra Godzich and Wlad Godzich (Minneapolis: University of Minnesota Press, 1986) を参照。

(39)　フロイトは『夢判断』で，ハガードの『洞窟の女王』について「奇妙な本だが，意味はなかなか深長なのです……永遠に女性なるもの……「彼女」においては，先人未踏の未発見の地への冒険的な道程が問題になっている」と述べて，アフリカと女性を結びつけている。*The Standard Edition of the Complete Psychological Works of Sigmund Freud*, ed. James Strachey (London: Hogarth Press and Institute of Psycho-Analysis), pp. 453–4（フロイト著，高橋義孝訳『夢判断　改版下』新潮社，2005 年，245–246 頁）.

(40)　Joseph Breuer and Sigmund Freud, *Studies on Hysteria*, trans. James Strachey in collaboration with Anna Freud (New York: Basic Books, 1957), p. 139（フロイト著，芝伸太郎訳『フロイト全集 2　ヒステリー研究』岩波書店，2008 年，177 頁）.

(41)　Ibid., p. 193 (同上).

(42)　Sigmund Freud, “On Transformations of Instinct as Exemplified in Anal Eroticism,” in *The Standard Edition of Complete Psychological Works of Sigmund Freud*, 2nd edn., Vol. XVII, London: Hogarth Press, 1953–1974, pp. 129–135（フロイト著，本間直樹訳「欲動変転，特に肛門性愛の欲動変転について」『フロイト全集 14』岩波書店，2010 年，335–343 頁）.

(43)　Toril Moi, “Representation of Patriarchy: Sexuality and Epistemology in Freud’s Dora,” in Charles Brenheimer and Claire Kahane, eds., *In Dora’s Case: Freud, Hysteria, Feminism* (London: Virago, 1985), p. 198.

(44)　Breuer and Freud, *Studies on Hysteria*, p. 292 (前掲，フロイト『ヒステリー研究』377 頁).

(45)　David Macey, *Lacan in Contexts* (London and New York: Verso, 1988), pp. 178–80.

(46)　Stephen Salisbury, “In Dr. Freud’s Collection, Objects of Desire,” *New York Times*, September 3, 1989.

(47)　Jordanova, *Sexual Visions*, p. 87.

(48)　Frantz Fanon, *The Wretched of Earth*, trans. Constance Farrington (New York: Grove Press, 1964), p. 95（フランツ・ファノン著，鈴木道彦・浦野衣子訳『地に呪われたる者』みすず書房，1996 年，56 頁）.

(49)　Frantz Fanon, *Black Skin, White Masks*, trans. Charles Markmann (New York: Grove Press, 1967), p. 56（フランツ・ファノン著，海老坂武・加藤晴久訳『黒い皮膚・白い仮面』みすず書房，1970 年，58-59 頁）. ファノンは，「フロイトの発見は，われわれにはまるで用をなさない」と述べる。特に，

主な精神分析調査の「情報源」である家族概念に関して，被植民者に「家族」モデルを適用できるかと繰り返し問い，批判的だ。「家族」が国家のミニチュアであるならば，被植民者はどこに「ふさわしい」のか，と彼は問う。精神分析に関するファノンの疑念について詳しくは，Patrick Taylor, *The Narrative of Liberation*（Ithaca, NY: Cornell University Press, 1989）を参照。ファノンやフロイト，「暗黒大陸」については，Ella Shohat, "Imaging Terra Incognita," *Public Culture*, Vol. 3, No. 2（Spring 1991）を参照。

(50)　考古学の概念は，文化と切り離せない。フロイトが家父長制文化を（女性の）疾患に関する議論で取り上げなかったにしても，ファノンは歴史用語を使って病状を把握する社会療法に関わった。ファノンは，状況に応じて狂気を理解するために，文化の「考古学」に取り組んだ。この点は，同僚のフランソワ・サンシェと共同執筆した論文，"The Attitude of the Maghreb Muslim toward Madness" で明白である。いかなる治療も，「土着の」歴史と伝統を考慮しなければならない，とファノンは主張する。*Revue Pratique de Psychologie de la Vie Social et d' Hygiene Mentale*, No. 1（1956）を参照。

(51)　Fanon, *The Wretched of the Earth*, p. 315（前掲，ファノン『地に呪われたる者』183–184 頁）.

(52)　われわれのファノンの解釈は，彼が著書で強調した点と矛盾しているように見えるかもしれない。ファノンは，半ば唯物論風に示唆する。「十五世紀におけるニグロ文明の存在を発見したところで，それが私に人間性の証明書を交付してくれるわけではない。そうあれかしと望むと望まざるとにかかわらず，過去は現在において私を導いてくれることは決してない」（*Black Skin, White Masks*, p. 225）（前掲，ファノン『黒い皮膚・白い仮面』139 頁）。しかしこの点は，アフリカへの象徴的な回帰が植民地化された黒人を表すという解放する「感情の構造」や，ファノン自身が論じてきたこととは最終的に矛盾しない。

(53)　Said, *Orientalism* p. 177（前掲，サイード『オリエンタリズム』182 頁）を参照。

(54)　西洋の歴史や政治，文化にユダヤ人を関連づけることは，第三世界のアラブの歴史や中東のセファルディー系ユダヤ人の文化を無視したシオニズムの言説と連続しているように見えるはずだ。シオニズムの言説がもたらす民族問題や人種問題について詳しくは，Ella Shohat,"Sephardim in Israel: Zionism from the Standpoint of Its Jewish Victims," *Social Text*, No. 19/20（Fall 1988）を参照。この議論は，*Critical Inquiry*, Vol.15, No. 3（Spring 1989）の "An Exchange on Edward Said and Difference" で続いている。特に，Edward Said, "Response" pp. 634–46 を参照。

(55)　Sally Price, *Primitive Art in Civilized Places*（Chicago: University of Chicago Press, 1985）, p. 5 を参照。

(56)　ハワード・カーターと A. C. メイスは，先人の 1881 年の発見について語る際，たとえばエジプト学者のミイラの救出を，古代エジプトの神官が王を守ったことと結びつける。

「そこは浅い渓谷で，粗雑な墓がひしめきあっていた。古代オリエントの君主として権勢を誇り，全世界にその名を轟かせ，最盛期には拝謁がかなうとは考えられなかった王たちが横たわっていた。王たちは，3000 年前に神官らが秘密裡に慌ただしく運び入れた暗闇にそのまま放置されていた。棺とミイラは手際良く荷札をつけられた。荷札は，隠れ場所から他所への旅の記録である。いくつかはすでに梱包が終わり，2，3 体は，迷った挙句，別の棺に納められた。48 時間で墓は空になった（近頃ではこれほど拙速にことを運ばない）。王たちは，博物館の荷船に積み込まれた」。

Howard Carter and A. C. Mace, *The Tomb of Tut-ankh-Amen* をまとめ脚色した，Shirley Glubok ed., *Discovering Tut-ankh-Amen*（New York: Macmillian, 1968）, p. 15 を参照。

(57)　『王家の谷』公開後，シャディ・アブデル・サラム監督は，エジプトのテレビ番組のインタビューで，エジプト人の音楽家がいるのに西洋の音楽家に任せたことを批判された。アブデル・サラ

ムは，イタリア人の音楽家には専門知識があったので選んだのだし，彼の仕事は基本的に，昔からあるエジプトのポピュラー・ミュージックをアレンジすることだったと主張した。Hassan Aawara, “*Al Mumia*,” *Al Anba*, October 30, 1983（in Arabic）.

(58) エジプトに関するオリエンタリズム的言説を批判したエドワード・サイードの主要な著作のほか，Timothy Mitchell, *Colonising Egypt*（Cambridge: Cambridge University Press, 1988）も参照。

(59) Glubok（ed.）, *Discovering Tut-ankh-Amen's*, p. 15.

(60) Guy Hennebelle, “Chadi Abdel Salam Prix Georges Sadoul 1970: 'La Momie' est une Réflexionsur le Destin d'une Culture Nationale,” *Les Lettres Françaises*, No. 1366, December 30, 1977, p. 17.

(61) この偉大なファラオたちについて，「彼らはどうなったのか」と思いを馳せるさまは，パーシー・B. シェリーの詩「オジマンディアス」を思い起こさせる。

(62) E. A. Wallis Budge ed., *The Book of the Dead*（London, Arkana, 1989）を参照。

(63) ミイラ映画では，ミステリーにたいてい「愛の死」とか忘れられない異性愛が関わっている。たとえば『ミイラ再生』（1932 年）や『ミイラの呪い』（1944 年），『ミイラの復活』（1940 年）は，この意味で性に関するミステリーの寓話である。

(64) ハリエット・ジェイコブスは自叙伝で，奴隷女性として被った性的抑圧に焦点を当てている。彼女は，自分を妾にしようとした主人，嫌がらせをするその嫉妬深い妻，子どもを産ませ自由にすると約束しておきながら守らなかった，のちに下院議員となった男を相手に，人種的・性的虐待と日々闘った。*Incidents, in the Life of a Slave Girl Written by Herself*, Fagan Yellin, ed.（Cambridge, Mass.: Harvard University Press, 1987）.

(65) Louise Picquet, *Louisa Picquet, the Octoroon: or, Inside Views of Southern Domestic Life*（New York: the author, 1860）, pp. 50–2, cited in Manning Marable, *How Capitalism Underdeveloped Black America*（Boston: South End Press, 1983）, p. 75.

(66) Phyllis Rose, *Jazz Cleopatra*（New York: Random House, 1989）, p. 97（フィリス・ローズ著，野中邦子訳『ジャズ・クレオパトラ――パリのジョゼフィン・ベーカー』平凡社，1991 年，159–160 頁）.

(67) たとえば，ローレンス・ミカラックが指摘するように，フェルディナン・ヴィクトール・ウジェーヌ・ドラクロワは，絵のモデル用に舞台芸術家からインドの衣装を借り，旅行記とペルシャの細密画から「アッシリア風」のモチーフを拝借し，あとは自分の想像力でマグリブの場面を創作した。“Popular French Perspectives on the Maghreb: Orientalist Painting of the Late 19th and Early 20th Centuries,” in *Connaissances du Maghreb: Sciences Sociales et Colonisation,* Jean-Claude Vatin, ed.（Paris: Editions du Centre National de la Recherche Scientifique, 1984）.

(68) 『王様と私』における異人種間のロマンスの分析としては，Caren Kaplan, “Getting to Know You: Travel, Gender, and the Politics of Postcolonial Representations in *Anna and the King of Siam and the King and I*”, in Ann Kaplan and Michael Sprinker eds., *Crosscurrents: Late Imperial Culture*（London: Verso, 1994）を参照。

(69) アメリカ映画製作配給業者協会の映画製作倫理規定（1930 年）は，Garth Jowett, *Film: The Democratic Art*（Boston: Little, Brown, 1976）より再引用。

(70) Hazel V. Carby, “Lynching Empire, and Sexuality,” *Critical Inquiry*, Vol. 12, No. 1（Autumn 1985）.

(71) レイプと人種間暴力については，たとえば Jacquelyn Dowd Hall, “'The Mind that Burns in Each Body': Women, Rape, and Racial Violence,” in Ann Snitow, Christine Stansell, and Sharon Thompson, eds., *Powers of Desire*（New York: Monthly Review Press, 1983）を参照。

(72) Frantz Fanon, *A Dying Colonialism*, trans. Haakon Chevalier (New York: Grove Press, 1983), p. 66 (フランツ・ファノン著，宮ヶ谷徳三・花輪莞爾訳『革命の社会学』みすず書房，1969 年，43 頁).

(73) Aimé Césaire, "Introduction" to Victor Schoelcher, *Esclavage et Colonisation* (Paris: Presses Universitaires de France, 1948), p. 7

(74) 一方，フェリーニの『8 1/2』は，主人公が夢想するソロモン王風のハレムを，一夫多妻のような実生活の拡大版として茶化す。

(75) 『アラビアン・ナイト』のヨーロッパ語訳を支えたオリエンタリストのイデオロギーについては，Rana Kabbani, *Europe's Myths of Orient* (Bloomington: Indiana University Press, 1986) を参照。

(76) たとえば，以下を参照。Huda Shaarawi, *Harem Years: The Memoirs of an Egyptian Feminist* (1879–1924), Margot Barden trans. (New York: Feminist Press at City University of New York, 1987); Fatima Mernissi, *Dreams of Trespass: Tales of a Harem Girlhood* (Reading, Mass.: Addison-Wesley, 1994) (ファティマ・メルニーシー著，ラトクリフ川政祥子訳『ハーレムの少女ファティマ——モロッコの古都フェズに生まれて』未來社，1998 年). Mervat Hatem, "The Politics of Sexuality and Gender in Segregated Patriarchal Systems," *Feminist Studies*, Vol. 12, No. 2 (Summer 1986) も参照。

(77) ヨーロッパ中心的なハレムの描写を批判するものとして，Leila Ahmed, "Western Ethnocentrism and Perceptions of the Harem," *Feminst Studies*, Vol. 8, No. 3 (Fall 1982)を参照。また，Emily Apter, "Female Trouble in the Colonial Harem," *Differences*, Vol. 4, No. 1 (1992); Inderpal Grewal, *Home and Harem: Imperialism, Nationalism and the Culture of Travel* (Durham, NC: Duke University Press, forthcoming 1995) も参照。

(78) 西洋の上位中流階級の女性が家庭で独房監禁状態だったことの芸術表現については，Bram Dijkstra, *Idols of Perversity* (New York: Oxford University Press, 1986) (ブラム・ダイクストラ著，富士川義之ほか訳『倒錯の偶像——世紀末幻想としての女性悪』パピルス，1994 年) で，魅力たっぷりに調査・分析された。

(79) 西洋のフェミニズムや植民地主義言説に対する批判は，たとえば以下を参照。Chandra Talpade Mohantry, "Under Western Eyes: Feminist Scholarship and Colonial Discourses," *Boundary*, Vol. 2, No. 12 (Spring/Fall 1984) (C. T. モーハンティー著，堀田碧監訳，菊池恵子・吉原令子・我妻もえ子訳『境界なきフェミニズム』法政大学出版局，2012 年); Gayatri Chakravorty Spivak, *In Other Worlds: Essays in Cultural, Politics*, Chapter 3: "Entering the Third World" (New York and London: Metheun, 1987) (ガヤトリ・C. スピヴァック著，鈴木聡・鵜飼信光・大野雅子・片岡信訳『文化としての他者』紀伊國屋書店，1990 年); Marnia Lazreg, "Feminism and Difference: The Perils of Writing as a Woman on Women in Algeria," *Feminist Studies*, Vol. 14, No. 3 (Fall 1988).

(80) Robert Halsband, ed., *The Complete Letters of Lady Mary Wortley Montagu*, Vol. I (Oxford: Oxford University Press, 1965), p. 314.

(81) Robert Halsband, ed., *The Selected Letters of Lady Mary Wortley Montagu* (New York: St. Martin's Press, 1970), pp. 96–97.

(82) Robert Halsband, ed., *The Complete Letters of Lady Mary Wortley Montagu*, Vol. I, pp. 314–15

(83) バスビー・バークリーの作品で女性が「機械的に複製」されているという分析は，Lucy Fischer, "The Image of Woman as Image: The Optical Politics of *Dames*," in Patricia Erens ed., *Sexual Strategems: The World of Women in Film* (New York: Horizon Press, 1979) を参照。

(84) Fischer, "The Image of Woman as Image," p. 44 より再引用。

(85) Fatima Mernissi, *The Forgotten Queens of Islam*, Mary Jo Lakeland trans. (Minneapolis: University of

Minnesota Press, 1993）を参照。

(86) たとえば，Cynthia Enloe, *Bananas, Beaches, and Bases: Making Feminist Sense of International Politics* (Berkeley: University of California Press, 1989), pp. 19–41 を参照。また，Nupur Chaudhuri and Margaret Strobel, eds, *Western Women and Imperialism: Complicity and Resistance* (Bloomington: Indiana University Press, 1992); Vron Ware, *Beyond the Pale: White Women, Racism and History* (London: Verso, 1992); Margaret Strobel, *European Women in British Africa and Asia* (Bloomington: Indiana University Press, 1990)（マーガレット・シュトローベル著，井野瀬久美惠訳『女たちは帝国を破壊したのか――ヨーロッパ女性とイギリス植民地』知泉書館，2003 年）も参照。

(87) 『王様と私』(1956 年）や『愛と哀しみの果て』(1985 年）のような作品で白人女性が苦しむイデオロギーは，セネガル人女中とフランス人女主人の関係が明らかに抑圧的な，センベーヌ・ウスマン監督の『黒人女』(1966 年）や，ミラ・ハマーミッシュ監督の南アフリカのドキュメンタリー『メイドとマダム』(1985 年）といった作品の先進的な視点とは対照的である。

(88) J. C. Flugel, *The Psychology of Clothes* (London: Hogarth Press, 1930) を参照。フリューゲルのファッションに関する論考を幅広く議論したものとしては，Kaja Silverman, "The Fragments of a fashionable Discourse," in Studies in *Entertainment: Critical Approaches to Mass Culture*, ed. Tania Modleski (Bloomington: Indiana University Press, 1986) を参照。また，Kaja Silverman, *The Acoustic Mirror: Female Voice in Psychoanalysis and Cinema* (Bloomington: Indiana University Press, 1988), pp. 24–7 も参照。

(89) アメリカ人ジャーナリストのローウェル・トマスは，西洋で T. E. ロレンス神話を広めるのに一役買った。中東の最前線に関する講演とフィルムによる彼のショーは，すぐにマディソンスクエアガーデンに場所を移した。John E. Mack, *A Prince of Our Disorder: The Life of T. E. Lawrence* (Boston: Little, Brown, 1976), p. 276 を参照。

(90) レスリー・フィードラーは，白人男性と黒人や先住民族の男性との同性愛的な友情は，アメリカ古典小説の核をなすと論じている。Leslie Fiedler, *Love and Death in the American Novel* (New York: Criterion Books, 1960)（レスリー・フィードラー著，佐伯彰一・行方昭夫・井上謙治・入江隆則訳『アメリカ小説における愛と死――アメリカ文学の原型 1』新潮社，1989 年）を参照。

(91) 興味深いことに，レスリー・フィードラーは，白人女性作家のマーガレット・ミッチェルの『風と共に去りぬ』が，異民族間のレイプというシナリオに沿って構成されていると論評している (Leslie Fiedler, *The Inadvertent Epic*)。

(92) ヴァレンティノと白人女性の観客を分析したものとしては，Miriam Hansen, "Pleasure, Ambivalence, Identification: Valentino and Female Spectatorship," *Cinema Journal*, Vol. 25, No. 4 (Summer 1986) を参照。

(93) *Movie Weekly*, November 19, 1921.

(94) Ibid.

(95) ドニ・ド・ルージュモンは，「愛の死」のモチーフを，一部のアラビア詩まで辿る。Denis de Rougement, *Love in the Western World*, trans. Montgomery Belgion (New York: Harper and Row, 1974)（ドニ・ド・ルージュモン著，鈴木健郎・川村克己訳『愛について――エロスとアガペ』岩波書店，1967 年）を参照。

第 5 章

(1) スティーヴ・ニールは，ステレオタイプは経験的「現実」(正確さ）とイデオロギー的「理想」(肯定的イメージ）の関連で，同時に判断されると指摘する。Steve Neale, "The Same Old Story: Ste-

reotypes and Difference," *Screen Education*, Nos 32–3（Autumn/Winter 1979–80）を参照。

(2) 公民権運動家に対するFBIの嫌がらせについて詳しくは，Kenneth O'Reilly, *"Racial Matters": The FBI's Secret File on Black America, 1960–1972*（New York: Free Press, 1989）を参照。

(3) ニューヨーク市の教師パム・スポーンは，勤務する高校の生徒に南部へ行かせ，元活動家の公民権運動の記憶と，『ミシシッピー・バーニング』への反応についてビデオ・インタビューを撮らせた。

(4) Gretchen Bataille and Charles Silet, "The Entertaining Anachronism: Indians in American Films," in Randall M. Miller ed., *The Kaleidoscopic Lens: How Hollywood Views Ethnic Groups*（Englewood, NJ: Jerome S. Ozer, 1980）を参照。

(5) コベナ・マーサーとアイザック・ジュリアンは，同じ考えのもと「描写の実践としての表象」と「委任の実践としての代表」を区別している。Kobena Mercer and Isaac Julien, "Introduction: De Margin and De Centre," *Screen*, Vol. 29, No. 4（1988）, pp. 2–10を参照。

(6) 1911年7月10日付の*Moving Picture World*に掲載された"Indians Grieve over Picture Shows"という記事は，自分たちは実際には平和的な農民なのにハリウッドは戦士として描いた，と抗議するカリフォルニア州南部のアメリカ先住民族について伝えている。

(7) 宗教対立は，映画の表象をゆがめることもある。1925年にドイツの映画会社が，ムハンマドを主役に『預言者』を制作すると発表し，イスラーム系のアル・アズハル大学に衝撃を与えた。イスラームでは預言者を描くことが禁じられているためである。抗議を受けて，企画は中止された。対照的に，ムスタファ・アッカドの『ザ・メッセージ』（クウェート，モロッコ，リビアの共同制作。1976年）は，神と聖なる人物を表象する預言者像をつくってはならないとするイスラームの規範に従いつつ物語を語る。この作品は，ハリウッドの聖書を題材にした大作に対抗するように，西暦610年の最初の啓示から632年の死まで，預言者の生涯を追う。だが預言者は，決してスクリーンに登場しない。他の登場人物は彼について語るとき，カメラに話しかけるのだ。この脚本は，カイロのアル・アズハル大学の研究者たちに承認された。

(8) ジュディス・ウィリアムソン（Judith Williamson）は，*Screen*, Vol. 29, No. 4（1988）, pp. 106–112の論考で，同様の主張をしている。

(9) Michael Rogin, "Blackface, White Noise: The Jewish Jazz Singer Finds his Voice," *Critical Inquiry*, Vol. 18, No. 3（1992）, pp. 417–44を参照。

(10) Michael Dempsey and Udayan Gupta, "Hollywood's Color Problem," *American Film*（April 1982）.

(11) *New York Times*（1991年9月24日）を参照。

(12) スパイク・リーのインタビュー"Our Film Is Only a Starting Point," *Cineaste*, Vol. XIX, No. 4（March 1993）を参照。

(13) Gary M. Stern,"Why the Dearth of Latino Directors?," *Cineaste*, Vol. XIX, Nos 2–3（1992）を参照。

(14) ロバート・スタムとランダル・ジョンソンによる訳。この詩の全訳は，Randal Johnson and Robert Stam, *Brazilian Cinema*（Rutherford, NJ: Fairleigh Dickinson University Press, 1982; republished Austin: University of Texas Press, 1987; rev. edn, New York: Colombia University Press, 1995）で読むことができる。

(15) Isaac Julien and Colin MacCabe, *A Diary of a Young Soul Rebel*（Bloomington: Indiana University Press, 1991）を参照。

(16) Rob Nixon, "Cry White Season: Apartheid, Liberalism, and the American Screen," *South Atlantic Quarterly*, No. 90, Vol. 3（Summer 1991）を参照。

(17) *Vrye Weekblod*（1989年11月17日）の記事による。Keyan Tomaselli, “Myths, Racism and Opportunism: Film and TV Representations of the San,” in Peter Ian Crawford and David Turton, eds, *Film as Ethnography*（Manchester: University of Manchester Press, 1992）, p. 213より再引用。

(18) 『黒いオルフェ』で仕事をしたブラジル人の白人ミュージシャンたちも搾取された。フランス人プロデューサーのサシャ・ゴルディーヌは，フランス語の歌の著作権を取るために，既存の楽曲を音源に使うことを拒否した。人気の高い歌の場合，50%の印税が支払われるが，この作品の作曲家と作詞家（トン・ジョビンとヴィニシウス・デ・モラエス）は，わずか10%の印税しかもらえなかった。Rui Castro, *Chega de Saudade*（São Paulo: Companhia das Letras, 1992）を参照。

(19) Clyde Taylor, “Decolonizing the Image,” in Peter Steven ed., *Jump Cut: Hollywood, Politics and Counter Cinema*（Toronto: Between the Lines, 1985）, p. 168を参照。

(20) Jean Franco, “High-Tech Primitivism: the Representation of Tribal Societies in Feature Films,” in John King, Ana Lopez, and Manuel Alvarado, eds, *Mediating Two Worlds*（London: BFI, 1993）を参照。

(21) 明らかな社会的階層制も，代役の慣習が生まれた一因である。たとえば，イスラエル映画で代役が発展したのは，表象の方針が変化した表れである。中東戦争に焦点を当てた1950年代・60年代の英雄的な民族映画は，ヨーロッパ系ユダヤ人（アシュケナジーム）が演じる勇敢なヨーロッパ系イスラエル人と，極悪非道なアラブ人が戦うのがおきまりのパターンである。アラブ・セファルディー系ユダヤ人の俳優には，「格下の」アラブ・ムスリムの役しかなかった。対照的に，最近の政治的映画では，イスラエル系パレスチナ人の俳優や素人が，パレスチナ人の役を演じている。そのような配役は，ささやかな「自己表象」を可能にする。実際，パレスチナ人の俳優は，ある場面をもっと過激にするよう求めることもあった。パレスチナ人俳優がイスラエル軍将校を演じた映画もある（『子羊の微笑』1986年や，パレスチナ・ベルギー共同制作の『ガリレアの婚礼』1987年に出演したマクラム・クーリーなど）。イスラエル映画における配役のイデオロギーについて詳しくは，Ella Shohat, *Israeli Cinema: East/ West and the Politics of Representation*（Austin: University of Texas Press, 1989）を参照。

(22) Ngũgĩ wa Thiong’o, *Moving the Center: The Struggle for Cultural Freedoms*（London: James Currey, 1993）, p. 33を参照。

(23) David Spurr, *The Rhetoric of Empire*（Durham, NC: Duke University Press, 1993）, p. 104を参照。

(24) Gloria Anzaldúa, ed., *Making Face, Making Soul: Hacienda Caras*（San Francisco: Aunt Lute, 1990）, pp. xxii, 177.

(25) 言語と権力について詳しくは，Ella Shohat and Robert Stam, “Cinema after Babel: Language, Difference, Power,” *Screen*, Vol. 26, Nos 3–4（May–August 1985）を参照。

(26) Ward Churchill, *Fantasies of the Master Race: Literature, Cinema and the Colonization of American Indians*（Monroe, Maine: Common Courage Press, 1992）, p. 237を参照。

(27) Ibid., p. 238.

(28) アメリカ先住民族の側からみた『ダンス・ウィズ・ウルブズ』の議論について詳しくは，*Film Quarterly*, Vol. 44, No. 4（Summer 1991）掲載のエドワード・カスティーリョ（Edward Castillo）の論考を参照。

(29) Christian Metz, “The Imaginary Signifier,” in *The Imaginary Signifier: Psychoanalysis and the Cinema*（Bloomington: Indiana University Press, 1982）（クリスチャン・メッツ著，鹿島茂訳『映画と精神分析』白水社，1981年）を参照。

(30) James C. Scott, *Domination and the Arts of Resistance: Hidden Transcripts*（New Haven, Conn.: Yale

University Press, 1990), p. 34.

(31) Donald Bogle, *Toms, Coons, Mulattoes, Mammies and Bucks* (New York: Continuum, 1989), p. 36.

(32) Arthur G. Pettit, *Images of the Mexican American in Fiction and Film* (College Station: Texas A and M University Press, 1980), p. 24 を参照。

(33) 批評家も，この観点から特定の映画の広範な分析を行ってきた。チャールズ・ラミレス＝バーグは，『国境の町』(1935 年) を分析する。この作品は，メキシコ系アメリカ人の同化を取り上げた，ハリウッド最初のトーキー映画であり，チカーノの社会問題を扱う作品の方向性を定めた。バーグが挙げた物語的・イデオロギー的な特徴は次のとおりである。

1 典型的な反転。性欲過剰なブロンド娘（マリー），実利主義のお嬢様（デール），頑固な権威主義者（判事）などと白人を見下して描き，チカーノの価値を高める。

2 他の周縁化された集団（中国系アメリカ人など）のステレオタイプ化は変わらない。

3 チカーノの母親を「真の民族的価値の源泉」とする，同化主義的な理想化。

4 父親の不在。白人の家族はちゃんとそろっていて理想的だが，チカーノの家族は崩壊して機能不全である。

5 官能的なチカーナの存在。白人女性に比べてチカーナが劣ることをほのめかす。

Charles Ramirez Berg, "*Bordertown*, the Assimilation Narrative and the Chicano Social Problem Film," in Chon Noriega, ed., *Chicanos and Film* (New York: Garland, 1991) を参照。

(34) *Prisoners of Image: Ethnic and Gender Stereotypes* (New York: Alternative Museum, 1989) より再引用。

(35) David R. Roediger, *The Wages of Whiteness: Race and Making of the American Working Class* (London: Verso, 1991), pp. 88–89 (デイヴィッド・R. ローディガー著，小原豊志・竹中興慈・井川眞砂・落合明子訳『アメリカにおける白人意識の構築――労働者階級の形成と人種』明石書店，2006 年，167 頁).

(36) Herman Gray, "Television and the New Black Man: Black Male Images in Prime-Time Situation Comedy," *Media, Culture and Society*, No. 8 (1986), p. 239.

(37) Sut Jhally and Justin Lewis, *Enlightened Racism: The Cosby Show, Audiences and the Myth of the American Dream* (Boulder, Colo.: Westview Press, 1992), p. 137 を参照。

(38) アフリカの宗教に関するヨーロッパ中心的な言葉を批判したものとして，John S. Mbiti, *African Religions and Philosophy* (Oxford: Heinemann, 1969)（ジョン・S. ムビティ著，大森元吉訳『アフリカの宗教と哲学』法政大学出版局，1970 年）を参照。

(39) Alfredo Bosi, *Dialecta da Colonização* (São Paulo: Companhia das Letras, 1992) という，カトリックとトゥピ・グアラニー語族の宗教対立に関するすばらしい分析も参照。

(40) アフリカの宗教を肯定的に描いたものとしては，アフリカの『黒い女神』(1979 年) や，ブラジルの『ジャンゴの力』(1977 年)，キューバの『パタキン』(1980 年) といった主要作品や，アンジェラ・フォンタネスの『オリハの伝統』やリル・フェンの『先祖への敬意』，マヤ・デレンの『聖なる騎士たち：ハイチの生きた神々』，グロリア・ロランドの『オグン』(1991 年) のようなドキュメンタリーに目を向けなければならない。

(41) サンテリアの動物供犠を認めた 1993 年の最高裁判所の判決は，この意味で画期的な宗教的権利の承認であった。

(42) Toni Morrison ed., *Race-ing Justice, En-gendering Power: Essays on Anita Hill, Clarence Thomas, and the Construction of Social Reality* (New York: Pantheon, 1992), p. xv.

(43) Jan Pieterse, *White on Black: Images of Africa and Blacks in Western Popular Culture* (New Haven,

Conn.: Yale University Press, 1992), p. 207 を参照。

(44) Ibid., p. 106.

(45) コスビー・ショーについては，John D. H. Downing, "*The Cosby Show* and American Racial Discourse," in Geneva Smitherman-Donaldson and Teun A. van Dijk, eds, *Discourse and Discrimination* (Detroit: Wayne State University Press, 1988) や，Gray, "Television and the New Black Man," in Todd Gitlin, ed., *Watching Television* (New York: Pantheon, 1987), pp. 223–42; Mark Crispin Miller, "Deride and Conquer," in Gitlin, ed., *Watching Television*; Mike Budd and Clay Steinman, "White Racism and the Cosby Show," *Jump Cut*, No. 37 (July 1992) を参照。

(46) Gerard Genette, *Narrative Discourse: An Essay in Method*, trans. Jane E. Lewin (Ithaca, NY: Cornell University Press, 1980)（ジェラール・ジュネット著，花輪光・和泉涼一訳『物語のディスクール——方法論の試み』水声社，1985 年）を参照。

(47) Chidananda das Gupta, "The Politics of Portrayal," *Cinemaya*, Nos 17–18 (Autumn–Winter 1992–3) を参照。

(48) 『ハンナ K』におけるリベラリズムについて詳しくは，Richard Porton and Ella Shohat, "The Trouble with Hanna," *Film Quarterly*, Vol. 38, No. 2 (Winter 1984–5) を参照。

(49) アントニオ・プリエート＝スタンボーは，スー族に共感するが最終的には保留地を去る主人公と，スー族に共感する監督のマイケル・アプテッドや脚本のジョン・フスコにある種相同性が見られると指摘する。フスコの場合，保留地に住むことさえしたが，最終的に彼は，白人の世界の名声と富へ帰ったのである（ニューヨーク大学での講座での学生の未刊行の論文）。

(50) Ed Guerrero, "Fever in the Racial Jungle," in Jim Collins, Hilary Radner, and Ava Preacher Collins, eds, *Film Theory Goes to the Movies* (London: Routledge, 1993) を参照。

(51) Michel Chion, *Le Son au Cinéma* (Paris: Cahiers, 1985)（ミシェル・シオン著，川竹英克・ジョジアーヌ・ピノン訳『映画にとって音とはなにか』勁草書房，1993 年).

(52) イスラエルの文化的風習における，民族的・人種的な慣行と，国民的な慣行の亀裂について詳しくは，Shohat, *Israeli Cinema* を参照。

(53) Johnson and Stam, *Brazilian Cinema*, pp. 82–3 を参照。

(54) 未刊行論文の，George Yudice, "Bakhtin and the Subject of Postmodernism" を参照。

(55) アフリカ系アメリカ人の口承と，黒人音楽の強いアーティキュレーションの結びつきを，クライド・テイラーはニュー・ブラック・シネマの 2 つの特徴と定義する。いずれも聴覚的で，テイラー自身が「その声」と呼ぶものをブラック・シネマで探究するには不可欠である。Clyde Taylor, "Les Grands Axes et les Sources Africaines du Nouveau Cinema Noir," *Cinem Action*, No. 46 (1988) を参照。

(56) ジェームズ・ネアモアは『キャビン・イン・ザ・スカイ』について，非常に精密に鋭く言説分析を行っている。ネアモアはこの映画を「アメリカの黒人性とエンターテインメントに関する 4 つの対立する言説」の間に不安定に位置するものととらえる。4 つの言説とは，田舎の黒人に関する「民間伝承」ふうの言説，NAACP が批判するハリウッド像，大衆娯楽と政府の協調，「上品ぶったブロードウェイ・ミュージカルのおしゃれなアフリカ主義」である。James Naremore, *The Films of Vincent Minnelli* (Cambridge: Cambridge University Press, 1933) を参照。

第 6 章

(1) トニ・モリスンやヘイゼル・カービー，ベル・フックス，ココ・フスコ，カレン・カプラン，ルース・フランケンバーグ，エドワード・ボール，ジョージ・ユディス，リチャード・ダイヤーは，

「白人性」という概念を問題化してきた多くの批評家や理論家として数えられる。

(2) 隠れた植民地主義に関して，ヨーロッパ映画を平行分析するのは簡単かもしれない。たとえばフランスのヌーヴェルヴァーグはアルジェリア戦争を取り上げた映画で白人性を記号化している。『5時から7時までのクレオ』(1962年）では，ラジオがアルジェリアに関して短く触れ，主人公はアフリカの仮面におびえる。『大人は判ってくれない』(1959年）では，ジャン＝ピエール・レオの演じる主人公と少年鑑別所で同房の少年はおそらく北アフリカ人である。『アデュー・フィリピーヌ』(1962年）では，主人公がどこかの戦争に向かう。『ミュリエル』(1956年）では，アルジェリアについてばらばらに言及される（『ある夏の記録』1961年や『美しき五月』1962年などで，ジャン・ルーシュやクリス・マルケル監督だけが，戦争を舞台の中心に据えた)。

(3) ディヴィッド・リーフ（David Rieff）は，著書の *Los Angeles: The Capital of the Third World* (New York: Simon and Schuster, 1991), p. 66 で，カリフォルニアのメキシコ人の存在を，「カリフォルニアの……無関心な絶対的優位に対する，ある種のサブテクスト」と述べている。

(4) ヒスパニックのカルロッタ・ヴァルデスは，征服小説のヒロインで高貴な「カスティーリャ人」と似ている。『めまい』に関する社会学的要因も考慮したフェミニスト分析は，Virginia Wright Waxman, "The Critic as Consumer: Film Study and the University, *Vertigo*, and the Film Canon," *Film Quarterly*, Vol. 39, No. 3 (1986), pp. 32–41 を参照。

(5) Richard Dyer, "Entertainment and Utopia," in Bill Nichols, ed., *Movies and Methods*, Vol. 2 (Berkeley: University of California Press, 1985).

(6) Jane Feuer, *The Hollywood Musical* (Bloomington: Indiana University Press, 1982), p. 84.

(7) Jan Pieterse, *White on Black: Images of Africa and Blacks in Western Popular Culture* (New Haven, Conn.: Yale University Press, 1992), p. 134 を参照。A. Saxton, "Blackface Minstrelsy and Jacksonian Ideology," *American Quarterly* (1983) より引用。

(8) ヘンリー・ルイス・ゲイツ・ジュニアは，黒人性と道化やミンストレルの姿に図像学的な関連があること，それによって「黒人の道化は本来高貴であったが，次第に下品なミンストレル像に変化していった」と述べている。Henry Louis Gates, *Figures in Black* (New York: Oxford University Press, 1987), pp. 51–3 を参照。

(9) ミンストレル・ショーの起源について詳しくは，Joseph Boskin, *Sambo* (New York: Oxford University Press, 1986)（ジョゼフ・ボスキン著，斎藤省三訳『サンボ――アメリカの人種偏見と黒人差別』明石書店，2004年）を参照。

(10) David R. Roediger, *The Wages of Whiteness* (London: Verso, 1991), p. 104（デイヴィッド・R. ローディガー著，小原豊志・竹中興慈・井川眞砂・落合明子訳『アメリカにおける白人意識の構築――労働者階級の形成と人種』明石書店，2006年，176頁）を参照。

(11) Thomas Cripps, *Making Movies Black* (New York: Oxford University Press, 1993) を参照。

(12) W. E. B. Du Bois, *The Autobiography of W. E. B. Du Bois* (New York: International Publishers, 1968), p. 122 [Gilroy, *The Black Atlantic* [Cambridge, Mass.: Harvard University Press, 1993], p. 116（ポール・ギルロイ著，上野俊哉・毛利嘉孝・鈴木慎一郎訳『ブラック・アトランティック　近代性と二重意識』月曜社，2006年，228頁）より引用。

(13) Rick Altman, *The American Film Musical* (Bloomington: Indiana University Press, 1989), pp. 16–58.

(14) 黒人の文化的な功績をご都合主義で強調するのは，冷戦初期から数十年にわたってルイ・アームストロングやディジー・ガレスピーのようなジャズ・ミュージシャンのワールドツアーを国務省が外交的に利用してきたことにも見られる。

(15)　『ベルが鳴る』（1969年）は，この意味では異例である。同時代の多くのミュージカルとは異なり，ラティーノが登場することで，通常の階層制度に背いている。彼は，ジュディ・ホリデーにチャチャチャという特定の民族と関連があるリズムを教えるだけでなく，ヨーロッパのクラシック音楽にも精通しており，2つの文化に詳しいことがわかる。

(16)　ハリウッドでユダヤ人が重要な地位を占めていることについて詳しくは，Robert Sklar, *Movie Made America: A Cultural History of American Movies*（New York: Random House, 1975）（R. スクラー著，鈴木主税訳『映画がつくったアメリカ』平凡社，1980年）; Neal Gabler, *An Empire of Their Own: How the Jews Invented Hollywood*（New York: Doubleday, 1989）（ニール・ギャブラー著，竹村健一訳『ユダヤの帝国　上下』竹書房，1990年）を参照。

(17)　映画産業でユダヤ系が比較的力を持っているにもかかわらず，ユダヤ人プロデューサーがスクリーン上でユダヤ人の存在を隠す理由は，Patricia Erens, *The Jew in American Cinema*（Bloomington: Indiana University Press, 1984）; Lester Friedman, *Hollywood Image of the Jew*（New York: Frederick Unger Publishing, 1982）で議論されてきた。

(18)　伝記映画『ジョルスン物語』は，彼の歌に黒人が与えた影響を強調し，特にニューオリンズでジョルソンがブルースのミュージシャンに魅せられたことを詳しく述べている。

(19)　Irving Howe, *The World of Our Fathers*（New York: Vintage, 1978）を参照。

(20)　Ibid., p. 563.

(21)　Fredric Jameson, “The World Literature in the Era of Multinational Capitalism” *Social Text*, No. 15（Fall 1986）.

(22)　例外的な異民族結婚としては，『アルゼンチンでの出会い』（1941年）も挙げられる。「ラティーナ」のモーリン・オハラは，ジェームス・エリソンによってラテン系の恋人アルベルト・ヴィラから引き離される。

(23)　Brian Henderson, “A Musical Comedy of Empire,” *Film Quarterly*, Vol. 35, No. 2（Winter 1981–2）を参照。

(24)　グランデ・オテーロことセバスティアン・プラタは，いわゆるカーニバレスクな映画（シャンシャーダ）の俳優としても，劇場やナイトクラブの出演者としても，ブラジルではすでに有名であった。オテーロはその後，自分の半生を描いたホセ・カルロス・ブルレの映画『モレク・ティアオ』（1943年）から『マクナイーマ』（1969年），ヘルツォークの『フィツカラルド』（1982年）など，100本を超える映画に出演した。実際，1930年代からブラジル映画のすべての重大な局面で，異彩を放ち続けてきたのである。ウェルズ監督はグランデ・オテーロを，世界で卓越した喜劇俳優であり「多才な役者」の一人だと繰り返し語り，ミッキー・ルーニーとチャーリー・チャップリンを合わせたような黒人だと表現した。

(25)　Servulo Siqueira, “Tudo é Verdade,” *Folha de São Paulo*（Dec. 2, 1984）より再引用。

(26)　これらの記録と覚書はインディアナ大学リリー・ライブラリーのウェルズ・コレクションで発見された。

(27)　ウェルズと『イッツ・オール・トゥルー』について詳しくは，以下のウェルズ特集を参照。Robert Stam, “Orson Welles, Brazil, and the Power of Blackness,” *Persistance of Vision*, No. 7（1989）. また，同号のキャサリン・ベナム（Catherine Benamou）とスーザン・ライアン（Susan Ryan）の小論も参照。キャサリン・ベナムはニューヨーク大学の映画学科で『イッツ・オール・トゥルー』を主題に学術論文を執筆している〔ベナムはその後，日本では未訳ながら『イッツ・オール・トゥルー』を題材とした著書を出版している。Catherine Benamou, *It's All True: Orson Welles's Pan-American Odys-*

sey (Berkeley: University of California Press, 2007)]。

(28) 『カメレオンマン』のシンクレティズムについて詳しくは，Stam/Shohat, "*Zelig* and Contemporary Theory: Meditation on the Chameleon Text," *Enclitic*, Vol. IX, Nos 1–2 (1987) を参照。

(29) この種の人種交流は，エスニシティの同一化という複雑な作用を引き起こすが，本来はもっと肯定的なものである。たとえば，ハスケル・ウェクスラー監督の『アメリカを斬る』(1969 年) のひとコマを取り上げてみよう。シカゴへ移ってきた南部の貧しい白人女性エイリーンが，マーティン・ルーサー・キングの暗殺に関するテレビ報道を観ている。キング牧師の「私には夢がある」の演説の言葉と映像は，彼女が南部で受けたバプテスト派の教育，つまり歴史的な経験に根差した黒人と白人の共通点を呼びさまし，記憶を思い出すきっかけとなる。黒人は「キリスト教」を強制的に「学ばされた」だけでなく，黒人は白人を称賛する説教を「教えこまれた」のである。その結果黒人の議論のしかたは，白人の説教ふうに変わってしまった。Albert J. Raboteau, *Slave Religion* (New York: Oxford University Press, 1978) を参照。

(30) このオラーヴォ・ビラックの言葉は，彼の著書 Olavo Bilac, *Poesias* (Rio de Janeiro: Alvez, 1964) にある。ジルベルト・フレイレの出典は基本的に，*Casa Grande e Sanzala* (ジルベルト・フレイレ著，鈴木茂訳『大邸宅と奴隷小屋――ブラジルにおける家父長制家族の形成　上下』日本経済評論社，2005 年) である。英語版は *The Masters and Slaves*, trans. Samuel Puntam (New York: Alfred A. Knopf, 1956).

(31) 映画化計画のリサーチ・コーディネーターだったルーラ・ブアルキ・デ・オランダは脚本案をくれるなど便宜を図ってくれた。感謝したい。

(32) Doris Sommer, "Irresistible Romance: The Foundational Fictions of Latin America," in Homi K. Bhabha, ed., *Nation and Narration* (London: Routledge, 1990) を参照。

(33) エドワード・サイードも『文化と帝国主義』で「ポリフォニックな」解釈学に別の道を経て辿り着き，論じている。本書の分析は，われわれ自身の推測と，「対話原理」「相互照明」「過剰視力」「ポリフォニー」「相互関係化」といったバフチンの分類を再度強調したものに基づく。Robert Stam, *Subversive Pleasure* (Baltimore: Johns Hopkins University Press, 1989) (ロバート・スタム著，浅野敏夫訳『転倒させる快楽』法政大学出版局，2002 年) で，これらの概念を比較し考察した。

第 7 章

(1) リオタールは，「メタナラティヴ」(大きな物語) に懐疑的だったにもかかわらず，フランスの日刊紙『リベラシオン』で公表された湾岸戦争の共同声明を支持した。これは間接的に，ブッシュ大統領の「新世界秩序」というメタナラティヴを支持したことになる。

(2) インドやエジプト，メキシコといった国では，もちろんこの時代よりも前に，反植民地主義をほのめかす映画はあった。ラテンアメリカ諸国の映画の多くは，ブラジルのティラデンテスやアルゼンチンのマルティン・フィエロなどクレオールの民族主義者の英雄を賛美した。しかし，そのような映画は，反植民地運動そのものとの関係については，はっきりと表明しなかった。

(3) キューバのハバナ映画祭 (新ラテンアメリカ映画)，チュニジアのカルタゴ映画祭 (アラブ・アフリカ映画)，ブルキナファソのワガドゥグーで開催されるワガドゥグー全アフリカ映画祭 (アフロ・ディアスポラ映画) といったさまざまな映画祭は，こうした運動をさらに説明した。

(4) Franz Fanon, *The Wretched of the Earth* (New York: Grove Press, 1964), p. 210 (フランツ・ファノン著，鈴木道彦・浦野衣子訳『地に呪われたる者』みすず書房，1969 年，119 頁).

(5) Ibid. p. 51 (同上 32 頁).

(6)　Ibid. pp. 38–9（同上 25 頁）.

(7)　Ibid. p. 88（同上 54 頁）.

(8)　ポンテコルヴォ監督は最近（1991 年），『アルジェの戦い』を撮影してから 25 年間のアルジェリアの発展や，イスラーム原理主義や女性の従属的地位，ヴェール等のテーマにした作品 *Gillo Pontecorvo Returns to Algeria* を撮るために，アルジェリアに行った。

(9)　Anne McClintock, "No Longer in a Future Heaven: Women and Nationalism in South Africa," *Transition*, 51 (1991), p. 120.

(10)　『アルジェの戦い』の議論について詳しくは，Robert Stam, *The Battle of Algiers: Three Women Three Bombs*（New York: Macmillan Films Study Extract, 1975）; Joan Mellen, *Filmguide to The Battle of Algiers*（Bloomington: Indiana University Press, 1975）を参照。

(11)　『アルジェの戦い』の作品情報については，Mellen, *Filmguide to The Battle of Algiers* を参照。メレンは，ポンテコルヴォ監督は，マシュー中佐役にウォーレン・ビーティをあてる予定だったと指摘する。だがそうするとより制作費がかかり，おそらく映画の厳密な歴史性を損なっただろう。

(12)　Ismail Xavier, "Allegories of Underdevelopment," New York University Ph.D. dissertation, 1982（Ann Arbor: University of Michigan Microfilms, 1984）を参照。

(13)　Gilles Deleuze, *Cinema Two: Time-Image*, trans. Hugh Tomlinson and Robert Galeta（Minneapolis: University of Minnesota Press, 1989）, p. 222 を参照（ジル・ドゥルーズ著，宇野邦一・石原陽一郎・江澤健一郎・大原理志・岡村民夫訳『シネマ 2 ＊時間イメージ』法政大学出版局，2006 年，308 頁）。

(14)　Peter Wollen, "The Two Avant-Gardes," reprinted in Peter Wollen, *Readings and Writings: Semiotic Counter Strategies*（London: Verso, 1982）を参照。

(15)　Fernando Solanas and Octavio Getino, "Towards a Third Cinema," in Michael Chanan, ed., *Twenty Five Years of the New Latin American Cinema*（London: BFI, 1983）を参照。

(16)　Gérard Chaliand, *Mythes Révolutionnaries du Tiers Monde*（Paris: Editions du Seuil, 1976）は，マチスモのせいで，ラテンアメリカのゲリラは必要ないときまで進んで危険な戦闘に身を投じ，結果的に多数の指導者が死ぬはめになったと批判している。シャリアンはこの姿勢を，15 年に及ぶ戦争で，南ベトナム解放民族戦線の 50 人の中央委員会のメンバーを 1 人も失わなかった，より慎重なベトナム人のやり方と対比している。

(17)　『チリの闘い』について詳しくは，Julianne Burton, "Politics and the Documentary in People's Chile," in Julianne Burton, ed., *Cinema and Social Change in Latin America: Conversations with Filmmakers*（Austin: University of Texas Press, 1986）; Ana M. Lopez, "*The Battle of Chile*: Documentary, Political Process, and Represenation," in Julianne Burton, ed., *The Social Documentary in Latin America*（Pittsburgh, Penn.: Pittsburgh University Press, 1990）を参照。

(18)　Fredric Jameson, "Third World Literature in the Era of Multinational Capitalism," *Social Text*, No. 15（Fall 1986）を参照。これに対する批判は，Aijaz Ahmad, "Jameson's Rhetoric of Otherness and the 'National Allegory'," *Social Text*, No. 15（Fall 1986）（Aijaz Ahmad 著，清水みち訳「ジェイムソンの他者性と「民族的アレゴリー」というレトリック」『文藝』第 28 巻 3 号，283–302 頁掲載）を参照。

(19)　ジェイムソンの論文は，ナショナル・アレゴリー〔民族の寓意〕の理論が，すでに第三世界においてどの程度発展しているか，残念ながら認識していない。たとえばブラジルでは，民族の寓意という言葉はなかったが，その概念は遅くとも 1920 年代のモデルニスモ以来ずっと存在している。映画と民族の寓意について詳しくは，イスマイル・ハビエルの 1982 年の学術論文 "Allegories of Underdevelopment" を参照。この論文は改訂され，ブラジルで出版されている。Ismail Xavier, *Alego-*

rias do Subdesenvolvimento（São Paulo: Brasiliense, 1993）. また，Robert Stam and Ismail Xavier, “Transformation of National Allegory: Brazilian Cinema from Dictatorship to Redemocratization,” in Robert Sklar and Charles Musser, eds, *Resisting Images*（Philadelphia: Temple University Press, 1990）も参照。同論文の「共有地」を使用することを，イスマイルが許可してくれたことに感謝したい。イスラエル／パレスチナの文脈における民族の寓意については，Ella Shohat, “Master Narrative/Counter Readings: The Politics of Israel Cinema,” in Sklar and Musser, eds, *Resisting Images*; Shohat, “Anomalies of the National: Representing Israel/Palestine,” *Wide Angle*, Vol. 11, No. 3（1989）を参照。

(20)　Behroze Gandhy and Rosie Thomas, “Three Indian Film Stars,” in Christine Gledhill, ed., *Stardom: Industry of Desire*（London: Routledge, 1991）はそう主張する。

(21)　Arnaldo Jabor, “Sim, Gosto Se Discute,” *Rio Capital*（April/May 1993）を参照。

(22)　“Do Golpe Militar a Abertura: A Resposta do Cinema de Autor,” in Ismail Xavier, Jean-Claude Bernardet, and Miguel Pereira, *O Desafio do Cinema*（Rio: Zahar, 1985）を参照。

(23)　Françoise Pfaff, “Three Faces of Africa: Women in *Xala*,” *Jump Cut*, No. 27（1977）を参照。

(24)　Laura Mulvey, “Xala, Ousmane Sembene 1976: The Carapace that Failed,” in *Third Text*, Nos 16/ 17（Autumn/Winter 1991）.

(25)　1967年の「統一シネマ（Unity Cinema)」の設立から，1973年の「パレスチナ・シネマ・グループ（Palestinian Cinema Group)」を経て，「パレスチナ・シネマ機構（The Palestinian Cinema Organization)」まで，PLOの庇護下にあったパレスチナの映画制作会社は，常に，パレスチナの抵抗運動と結びついたパレスチナ人の民族的大義を普及させ，革命的な出来事を記録する道具とされてきた。そのため作品はすべて実質的にニュースとドキュメンタリー映画である。政治的定義を求めて戦う社会ではよくあることだ（皮肉にも，イスラエル建国以前のシオニスト映画を思い出させる)。たとえば，エジプトの映画監督タウフィーク・サーレフの『太陽の男たち』(1972年）や，レバノン人のブルハーン・アラウィーエの『カフル・カシム』〔コフル・カースィム〕(1973年）のような，パレスチナ人の大義に好意的な劇映画を制作したのは，非パレスチナ系のアラブ人である。アラウィーエの作品は，イスラエル軍による1956年のパレスチナ人村民の虐殺を再現したものだ。この事件は，英仏イスラエルによるエジプト攻撃が終わる少し前に起きた。たとえば，テルアビブの路上で売っている，人気があるらしいクーフィーヤを被ったアラブ人の首を切り落とすギロチンのおもちゃを見つめるパレスチナ人というように，この作品はイスラエルを悪魔化するが，『ガリレアの婚礼』は，パレスチナ人に対する抑圧を，善良なパレスチナ人対邪悪なイスラエル人という二項対立に変換する。

(26)　Nahla Abdo, “Women of Intifada: Gender, Class and National Liberation,” *Race and Class*, Vol. 32, No. 4（April/June 1991）を参照。

(27)　再帰性について詳しくは，Robert Stam, *Reflexivity in Film and Literature*（New York: Columbia University Press, 1985, reprinted 1992）を参照。

(28)　Roberto Schwarz, “O Fio da Meada,” in Schwarz, *Que Horas São*（São Paulo: Companhia das Letras, 1987）を参照。

(29)　シャヒーンは，エジプト系ユダヤ人を，平等と正しいエジプト社会を求めて闘う社会主義者と結びつけ，肯定的に描く。彼らはナチスの到来に怯えてエジプトをやむなく後にし，パレスチナやイスラエルに移民した。この映画では，ヨーロッパ系ユダヤ人と，アラブ人と組んだパレスチナ人の衝突を，エジプト系ユダヤ人がアラブ側に立って見る。ある人が得た権利は，別の人を犠牲にして得たものだと認識して，彼はエジプトへ帰るのだ。こうして，この作品は，アラブ（セファルデ

ィー）系ユダヤ人と，ヨーロッパ（アシュケナジー）系ユダヤ人を区別する。この区別は，映画の終盤で主人公が合衆国に到着し，ハシディズム〔超正統派のユダヤ敬虔主義運動〕を信奉するアシュケナジー系ユダヤ人と出会うことでより明確になる。これは，（同じ文化を共有する）ユダヤ系エジプト人の友人と，ヨーロッパ系ユダヤ人との隔たりを暗示するものだ。しかし，そうした描写はアラブの劇映画ではむしろ稀で，パレスチナの諸団体に承認されたにもかかわらず，この作品はいくつかのアラブ国家で上映禁止となった。セファルディー系ユダヤ人の映画制作者は，モロッコ系イスラエル人イーガル・ニダムの『私たちはイスラエルのアラブ系ユダヤ人』（1978年）や，エジプト系アメリカ人メアリー・ハラワニの『太陽を求めて』（1983年）といったドキュメンタリーの形で，アラブ系ユダヤ人のアイデンティティを主張した。

(30)　サーダートがイスラエルを受け入れたことに，エジプトとアラブ世界が猛反発した文脈で，合衆国に対する批判をとらえなければならない。

(31)　Roberto Schwartz, “National por Subtração,” in his *Que Horas São* を参照。

(32)　Benedict Anderson, *Imagined Communities: Reflections on the Origins and Spread of Nationalism*（London: Verso, 1983）（ベネディクト・アンダーソン著，白石隆・白石さや訳『想像の共同体——ナショナリズムの起源と流行』リブロポート，1987年）; E. J. Hobsbawm and Terence Rnger, eds, *The Invention of Tradition*（Cambridge: Cambridge University Press, 1983）参照。

(33)　マイケル・ハンチャードが指摘するように，ディアスポラの共同体は，空間的に固定した国民国家よりも，時間に対して忠誠心を示す。アフリカ系のディアスポラは，「歴史的瞬間に抑圧期間を短縮するためのギアとして社会運動が考えられるときに「想像の共同体」を形成する」。多様な「存在の速度」が一度に作用し，「統一され安定した国家統制主義な集団的アイデンティティの嘘を暴く」。Michael Hanchard, "A Notion of Afro-Diasporic Time," paper presented at a workshop on “The World the Diaspora Makes,” University of Michigan, June 5–7, 1991. 著者にご恵贈賜った。

第8章

(1)　Fredric Jameson, *The Geopolitical Aesthetic: Cinema and Space in the World System*（Bloomington and London: Indiana University Press and BFI, 1992）, p. 1.

(2)　Ibid., p.186.

(3)　ここでは，ジェイムソンの「第三世界の寓意」に関する論文（Fredric Jameson, “Third World Literature in the Era of Multinational Capitalism,” *Social Text*, No. 15, Fall 1986）と，彼の著書 *Geopolitical Aesthetic* を念頭に置いている。

(4)　Roy Armes, *Third World Filmmaking and the West*（Berkeley: University of California Press, 1987）, p. 27 を参照。

(5)　Gordon Brotherston, *Book of the Fourth World*（Cambridge: Cambridge University Press）, p. 48 を参照。

(6)　Karin Barber, “Yoruba Oriki and Deconstructive Criticism,” *Research in African Literature*, Vol. 15, No. 4（Winter 1984）を参照。

(7)　Armes, *Third World Filmmaking and the West*, p. 135 より再引用。

(8)　Robert Farris Thompson, *African Art in Motion: Icon and Act*（Berkeley: University of California Press, 1973）を参照。

(9)　Ola Balogun,“Traditional Arts and Cultural Development in Africa,” *Cultures*, No. 2（1975）, p. 159.

(10)　ブラジルで行われているエグングンの儀式では，男性の先祖の代表を召喚する。エグングンを紹介するドキュメンタリーは，カルロス・ブラスブラットの『エグングン』（1985年）を参照。

(11) センベーヌの映画『郵便為替』(1968年) をアシャンティ族の「アマンセ」, ウォロフ族の「レウクティ・ハレ」というトリックスターの話と比較して, ムバイ・チャムは「悪人しか裕福に暮らせない社会体制における貪欲と腐敗」という共通の主題を見出した。Mbye Cham, "Art and Society in Oral Narrative and Film," in I. Okpewho, *The Oral Performance in Africa* (Ibadan: Spectrum, 1990) を参照。

(12) Italo Calvino, *If on a Winter's Night a Traveller*, p. 94 (イタロ・カルヴィーノ著, 脇功訳『冬の夜ひとりの旅人が』筑摩書房, 1995年, 164頁). Gerald Martin, ed., *Journeys through the Labyrinth* (London: Verso, 1989), p. 306 より再引用。

(13) 興味深いことにハリウッド映画には, 本を原作とする作品が多いだけでなく, 本の表紙に焦点を当てたり, 本のページをめくるなどよくあるやり方で本好きの歴史観をたびたび伝える。

(14) Françoise Pfaff, *The Cinema of Ousmane Sembene* (Westport, Conn.: Greenwood, 1984), p. 29 より再引用。

(15) Cheryl Chisholm, "Voice of the Griot: African-American Film and Video," in Barbara Abrash and Catherine Egan, eds, *Mediating History* (New York: New York University Press, 1992), p. 22.

(16) 口承の物語と現代のメディアの関係について詳しくは, Victor Bachy, ed., *Tradition Orale et Nouveaux Medias* (Brussels: OCIC, 1989) を参照。

(17) Manthia Diawara, "Oral Literature and African Film: Narratology in *Wend Kunni*," in Paul Willemen and Jim Pines, eds., *Questions of Third Cinema* (London: BFI, 1989) を参照。

(18) Trinh T. Minh-ha, "Grandma's Story," in Brian Wallis, ed., *Blasted Allegories* (New York: New Museum of Contemporary Art/Cambridge, Mass.: MIT Press, 1987).

(19) クライド・テイラーによれば, アフリカ系アメリカ人の「口承文学」は, 「大胆で大げさなメタファーの魅力, 「クールな」感性, ファンキーな明快さ, そしてしばしば預言めいた話しぶりといった, 曖昧さを好むこと」を含意している。Clyde Taylor, "Decolonizing the Image," in Peter Stevens, ed., *Jump Cut: Hollywood, Politics and Counter-Cinema* (Toronto: Between the Lines, 1986) を参照。

(20) David Toop, *The Rap Attack: African Jive to New York Hip Hop* (London: Pluto Press, 1984) を参照。

(21) Dick Hebdige, *Cut'n Mix: Culture, Identity and Caribbean Music* (London: Methuen, 1987) を参照のこと。ラップに関する基本文献は Tricia Rose, *Black Noise* (Wesleyan: Wesleyan, 1993).

(22) Teshome Gabriel, "Towards a Critical Theory of Third World Films," in Willemen and Pines, eds, *Question of Third Cinema*, p. 40 を参照。ポール・ウィレメンは同書で, ガブリエルの戦略について, ある意味では示唆に富むが「未熟なグローバリゼーション」であると主張する。

(23) John S. Mbiti, *African Religions and Philosophy* (Oxford: Heinemann, 1969), pp. 108–9 を参照。

(24) パトリシア・ウィリアムズは, このベトナム語の関係を表す代名詞の使用に注意を促している。Patricia Williams, *The Alchemy of Race and Rights* (Cambridge, Mass.: Harvard University Press, 1991), p. 62.

(25) Toni Cade Bambara and bell hooks, *Daughters of the Dust: The Making of an African American Woman's Film* (New York: New Press, 1992) を参照。

(26) マンティア・ディアワラも, この場面を分析している。Manthia Diawara, *Black American Cinema: Aesthetics and Spectatorship* (New York: Routledge, 1993) の序章を参照。

(27) Graham Bruce, "Alma Brasileira: Music in the Films of Glauber Rocha," in Randal Johnson and Robert Stam, eds, *Brazilian Cinema* (Rutherford, NJ: Fairleigh Dickinson Press, 1982; republished Austin: University of Texas Press, 1987) を参照。

(28) Lucy Lippard, *Mixed Blessings: New Art in a Multicultural Age* (New York: Pantheon, 1990), p. 201.

(29) Ibid., p. 202.

(30) Alejo Carpentier, "De lo Real Maravilloso Americano," *Ciné Cubano*, No. 102 (1982), pp. 12–14.

(31) Arthur Jafa, "69," in Gina Dent, ed., *Black Popular Culture* (Seattle, Wash.: Bay Press, 1992), p. 266.

(32) Ibid., pp. 249–54.

(33) James C. Scott, *Domination and the Arts of Resistance* (New Haven, Conn.: Yale University Press, 1990), p. 80.

(34) Ibid.

(35) 南北戦争前のアメリカにおける黒人由来の娯楽については，David R. Roediger, *The Wages of Whiteness: Race and the Making of the American Working Class* (London: Verso, 1991)（デイヴィッド・R. ローディガー著，小原豊志・竹中興慈・井川眞砂・落合明子訳『アメリカにおける白人意識の構築――労働者階級の形成と人種』明石書店，2006 年）を参照。

(36) Mike Davis, *City of Quartz* (New York: Vintage, 1992), p. 257（マイク・デイヴィス著，村山敏勝・日比野啓訳『要塞都市 LA』青土社，2001 年，217 頁）.

(37) João Luiz Vieira, "Hegemony and Resistance: Parody and Carnival in Brazirian Cinema" (Ph.D. Dissertation, New York University 1984）を参照。また，João Luiz Vieira and Robert Stam, "Parody and Marginality," in Manuel Alvarado and John O. Thompson, eds, *The Media Reader* (London: BFI, 1989）も参照。

(38) M. M. Bakhtin, *Problems of Dostoevsky's Poetics*, trans. Caryl Emerson (Minneapolis: University of Minnesota Press, 1984), pp. 122–3（ミハイル・バフチン著，望月哲男・鈴木淳一訳『ドストエフスキーの詩学』ちくま学芸文庫，1995 年，248–251 頁）を参照。

(39) Jack Forbes, *Columbus and Other Cannibals* (New York: Autonomedia, 1992); bel hooks, *Black Looks: Race and Representation* (Boston: South End Press, 1992); Dean MacCannell, *Empty Meeting Grounds* (London: Routledge, 1992）を参照。

(40) ニューヨーク大学で映画研究に取り組む学生のダイアン・シェインマンは，目下このテーマについて次の題名で論文を執筆中である（Diane Scheinman, "Consuming Passions: Cannibalism and Cinema")。

(41) モデルニスモの「食人」について詳しくは，Robert Stam, "Of Cannibals and Carnivals," in Stam, *Subversive Pleasures: Bakhtin, Cultural Criticism and Film* (Baltimore, Md.: Johns Hopkins University Press, 1989)（ロバート・スタム著，浅野敏夫訳『転倒させる快楽――バフチン，文化批評，映画』法政大学出版局，2002 年所収の「第四章　人食い（カニバル）とカーニバル」）を参照。

(42) 英語に訳した「食人宣言」については，*Latin American Literary Review*, Vol. XIX, No. 38 (July-Dec. 1991）のレスリー・バリー（Leslie Bary）のはしがきと詩の翻訳を参照。

(43) アルフレッド・ジャリは，「食人」(1902 年)（アルフレッド・ジャリ著，伊東守男訳『馬的思考』サンリオ，1979 年，90–92 頁）で「あまりに等閑にされている分野，食人の習慣」(同訳書 90 頁）について語り，「ユビュ親父年鑑」(アルフレッド・ジャリ著，竹内健訳『ユビュ王』現代思潮社，1976 年所収）では「人食い愛好家」に話しかけている。ダダイスムの芸術家は機関誌の一つに『人食い』という題名を付け，1920 年にはフランシス・ピカビアが「人食いダダ宣言」（リヒャルト・ヒュルゼンベック編著，鈴木芳子訳『ダダ大全』未知谷，2002 年，90–93 頁）を出版した。

(44) オズヴァルド・ジ・アンドラージのさまざまな宣言は，ロバート・スタムが英訳した次の本に収められている。Oswald de Andrade, *Do Pau-Brasil e Antropofagia as Utopias* (From Brazil-wood to Anthropophagy and to the Utopias) (Rio de Janeiro: Civilização Brazileira, 1972).

(45) オズヴァルド・ジ・アンドラージの洞察は，アンドラージが語ったブラジルの先住民族集団を，

ピエール・クラストルが人類学的に研究を行い，裏付けた。クラストルはこの集団を（現代的な意味ではなく，余剰の食糧があるという意味で）熱帯の「豊かな社会」であり，社会的階層制や政治的弾圧のない社会と述べている。Pierre Clastres, *Society against the State*（New York: Zone Books, 1987）（ピエール・クラストル著，渡辺公三訳『国家に抗する社会——政治人類学研究』風の薔薇，1987 年，2002 年に水声社から復刊）を参照。

(46)　従来の人類学は，権力関係を階層制や命令と服従という権威主義の観点で捉えることに慣れていたため，トゥピナンバ族の文化や社会を理論化することができなかった。伝統的な人類学の自民族中心主義に対する批判については，クラストルの前掲書を参照。

(47)　Augusto de Campos, *Poesia, Antiposia, Antropofagia*（São Paulo: Cortez e Moraes, 1978）より再引用。

(48)　「生業社会」に対するヨーロッパ人の敵意については，Jerry Mander, *In the Absence of the Sacred: The Failure of Technology and the Survival of the Indian Nations*（San Francisco: Sierra Club Books, 1991）; Marshall Sahlins, *Stone Age Economics*（Chicago: Aldine, 1972）（マーシャル・サーリンズ著，山内昶訳『石器時代の経済学』法政大学出版局，1984 年）を参照。

(49)　MacCannell, *Empty Meeting Grounds* を参照。

(50)　Renata Salecl, "Society Doesn't Exist," *American Journal of Semiotics*, Vol. 7, Nos 1/2（1991）, pp. 45–52 を参照。

(51)　Joaquim Pedro de Andrade, "Cannibalism and Self-Cannibalism," in Johnson and Stam eds, *Brazilian Cinema.*

(52)　Lippard, *Mixed Blessings*, p. 183 より再引用。

(53)　Salman Rushdie, "In Good Faith: A Pen against the Sword," *Newsweek*（Feb. 12, 1990）, p. 52 を参照。

(54)　Rosie Thomas, "Indian Cinema: Pleasures and Popularity," *Screen*, Vol. 26, Nos 3–4（May–August 1985）を参照。

(55)　ユダヤ系アメリカ人のポール・サイモンは，これよりやや遅れてこのタイプの音楽を始めた。彼の「リズム・オブ・ザ・セインツ」は，「強いシンクレティズム」ではなく，むしろ個人主義的な歌詞と，主にカーニバルで活躍するアフリカ系ブラジル人の文化団体オロドゥンの集団のエネルギーのミスマッチを提示する。ポール・サイモンが音楽を「盗んでいる」と非難する人は，たとえば逆に，ジョン・コルトレーンが，「マイ・フェイバリット・シングス」〔ミュージカル『サウンド・オブ・ミュージック』の劇中曲として有名〕の音楽を「盗んだ」とはおそらく主張しないだろう。これは，民族的な著作権の問題ではなく，特定のコラボレーションの具体的な成否に関わる問題である。

(56)　Ravi Vasudevan, "Shifting Codes, Dissolving Identities," *Journal of Arts and Ideas*（New Delhi）, Nos 23–4 (Jan. 1993）を参照。

(57)　Sumita Chakravarty, *National Identity in Indian Popular Cinema, 1947–1987*（Austin: University of Texas Press, 1993）を参照。

(58)　Vijay Singh, "Les Films Indiens, Héritiers de Deux Traditions," *Le Monde Diplomatique*（July 1993）を参照。

(59)　ここでは「ジュノーン」という簡潔なタイトルのヘマ・ラマチャンドランの未刊行論文の洞察に多くを負っている。

(60)　Zuzana M. Pick, *The New Latin American Cinema: A Continental Project*（Austin: University of Texas, 1993）, p. 180 を参照。

(61)　Caren Kaplan, "Deterriorializations: The Rewriting of Home and Exile in Western Feminist Discourse,"

Culture Critique, No. 6 (Spring 1987), p.198.

(62) その友人とは，筆者のエラ・ショハットのことである。

(63) 手紙にはこう書いてあった。「この血まみれの戦争が，私の娘たちを世界の四隅に追いやってしまった」。シオニストの言説自体が「世界の隅々から追放された人々を集める」という概念を通して，国民性をイメージしてきたことを考えると，この家族がばらばらになったという発言は，換喩や隠喩としてとりわけ皮肉である。

(64) この意味で『距離の測定』は，郷愁を儀式ばった歴史の拒絶に変えるという，ハミード・ナフィーシーが批判した傾向に反する。Hamid Naficy, “The Poetics and Practice of Iranian Nostalgia in Exile,” *Diaspora*, No. 3 (1992) を参照。

(65) Brian V. Street, *The Savage in Literature* (London: Routledge and Kegan Paul, 1975), p. 99 より再引用。

(66) George-Louis Leclerc de Buffon, *The History of Man and Quadrupeds*, trans. William Smellie (London: T. Cadell and W. Davis, 1812), p. 422. Tzvetan Todorov, *On Human Diversity*, trans. Catherine Porter (Cambridge, Mass.: Harvard University Press), p. 105 より再引用。

(67) George Mosse, *Toward the Final Solution: A History of European Racism* (London: Dent, 1978), p. 44.

(68) Stuart Hall, “What is this ‘Black’ in Black Culture,” in Dent, ed., *Black Popular Culture*, p. 27.

(69) Kobena Mercer, “Black Hair/Style Politics,” *New Formations*, No. 3 (Winter 1987).

(70) この歌詞は，Spike Lee (with Lisa Jones), *Uplift the Race: The Construction of School Daze* (New York: Simon and Schuster, 1988) に収められている〔訳文は，ソニー・ピクチャーズエンタテインメント発売の DVD の字幕（稲田嵯裕里翻訳）を一部変更した〕。

(71) Kobena Mercer, “Black Hair/ Style Politics.”

(72) 驚くようなことではないが，この映画は博物館や教会で上映された。ソーシャル・ワーカーやヘアスタイリストにとって，ファッションや政治，アイデンティティの交差について考察するのは刺激的だった。

(73) 黒人の男性（雑役夫）や女性（メイド）が白人ヨーロッパ人が「散らかしたもの」をきれいにしなければならなかった奴隷制や奉公という植民地主義の遺産を考慮すると，この連想は特に皮肉である。

(74) 『ナイス・カラード・ガールズ』では，民族誌的な日記や文献と，アボリジニの映像を並べてもほとんど一致しない。アボリジニが写真や映画ではじめて表象されたものは，白人入植者の文化の民族誌を反映しているからだ（カンガルー・ダンスと雨乞いの儀式を行うアレンテ族を撮ったウォルター・ボールドウィン・スペンサーの 1901 年の映像資料は，アボリジニに関する民族誌映画制作の先駆けである）。Karl C. Heider, *Ethnographic Film* (Austin: University of Texas Press, 1976), p. 191 を参照。

(75) Jameson, *The Geopolitical Aesthetic*, p. 211. フィリピンの批評家フェリシダ・C. リム（Felicidad C. Lim）は，ジェイムソンはサラオ社ジープニー工場の実態を無視していると主張する。サラオ社は，マルコス政権が支援した個人所有の独占企業で，「ユートピア的な協同組合」というよりは，疎外された労働の場である。リムの 1993 年の未公開論文より。

(76) インディペンデント映画やビデオを使って多文化的な視点をアメリカ史の授業に採り入れるため，ここでは 1990 年に設立された「メディア・オルタナティヴ・プロジェクト」(Media Alternatives Project: MAP) に注目したい。B. Abrash and C. Egan, eds, *Mediating History: The Map Guide to Independent Video* (New York: New York University Press, 1992) を参照。

(77) Manthia Diawara, “Black Studies, Cultural Studies: Performative Acts,” *Afterimage*, Vol. 20, No. 3, Oc-

tober 1992).

(78) ブラジルのポピュラー音楽について詳しくは，Charles Perrone, *Masters of Contemporary Brazilian Song: MPB 1965–1985*（Austin: University of Texas, 1989）; Robert Stam, *Subversive Pleasures*（ロバート・スタム著『転倒させる快楽』）を参照。

第９章

(1) ワーニーマ・ルビアーノの介入については，Wahneema Lubiano, “A Symposium on Popular Culture,” *Social Text*, No. 36（Fall 1993）, p. 14 を参照。

(2) この問いは，アンドリュー・ロスが企画し，われわれも参加した三部構成の MLA の公開討論会（New York, 1992）に基づく。*Social Text*, No. 36（Fall 1993）を参照。

(3) この考えは，もちろん，アンドリュー・ロスやスタンリー・アロノウィッツ，フアン・フローレスのような多くの知識人も共有する。たとえば，Juan Flores, “Reinstating Popular Culture: Responses to Christopher Lasch,” *Social Text*, No. 12（Fall 1985）, pp. 113–23 を参照。

(4) Jane Gaines, “Women and Representation: Can we Enjoy Alternative Pleasure?, ” in Patricia Erens, ed., *Issue in Feminist Films Criticism*（Bloomington: Indiana University Press, 1990）.

(5) Michael Denning, “The Academic Left and Rise of Cultural Studies,” in *Radical History Review*, No. 54（Fall 1992）を参照。

(6) たとえば，1988 年に設立された映画学界の「人種」プロジェクトチームは，マイノリティの言説を保証するだけでなく，マイノリティの学問への参加を促進することにも関心を持った。

(7) トリン・T. ミンハは，*When the Moon Waxes Red: Representation, Gender and Cultural Politics*（New York: Routledge, 1991）（トリン・T. ミンハ著，小林富久子訳『月が赤く満ちる時――ジェンダー・表象・文化の政治学』みすず書房，1996 年）所収の “Outside In Inside Out” で，同様の主張をしている。

(8) 芸術では，必ずしも誰が話しているか明らかなわけではない。起源となるアイデンティティの経験をわかりやすく伝えるものとして，文字テクストの見解と矛盾する芸術的な受容の例は数え切れないほどある。ヘンリー・ルイス・ゲイツ・ジュニアは，読者や批評家は，「真正」でないところを真正とし，存在しなかった「非真正性」を酷評するなど，騙されてきたと主張する。10 歳で孤児となり，チェロキー族の祖父母にインディアンの生き方を学ぶアメリカ先住民族の「実話」という『リトル・トリー』は，「深い感動」を与える「アメリカの伝記で最高の一冊」と，批評家らに絶賛されベストセラーになった。しかし実際は，クー・クラックス・クランのテロリストで反ユダヤ主義者のアサ・アール・カーターが偽名を使って書いた作品だった。彼は，アラバマ州知事ジョージ・ウォレスの悪名高い 1963 年の「永久に人種隔離を！」のスピーチ原稿を書いた。『リトル・トリー』は，腹話術的な人種差別の物語（たとえば『ナット・ターナーの告白』）や人種のなりすまし，偽の奴隷物語といった延々と続いてきた伝統の最新版であった。フランク・ヤービーの歴史ロマンスや，サミュエル・R. ディレイニーの SF の読者は逆に，どちらの作者も黒人であるとは滅多に考えない。

(9) たとえば，白人男性のユダヤ人弁護士ウィリアム・クンスラーは，権利を奪われた共同体に入り，権利が与えられるよう努めた。一方，黒人男性の判事クラレンス・トーマスは，彼と同じ黒人の利益に反する行動が目につく。

(10) 多くのフェミニスト著作家は，正しい政治はアイデンティティに「由来する」という考えに反論してきた。Chandra Talpade Mohanty, Ann Russo, and Lourdes Torres, eds, *Third World Women and the*

Politics of Feminism（Bloomington: Indiana University Press, 1991）のモーハンティーによるはしがきを参照。キャスリン・ハリスは，「話し手のアイデンティティを見て，政治的な意見を正当化するか異議を唱えるか判断する，既定の抑圧の階層制に従う女性」の慣習について言及する。Kathryn Harris, “New Alliances: Socialist Feminism in the Eighties,” in *Feminist Review*, No. 31（1989）を参照。また，Linda Briskin, “Identity Politics and the Hierarchy of Oppression,” *Feminist Review*, No. 35（Summer 1990）も参照。

(11) ポール・ギルロイは，自分の評論のタイトルにラキムの歌詞を使った。“The Dialectics of Diasporic Identification,” *Third Text*, No. 13（Winer 1990–1）を参照。

(12) フェミニズム理論は，ジェンダー化した主体を，まさに脱本質化してきたが，ポストコロニアルの言説は，人種を社会的に構築された比喩と見なし，引用符を付けた。だが，エレイン・ショウォールターやジェーン・マーカスといったフェミニスト評論家が指摘するように，「男どうしの絆」は時には理論的な敵意よりも強い結束力を発揮でき，白人アメリカ人の映画制作者や研究者の「民族的な結びつき」まで広げて応用される（フェミニストやゲイやレズビアンの著作で批判される「オールド・ボーイズ・ネットワーク」は，それほど民族的・人種的な組織ではない）。

(13) カレン・カプランの「帰属の否定」という言葉や，エラ・ショハットとニュー・ミュージアム・オブ・コンテンポラリー・アートの教育部門（責任者はスーザン・チャン）が企画した“Cross Talk: A Multicultural Feminist Symposium”で彼女が白人性について発表した際の質疑に負うところが大きい。

(14) Debra P. Amory, “Watching the Table Disappear: Identity and Politics in Africa and the Academy,” a paper given at the African Studies Association（1990）.

(15) 同様に，ヘンリー・ルイス・ゲイツ・ジュニアは，西洋人男性という主体が歴史的に長い時間をかけて構築されてきたのに対し，サバルタンはアイデンティティを批判する前に探したり取り戻さなければならないと主張する。Henry Louis Gates Jr., “Canon Formation and African-American Tradition,” in Dominick LaCapra, ed., *The Bounds of Race*（Ithaca, NY: Cornell University Press, 1991）.

(16) Anwar Abdel Malek, “Orientalism in Crisis,” *Diogenes*, No. 44（Winter 1963）, pp. 107–8.

(17) Elizabeth Fox-Genovese, “The Claims of a Common Culture: Gender, Race, Class and the Canon,” *Salmagundi*, No. 72（Fall 1986）, p. 121.

(18) Diana Fuss, *Essentially Speaking*（London: Routledge, 1989）, pp. 20–1 を参照。

(19) Charlotte Bunch, “Making Common Cause: Diversity and Coalitions,” in *Ikon*, No. 7（Spring/Summer 1987）を参照。

(20) Kwame Nkrumah, *Neo-Colonialism: The Last Stage of Imperialism*（London: Nelson, 1965）, p. 246（クワメ・エンクルマ著，家正治・松井芳郎共訳『新植民地主義』理論社，1971 年，248 頁）.

(21) ハイレ・ゲリマによるポール・ウィルメンのインタビューは，*Framework*, Nos 7–8（Spring 1978）, p. 32.

(22) Frantz Fanon, *Black Skin, White Masks*（New York: Grove Press, 1967）, pp.152–3（フランツ・ファノン著，海老坂武・加藤晴久訳『黒い皮膚・白い仮面』みすず書房，1998 年，306 頁）.

(23) Ibid., p. 112–16（同上 133–136 頁）.

(24) James Baldwin, *The Devil Finds Work*（New York: Dial Press, 1976）, p. 34（ジェームズ・ボールドウィン著，山田宏一訳『悪魔が映画をつくった』時事通信社，1977 年，68 頁）.

(25) Ibid., p. 62（同上 124 頁）.

(26) Manthia Diawara, “La Spectateur Noir Face au Cinéma Dominant: Tours et Détours de l’Identification,”

CinemAction, No. 46（1988）を参照。

(27) bell hooks, *Black Looks: Race and Representation*（Boston: South End Press, 1992）, pp. 115–31. ジェーン・ゲインズも同様の疑問を追求する。Jane Gaines, "White Privilege and Looking Relations: Race and Gender in Feminist Film Theory," in Erens, ed., *Issue in Feminist Film Criticism*. この問題について詳しくは，E. Deidre Pribram, ed., *Female Spectators*（London: Verso, 1988）も参照。

(28) Stuart Hall, "Encoding/decoding," in Hall *et al.*, eds., *Culture, Media, Language: Working Papers in Cultural Studies*（London: Methuen, 1979）, p. 136.

(29) David Morley, *The "Nationwide Audience": Structure and Decoding*（London: BFI, 1980）を参照。

(30) John Willet, ed., *Brecht on Theatre*（London: Hill and Wang, 1964）, p. 151.

(31) クリスチャン・メッツは，スペインの田舎の観客について同様の主張をした。Metz, *The Imaginary Signifier*（Bloomington: Indiana University Press, 1982）（クリスチャン・メッツ著，鹿島茂訳『映画と精神分析――想像的シニフィアン』白水社，1981 年）を参照。

(32) ポール・ギルロイは，『ブラック・アトランティック――近代性と二重意識』（*The Black Atlantic*, Harvard: Harvard University Press, 1993, p. 33: 上野俊哉・毛利嘉孝・鈴木信一郎訳，月曜社，2006 年，39 頁）で，このクロノトポスについて詳述している。

(33) 逆の例として，『雨に唄えば』（1952 年）でジーン・ケリーとドナルド・オコナーが「モーゼズ」を歌うとき，ユダヤ人の観客にはよくわかる視覚的な暗示として，ユダヤ人が礼拝に用いる肩掛けタッリートを思わせるような裏地のついたカーテンを被った。

(34) Hamid Naficy, *The Making of Exile Cultures: Iranian Television in Los Angeles*（Minneapolis: University of Minnesota, 1993）, p. xvi.

(35) Ibid., p. 106.

(36) Jean-Louis Schefer, *L'Homme Ordinaire du Cinéma*（Paris: Gallimard, 1980）を参照。

(37) Edgar Morin, *Le Cinéma ou L'Homme Imaginaire*（Paris: Gonthier, 1958）（エドガール・モラン著，渡辺淳訳『映画――あるいは想像上の人間』法政大学出版局，1983 年）を参照。

(38) Anne Friedberg, *Window Shopping: Cinema and the Postmodern Condition*（Berkeley: University of California Press, 1992）（アン・フリードバーグ著，井原慶一郎・宗洋・小林朋子訳『ウィンドウ・ショッピング――映画とポストモダン』松柏社，2008 年）.

(39) Rhonda Hammer and Peter McLaren,"The Spectacularization of Subjectivity: Media Knowledges, Global Citizenry and the New World Order," *Polygraph*, No. 5（1992）を参照。

(40) Tom Moylan, *Demand the Impossible: Science Fiction and the Utopian Imagination*（New York: Methuen, 1986）, p. 213.

(41) Augusto Boal, *Theatre of the Oppressed*（New York: Theatre Communications Group, 1979）（アウグスト・ボアール著，里見実・佐伯隆幸・三橋修訳『被抑圧者の演劇』晶文社，1984 年）.

(42) Maurice Berger, "The Critique of Pure Racism: An Interview with Adrian Piper," *Afterimage*（October 1990）, p. 5 を参照。

(43) パイパーの作品に関する，次のすばらしい論文を参照。Judith Wilson, "In Memory of the News and of Our Selves: The Art of Adrian Piper," *Third Text*, Nos 16/17（Autumn/Winter 1991）. ワシントン大学出版会からパイパーに関する本が近刊予定。

(44) チャールズ・ラミレス・バーグは，非常に有益な論文で，この提案をしている。"Analyzing Latino Stereotypes," in Lester Friedman and Diane Carson, eds, Multicultural Media in the Classroom（Urbana: University of Illinois Press, 1995）.

(45) Stuart Hall, "Cultural Identity and Cinematic Representation," *Framework*, No. 36 (1989).

(46) Faye Ginsburg, "Indigenous Media: Faustian Contract or Global Village?," *Cultural Anthropology*, Vol. 6, No. 1, p. 94.

(47) Alexandra Juhasz, "Re-Mediating Aids: The Politics of Community Produced Video." ニューヨーク大学の 1991 年の博士論文。デューク大学出版会から近刊予定（後に *AIDS TV: Identity, Community and Alternative Video*, Duke University Press, 1995 として刊行)。

(48) Terence Turner, "Defiant Images: The Kayapo Appropriation of Video." 1992 年にマンチェスターで開催された RAI フィルム・アンド・ビデオ・フェスティバルでの，フォアマンについての講演より。

(49) Terence Turner, "What is Anthropology that Multiculturalists Should Be Mindful of it?". 1992 年のサンフランシスコでのアメリカ人類学会で発表された論文（テレンス・ターナー著，柴山麻妃訳「文化人類学の現在　人類学とマルチカルチュラリズム　マルチカルチュラリストが留意すべき人類学とはなにか？」『現代思想』1998 年 6 月号)。

(50) 映画『蛮行とアメリカ・インディアン』(1989 年) の，ヴァイン・デロリアのインタビュー。

(51) Frantz Fanon, *Toward the African Revolution* (New York: Monthly Review Press, 1967), p. 447（フランツ・ファノン著，佐々木武・北山晴一・中野日出男訳『アフリカ革命に向けて　フランツ・ファノン著作集第 4 巻』みすず書房，1969 年，46 頁）を参照。

(52) George Marcus and Michael M. J. Fischer, *Anthropology as Cultural Critique: An Experimental Moment in the Human Sciences* (Chicago: University of Chicago Press, 1986), p. 157（ジョージ・E. マーカス，マイケル・M. J. フィッシャー著，永淵康之訳『文化批判としての人類学——人間科学における実験的試み』紀伊國屋書店，1989 年，253 頁)。